U0361235

物 联 网 在 中 国

智能交通技术概论

王云鹏 严新平 主编 / 鲁光泉 吴超仲 副主编

清华大学出版社

北京

内 容 简 介

本书对智能交通技术进行概要性介绍。通过阅读本书,读者能够对智能交通技术有全面的认识。本书主要内容包括绪论、智能交通信息采集技术、智能交通数据管理技术、智能交通信息交互技术、交通状态分析及预测技术、智能交通信息服务技术、智能交通管理与控制技术、车辆智能驾驶技术、智能车联网与车路协同技术、典型智能交通应用系统。

本书既可作为交通运输类专业本科生的教材,也可作为交通运输类专业研究生及相关科研人员的参考用书。

图书在版编目(CIP)数据

智能交通技术概论/王云鹏,严新平主编. —北京:清华大学出版社,2020.7(2024.8重印)
(物联网在中国)
ISBN 978-7-302-55298-7

Ⅰ.①智… Ⅱ.①王… ②严… Ⅲ.①交通运输管理-智能系统-高等学校-教材 Ⅳ.①U495

中国版本图书馆 CIP 数据核字(2020)第 056456 号

责任编辑:郭　赛
封面设计:常雪影
责任校对:徐俊伟
责任印制:杨　艳

出版发行:清华大学出版社
　　　网　　　址:https://www.tup.com.cn, https://www.wqxuetang.com
　　　地　　　址:北京清华大学学研大厦 A 座　　　　　邮　　编:100084
　　　社 总 机:010-83470000　　　　　　　　　　　邮　　购:010-62786544
　　　投稿与读者服务:010-62776969,c-service@tup.tsinghua.edu.cn
　　　质量反馈:010-62772015,zhiliang@tup.tsinghua.edu.cn
　　　课件下载:https://www.tup.com.cn,010-83470236
印 装 者:三河市君旺印务有限公司
经　　销:全国新华书店
开　　本:185mm×260mm　　　印　　张:29　　　字　　数:687 千字
版　　次:2020 年 8 月第 1 版　　　　　　　印　　次:2024 年 8 月第 4 次印刷
定　　价:69.80 元

产品编号:080928-02

前言

　　党的二十大报告提出"实施科教兴国战略，强化现代化建设人才支撑"。深入实施人才强国战略，培养造就大批德才兼备的高素质人才，是国家和民族长远发展的大计。为贯彻落实党的二十大精神，筑牢政治思想之魂，编者在牢牢把握这个原则的基础上编写了本书。

　　近年来，智能交通系统（Intelligent Transportation System，ITS）的应用越来越广泛，已经成为交通运输领域高等院校、科研院所、企事业单位及政府共同关注的热点。智能交通系统是现代高新技术与交通运输行业深度融合的产物，同时伴随着现代高新技术的发展而发展。虽然与智能交通相关的专著和教材已有很多，但是随着技术的进步和需求的变化，智能交通系统的关键技术也在发生着变化。

　　本书以智能交通系统的关键技术为主线，从"感"（交通信息的感知与管理，第2章和第3章）、"传"（交通信息的交互，第4章）、"知"（交通状态的预测，第5章）、"用"（智能交通应用与系统，第6~10章）四个层面展开叙述，重点向读者呈现智能交通系统中各子系统之间共性、基础的知识，为读者构建智能交通技术的知识体系。本书既可以作为高等院校本科生/研究生的教材，也可以作为科研院所及企事业单位的参考用书。

　　本书隶属于"物联网在中国"系列丛书，由北京航空航天大学的王云鹏教授和武汉理工大学的严新平教授担任主编，负责全书的章节策划和统筹工作；由北京航空航天大学的鲁光泉教授和武汉理工大学的吴超仲教授担任副主编，负责编写组织与统稿工作；参与本书编写工作的还有北京航空航天大学和武汉理工大学从事智能交通研究的青年教师与研究生。本书第1章由武汉理工大学的贺宜负责编写；第2章由武汉理工大学的陈志军负责编写；第3章由北京航空航天大学的马晓磊负责编写；第4章由北京航空航天大学的田大新和段续庭负责编写；第5章由北京航空航天大学的马晓磊负责编写；第6章由武汉理工大学的张晖负责编写；第7章由武汉理工大学的张存保负责编写；第8章由北京航空航天大学的余贵珍负责编写；第9章由北京航空航天大学的陈鹏、丁川和鲁光泉负责编写；第10章由武汉理工大学的褚端峰负责编写。此外，参与本书编写工作的还有北京航空航天大学的栾森、张继宇、李屹、杨洁、魏磊、戴荣健、张俊杰、蔡品隆、刘倩、周建山、韩旭、王章宇、高哈尔等研究生及武汉理工大学的熊盛光、黄子豪、张琦、陈峰、韦媛媛、曹永兴等研究生。鲁光泉教授负责本书第 3、4、5、8、9 章的统稿与修订工作;吴超仲教授负责本书第 1、2、6、7、10 章的统稿与修订工作。

由于智能交通系统涉及的内容广、技术多,本书难免存在疏漏和不妥之处,请广大同行及读者批评、指正。

本书的出版得到了国家金卡工程协调领导小组办公室及清华大学出版社的大力支持,在此一并表示感谢!

编　者

2023 年 6 月

目 录

第 1 章 绪 论

随着信息及智能化技术的快速发展,新一代感知技术、人工智能技术、通信技术、移动互联服务、能源管理、车路协同、智能网联汽车技术等在智能交通领域的应用越来越多,智能交通系统已经进入了一个新的时代。新技术、新理念和新模式正在颠覆以往的交通运输体系,新技术推动了智能交通系统在感知、存储、共享、交互以及综合服务等方面的全面升级,原有的智能交通系统的体系和内容都在发生重大变革,智能交通系统的内涵也在不断丰富和完善。

1.1 智能交通系统综述

1.1.1 智能交通系统的基本概念

交通系统的基本组成要素是人、车、路和环境。人本身是智能的,但人在感知和执行方面存在缺陷,如光线不好的情况下视距不够,人在疲劳和分神时的反应能力不够等。如果能增强人在这些方面的能力,同时使车、路和环境也都智能化,那么交通系统的所有要素就都智能化了。智能交通系统(Intelligent Transportation System,ITS)的所有要素都应该是智能的,ITS与传统概念的交通系统之间的差别在于增强人的感知能力和执行能力及交通工具与环境的智能化。关于智能交通系统,人们比较认可的定义是:将先进的信息技术、通信技术、传感技术、控制技术及计算机技术等有效集成并应用于整个交通运输管理体系,从而建立起的一种在大范围及全方位发挥作用的实时、准确及高效的综合的运输和管理系统。

ITS的内涵是逐步扩大的,下面从ITS的一些特点和属性开始探讨ITS的内涵。

1. 先进性

在ITS的概念还没有形成之前,许多国家就在寻求用诸如远程通信、计算机、电子技术等现代先进技术改造和武装交通系统,用先进的理论方法改善交通系统的管理和运营。美国提出的ITS子系统更是明确地在名称上加上了"先进的(advanced)"的定语。先进性是一个模糊的概念,从总体上来讲,先进性应该是指用近几年新出现的一些技术开发产品和系统。

2. 综合性

ITS涉及的关键技术包括信息技术、通信技术、计算机技术、电子技术、交通工程、系统理论、控制理论、人工智能、知识工程等。可以说,ITS是这些技术的交叉和综合,是这些技术在交通系统中的集成应用。

3. 信息化

人们通过各种手段获取交通系统的状态信息,为交通系统的用户和管理者提供及时有用的信息,只有具有了信息,才能实现智能化。而且,当交通信息化水平达到一定程度,就会改变交通出行行为、交通管理方式等,进而引起传统交通理论的改变。因此,信息化是 ITS 的基础。

4. 智能化

"智能"这个词的使用越来越广泛,研究智能的人越来越多,智能技术的应用也越来越多。"智能机器人""智能仪器仪表""智能楼宇"等名词频繁出现。产品的智能化给众多传统技术带来了生机和活力,其中也包括智能交通系统。智能交通系统中的很多子系统正是因为实现了智能化,才体现出与传统交通系统的差别,电子收费系统(Electronic Toll Collection,ETC)就是一个典型的例子。传统的道路收费系统设立收费站,车辆经过收费站停车、手工交现金,车辆要排队,而且不利于统计。而电子收费系统使用电子结算、车辆自动识别技术、微波通信技术等,可以实现不停车的自动收费,既节约了时间,又提高了准确性,还能提供交通流量统计数据等信息,体现出了智能性。又如自动公路系统(Automated Highway System,AHS)可以实现车辆全自动驾驶,驾驶人一旦进入系统,只要输入目的地,就可以安全快捷地到达,体现出了较高的智能性。

ITS 的实质就是利用高新技术对传统的交通运输系统进行改造,从而形成信息化、智能化的新型交通系统,它使交通基础设施能发挥出最大的效能,提高服务质量,使社会能够最有效地使用有限的道路交通设施和资源,同时推动与之相关的通信、计算机、网络等产业的发展,从而获得巨大的社会效益和经济效益。

目前,国内外对智能交通系统的理解不尽相同,但不论从何角度出发,有一点是共同的:ITS 是用各种高新技术,特别是电子信息和人工智能技术提高交通效率,增加交通安全性和改善环境保护的技术经济系统。因此,智能交通系统是在较完善的交通基础设施之上,将先进的信息技术、人工智能技术、控制技术、传感器技术和系统综合技术有效地集成,并应用于地面交通系统,从而建立起来的能大范围发挥作用的实时、准确、高效的交通运输系统。

1.1.2 智能交通系统的历史沿革

随着经济的发展,社会对交通运输的需求在持续增长,交通运输业得到了迅速发展。世界发达国家和地区从 20 世纪 50 年代起大力发展道路基础设施和汽车工业,促进了道路交通的飞速发展。在道路交通发展的同时,也带来了交通事故频发、环境污染严重、交通拥堵等突出问题。《中国人工智能系列》白皮书中指出,在各种交通方式中,汽车消耗的不可再生能源最多,由此带来的环境污染是其他交通方式的几十倍;交通事故中由道路交通造成的事故也是其他方式的几十倍;交通拥堵更是道路交通,特别是城市道路交通常见的现象。交通基础设施的增加依然跟不上交通运输量的增加,道路交通问题已成为困扰世界各国的交通难题。

为解决道路交通发展带来的一系列问题,从事交通工程研究的人员很早就想到了提高车辆与道路智能化的方法。如果能够及时地检测到交叉路口的车流信息,并动态显示控制策略,则路口的通行能力将大大提高。研究发现,在交通高峰期,城市道路系统和高速公路系统并不会全部发生交通拥堵,有相当一部分道路仍然很畅通。如果能够及时地将道路网的交通信息告诉驾驶人,并提示他们合理使用这些路段,则道路网的资源就可以得到充分利用。如果汽车能够实时检测周围信息,并能正确地做出决策甚至全自动驾驶,则交通事故将大大减少,效率也会大大提高。这种想法在 20 世纪 60 至 70 年代就已经提出。但如何采集交叉路口的车流信息,用什么算法处理这些信息以得到合理的控制策略,如何采集主要道路上的实时交通状况数据,如何传输和处理这些数据,如何将信息传给交通的参与者,汽车如何实时检测周围信息,汽车如何在处理这些数据后做出正确的决策,汽车如何执行所做出的决策,这些问题都成了当时交通工程研究者的课题。

按照这些想法,人们试图让交通系统具有智能化并开展了大量的工作。从国际智能交通系统的发展历史来看,各国普遍认为起步于 20 世纪 60 至 70 年代的交通管理计算机化就是智能交通系统的萌芽。

什么是智能交通系统?要想理解智能交通系统,先要理解智能。智能是指事物能认识、辨析、判断、处理、发明创造的能力。如果工程中的很多系统或产品都具有某种智能,则可以称为人工智能系统。人工智能系统就是用传感器、CPU 和执行机构模拟人的五官、大脑和四肢。智能交通系统从广义上说也是一种人工智能系统,是用交通类的传感器、带有交通知识的 CPU 和能执行交通功能的执行机构模拟人的五官、大脑和四肢,达到交通智能化的目的。以智能红绿灯为例,对比人的智能、人工智能和智能红绿灯之间的对应关系,如图 1-1 所示。

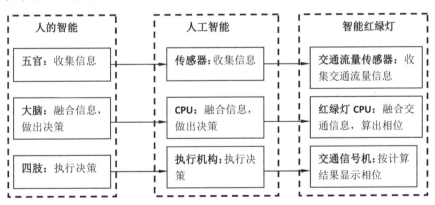

图 1-1　人的智能、人工智能和智能红绿灯之间的对应关系

1.2　智能交通系统的发展

1.2.1　美国智能交通系统的发展历程与现状

1. 发展历程

美国是智能交通大国,不仅研究使用得早,而且应用广泛。不过美国在智能交通的研

究中也经历了一段摸索过程。从 20 世纪 60 年代末至 70 年代,美国致力于发展电子道路导航系统,运用道路与车辆之间的双向通信提供道路导航。

纵观美国智能交通技术研究的发展历程,根据其研究目标、特点和关注的重点大体可以分为两个阶段。第一阶段为 20 世纪 90 年代到 20 世纪末,主要特点为研究的范围全面广,研究领域涉及交通监控、交通信号智能控制、不停车收费、车路协同及自动驾驶等领域,表现为研究内容宽泛,项目相对分散;第二阶段为 21 世纪,美国在战略上进行了调整,由第一阶段的"全面开展研究"转向"重大专项研究,重点关注车辆安全及车路协同技术"战略,并从综合交通运输体系的角度开展智能交通与安全技术的研究,研究内容包括综合运输协调技术、车辆安全技术等,特点是更加注重实效,推广相关技术产业化。

为了加速 ITS 的发展,2001 年 4 月,美国召开了一次由 ITS 行业的 260 名专家和有关人员参加的全国高层讨论会,会后制定了 21 世纪前 10 年 ITS 发展规划,勾勒了未来 ITS 的使命和发展目标,明确了今后为实现 ITS 的发展目标所必须采取的行动。计划规定建立一个代表政府有关公共机构、私营企业和学术团体的协调委员会,就十年计划的实施进行组织和协调,并制定一系列综合性发展政策,确定和启动一系列建设和研究项目,包括必要的机构转换,以促进 ITS 技术的应用,使未来的地面交通系统通过 ITS 逐步转换成管理高效和经济适用的先进系统,这个系统将被真正赋予安全、有效和经济地输送人员和物资的基本功能,从而在极大程度上满足用户的各种需求,并具有与自然环境的良好相容性。

2009 年 12 月,美国交通部(U.S. DOT)发布了《ITS 战略研究计划:2010—2014》,为 2010—2014 年的 ITS 研究项目提供战略指导。该计划的核心是智能驾驶(IntelliDrive),在车辆、控制中心与驾驶者三者之间建立无线关联的网络,通过实施监控和预测及时沟通信息、缓解交通堵塞、减少撞车事故、降低废气排放,实现安全、灵活和对环境的友好性。在 2010—2014 年内,每年 ITS 研究项目将获得 1 亿美元的资助,并开展多领域的研究,IntelliDrive 的研究内容包括车辆与车辆(V2V)通信的安全性、车辆与基础设施(V2I)通信的安全性、实时数据的采集和管理、动态移动应用等。除此之外,五年计划还支持主动交通管理、国际国境、电子支付、海上应用、智能交通领域的技术转让、知识技能研发以及相关技术标准的制定。

2014 年,美国交通运输部与美国智能交通系统联合项目办公室共同提出《ITS 战略计划 2015—2019》,为美国在智能交通领域的发展明确了方向,该战略计划制定了两个战略重点,即实现汽车与互联技术和推进车辆自动化,并制定了 5 个战略主题:①通过发展更优的风险管理和驾驶监控系统,打造更加安全的车辆及道路;②通过探索管理办法和战略提高系统效率,缓解交通压力,增强交通流动性;③交通运输与环境息息相关,通过对交通流量的优化管理以及运用车联网技术解决实际车辆、道路问题,达到保护环境的目的;④为了更好地迎合未来交通运输的需求,全面促进技术发展,推动创新;⑤通过建立起系统构架和标准,应用先进的无线通信技术实现汽车与各种基础设施、便携式设备的通信交互,促进信息共享。

2. 体系框架

1992 年,IVHS American(ITS American 的前称)向美国运输部正式推荐了一套调动多家国有和私立机构联合攻关的ITS体系结构开发方法。1993年,美国运输部正式启动了ITS体系结构开发计划,其目的是开发一个经过详细规划的国家ITS体系结构,这一体系结构将指导而不是指挥ITS产品和服务的配置,它将在保持地区特色和灵活性的同时为全国范围内的兼容和协调提供保证。其开发分为两个阶段:第一阶段主要由4家公司分别提出体系框架初步开发方案,第二阶段为在上述4家公司的基础上选择2家合作进行美国国家ITS体系框架的开发。

其构建主要原则和目标为:以经济性为基本原则,最大限度地利用已有设施提供ITS服务;低收费,使多数人可享受信息服务,同时提供多种供选择的服务方式;增加私人企业的利益,加速ITS的实施应用;鼓励国家、个人合作;加强出行者安全;给地方提供管理空间。

其开发以面向过程方法为指导,利用系统分析、软件工程的方法给出了包括用户服务、逻辑框架、物理框架及其标准等内容,至今已更新推出了第5版。

(1)用户服务。

美国的ITS涉及投资者、建设者、使用者、管理者等多种用户主体,通过开展讨论等方式对这些参与者需求进行总结,得出8类服务领域、32项用户服务,如表1-1所示。

表1-1　美国国家ITS体系框架用户服务层次

服务领域	服务
出行和交通管理	出行前信息;途中驾驶人信息;路线诱导;合乘与预约;出行者服务信息;交通控制;事件管理;出行需求管理;尾气排放检测与减轻;交叉路口
公共交通管理	公共交通管理;途中公交信息;个性化公共交通;公共出行安全
电子付费	电子付费
商用车辆运营	商用车辆电子通关;自动路侧安全检查;车辆行驶安全监视;商用车辆管理;危险物品事件响应;商用车队管理
紧急事件管理	紧急事件通告与个人安全;紧急车辆管理
先进的车辆安全系统	纵向防撞;横向防撞;交叉路口防撞;视野扩展;安全准备;碰撞前措施实施;自动车辆控制
信息管理	存档数据管理
维护和建设管理	维护和建设运营管理

(2)逻辑框架。

美国的ITS逻辑框架以面向过程开发方法为指导,对如何实现各项用户服务进行细化,给出分层的逻辑功能元素表以及各元素之间的数据流联系,包括9个逻辑功能、57项子功能等。

(3)物理框架。

美国的ITS物理框架将智能交通系统分为4个大类和19个子系统,物理框架的子系统有:中心系统(应急管理子系统,尾气管理子系统,货运管理子系统,计划管理子系统,收费管理子系统,交通管理子系统,快速运输管理子系统,服务信息提供子系统,商用车辆管理子系统)、外场设备系统(商用车辆检查子系统,停车管理子系统,收费管理子系统,外场设备子系统)、远程访问系统(个人信息访问子系统,远程出行者访问子系统)和车载系统(商用车辆子系统,紧急车辆子系统,建设维护车辆子系统,运输车辆子系统)。美国的ITS物理框架如图1-2和图1-3所示。

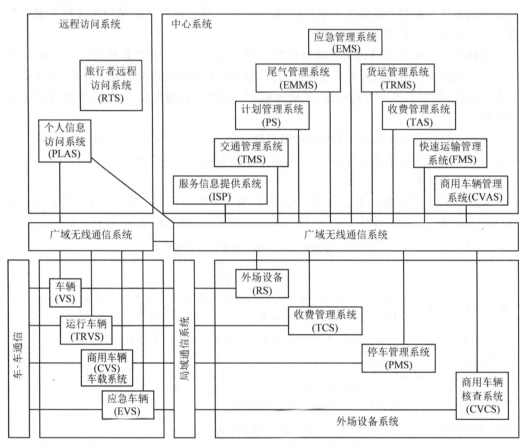

图1-2 美国ITS物理结构

美国在ITS物理框架设计中用到了设备包和市场包。设备包是子系统的组成模块,它遵循一定的规则,通过对一给定子系统中相近的逻辑过程进行分组组合得到,可作为预测实施费用的基础。市场包是美国ITS体系框架在第3版修订过程中添加的新内容,由一个或几个设备包组成,可单独用于指导ITS项目建设,通过框架流与其他ITS市场包进行信息联系。

美国在不断完善ITS体系框架的修订工作,同时加强对体系框架的应用推广。在国家ITS体系框架基础上,美国开发了地方ITS体系框架的支持系统 Turbo Architecture,和国家ITS体系框架同步更新,便于地方ITS体系框架的开发。而且,联邦公路局、联邦运输管理局于2001年4月规定,各联邦资助ITS项目必须在国家ITS体系框架和标准的基础上开展,并且各地方须要在国家体系框架指导下制定区域ITS体系框架,对于已经有ITS项目建设的地区,其区域ITS体系框架须在规定颁布的4年内完成,对于未实

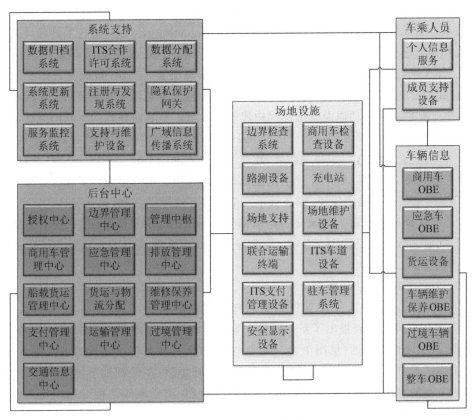

图 1-3　美国 ITS 物理框架

施 ITS 项目建设的地区,其区域 ITS 体系框架要在其首个 ITS 项目设计结束后的 4 年内完成,以使各系统相互协调,减少系统重复建设。

3. 主要技术特点

为推动智能交通技术的发展和应用,美国政府推动了一些大型研究项目,主要体现在如下方面。

(1) IntelliDrive。

美国在 2009 年启动了 IntelliDrive 项目,该项目从单一的 5.9GHz 专用短程无线通信技术(Dedicated Short Range Communication,DSRC)转而考虑采取其他途径,如通过手机宽带无线通信、WIMAX、卫星通信等方式建立开放式通信平台,为车辆提供无缝的通信服务。IntelliDrive 提供的服务重点为车辆主动安全方面,同时兼顾多种运输方式和出行模式的解决方案,为驾驶人提供动态、连续的服务。其中,实时性和可靠性要求较高的车辆主动安全服务将主要通过 DSRC 专用通信技术实现,而实时性要求相对一般的出行服务则通过 3G、4G、Wi-Fi 等公共通信技术实现。保证车与车、车与路侧、车与管理中心等主体之间的连接方便性。

(2) Connected Vehicle。

车联网研究(Connected Vehicle Research,CVR)是当前美国智能交通系统研究的核心内容。在车联网中,车辆具备信息感知功能,可通过射频识别(RFID)、车载信息服务(Telematics)、无线定位技术(Wireless Location Technology,WLT)等一系列移动式信息采集技术实时感知车辆自身及车辆与周边环境信息,并通过专用短程无线通信技术(DSRC)使车辆与车辆、车辆与基础设施之间进行信息交互。美国《智能交通系统战略研究计划(2010—2014)》将早期车联网的应用范围从轻型车拓展到所有车型,并针对通信过程中由于车辆高速移动以及受道路周边建筑物和树木影响而导致的车联网无线信道质量不稳定的情况,将通信方式从单一的5.9GHz的DSRC通信技术拓展为多种形式,如手机宽带无线通信、WiMAX、卫星通信等,建立了开放式通信平台。2014年2月3日,美国交通部发表声明,决定推动V2V技术在轻型车上的应用。声明中强调了在轻型车上使用车-车(V2V)通信技术避免碰撞、提高行车安全性的有效作用,表示基于V2V安全应用能解决大部分车辆碰撞问题。美国交通运输部长Anthony Foxx认为V2V技术是继安全带、安全气囊之后的第三代安全技术,是维持美国处于全球汽车工业领导者地位的重要角色。

(3)车联网测试。

美国交通运输部投入了大量资源进行车联网技术的开发,建立了大量测试基地。2016年,美国联邦公路局提出了新一代的车联网应用的发展愿景,涵盖车联网环境下的安全、环境、机动性三方面(见图1-4)。其中,安全方面的应用包括违规驾驶提醒系统、减速区/工作区提醒系统、过街行人提醒、恶劣天气驾驶提醒、左转辅助系统、偏离车道提醒等;环境方面的应用包括环保驾驶提醒、环保停车管理、动态环保路径导航以及环保信号配时等;而机动性方面的应用则涵盖排队长度警告、突发事件引导、动态公共交通调度以及自适应定速巡航等。Mcity试验场是由美国密歇根大学主导、密歇根州交通部支持建设的无人驾驶虚拟之城,位于美国密歇根州安娜堡市,占地约13万平方米,斥资1000万

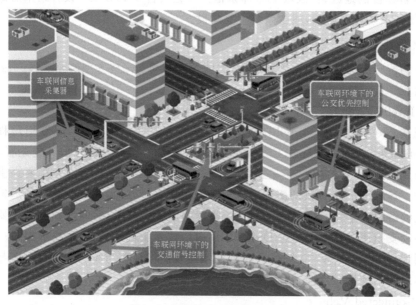

图1-4 新一代车联网应用愿景

美元,是世界上第一座针对无人驾驶汽车技术测试而打造的模拟小镇(见图 1-5)。作为世界上第一座针对智能网联汽车的专用试验场,其设计特色之一就是采用强化试验的思想进行智能车测试,多种道路突发状况可以集中发生,因此,每千米的测试路程能够代表真实环境中几十千米甚至几百千米的行程。Mcity 试验场的另一特色是柔性化设计理念,道路无固定标线,可以随时更改车道布置。多种交通元素(如建筑外墙、假人等)可以移动,交通标志也可以随时根据试验要求进行更换,而且还预留了巨大、平整的沥青路面区域用于设计和布置已有场地中未包含的场景,如大型停车场等。这样可以极大地方便测试者按需调整测试场景,进而大大降低后期的升级成本。

图 1-5　Mcity 试验场

(4) Car-to-Car 智能通信系统。

Car-to-Car 智能通信系统在美国也有较好的发展,该系统可以实现车与车之间的随时通信,方便了解车与车之间的距离,从而及时防止交通事故的发生。该项技术自 2013 年 12 月 31 日在美国通过后,已在密歇根州的安娜堡等多个城市的多个街道进行试运营。对于汽车厂商来说,Car-to-Car 通信系统的研发成本过于庞大,但出于对交通安全的考虑,相关部门认为该系统是非常有必要的。美国国家交通部门 NHTSA 表示每年用于解决交通拥堵的费用高达 880 亿美元,使用这项技术后,可预防 80% 的交通事故。Car-to-Car 通信系统已于 2017 年在美国全面使用。

(5) 无人驾驶汽车。

无人驾驶汽车是美国智能交通中车辆行驶安全方面的重要研究,通过引入成熟的机器人和自动控制、人工智能、视觉计算等技术实现车辆的无人驾驶。具有代表性的是 Google 公司旗下的 Waymo 将上述技术应用到实践,其研制的无人驾驶汽车基于摄像机、雷达和激光测距仪感知车辆周边环境,并通过车载传感器将前车距离、相对速度和障碍物等数据信息传递给车载主控计算机,通过计算机软件对数据进行处理,并将处理结果反馈给主控计算机。自动驾驶控制软件根据反馈的信息对方向盘、油门和刹车控制器等发出动作命令,控制车辆的转向、加减速和超车、变道等行为,从而使车辆能够安全、可靠地在道路上行驶。自动驾驶技术正在加速发展,截至 2018 年 7 月,Waymo 自动驾驶车队的总路测里程已达到了 800 万英里(约 1287 万千米),值得一提的是,从 700 万英里(约 1127

万千米)上升到 800 万英里(约 1287 万千米),Waymo 仅用了一个月的时间。

(6)智能交通管理。

美国在交通管理方面大量采用先进的监控管理技术,通过道路监控中心和路边的可变标志牌等系统为驾驶人提供实时路况和车辆违章情况。目前,ITS 在美国的应用已达80%以上,而且相关的产品也较先进。美国 ITS 应用在车辆安全系统(占 51%)、电子收费(占 37%)、公路及车辆管理系统(占 28%)、导航定位系统(占 20%)、商业车辆管理系统(占 14%)方面的发展较快。

1.2.2 日本智能交通系统的发展历程与现状

1. 发展历程

日本智能交通技术研究的发展历程也经历了两个阶段。第一阶段为 20 世纪 90 年代到 21 世纪初,研究领域虽然涉及交通安全辅助驾驶、导航系统、电子收费、交通管理优化、道路管理高效化、公共交通支援、卡车管理高效化、行人辅助、紧急车辆的运行辅助等方面,但重点集中在导航系统、自动收费系统和先进车辆系统,并在这些技术上都取得了突破,尤其是导航系统和自动收费系统已经得到广泛应用;第二阶段从 21 世纪初开始,研究重点转移到道路交通安全性的提高、交通顺畅化及环境负荷的减轻、个人便利性与舒适性的提高、地方活力的发挥和公共平台的建设以及国际标准化促进,更加注重系统集成与人性化的交通服务以及技术的推广应用。

第一阶段。1994 年 1 月,日本成立由民间企业、团体参加的汽车道路交通智能化协会(Vehicle,Road and Traffic Intelligence Society,VERTIS)。作为该协会的支撑,日本还设立了由警察厅、通产省、运输省、邮政省和建设省 5 个政府机构负责人参加的五省厅联络会议,以完善日本 ITS 研究开发的体制。1995 年 6 月,日本政府在内阁会议上确定了面向先进信息化社会的基本方针。根据这一方针,以警察厅为主的有关五省厅发表了道路、交通、车辆领域信息化实施方针,制定了发展 ITS 的基本国策。该文件明确了 9 个开发领域,确定了 11 项推进措施,预计在 21 世纪初完成 ITS 的建设目标。

第二阶段。日本对第一阶段的发展进行了总结,结合日本面临的交通事故频发、交通拥挤严重、手机和网络迅速发展、环境更受关注、老年化社会来临、个人隐私保护增强、经济低迷的社会环境和部分 ITS 系统(车载导航系统、信息服务系统和电子收费系统)得到广泛应用的交通环境,制定了新的发展战略,提出了构建安全可靠的 ITS 区;促进物流和运输车辆自动驾驶的发展;导航系统商业化,使交通更舒适;构建 ITS 综合平台等具体措施。

2. 体系框架

日本于 1998 年 1 月着手开发国家 ITS 体系框架,并于 1999 年 11 月完成。日本 ITS 体系框架的最大特点是强调 ITS 信息的交互和共享,整个 ITS 建设是社会信息化(e-Japan)的一部分。日本的 ITS 体系框架总体内容上与美欧相同,分为用户服务、逻辑框架、物理框架三大部分,它吸纳了美国、欧盟体系框架的特点。日本 ITS 体系框架采用了面向对象的方法建立系统的逻辑框架和物理框架。日本 ITS 体系框架开发中的面向对象方法主要体现在逻辑框架的构建,通过对 ITS 进行抽象,建立信息模型描述 ITS 涉及的各对象之间的信息关系(如继承等),通过建立控制模型实现各项用户服务。日本ITS体系框架的开发流程如图1-6所示。

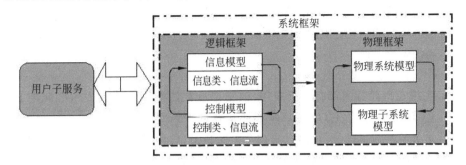

图1-6　日本ITS体系框架开发流程

日本ITS体系框架也在不断完善,近年来日本致力于此体系框架的应用推广。2003年,日本推出了地方ITS体系框架开发辅助支持系统,并以东京作为示范进行了应用。

日本ITS逻辑框架建立了详细的对象模型,包括整体模型(针对整体ITS或者几个服务领域共有的内容)、详细模型(针对单个服务),分别从总体和动态两个方面进行分析,给出对应于整体模型和详细模型的核心模型与细节模型。其中,核心模型(总体)给出服务涉及的对象类之间的关系,细节模型(总体)针对核心模型中的对象类分别进行详细分析,给出每种对象类的对象之间属性的继承关系,细节模型是对核心模型中对象类的深化;核心模型(动态)则是从建立有动态信息需求的对象之间的信息交互模型,细节模型(动态)则是针对核心模型(动态)中对象类的深化。

日本ITS物理框架包括:高层子系统、子系统、底层子系统、单个独立的物理模型、整体物理模型以及信息流。其中,高层子系统以地点为划分标准;底层子系统以逻辑框架中的控制模型为基础提出,基本原则是针对控制模型中的每一个控制模块给出一个独立的底层子系统,也存在一个底层子系统对应包含多个控制模块的情况,其中,通过方法选择表完成ITS体系框架中的172项子服务所对应的逻辑功能和实现地点的匹配,即完成底层子系统在高层子系统中的定位;子系统则是对高层子系统下近似底层子系统组合而得到的,是一个分类方式,不具有实际意义;物理模型则是针对用户服务提出的,由底层子系统为基本组成单位。实际上,高层子系统和系统框架流一起组成整体物理模型,底层子系统和框架流一起进行不同组合以组成单个独立的物理模型。日本ITS与美国的物理框架类似之处在于:以人、车、路、中心、环境为基本的物理系统划分原则,针对用户服务提出相应的物理模型。

3. 主要技术特点

当前,日本正在加紧车联网及自动化技术的研发,目标是在2020年前建立全球领先的智能交通系统。2017年,日本政府联合汽车制造商在高速公路和人车流量较低的区域进行自动驾驶汽车测试。2020年,政府计划实现该服务的商业化。这一年对日本来说非常重要,因为东京是夏季奥运会的举办地。在这之后,日本希望进一步展示其新一代技术的实力,如无人驾驶汽车、环保交通传动系统等。2025年,日本政府和汽车制造商希望在全国普及自主驾驶技术,使车辆不再需要司机就能够上路。除此之外,日本政府还希望在2030年推动新技术促进当地就业,保持该国汽车制造商的海外竞争力。日本政府表示,届时交通死亡事故也将大幅削减,甚至要把这一数字降为零。

目前,日本的ITS主要应用在交通信息提供、电子收费、公共交通、商业车辆管理以及紧急车辆优先等方面。

(1) 不停车电子收费系统。

ETC系统在世界各国都有广泛应用,但至今没有任何一个国家或地区利用ETC的车辆数量有日本这么多。ETC在日本如此普及的理由之一是日本ETC的规格全国统一。日本有众多道路收费公司,但只要在车上安装ETC车载器并插入ETC卡,那么就能够利用几乎全日本所有的收费高速公路。另外,只要企业能够保证基本的安全性,那么这一企业就能够开展ETC车载器及ETC卡的业务,通过自由竞争实现低价格化,这也促进了ETC的普及。

日本的ETC由车载器和ETC卡构成,这种方式可以区分车(车载器)的拥有者和ETC费用的支付者(ETC卡)。也就是说,用ETC支付费用的人并不一定必须是车的拥有者。只要持有ETC卡,那么就可以在租赁车等非本人拥有车辆的车载器上使用ETC卡。

2016年以来,日本在部分地区对以往使用的ETC系统进行了升级,出现了ETC 2.0,ETC 2.0是世界上第一个I2V协作系统,通过安装在高速公路旁边的智能天线提供驾驶支持服务。ETC 2.0能为司机提供有价值的信息服务,如避免交通拥堵、安全驾驶辅助、交通事故救援以及原有的ETC高速公路收费。此外,它还在促进城市停车场费用的多用途化,并在未来车辆的收货管理方面有更大的用处。在ETC 2.0的支持下,道路网络的资源可以被更加有效地利用。

(2) 先进安全型汽车。

先进安全型汽车(ASV)能将事故防患于未然,通过车辆及道路的各种传感器掌握道路周围车辆的状况等驾驶环境信息,并实时提供给驾驶人。

ASV推行计划共有五个阶段:第一阶段是1991年到1995年的五年计划,目标是验证乘用车的技术可能性,并验证减少事故的影响;第二阶段是1996年至2000年;第三阶段为2001年至2005年;第四阶段为2006年至2010年;第五阶段为2010年至2015年。截至2016年,ASV在日本已经有了广泛应用,并显著降低了交通事故的发生概率。

(3) 高效的物流系统。

日本对于物联网技术的发展也比较重视。2007年,日本政府与民间的23家知名企业共同发起了Smartway计划,该计划用于促进道路基础设施、交通运输、旅游和先进安全汽车等方面的发展。Smartway的发展重点在于将现有的各项ITS功能(如ETC、网络支付和VICS等)整合于车载单元OBU上,使道路与车辆实现双向连接,成为Smartway与Smartcar,以减少交通事故、缓解交通拥堵。2011年1月,在Smartway的研究成果的基础上,一个新的ITS服务"ITS Spot Service"开始在东京都湾岸线(Bay Shore Routes)上实施。2011年3月,这项服务已经扩展到了1600个点,主要集中在高速公路。同时,日本政府也十分支持交通物联网的发展。2009年,日本制定《i-Japan战略2015》,在实现交通电子政务的同时,致力于通过物联网技术减少交通拥堵、提高物流效率和减少 CO_2

的排放。2010年,日本制定了《新IT战略》,旨在推动绿色出行,短期计划目标是通过车辆探测技术保证交通畅通,提高物流效率,利用公共汽车优先系统和公共汽车定位系统增强公共交通系统的使用便利性,从而提高其使用率。

日本也在努力建设新一代交通管理系统(UTMS)。UTMS利用光信标传感器使车辆与交通指挥中心之间实现双向通信,通过信息交互,提高驾驶安全、减少交通拥堵、降低交通污染,构筑以安全、舒适和低环境污染的交通社会。日本UTMS的主要推动工作体现在以下两个方面。

① 交通信息服务系统(AMIS)。AMIS利用可变情报板和交通广播等,通过光信标传感器对车载设备提供交通信息服务,以达到分散交通流和缓解道路拥堵的目的。2012年,该系统在日本全国推广,并在后续进行了不断的完善和推广应用。

② 紧急救援车辆保障系统(FAST)。在紧急救援车辆出动和通行次数比较频繁的区域,FAST通过光信标传感器检测执行任务的紧急救援车辆,对其实施信号优先控制,缩短该车辆到达目的地的时间,同时避免紧急救援车辆因高速行驶而产生交通事故。

(4) 道路交通情报通信系统。

道路交通情报通信系统(Vehicle Information and Communication System,VICS)作为日本智能交通管理系统应用的一部分在日本得到了广泛应用,交通管理者和道路管理者(道路集团等)无偿提供交通信息,经日本道路交通信息中心集中到VICS中心,然后这些信息再由VICS中心通过多种方法传送给驾驶人和车载装置。这个系统在日本的普及率很高,主要得益于一种成功的商业模式。在日本,VICS系统的服务是免费的,使用者只要购买带有VICS系统的车载导航器,便可享受VICS系统提供的无偿服务,在之后的日常使用中不再需要支付其他的费用。但装载VICS系统的导航器通常会较普通的贵一些,每销售一台带有VICS功能的导航仪,VICS中心便会得到导航仪厂家或车厂返回来的技术支持费,随着VICS安装台数的大量增长,VICS中心每年的这笔入账便足够支撑中心的运营开支。

日本也在实用化基于车路协同的辅助安全驾驶系统(DSSS)。通过路侧检测器检测危险因素并进行信息服务的"DSSS-I(信息服务型)"已在东京、琦玉等地进行应用。判断型DSSS车载机根据信息判断是否需要对驾驶人进行信息服务和服务的时机,并通过声音和图像等提醒驾驶人注意。该系统进行了大规模的实证性试验。通过系统,不仅获得了在路测检测器设置区段的交通事故预防效果,而且获得了利用学习功能对驾驶人驾驶行为的整体改善效果。2012年,利用电波连续向车载机提供信息服务且不与交通指挥中心连接的简易DSSS进行了实证性试验,简易DSSS的特点是不需要与交通指挥中心连接,可以削减成本。

为了减少车辆在交通拥堵中因频繁启动而造成的燃料浪费和CO_2排放,日本从2008年就开始了无人驾驶和列队行驶的研究开发和CO_2削减效果评价方法的构建。无人驾驶和列队行驶研究开发作为应对汽车节能的对策之一,利用ITS技术组织汽车列队行驶,并尽量缩短车与车辆之间的间隔,使其入列行驶,以及研发在市内道路上的生态行驶所需要的关键技术,2012年成功试验了4辆卡车以80km/h速度、4m间隔的列队行驶,该工程得到了4家卡车厂家的支持,生产了"车-车通信间距系统CACC"试验车。2014年日本完成了 ITS 对 CO_2 削减效果定量评价方法、技术开发中的评价工具的确立和改进，该方法受到国际上的广泛认可。该项目进行了广泛的国际商讨合作，与欧美同领域研究人员对评价工具和方法的验收进行了商讨，完成并出版了国际合作研究报告，并且将柏市和丰田市作为示范城市，对生态驾驶和生态路径诱导以及 CO_2 削减效果评价工具等进行了有效性验证。

1.2.3　欧洲智能交通系统的发展历程与现状

1. 发展历程

欧洲的智能交通与安全的研究基本与美国和日本同期起步，发展历程也经历了两个阶段。第一阶段为 20 世纪 80 年代到 21 世纪初，研究领域涉及先进的旅行信息系统（Advanced Traveller Information System，ATIS）、先进的车辆控制系统（Advanced Vehicle Control System，AVCS）、商用车辆运营系统（Commercial Vehicle Operation System，CVOS）、电子收费系统等方面，重点关注道路和车载通信设备、车辆智能化和公共运输，其特点与美国的第一阶段比较相似，即研究的范围比较广泛，项目相对分散；第二阶段从 21 世纪初开始转移到重点研究安全问题，更加重视体系框架和标准、交通通信标准化、综合运输协同等技术的研究，并推动智能交通与安全技术的实用化。

2016 年 11 月，欧盟委员会通过欧洲合作式智能交通系统（Cooperative-Intelligent Transportation System，C-ITS）战略，目标是到 2019 年在欧盟国家道路上大规模配置合作式智能交通系统，实现汽车与汽车之间、汽车与道路设施之间的智能沟通。合作式智能交通系统的特点是利用多项通信技术让汽车之间、汽车与道路设施之间能够沟通，使得道路使用者和交通管理人员能共享信息并有效协调，例如车辆之间能够自动发送紧急制动、前方拥堵等警示信息，也可以自动接收某一路段设施发送的限速信息。同时，欧盟也进行了 Telematic 的全面开发，计划在全欧洲建立专门的交通（以道路交通为主）无线数据通信网，正在开发先进的出行信息服务系统（ATIS）、先进的车辆控制系统（AVCS）、先进的商业车辆运行系统（ACVOS）、先进的电子收费系统等。部分欧洲国家也在发展交通通信信息高速公路（TIH）和视频信息高速公路（VIH）。目前，欧洲智能交通的发展主要包括自动车辆定位系统、可变信息系统、智能停车系统、旅行信息高速公路、视频信息高速公路、国家交通控制中心、城市交通管理和控制系统、SCOOT 系统、电子收费系统、数字交通执法系统、射频识别技术、物联网等。

2. 体系框架

欧盟于 1998 年 4 月开始了代号为 KAREN（Keystone Architecture Required for European Networks）的项目，奠定了欧盟 ITS 体系框架的基础。1999 年 8 月和 10 月，欧洲先后完成了 ITS 的逻辑框架和物理框架，此后陆续补充完善了其他部分的内容，形成了欧盟整体的 ITS 框架。与包罗万象、内容覆盖全面的美国 ITS 体系框架相比，欧盟 ITS 体系框架在内容上选取了典型系统进行详细分析，并非以"全"为目的。

欧盟 ITS 体系框架的开发也采用了结构分析方法，其框架总体结构与美国 ITS 框架相似，主要包括功能框架、物理框架和通信框架、费用效益分析等内容，从不同的角度描述了 ITS 系统。图 1-7 为欧盟 ITS 体系物理结构范例系统结构图。

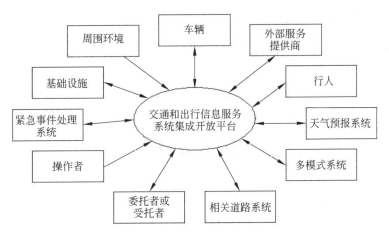

图 1-7 欧盟 ITS 体系物理结构范例系统结构图

在推出了欧盟 ITS 体系框架后,欧盟各国(如意大利、法国等)在此基础上构建了适合本国国情的体系框架,进一步为欧盟和本国 ITS 建设提供指导。

3. 主要技术特点

为了促进智能交通的发展,欧洲近年来主要推动了以下研究项目。

(1) ITS4rCO$_2$(2015)。

ITS4rCO$_2$(减少 CO$_2$ 排放的智能交通系统)是欧洲智能交通协会针对减少 CO$_2$ 排放实行的试点措施。基于此背景,欧洲汽车制造协会为欧洲智能交通协会提供了大量数据,大力支持其为减少 CO$_2$ 排放而采取的一系列措施,该研究主要集中在以下两个方面。

① 通过智能交通措施减少汽车的 CO$_2$ 排放。

② 通过与智能交通有关的基础设施减少汽车的 CO$_2$ 排放。

(2) ecoDriver(2011—2016)。

ecoDriver(支持节能减排的驾驶方式)项目汇聚了工程师、行为分析学者和经济学家,旨在通过优化司机-动力组成-环境这一系统反馈和指导司机生态驾驶,从而减少 CO$_2$ 排放和降低能源消耗。驾驶人在驾驶过程中会受到针对他们本人和车辆特性的各种生态驾驶建议,包括驾驶习惯、能耗方式,同时包括汽车类型在内的各种信息和数据也将被分析和测试,并在此基础上就任何环境下最适合的生态驾驶方式提出驾驶建议。

(3) UDRIVE(2012—2016)。

UDRIVE(欧洲自然驾驶研究项目)是关于汽车、卡车和电动两轮车的第一个大型欧洲自然驾驶研究项目,应用最新的信息和通信技术观察和分析驾驶行为,目标是提高道路安全并减少能耗。2012 年,欧洲智能交通协会已经为在欧洲 7 个成员地区大规模采集自然驾驶数据做好了相应的准备工作,该项目目标包括:在欧洲不同地区用量化的方法分析道路使用者在正常情况以及即将发生交通事故时刻的行为,对于安全相关的驾驶行为进行量化评估;用量化的方法分析和排放等级、能源消耗相关的道路使用者行为;研究新的方法,提高交通系统的安全性和可持续性。

(4) VRA 项目(2013—2016)。

VRA 是一个活跃的欧洲道路和车辆的自动化专家与利益相关者的联系网络,它有助于保持欧洲在车辆与道路自动化方面的共同立场。VRA 致力于欧盟-美国-日本道路和车辆自动化方面的国际合作和同步发展。VRA 为不同领域的道路和车辆的自动化设置讨论,包括部署路径和方案、法律和监管问题、道路适应性测试、连通性、数字基础设施、人力因素、效益评估、决策和控制算法等。VRA 联盟会议的召开为不同讨论组正在进行的项目和活动提供支持(CityMobil2,Autonet2030,iGames 及其他),同时也通过总结过去和现在,针对道路和车辆的自动化的活动传播相关知识。

(5) CARTER 项目(2016—2018)。

CARTER(欧洲道路交通自动驾驶协同发展)是 H2020 计划下的一个协调和支持自动化道路运输发展和部署的项目。通过欧盟成员国针对工业合作伙伴提出更清晰和一致的政策,CARTER 旨在确保欧洲的道路自动化运输系统与服务的一致性和协调发展。CARTER 召开了欧洲及国际层面的道路自动化运输系统的论坛,以支持当前自动化运输系统特定领域的研究和活动。目前,CARTER 共有 36 个合作伙伴,他们共同致力于实现以下目标:

① 通过政府和企业合作成为欧洲道路自动化运输体系发展的领导者;

② 支持道路自动化运输领域的国际合作活动,特别是与美国和日本的合作;

③ 联合利益相关者建立论坛,以协调和支持欧洲和国际层面的道路自动化运输体系发展;

④ 提供数据、经验和成果交换的平台;

⑤ 支持现场操作测试,为国家和欧盟的发展提供导向。

(6) INLANE 项目(2016—2018)。

INLANE(通过低成本导航卫星与计算机视觉融合实现车道级导航和自动驾驶地图生成)项目的目的是开发基于导航卫星和计算机视觉融合的新一代低成本、车道级精准导航系统,这将使新一代系统可以实现基于众包技术的信息实时更新。INLANE 将开发低成本的 EGNOS/EDAS＋GNSS(GPS/GLONASS)＋系统＋基于计算机视觉的定位模块,充分利用低成本的要素,在提高定位能力的同时降低成本,实现车道级定位。车道级车辆定位可以使导航和交通管理更加细化和高效,这种车道级定位模块可以为智能手机提供接口。INLANE 还将开发新的、基于计算机视觉的道路模型和交通信号识别信息,这类信息可以实现基于众包的车道级实时交通管理。INLANE 将考虑融合复杂的 GNSS、计算机视觉信号、IMU、杂交算法等以达到亚米级精度的地图,最终实现地图与车道位置的相对误差不超过 5cm 的目标。

该项目已于 2016 年 1 月开始,已经在各种受人关注的活动中展出,包括空间信息日、欧洲和世界大会等活动。

(7) European Cooperative ITS Corridor 项目。

该项目为世界上第一个由三个国家共同合作进行部署的智能交通项目。2014 年 11 月,5 辆试验车通过车路协同技术完成了 1300km 的驾驶实验,其中包括慕尼黑、维也纳以及海尔蒙德的测试场地,演示功能包括道路施工提醒、周围车辆信息、路口交通信号提示等。项目经过第一期建设后,计划将各国国内已经建成的智能道路与廊道相连,法国、波兰和捷克将会是第一批国家。

(8) OPTITRUCK(2016—2019)。

OPTITRUCK 是针对重型车辆的优化项目,致力于减少重型车辆对环境的影响。道路交通对能源效率的影响是一项重大的全球政策关切,且激发了大量的创新,这些创新主要体现在改进基础车辆、交通管理技术以及公共政策行动等方面。目前,减少能源消耗和 CO_2 排放的许多办法都适用于轻型车辆,但在重型车辆应用中仍不可行。在不牺牲排放的前提下减少燃料消耗和其他消耗品是重型车辆的一项重要挑战。然而在实际驾驶条件和实际运输任务中,有许多优化的可能性,特别是在将燃油效率和排放量与特定的车辆应用和操作条件进行平衡时。通过使用先进的优化和校准技术广泛开发大数据,将远程信息通信技术集成到智能体系结构的动力传动系统可能会进一步降低重型车辆对环境的影响。OPTITRUCK 的目标是通过应用从动力总成控制到智能交通系统各个层面的最先进技术实现燃料消耗的全球最佳(至少减少 20%),同时实现重型公路运输的欧Ⅵ排放标准。

(9) NEMO(2016—2019)。

NEMO 创建了一个包括工具、模型和服务在内的超级网络,以建立一个开放、分布式、被广泛接受的电动出行系统。NEMO 的超级网络处于基于标准接口的开放架构的分布式环境下,在其中所有涉及电迁移的部分(充电站、电网、系统运营商和服务提供商、车辆和车主/司机)均可以连接和无缝交互,从而交换数据,并在一个完全集成和可互操作的环境下提供 ICT 服务。数据连接方面将基于数据的动态转换和服务接口,为了满足特定的本地场景和涉众需要,现有的服务和数据存储库将以无缝高效的方式被集成在一起。

NEMO 的目的是通过提供适合参与者的后端数据和服务降低数字(接口)和物理(位置)障碍,从而提高电动出行服务的可用性,实现更好的规划和更安全的电网运行,这有望推动电动汽车充电设施的市场发展、ICT 服务和更广泛的 B2B 互联。该项目于 2016 年 10 月开始,目前的工作重点是电动出行参与者的用例和需求调查,以及规范和参考体系结构的确定。

1.2.4　中国智能交通系统的发展历程与现状

1. 发展历程

我国在 20 世纪 70 年代末就已经开始在交通运输和管理中应用电子信息技术。此后的 20 多年,在政府的支持与坚持自主开发的基础上,我国通过广泛的国际交流与合作在 ITS 领域进行了初步的理论研究、产品开发和示范应用,并取得了一定的成果。一批从事 ITS 研究开发的研究中心和生产企业通过理论与实践相结合正在成长。国家科技部于 1999 年批准建立了国家 ITS 工程技术研究中心(ITSC),2000 年又批准建设了国家铁路智能交通系统工程技术研究中心。许多大学和研究机构也纷纷组建 ITS 研究中心,从事 ITS 的理论研究和产品研发,例如东南大学 ITS 中心、武汉理工大学 ITS 研究中心、吉林大学 ITS 研究中心、北京交通大学 ITS 研究中心、同济大学 ITS 研究中心、华南理工大学 ITS 研究中心等。中国交通领域和 IT 行业的很多企业被 ITS 巨大的高新技术市场所吸引,纷纷涉足 ITS 领域进行其产品的开发研究和推广应用。为协调和引导中国 ITS 的发展,2001 年,国家科技部会同当时的国家计委、经贸委、公安部、铁道部和交通部等部门联合成立了全国 ITS 协调指导小组及办公室,并成立了 ITS 专家咨询委员会,负责组织、研究、制定中国 ITS 发展的总体战略、技术政策和技术标准,积极支持有关部委、地方、企业及科研单位,根据行业和地区特点开展 ITS 的关键技术研究与应用示范工程,促进 ITS 研究成果的产业化。2012 年 7 月,我国交通运输部发布了关于《交通运输行业智能交通发展战略(2012—2020 年)》,为中国未来的智能交通发展指明了方向。2020 年,我国将基本实现全国地级及以上城市公交智能化管理与服务;在有条件的大中城市进行推广建设,城市交通整体运行效率得到较大提升;在全国大中城市推广应用综合客运枢纽协同管理与服务体系。此外,该战略还提出了明确的智能交通发展目标:到 2020 年,我国在交通信息采集、交通数据处理、城市交通信号控制、集装箱运输、港口自动化等方面将达到国际先进水平,总体技术水平达到发达国家的水平,并实现主要智能交通技术及装备、应用软件和控制软件的自主开发和规模应用。2019 年 9 月,中共中央、国务院印发了《交通强国建设纲要》,明确提出开发新一代智能交通管理系统,到 21 世纪中叶,全面建成人民满意、保障有力、世界前列的交通强国;智能化与绿色化水平位居世界前列,交通安全水平达到国际先进水平。

2. 体系框架

我国智能交通系统的起步虽然较晚,但发展很快,在 ITS 的发展过程中也出现了很多问题,如重复建设、系统不兼容等。政府部门和科技工作者深刻认识到了开展智能交通系统体系框架研究的重要性。1999 年,由全国智能交通系统协调领导小组和办公室负责组织与实施我国智能交通系统体系框架的制定。我国于 2003 年 1 月正式出版了《中国智能运输系统体系框架》,2005 年进行了修订,出版了《中国智能运输系统体系框架》(第 2 版)。

(1) 我国 ITS 体系框架制定的目标与步骤。

国家 ITS 体系框架是最高层次的系统总体架构,对于全国范围内的 ITS 规划与建设具有重要的指导意义,其主要阐述系统的功能,确定构成系统的子系统和元素,以及它们之间的信息流,突出各部分之间的关系。我国 ITS 体系框架的设计目标如下。

① 明确我国 ITS 的总体需求,描述我国 ITS 所涵盖的主要内容。全面了解、分析和归纳不同领域和不同层面的用户对 ITS 的需求,制定符合国情和实际需求的用户服务。

② 明确我国 ITS 体系框架,以用户需求和用户服务为基础,分析我国 ITS 的总体框架结构,提出系统的基本构成和各组成部分的互联关系。

③ 分析影响 ITS 发展的技术和经济因素,减少技术对框架结构的影响。

我国 ITS 体系框架采用面向过程的方法,具体开发步骤如下。

① 确定用户服务。通过对与交通相关的政府部门和交通的参与者、研究者进行调查以明确需求,定义用户主体和服务主体,结合国际上 ITS 体系框架的经验和我国的实际情况,确定 ITS 的服务领域并赋予中国化的含义。

② 建立逻辑框架。从分析用户入手,确定系统应该具有的主要功能,并将功能划分为系统功能、过程、子过程等几个层次。在此基础上,分析 ITS 的逻辑结构和各个功能之间的交互关系,明确功能和过程之间交互的主要信息,并以数据流的形式对交互信息进行定义。

③ 建立物理框架。从物理系统的角度分析实际的智能交通系统应该具有的结构,按照系统、子系统、模块等层次对系统进行结构分析,分析 ITS 物理系统之间的交互信息,并以框架流的形式对信息进行定义,明确系统对系统功能的实现关系和框架流对数据流的包含关系。

④ 明确标准化的内容。确定与 ITS 相关技术的标准、ITS 相关设备的接口标准、ITS 各子系统之间的接口标准等。

(2) 我国 ITS 体系框架的服务定义。

ITS 用户服务定义了 ITS 系统的主要内容,从系统用户的角度描述了 ITS 应该做什么。用户服务分为用户服务领域、用户服务和用户子服务三个层次。ITS 用户服务应既符合实际,而又具有一定的前瞻性和超前性。

我国 ITS 用户服务的确定是在对我国的交通基础设施、交通运输现状、交通出行和管理需求、交通管理相关法律法规、交通发展规划以及社会经济、政治、文化、科技发展背景等进行详细调研分析的基础上制定的符合中国国情的用户服务。国家 ITS 体系框架(第 1 版)包括 8 个服务领域、34 项服务和 138 项子服务。

(3) 我国 ITS 体系框架的逻辑框架。

我国 ITS 体系框架的逻辑框架包括 10 个功能域,各功能域在数据流名称中的代码如下。

交通管理与规划:TMP(Traffic Management and Planning)。

电子收费:EPS(Electronic Payment Service)。

出行者信息:TIS(Traveler Information System)。

车辆安全与辅助驾驶:VSDA(Vehicle Safety and Driving Assistance)。

紧急事件和安全:EM(Emergency and Security)。

运营管理:TOM(Transportation Operation Management)。

综合运输:IMT(Inter Modal Transportation)。

自动公路:AHS(Automated Highway System)。

交通地理信息及定位技术平台:TGIPS(Transportation Geographic Information and Positioning System)。

评价:EVAL(Evaluate)。

对于同一功能域内的数据流,其命名格式为:功能域代码_数据流名称。对于起点和终点属于不同功能域的数据流,其命名格式为:起点所属功能域代码_终点所属功能域代码_数据流名称。对于出入终端的数据流,其命名格式为

从终端流出的数据流:f终端名_功能域代码_数据流名称;
流入终端的数据流:t终端名_功能域代码_数据流名称,其中终端名采用中文定义。

流出(或流入)同一终端的一组数据流,可以合并为数据流组,其命名格式为

从终端流出的数据流组:fr终端名;
流入终端的数据流组:to终端名;
终端的双向数据流组:to/fr终端名;

我国智能交通系统逻辑框架的顶层结构如图 1-8 所示,逻辑框架最主要的内容就是描述系统功能和系统功能之间的数据流,系统功能和数据流可以参阅将要发表的研究报告中的有关功能描述表和数据流描述表(数据字典)。

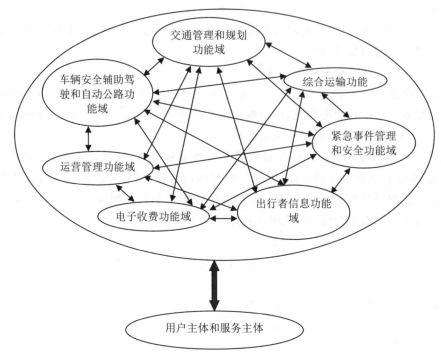

图 1-8　我国智能交通系统逻辑框架的顶层结构[2]

3. 主要技术特点

为了促进智能交通的发展,我国近年来主要推动了以下研究项目并取得了一系列成果。

(1) 国家"863"计划-"城市地面交通网络协同与环境友好型交通控制技术"(2014—2016)。

项目的总体目标是缓解我国城市交通面临的交通环境污染和公交网络服务低效等突出问题,通过研发智能低排放交通控制和多模式多层次公交协调控制等关键技术和系统,为保障城市交通发展的低碳环保发展和城市公交网络的高效运行提供技术支撑。项目针对城市交通环境友好型智能化控制问题,突破了多层次交通与环境数据共享、基于驾驶轨迹特征的区域交通排放动态监测及预测、面向环境和通行效率等多目标的车辆及交通信号智能化控制等关键技术;针对城市地面公交网络协同问题,研发了地面公交网络竞合关系下的高效配置和多模式公交换乘枢纽客流组织等关键技术。研制出了交通运行与环境数据共享系统、区域交通排放动态监测和预测系统、多目标交通信号控制原型系统、协同式车速辅助原型系统、多模式公交网络协调调度系统和干线公交交叉路口-站点-信号协同控制设备。

(2) 国家科技支撑项目-"中等城市道路交通智能联网联控技术集成及示范应用"

（2014—2017）。

该项目的主要目标是围绕我国中等城市道路交通管理发展的应用需求,针对中等城市的交通运行特征和面临的交通联网联控技术难点,研究适合于中等城市的路网交通组织优化、动静态交通协调管控等关键技术,突破城市交通状态感知、信号控制、交通诱导等智能联网联控技术应用的瓶颈,集成构建城市交通智能联网联控平台,在具有代表性的若干中等城市组织实施示范工程,形成相关技术规范和应用指南,规范引导我国中等城市智能交通系统建设发展模式,提升城市交通管控和服务的智能化水平,提高道路畅通水平和群众出行满意度。

（3）国家科技支撑项目-"高速公路空地一体化交通行为监测与信息化执法技术及装备研发"课题(2012—2016)。

该课题以全面提升我国高速公路交通安全的信息化执法能力为目标,攻关交通行为空地一体化监测技术及装备研制、重点驾驶人交通行为分析技术及系统开发、典型交通违法行为取证技术及设备研制、典型交通违法行为干预技术及设备研制、交通安全信息化执法技术及系统集成 5 个研究专题。2016 年,该课题完成了关键技术攻关和装备研制,围绕全面提升高速公路通行车辆的安全监管水平,构建空地一体化的高速公路交通行为智慧传感系统和"违前警示、违中取证、违后执法"的人性化执法体系,开展了高速公路交通行为空域监测、车辆特征综合感知等立体化监测成套装备的研制,集成开发高速公路交通安全信息化执法系统,实现了高速公路交通行为立体化监测、重点违法行为可视化预警、典型违法行为人性化执法、通行车辆信息化管理等功能。

（4）国家科技支撑项目-"高速公路交通安全联网联控关键技术研发及系统集成"课题(2014—2017)。

该课题以高速公路交通安全信息化管理需求为导向,针对高速公路网交通安全信息共享和业务资源集成度低、恶劣天气和节假日大交通流等突发交通事件下的交通安全管控能力弱等热点和难点问题,重点研究路网交通安全信息集成系统、多尺度交通安全风险研判系统、大范围交通流干预控制系统、警力指挥和路警联动联控系统、交通安全信息社会化服务系统等,集成建立部、省、地市三级高速公路交通安全主动防控平台,构建高速公路网交通安全全时空主动防控技术支撑体系。

（5）国家科技支撑项目-"高速公路重大突发事件处置与应急救援技术及装备研发"课题(2014—2017)。

该课题以全面提升我国高速公路重大突发事件处置及应急救援能力为目标,从高速公路突发事件决策支持、应急救援、现场处置、基础保障及分析评估等环节攻关重大突发事件快速响应与决策支持技术及系统开发、重大突发事件应急救援技术及装备研制、重大突发事件现场处置技术及装备研制、重大突发事件基础设施保障技术及装备研制、重大突发事件分析评估技术及系统开发 5 个研究专题,系统开展应急处置与救援的机制、技术、系统及装备等研究,突破了高速公路突发事件的处置理念与思路,创新了处置方法与手段,全面提升了处置效率,取得了较好的效果。

（6）国家自然科学基金委重大项目研究计划-"视听觉信息的认知计算"计划(2008至今)。

该计划以社会、经济和国家安全等领域中与人类视听觉信息相关的图像、语音和文本

（语言）的认知机制和计算模型为研究对象，以提高计算机对复杂感知信息的理解能力和对海量异构信息的处理效率为主要目标，实现相关技术突破和信息处理方式的改变，为满足社会、国民经济发展和国家安全等方面的重大需求做出贡献。具体表现为：在视听觉信息的基础理论研究方面取得重要进展；在视听觉信息计算及与之相关的脑机接口关键技术方面取得重大突破；集成上述主要研究成果，研制具有自然环境感知与智能行为决策能力的无人驾驶车辆验证平台，以及面向脑功能与肢体康复的脑机接口验证平台；提供新的基于人-车-路状态综合分析的智能辅助安全驾驶关键技术。自 2008 年启动至今已资助培育项目 65 项、重点支持项目 26 项和集成项目 4 项。2015 年重点资助无人驾驶车辆智能（环境认知、路径规划、行为决策与控制等）测试与评估、脑机接口等四个研究方向。

1.3　智能交通系统发展趋势

交通运输作为国民经济的基础性、先导性、服务性行业，作为国家的基础产业和支撑经济社会发展的基础设施，在优化国家产业布局、促进经济结构调整、降低发展成本、减少环境污染等方面具有极为重要的战略作用。

面对"交通强国"的建设和发展需求，在交通安全设施、车辆安全性能、交通运输企业安全监管和交通安全管理手段等方面的研究任重道远，重点是推广使用信息化技术和先进管理方法，提高道路交通安全管理科技水平，特别是要运用智能化手段提高交通安全的保障能力。从智能交通科技领域来看，重点要关注以下前沿技术和关键核心技术的研发。

重视智能汽车技术的开发。研发基于 CAN/LIN 总线的分布式车身网络化控制技术，实现基于网络和云识别方法的车载智能人机交互、车车通信，突破车辆人工智能控制技术。目前，美国已完成了智能车辆的开发和实路试验，我国部分研究机构也初步开发了样车并进行了初步试验。智能汽车技术的发展将综合集成各种交通安全新技术，显著提升了道路交通安全水平。

提升车辆主被动安全技术水平。突破汽车行驶安全控制技术，研究集成过程中人、车以及环境等相关因素的精确识别技术，解决多个动力学稳定性控制子系统之间的通信和信息融合技术，提升汽车主动安全性能，为降低汽车交通安全事故发生率提供基础支撑。突破监测预警安全技术，研究开发实际行车环境下驾驶人的违规驾驶、危险驾驶行为的实时检测技术，实现对驾驶人危险驾驶行为的准确判别。

突破被动安全防护一体化技术，研究满足汽车安全性能要求的行人碰撞保护设计技术。基于碰撞预判技术的智能式乘员约束系统设计开发、安全性汽车座椅和头枕系统等关键技术研究也是重要的方向。

研究车联网环境下的道路交通安全主动防控技术。以提升道路交通安全水平为目标，研究车联网状态下人-车-路-环境系统的安全状态感知、基于要素协同的事故风险评估、基于大数据的事故风险主动预测与智慧研判、车联网安全信息推送与服务等技术，形成车联网环境下的道路交通主动防控技术体系。

促进道路交通网络优化控制技术的研发与应用。面向常态和非常态两种情形，研究人-车-路协同环境下的多模式交通轨迹及运行特征提取、基于自组织和协作的车辆运行辅助控制及车队动态控制、交叉路口多模式交通流多目标优化控制等核心技术,建立车道使用、信号控制、信息诱导、个体引导一体化的网络化多模式交通流主动控制系统。

思 考 题

1. 什么是智能交通系统?它具有哪些特点?
2. 简述我国智能交通系统的发展历程。
3. 论述美国智能交通系统的主要技术特点。

参 考 文 献

第 2 章　智能交通信息采集技术

智能交通系统作为高新技术的综合体,源源不断地产生着种类繁多的智能交通信息,这些信息与社会生产、日常生活、科学探究等活动的开展息息相关。在新时代的背景下,通过对智能交通信息进行分类,总结智能交通信息所展示的全新特点。本章将按照信息采集方式的不同,将智能交通信息采集技术分为固定式与移动式,详细介绍其技术特点及主要的运用手段。

2.1　智能交通信息技术特点及分类

智能交通系统是一个汇集了众多高新技术的大系统,其内部包含许多子系统。在这些子系统当中,又要用到各种各样的技术,包括传感器技术、信息处理技术、数据库技术、智能控制技术、计算机通信技术、网络技术以及交通工程学相关技术等。只有将这些技术综合应用,才能保证智能交通系统的各个子系统的实现,以至整个系统的实现,从而彻底改变现有的交通模式。从系统整体的角度看,智能交通系统可以说是众多技术相结合的体现。

2.1.1　智能交通信息的特点

随着智能交通系统的不断发展,产生了大量且复杂的智能交通信息,如城市道路系统在高峰时期检测到的交叉路口车流信息、行人信息、信号灯控制策略等,交通信息服务系统中所展示的公交车时刻表、路线信息、运行状态等,交通监控系统中的 GPS 信息、车辆信息、驾驶人信息等,这些都体现了智能交通信息的复杂性。采取正确的方法收集并使用智能交通信息,提升智能交通系统的运行效率,使其更好地服务于广大群众,必须充分了解智能交通信息的特点。智能交通信息的特点主要体现在以下几个方面。

1. 容量巨大

在智能交通系统的长期运行中产生了大量结构化和非结构化的历史数据,数据的来源十分广泛,经过长期收集与存储已经形成了容量巨大的智能交通信息数据库。大量的历史数据为智能交通系统的发展提供了最基本的数据支撑,是解决智能交通问题的基本条件,同时也为交通数据的处理带来了新的挑战。

2. 种类繁多

产生智能交通信息的信息源分布十分广泛,按照信息的来源分布大致可分为固定检测器获取的交通流数据、移动检测器获取的交通流数据和位置数据、非结构化视频数据、多源互联网数据等,按时效性可分为实时检测数据和历史交通信息数据。交通信息种类繁多,不仅体现在日常出行,还体现在交通控制、管理、决策等各个方面。

3. 时效性强

智能交通信息具有很强的时效性,如交通流具有时变性,交通管理具有时效性,交通信息服务需要及时、可靠、准确的信息。当这部分交通信息失去时效性后,其价值迅速缩水,这对数据分析结果的实时性提出了要求。所以应提升对历史交通数据、周期性数据、随机性数据、行为习惯、气象数据等交通信息变化规律的分析速度,同时确保较快的数据处理速度以保证信息的时效性。

4. 价值量大

智能交通信息因其来源广泛,拥有时间、空间、历史等多维特征,是多元服务的基础,蕴含极大的价值。但在另一方面,数据价值密度较低,存在缺失、错误、冗余等异常现象。

5. 主观性强

根据不同的用户需求,交通数据需要进行存储和流动,相同的交通信息对于用户乘坐不同交通工具出行的价值是不同的。例如极端恶劣的暴风、暴雪天气对于乘坐飞机出行的用户影响极大,这类交通信息的价值是毋庸置疑的。而同样对于乘坐地铁的用户,天气的影响微乎其微,其价值量大打折扣。另一方面,对于相同的交通信息,其主观价值也随着用户主体的态度发生变化。现实中,一部分用户更能容忍路程颠簸,却无法接受长时间的堵车,同时也存在另一部分与之持相反意见的群体,他们宁可堵车,也无法忍受较差的道路环境。这些都体现出了交通信息的价值具有很强的主观性。

6. 周期明显

对于城市中的同一交叉路口或者整体路网而言,交通信息数据呈现明显的周期性变化。在众多智能交通动态数据中,道路交通流数据是道路管理者和使用者最关注的数据,交通流量在一天的不同时刻、每天的相同时刻中都具有一定的周期性。在工作日、非工作日、大型节假日、异常天气中也表现出强烈的时间特征。另外,交通流等信息也具有季节性及平稳性,在一段相邻的时间内,在没有特殊事件发生的前提下,同一地点的交通流数据的变化趋势、变化周期是相同的。

2.1.2 智能交通信息的分类

1. 按信息变化频率分类

实时准确的交通信息采集是实现交通控制与管理以及交通流诱导等应用的关键和前提。通常,交通信息按照其变化频率的不同可以分为静态交通信息和动态交通信息两大类。其中,静态交通信息指短期内不会发生太大变化的交通信息,如路网信息、交通基础设施信息等;而动态交通信息则是指随时间变化的交通信息,如交通流信息、交通事故信息、环境状况信息等。

(1) 静态交通信息。

静态交通信息主要指与道路交通规划、管理相关的一些比较固定的、在短期内不会发生太大变化的信息。静态交通信息主要包括:国土规划信息、城市基础地理信息、城市道路网基础信息、车辆保有量信息及交通管理信息等。静态交通信息是相对稳定的,变化的频率很小,并且变化没有规律。因此,静态交通信息不需要实时采集,一般一次性输入,直到数据发生变化的时候才需要修改。静态交通信息主要采集方法如下。

① 调查法。采用人工或测量仪器进行调查,可全方位获取城市基础地理信息、城市道路网基础信息。

② 其他系统接入。为了减少不必要的重复性工作,并且减少数据不一致的可能性,还可以采用与其他系统对接的方式。静态交通信息可从其他部门,如规划部门、城建部门、交通管理部门获得。通过调查获得这些基础信息后,一般采用一次性人工录入的方式存入静态交通信息数据库。只有当实际系统发生变化的时候,才需要对静态交通信息数据库中的数据进行更新。

(2) 动态交通信息。

智能交通的信息采集技术主要关注的是动态交通信息中的交通流信息,如车流量、平均车速、车辆类型、车辆定位、行程时间等。对于不同类型的交通信息,采集技术种类很多,动态交通信息的采集可分为非自动采集和自动采集两大类。非自动采集需要人工干预才能完成交通信息的采集,需要大量的人力和物力,不适用于长时间的观测,而且人工采集获得的动态交通信息很难满足ITS对交通信息的实时性要求。

动态交通信息主要包括:交通流状态特征信息(如流量、车速、密度等)、交通紧急事件信息(各种途径得到的事件信息,如路面检测器信息、人工报告信息等)、在途车辆及驾驶人的实时信息(如各种车辆定位信息等)、环境状况信息(如大气状况、污染状况信息等)及交通动态控制管理信息等。动态交通信息与静态交通信息显著不同,主要表现在它的实时性,也就是说,动态交通信息反映的是随时变动的交通状况,因此,动态交通信息的采集必须是及时的、准确的。动态交通信息采集技术包括:交通检测技术、浮动车技术、车辆识别技术和车辆定位技术、气象与道路环境信息采集技术等。

2. 按交通信息需求分类

智能交通信息按照需求的种类可以划分为政府部门需求信息与社会公众需求信息。其中,各政府部门既是出行者信息系统相关信息的采集、处理、发布者,又是信息的使用、需求者,对信息的需求广泛,且不同层次的交通管理者的信息需求的侧重点不同,所需信息的深度与广度存在差异。社会公众作为出行的主体,在整个出行的过程中对信息的需求随着出行目的、行程时间的变化而不断发生改变。根据出行主体对交通信息的需求可对智能交通信息进行如下划分。

(1) 政府部门需求信息。

智能交通系统涉及交通规划、交通建设、交通管理、运输管理等多个政府部门,各部门根据自身业务需求采集与本部门密切相关的部分基础信息,如交通职能管理部门需要重点掌控道路基础设施、路网历史交通流数据、路网实时运行信息、路网突发事件信息等用于提高交通效率和交通安全的信息,交通运输运营部门则对交通动态信息、实时信息的要求较高,应重点掌握运行状况信息和路网突发事件信息,提高运输效率。另一方面,政府部门的需求信息可在不同部门之间进行信息交互和共享。例如,交通规划部门需要从交通管理部门获得道路交通运行数据(如各主要道路的流量、车速等),为制订合理的道路交通规划方案提供数据支持;交通管理部门需要从交通建设部门获得道路建设计划和进度安排等,以便更好地实施道路交通管理措施等。

（2）社会公众需求信息。

社会公众对交通信息的需求往往会因为不同的出行目的与出行方式产生显著差异,但在整体的出行过程中,需求的信息主要包括以下几个方面。

① 出行前信息。出行者在出行前需要的信息包括公交时刻表和公交线路、换乘地点、票价以及合乘匹配等实时信息;交通事故、道路施工、拥堵路段、个别路段车速、特殊活动安排以及气候条件等信息。出行者可以根据这些信息制订出行方式、出行路线、出行时间等,规划出最优的出行方式。

② 出行中信息。出行者在出行中需要的信息包括动态的最优路径信息、路网交通运行状态信息、交通事件信息、停车场信息、交通管制信息、收费站信息、气象信息及路边服务信息等。可通过可变情报板、车内导航设备等向驾驶人发布上述信息,便于驾驶人选择最优的出行路径。

③ 个性化信息。个性化信息是指满足特定出行者个体需要的信息,出行者需要的个性化信息包括沿途及目的地的加油站、汽车修理厂、餐饮服务、警察局、医院等服务及设施的地理位置分布、电话号码、地址、办公或营业时间等。

④ 停车诱导信息。停车诱导信息是指通过为出行者提供的停车场位置、使用状况、路线以及相关道路交通状况等信息,诱导驾驶人最高效地找到停车场,主要包括区域内各停车场相关实时数据(停车场的位置及空车位数等),通过路边的可变信息显示板和车载信息板为驾驶人提供实时、准确、全面的车位信息,引导其通过最优的路径到达最合适的停车场。

3. 按信息采集方式分类

按照交通信息数据的来源,智能交通信息采集可分为间接采集与直接采集。间接采集指通过不同智能交通子系统的各个采集数据节点整合交通行业的各种信息。直接采集则是通过各采集设备以不同的采集方式直接获得的相关交通信息。按照信息采集方式的区别进行划分,主要有如下几种信息。

（1）磁信号。

磁信号主要由磁力传感器设备被动接收,主要代表有磁力检测装置,其通过检测磁场强度的异常确定车辆经过。当铁质物体通过地球磁场时,会引起地磁场的扰动(即磁场强度异常),即当车辆进入并通过磁力检测器的探测区域时,检测器探测到车辆铁质材料的磁场所造成的地磁场磁力异常。

（2）微波信号。

微波雷达检测器通过接收从雷达波覆盖区域穿过车辆的反射雷达波束,经由雷达天线,通过接收器完成车辆监测并计算出流量、速度及车身长度等交通数据。微波雷达检测器可安装在单车道道路的正对路中央的半空中以测量驶来或离去车流的交通数据。

（3）超声波信号。

与微波信号采集相似,大多数超声波检测器发射脉冲波,可提供车辆计数、出现及道路占有率等交通信息。超声波检测器的探测区域由超声波发射器的波幅决定,通过测量由路面或车辆表面反射的脉冲超声波的波形可确定由检测器到路面或车辆表面的距离。

（4）红外信号。

红外线检测器通过采集红外信号获取众多交通信息，如安装在车流上方以观测驶来或驶离的交通流，安装于路旁可用于信号控制、流量、车速和车辆类型的测量；监视人行横道上的行人及向驾驶人发布交通信息。主动式红外线检测器可提供信号交叉路口的车辆出现参数、流量、道路占有率、车速、车辆长度、车辆排队长度及车辆分类等信息。

4. 按交通信息采集技术分类

按照交通信息数据采集的技术和方法，智能交通信息采集可分为固定式交通信息采集技术和移动式交通信息采集技术。固定式交通信息采集技术是指通过安装在固定地点的交通信息检测设备对道路上行驶的车辆进行检测，从而实现采集交通信息参数的技术总称。移动式交通信息采集技术是指运用安装有特定信息采集设备的移动车辆以检测交通参数的技术总称。

固定式交通信息采集技术和移动式交通信息采集技术都是针对道路交通信息的检测技术，主要检测车流的行驶状况，采集当前道路的交通状况信息，为交通管理控制中枢提供实时交通信息。

固定式交通信息采集技术基于固定设备检测交通信息。正常情况下，一次安装可以保持长期使用，能够实时采集所需要的交通信息，稳定性高。但同时，设备安装需要考虑道路状况和地域性，会产生较多的信息盲区，且安装、维护、保养的综合成本比较高。而移动式交通信息采集技术可以实现全天候、大范围的采集，检测成本小，检测效率高，但信息采集的实时性较差。将两种交通信息采集合理搭配使用能更好地实现交通信息的采集，以满足不同场合的应用需要。

2.2 固定式交通信息采集技术

2.2.1 地磁线圈信息采集技术

地磁线圈是目前智能交通中检测车流量应用较为广泛的一种检测器，采用具有高导磁特性的软磁性材料制作。地磁线圈信息采集基于电磁感应原理和检测器周围磁场变化的规则，其传感器是一个埋在路面下且通有一定工作电流的环形线圈。当带有铁质材料的车辆靠近传感器时，传感器感应到周围磁场相对地球磁场的变化，再经微处理器分析计算，判断车辆存在和通过状态。

1. 检测装置的组成

检测装置主要由传感器、中央处理器、检测卡、输入输出四部分组成。

（1）传感器部分。

传感器采用模块化设计，体积极小，与地面垂直安装，在地面 $10\sim18\text{mm}$ 下挖掘一个 $2\text{m}\times1.5\text{m}$ 左右的沟槽，沟槽宽度约 10mm，用导线沿沟槽绕若干圈，构成电感线圈。通过地下沟道，用低阻导线将线圈的两个节头引到处理箱中，如图 2-1 所示。当车辆通过线圈部分时，线圈电感量发生变化。根据不同的车辆通过线圈上方时电感量的减少幅度可以估计车型。电感量的变化引起振荡频率变化,电感量减小,振荡频率增大,频率变化的相对量基本上是电感量变化量的一半。

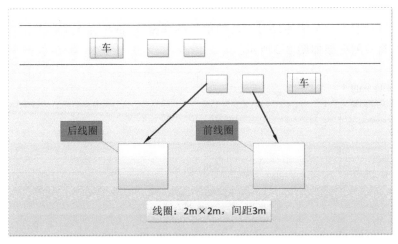

图 2-1 地磁线圈埋设示意图

当车辆通过环形地埋线圈或停在环形地埋线圈上时,车辆的铁质部分切割磁通线,引起线圈回路电感量的变化,检测器通过检测该电感量就可以检测出车辆的存在,检测电感变化量有两种方式:一种是利用相位锁存器和相位比较器,对相位的变化进行检测;另一种方式是利用由环形地埋线圈构成回路的耦合电路对其振荡频率进行检测。

(2)中央处理器部分。

中央处理器是对采集信号进行计算的模块,一般是一个带嵌入式操作系统的单片机,具备较强的数字计算能力、存储能力,且具备通信接口,通过对端口的扫描捕捉电平的变化时间,可以计算出相应的交通数据。

一般检测器的通信接口包括 RS232/485,比较先进的还具有以太网接口和 GPRS 模块。目前在国内大多数应用中,由于监控路面和监控中心距离的关系,系统集成商普遍采用调制解调器点对点联接的方式传送数据,或者通过 PLC 中转数据。

若要求实现在线调试和在线编程,则可应用 PLC 系列单片机。

任何意外情况的发生所导致的处理器宕机、故障等非正常工作状态,都应该能在短时间内重新启动,且不应超过 30s。

(3)检测卡部分。

检测车辆通过或静止在感应线圈的检测域时,通过感应线圈的电感量会降低,检测卡的功能就是检测这一变化并精确输出相应的电平。

线圈式车辆检测器采用的检测卡一般为欧标卡式接口。就线圈感应的角度而言,检测卡应该具有响应时间稳定,并与车辆经过实际情况相吻合的高精度电平跳变性能,因为在车辆高速通过时,检测时间是非常短的,通过两个线圈的时间一般为一二百毫秒,单个线圈的响应时间更短,且各种车的底盘轻重、距离地面位置的高低都会影响检测卡的电平响应时间,而响应时间和响应开始时间是计算车长与车速的主要参数,这就解释了为什么当车高速通过时有些检测卡测得的车长、车速存在不准确的情况,因此必须使用一定的补偿值,只有正确调节灵敏度才能保证检测器的精度。

(4)输入输出部分。

传感器信号输入为车辆通过时引起的信号频率振荡,输出为检测器的工作状态指示。地磁线圈检测框架如图 2-2 所示。

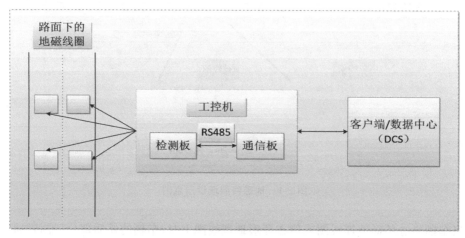

图 2-2　地磁线圈检测系统总体框架

2. 信息采集协议的构架

每个车辆检测器都应该有自己的地址以相互区分。数据上传的方式一般是应答式的,也就是户外系统(车辆检测器)不主动发送数据,直到户内系统(监控中心)发出采集数据的指令后才发送数据。车辆检测器和监控中心通信的命令通常分为查询和设置两类。查询类命令一般是查询车辆检测器当前的工作状态和故障等,并能根据预先设置的车长类型进行不同车长类型的归类处理;设置类命令是对检测器参与计算的参数进行调整,如时间、车长分类等。

3. 信息采集算法

在交通控制系统中,常用的交通参数主要由交通流量、车道占有率、排队长度、速度、平均车长、平均车间距和密度等组成。这些参数有些可以直接测量,有些需要根据其他检测量计算得到。下面主要讨论如何利用地磁线圈检测和计算各种交通参数。

(1)交通流量。

如图 2-3 所示,地磁线圈检测器的计数周期为 T,N_i 为观测期内第 i 车道检测器的计数值,则 i 车道在该周期内的交通流量 q 为

$$q_i = \frac{N_i}{T} \tag{2-1}$$

(2)速度。

行程车速用于判断道路的畅通情况。为了准确测量车速,通常要在车流方向埋设两个性能相同的环形线圈,线圈的同边间距为 3～5m,如图 2-4 所示。

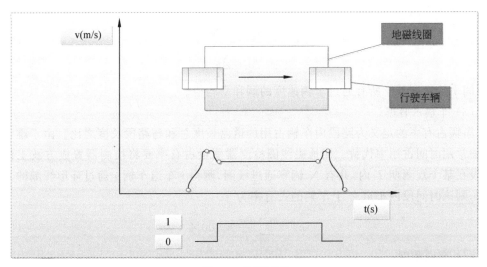

图 2-3　检测原理

图 2-4　线圈检测车速原理

当车辆进入线圈 A 时,脉冲计数;当车辆进入线圈 B 时,脉冲计数结束,于是由微处理器给出一个基准时间脉冲,如 $P(\text{ms})$ 的时间脉冲。当车辆进入线圈 A 时,脉冲计数开始;当车辆进入线圈 B 时,脉冲计数结束,于是得到车辆通过距离 s 所需要的脉冲计数为 n ,则车辆的速度为

$$v = \frac{s}{P_n / 1000} \tag{2-2}$$

其中, v 的单位为 m/s。设在某观察期内,共有 n 辆车通过观测点,且每辆车的速度分别为 $v_1, v_2, v_3, \cdots, v_n$,则该段时间内交通流的平均速度为

$$\bar{v} = \frac{1}{n} \sum_{i=1}^{n} v_i \tag{2-3}$$

式中, v_i 为第 i 辆车通过的速度; n 为观测期内通过的车辆数。

空间平均速度是指在某一时间段内通过一段路的所有车辆的速度平均值。设路段长度为 Δ ,在一个观察期内共有 N 辆车通过该路段,则 N 辆车通过该路段的平均行驶时间为

$$t_m = \frac{1}{N} \sum_{i=1}^{N} \frac{\Delta}{\bar{v}} \tag{2-4}$$

于是该观测内的空间均速度为

$$v_m = \frac{\Delta}{\bar{t}} = \frac{N}{\sum\limits_{i=1}^{N} \frac{1}{v_i}} \qquad (2-5)$$

即空间平均速度等于所有通过车辆速度的调和平均值。

（3）车辆占有率。

车辆占有率的定义为路段内车辆占用的道路长度总和与路段长度之比。由于难以测量，通常用时间占用率代替。用地磁线圈检测器测量占有率要将检测器置成方波工作方式，设在某个观测期 T 内，共有 N 辆车通过线圈，测得 i 车道车辆 j 通过环形线圈的方波宽带，则该时间段内车道 Z 上车辆的占有率为

$$\sigma_i = \sum_{j=1}^{N} \frac{t_{ji}}{T} \times 100\% \qquad (2-6)$$

（4）交通密度。

交通流密度指在单位长度车道上某一瞬时所存在的车辆数，也可用某个行车方向或某路段单位长度上的车辆数度量。只要测出交通流量和车流的空间平均速度，则可以测得到观测期 T 内的交通密度。

$$\rho = \left(\frac{N}{T}\right) \bigg/ v_s = \left(\frac{N}{T}\right) \frac{\sum\limits_{i=1}^{N} \frac{1}{v_i}}{N} = \frac{1}{T} \sum_{i=1}^{N} \frac{1}{v_i} \qquad (2-7)$$

（5）车型。

车型信息的采集主要通过车长进行判断。采集线圈的信号输出和脉冲技术进行车速计算，车长则是基于所得到的车速进行计算，其具体计算原理是根据车辆通过前后两个线圈的时间平均值进行计算，若整个车身通过前后线圈的时间平均值为 $\bar{t}$，车速为 v，线圈宽度为 l，则根据 $L + l = \bar{t}_v$ 估算车长 L 为

$$L = \bar{t}_v - l = \frac{\bar{t}s}{P_n/1000} - l \qquad (2-8)$$

检测的车型可以分为小客车、大客车、小货车、中货车、大货车、特大货车、拖挂车，主要根据车高、车长、车轮廓（货车的车高均方差明显大于客车）区分车型。车辆的底盘高度直接影响车辆经过线圈所引起的电感量变化，底盘高的引起的变化小，底盘低的引起的变化大，当底盘高出一定范围可能不能被检测到。如通常情况下，轿车底盘高度为 150～200mm，中小客车的底盘高度一般为 400mm 左右，对于不同车型，车辆通过的检测精度也不相同。另外，馈线长度的增加会造成馈线部分电感比例加大，相对于线圈电感量的变化比值就比较小，对检测精度有一定影响。根据底盘高度数据集 DATA 可以计算出最大底盘高 MAXH、最小车高 MINH、平均底盘高 AVGH、底盘高均方差 MSEH，最大高度与最小高度的差 DIFFH。通过采集实时车辆的最大底盘高 MAXH、最小底盘高度 MINH、平均底盘高 AVGH、底盘高均方差 MSEH，对大量数据进行分类统计汇总，可以得到车型判断算法。

相对于当前的环形线圈检测设备，地磁线圈主要有以下几个特点。

① 切割路面长度减小 70％以上,安装调试时间降低 50％,安装费用降低 50％。

② 使用寿命长,在日均车流量 1 万～1.5 万辆的情况下,使用寿命达 5～10 年,是传统线圈的一倍。

③ 模块化设计,无须现场制作,稳定性及一致性高。

④ 功能齐全,可检测静止和运动车辆,可测速和统计流量。

⑤ 检测精度高,车流量检测精度大于 99.6％,平均车速检测精度达 98％,车速低于 10km/h 时依然能保持精确度。

⑥ 温度适应性强,−40℃的高寒环境仍可稳定工作。

⑦ 抗干扰性强,不受铁磁、雨雾环境的影响,可用于隧道、路桥环境。

⑧ 良好的兼容性,车控器内检测盒使用标准 86CP11 接口,与传统车检器兼容。

2.2.2 超声波信息采集技术

随着城市建设的日新月异和人们生活水平的提高,道路上行驶的机动车辆与日俱增。大量的机动车在给人们带来出行便捷的同时也给交通带来了沉重的负荷。为适应现代化交通管理的需要,城市管理者和决策者必须对交通网络的信息实时掌握。针对这一要求,基于超声波的实时路况信息采集系统应运而生。

车流量和车速是道路交通的两项基本信息要素,有一定正相关性,能基本反映道路交通状况。超声波检测器发射超出人听觉范围的频率为 25～50kHz 的声波,大多数超声波检测器发射脉冲波,可提供车辆计数、速度及道路占有率等交通信息。

超声波测速测距的基本原理是利用其反射特性,超声波发生器发射一定频率的超声波在遇到障碍物后产生反射波,超声波接收器接收到反射波信号,并将其转换成电信号,测量发射波与回波之间的时间间隔 t,并根据公式 $R=t×v/2$ 计算距离(v 为超声波传播速度),再根据距离变化量与两次测量时间间隔之比计算车辆运动速度。

超声波检测分类技术在高速公路上应用得比较多,属于非接触式主动检测技术,如图 2-5 所示,探头悬挂于上方,在车辆经过时进行检测。

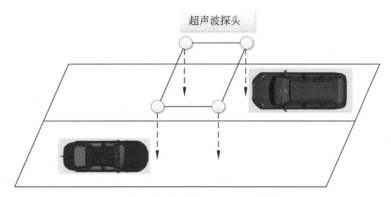

图 2-5　超声波探头的安装示意图

超声波测距具有高分辨率但测量距离不能太远的特点,且超声波信息采集技术的难度相对较低、成本也不高,因此在广泛应用于工业测距的同时,近年来逐渐向民用推广,显示出强劲的发展势头。

超声波测距的常用方法有渡越时间法、频差法、幅值法等。其中,渡越时间法因其原理简单、实现方便而被广泛采用。

利用超声波渡越时间法测量距离的基本原理是超声波测距仪控制器通过发送一定频率的脉冲信号激励超声波发送器产生超声波,超声波通过介质到达物体表面并形成反射波,反射波再经介质传播返回接收器,由接收器把声波信号转换成电信号,由控制器测出超声波从发射声波到接收所需的时间,再根据超声波在介质中的传播速度用以下公式计算出距离。

$$s = \frac{1}{2} \times 331.4 \Delta t \sqrt{\frac{T}{273} + 1} \tag{2-9}$$

式(2-9)中,s 为物体距离超声波测距仪的距离;Δt 为从发射超声波至接收到回波脉冲的时间间隔;T 为环境温度值。

首先给超声波模块的发射端一个高电平脉冲,模块接收到高电平脉冲后发射 40kHz 的脉冲声波信号,当发射超声波后,模块接收引脚为高电平,当发射的声波遇到物体并返回到模块时,接收信号转变为低电平。

高电平脉冲的发射时间间隔关系到车辆检测的准确性。一般情况下,当设定发射时间间隔为 40~50ms 时,只要车辆速度不超过 200km/h,就不可能漏测,显然该车速超出了道路限速范围,所以适用于我国道路实际情况。

应用上述测距原理,可对处于空间坐标系中的物体位置坐标进行计算,实现局域空间的定位功能。图 2-6 为超声波定位原理示意图。

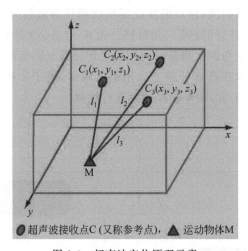

●超声波接收点C(又称参考点),▲ 运动物体M

图 2-6　超声波定位原理示意

在实线所示的空间内,如果对移动物体 M 进行定位,则需建立如图 2-6 所示的直角坐标系,并在该空间的上方设置 3 个超声波接收点,其坐标分别为 $C_1(x_1, y_1, z_1)$、$C_2(x_2, y_2, z_2)$、$C_3(x_3, y_3, z_3)$。如果能测量出移动物体 M 到 3 个接收点的距离 l_1、l_2、l_3,则移动物体 M 的坐标 (x, y, z) 与其之间的函数关系可由下式表示。

$$\begin{cases} (x-x_1)^2 + (y-y_1)^2 + z(z-z_1)^2 = l_1^2 \\ (x-x_2)^2 + (y-y_2)^2 + z(z-z_2)^2 = l_2^2 \\ (x-x_3)^2 + (y-y_3)^2 + z(z-z_3)^2 = l_3^2 \end{cases} \tag{2-10}$$

式(2-10)中,x、y、z 为移动物体 M 的坐标;l_1、l_2、l_3 为移动物体 M 到 3 个接收点的距离;(x_1,y_1,z_1)、(x_2,y_2,z_2)、(x_3,y_3,z_3) 分别为 3 个超声波接收点在空间坐标系中的坐标值。移动物体 M 的位置在不断变化,l_1、l_2、l_3 的值也随之不断变化,其坐标值 (x,y,z) 也在不断更新,从而实现了对目标的定位跟踪。

基于无线局域网环境的超声波定位系统如图 2-7 所示。

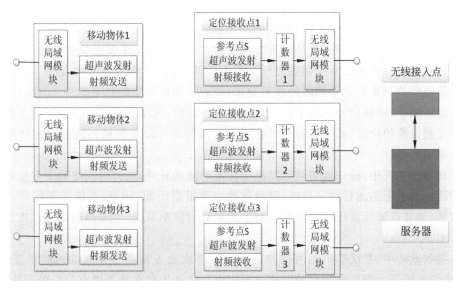

图 2-7　超声波定位系统框图

在移动物体(车辆)端安装有与服务器通信的无线局域网模块、超声波发射器及射频发射装置。而定位参考点端则相应由无线局域网模块、计数器、超声波接收器和射频接收器等组成。服务器通过无线局域网对车辆发出指令,进行超声波的发射,在车辆收到该指令后,在其发射超声波的同时还要通过射频发射模块向各参考点端 S 发出计数器开始计数的起始信号;该信号被参考点端 S 通过射频接收模块收到后启动计数器,当参考点 S 收到超声波信号后,计数器停止计数;计数器模块将计数器的值通过无线局域网模块发送到服务器端,服务器将此值转换成时间,并进一步换算成车辆至该参考点的距离,服务器通过计算 3 个参考点传来的距离值确定该车辆的坐标值。上述数字逻辑电路可通过复杂可编程器件(CPLD)轻松实现。

本方案的特点是:通过射频信号向定位参考点端传递超声波发射起始信息,由于射频的传播速度很高,约为 $3 \times 10^8 \text{m/s}$,而超声波的传播速度较低,约为 341m/s,因此射频的传播时间可忽略,这就解决了由于超声波的发射与接收不在一侧而带来的同步难题。计算中,虽然射频的传播延时可忽略,但发送端所发送的一帧串行数据包括的接收端的地址码、数据及同步码等仍需一定的时间,该时间与系统所选用的串行时钟有关。解码端解出这些数据也需一定的时间,系统计算时必须要考虑这些时间做出补偿。由于这些时间是已知的,因此补偿可做得比较精确。

根据以上超声波信息采集方法,首先设定距离阈值,当超声波模块检测到的距离小于此值时,认为无车辆。当距离大于此值时,认为有车辆。统计车辆数量时,由于前后探头之间有距离,因此应当用后面的探头进行判断,当后面的探头检测到车辆通过时,车辆计数器增加1。计算车辆速度采用的方法是:当前面的探头检测到车辆时,保存当前系统时间,当后面的探头检测到车辆通过时,保存当前系统时间,计算出时间差,由于探头之间的距离是已知的,因此可以算出车辆的速度值。

当前应用较为广泛的是脉冲超声波检测器和恒定频率超声波检测器。

在脉冲反射波测距系统中,目标测距的方法包括:从换能器向目标发射至少一个高频能量的脉冲,然后换能器接收从目标方向发射回来的能量,形成至少一个回波信号,接着在一定间隔内对返回信号的幅值进行反复采样以形成一个数字化的数据库。该数据库把回波信号幅值与系统记录的时间联系起来,最后从数据库中找到至少一个目标区域,在这个目标区域中,回波信号的幅值比背景噪声大。目前,大量程超声波测距系统主要包括大功率发射电路的设计、低噪声程控接收放大电路的设计以及智能回声接收软件的设计这三个应用问题。

在此测距系统中,往往需要对电路施加特定的激励脉冲,通过时间序列上对接收脉冲的处理达到测量距离的目的。目前,激励脉冲主要根据周期、频率、幅值的不同可以分为正弦信号、方波或瞬间高压尖脉冲等。对于大量程的测距系统,主要以瞬间高压连续激励脉冲为主。

在接收电路中,系统模拟信号回波的质量主要取决于被测对象表面形状的密度、形状、距离的远近等。而在数字化的回波数据库中则往往还存在外界固有目标的干扰、移动目标的周期和随机干扰以及模拟电路本身引入的干扰等。因此模拟电路的设计必须有较强的适应能力和对干扰信号的抑制能力。

在脉冲反射波测距系统中,具体的收发电路硬件包括超声波换能器(探头)、放大电路、接收电路、温度补偿电路、选择按钮部分以及显示部分,需要采用单片机系统进行设计,包括采样系统、4~20mA输出电流、报警电路等。电路的原理示意如图2-8所示。

超声波检测器的探测区域由超声波发射器的波幅决定,通过测量由路面或车辆表面反射的脉冲超声波的波形可确定由检测器到路面或车辆表面的距离,即路上有车和路上无车时检测器所测信号有差别,可借此确定车辆的出现。检测接收的超声波信号转换为电信号,由信号处理单元进行分析处理。由于超声波传感器反射的脉冲能量波已知,且以较小的角度被分为两束,即两束脉冲能量波之间的距离已知,根据测量车辆通过这两束波的时间即可确定车速。脉冲超声波检测器的最佳安装位置是高架安装俯视车流或路旁安装侧视车流。

恒定频率超声波检测器利用多普勒效应测量车速,但其造价要高于脉冲超声波检测器。恒定频率超声波检测器采用高架安装,以45°正对驶来的车流,它有两个转换器,一个用于发射超声波,另一个用于接收超声波,检测接收超声波的频率变化以确定车辆是否通过。恒定频率超声波检测器内的电子系统可产生脉冲宽度(脉冲持续时间)与被测车辆

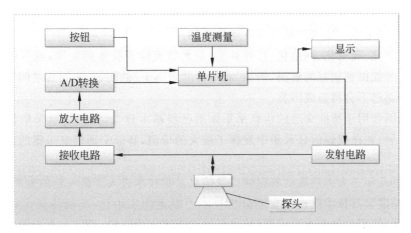

图 2-8　超声波测距系统结构示意

速度呈正比的内部脉冲信号,经一系列计算即可确定车速。

超声波信息采集技术具有以下优点。

① 操作安全。

② 实时性好。

③ 精确度高。

④ 功能可扩展性强,根据需要可以适当改进,从而采集车辆间距以及车长、车高等车辆信息。

⑤ 可采取模块化设计,便于裁剪和组建传感器网络,符合物联网要求。

⑥ 成本不高。

2.2.3　视频图像信息采集技术

视频图像处理是近年来在传统电视监视系统的基础上逐步发展起来的一种新型的道路信息采集方法,主要由监控摄像机、微处理器以及计算机处理技术等构成,涉及计算机视觉、视频图像处理、信号处理、模式识别以及模式融合等多个领域,通过闭路电视和数字化技术分析交通数据。

视频图像车辆检测器多采用 CCD(半导体电荷耦合器件)摄像机。CCD 摄像机以电荷为信号,不同于大多数检测器以电流或电压为信号。CCD 的基本功能是电荷的存储和电荷的转移。因此,CCD 的工作过程主要是信号电荷的产生、存储、传输和检测。CCD 有两种基本类型:一种是电荷包存储在半导体和绝缘体之间的界面并沿着界面传输,这种类型器件称为表面沟道 CCD(简称 SCCD);另一种是电荷包存储在离半导体表面具有一定深度的体内,并在半导体内沿着一定的方向传输,这类器件称为体沟道或埋沟道 CCD(简称 BCCD)。CCD 摄像机通过电子束或 CCD 的自扫描系统将按照空间位置分布的图像分解成与像素对应的时间信号。电视监视器以完全相同的方式利用电子束从左到右、从上到下进行扫描,将电视图像在屏幕上显示出来,以发布相关的交通信息。

视频图像检测器的基本原理是在很短的时间间隔内由半导体电荷耦合器件摄像机连

续拍摄两幅图像,而这种图像本身就是数字图像,很容易对两幅图像的全部或部分区域进行比较,若差异超过一定阈值则说明有运动车辆。

经过数字化、高清化、网络化、红外补光、星光级成像等技术的发展,视频图像采集的基本问题已经能得到较好的解决,例如"看不清""录不下"的问题、夜间效果问题以及联网共享问题等都已不会再造成困扰。

将视频图像用于智能交通的信息采集体系已经基本建立,视频信息采集技术由此得到了快速发展,并在视频信息采集中发挥了很大的价值,智能交通信息采集的效率也不断提高。

同时,近几年三大力量推动着视频图像信息采集技术进入了新一轮的发展演变期。

第一,深度学习技术使视频智能分析技术不断走向实用化,车辆特征大数据分析系统、人脸识别(特别是静态人脸识别)技术开始进入实用化阶段。第二,由于深度学习技术的发展推动,视频信息采集正在快速进入视频图像结构化的发展阶段,智能/治安卡口设备、电子警察设备、人脸/人像卡口设备、智能摄像机、后端视频批量结构化系统正在不断产生大量的视频片段、图像及其结构化描述信息等海量视频图像信息,规模达到百亿甚至千亿记录级别,大数据技术在视频信息采集中得到了大规模的应用。第三,以深度学习为核心的视频智能分析技术与大数据的结合正推动视频信息采集技术应用的全面深化,智能交通差异化需求不断涌现,与其他物联网系统相结合的多源信息融合分析已成为共识。

随着大数据、基于深度学习的视频分析处理技术与视频信息采集技术的不断融合,也产生了一系列新的问题。

① 由于没有统一的标准规范,各厂商视频结构化处理后的数据格式不统一,无法进行共享应用。

② 由于没有结构化处理后视频图像信息联网共享与应用的统一架构,因此车辆大数据、人脸识别应用、视频图像应用等相对独立,同一个系统中有多个智能应用平台,平台之间不能实现数据的有效共享,形成了新的信息孤岛。

在大数据、基于深度学习的视频智能分析处理技术与视频图像信息采集不断融合的过程中,行业中出现了很多新的概念和术语,远远超越了传统视频监控的概念范畴。而且,这些概念和术语没有统一的说法,有时同一个概念会有不同的术语,在实际工作中经常会引起混淆。因此,公安部科技信息化局正式批准发布了 GA/T1400 和 GA/T1399 两个系列共六项标准,对此进行了统一规范,提出了以下核心概念和术语。

1. 视频图像信息

指视频片段、图像、与视频片段和图像相关的文件以及相关描述信息等统称为视频图像信息。

2. 视频图像信息对象

指用面向对象方法描述的视频图像信息,包括视频片段、图像、与视频片段和图像相关的文件及其所包含的人员、车辆、物品、场景和视频图像标签等对象。视频片段、图像、与视频片段和图像相关的文件等统称为视频图像信息基本对象,视频图像信息基本对象所包含的人员、车辆、物品、场景和视频图像标签等统称为视频图像信息语义属性对象。

根据视频图像信息对象采集来源的不同,可以将其分为自动采集的视频图像信息对象和人工采集的视频图像信息对象。

在采集过程中没有人工干预、由触发事件触发采集的视频图像信息对象称为自动采集的视频图像信息对象,包括视频片段、图像及除视频片段和图像以外的以文件形式呈现的信息对象等。在没有人工干预情况下连续、自动采集的视频图像信息对象内容与人工采集内容兼容,能自动采集的对象特征属性相对较少。由于采集内容绝大部分都与事件无关,所以一般只保存一定时间,超过保存时间后,系统将自动删除或循环覆盖。自动采集的视频图像信息对象关系如图 2-9 所示。

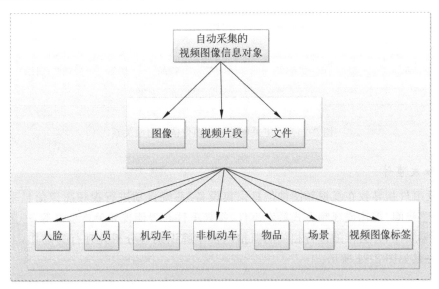

图 2-9   自动采集的视频图像信息对象关系

在采集过程中需要人工甄别的视频图像信息对象称为人工采集的视频图像信息对象,包括视频案事件、视频片段、图像及除视频片段和图像以外的以文件形式呈现的信息对象等。由人工直接采集或经过人工甄别、补充的视频图像信息对象均属人工采集的视频图像信息对象。自动采集视频图像信息对象经过人工甄别、补充后可以转换成为人工采集的视频图像信息对象,其存储位置、保存时间等随之改变。人工采集的对象一般都与特殊事件相关联,只有有权限的用户才能删除超过规定保存时间的人工采集视频图像信息对象。人工采集的视频图像信息对象关系如图 2-10 所示。

3. 视频图像信息对象特征属性

该属性指可用键-值对形式描述有关视频图像信息对象的特定内容信息,一个视频图像信息对象可以包含多个特征属性。

4. 视频图像标签

视频图像标签指按一定规则从视频片段、图像等视频图像信息基本对象中所采集的人员、车辆、物品等视频图像信息语义属性对象的种类、数量、运动行为及其相关的时空信息等。

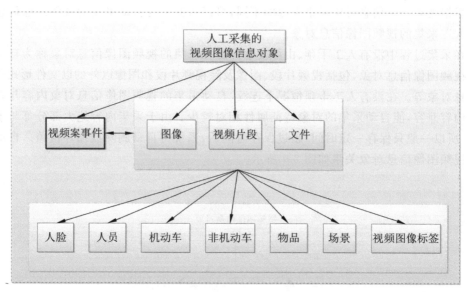

图 2-10　人工采集的视频图像信息对象关系

5. 触发事件

触发事件指导致在线视频图像信息采集设备/系统自动进行视频图像信息采集的因素,如地感线圈、雷达或视频方式触发事件、报警事件和智能视频分析事件等,一般具备时间、地点等属性,并会伴随进行相关的抓拍以及车牌识别等分析处理行为动作,上述概念之间的关系如图 2-11 所示。

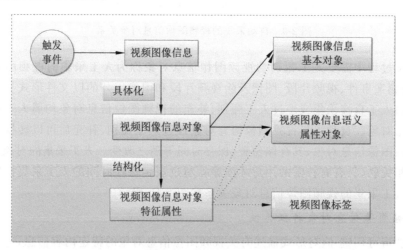

图 2-11　基本概念关系

基于视频图像的车辆检测和车型识别技术是一种非接触式被动检测技术,该方法通过对连续视频图像进行分析可跟踪车辆行为过程,通过分析控制拍照进行超速车辆抓拍。此种检测方法对检测路口的光线变化较敏感,因此图像的算法是影响检测效果的根本,国内外应用此种检测方法的系统占主流。交通环境的车辆检测研究可以追溯到 20 世纪 70

年代,传统车辆检测器(如磁感应线圈)有着诸多缺点和局限,鉴于这种情况,人们不断提出新的替代方案,如采用雷达、超声波、红外线、微波、声频及视频图像等技术的悬挂式传感器。近年来随着计算机和图像处理技术的不断发展,利用机器视觉检测器进行车辆检测逐渐得到广泛应用。

1978 年,美国加州帕萨迪纳市的喷气推进实验室首先提出了运用机器视觉进行车辆检测的方法,指出其是传统检测方法的一种可行的替代方案。几年后,美国明尼苏达大学的研究人员研制出了第一个可以投入实际使用的基于视频的车辆检测系统,该系统使用了当时最先进的微处理器,在不同场景和环境下的测试结果良好,说明了利用视频传感器实时检测车辆的可行性。同期,基于视频的车辆检测研究也在欧洲和日本广泛展开。

此后十年间,基于视频的车辆检测技术取得了长足进步。1991 年,美国加州理工大学对在高速公路上运用视频方法的检测技术进行了评估,评估报告对当时采用的不同的视频车辆检测技术详尽地进行了分类。3 年后,美国休斯飞机公司评测了当时存在的几种检测技术,包括视频检测技术,测评结果指出基于视频图像处理的车辆检测系统已经具备了投入实际使用的潜力。1994 年,明尼苏达运输部(MnDOT)为美国联邦公路局(FHWA)进行了更详尽、严格的测评,结果表明,视频检测器的检测准确性和可靠性可以达到令人满意的程度。同时,随着视频车辆检测技术的发展,人们已不满足于仅仅检测出车辆,FHWA 进一步利用此技术提取交通参数,如交通流量、十字路口的车辆转向信息等。事实上,与其他几种车辆检测方法相比,基于视频图像技术的方法具有直观、可监视范围广、可获取更多种类的交通参数以及费用较低等优点,因此可广泛应用于交叉道口和公路干线的交通监视系统中。在交通监测系统中,视频检测的传感器(即摄像头)被安放在道路的上方以获得道路和过往车辆信息,安装的高度一般为 5~6m,以保证对整个交通场景有很好的视点,且得到的视频图像序列可以为车辆检测和跟踪提供足够的信息。

车辆检测与跟踪系统通常包括感兴趣区域(Region Of Interesting,ROI)提取、车辆检测、车辆跟踪三个模块,如图 2-12 所示。首先由摄像头拍摄得到实时交通场景的视频序列图像,然后对序列图像进行 ROI 提取,并将提取到的 ROI 送到车辆检测模块以根据一定的图像处理方法和准则判断某 ROI 区域是否为车辆。检测出车辆后,可在跟踪模块对车辆进行跟踪。由检测和跟踪的结果可以分析提取出交通流量参数,如车速、车流密度、转向信息等。这类实时道路交通信息及各种服务信息汇总到交通管理中心并经集中处理后将传送至公路交通系统的各个用户,使公众能够高效地使用公路交通设施,从而达到提高道路负载能力和行驶效率以及节约能源的目的。交通场景中,车辆对象的实时检测与跟踪是基于视频的交通监测系统中最重要、最基本的步骤,是视频检测法的核心,检测与跟踪直接关系到智能交通系统决策的正确性。针对视频图像检测的三个关键模块,人们提出了许多视频图像处理和分析方法,包括针对 ROI 模块的帧差法、边缘检测法、非监督视频分割法,针对车辆检测模块的阈值法、检测线法、模型法以及针对车辆跟踪模块的模型法、区域法等。

摄像机安装在道路断面上方(靠构造物支撑)或两侧以及道路交叉路口高处或高建筑物上,然后将拍摄到的现场道路交通运行画面传给现场处理单元,现场处理单元负责实时

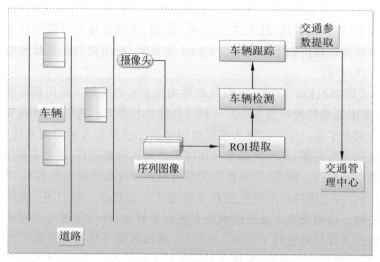

图 2-12　车辆视频检测原理

处理这些道路交通运行现场图像,实时计算道路交通流量、车速、车型、道路占有率等道路交通参数,再将计算结果和现场图像传送到道路交通管理与控制中心进行汇总处理,道路交通管理与控制中心则对采集的道路交通数据集中存储或根据采集信息采取相应的道路交通管理措施,其结构框图如图 2-13 所示。

图 2-13　视频信息采集组织结构

视频车辆检测系统与其他车辆检测器相比具有以下优点,发展前景更好。

① 仪器设备安装方便,不影响道路交通的运行。摄像机安装在道路断面的上方,安装简单方便,不会破坏路面结构、影响道路交通,但是需要支撑构造物。此外,仪器设备安装在远离车辆可以碰撞到的地方,这点与线圈检测器相比,大大保证了机器本身的安全性,提高了日常维护的方便性。

② 获取的道路交通信息丰富。视频图像的检测方法不仅可以获得车速、车型、道路交通量以及道路占有率等道路交通信息,还可以检测到其他检测器无法获得的车辆行驶轨迹以及大范围道路交通现场画面等其他的信息。

③ 覆盖面大。一个视频检测器可以同时检测道路横断面上的几条车道,也可以检测相邻近道路断面上的交通参数,观测的道路长度也更长,从而大大减少了安装摄像机的数量,适合大范围使用。

④ 方便道路交通管理部门使用。基于视频图像处理的检测方法可以为道路交通管理部门提供可视的图像,同时具有道路交通监控和管理的功能。例如道路交叉路口闯红灯、压线、停车位空位识别以及超速检测等监控。

2.2.4 微波雷达信息采集技术

1842 年,多普勒提出基于多普勒效应的多普勒式雷达,而世界上第一台普遍意义上的雷达—本土链雷达却诞生在近一个世纪之后的二战期间。由于雷达支持全天候、全天时工作,且其探测能力强,能有效探测敌机、敌舰的位置、速度、大小等信息,因此在战争中发挥着巨大作用。为此,各国政府竞相投巨资于雷达研发当中,也产生了一系列先进的雷达技术。1938 年,美国研制出第一部防空火控雷达 SCR 268;同年,世界上第一部战型舰载雷达 XAF 也于美国研制成功;1939 年,英国人首次使用机载雷达⋯⋯可以说,战争不仅催生了雷达技术,而且为其发展带来了巨大动力。

二战后,作为重点军事项目的雷达技术更是蓬勃发展,诞生了连续波雷达、脉冲多普勒雷达、相控雷达以及动目标显示雷达等。当然,随着市场的需求和驱动,从 20 世纪 50 年代开始,雷达技术逐渐走向民用化,并引发了一股新的研究热潮。

微波雷达传感技术作为一种特殊的距离/位移测量手段,能够解决近程目标的测量问题,因此也被称为近程雷达,并已从军用领域扩展到民用领域,并在物位测量、目标识别、速度测量、振动监测、位移监测等方面逐步得到应用。相对于其他传感技术,雷达传感技术具有非接触、抗雨雾粉尘等独特优点,逐渐成为近程目标位移测量领域的一种重要传感手段。

现在,微波雷达的成果已广泛应用于工业、气象、医疗、交通等诸多非军事领域。虽然其主要原理还是应用波的波动效应和多普勒原理对目标的距离、速度、角度、形状、大小等信息进行识别,但其应用却是千差万别。

微波雷达根据其频率的不同被分为多个波段,微波检测器的工作频率通常是 24GHz 或 10GHz。由于每个波段的性能差异较大,因此它们的应用领域也有很大的区别。而民用雷达主要是以 X 波段(8~12.5GHz)和 K 波段(12.5~40GHz,包括 Ku、K 和 Ka)为主,相比而言,K 波段的波长与水蒸气的谐振波长接近,极容易被其吸收,不宜在雾天使用;相反,X 波段由于不受水蒸气影响而常用于恶劣天气的规避。同时,工作在 X 波段的雷达传感器的带宽宽,更容易实现小型化设计,因此 X 波段也是用于交通信息采集的微波雷达传感器所选择的工作频段。

如图 2-14 所示,一个典型的 X 波段微波雷达传感器主要由射频前端和前置电路组成。其中,射频前端又由收发天线、微波振荡器、环流器、混频器构成,前置电路则包括发射前端和前置放大电路。

如图 2-14 所示,微波振荡器生成频率为 f_s 的微波信号,经环流器 1 端环流到 2 端并由发射天线发射(部分泄漏到环流器 3 端)。当目标车辆与传感器之间有相对速度 v 时,根据多普勒原理,反射波会发生频移。假设频移量为 f_d,则接收天线收到的反射波频率为 $f_s + f_d$,并经环流器环流到混频器。最后发射波与反射波在混频器的作用下输出频率等于多普勒频移为 f_d 的电信号。根据多普勒原理,易知

$$f_d = \frac{2v}{\lambda_s} \tag{2-11}$$

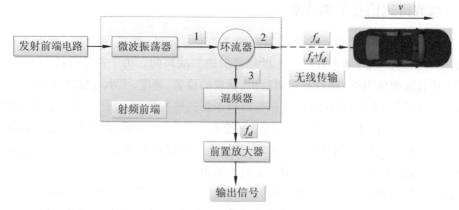

图 2-14　微波雷达传感器结构原理

　　式中,v 为目标车辆的相对速度,λ_s 为微波信号的波长。因此,只要检测出混频输出信号的频率即可通过式(2-11)得到目标车辆的相对速度。

　　微波振荡器是雷达传感器的波源,是整个传感器的核心部分。根据选取半导体有源器件的不同,可分为电真空振荡器与固体振荡器两大类。早期的雷达装置大多采用速调管、行波管、磁控管、前向波管等真空器件,它们虽然可以满足系统对源功率的要求,但因其结构大、供电电压高、功耗大且造价昂贵而逐渐被固态振荡器所取代。

　　混频器是雷达传感器中必不可少的关键部件,其基本功能是对信号的频率进行变换,在雷达传感器中,混频器的作用是对发射信号的频率和接收信号的频率进行差频。

　　雷达检测技术是被最早接触和使用的用于检测车辆速度的技术,检测设备称为雷达测速器或多普勒雷达,其原理是通过向运动的物体发射一定频率的无线电波并检测物体反射回来的电波频率与发射频率的差异计算运动物体的速度,实现对车的检测。同时,对车辆进行计数以达到统计交通流量的目的。

　　微波雷达传感器的测速测距原理主要涉及波的多普勒效应和波的能量理论两个方面。其中,雷达对车辆的检测依据多普勒效应中在运动过程中远离源点一端频率变低、接近源点一端频率变高的特性,如图 2-15 所示。

图 2-15　雷达监测器利用的多普勒效应原理

　　雷达设备通常由发射天线和发射接收器组成,架设在门架或路边立柱上的发射天线向路面检测区域发射微波波束。当车辆通过时,反射波束以不同的频率返回天线,检测器的发射接收器测出由于车辆运动而引起的频移，即可产生一个车辆感应输出信号，从而测定车辆的通过或存在。

雷达检测器具有多检测区域的特点，可检测交通量、车速、占有率等多项交通流信息，目前在交通检测方面具有很大的优势。与视频检测相比，它的缺点是不具备视觉监视能力和记录通行车辆或交通路况的可视特征。

在运动工作模式下，当雷达波束内有一运动物体超过雷达自身载体时，雷达会同时感应到自身载体速度和载体与运动物体相对速度的多普勒信号，通过电路的宽带放大、锁相滤波放大、分离和软件识别选择适当的软件闸门对两路多普勒信号选通计数，即可测出自身载体速度和两者之间的相对速度。

微波雷达通过发射电磁波对目标进行照射并接收其回波而获得目标至电磁波发射点的距离、距离变化率（径向速度）、方位、高度等信息。微波雷达不仅是军事上必不可少的电子设备，而且广泛应用于社会经济发展（如气象预报、资源探测、环境监测等）和科学研究（天体研究、大气物理、电离层结构研究等）。在智能交通系统中，微波雷达可用来探测车目标并进行交通信息采集，其中包括车流量、车速、车型等。

微波雷达检测器可安装在单车道道路的正对路中央的半空中以测量驶来或离去车流的交通数据，还可在多车道道路的路边安装，以测量多条车道上车辆的交通参数。

微波雷达检测器的安装方式可以分为正向安装和侧向安装两种。根据微波的工作原理，侧向安装检测的速度是每辆车一段距离内的平均速度，正向安装是利用多普勒效应对每辆车的实时速度进行检测，其他测量参数相同。正向安装的每台设备只能检测一条车道的信息，要想检测多车道的车辆信息则需要安装多台检测设备。而且正向安装需要安装悬挂门架，在道路中间施工需要中断交通。从安装成本和便利性上综合考虑，建议采用侧向安装方式。侧向安装需要考虑的因素有：需要检测的车道数、立柱的位置、中间隔离带和路肩宽度的影响。

正向安装、宽波束宽度的雷达可采集多条车道上的一个交通流方向的交通参数，正向安装、窄波束宽度的雷达可采集单车道上一个交通流方向的交通参数。路旁安装、多探测区域的雷达的探测区域垂直于交通流方向，这种雷达传感器可提供多条车道交通流的交通参数，但其准确性要低于同种情况下正向安装的雷达检测器。路旁安装、单探测区域的雷达检测器一般被用来检测信号交叉路口的单车道或多车道的车辆出现。路旁安装的雷达有两种类型：连续波多普勒雷达和调频连续波雷达。雷达检测器通过波形可获取交通参数；连续波多普勒雷达可用于城市主干道及高速公路上的车辆测速。

微波雷达检测道路交通信息的工作原理：当车辆从雷达波覆盖区域穿过时，雷达波束由车辆反射回雷达天线，然后进入接收器，通过接收器完成车辆监测并计算出流量、速度及车身长度等交通数据。

测距原理为发射后电波的频率，即离开天线时的频率在遇到前方物体反射后，回到天线时与天线上的信号频率发生混频得出混频信号。发射天线和反射物距离越远，混频后的回波信号频率越高，反之越低。混频后输出频率范围为 $1\sim100\,\mathrm{kHz}$，接收混频信号经预放检波后送至 DSP 信号处理单元计算和判别出目标距离，并根据汽车行驶过雷达照射区域的时间和波形的变化以及信号处理机内部定时器记录的数值计算出车流量、车速、车道占有率、车型等,并将数据通过现有的通信网络实时传输到客户终端显示。

在实际探测中,微波雷达探测器可以安装在欲探测车道附近的路灯杆上,高度为4~8m。微波雷达向下对各车道发射连续的调频波,并经各车道反射回来,与发射信号混合产生具有一定频率差的中频信号。由于各个车道相对微波雷达的距离不同,产生的中频信号的中心频率也不同。雷达根据不同车道在相邻时刻产生的中频信号的频谱差判断是否有车经过,进而分析车流量、车速、车型等信息,具体如下分析。

微波雷达通过天线向外发射一系列连续调频波并接收目标的反射信号。发射波的频率随时间按调制电压的规律变化。一般调制信号为三角波信号,发射信号与接收信号的频率按照一定规律变化。从目标反射回来的回波频率和发射频率的变化规律相同,发射频率和回波频率之差可以表征探测目标与雷达之间的距离。目标距离 R 为

$$R = \frac{\Delta t\, c}{2} = \frac{c}{2} \frac{T}{2\Delta F} f \tag{2-12}$$

式(2-12)中,R 为目标离雷达的距离;c 为光速;T 为三角波调制信号的周期;ΔF 为 VCO 调制带宽;f 为混频器输出的中频信号频率。

从上式可以看出,目标离雷达的距离与中频信号频率呈正比。由于不同车道的目标与雷达距离不同,对应的中频频率范围也不同,而且车辆经过雷达检测区域需要一定时间,因此通过分析中频信号的功率谱随时间的变化情况便可对车流量、车速、车道占有率、车型等参数进行统计。

微波测距测速装置在运行过程中由于受到诸多因素影响,因此必然会有很多干扰,其中最典型的是孤立的单脉冲干扰,这种干扰容易产生一些错误数据(无效数据)。倘若将这些数据输入滤波算法,可能会增加滤波器工作,导致其算法时间复杂度增高或破坏其滤波性能,导致其精度不高。为此,需要对数据采集的逻辑过程进行优化,在数据滤波之前对单脉冲干扰进行过滤,以保证采集所得数据的精度与准度。

当前常用的远程交通微波检测器(Remote Traffic Microwave Sensor,RTMS)是一种用雷达监测微波传输形式以检测交通数据的探测器,具有技术先进、成本低、使用方便的特点,可以在线实时提供道路上的交通信息,这些信息有多达8个车道的车流量、道路使用率、车辆速度及方向和车型等信息,更重要的是,它借助于公网传输检测数据,避免了传输线路铺设的作业,减少了工程量。

如图 2-16 所示,检测的数据利用 GPRS 模块、GSM 基站、互联网传输至控制中心的计算机进行实时处理。

2.2.5　各种固定式交通信息采集技术的优缺点比较

每种检测器都各有优缺点,在进行检测器选择时可以根据实际情况进行选择。下面把各种检测器技术的优缺点进行汇总比较,见表 2-1。

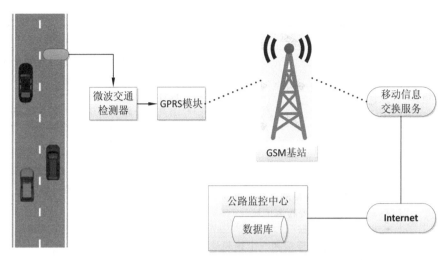

图 2-16　RTMS 检测原理

表 2-1　各种固定式交通检测器技术的优缺点比较

信息采集技术	优　　点	缺　　点
地磁线圈信息采集	• 成熟、易于理解的技术 • 灵活多变的设计，可满足多种实施状况的需求 • 广泛的实践基础 • 与非地埋型检测器相比，设备价格便宜 • 提供基本的交通参数（如流量、出现、占有率、速度、车头时距和车辆间隙）	• 安装和维修需要关闭车道，对交通流造成干扰 • 在路面质量不好的道路上安装时易损坏 • 路面翻修和道路设施维修时可能需要重装检测器 • 检测特定区域的交通流状况时往往需要多个检测器 • 降低道路寿命
地磁线圈信息采集	• 采用高频励磁的型号可提供车辆分类数据 • 某些型号不需要刨开路面即可安装于路面下 • 安装所需的时间比感应线圈短 • 可用于感应线圈不适用的地方（如桥面等地） • 对路面车辆压力的敏感度低于感应线圈 • 某些型号可通过无线电传输数据	• 对路面车辆压力和温度敏感 • 当车辆类型变化比较大时，精确性会降低 • 需要对检测器做定期的维护 • 安装需要刨开路面或在路面下挖掘管道 • 安装和维修需要关闭车道，对交通流造成干扰 • 要想对静止车辆进行检测，需借助特殊的传感器设计或使用专门的信号处理软件 • 对检测区域较小的型号来说，检测全部车道需要多个检测器
微波雷达信息采集	• 在用于交通管理的较短的波长范围内，微波雷达对恶劣天气不敏感 • 可实现对车速的直接检测 • 可实现多车道检测	• 天线的波束宽度和发射的波形必须适合具体应用的要求 • 多普勒微波雷达不能检测静止车辆 • 多普勒微波雷达在交叉路口的车辆计数效果不好

信息采集技术	优　点	缺　点
超声波信息采集	• 可实现多车道检测 • 易于安装	• 温度变化、强烈的气流紊乱等环境因素都会影响传感器检测性能。为此,某些型号设计了温度补偿装置 • 当高速公路上车辆以中等车速或高速行驶时,检测器采用大的脉冲重复周期会影响占有率的检测
视频图像信息采集	• 多检测区域,可检测多条车道 • 易于增加和改变检测区域 • 可获得大量数据 • 当多个摄像机连接到一个视频处理单元时,可提供更广范围的检测	• 恶劣的天气,如雾、雨、雪、阴影 • 车辆投射到相邻车道的阴影 • 光照强度的变化 • 车辆与道路的对比度变化 • 摄像机镜头上的水迹、盐渍、冰霜和蜘蛛网等都可能影响检测性能 • 为取得车辆出现和速度检测的最佳效果,需将摄像机安装到较高的高度

2.3　移动式交通信息采集技术

随着智能交通系统中先进的出行者信息系统(Advanced Traveler Information System,ATIS)对交通系统中实时动态交通信息需求的不断提高,传统的固定式交通信息采集方式虽然技术相对成熟,信息处理手段和方法基本完备,但是也出现了不足,主要表现为以下方面。

① 固定式交通信息采集方式在路网上的覆盖率比较低,采集的交通信息不能全面反映路网交通状态。目前,国内外在布设固定式交通采集设备时需要考虑道路等级、交通监控目标、设备投资等,因此只会在重要路段和关键断面布设,这样就会造成很多信息盲区。

② 固定式交通信息采集方式由于受自身技术特点限制,不同的采集方式具有不同的采集特点和环境适应性,信息源的可靠性不高。

③ 固定式交通信息采集方式在安装和维护过程中需要破坏路面或影响正常交通流,每年的维护和保养需要花费大量人力和物力。

综上所述,固定交通信息采集方式已经不能完全满足于智能交通信息系统海量、全面、实时的信息需求,因此世界各国交通管理部门和科研人员都在进行交通移动采集技术的选择和实验,希望借助移动采集技术的特点弥补固定采集技术的缺点,完善整个交通信息采集系统,从而更好地为智能交通系统的各子系统服务。

2.3.1　浮动车信息采集技术

1. 交通移动采集技术

20 世纪 90 年代初,国外使用模型模拟或者实地试验验证使用移动车辆采集数据的可行性,其中以德国的 VERDI 系统、美国的 ADVANCE 实验项目 T31 和 AMI-C 系统最具典型性。德国的 VERDI 移动检测系统通过车载移动通信单元和监控中心实现道路交通信息的实时移动传输,移动传输网络采用的是 GSM 网络,监控中心实时采集的数据不仅包括车辆位置信息和车速信息,还包括车辆的运行状况信息、天气信息以及路面信息等。

美国的 AMI-C 移动车检测系统更加强调将各种多媒体信息通过先进的通信技术在行驶的车辆和监控中心之间传输,汽车将安装多种多媒体显示和采集设备,因此通过浮动车采集到的交通信息更加丰富和全面。随着这些多媒体设备成为未来美国汽车的标准配置,AMI-C 系统逐渐将向 IPCar 浮动车检测系统转化,IPCar 系统认为道路上的每辆汽车均可作为检测车,并且每辆车拥有一个唯一的 IP 编号,所采集的大量信息与该车辆的 IP 编号相对应,这样监控中心根据这些信息和编号就可以更加全面、实时地掌握道路交通信息。

通过研究和分析国内外交通移动采集技术的研究现状,可以将交通移动采集技术分为主动测试车技术和被动探测车技术。主动测试车技术通常称为浮动车技术(Floating Car),这种方法由英国道路研究试验所的华德鲁勃(Wardrop)和查尔斯沃思(Charlesworth)于 1954 年提出,可同时获得某一道路的交通量、行驶时间和行驶车速,目前主要用于交通综合调查。

2. 主动测试车技术

主动测试车技术的测试方法是:交通数据采集人员在某一特定的测试车内通过手工、距离测试仪(DMI)或 GPS 等设备随时记录车辆速度、行程时间或者行驶距离信息,通过 DMI 设备可以每半秒甚至在更小的时间间隔内采集和记录车辆速度和行驶距离等信息,GPS 设备也能够做到每秒记录测试车辆的位置和速度信息。

主动测试车技术通常需要选择某一特定车辆作为测试用车,该车在正常交通流中行驶的主要目的是交通数据采集,所以通常称为主动测试车技术,这种移动采集技术的主要优点有:①能够提供特定驾驶行为条件下的实时交通信息;②通过 DMI 或 GPS 设备可以详细记录车辆整个行驶过程中的详细数据;③设备的初期投资相对较小。但该技术也有以下不足:①信息来源的可靠性受到数据采集人员和记录仪器的双重影响;②DMI 或 GPS 设备采集的大量数据会带来存储问题;③整个路网行程时间的估计仅依靠某一特定测试车的数据,会带来较大误差。

3. 被动探测车技术

被动探测车技术是指在行驶于正常交通流中的车辆上安装辅助仪器或其他远程传感设备以完成交通信息的采集,使用的车辆可以是个人车辆、出租车、公共汽车或其他商业运营车辆,这些车辆的行驶主要目的不是采集交通信息,只是通过这些车辆上的仪器和设备,在不妨碍车辆本身运行目的的情况下实时采集道路交通流信息。这些车辆和交通管理或监控中心通过各无线传输技术实时通信。

根据车辆上安装设备的不同,可将被动探测车技术分为基于信标技术(Signpost)的探测车技术、基于自动车辆识别技术(AVI)的探测车技术、基于广播电台定位(Radio)的探测车技术、基于手机定位(GSM)的探测车技术和基于 GPS 定位的探测车技术等。采用上述被动探测车技术的移动采集技术具有以下优点。

① 数据采集成本低。一旦相关硬件安装完成，系统数据获取将变得相当容易，而且代价小，不需要经常安装或维护相关设备。

② 能够获得持续不断的数据。通过车载设备可 24 小时持续不断地获取实时道路的交通状况，尽管一些商业车辆或公共汽车的运行具有时间表，但是只要车辆一运行就会采集实时数据。

③ 能够直接反映实际交通流特点。因为探测车直接行驶在交通流中，采集的数据不受外界或主观影响，而且这些车辆的驾驶人都是随机选择的，因此采集的数据更能全面反映实际交通流特点。

当然，被动探测车技术也存在以下几个问题需要进一步改进。

① 初期投资大。无论采用上述何种技术建立交通信息移动采集系统，均需要购置必须的车载设备和路边设施，并且需要培训相关技术人员进行监控和操作。

② 系统一旦建立就很难更改。因为系统在建立时需要建设相关基站和天线，这些设施建设后不能随意更改，因此在系统建设时需要考虑系统覆盖范围，确保探测车采集的数据能够实时上传。

③ 系统建设带来个人隐私问题。因为交通信息采集设备会被安装在社会车辆或私人车辆上，这样驾驶人的驾驶习惯、出行地点都会被监控中心监控，所以这也是该系统在建设过程中需要考虑的问题。

④ 系统仅适于大范围的交通数据采集。因为探测车技术初期投资大，而且探测车的行驶区域比较自由，因此探测车技术不适于小范围交通数据的采集。

被动探测车数量（即选择的样本量大小）主要受城市路网、城市交通构成以及其他一些可变因素（如天气、城市基础设施建设和大型活动等）影响。目前，国内外的相关研究还没有得出固定的标准和公式以计算这个数量，因此每个城市需要根据自身特点进行研究，从而选择合适的探测车数量。

4. 交通移动采集技术基本原理

不论是主动测试车技术还是被动探测车技术，其数据采集的原理基本相同。下面以检测某条道路的交通状态为例，分析交通移动采集技术的数据采集和分析过程，如图 2-17 所示。

如图 2-18 所示，车辆实时速度数据通过特定算法处理和压缩，并和车辆位置信息、行驶道路信息打包，利用车载无线发射装置发送到监控中心，监控中心通过处理这些数据获得道路交通信息。从图 2-18 可以看出，车辆在 A 点属于正常行驶状态，而到了 B 点，车速下降到一定阈值，并且持续一段时间的低速行驶，从而判断车辆进入拥堵状态，到了 C 点，车辆速度逐步上升，逐渐恢复至正常行驶速度，从而判断车辆离开拥堵路段，道路交通开始畅通。行驶车辆和监控中心通过 GPRS 和 GPS 网络实现信息的实时通信，监控中心通过信息处理获得实时交通信息和车辆运行状况信息，并通过有线和无线的方式向行驶的车辆和公众进行信息发布。

5. 名古屋基于浮动车信息的 P-DRGS 简介

PRONAVI 车载导航系统是 P-DRGS 开发的一套基于浮动车信息的动态导航演示

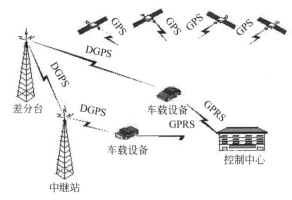

图 2-17　浮动车检测系统构成

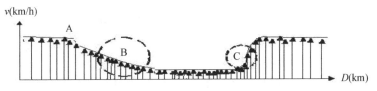

图 2-18　交通移动采集技术基本原理

系统。该系统通过从名古屋运行的 1500 辆出租车得到的实时 Probe 信息和从日本道路交通情报中心(JARTIC)得到的实时信息预测现在的交通状况,并同时向用户提供交通信息参考。P-DRGS 系统的基本运行方式为:将各种车辆信息收集到 DRGS 中心,然后将交通预测信息通过无线信号传输的方式发送给车载导航器;车载导航器也同时用来进行交通信息的收集并实现交通预测。PRONAVI 的系统构成如图 2-19 所示,该系统目前所能提供的功能主要如下。

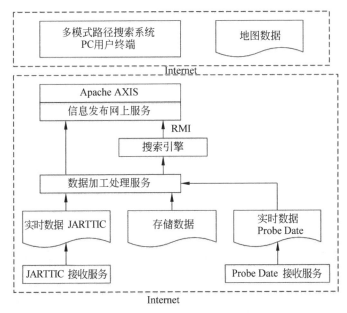

图 2-19　PRONAVI 的系统构成

① 地图显示功能。名古屋周边地区地图的表示,具备放大和缩小的功能。

② 实时交通信息发布功能。P-DRGS 中心每隔 5min 更新收集的施工、事故、管制等交通信息,用户可以自由设定这些信息在地图中显示或者不显示。

③ 详细的交通信息参考。点击地图上的施工、事故、管制等标志,系统立刻提供详细的交通信息参考,同时提供系统信息、局部地区信息和交通通行许可相关信息。

④ 用户当前位置的自动显示功能。根据 GPS 信息自动显示用户当前的位置。

⑤ 路径搜索功能。在服务范围内,基于用户的出发时间提供任何出发地和目的地之间最多 5 条多模式交通最短路径,并为需要换乘的用户提供换乘详细信息。

⑥ 使用历史记录和登录点等的管理。可以在独立的画面显示使用的历史记录以及登录点的管理等,提高服务的方便性。

⑦ 打印预览功能。搜索的路径等结果可以在地图上预览并直接打印。

⑧ 用户认证。为了防止未被认证的用户使用,每次使用该系统时,都应通过 Internet 进入服务需进行用户认证。该系统在 2004 年世界 ITS 大会上向世界展示,引起了各国与会人员的关注,日本的主要报纸也争先报道。之后该系统在 2005 年名古屋世博会期间进行了 1000 人规模的实验,以检验中心系统的稳定性和 PRONAVI 信息的有效性。按照 P-DRGS 协作团体的计划,该系统还将继续得到完善,包括系统服务功能的提高以及服务范围的扩大等。

2.3.2 无人机信息采集技术

随着无人机技术的不断发展,结构简单、成本低、风险小、灵活机动、实时性强等独特优点使得无人机的应用更加广泛,特别是在交通信息采集领域,无人机的使用使得移动式交通信息采集技术在空间上得到了进一步的拓展,如图 2-20 所示。

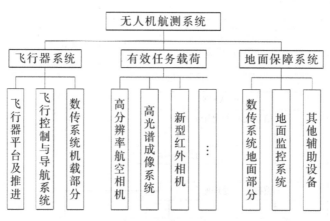

图 2-20 无人机系统的组成

在交通信息采集领域,无人机通常搭载视频录制设备,利用集成 GPS 定位系统、无线通信系统和高分辨率视频摄像系统对地面目标进行摄像和摄影,进而通过获取的图像和视频数据提取所需的信息。面向交通信息采集的无人机检测技术以自动驾驶飞机为飞行平台,以高分辨率数码相机为传感器,以获取高分辨率影像数据为直接目标,以获取道路交通流信息为目的,以视频图像处理技术为数据处理手段,通过 GPS 定位导航技术,并借助先进的无人机飞行控制系统和无线通信系统,可实现无人机与地面交通监控中心的实时数据传输,并从多高度、多角度、多方位对道路交通流进行实时监控和信息采集,如图 2-21 所示。

图 2-21　小型无人机

1. 无人机交通信息采集技术的特点

无人机因其固有特点在交通信息采集领域的应用也具有明显的优点。

① 检测范围广。低空飞行、巡航高度可调、变换视角灵活、不受车辆之间的遮挡,因此可以实现从局部到广域的点、线、面交通检测,有利于交通管理部门快速、高效地控制局面。

② 采集信息多样化。通过对特定区域的连续侦查可以跟踪和检测单个车辆的空间位置和运行状态,也可以采集交通密度、交通流量、平均速度及交通设施分布等宏观交通信息。

③ 机动灵活。无人机能够飞行在道路和桥梁之上,甚至能够进入隧道进行事故现场的勘查和取证,飞行高度从几十米到数百米不等,不受道路交通影响,表现出特有的灵活性和机动性。

④ 可应急救援。在遇到地震、洪灾、海啸、暴雪等自然灾害时,地面交通全部瘫痪,无人机可以立即出动,深入现场观察实况,搜索人员、建立通信中继。

⑤ 风险低。不用考虑驾驶人风险,能够在灾害天气或污染环境下执行高危任务。

⑥ 效率高。无人机作业准备时间短,可随时出动,具有低投入、高效益的特点。

⑦ 成本低。小型无人机市场价格较为低廉,从数千元到数万元不等。

同时,无人机信息采集技术也有如下一些缺点。

① 荷载有限。小型民用无人机由于体积质量有限,其有效荷载量也是有一定限制的,其摄像机、云台以及其他通信设备都要控制在数千克以内。

② 续航时间。受到荷载重量的影响,无人机的续航时间一般控制在两小时之内。

③ 天气要求。无人机对于天气方面的要求,尤其是风力,一般需在 6 级风力以下,并

且气温要在一定范围内,在晴朗天气下才能够安全飞行并采集交通信息。

④ 平台震动。无人机在巡航过程中,其摄像机始终都是处于振动状态的,加之操作影响和气象影响,极易导致所采集的视频出现抖动或者模糊的现象,进而加大视频检测的难度。

⑤ 视线遮挡。无人机在交通监控的过程中往往会被各种植被、建筑、设备、行人、建筑物等因素干扰。因此,无人机在交通监控的过程中要想更加准确地提取交通参数,就必须克服这一系列因素的影响,才有更好地服务于交通监控工作。

2. 无人机交通信息采集技术的应用

(1) 日常路况监控。

在日常路况监控中通常使用较为大型的固定翼无人机,其具备速度快、航程远、飞行高度较高等优势,并且通常可以搭载高清数字化摄像头,可以对地面实时交通情况进行清晰的拍摄和录像,非常适用于在空中进行日常巡逻和路况采集任务。如果让固定翼无人机运行在巡航模式下,则无须人工干预,无人机每天会自动往返于已经规划好的路段上,将交通视频信息通过移动互联网络发送给道路指挥中心,道路指挥中心能够直观且迅捷地对该条道路的通行状况有清晰的了解,并且可以将实时获取的路况发布到信息平台上,让该条道路上的驾驶人和即将出行的人都能够获取最新、最准确的路况信息,自主选择出行的路线和时间,为安全而便捷的出行打下基础。

(2) 辅助交通管制。

当路网中出现交通事故后逃逸、闯卡等违章违法的恶劣行为时,搭载视频传输系统和定位系统的无人机可以对肇事车辆进行长距离、长时间的跟踪和定位,并将相关信息传回,引导执法人员进行拦截和处置,在为打击道路犯罪做出贡献的同时,也避免了执法车辆直接在道路上对肇事车辆进行拦截甚至追逐而造成的危害,保障了路面执法人员的人身安全。

(3) 应急处置和现场指挥。

当道路发生交通堵塞、事故甚至自然灾害,出现严重影响交通运行安全的时候,如何让决策者更快、更直观地了解现场情况是一个难题。固定摄像机的覆盖范围有限,不能满足全程视频覆盖的需要,而携带车载监视系统的车辆及人员可能被漫长的车流隔离在远离现场的地方。这时,一个快速反应的视频传输尤其是现场指挥平台显得尤为重要。在欧美发达国家,这种快速反应平台通常以直升机为载体,但是鉴于直升机价格昂贵、运行维护成本高、数量稀少等诸多因素,造成了其目前并不适合在我国批量应用的现状,这种情况下更适合使用价格低廉且维护相对方便的无人机。固定翼无人机的飞行速度比一般车辆的行驶速度高很多,并且其行进不受地形的限制和干扰,可以直接飞往事发地点,在第一时间赶赴现场,进而从空中将现场视频传输给指挥调度中心。无人机可以鸟瞰地面车流实况,有利于道路管理部门掌握全局、通盘指挥和正确疏导,以解决道路阻塞问题。

突发事件发生后,旋翼无人机可以搭载喊话器、警报器和交通指挥信号灯等不同的任务模块,在路政执法人员到达现场之前更快地到达现场,执行调度指挥任务;交通管理人员可以通过旋翼无人机搭载的交通管制设备直接对现场交通进行指挥和疏通,如图 2-22

所示。无人机的使用使得在突发事件发生后的现场信息采集传输能力得到了极大的提升。

图 2-22　使用无人机进行应急指挥

（4）协助救援。

当路网中发生严重交通事故时，可能随之而来的是大面积的交通堵塞，尤其是许多时候救援人员到达现场才发现有些救援所需的设备和药物不能及时到达现场，受伤人员不能得到及时的转移和救治，无人机的加入则可以有效解决这些问题。旋翼无人机可以避开拥堵的车流和人群，将所需物资和器具送达现场，并将受伤人员信息传回，让外场救助人员获取足够信息，做好后续救治准备，如图 2-23 所示。

图 2-23　无人机协助救援

3. 基于无人机视频的交通检测

如图 2-24 所示，利用无人机进行交通信息采集，主要是指借助无人机平台搭载的高清视频设备拍摄的视频及照片对交通信息进行提取。其中，交通信息通常包含车辆检测、交通密度和流量以及车辆轨迹与车速三大类。

图 2-24　使用无人机进行交通检测

（1）基于无人机视频的车辆检测。

对于视频交通信息采集系统而言，运动车辆的检测是发挥系统功能作用的基础和前提，只有快速、准确和可靠的检测出车辆，才能进行下一步的交通参数提取。基于无人机视频的车辆检测大致分为图像预处理、背景建模、车辆检测等过程，如图 2-25 所示。

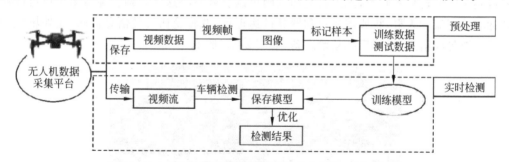

图 2-25　无人机车辆检测技术路线

在使用无人机视频检测车辆时，也要考虑几种影响因素，其对交通参数提取的精度有较大影响。

首先是交通状态。早晚高峰、平峰时段的交通状态对车辆检测的影响主要体现在车速和交通密度对检测算法的影响。例如，帧间差分法对较高车速车辆的识别率较高，对较低车速或静止车辆的识别率十分低；交通密度较大则对图像分割算法要求高，密度较低对车辆检测则较为简单，同时交通密度较大时背景建模困难。

然后是光照条件。光照条件主要在不同时段（早晚高峰、平峰）、天气状况（晴天、阴天等）情况下有较大差别。光照条件用照度和能见度衡量，光照条件主要影响两点：目标清晰度和目标阴影。

无人机的飞行高度也会造成一定影响。由于无人机拍摄高度不同，使用的视频设备不同,因此视频图像中车辆所占像素大小也不同,这会影响车辆检测算法的选取。同时,车型构成也有一定影响。

(2) 基于无人机视频的交通密度和流量提取。

交通密度是交通流理论中的三个基本参数之一,对于研究交通流具有重要意义。受限于目前的交通信息采集技术或设备,还没有实现交通密度的自动化获取。无人机以其飞行高度和视角的优势结合车辆检测技术实现了自动、准确地提取这个重要的交通参数。

交通密度提取的流程大致为:获取无人机拍摄的视频,选取需要提取交通密度的区域,计算出实际长度与图像像素密度的比例并进行标定,利用车辆检测算法检测车辆,最后计算交通密度。

(3) 基于无人机视频的车辆轨迹与车速提取。

车辆轨迹对提取交通参数、研究驾驶行为和交通安全分析具有重要意义。目前,车辆速度检测受到检测技术和设备的限制,存在车辆之间相互遮挡等问题。本书充分发挥无人机采集交通视频的优势,提出了基于无人机视频的车辆轨迹和车速提取方法。

目前,车辆轨迹的提取方法主要有 GPS 定位跟踪和地面固定视频摄像机检测等方法。GPS 定位跟踪误差在 15m 左右,对交通参数提取和交通微观层面的研究来说是不可接受的。而地面固定视频摄像机检测存在检测范围小、观测角度不理想的问题。利用无人机可在道路上方采集范围大、多视角的交通视频的优势可以使车辆轨迹提取更易实现。

车辆轨迹提取的主要流程为:将无人机视频图像转换成某一类色度图像(HSV/HSL),使用相应算法对图像进行处理,找到车辆坐标,处理下一帧图像,确定新坐标,然后记录每帧图像中的车辆坐标并在当前帧图像中显示,最终得到车辆轨迹。

2.3.3 众包信息采集技术

用户众包(User Generated Content,UGC)就是指企业利用互联网将工作分配出去以发现创意或解决技术问题。交通信息用户众包是由出行者通过移动终端反馈交通信息,是交通信息采集的一种重要手段,可分为主动众包和隐性众包两种方式。

智能终端设备(如智能手机、Pad 等)持有者下载安装特定的应用,并通过该应用提供的信息上报功能,主动将交通现场的交通信息以文字、语音、图片、视频等形式上传至应用运营后台。这种用户主动上报的方式称为主动众包;用户启动智能终端设备(如智能手机、Pad 等)上安装的特定应用,并授予应用获取位置信息的权限,应用运营后台通过获取的实时位置信息以一定算法计算出交通现场道路交通流状况,这种获取用户实时位置信息的信息采集方式称为隐性众包。隐性众包的交通信息采集方式与浮动车原理相似,可以认为是一种广义浮动车,以往以出租车作为浮动车进行交通信息计算的主要数据源,但出租车浮动车占城市交通流的比例较低,并具有自身的一些业务特性,与城市交通流的运行规律有较大差异。而智能终端普及率较高,交通流中的用户一般都会配备智能终端,现在把大量的各类驾车者的信息加入进来,有效补充出租车的数量限制,更能有效反映城市交通流状况。

用户众包的兴起和走向实用的主要原因是移动互联网的发展和智能用户终端的普及,特别是智能手机的普及,一个好的应用可以快速扩大用户数量,并且在用户广泛参与的情况下可以引导越来越多的用户加入进来,使得信息不断充实和完善,也使得信息越来越准确。用户通过微博、微信等方式发布路况也是用户众包的表现形式。

　　如图 2-26 所示,作为交通的参与者、出行者有对实时路况信息的需求,同时也是路况信息的直接体验者,如果发生交通事故,经过现场的出行者把事故信息通过一定的方式共享出去,就可以为其他出行者提供参考,参与的人越多,信息就越全面、准确、及时,这就是用户众包,信息的使用者也是信息的提供者。采用这种方式可以弥补其他采集方式不能覆盖大面积区域以及无法确定路况实际情况的问题,如交通事件的影响、交通管制的影响等,如果有用户在现场将这些情况分享给其他用户,则其他用户就可以对自己的行车路线进行决策。用户众包的最大优势在于覆盖区域大、成本低、反应及时等,缺点是当用户数量较小或反馈数量较少时不能获取比较全面和及时的路况信息、虚假信息不易判断、上报数据过期等。

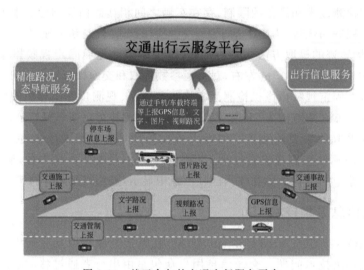

图 2-26　基于众包的交通出行服务平台

1. 交通信息用户众包的方式

下面是实时路况用户众包常见的几种方式。

(1) 开放自己移动设备的位置接口。

移动终端设备(如智能手机、PAD、车载终端等)通过安装的软件(如路况、导航软件等)在运动过程中定时将自己的位置、速度、方向等信息发送到数据处理中心,这样每个终端就是一个浮动车,当用户量达到一定程度时,就能计算出一个区域或道路的路况,其数量比出租车要大很多。

(2) 用户直接反馈。

当道路发生交通拥堵、事件、交通设备(信号灯)故障时,用户通过手机、固定电话、车载通信设备等向数据中心反映信息,可采用短信、语音、图片、文字、视频等,当然直接拨打电话到数据中心是一种最直接的方式,也是最有效的方式。交通广播电台也把信息员上报的路况信息作为主要的信息来源。

（3）用户通过微博、微信等发布。

目前，微博、微信的用户量已经非常巨大，这些人群形成了随时随地发微博和微信的习惯，很多人也都把遇到的交通状况发送出去，通过微博、微信的搜索和关注可得到大量最新的路况信息。

2. 众包平台工作流程

时空众包的主要参与者包括众包任务的请求者与众包参与者，他们通过时空众包平台建立联系。如图 2-27 所示，平台在工作流程中居于中心位置，特将其展开叙述。平台负责对所请求任务和参与者信息进行综合处理。一般地，平台首先对任务和参与者信息进行预处理，然后将其交给任务分配引擎。随后，任务分配引擎基于任务特点和优化目标进行任务分配，并将相应信息反馈给请求者和参与者。根据不同的任务需求，平台既可以将任务执行结果直接反馈给请求者，也可以对执行结果进行整合汇聚（如图 2-27 左侧虚线框所示）后再反馈给请求者。下面分别从请求者和参与者视角阐述工作流程。

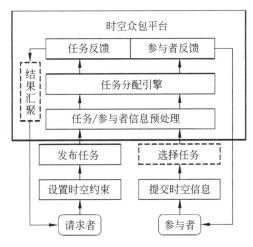

图 2-27　时空众包平台的工作流程

① 任务请求者工作流程。当请求者打算使用时空众包平台完成任务时，需要依次执行以下步骤。首先，请求者需要设置任务的时空约束，例如派送类任务通常需要设置派送时间和地点等；设置完成后，请求者即可将任务提交到平台；随后，请求者等待平台反馈。

② 众包参与者工作流程。参与者为了完成任务，首先需要提交自己的时空信息，例如当前所在位置等，以供平台判定其是否满足相关时空约束。在一些平台上，参与者可浏览并自主选择任务，如图 2-27 右部虚线框所示。随后，参与者等待平台反馈。

以上即为时空众包平台的通用工作流程。上传的数据可分为两类，一类是定位信息，包括车辆的位置、行车方向及速度信息；另一类是用户上报的语音、文字、图像、视频等。对这些数据的处理采用不同的方式，对经过加工处理的数据进行多形式的发布。

根据任务的实时性，可将任务分为静态离线任务和动态在线任务，它们的主要区别在于：动态在线任务中任务和参与者出现的情况是未知的，参与者与任务随机（或按照某种未知分布）到来，平台只能根据当前参与者和任务的时空分布情况进行分配决策，无法预知未来参与者和任务的时空分布;对静态离线任务而言,所有任务和参与者的信息都是已知的,这些信息中没有不确定性,因此往往可以很容易地得到全局最优目标。

以物流派送类应用为例,该应用为典型的静态离线任务。通常在一次送货前,派送员(可视为众包参与者)就已经清楚了所有的送货地点,因此平台可为派送员安排最佳的送货路线。但在实际应用中,通常面对的是动态在线任务,任务是实时动态变化的。例如在滴滴出行平台中,出租车司机对于未来可能出现的请求打车服务的用户是无法预测的,因此平台也只能根据当前时刻已知的司机与乘客的信息匹配合理的订单,而当前的匹配策略会对未来订单的匹配结果产生影响,即便当前时刻的匹配策略是最优的,当考虑到下一时刻的订单分布情况时,当前的匹配很可能并不是最合理的。因此,在各类不同的时空众包应用中,众包任务的实时性特点将在很大程度上影响众包平台的工作策略。

根据任务对参与者的需求量可将任务分为单一参与者需求任务和多参与者需求任务,其区别在于完成任务需要的参与者数量不同。一些任务对众包参与者的能力要求较单一,这类任务往往限定仅需一个参与者完成。例如滴滴出行等专车服务以及代驾服务等都是典型的单一参与者需求类任务。另一方面,有些任务或者由于要求能力种类较多,或者由于任务工作量较大,或对工作技能要求较复杂,则需要多个参与者协同完成任务。例如,需要多种能力的参与者共同举办聚会就属于多参与者需求类任务。对于此类多人参与的工作,如何控制协同完成工作的质量并不简单。因此在各类不同的时空众包应用中,众包任务对参与者需求量的不同将影响对众包任务完成质量的控制方式。

根据众包参与者是否拥有任务选择权,时空众包任务可分为参与者主动选择任务和平台主动分派任务两种形式。对于参与者主动选择类任务,众包参与者拥有对任务的选择权,其可基于自己的偏好选择适宜的任务。但在很多应用场景中,众包参与者偏好趋同,这将导致少量性价比高的任务供不应求,反而很多性价比不高的任务无人问津,从而导致时空众包平台的整体效用较低,这也导致了另一类平台——主动分配型任务的出现,此类任务仅由时空众包平台根据任务分配算法进行分派,被分配任务的众包参与者应执行任务,否则会受到平台的相应惩罚。仍以实时专车类应用为例,滴滴出行平台采用了参与者主动选择型任务,其每项专车任务(众包任务)都可由专车司机(众包参与者)选择,当一项任务有多位司机选择时,该平台采用抢单策略保证任务分派的唯一性,但其任务本质为参与者主动选择型任务。与之相反,神州专车却采用了平台主动分派型任务,即每位司机只能被动等待平台分派任务,当任务被分派后,司机需执行此任务,否则将接受惩罚。因此,在各类不同的时空众包应用中,众包参与者对任务的选择权都将影响该平台对众包任务的分配机制。

在数据处理方面,移动终端定期向中心发送位置、速度等数据,与监控设备不同的是,移动终端向上发送一定时间内的行驶数据,时间间隔可较小,如可每分钟向中心发送一次数据,而数据包含5秒间隔的定位数据12个,在不提高发送频次及数据量的情况下可获取更详细的数据,经过后台的道路匹配,可较为精确地获取行车数据,通过一定样本的数据使路况数据达到较高的精度。用户报告的数据包括位置和其他多媒体数据,一部分无法直接量化的数据可通过人工审核及处理的方式将其添加到交通信息中发布。通过不同形式收集过来的数据,数据处理中心通过一定模型进行计算,采用自动或人工判断的模式及时对这些用户的众包数据进行处理,并与其他来源的数据进行数据融合,得出最终的实时交通信息。用户众包数据可能存在大量的虚假数据,要通过一定的算法进行优选比对和人工判断,去伪存真,以保证数据的准确性。

3. 当前众包技术存在的问题

然而,无论是国外的企业,还是国内的凯立德、腾讯路宝等新兴起的众包模式的地图服务,都是将交通检测设备所感应的数据(本书将路侧、车载、浮动车等数据统称为传感器数据)和众包数据分离开来处理,两种数据并没有做到真正意义上的融合。由于用户群庞大且大多用户已基本具备了众包意识,因此地图基本完全依靠数据进行路况的分析和显示,将数据直观地显示在地图上,以此对用户进行交通诱导,但存在的问题是,当某些路段只有少数用户发送信息且为不良用户,或者是初次使用的、无法判定其可信度的用户,服务平台由于没有其他数据而不得不被迫选择这些可能的不良数据,此时显示在地图上的信息便有较大的风险性。

与之不同的是,对于国内的众包模式地图服务商来说,地图上标示的路况信息主要还是依靠各种传感器的数据(例如路侧传感器、车载终端、浮动车数据等),而作为辅助性手段的数据大多都是以简单的图标形式显示在地图上,平台并没有真正做到对其有效性进行审核,因此数据实际上并没有融合到交通路况的实时更新中。当然背后的原因是多方面的,这种情况可能是由于国内用户还没有形成足够强烈的众包意识,真正上报交通信息的用户在全体用户中所占的比例并不太高等原因所造成的。本书作为研究性课题,暂且不考虑这些背景因素,主要研究如何将众包数据和传感器数据融合起来以得到实时交通状态,从而在实时性、准确性方面有所改善和提高。

任务分配与质量控制是众包数据管理中的两个核心问题,其在众包环境下更具有研究意义。任务分配与质量控制这两个问题在众包环境下的优化目标与约束条件都发生了较大改变。就任务分配问题而言,众包研究中的任务分配问题通常只采用离线静态二分图匹配模型加以刻画,但该方法难以适应时空众包环境下任务实时性的约束和参与者完成多项任务时路径规划的需求。就质量控制问题而言,众包研究中的质量控制问题通常以最大化单一参与者或参与者群体完成任务的预期正确率作为优化目标,而在一些实时性时空众包应用中,质量控制的优化目标变为了最小化参与者完成任务所需的时空成本。

众包中的隐私保护问题也是极大的挑战。由于时空众包平台需根据众包任务位置(或众包任务请求者位置)和众包参与者位置信息进行任务分配,因此任何时空众包平台都存在泄露任务请求者与参与者隐私的潜在风险。仍以实时专车类时空众包平台为例,一旦平台遭受攻击而泄露隐私信息,则每位专车订单请求者与专车司机在过去每日的精准出行信息都将被公布于众。因此众包的隐私保护问题是其独有的核心研究问题,该问题旨在如何设计隐私保护策略,使其既保护任务请求者与众包参与者的时空信息,又可根据保护后的时空信息指导平台进行有效的任务分配,如图 2-28 所示。

4. 众包应用案例

在过去的 10 余年中,众包技术已与人们的日常生活息息相关。例如早期的众包平台通常指"问答系统"平台,如维基百科(wikipedia)、雅虎问答(Yahoo! answers)与百度知

图 2-28　众包交通服务概念 beeline

道等,发展至今已成为现代人们获取知识的必需品。近年来,由于早期众包平台所支持的任务类型单一,已不能满足当前数据类型多样化与任务复杂化的 Web 应用需求,这也促使了新一代在线众包平台的诞生,即大型在线工作招募与任务分包管理平台,例如 Amazon Mechanical Turks(AMT)、Crowd Flower 等。该类众包平台不但带来了新的技术革命,更创造了巨大的市场经济价值。根据美国亚马逊公司的年度报告,截至 2010 年,该公司在 AMT 众包平台上的年度盈利已经超过 5.2 亿美元。因此,众包技术为当今互联网时代的技术革命带来了巨大潜能,正如《人民日报》在 2014 年关于众包的报道所述:众包模式,大势所趋。

交通实时路况监控时刻影响着人们的日常出行与生活方式。近年来,随着便携式移动计算设备的普及,基于位置服务的提供商所开发的移动导航类软件,例如国内的百度地图与高德地图,或国外的 Waze 等,已可以较为精准地提供实时路况监控信息。该类软件所获得的精准交通监控信息主要源自对其大量用户移动设备中传感器数据的获取与分析。通过获取大量用户在不同时刻的空间分布信息与对应的各类传感器数据,该类软件可分析推测出实时的交通路况。换言之,移动导航类软件在用户使用其软件的同时发布了一项潜在的众包任务,即分享用户的时空信息与传感器数据,而其用户也被动地成为了众包参与者,此类场景在移动互联网研究中也被称为参与感知(Participatory Sensing),如图 2-29 所示。

(1) 个性化交通信息服务。

从国内外研究现状可以看出,不论是政府、企业还是出行者,都在寻求信息更具体、内容更丰富、形式更多样的交通服务方式。个性化交通信息服务是指从单个出行者的交通需求出发,为其提供满足个人需求的更准确、更具体、更有价值的交通信息服务。

个性化交通信息服务从多源异构数据源获取数据,通过处理、融合技术,整合成一个完整的交通信息,不只是单纯的红黄绿交通流数据,而是用视频、图片、语音等信息形式对外发布,使得路况的展现更直观、使用更便捷。与大多数现在的文字表达相比,借助视频、图片只需一眼就能看出现有的路面情况,在行车途中,驾车者收听语音播报前方路况可大

图 2-29　Google 旗下众包地图应用 Waze 界面

大提高行车的安全性和便利性。

通过开发互联网、手机、车机等应用系统,用户在使用导航或路况应用时,不但能够接收其他人提供的信息,也能够通过空间定位、拍照、视频、文字、录音等方式发布自己的路况信息,从而实现交通信息共享,通过严格的审核、比对机制,保证信息的及时、安全和准确。

用户可根据当前需要自行决定筛取强化哪些信息。用户可根据日常的出行情况对自己出行路线上的关键路段及热点区域进行定制,可进行时间设定,在设定的时间内查看自己的订制信息,如早上 7:30 上班时间,订制的信息可通过短信、信息提醒等方式发送到手机上,自己出行路线上的路况一目了然,对即将的出行提供时间和路线依据,通过文字、图片、语音、视频多种方式,尽可能形象生动的呈现信息,为用户提供便捷高效的信息获取方式。

(2) 基于行车位置及方向的交通信息推送。

车辆在行驶的过程中,交通信息应用系统将根据用户的行驶路线和方向实时自动语音播报前方及周边道路的路况,为用户提供个性化推送服务,包括提供动态导航、沿途路况、周边信息等,以帮助使用者选择最佳路线避开拥堵,起到提高出行效率的目的。

当然不仅是驾车者,乘坐公共交通出行的人也能使用,如果显示前方拥堵严重,则可换乘地铁或其他交通工具出行。这项功能是为每个用户量身订制的个人交通实时路况,实现了一对一的交通路况播报,使路况应用更加具有针对性,必将为交通出行者带来福音。

(3) 基于目的地的交通信息服务。

在设定目的地的条件下,服务中心根据用户当前位置及行车方向规划出到达目的地的多条行车路线,并不断提供可能线路上的交通信息,当沿途出现交通事故或严重拥堵时,可为用户出行提供绕行选择。

出行前,可以通过查看路友的评论了解路况;出行中,可以与路友对交通状况进行互动,或了解交通信息,或争取认同感排泄烦躁情绪,消磨时间广结善缘。

（4）智慧出行交通信息服务。

根据用户日常的行车路线分析用户的行车习惯,利用人工智能化技术在用户无须输入订制路线的情况下自动为用户提供常用路线的沿途交通信息、路况播报及旅行时间预测等,免除用户烦琐的设定工作,智能化地实现了量身订制路线功能。运用 GIS 及统计学相关技术,通过对用户出行的路线及区域进行分析,得出用户常走的线路和区域,从而可以有针对性地推送交通信息,实现智能化交通信息服务。此功能的应用将大大提高用户黏性,并通过用户的频繁使用进一步提高信息推送的准确性,让人们感受到真正的智慧出行。

2.3.4　各种交通信息采集技术比较

移动式交通信息采集技术以其自身的特点在智能交通系统中发挥了重大作用,了解各种技术的优劣有利于在复杂的交通环境中更好地发挥其各自的用处。各种移动式交通信息采集技术的优缺点比较见表 2-2。

表 2-2　各种移动式交通检测器技术优缺点比较

信息采集技术	优　点	缺　点
浮动车采集	• 流动性强,几乎可以渗透到道路网各部分 • 采集范围不仅是点、线,而是面 • 技术平台众多,出租车、公交车均可成为载体 • 常结合调度和诱导系统建设,投资少 • 采集数据多样、准确 • 利于交通诱导服务系统的建设	• 难以大规模、集中改装浮动车 • 平台车型种类众多,改装困难 • 检测特定区域的交通流状况时往往需要多个检测器 • 降低道路寿命 • 对路面车辆压力和温度敏感 • 当车辆类型变化较大时,精确性会降低
无人机采集	• 检测范围广 • 采集信息多样化 • 平台机动灵活,便于部署 • 可应急救援 • 无须考虑人员风险,危险任务风险低 • 出动准备时间短,效率高 • 成本低,小型无人机价格较低廉	• 荷载有限,搭载设备受限 • 续航时间较短 • 对天气要求较高 • 平台振动较大,检测精度受限 • 视线可能被树木、建筑物等遮挡
众包采集	• 利用出行者的信息分享能力,覆盖面大 • 成本低,无须过多硬件投入 • 网络传输速度快,信息反应及时	• 用户少时无法获取全面及时的信息 • 信息质量受用户个人喜好影响,波动较大 • 无法判断信息可信度 • 用户隐私保护压力较大

思 考 题

1. 简述智能交通系统的主要特点有哪些?

2. 动态交通信息与静态交通信息的区别是什么? 请举例论述。

3. 讨论固定式交通信息采集技术和移动式信息采集技术搭配应用的情况,分别用哪些固定式和移动式信息采集技术搭配应用更为合理。

4. 地磁线圈信息采集的原理是什么?

5. 简述微波雷达信息采集技术与地磁线圈信息采集技术的异同点。

6. 视频图像信息采集技术与其他固定式信息采集技术相比有哪些优势?

7. 可以通过哪几种固定式信息采集技术的搭配实现信息采集的准确性和完善性?

8. 讨论各种移动式信息采集技术搭配应用的情况,应如何让各种采集技术发挥各自的功效并形成优势互补?

9. 请简述在哪些交通环境中适合采用无人机信息采集技术。

10. 请简述浮动车信息采集技术与众包信息采集技术的异同点。

参 考 文 献

第 3 章 智能交通数据管理技术

数据处理的基本目的是从大量的、杂乱无章的、难以理解的数据中抽取并推导出对于某些特定的人们来说是有价值、有意义的数据。本章将重点介绍交通数据的获取、清洗、存储及挖掘技术。

3.1 交通数据清洗技术

3.1.1 数据清洗的重要性

随着信息处理技术的不断发展,各行各业已经建立了很多计算机信息系统,积累了大量的数据。为了使数据能够有效地支持组织的日常运作和决策,要求数据可靠无误,能够准确地反映现实世界的状况。数据是信息的基础,好的数据质量是各种数据分析(如OLAP、数据挖掘等)有效应用的基本条件。人们常常抱怨数据丰富,信息贫乏,究其原因,一是缺乏有效的数据分析技术,二是数据质量不高,如数据输入错误、不同来源数据导致的不同表示方法、数据之间的不一致等,导致现有的数据中存在这样或那样的脏数据,主要表现有:拼写问题、打印错误、不合法值、空值、不一致值、简写、同一实体的多种表示(重复)、不遵循引用完整性等。

数据清洗(Data Cleaning,Data Cleansing,Data Scrubbing)的目的是检测数据中存在的错误和不一致,剔除或者改正它们,以提高数据的质量。顾名思义,数据清洗是把"脏"的数据"洗掉",它是发现并纠正数据文件中的可识别错误的最后一道程序,包括检查数据一致性、处理无效值和缺失值等。因为数据仓库中的数据是面向某一主题的数据集合,这些数据从多个业务系统中抽取而来且包含历史数据,这样就避免不了有些是错误数据、有些数据相互之间有冲突的问题,这些错误的或有冲突的数据显然是人们不想要的,称之为脏数据。要按照一定的规则把脏数据洗掉,这就是数据清洗。而数据清洗的任务是过滤那些不符合要求的数据,将过滤的结果交给业务主管部门,确认是否将其过滤掉还是由业务单位修正之后再进行抽取。不符合要求的数据主要有不完整的数据、错误的数据、重复的数据三大类。数据清洗与问卷审核不同,录入后的数据清理一般是由计算机完成的。

数据是现实世界的灵魂。无论是当下市场上日渐盛行的风险投资,还是网络上大行其道的精准推送,都是依赖于每一条数据而实现的,尤其是在交通领域,数据更是核心竞争力之一。现实世界中有着形形色色的数据,交通管理部门有自己的数据,个人有自己的基本出行数据,数据从某种意义上说代表着交通管理部门和个体出行本身。正确的数据对于交通部门提高出行效率、制订长期发展计划、做出正确决策、维持健康有效的交通发展等有着重要的作用。在数据清洗研究中,研究领域涌现出了多种数据质量管理模型,这些模型从不同层次、不同高度实施数据质量控制,同时也提出了很多有效的清洗算法以解决数据质量问题。

在实际中,对于如何处理业务数据中存在的数据质量问题,目前还没有很好的解决办法,只能通过编写复杂的数据库语言实现对脏数据的检查和处理,而这种方法不仅难度大且后期维护也很不方便,对于不熟悉数据库语言的用户而言更是不可想象的。数据处理必须先从数据清洗角度出发,针对现有的决策系统的特点,研究提高数据质量的方法,提出实施数据清洗的步骤,实现一个数据清洗框架,使其自动实现对重复数据、关联关系错误数据、字典数据的清洗,实现对数据质量的有效控制,也为系统制定决策、方案实施及进一步的数据挖掘提供数据质量保障。

从理论上说,数据并不是孤立存在的,数据之间往往存在着各种各样的约束,这种约束描述了数据的关联关系。数据必须能够满足这种数据之间的关联关系,而不能够相互矛盾。数据的真实性、完备性、自洽性是数据本身应具有的属性,这是保证数据质量的基础。

其实从很多事件上都能发现这种约束。战争题材的影视作品总有一个情报室收集从四面八方汇聚来的信息,然后由参谋人员分析汇总,甄别情报是否正确、是否可以采纳等,最后在这些情报的基础上做出合理的假设和分析,支撑战争决策。如果信息来源错误,那么影响就是巨大的,甚至会直接导致战争的失败。从根本上说,这也是数据质量的问题。由此可见,人们已经非常注重数据质量的问题了。从现实来看,这个问题更加重要,无论企业经营还是投资分析,数据质量都是至关重要的。当然在交通领域也一样,大到道路的规划与建设决策,小到每条路的车流量与人流量统计等,都与数据质量分不开。可以说,高质量的数据能够引导正确的决策,促使人们的决策行为向好的方向发展。

目前,交通领域历史遗留的数据并没有考虑到整合、分析的需求以及为后续行为提供决策,所以很大一部分数据在质量上是无法满足要求的。高质量的交通数据是智能交通系统有效发挥其功能的基础,也是进行道路规划与设计、交通信号优化、交通信息发布等的基础,同样也是大数据分析的前提。没有高质量的数据,大数据分析的结果就无法反映现实,因此也就没有了分析的意义。由于进入大数据平台的数据来源不一,涉及部门众多,如道路交通、公共交通、对外交通和重大活动交通等,其辖下又细分为多种数据来源,而且数据产生的标准不统一,所以目前交通大数据建设所面临的第一个问题就是数据质量问题。为了解决数据质量问题,要联合与交通相关联的多个部门,制定统一的策略,有效整合,多层清洗,以求达到数据分析的基本要求。

3.1.2 数据清洗的主要内容

数据质量的概念需要从多个维度进行讨论。一般而言,数据质量的维度包含完整性、一致性、准确性和及时性四个维度。数据质量的高低与好坏也是分别从对四个维度的满足程度综合评估的。从某个角度而言,数据作为特定应用的可信来源,需要在正确的时间、正确的地点将正确的数据提供给正确的人员,用来做出正确的决策。

数据清洗也称数据清理或数据洗涤,是指为了提高数据质量而将数据中的错误记录识别并剔除。数据清洗经常与数据仓库、数据挖掘和数据整合联系在一起,近些年这些领域越发得到了数据库研究团体的关注。然而,过去的研究重点一直放在视图集成问题上,概念层次上的差异从目标视图集成在集成框架、中介系统、原理冲突解决方案等许多综合性的学习上得到了广泛的研究,但是在逻辑上作为下一步的数据清洗——负责在实例层次调和数据差异,却很少得到关注。数据清洗的研究与视图集成的工作是正交的,我们的研究工作的前提是概念/模式层次的冲突已经得到解决,并且认为已经得到一个全局性的调和架构。可是实例层次的数据调和却面临着完全不一样的挑战与困难。当需要集成多数据源的数据时,例如在数据仓库、联合数据库系统或者全球网络信息系统中,数据清洗变得更加有意义。这是因为数据源经常包含着不同形式的冗余数据。为了获取准确、一致的数据,合并不同形式的数据和消除重复数据变得非常有必要。然而得到高质量的数据是非常有挑战性的,只单独满足数据质量的几个评估标准并不能保证一定会得到满意的结果。

一般情况下,数据缺失大致可以分为以下几种类型。

(1) 残缺数据。

这一类数据主要是指一些应该有的信息缺失了,如供应商的名称、分公司的名称、客户的区域信息、业务系统中主表与明细表不能匹配等。对于这一类数据,可以按缺失的内容分别写入不同 Excel 文件向客户提交,要求在规定的时间内补全,补全后再写入数据仓库。

(2) 错误数据。

这一类错误产生的原因是业务系统不够健全,因在接收输入后没有进行判断便直接写入后台数据库而造成的,例如数值数据输入成全角数字字符、字符串数据后面有一个回车操作、日期格式不正确、日期越界等。这一类数据也要分类,对于类似于全角字符、数据前后有不可见字符的问题,只能通过写 SQL 语句的方式找出来,然后要求客户在业务系统修正之后抽取。日期格式不正确或者日期越界这一类错误会导致 ETL 运行失败,这一类错误需要在业务系统数据库中用 SQL 语句的方式挑出来,交给业务主管部门进行限期修正,修正之后再抽取。

(3) 重复数据。

对于这一类数据,可以将重复数据的所有字段导出来,让客户确认并整理。

数据清洗是一个反复的过程,不可能在几天内完成,只能不断地发现问题、解决问题。对于是否过滤、是否修正,一般要求客户确认,对于过滤掉的数据,写入 Excel 文件或者将过滤数据写入数据表,在 ETL 开发的初期可以每天向业务单位发送过滤数据的邮件,促使他们尽快修正错误,同时也可以作为将来验证数据的依据。数据清洗需要注意的是不要将有用的数据过滤掉,对于每个过滤规则应认真进行验证,并要求客户确认。

数据质量问题的提出要追溯到 20 世纪 50 年代美国的人口普查。

① 缩写的滥用。缩写的滥用会导致歧义的产生,造成数据混乱,降低数据质量。

② 数据输入的错误。数据输入错误完全是人为的错误,这种错误在一定的规范要求下可得到一定程度的改善。

③ 将控制信息嵌入数据。比如在数据域中嵌入将输出格式化的打印机控制命令,这些是很难识别的质量问题。

④ 意义相同的不同词组。例如缩写词组 ASAP(尽快),就意义而言与词组 atfirst chance 相对。此类问题与缩写滥用相似。

⑤ 相似或者重复记录。相似或者重复记录不仅会无谓地加大数据库承载数据量的负荷,而且会极大地降低数据质量。尤其是在数据挖掘中,相似或者重复记录很容易导致建立错误数据挖掘模型。所以,如何准确高效地识别数据源中的相似/重复数据被认为是数据清洗研究中亟需解决的问题之一。

⑥ 缺失值。缺失值的产生原因有多种,可分为主观原因和客观原因。主观原因主要是人为的失误或者刻意的隐瞒,例如拒绝透露隐私或者故意漏填关键信息。客观原因主要是机械原因,比如存储设备的故障而造成的数据存储失败或者丢失,或因采集设备故障而导致的某段时间的数据未能收集等。

⑦ 拼写变化。

⑧ 单位的不同。单位的不同会导致同一条数据在不同的单位标度下所代表的意义截然不同。

⑨ 失效的编码。失效的编码会导致数据失去意义,甚至造成数据异常,例如关联失败等。

以上列举了几种产生数据质量问题的主要原因,但在实际操作中,还有很多原因会造成脏数据的产生,由于篇幅原因,这里不再一一列举。总之,解决数据质量问题就要从分析这些主要原因入手。

数据清洗根据不同的任务要求与环境特点,其执行的过程也不同。根据对一般清洗工具的总结,数据清洗的一般过程可分为四个环节,如图 3-1 所示。

① 分析数据特点。解决数据质量问题,首先要从分析产生数据质量的原因、分析数据源特点的根本出发。这个环节的主要任务是归纳和总结数据特点,为清洗规则的制定提供依据。除了可以利用专业知识外,也可以通过人工分析或者编制数据分析程序的方式分析样本数据。通过这一步,能够得知数据源中可能存在哪些具体的数据质量问题,为下一步制定清洗规则提供依据。

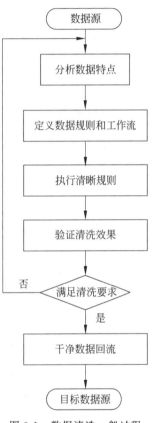

图 3-1　数据清洗一般过程

② 制定清洗规则。在对数据源特点进行归纳总结以后,结合已有的清洗算法制定相应的清洗规则。一般来说,清洗规则主要有不一致数据的检测和处理、空值的检测和处理、相似/重复记录的检测和处理以及非法值的检测和处理四种,如表 3-1 所示。

③ 执行清洗规则。数据清洗中最重要的一步就是执行清洗规则。清洗规则的执行一般有先后顺序,由于数据清洗工作的领域相关性、环境依赖性特别强,很难形成统一的通用标准,且数据质量问题零散、复杂难以归纳,所以只能根据不同的问题制定不同的清洗规则。

表 3-1　数据清洗的主要处理方法

清洗方法	描　　述
格式化	根据数据定义的标准格式,对一些格式不一致或不标准的数据进行格式化处理
合并/删除	对重复记录根据业务规则进行合并,并删除重复的数据
替换	将不符合规范的值替换为符合规范的值
分割	可将单个属性分割成多个属性,或者将多个属性合并成一个属性,主要目的是消除模式冲突

④ 检验清洗效果。这是清洗工作检阅性的一步。根据生成的清洗报告查看数据清洗情况,发现清洗过程中存在的问题,对程序不能处理的问题进行人工处理,评估清洗效果,对不满足清洗要求的规则和算法进行改进和优化。然后根据需要再次进行清洗,直到满足要求。数据清洗是一个需要多次迭代、重复进行的处理过程,只有经过不断比较、完善、改进,才能得到理想的处理结果。

3.1.3　数据清洗的主要方法

分析数据清洗的原理必须以分析数据源的特点为出发点,利用回溯的思想深入分析产生数据质量问题的原因。仔细分析数据流经的每一个环节,不断归纳相应的方法和方案,建立理论清洗模型,逐渐转化出可以应用于实际的清洗算法和方案,并将这些算法、策略、方案应用到对数据的识别、处理中,实现对数据质量的控制。数据清洗一般分为全人工、全机器、人机同步结合、人机异步结合四种清洗方式。

(1) 全人工清洗。

这种清洗方式的特点是速度慢,准确度较高,一般应用于数据量较小的数据集中。在庞大数据集中,由于人的局限性,清洗的速度与准确性会明显下降。因此一般在某些小的公司业务系统中会使用这种清洗方式。

(2) 全机器清洗。

这种清洗方式的优点是清洗完全自动化,将人从繁杂的逻辑任务中解脱出来,以完成更重要的事。这种方式主要根据特定的清洗算法和清洗方案编写清洗程序,使其自动执行清洗过程;其缺点是实现过程难度较大,后期维护困难。

(3) 人机同步清洗。

某些特殊的清洗要求单纯依靠清洗程序是无法很好地实现的,这就需要人工和机器同步合作的方式,通过设计一个供人机交互的界面,在遇到清洗程序无法处理的情况时由人工干预进行处理。这种方式不仅降低了编写程序的复杂度和难度,同时也不需要大量的人工操作,但缺点是人必须要实时参与清洗过程。

(4) 人机异步清洗。

这种清洗的原理与人机同步清洗基本一样,唯一的不同是在遇到程序不能处理的问题时不直接要求人工参与,而是以生成报告的形式记录异常情况,然后继续进行清洗工作。人工只需要根据清洗报告在后期进行相应处理即可。这是一种非常可行的清洗方式,既节约了人力,又能提高清洗效果,目前多数清洗软件采用这种方式设计。

一般来说,数据清理是将数据库精简以除去重复记录,并使剩余部分转换成标准可接收格式的过程。数据清理标准模型是将数据输入数据清理处理器,通过一系列步骤清理数据,然后以期望的格式输出清理过的数据(如图 3-1 所示)。数据清理从数据的准确性、完整性、一致性、唯一性、适时性、有效性几个方面处理数据的丢失值、越界值、不一致代码、重复数据等问题。

数据清理一般针对具体应用,因此难以归纳统一的方法和步骤,但是根据数据的不同可以给出相应的数据清理方法。

① 解决不完整数据(即值缺失)的方法。大多数情况下,缺失的值必须手工填入(即手工清理)。当然,某些缺失值可以从本数据源或其他数据源推导出来,这就可以用平均值、最大值、最小值或更为复杂的概率估计代替缺失的值,从而达到清理的目的。

例如,基于历史趋势数据的修复方法对采集到的多天历史数据进行数据平滑,去平滑值得到历史趋势数据,通过该方法可以直接获取任意天的历史趋势数据,获得的数据变化平滑,波动小。

基于实测数据与历史数据趋势加权估计的修复方法不仅考虑了实际环境中的前一段交通流运行状态对后一时段的影响,同时考虑了该时间段的历史交通流运行状态的变化特征,从而进一步缓解实际道路交通环境中的随机波动性。

基于相邻时间的数据修复方法不需要依赖大量的历史数据,计算方法简便,修复效果为较为满意。

② 错误值的检测及解决方法。用统计分析的方法识别可能的错误值或异常值,如偏差分析、识别不遵守分布或回归方程的值,也可以用简单规则库(常识性规则、业务特定规则等)检查数据值,或使用不同属性之间的约束、外部的数据检测和清理数据。

③ 重复记录的检测及消除方法。数据库中属性值相同的记录被认为是重复记录,通过判断记录之间的属性值是否相等检测记录是否相等,相等的记录会合并为一条记录(即合并/清除)。合并/清除是消重的基本方法。

④ 不一致性(数据源内部及数据源之间)的检测及解决方法。从多数据源集成的数据可能有语义冲突,可定义完整性约束用于检测不一致性,也可通过分析数据发现联系,从而使得数据保持一致。目前开发的数据清理工具大致可分为以下三类。

数据迁移工具允许指定简单的转换规则,如将字符串 gender 替换成 sex。Prism Solutions 公司的 Prism Warehouse 是一个流行的工具,就属于这类。

数据清洗工具使用领域特有的知识(如邮政地址)对数据进行清洗,它们通常采用语法分析和模糊匹配技术完成对多数据源数据的清理。某些工具可以指明数据源的相对清洁程度。工具 Integrity 和 Trillum 就属于这一类。

数据审计工具可以通过扫描数据发现规律和联系,因此这类工具可以看作是数据挖掘工具的变形。

随着公交大数据挖掘的不断发展,数据清洗也逐渐成为研究的热点,其主要任务就是检测和修复脏数据(消除错误或者不一致的数据),解决数据质量问题。而交通大数据种类繁多,不同种类的数据有不同的结构,同样也存在不同的问题。本节将介绍几类常用公交大数据的数据清洗处理。

【例 3-1】 公交 IC 卡数据清洗。

公交 IC 卡数据库的挖掘目标明确:一是辅助管理者进行公交决策;二是为公交规划提供数据依据。

公交数据预处理是对建立好的数据仓库中的数据进行筛选、纠错,并经过简单的数据统计得到后续数据挖掘可用的数据信息;数据挖掘是利用数据挖掘算法对经过预处理后的数据进行分析。利用公交数据预处理需要重点关注以下几个数据问题。

(1) 数据缺失。

数据缺失现象的发生会对后期的数据处理带来不良影响,尤其是关键字段的缺失可能会需要不同的算法设计,甚至导致分析无法进行。

一般而言,公交 IC 卡数据发生缺失的情况比较少见。对于缺失数据的情况,首先应该考虑是否可以使用其他一致数据替代。若无可替代的数据,则可以考虑根据经验或其他一致的数据进行推测。

(2) 数据错误。

公交 IC 卡可能存在一些错误统计的数据,例如时间格式录入为 24:30:00 等。为了确保数据分析不产生错误的结果,应检查数据的有效性,删除冗余数据,通过归类、筛选等方法发现可能对分析结果产生噪声的数据。如交易时间表示刷卡时间为凌晨 2 点 35 分 46 秒,这明显是错误的,据调查这是因为卡和验卡机的硬件或是技术原因使得个别刷卡记录出现错误,但是这种错误出现的概率较小,所以删除这些记录对分析结果不会产生较大影响,因此可以删除这些错误记录。

(3) 冗余数据。

冗余数据即重复的数据,如记录重复的数据就是最简单直观的冗余数据。冗余数据的存在实际上提高了数据的准确性,当某些数据出现错误时,可以通过冗余数据进行信息回复。但是冗余数据在后期处理时会带来一定的困难,甚至导致错误的分析。例如重复的 IC 卡数据记录会导致统计客流的偏高。对于冗余数据,应该根据数据的具体分析目的进行有针对性的处理,同时应该兼顾数据存储带来的空间消耗。

(4) 数据的一致性。

公交系统数据涉及多设备和多部门,而不同设备厂商、不同部门之间的数据采集目标不同,使得相同意义的数据在不同设备、不同部门之间存在差异,这种不一致可能仅仅是数据精度、数据单位或者数据存储格式的差异,也可能是数据定义的不一致。

对于数据单位和存储格式问题,可以在数据预处理阶段进行标准化处理,但是数据精度和定义的问题无法在数据采集后进行转化。根本的解决办法就是统一数据规范,通过数据规范明确数据的定义、精度、单位等问题。

(5) 过时数据。

随着时间的延长,一些时间比较久远的数据很可能会过时失效。数据是否过时是一个相对于分析目标考虑的问题。对于过时数据,可以进行分库处理,对过时数据单独分装保存。

(6) 删除无用字段。

数据表中含有多个字段,其中有些字段对本书的数据分析没有什么意义,因此可以删除这些多余的字段,使数据分析更快速。对数据分析有直接意义的是卡号、交易日期、交易时间、公交卡类型、车辆号、线路号、记录号,所以可以删除实收金额、卡内余额、码、卡号、城市号、行业号、卡发行号、卡物理类型、月票类型、应收金额、司机号、监票员号这些字段,令分析更简单快捷。

【例 3-2】 GPS 数据清洗。

GPS 数据主要依靠车载 GPS 系统收集,而数据格式和信息可能与实际需求的研究中的数据格式不一致,因此需要对 GPS 数据格式进行一定的转换。

GPS 数据的预处理主要包括以下几个方面。

① 解析的线路号不正确,需要利用 SIM 卡号、车辆信息表信息确定正确的线路号和车辆号信息。

② 上下行标记不正确,无法判断公交车的行驶方向。

③ 方向信息要乘以 10,如 21 对应的方向为 210°。

④ 需要进行坐标平移,以便和公交线路的 GPS 数据进行匹配,经度=经度+0.006,纬度=纬度+0.001。

⑤ 每个 GPS 文件中记录的信息数目有限,不能和 IC 卡信息完全匹配。

⑥ GPS 时间是 GTM 时间,需要在原有的时间基础上加 8 小时。

以 2010 年 4 月 7 日的 GPS 数据为例,接收到的 GPS 数据文件共有 5567 个,其中装有 GPS 的车辆为 4274 辆(排除冗余文件和错误文件),在这些装有 GPS 的公交车上,可识别线路号的车辆为 3725 辆,GPS 车辆线路覆盖率为 87.2%。在这些可识别线路号的车辆中,单一票制的车辆为 2125 辆,占所有可识别线路号 GPS 车辆的 57%,分段计价的车辆为 1515 辆,占所有可识别线路号 GPS 车辆的 40.7%,另外还有 85 辆车无法识别计价方式,占所有可识别线路号 GPS 车辆的 2.3%。通过 GPS 车辆号和线路号,我们可以和 IC 卡数据库中的记录进行比对,可以发现,大约 2548 辆装有 GPS 设备的公交车可以和 IC 卡数据库中的记录完全匹配,匹配率为 68.4%。

⑦ 当车辆行驶速度小于 3km/h 时,GPS 定位信号将产生漂移现象,一般为在路口附近等待红灯、道路拥堵或是临时停车。这时,GPS 导航数据会出现较大的误差,将对正常导航产生影响。从理论上讲,车辆此刻的定位点应该基本上保持不动,但是实际测得的定位点不是停在一点,而是落在以车辆的实际位置为中心的一个较大的圆内。判断发生这种异常的方法,除了检测接收机的瞬时速度外,还可以计算当前定位点与前几个定位点的距离,再辅以航向角作为判断的依据,若它们持续小于 GPS 正常定位时的误差上限,则说明车辆当前基本处于停止或极低速滑行状态。此时,为了防止信号漂移造成错误匹配,这部分定位数据将被视为无效数据,不进行道路匹配处理,可将与当前定位点对应的匹配点作为车辆当前的真实位置而不对后续定位点进行匹配,直到前面的 3 个距离值开始大于 GPS 正常定位时的误差上限为止。

⑧ 当车辆行驶到桥下或隧道等影响信号接收的位置时,接收信号会出现暂时的中断,这种情况下,应在车辆当前行驶方向上用插值进行数据补偿,直到接收到正常的 GPS 定位数据为止。所谓跳点,一般是指某一点或某几点与上一点的距离超过最大可能运动距离。当 GPS 信号遇到高楼阻挡或其他干扰时,往往会出现这种情况。为了防止错误的地图匹配,出现这种问题时采用的处理方法是抛弃该点的定位值,将其滤除掉,然后在当

前行驶方向上用插值推导的方法模拟 GPS 数据的接收。若 GPS 数据仍然在很远的地方移动,且前后点的相对距离在允许范围内没有速度异常,则要停止插值,将当前 GPS 数据作为正确的数据进行正常处理。本书采用平均速度判断其是否为跳点,当该点与上一点的平均速度大于 200km/h 时,则认为该点是跳点。

跳点的判断主要考虑车辆行驶的有效范围及车辆移动的速度等因素。当车辆行驶的速度大于设定的车辆行驶的最大理论值时,则剔除该点进行插值。当速度大于某一数值,相邻三个定位点组成的两条线段以中间点为顶点的夹角大于 60°,但中间点不是节点时,则剔除该点进行插值处理。

3.2 交通数据存储技术

3.2.1 数据格式

数据格式是数据保存在文件或记录中的编排格式,可以是数值、字符或二进制数等形式,由数据类型及数值长度描述,数据格式应满足以下条件。

① 保证记录所需要的全部信息。

② 提高存储效率,保证存储空间的充分利用。

③ 格式标准化,保证有关数据处理系统之间数据的交换。

根据数据记录长度的特点,一般分为定长格式和变长格式。前者文件中的记录具有相同的长度,后者文件中的长度由记录值长短确定。

计算机领域的数据格式并不是什么新鲜概念,但交通领域的数据格式却有着更加丰富的含义。在大数据概念出现之前,动态交通数据主要以关系型数据表为主,依托 Oracle、IBM DB2、SQL Server 等关系型数据库将道路上的固定检测设备、移动检测设备的数据转换成标准结构的表文件。然而,随着采集交通信息的手段不断丰富,尤其是视频图像、语音记录、交通网站、智能手机等方式获取交通信息的手段不断增加,存储的交通数据由传统的表,增加了文本文件、视频文件、音频文件、图片、网站等半结构化和非结构化数据。

数据格式的复杂带来了数据组织管理方式和使用方法的改变,单纯依赖关系型数据库已经不能满足大数据的交通数据分析要求,因此需要引入分布式文件系统和非关系型数据库作为有益补充。城市交通大数据的格式问题是数据分析需要面临的永恒问题,随着物联网、云计算、移动互联网的深度发展和繁荣,大量的智能终端设备都将具备生产数据的能力,千差万别的交通数据种类将会在大数据这个熔炉里进行整合淬炼,最终加工出信息产品,服务全社会。

目前整个交通大数据的完整清洗大致分为三个过程,如图 3-2 所示。首先,交通系统收集到的基础数据保存在数据库中,例如 IC 卡数据、GPS 数据等,然后需要将数据导出至中间环境,根据文件的大小选中不同的中间工具,然后利用数据处理软件进行一些专业的数据清洗工作。当然这个过程在不同的数据清洗过程中也有很大的差异,并不是所有的清洗过程都需要全部的步骤,需要根据数据的质量、数据的结构等多方面进行分析。比如当数据的缺失较少或者规律较为明显时可以直接利用数据库查询进行清洗。而当数据缺失较为严重时,需要利用数据清洗工具进行专业处理。因此,此过程需要具体情况具体分析。下面简单介绍几种常用数据结构。

图 3-2　数据清洗流程

1. 原始数据库数据

数据库是一个单位或一个应用领域的通用数据处理系统,它存储的是属于企业和事业部门、团体和个人的有关数据的集合。数据库中的数据是从全局观点出发建立的,按一定的数据模型进行组织、描述和存储,其结构基于数据之间的自然联系,从而可提供一切必要的存取路径,且数据不再针对某一应用,而是面向全组织,具有整体的结构化特征。

数据库中的数据是为众多用户共享其信息的目标而建立的,已经摆脱了具体程序的限制和制约。不同的用户可以按各自的用法使用数据库中的数据,多个用户可以同时共享数据库中的数据资源,即不同的用户可以同时存取数据库中的同一个数据。数据共享性不仅满足了各用户对信息内容的要求,同时也满足了各用户之间信息通信的要求。

严格来说,数据库是长期存储在计算机内、有组织的、可共享的数据集合。数据库中的数据以一定的数据模型组织、描述和存储在一起,具有尽可能小的冗余度、较高的数据独立性和易扩展性的特点,并可在一定范围内为多个用户共享。

这种数据集合具有如下特点:尽可能不重复,以最优方式为某个特定组织的多种应用服务,其数据结构独立于使用它的应用程序,对数据的增、删、改、查由统一软件进行管理和控制。从发展的历史看,数据库是数据管理的高级阶段,它是由文件管理系统发展而来的。

常用的数据库包括 SQL Sever、Oracle 等。常见的数据库软件 Oracle、SQL Server、MySQL 等。本书主要使用的数据库是 SQL Sever。下面对 SQL Sever 进行简单介绍。

SQL Server 是由 Microsoft 开发和推广的关系型数据库管理系统。相比于其他数据库,SQL Server 具有以下特点。

① 真正的客户机/服务器体系结构。

② 图形化用户界面,使系统管理和数据库管理更加直观、简单。

③ 丰富的编程接口工具,为用户进行程序设计提供了更大的选择余地。

④ SQL Server 与 Windows NT 完全集成,利用了 NT 的许多功能,如发送和接收消息、管理登录安全性等。SQL Server 也可以很好地与 Microsoft BackOffice 产品集成。

⑤ 具有很好的伸缩性,可在运行 Windows 95/98 系统的膝上型计算机或运行

Windows 2000 系统的大型多处理器等多种平台使用。

⑥ 对 Web 技术的支持,使用户能够很容易地将数据库中的数据发布到 Web 页面上。

⑦ SQL Server 提供数据仓库功能,这个功能只在 Oracle 和其他更昂贵的 DBMS 中才有。

常用的基础交通数据都存储在数据库中,不同的数据格式有明显的差异。对于相同类型的数据,不同的统计公司也会存在明显的差异。图 3-3 至图 3-6 展示几种常用的数据格式。

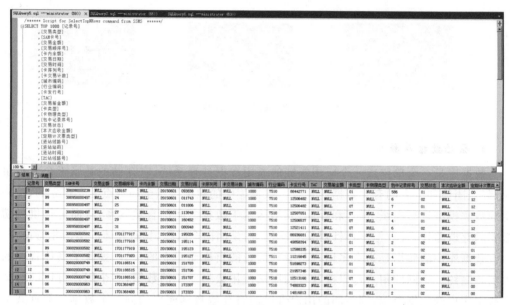

图 3-3　北京市地铁 AFC 刷卡数据

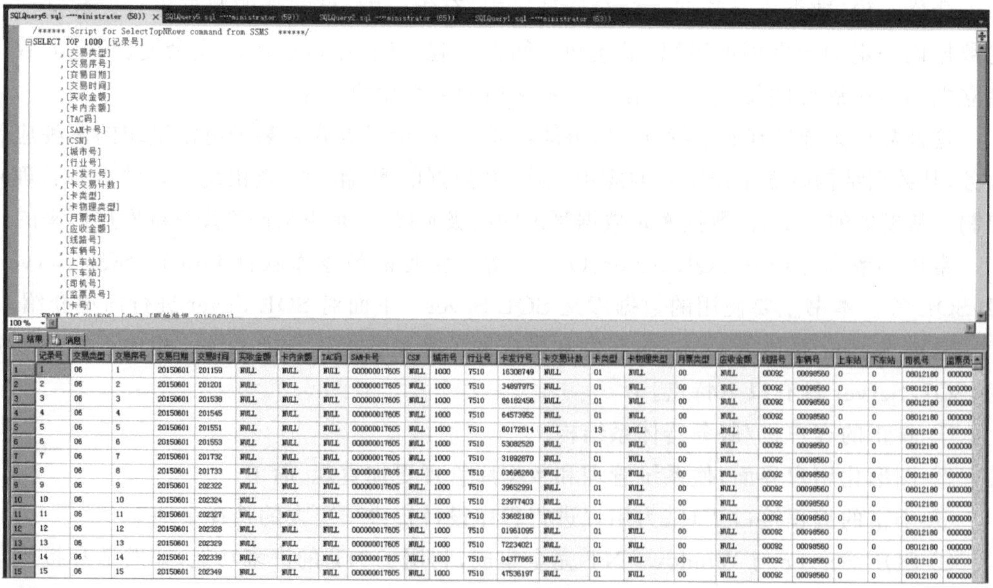

图 3-4　北京市公交 IC 卡刷卡数据

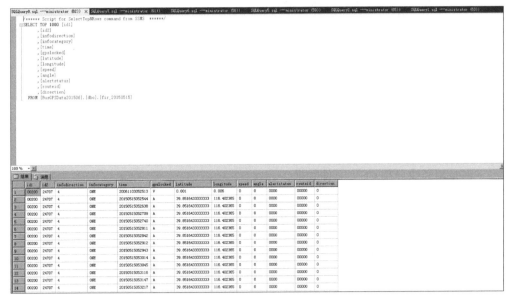

图 3-5　GPS 数据格式

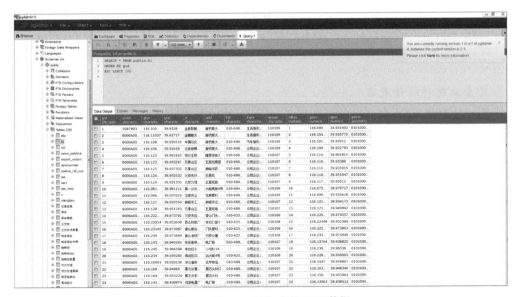

图 3-6　PostgreSQL 中的 GPS 数据

2. 中间基础数据

当数据结构较为复杂或者数据清洗较为困难时,就需要利用专业的数据处理软件。而通常数据库与专业软件的直接连接较为困难,因此当数据条件允许时,通常采用 Excel 或者其他软件进行数据中转,此时数据的存储格式通常为 csv 或者 txt。带分隔符的文件是一个基于文本的文件,包含由分隔的表格数据预定义的分离器。这个分隔符可以是制表符、逗号、分号或任何非字母数字。在数据集中,有两种带分隔符的文件,逗号分隔符用扩展的标题行分隔。CSV文件可能有或可能没有第一行作为标题行,其中包含数据列的名称。

下面是用逗号分隔的CSV文件数据。

```
2.01109E 113,200011501,0,0,0,FALSE,FALSE,FALSE
2.01109E 113,200011504,0,0,0,FALSE,FALSE,FALSE
2.01109E 113,200011506,0,0,0,FALSE,FALSE,FALSE
2.01109E 113,200028101,0,0,0,FALSE,FALSE,FALSE
2.01109E 113,200028103,0,0,0,FALSE,FALSE,FALSE
```

下面是用竖线分割CSV文件数据。

```
C5AA|157|01/25/201118:38|02/06/201119:01|02/29/201206:01|LA|LA|5|SB|34.65|EB/
WB | Tuxford St | | 34.65 | SB | Golden State Frwy,Rte 5 | | On Ramp | Full |
BridgeConstruction||All|2|Y|03/01/201122:46|N||N|
C5TA|304|03/07/201111:21|03/14/201120:01|01/13/201206:01|LA|LA|5|SB|36.86||
Brandford St||36.86|SB|Golden State Frwy,Rte 5||On Ramp|Full|SlabReplacement||
All|1|Y|04/11/201120:01|N|08/10/201112:33|N|
C5TA|312|03/07/201111:24|03/14/201120:01|01/13/201206:01|LA|LA|5|NB|37.41|EB|
Osborne St||37.41|NB|Golden State Frwy||On Ramp|Full|Slab Replacement||All|1|Y|
03/08/201120:01|N|08/10/201112:34|N|
C5TA|308|03/07/201111:22|03/14/201121:01|01/13/201206:01|LA|LA|5|NB|37.41|NB|
GoldenStateFrwyRte5||37.41||OsborneSt||OffRamp|Full|SlabReplacement||All|1|Y
|03/07/201120:01|N||N|
```

3. 专业统计软件数据

通常情况下,当数据的错误较为复杂时,需要利用专业的数据处理软件通过专业的算法进行数据清洗,其中常用的软件包括R-Studio、Python等。R-Studio(以下简称R)作为一种统计分析软件(如图3-7所示),它是集统计分析与图形显示于一体的,可以运行于UNIX、Windows和Macintosh操作系统上,而且嵌入了一个非常方便实用的帮助系统,相比于其他统计分析软件,R还有以下特点。

R是自由软件,这意味着它是完全免费、开放源代码的,可以在其官方网站及其镜像中下载任何有关的安装程序、源代码、程序包及其文档资料。标准的安装文件自身就带有许多模块和内嵌统计函数,安装后可以直接实现许多常用的统计功能。

R是一种可编程的语言,作为一个开放的统计编程环境,其语法通俗易懂,很容易学会和掌握语言的语法,而且学会之后可以编制自己的函数以扩展现有的语言,这也就是为什么它的更新速度比一般统计软件(如SPSS、SAS等)快得多。大多数最新的统计方法和技术都可以在R中直接得到。

所有R的函数和数据集是保存在程序包里面的,只有当一个包被载入时,它的内容才可以被访问。一些常用、基本的程序包已经被收入了标准安装文件,随着新的统计分析方法的出现,标准安装文件中所包含的程序包也随着版本的更新而不断变化。在另外版本的安装文件中,已经包含的程序包有:base—R的基础模块、mle—极大似然估计模块、ts—时间序列分析模块、mva—多元统计分析模块、survival—生存分析模块等。

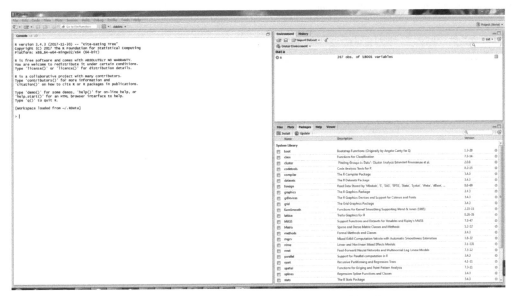

图 3-7　R-Studio 是一个流行的定制集成开发环境

R 具有很强的互动性。如图 3-7 所示,除了图形输出是在另外的窗口处,它的输入输出窗口都是在同一个窗口内进行的,输入语法如果出现错误,则会马上在窗口中出现提示,对以前输入过的命令有记忆功能,可以随时再现、编辑、修改以满足用户的需要。输出的图形可以直接保存为 JPG、BMP、PNG 等图片格式,还可以直接保存为 PDF 文件。另外,R 和其他编程语言和数据库之间有很好的接口。

R 的基本数据类型不是单个标量,而是一个向量,定义为具有相同类型的索引值集。这些值的类型定义了类这个向量。R 有 5 种原始数据类型:数字、整数、复杂、逻辑和特性。鉴于 R 的统计性质,数字是最相关的类型,它是双精度的精密类型。

为了支持数值算法,R 使用原子向量、矩阵和数组,分别表示为 1、2 和 n 维数据结构。这些数据结构需要同构的数据,虽然统计分析可以用这些结构的数学表达从一个数据格式推断它不是直观的,特别是当用户需要包含非数字数据分析的目的时。为了支持异构和复杂的数据,R 使用了两个额外的数据格式:数据框架和列表。

数据框架是一个类似矩阵的数据结构。与矩阵结构不同,数据框架的列可以包含不同类型的数据。

【例 3-3】　使用 R 语言构建基础矩阵。

```
> A < - matrix (c(c(2,4,3),c(1,5,9)), nrow= 3,ncol= 2)
> A
    [,1][,2]
[1,]2    1
[2,]4    5
[3,]3    9
```

【例 3-4】　通过将多个向量分组在一起创建一个数据框架。没有特定的列名称,数据框使用向量的内容作为默认的列名。

```
> A < - data.frame(c(2,4,3),c('one', 'five', 'seven'))
> A
   c,2..4..3, c..1....5....7..
1  2          "one"
2  4          "five"
3  3          "seven"
```

【例 3-5】 带有命名列的数据框。

```
> A =data.frame (x=c(2,4,3)), y=c('one', 'five', 'seven'))
> A
   x  y
1  2  one
2  4  five
3  3  seven
```

列表是一个矢量结构。与向量不同,列表中的元素不必遵循通用类型,但可以是任何对象。要访问列表的一个元素,应使用双括号表示法([[X]])。

【例 3-6】 利用 R 构建包含多个数据结构的列表:向量、矩阵和数据帧。

```
> A < - c(1,2,3,4,5)
> B < - matrix (c(2,4,3,1,5,7), nrow=3, ncol=2)
> C < - data.frame(x=c(1,2,3), y=c("two", "four","six"))
> D < - list(A, B, C)
> D
[[1]]
[1] 1  2  3  4  5
[[2]]
     [,1] [,2]
[1,] 2    1
[2,] 4    5
[3,] 3    7
[[3]]
   x  y
1  1  two
2  2  four
3  3  six
```

【例 3-7】 R 有一个支持函数,称为 read.table,其是可以在任何带分隔符的文件中读取的表。为了查看此函数的完整语法,用户可以输入? read。R-Studio 控制台的表会显示函数的完整文档,包括读取的大部分参数、示例,并显示在右下角的 R-Studio 的窗口中。表格不需要被改变,在大多数情况下可以使用少量参数完成表的调用。

```
> A < - read.table(file= "PasadenaDet_20110930_Sample.csv", sep=",")
```

```
> A
V1                 V2           V3  V4  V5  V6      V7      V8
2.01109e+13        200011501    0   0   0   FALSE   FALSE   FALSE
2.01109e+13        200011504    0   0   0   FALSE   FALSE   FALSE
2.01109e+13        200011506    0   0   0   FALSE   FALSE   FALSE
2.01109e+13        200028101    0   0   0   FALSE   FALSE   FALSE
2.01109e+13        200028103    0   0   0   FALSE   FALSE   FALSE
2.01109e+13        200028303    0   0   0   FALSE   FALSE   FALSE
```

3.2.2　数据存储的方法

大数据本身是一个内涵和外延极其丰富的概念,并不局限于某种具体的技术、方法或系统,但人们在实际积累数据、组织数据、查询数据和分析应用数据时却需要有实实在在的方法、模式或系统,这是信息技术领域乃至交通行业的工程技术人员最希望看到的,工程师和数据分析师对理念等内容的兴趣远不及实实在在的系统和工具。

数据的存储结构可用以下四种基本存储方法得到。

1. 顺序存储方法

该方法把逻辑上相邻的节点存储在物理位置上相邻的存储单元中,节点之间的逻辑关系由存储单元的邻接关系体现。

由此得到的存储表示称为顺序存储结构(Sequential Storage Structure),通常借助程序语言的数组进行描述。

该方法主要用于线性的数据结构。非线性的数据结构也可通过某种线性化的方法实现顺序存储。

2. 链接存储方法

该方法不要求逻辑上相邻的节点在物理位置上相邻,节点之间的逻辑关系由附加的指针字段表示。由此得到的存储表示称为链式存储结构(Linked Storage Structure),通常借助于程序语言的指针类型进行描述。

3. 索引存储方法

该方法通常在存储节点信息的同时还建立附加的索引表,索引表由若干索引项组成。若每个节点在索引表中都有一个索引项,则该索引表称为稠密索引(Dense Index)。若一组节点在索引表中只对应一个索引项,则该索引表称为稀疏索引(Sparse Index)。索引项的一般形式是(关键字、地址)。

关键字是能唯一标识一个节点的那些数据项,稠密索引中索引项的地址指示节点所在的存储位置,稀疏索引中索引项的地址指示一组节点的起始存储位置。

4. 散列存储方法

该方法的基本思想是根据节点的关键字直接计算出该节点的存储地址。

四种基本存储方法既可单独使用,也可组合起来对数据结构进行存储映像。

同一逻辑结构采用不同的存储方法可以得到不同的存储结构。选择何种存储结构表示相应的逻辑结构应视具体要求而定,主要考虑运算方便及算法的时空要求。

数据的逻辑结构、数据的存储结构及数据的运算是一个整体,孤立地理解一个方面而不注意它们之间的联系是不可取的。存储结构是数据结构不可缺少的一个方面:同一逻辑结构的不同存储结构可冠以不同的数据结构名称进行标识。

城市交通大数据在本质上是大数据理念和技术在交通行业的应用,更偏重面向用户的应用服务和产品生成,而底层的数据库系统、操作系统的基本原理和方法却是"拿来主义"。目前市场上面向大数据应用的数据管理系统层出不穷,受到了热烈的追捧,无论是老牌的 IT 精英公司还是一些新锐公司都在大数据的大旗下奋勇前进,开发出了大量的系统产品,但其基本原理和模式却是大同小异,主要是基于 MapReduce 的分布式数据文件存储和计算。

3.2.3 分布式存储

为了保证高可用、高可靠和经济性,大数据一般采用分布式存储的方式存储数据,并采用冗余存储的方式进一步保证数据的可靠性,基于 Hadoop 的分布式文件系统(Hadoop Distributed File System,HDFS)信息存储方式是目前较为流行的数据存储结构,如图 3-8 所示。通过构建基于 HDFS 的云存储服务系统可以解决智能交通海量数据存储的难题,降低实施分布式文件系统的成本。Hadoop 分布式文件系统是开源云计算软件平台 Hadoop 框架的底层实现部分,具有高传输率、高容错性等特点,可以以流的形式访问文件系统中的数据,从而解决访问速度和安全性问题。分布式文件系统的数据存储解决方案归根结底是将大问题划分为小问题。当大量的文件均匀分布到多个数据服务器上后,每个数据服务器存储的文件数量就少了,另外通过使用大文件存储多个小文件的方式,总能把单个数据服务器上存储的文件数降到单机能解决的规模;对于很大的文件,可以将大文件划分成多个相对较小的片段存储在多个数据服务器上(现在,很多本地文件系统对超大文件的支持已经不存在问题了,如 ext3 文件系统使用 4k 块时,文件最大能达到 4TB,ext4 则能支持更大的文件,只是受限于磁盘的存储空间)。

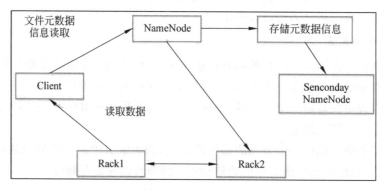

图 3-8　HDFS 结构

理论上,分布式文件系统可以只由客户端和多个数据服务器组成,客户端根据文件名决定将文件存储到哪个数据服务器,但一旦有数据服务器失效,问题就会变得复杂。由于客户端并不知道数据服务器宕机的消息,仍然连接它进行数据存取,因此会导致整个系统的可靠性极大降低,而且可能出现客户端决定数据分配时非常不灵活的问题,因为其不能根据文件特性制定不同的分布策略。

分布式存储主要包括三种类型。

① 分布式文件系统。存储大量的文件、图片、音频、视频等非结构化数据,这些数据以对象的形式组织,对象之间没有关系,这些数据都是二进制数据,例如 GFS、HDFS 等。

② 分布式 Key-Value 系统。用于存储关系简单的半结构化数据,提供基于 Key 的增删改查操作,缓存、固化存储,例如 Memached、Redis、DynamoDB 等。

③ 分布式数据库系统。存储结构化数据,提供 SQL 关系查询语言,支持多表关联、嵌套子查询等,例如 MySQL Sharding 集群、MongoDB 等。

分布式存储的特性主要如下。

高可用性。指分布式存储系统在面对各种异常时可以提供正常服务的能力,系统的可用性可以用系统停止服务的时间和正常服务时间的比例衡量,例如 4 个 99 的可用性(99.99%)要求一年停机的时间不能超过 $365 \times 24 \times 60/10\ 000 = 53min$。

高可靠性。重点指分布式系统数据安全方面的指标,数据可靠不丢失,主要使用多机冗余、单机磁盘 RAID 等措施。

高扩展性。指分布式存储系统通过扩展集群服务器规模从而提高系统存储容量、计算和性能的能力。业务量增大对底层分布式存储系统的性能要求越来越高,自动增加服务器可以提升服务能力,分为 Scale Up 与 Scale Out,前者指增加和升级服务器硬件,后者指增加服务器数量。衡量可扩展性的要求集群具有线性的可扩展性,系统整体性能与服务器数量呈线性关系。

数据一致性。指分布式存储系统多个副本之间的数据一致性,包括强一致性、弱一致性、最终一致性、因果一致性、顺序一致性。

高安全性。指分布式存储系统不受恶意访问和攻击,保护存储数据不被窃取。互联网是开放的,任何人在任何时间、任何地点通过任何方式都可以访问网站,针对现存的和潜在的各种攻击与窃取手段要有相应的应对方案。

高性能。衡量分布式存储系统性能的常见指标是系统的吞吐量和系统的响应延迟,系统的吞吐量是在一段时间内可以处理的请求总数,可以用 QPS(Query Per Second)和 TPS(Transaction Per second)衡量。系统的响应延迟是指某个请求从发出到接收返回结果所消耗的时间,通常用平均延迟衡量。这两个指标往往是矛盾的,追求高吞吐量,较难做到低延迟,若追求低延迟,则吞吐量会受影响。

高稳定性。这是一个综合指标,考核分布式存储系统的整体健壮性,对于任何异常,系统都能坦然面对,系统稳定性越高越好。

分布式存储中的关键技术主要有以下几点。

① 元数据管理。在大数据环境下,元数据的体量也非常大,元数据的存取性能是整个分布式文件系统性能的关键。常见的元数据管理可以分为集中式和分布式元数据管理架构。集中式元数据管理架构采用单一的元数据服务器,其实现简单,但是存在单点故障等问题。分布式元数据管理架构则将元数据分散在多个节点上,从而解决了元数据服务

器的性能瓶颈等问题,并提高了元数据管理架构的可扩展性,但实现较为复杂,并且引入了元数据一致性的问题。另外,还有一种无元数据服务器的分布式架构,其通过在线算法组织数据,不需要专用的元数据服务器,但是该架构很难保障数据一致性,实现较为复杂。文件目录遍历操作效率低下,并且缺乏文件系统的全局监控管理功能。

② 系统弹性扩展技术。在大数据环境下,数据规模和复杂度的增加往往非常迅速,对系统的扩展性能要求较高。实现存储系统的高可扩展性首先要解决两个方面的重要问题,即元数据的分配和数据的透明迁移。元数据的分配主要通过静态子树划分技术实现,后者则侧重数据迁移算法的优化。此外,大数据存储体系规模庞大,节点失效率高,因此还需要完成一定的自适应管理功能。系统必须能够根据数据量和计算的工作量估算所需要的节点个数,并动态地将数据在节点之间迁移,以实现负载均衡。同时,当节点失效时,数据必须可以通过副本等机制进行恢复,不能对上层应用产生影响。

③ 存储层级内的优化技术。构建存储系统时,需要基于成本和性能进行考虑,因此存储系统通常采用多层不同性价比的存储器件组成存储层次结构。大数据的规模大,因此构建高效合理的存储层次结构可以在保证系统性能的前提下降低系统能耗和构建成本,利用数据访问局部性原理可以从两个方面对存储层次结构进行优化,从提高性能的角度可以通过分析应用特征,识别热点数据并对其进行缓存或预取,通过高效的缓存预取算法和合理的缓存容量配比提高访问性能。从降低成本的角度考虑,采用信息生命周期管理的方法将访问频率低的冷数据迁移到低速廉价的存储设备上,可以在小幅牺牲系统整体性能的基础上大幅降低系统的构建成本和能耗。

④ 针对应用和负载的存储优化技术。传统数据存储模型需要支持尽可能多的应用,因此需要具备较好的通用性。大数据具有大规模、高动态及快速处理等特性,通用的数据存储模型通常并不是最能提高应用性能的模型,而大数据存储系统对上层应用性能的关注远远超过了对通用性的追求。针对应用和负载优化存储就是将数据存储与应用耦合,简化或扩展分布式文件系统的功能,根据特定应用、特定负载、特定的计算模型对文件系统进行定制和深度优化,使应用达到最佳性能。这类优化技术在 Google、Facebook 等互联网公司的内部存储系统上管理着超过千万亿字节级别的大数据,能够达到非常高的性能。

城市交通大数据的强大计算能力能对庞大、复杂而又无序的交通数据进行分析处理。基于大数据平台的交通数据建模及时空索引、历史数据的挖掘、交通数据的分布式处理和融合以及交通流动态预测都需要大数据平台的分布式计算能力,即高性能并行计算模型 MapReduce。MapReduce 是一个用于海量数据处理的编程模型,它简化了复杂的数据处理计算过程,将数据处理过程分为 map 阶段和 reduce 阶段,其执行逻辑模型如图 3-9 所示。

MapReduce 通过把对数据集的大规模操作分散到网络节点以实现可靠性。每个节点会周期性地把完成的工作和状态的更新传送回来,如果一个节点保持沉默超过一个预设的时间间隔,则主节点记录该节点状态为死亡状态,然后把分配给这个节点的任务发送到其他节点。MapReduce 是完全基于数据划分的角度构建并行计算模型的,具有很好的容错能力。

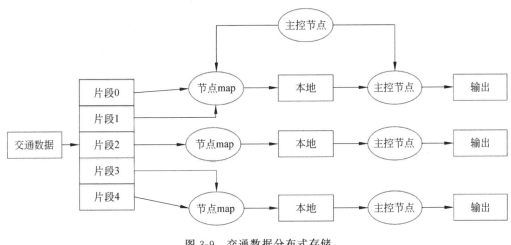

图 3-9　交通数据分布式存储

如果分布式计算是利用网络完成数据共享和计算,那么本地计算就是传统的以数据库为中心的计算模式,分布式计算无疑拥有巨大潜力和优越性。

数据库中心的本地计算模式就是将软件系统的处理能力和负载集中在一两台数据库服务器上。如果要提高计算处理能力,则只能不断提高数据库服务器的硬件水平,从普通双核、多核 PC 到小型机,直至中型机和超级计算机,随着处理能力的提高,系统的建设成本也越来越高。

两种计算模式有着鲜明的对比,分布式计算通过软件管理所有的数据和计算任务,资源都通过网络共享和计算任务下发后被分发到多台计算机上进行计算。本地计算则把所有需要计算的资源统统传输到计算中心的计算机上进行处理。通过对比可以发现,二者都是多任务的管理,但一个是集中式多任务管理,另一个是分布式多任务管理,在数据量巨大的情况下各有优缺点,能够形成互补优势,需要根据实际应用的需求选取合适的技术,如图 3-9 所示。

3.3　交通数据挖掘技术及可视化

3.3.1　数据查询

数据查询的直接目的就是通过查询的方式从海量数据中获取用户期望看到的数据集。一般会借助数据库软件(如微软的 SQL Server、IBM 的 DB2)管理数据。本节以 SQL Server 为例简单介绍数据查询(select)。

给定一个样本集 taxi_traject,其描述了出租车运行轨迹的情况,包括车辆编号(vehicle id)、事件类型(event)、乘客数目(passenger)、时间(time)、经纬度(lat、lon)、速度(speed)、方向(direction)和运行状态(status)。

1. 简单查询

简单的查询主要是为了查看数据中的变量情况。

【例 3-8】 select * from taxi_traject 查看全样本。

【例 3-9】 select top 10 * from taxi_traject 查看前 10 行,如图 3-10 所示。

	vehicleid	event	passenger	time	lat	lon	speed	direction	status
1	096224	4	0	20121001001326	116.0789490	39.9822617	0	236	1
2	488153	4	0	20121001001326	116.4261322	39.9230347	47	264	1
3	156349	4	0	20121001001131	116.0093155	39.6825676	0	86	1
4	426486	4	0	20121001001326	116.2067871	40.1832962	0	208	1
5	189283	4	0	20121001001326	116.0409164	39.7553825	0	118	1
6	189846	4	2	20121001001325	116.3153305	39.5613785	0	152	1
7	453356	4	0	20121001001329	116.2772217	39.8641624	39	236	1
8	214184	4	2	20121001001327	116.0241699	39.8751259	0	0	1
9	191439	4	2	20121001001325	116.4979858	40.0048637	0	138	1
10	214889	4	2	20121001001327	116.5000153	39.9956131	0	340	1

图 3-10　简单查询前 10 行记录

2. 条件查询

条件查询则是有针对性地进行数据查询,通常借助关键词 where 进行条件判断。常用的条件判断运算符如表 3-2 所示。

表 3-2　SQL Server 中的常用运算符

运算符分类	符号或关键字	意　义
比较运算符	>、<、=、<=、>=	大于、小于、等于、小于等于、大于等于
	between...and...	某一区间的值(含边界)
	in(x1,x2,...,xn)	在列表中的值
	like	模糊查询,%代表任意字符
	is null	判断是否为空
逻辑运算符	and	多条件同时成立
	or	多条件任意一个成立
	not	不成立

在简单查询的基础上进行追加 where 语句进行条件查询。

【例 3-10】 select top 10 * from taxi_traject where passenger=1,表示乘客数量为 1 的数据记录,结果如图 3-11 所示。

【例 3-11】 select top * from taxi_traject where speed between 20 and 30 则表示低速行驶的记录,结果如图 3-12 所示。

【例 3-12】 select top 10 * from taxi_traject where passenger=1 and speed between 20 and 30 表示乘客为 1 的低速行驶的记录,结果如图 3-13 所示。

【例 3-13】 select top 10 * from taxi_traject where vehicleid like '10%' 则表示车辆编号为以 10 开头的数据记录,结果如图 3-14 所示。

	vehicleid	event	passenger	time	lat	lon	speed	direction	status
1	489664	4	1	20121001001328	116.4271164	39.9359322	38	176	1
2	162451	4	1	20121001001328	116.4107132	40.0141106	67	8	1
3	194736	4	1	20121001001328	116.3911743	39.8896599	56	72	1
4	174598	4	1	20121001001329	116.3835983	39.9319534	41	86	1
5	100184	4	1	20121001001329	116.3091049	40.0014534	65	0	1
6	164920	4	1	20121001001327	116.3513641	39.9858131	75	268	1
7	174812	4	1	20121001001329	116.4836273	39.8957481	71	178	1
8	194305	4	1	20121001001329	116.5574112	39.8676186	26	272	1
9	093453	4	1	20121001001329	116.3593597	40.0620804	45	6	1
10	077435	4	1	20121001001329	116.4859467	39.9054832	60	52	1

图 3-11　按乘客数量为条件的查询记录

	vehicleid	event	passenger	time	lat	lon	speed	direction	status
1	155474	4	0	20121001081131	116.3739243	39.9530029	23	210	1
2	194305	4	1	20121001001329	116.5574112	39.8676186	26	272	1
3	194373	4	1	20121001001329	116.3825302	39.9423981	25	134	1
4	194725	4	0	20121001001329	116.3030548	39.8949547	26	90	1
5	162480	4	1	20121001001329	116.4549255	39.8566246	30	76	1
6	194665	4	1	20121001001329	116.3640213	39.8335457	23	272	1
7	154882	4	2	20121001001325	116.3966827	39.8339424	21	12	1
8	566754	4	0	20121001001326	116.3684311	39.8915482	23	4	1
9	495146	4	0	20121001001327	116.3430481	39.9126549	28	264	1
10	431530	4	0	20121001081132	116.4550476	39.8823242	30	2	1

图 3-12　按车辆速度为条件的查询记录

	vehicleid	event	passenger	time	lat	lon	speed	direction	status
1	194305	4	1	20121001001329	116.5574112	39.8676186	26	272	1
2	194373	4	1	20121001001329	116.3825302	39.9423981	25	134	1
3	162480	4	1	20121001001329	116.4549255	39.8566246	30	76	1
4	194665	4	1	20121001001329	116.3640213	39.8335457	23	272	1
5	495146	4	1	20121001001327	116.3430481	39.9126549	28	264	1
6	453209	4	1	20121001001329	116.6331329	39.9009552	23	350	1
7	470477	4	1	20121001001330	116.0998230	39.9339867	28	264	1
8	174971	4	1	20121001001330	116.3545532	39.8488884	25	86	1
9	164358	4	1	20121001001330	116.3197861	39.9222069	30	104	1
10	492224	4	1	20121001001328	116.4446869	39.8750763	26	88	1

图 3-13　按乘客数量和速度为条件的查询记录

	vehicleid	event	passenger	time	lat	lon	speed	direction	status
1	100184	4	1	20121001001329	116.3091049	40.0014534	65	0	1
2	101684	4	0	20121001001329	116.4544449	39.6780624	0	126	1
3	101664	4	0	20121001001329	116.4191055	39.7937775	0	0	1
4	101794	4	0	20121001001329	116.5837021	40.0794907	0	0	1
5	101624	4	0	20121001001330	116.4551849	39.9025536	0	168	1
6	104133	4	0	20121001001327	116.4580841	40.1738472	0	6	1
7	104080	4	0	20121001001350	116.1098022	39.9236717	0	12	1
8	102314	4	0	20121001001356	116.6012726	40.3431816	0	238	1
9	102504	4	0	20121001001356	116.3284149	39.8962517	0	138	1
10	102934	0	0	20121001001356	116.2679062	39.9061317	2	124	1

图 3-14　按车辆编号为条件的查询结果

3. 排序查询

顾名思义,排序查询就是将数据按某一个或某几个变量进行排序查询。通常利用关键字 order by(x)完成从小到大的排序,即 order by(x)in desc。若存在 where 条件查询语句,order by 则需要放在 where 语句后面。

【例 3-14】 select top 10 * from taxi_traject where vehicleid='470463' order by time,结果如图 3-15 所示。

	vehicleid	event	passenger	time	lat	lon	speed	direction	status
1	470463	4	0	20010101000000	0.0000000	0.0000000	0	0	1
2	470463	4	0	20121001001339	116.5268936	39.9401970	0	54	1
3	470463	4	0	20121001001351	116.5268860	39.9401932	0	54	1
4	470463	4	0	20121001001353	116.5268860	39.9401932	0	60	1
5	470463	4	0	20121001001403	116.5268784	39.9401932	0	62	1
6	470463	4	0	20121001001415	116.5268784	39.9401932	0	68	1
7	470463	4	0	20121001001427	116.5272446	39.9402161	28	84	1
8	470463	4	0	20121001001439	116.5285950	39.9402275	32	88	1
9	470463	4	0	20121001001446	116.5293884	39.9402351	36	88	1
10	470463	4	0	20121001001451	116.5299149	39.9402313	21	88	1

图 3-15 按时间排序的查询记录

4. 子查询

子查询使一条 select 语句的结果变为了另一条 select 语句的一部分。子查询必须括在圆括号中。

【例 3-15】 select count(distinct vehicleid) from taxi_traject where vehicleid in (SELECT distinct vehicleid FROM taxi_traject2),意味着从表 taxi_traject 中统计不同的车辆的数目,这些车辆也出现在表 taxi_traject2 中,结果为 12348。

3.3.2 数据分类

分类分析简单来讲就是把一个大的数据包根据内在数据特征划分为若干个类别或者组别。在交通领域中,数据分类是几乎每天都需要面对的问题,大量的连续型、复合型数据进入数据库中,需要根据其地域、交通流特征、属性进行分类。数据分类的计数种类繁多,常用的有 k 近邻(k-NN)、支持向量机、神经网络等。数据分类和数据聚类是一对孪生的技术组合,本节仅对决策树算法为案例展开介绍。

1. 决策树算法简介

决策树算法的起源是概念学习系统(CLS 算法),然后发展到多叉树(ID3)方法,最后演化为能处理连续值的数 C4.5。著名的决策树算法还有(Classification And Regression Tree,CART)和 Assistant 算法。

总体上看,决策树算法是指利用信息论中的信息增益寻找示例数据库中具有最大信息量的属性字段建立决策树的一个节点,再根据该属性字段的不同取值建立树的分枝,在每个分枝集中重复建立树的下一个节点和分枝的过程。决策树的根节点是整个数据集合空间,每个分节点是对一个单一变量的测试,该测试将数据集合空间分割成两块或更多块,每个叶节点是属于单一类别的记录。

决策树分为分类树和回归树两种,分类树对离散变量作决策树,回归树对连续变量作决策树。树的质量取决于分类精度和树的大小。一般来说,决策树的构造主要由以下两个阶段组成。

① 建树阶段。选取部分受训数据建立决策树,决策树是按广度优先建立直到每个叶节点包括相同的类标记为止。

② 调整阶段。用剩余数据检验决策树,如果所建立的决策树不能正确回答所研究的问题,则用户要对决策树进行调整(剪枝和增加节点),直到建立一棵正确的决策树,这样在决策树的每个内部节点处进行属性值的比较,在叶节点得到结论。从根节点到叶节点的一条路径就对应着一条规则,整棵决策树就对应着一组析取表达式规则。

决策树技术之所以能够被广泛应用,主要得益于以下几点。

① 决策树可以生成可理解的规则。数据挖掘产生的模式的可理解度是判别数据挖掘算法的主要指标之一,相比于一些数据挖掘算法,决策树算法产生的规则比较容易理解,并且决策树模型的建立过程也很直观。

② 决策树在进行分类时所需的计算量不大。

③ 决策树既支持离散数据,也支持连续数据。

④ 决策树的输出包含属性的排序。生成决策树时,按照最大信息增益选择测试属性,因此在决策树中可以大致判断属性的相对重要性。决策树技术也存在着一定的不足,例如训练一棵决策树的耗费很大,在类标签过多的情况下分类容易出错等。

2. 决策树构造方法描述

决策树构造的输入是一组带有类别标记的例子,构造的结果是一棵二叉树或多叉树。二叉树的内部节点(非叶子节点)一般表示为一个逻辑判断,形式为 $a_i = v_i$,其中 a_i 是属性,v_i 是该属性的某个属性值,树的边是逻辑判断的分支结果。多叉树的内部节点是属性,边是该属性的所有取值,有几个属性值,该节点下就有几条边。树的叶子节点都是类别标记。

构造决策树的方法是采用自上而下的递归构造。以多叉树为例,其构造思路是:如果训练例子集合中的所有例子是同类的,则将其作为叶子节点,节点内容即该类别标记;否则根据某种策略选择一个属性,按照属性的各个取值把例子集合划分为若干子集,使每个子集上的所有例子在该属性上具有同样的属性值;然后依次递归处理各个子集。这种思路实际上就是分而治之(divide and conquer)的道理。二叉树同理,差别仅在于要选择一个好的逻辑判断。

构造决策树的一般步骤包括:数据准备、数据预处理、构造决策树、决策树检验。

通过递归分割的过程构建决策树的过程大致如下。

(1) 寻找初始分裂。

把整个训练集作为产生决策树的集合,该训练集的每个记录必须是已经分类的。寻找初始分裂即决定将哪个属性域(Field)作为目前最好的分类指标。一般的做法是穷尽所有的属性域,对每个属性域分裂的好坏做出量化,计算出最好的一个分裂,重复直至每个叶节点内的记录都属于同一类。

（2）数据的修剪。

剪枝（Pruning）是一种克服噪声的技术，同时它也能使决策树得到简化而变得更容易理解，一般分为两种：向前剪枝（forward pruning）和向后剪枝（backward pruning）。向前剪枝是在生成树的同时决定是继续对不纯的训练子集进行划分还是停止。向后剪枝方法是一种两阶段法：拟合和化简（fitting and simplifying）。首先生成与训练数据完全拟合的一棵决策树，然后从树的叶子开始剪枝，逐步向根的方向剪枝时要用到一个调优数据集合（tuning set 或 adjusting set），如果存在某个叶子在剪去后能使在调优集上的准确度或其他测度不降低（不会变得更坏），则剪去该叶子，否则停止。理论上讲，向后剪枝优于向前剪枝，但计算复杂度大。剪枝过程一般涉及一些统计参数或阈值，如停止阈值。值得注意的是，剪枝并不是对所有的数据集都好，就像最小树并不是最好（具有最大的预测率）的树。当数据稀疏时，要防止过分剪枝（over pruning）。从某种意义上讲，剪枝也是一种偏向（bias），对有些数据效果好而对有些数据则效果差。

构造好的决策树的关键就在于如何选择好的逻辑判断或属性。对于同样一组例子，可以有很多决策树能符合这组例子。一般情况下，从概率的角度，树越小则树的预测能力越强。要构造尽可能小的决策树，关键在于选择恰当的逻辑判断或属性。由于构造最小的树是一个非定常多项式时间复杂性类（Non-deterministic Polynomial，NP）难题，因此只能采取用启发式策略选择好的逻辑判断或属性。

类似决策树这种分类技术还有很多，这些算法能够在智能交通的事故事件检测、异常识别以及交通状态预测等问题上发挥很好的作用。尤其是在大数据背景下，很多需要数据抽样、小样本分析的研究主题将能够在全样本、海量数据规模下进行处理和运算，使得分类算法对现实问题的表达能力进一步提高。

3.3.3　数据聚类

城市交通大数据常用的另一类数据挖掘技术就是聚类分析。传统的聚类分析方法包括系统聚类法、分解法、加入法、动态聚类法、有序样品聚类、有重叠聚类和模糊聚类等。采用 k-均值（k-means）、k-中心点（k-medoids）等算法的聚类分析工具已被加入许多著名的统计分析软件包，如 SPSS、SAS 等。

1. 聚类分析简介

聚类是指把整个数据分成不同的组，并使组与组之间的差距尽可能大，组内数据的差距尽可能小。与分类不同，在开始聚类之前用户并不知道要把数据分成几组，也不知道分组的具体标准，即聚类分析时数据集合的特征是未知的。聚类根据一定的规则将具有某种相同特征的数据聚集在一起，这一过程也称无监督学习。分类是指用户知道数据可分为几类，将要处理的数据按照规则分入不同的类别，也称有监督学习。

从机器学习的角度来看，簇相当于隐藏模式。聚类是搜索簇的无监督学习过程。与分类不同，无监督学习不依赖预先定义的类或带类标记的训练实例，需要由聚类学习算法自动确定标记，而分类学习的实例或数据对象有类别标记。聚类是观察式学习，不是示例式学习。

以实际应用的角度来看，聚类分析是数据挖掘的主要任务之一，而且聚类能够作为一个独立的工具获得数据的分布状况,观察每一簇数据的特征,集中对特定的聚簇集合作进一步分析。聚类分析还可以作为其他算法(如分类和定性归纳算法)的预处理步骤。

常用的聚类方法主要包括划分方法(k-means,k-medoids 等)、层次聚类方法(BIRCH、CURE 等)、基于密度的方法、基于网格的方法以及基于模型的方法。

2. 基于 k-means 的快速路交通事件影响等级标定模型

k-means 算法是很典型的基于距离的聚类算法,采用距离作为相似度的评价指标,即认为两个对象的距离越近,其相似度就越大。该算法认为簇是由距离靠近的对象组成的,因此把得到紧凑且独立的簇作为最终目标。

k-means 算法的工作过程说明如下。首先从 n 个数据对象中任意选择 k 个对象作为初始簇中心,而对于剩下的其他对象,则根据它们与这些簇中心的相似度(距离)分别将它们分配给与其最相似的(簇中心所代表的)簇,然后计算每个所获新簇的中心(该簇中所有对象的均值),不断重复这一过程直到标准测度函数开始收敛。一般采用均方差作为标准测度函数,具体定义如下。

$$E = \sum_{i=1}^{k} \sum_{p \in C_i} | p - m_i |^2 \tag{3-1}$$

式中,E 为簇中所有对象的均方差之和;p 为代表簇中的一个点,可以多维;m_i 为簇 C_i 的均值,可以多维。

公式中所示的聚类旨在使所获得的 k 个簇具有各簇本身尽可能地紧凑且各簇之间尽可能地分开的特点。例如将事件对交通的时间影响范围和空间影响范围聚成四类,即 $k=4$,$p=[时间_p,空间_p]$,$m_i=[时间_i,空间_i]$。

聚类分析是交通领域不可或缺的一项重要技术,尤其对于海量离散时间序列数据集,例如交通事故、长时间大面积拥堵等问题,都需要在多年历史数据的离散样本中进行聚类获得特征集,然后定义事件或拥堵类型。数据分类和聚类分析这一对孪生应用,在城市交通大数据时代不仅能够为连续型数据集和离散型数据集分别带来更加细致、多样的单项数据区间域,更能实现多源、多维数据的多元整合和解析,为全样本数据分析和挖掘注入新的活力。

3. 空间聚类

空间聚类作为聚类分析的一个研究方向,是指将集中的空间数据对象分成由相似对象组成的类,同类中的对象之间具有较高的相似度,而不同类中的对象之间则差异较大。作为一种无监督的学习方法,空间聚类不需要任何先验知识,例如预先定义的类或带类的标号等空间聚类方法由于能根据空间对象的属性对空间对象进行分类,因此已经被广泛应用于城市规划、环境监测、交通管理等领域,发挥着较大的作用。

GIS 空间聚类分析技术为城市交通大数据提供了新的思路。在城市交通的 GIS 数据中,信息可以分为两类,即反映空间对象的非空间属性的属性信息和反映空间对象的空间位置的空间信息(也称坐标信息)。所以根据聚类对象的信息,GIS 空间聚类可以分为以下三种类型的操作。

属性聚类。GIS 对象中的属性信息同一般对象的属性信息并无本质上的不同,只不过在 GIS 中属性信息通过实体关系与空间信息联系了起来,形成了空间实体,所以 GIS 属性聚类与一般对象的多维聚类方法基本相同。

坐标聚类。空间坐标信息描述了对象的空间位置,空间坐标数据的相似性具有以下三个主要特点。

① 坐标信息的低维性和格式一致性使得聚类操作较为简捷,并且聚类的集簇较为明显,体现了空间坐标聚类的简捷性和有效性。

② 空间坐标信息聚类本质上是发现空间中对象分布的密集区域,如客流密集区域的测定、城市公交站点分布密度等。从抽象"类别"到具体直观的"区域",空间坐标聚类具有同一般聚类操作不同的意义,同时空间区域的多样性及低维数造成了空间集簇的稠密性,这些都增加了聚类的复杂度。

③ 空间信息是 GIS 处理对象的基础信息或称第一信息,属性信息建立在空间信息之上,并依赖空间信息而存在。因此,对空间坐标信息的处理是对 GIS 对象的数据挖掘,也是聚类操作首先应当处理的问题。

空间-属性信息混合聚类。GIS 对象是一个将空间信息和属性信息关联起来的空间实体,空间实体是 GIS 中存储和处理的基本单元,所以 GIS 中的各种操作,包括数据挖掘、可视化在内,最终都应当能够在空间实体的层次上进行操作,换言之就是要能够将属性信息和空间信息联系起来进行处理。聚类作为空间数据挖掘的一部分,最终也应当能够在同时包含空间信息和属性信息的混合高维向量上进行操作。但是由于空间信息和属性信息所表述的信息格式和意义不同,因此不能简单地将混合向量中的空间信息和属性信息等价看待,所以混合向量对距离的定义及对聚类结果的解释等都是混合聚类需要解决的问题。空间-属性信息混合聚类目前仍然是空间聚类领域的一个前沿问题。

4. k-means 算法实例

【例 3-16】 以北京市路网中的检测数据为模型输入,包括车流量、速度和占有率值,对五环内的 418 个样本检测站进行聚类,数据图表如图 3-16 所示(展示前 10 行)。

rowid	routename	flow	speed	occupancy	location
HI8012d	宋庄路北口->东铁营桥	3	85	2	南三环东段
HI8043d	安华桥->安贞里	57	62.8	3	北三环东段
HI9426a	北七家桥南->定泗路口北	12	64.7	1	京承高速
HI8027c	莲花桥->新兴桥	47	72.7	4	西三环南段
HI9358b	志远西桥->团河桥东	64	60	43	南五环
HI7060d	北小街桥->小街桥东	61	67.8	5	北二环东段
HI3009b	小街桥东->北小街桥	86	66.4	10	北二环东段
HI7065c	白纸坊桥南外环指示牌->白纸坊桥南外环指示牌北	47	70.7	4	西二环南段
HI9333a	观音堂桥北->观音堂桥南	66	70	24	东五环
HI5056a	广安门桥->白纸坊桥	66	65.7	5	西二环南段

图 3-16　观测站信息样本

首先,随机确定 4 个初始点的质心;然后将数据集中的每一个点分配到一个簇中,即为每一个点找到距其最近的质心,并将其分配给该质心所对应的簇;该步完成后,每一个簇的质心更新为该簇所有点的平均值,伪代码如下。

```
创建 k 个点作为起始质心,可以随机选择(位于数据边界内)
    当任意一个点的簇分配结果发生改变时
        对数据集中每一个点
                对每个质心
                    计算质心与数据点之间的距离
                将数据点分配到距其最近的簇
        对每一个簇,计算簇中所有点的均值并将均值作为质心
```

借助 Python 的 sklearn 包中的 KMeans 可以极方便地实现聚类模型的构建,代码如下:

```
from sklearn.cluster import KMeans
import pandas as pd
inputfile='test.xlsx'
data=pd.read_excel(inputfile)
X=data.loc[:, ['flow', 'speed', 'occupancy']]          #选择 3 列数据作为训练集
kmodel=KMeans(n_clusters=4).fit(X)                     #搭建簇为 4 的模型
category=kmodel.predict(X)                             #进行分类
print(category)                                        #展示分类结果,如图 3-17 所示
```

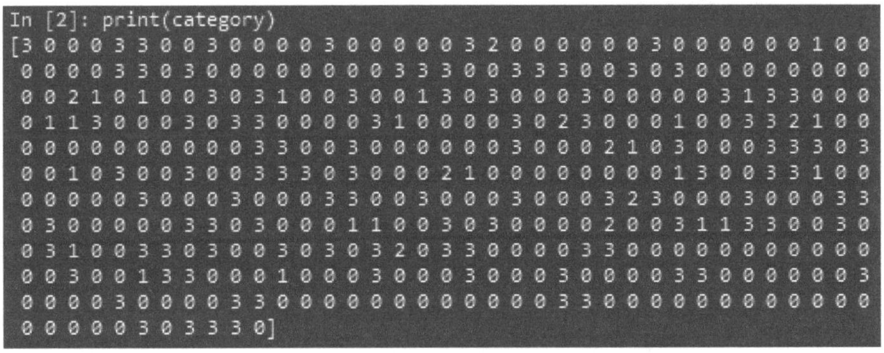

```
In [2]: print(category)
[3 0 0 0 3 3 0 0 3 0 0 0 0 3 0 0 0 0 0 3 2 0 0 0 0 0 0 3 0 0 0 0 0 0 1 0 0
 0 0 0 0 3 3 0 3 0 0 0 0 0 0 0 0 3 3 3 0 0 3 3 3 0 0 3 0 3 0 0 0 0 0 0 0 0
 0 0 2 1 0 1 0 0 3 0 3 1 0 0 3 0 0 1 3 0 3 0 0 0 3 0 0 0 0 0 3 1 3 3 0 0 0
 0 1 1 3 0 0 0 3 0 3 3 0 0 0 0 3 1 0 0 0 0 3 0 2 3 0 0 0 1 0 0 3 3 2 1 0 0
 0 0 0 0 0 0 0 0 0 0 3 3 0 0 3 0 0 0 0 0 0 3 0 0 0 2 1 0 3 0 0 0 3 3 3 0 3
 0 0 1 0 3 0 0 3 0 0 3 3 3 0 3 0 0 0 2 1 0 0 0 0 0 0 0 0 1 3 0 0 3 3 1 0 0
 0 0 0 0 0 3 0 0 0 3 0 0 0 3 3 0 0 3 0 0 0 3 0 0 0 3 2 3 0 0 0 3 0 0 0 3 3
 0 3 0 0 0 0 0 3 3 0 3 0 0 0 1 1 0 0 3 0 3 0 0 0 0 2 0 0 3 1 1 3 3 0 0 3 0
 0 3 1 0 0 3 3 0 3 0 0 3 0 3 0 3 2 0 3 3 0 0 0 0 3 3 0 0 0 0 0 0 0 0 0 0 0
 0 0 3 0 0 1 3 3 0 0 0 1 0 0 0 3 0 0 0 3 0 0 0 3 0 0 0 0 3 3 0 0 0 0 0 0 3
 0 0 0 0 3 0 0 0 0 3 3 0 0 0 0 0 0 0 0 0 0 0 0 3 3 0 0 0 0 0 0 0 0 0 0 0 0
 0 0 0 0 0 3 0 3 3 3 0]
```

图 3-17　聚类结果

接下来可以借助 Python 对聚类结果进行更近一步的展示,下面以流量和速度作为二维空间坐标,把不同类别的检测点以不同颜色展示,观看其聚类效果,代码如下。

```
import matplotlib.pyplot as plt
data['category']=category                         #将分类结果添加到数据框中
plt.figure(figsize=(7, 5), dpi=500)               #设置画布尺寸及分辨率
color=['r', 'b', 'g', 'c']                        #颜色标志, 4 种
for i in range(0, 4):
    subdata=data[data['category']==i]             #将数据集按类别抽取
    plt.scatter(subdata['flow'], subdata['speed'], c=color[i])        #散点图
plt.title('GCZ_category')                         #标题
plt.legend(('category 1', 'category 2', 'category 3', 'category 4'))  #图例
plt.savefig('GCZ_category')                       #保存图片
```

```
plt.show()                                    #展示图片
```

　　上述代码的运行结果如图 3-18 所示。从图 3-18 中可以看出,4 簇观测站点之间具有清晰的边界,说明产生了有效的聚类效果,但 k 值的选择是需要根据经验或者数据的分布设定的,适当地调节 k 值可能会获得更好的聚类效果,图 3-19 展示了 3 簇观测站点的聚类效果图。

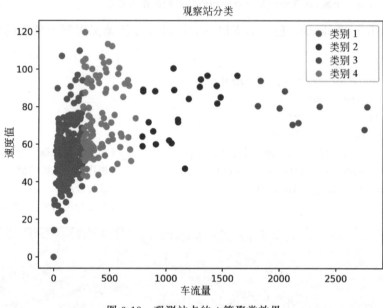

图 3-18　观测站点的 4 簇聚类效果

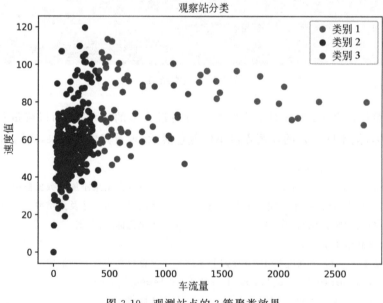

图 3-19　观测站点的 3 簇聚类效果

3.3.4 数据关联

从大数据思维考虑,当大量同时空的跨行业数据同时获得积累后,其彼此之间是否存在关联性往往就变得更加重要,这种关联性分析往往是打开行业交叉和交通特征的社会化深入分析的数据通道。本节以灰色关联分析(Grey Relational Analysis,GRA)为技术案例说明其基本原理和方法,并引述其在交通领域的应用,以供参考。

1. 关联分析技术方法

灰色关联分析是基于灰色系统理论的一种分析方法,研究对象是"部分信息已知、部分信息未知"的"小样本""贫信息"不确定性系统。灰色关联分析的基本思想是根据序列曲线几何形状的相似程度判断其联系是否紧密,曲线越接近,相应序列之间的关联度就越大,反之就越小。

灰色关联分析法的具体计算步骤如下。

设序列 $X_0 = (X_0(1), X_0(2), \cdots, X_0(k), \cdots, X_0(m))$ 和 $X_i = (X_i(1), X_i(2), \cdots, X_i(k), \cdots, X_i(m))$ 分别为系统的参考数列和比较数列。其中 $i = 1, 2, \cdots, n$。

较为常用的无量纲化处理有初值化变换、均值化变换、极差变换以及效果测度变换。当较稳定的社会经济系统数列进行动态序列的关联度分析时,多采用初值化变换,其具体计算公式为

$$X_i = \left(\frac{X'_{i(1)}}{X'_{i(1)}}, \frac{X'_{i(2)}}{X'_{i(1)}}, \cdots, \frac{X'_{i(m)}}{X'_{i(1)}} \right) \tag{3-2}$$

求灰色关联系数 $\gamma(X_0(k), X_i(k))$。计算公式为

$$\gamma(X_0(k), X_i(k)) = \frac{X(\min) + aX(\max)}{\Delta_{0i}(k) + ax(\max)} \tag{3-3}$$

式中,$X(\min) = \min_i \min_k |X_0(k), X_i(k)|$;$X(\max) = \max_i \max_k |X_0(k), X_i(k)|$;$\Delta_{0i}(k) = |X_0(k), X_i(k)|$;$a \in [0, 1]$ 为分辨率系数,一般按最少信息原理取为 0.5,即 $a = 0.5$。

求关联度 $\gamma(X_0, X_i)$。聚集灰色关联系数 $\gamma(X_0(k), X_i(k))$ 在各点 $k = 1, 2, \cdots, m$ 的值,得到灰色关联度的计算公式如下:

$$\gamma(X_0, X_i) = \frac{1}{m} \sum_k^m \gamma(X_0(k), X_i(k)) \tag{3-4}$$

这样便可求得灰色关联度 $R[R = \gamma(X_0, X_i)]$,根据比较数列与参考数列的关联度大小,判断各因子对交通噪声的影响,关联度大则意味着该因子的影响较大,为主要影响因子,关联度小则意味着该因子的影响较小,为次要因子。

2. 交通领域应用案例

【例3-17】 以南方某城市2002—2009年的交通噪声为例,探讨灰色关联分析法在城市交通噪声影响因素分析中的应用。交通噪声数据来源于该城市四个交通噪声固定监测站的平均值,为真实体现该城市交通噪声状况,在噪声普查的基础上利用平均值法对噪声监测数据进行优化设定,其步骤如下。

建立数据序列。机动车辆数、道路行车线长度、行驶机动车辆密度等因素将直接影响

城市交通噪声,而 GDP、常住人口等因素作为体现城市特征的主要指标,在一定程度上也反映了城市交通噪声水平。选用常住人口、GDP、机动车辆数、道路行车线长度、行驶机动车辆密度这五个因素,通过建立数据序列,利用灰色关联分析法分析五个因素与城市交通噪声之间的关系。其中,城市居住人口、GDP、机动车辆数、道路行车线长度、行驶机动车辆密度这五个因素作为影响交通噪声的比较数列,即 $X_i = (X_i(1), X_i(2), \cdots, X_i(k), \cdots, X_i(m))$;城市交通噪声设为参考数列,即 $X_0 = (X_0(1), X_0(2), \cdots, X_0(k), \cdots, X_0(m))$。2002—2009 年,这五个因素的基础数据序列见表 3-3。

表 3-3　2002—2009 年五个交通相关因素的基础数据

年	2002	2003	2004	2005	2006	2007	2008	2009
交通噪声/dB(A)	70.42	71.46	71.07	70.23	69.91	70.08	70.78	70.55
常驻人口/人	441 637	448 495	465 333	484 300	513 400	538 100	549 200	542 200
GDP/亿元	548	636	822	922	1137	1502	1735	1693
机动车辆数/辆	122 345	130 472	141 258	152 542	162 874	174 520	182 765	189 863
行车线长度/km	341	345.2	362.1	368.2	383.6	400.8	404.4	413.1
车辆密度/辆/km	358.8	378	390.1	414.3	424.6	435	452	460

利用公式对这五个因素的基础数据进行初值化处理后,实现了数据的无量纲化,结果如表 3-4 所示。

表 3-4　各因素数据初值化结果

年	2002	2003	2004	2005	2006	2007	2008	2009
交通噪声/dB(A)	1	1.015	1.009	0.997	0.993	0.995	1.005	1.002
常驻人口/人	1	1.016	1.054	1.097	1.162	1.218	1.244	1.228
GDP/亿元	1	1.161	1.5	1.682	2.075	2.741	3.166	3.089
机动车辆数/辆	1	1.066	1.155	1.247	1.331	1.426	1.494	1.558
行车线长度/km	1	1.012	1.062	1.080	1.125	1.075	1.186	1.211
车辆密度/辆/km	1	1.054	1.087	1.155	1.183	1.212	1.260	1.282

计算灰色关联系数及关联度。令 $a = 0.5$,利用 DPS 统计分析软件计算经初值化的数据,得 $X(\min) = 0$,$X(\max) = 2.161$。则关联系数

$$\gamma(X_0(k), X_i(k)) = \frac{0 + 0.5 \times 2.161}{\Delta_{0i}(k) + 0.5 \times 2.161} \tag{3-5}$$

将各关联系数式代入式中,可得到关联度分别为 $\gamma_1 = 0.902$,$\gamma_2 = 0.586$,$\gamma_3 = 0.810$,$\gamma_4 = 0.915$,$\gamma_5 = 0.882$。对关联度进行排序,$\gamma_4 > \gamma_1 > \gamma_5 > \gamma_3 > \gamma_2$。其中 γ_1,γ_4,γ_5 的关联度均大于 0.880。

关联序列表明,道路行车线长度和常住人口与城市交通噪声的关联度最大,关联度分别为 0.915 和 0.902,表明道路行车线长度和常住人口与城市交通噪声具有很大的关联

性。总体而言,道路行车线越长,会稀释交通流量,使交通噪声变低,对城市交通噪声为正极性影响,常住人口增加则会导致交通噪声的增加,呈现出明显的负极性。

行驶机动车辆密度和机动车辆总数对城市交通噪声的关联度分别为 0.882 和 0.810,表明行驶机动车辆密度和机动车辆总数与城市交通噪声有较大的关联性。一般情况下,车辆密度和机动车辆总数越高,交通噪声也会相应增加。

相对于其他四个因素,国内生产总值(GDP)与城市交通噪声的关联度较小,仅为0.586。GDP 对城市交通噪声的影响没有明显的正负极性。一般而言,GDP 增加后,政府对城市道路建设的投入也会相对加大,势必会改善城市交通状况,进而减少城市交通噪声污染,但 GDP 的增加也会导致城市机动车辆的增加,机动车辆的增加势必又会导致交通噪声污染加剧,各种因素导致 GDP 对城市交通噪声的影响变得较小。

3.3.5 时空数据分析

现有的地理信息系统大多采用二维或三维的空间数据组织与管理,以图层为处理基础,延续了地图处理的模式,只是描述数据的一个瞬态,不具有处理数据的时间动态性。当数据发生变化时用新数据代替旧数据,系统成为另一个瞬态,旧数据不复存在,因此无法对数据变化的历史进行分析,更无法预测未来的趋势,这类 GIS 称为静态 GIS。由于目前对时空关系的理解和表达形式还没有一个完整、确定的框架,时空信息的完整性、一致性研究有待深入和完善,时空数据的复杂性和现有计算机技术的局限性阻碍了 GIS 的发展与完善。时空数据模型的研究可以为 GIS 的应用提供更有力的支持。如果在 GIS 中引入时间这个与空间同等重要的因素,或者说是在二维 GIS 的基础上增加时间维或者时间变量,就形成了时态 GIS。

1. 时态 GIS

时态 GIS 是能表达地理现象时间行为的系统。当 GIS 有能力管理和表达地理对象的空间和时间信息时,就可以通过逼真的存储再现分析动态的现实世界。从现实世界到人的概念世界,再到数字世界,最后通过用户改造的活动反馈到现实世界,这中间的三个阶段对应着地理信息科学的三个研究领域,即地理认知模型的研究、地理概念计算方法的研究以及地理信息科学与社会的关系研究。

伴随着 GIS 的成熟与发展,越来越多的应用领域要求 GIS 能提供完善的时序分析功能,在时间与空间两方面全面展现 GIS 系统的应用功能,例如事故事件导致的路况拥堵的发生和消散(见图 3-20)。区域通勤客流的汇聚和消散就是时空动态过程,其大部分的时空数据具有很强的时间敏感性。基于这一特点,应用时态 GIS 的基本原理和科学计算可视化技术,运用时空索引模型(见图 3-21),并利用面向对象的编程语言可构建时空索引对象,进而构造一个从 GIS 时空角度模拟和展现城市交通时空动态的专业应用模型。

时间维的表达并不是时空研究的最终目标,时空数据模型强调的是在合理组织时空数据的基础上利用时空分析的工具和技术模拟动态过程,探究和挖掘隐含于时空数据中的信息和规律。在目前的条件下,时空数据模型研究的一个重要方向就是在现有功能基础上提出面向专业应用领域的、可操作的时空数据模型,扩展应用系统的空间—时间分析功能,回答有关专业领域内因时间变化而引起的问题。

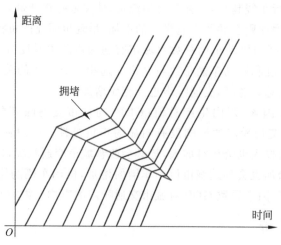

图 3-20　路况拥堵的发生于消散示意图

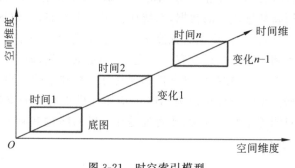

图 3-21　时空索引模型

2. 时空数据库研究

时空数据库的核心问题是研究如何有效地表达、记录和管理现实世界实体及其相互关系随时间不断发生的变化。当前研究的主要问题有表达时空变化的数据模型、时空数据组织与存取方法、时空数据库的版本问题、时空数据库的质量控制、时空数据的可视化问题等。

根据对时空表达方式的不同,当前的时空数据模型可分为基于空间的时空数据模型、基于时间的时空数据模型、时空一体化数据模型以及时空专题复合集成数据模型四种类型。一般而言,传统模型存储的历史数据相对简单,但时态分析能力差。基态修正模型对于矢量很适合,易于在当前的模型中实现,但时态分析能力较弱。时空复合模型包括时态分析需要的拓扑信息,但很难与当前的结合;集成模型提供了可行的方案,但操作复杂、数据冗余等问题突出。由于时态的复杂性和特殊性,基于时空数据模型的时空数据库实际运行在应用系统的实例并不多。

3. 时态 GIS 实现方法研究

目前时态的实现主要有两种途径,一是扩展传统的关系模型,二是采用面向对象的方法。由于传统关系模型语义丰富、理论完善且具有许多高效灵活的实现机制,使人们可以尝试在传统关系模型中加入时间维,扩充关系模型,用关系代数及查询语言处理时态数据,从而直接或间接地实现基于关系模型支持的时空数据的存储、表示和处理。但是传统关系模型的数据类型比较简单,缺少表达能力,现实中的许多实体和结构很难映射到关系模型中。因此,近年来许多研究工作已开始探索如何以更自然的方式表示复杂的地理信息,其中面向对象方法已成为研究重点。此外,还有基于事件的研究方法、基于特征的研究方法等,它们也是时态实现方法的研究方向。

4. 时态 GIS 的应用

理论研究的目的是为了能够应用,因此,时态的应用研究也是一个重要的内容,目前其在国土领域时态的应用较多,特别是在地籍信息系统中,涉及时态的内容较为常见,而在交通领域研究得并不多,但交通领域的时态问题也是比较常见的问题,因此探讨交通领域的时态应用对解决目前的交通信息系统中无法解决的问题具有重要的意义。

3.3.6 地理编码

地理编码(Geo-coding)是指根据各数据点的地理坐标或空间地址(如省市、街区、楼层等)将数据库中数据与其在地图上相应的图形元素对应,即给每个数据赋以 X、Y 轴坐标值,从而确定该数据标在图上的位置的过程。借助于 GIS 的地理编码技术可以将原有信息系统和空间信息进行融合,实现日常城市交通生活中的信息空间可视化,以便于在空间信息支持下进行空间分析和决策应用,从而成为城市交通 GIS 数据中比较重要的一个功能。

分析现有的城市交通数据资源不难发现:非空间资源都有具体的发生地,这也是非空间数据资源与空间数据发生关联的一个关键环节。利用地理位置的编码技术可以在地理空间参考范围中确定数据资源的位置,建立空间信息与非空间信息之间的联系,实现各类信息资源的整合,通过对交通对象的地理编码制定出交通对象的编码基本原则和方式,便于交通信息的交流,并能精确表达交通信息的编码规范。通过编码后发布的交通信息能满足大多数用户的需求,让用户可以精确地了解各路网的交通路况,了解交通事故、道路施工等所发生的具体位置及其对道路的影响情况,从而将各交通信息应用系统有机地结合起来,发挥交通信息平台的综合性作用。

整个编码体系分四个层次:基础性应用、专业性应用、扩展性应用、开放性应用。

① 基础性应用。直接应用在《上海市道路、路段、节点编码标准》的道路、路段、节点代码和对应的图形要素,主要基础性应用信息包括地面中心线、高架中心线等。

② 专业性应用。继承于基础性对象编码,将道路路段、节点图形要素和编码扩展为有向的双线路段以及对应的分节点和编码;也可以人为地划分和定义有向的分路段与分节点;对于快速路、高速公路和其他各等级公路,上下匝道和桥接路段也是专业性应用考虑的范围,主要专业性应用信息包括地面发布段、快速路发布段、高速公路发布段、国省干道发布段等。

③ 扩展性应用。继承于专业性对象编码,对于实际交通基础设施、设备,根据其具体的物理位置可以从所属实际有向路段、分节点、匝道等进行扩展编码,主要包括以下几个

方面。

道路交通：摄像机、情报板、线圈、收费站、路口机、检测器、公安卡口、能见度仪、气象站等。

公共交通：停车场、公交线路、公交站点、轨道线路、轨道站点、轮渡码头等。

对外交通：机场、火车站、码头、长途汽车站等。

④ 开放性应用。只定义编码原则，不定义编码方法，主要包括非地理类型的交通对象，例如气象信息、GPS信息、车辆信息、事件信息、各种统计信息等。

⑤ 实例展示。

【例 3-18】 区域编码。将北京市按区域进行划分，可以按道路网络或者区域功能属性等规则划分，结果如图 3-22 所示。

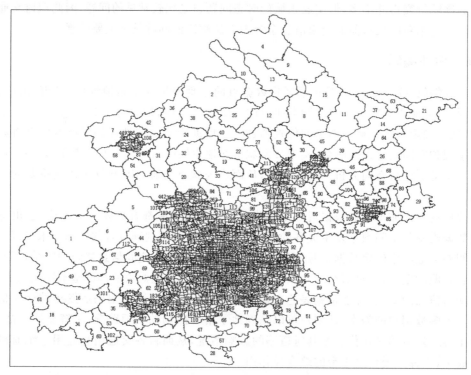

图 3-22　区域编码

【例 3-19】 路网编码。将路网按照不同的道路等级或属性进行编码，例如国道、环城高速、省道和高速公路，如图 3-23 所示。

【例 3-20】 道路编码。道路编码的实质是将一条道路分为若干个路段，如图 3-24 所示，从图 3-24 中右侧的地理编码信息表中选择本部样本路段，其对应的路段则可以展示在图 3-24 左侧的框图中以亮色表示。

【例 3-21】 点编码。可以理解为事物的定位，例如地铁站点、某高校、娱乐餐饮点等的定位。下面以北京环城快速路上的检测站点为例展开介绍。

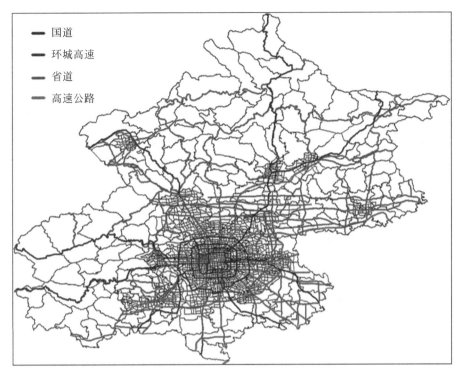

图 3-23　路网编码

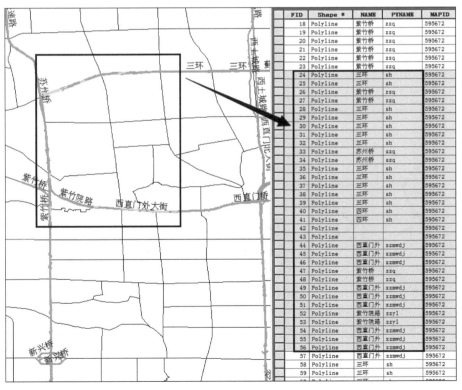

FID	Shape *	NAME	PYNAME	MAPID
18	Polyline	紫竹桥	zzq	595672
19	Polyline	紫竹桥	zzq	595672
20	Polyline	紫竹桥	zzq	595672
21	Polyline	紫竹桥	zzq	595672
22	Polyline	紫竹桥	zzq	595672
23	Polyline	紫竹桥	zzq	595672
24	Polyline	三环	sh	595672
25	Polyline	三环	sh	595672
26	Polyline	紫竹桥	zzq	595672
27	Polyline	紫竹桥	zzq	595672
28	Polyline	三环	sh	595672
29	Polyline	三环	sh	595672
30	Polyline	三环	sh	595672
31	Polyline	三环	sh	595672
32	Polyline	三环	sh	595672
33	Polyline	苏州桥	szq	595672
34	Polyline	苏州桥	szq	595672
35	Polyline	三环	sh	595672
36	Polyline	三环	sh	595672
37	Polyline	三环	sh	595672
38	Polyline	三环	sh	595672
39	Polyline	三环	sh	595672
40	Polyline	四环	sh	595672
41	Polyline	三环	sh	595672
42	Polyline			595672
43	Polyline			595672
44	Polyline	西直门外	xzmwdj	595672
45	Polyline	西直门外	xzmwdj	595672
46	Polyline	西直门外	xzmwdj	595672
47	Polyline	紫竹桥	zzq	595672
48	Polyline	紫竹桥	zzq	595672
49	Polyline	西直门外	xzmwdj	595672
50	Polyline	西直门外	xzmwdj	595672
51	Polyline	西直门外	xzmwdj	595672
52	Polyline	紫竹院路	zzyl	595672
53	Polyline	紫竹院路	zzyl	595672
54	Polyline	西直门外	xzmwdj	595672
55	Polyline	西直门外	xzmwdj	595672
56	Polyline	西直门外	xzmwdj	595672
57	Polyline	西直门外	xzmwdj	595672
58	Polyline	三环	sh	595672
59	Polyline	三环	sh	595672
60	Polyline	三环	sh	595672

图 3-24　道路编码

首先为图 3-25 中的北京环路上的检测器位置进行地址匹配,即为每个点匹配经纬度坐标(地址匹配见下节)。这一步可以借助地图 API 进行,并可以选择不同的坐标系。匹配结果如图 3-25 所示(右侧黑框)。

rowid	routename	flow	speed	occupancy	location	lon_WGS	lat_WGS
HI9016b	公益东桥->公益桥	199	83.3	9	南四环西段	116.376002342848	39.8303998515346
HI9137c	七星医院->大山桥	27	71	29	机场高速	116.481305342811	39.9864322707224
HI9153b	佳通货运公司->铸锋液压件厂	100	74.5	5	京石高速	116.244463312259	39.8615719916693
HI9303b	上清桥东->上清桥西	71	83	44	西五环	116.347747977567	40.0216126049649
HI9727c	市界->望金路	26	59	5	京沈高速至市界	116.891593481787	39.7983870036865
HI9744c	莲花瓣桥南->莲花瓣桥东北	4	47	0	京承高速至市界	116.757802369468	40.3065683061623
HI7048b	西便门桥->西便门	145	78.1	10	西二环南段	116.350001025232	39.8979987619768
HI7026a	天宁寺桥->天宁寺	126	49.6	19	西二环南段	116.343005283744	39.8946976446383
HI8054c	呼家楼立交桥->关东店北街	78	90	6	东三环北段	116.45497	39.91835
HI2068c	天宁寺->天宁寺桥	114	10.4	50	西二环南段	116.343005283744	39.8946976446383

图 3-25　地址编码后的检测点样本信息

获得经纬度坐标后便可借助 GIS 系统展示检测点的空间分布情况,这里借助 ArcGIS 进行简单的操作示例。

① 打开 ArcGIS,导入检测点数据及路网 shp 文件。

② 在左侧窗口右击"数据"图层,单击"显示 XY 数据"按钮。

③ 在弹出的对话框中选择经纬度数据,便可得到图形界面,如图 3-26 所示。

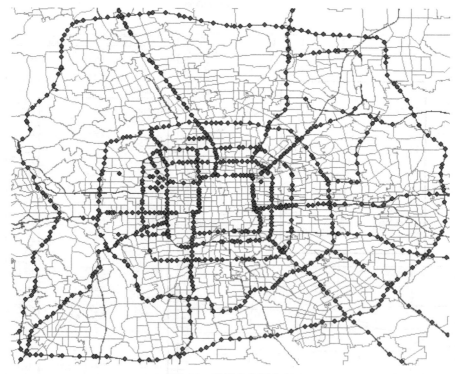

图 3-26　检测点空间分布

3.3.7 地址匹配

1. 地址匹配简介

地址匹配是将文字性的描述地址与其空间的地理位置坐标建立起对应关系的过程。地址匹配也称推动空间地理信息应用的核动力。地址匹配服务按照特定的步骤为地址查找匹配对象。

实现地名地址匹配一般需要下面三个步骤。第一步,拆分和标准化待匹配的地址字符串;第二步,将已经标准化的关键地址值和数据库中的地理实体进行关联,查找潜在的位置;第三步,根据与地址的接近程度为每个候选位置指定分值,最后用分值最高的匹配这个地址,即把地理实体坐标更新到属性数据中的相应记录,这样就完成了对该记录的地名地址的匹配。

在匹配过程中,需要两种类型的数据,一种是地理位置实体信息,如街道地址、邮政编码、门牌号、标志物名等;另一种是在匹配过程中起空间参考作用的地图定位信息(即空间坐标),如街道地图数据、邮编码地图数据、门牌号地图数据、标志物名地图数据等。完成匹配后,给前者赋予地理空间坐标,这也是地址匹配模型构建中最核心的部分。

地名地址匹配的实现应具备三个要素:第一,明确需要匹配的地理对象,因为不同的地理对象需要采用不同的处理方法;第二,有确定的参考系统,参考系可以基于坐标或者基于地理标示;第三,必须建立地址标准化模型,该模型决定了地址数据库的结构、地址拆分的标准、地址匹配的准确度等。

2. 地址匹配技术发展需求

传统的方法是逐条对地址进行拆分解析,并从基础地理数据库中提取与该地址相匹配的空间信息,但这样的做法存在以下问题:

① 地址数据落地过程中的大部分工作需要由人工处理;
② 地址数据不规范,存在很多垃圾数据,人工处理难度较高;
③ 海量地址数据的处理需要耗费大量的时间和精力,处理效率低下;
④ 数据处理过程中存在较多的人为失误。

城市交通大数据中存在很多海量地址数据的情况,要想获取这些海量地址数据的空间位置信息,传统的数据处理方式已经不能满足数据处理的相关要求。为解决上述技术问题,可使用基于 GIS 的地址自动分析匹配工具,利用地址自动分析匹配算法,大幅提高数据处理的效率和精度,节约数据处理的成本。

3. 案例介绍

主要介绍基于分词的地址匹配技术的理论框架,它是通过构造一种分级地址库的方法将地址信息转换成地址分词库,采用基于地址词典的中文分词技术实现地址匹配,系统架构如图 3-27 所示。

(1)应用层。

应用层利用核心层提供的软件功能为外部提供各种应用。目前,地址匹配主要有以下应用:

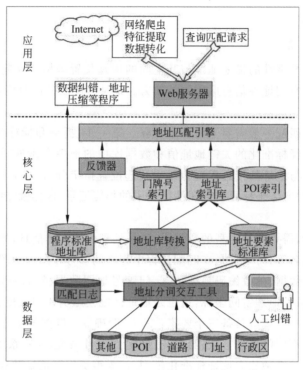

图 3-27　地址匹配系统架构

① 对外提供地址匹配引擎服务；

② 利用地址匹配引擎实现地址数据的查重、纠错；

③ 批量处理没有经纬度标示的地址数据，即实现地理编码；

④ 在现有的地址数据上采用地址匹配引擎实现大规模扩充地理信息数据。

目前，由于地址匹配技术主要用于地址匹配服务，因此书中涉及地址匹配的相关描述很多都是指地址匹配服务。地址匹配引擎服务采用 Apache＋DSO 的方式实现。

（2）核心层。

核心层为地址匹配提供软件功能实现，该层是地址匹配中最重要的一层，它直接关系到地址匹配的效果。地址匹配核心层目前主要由六大模块构成，各模块功能如表 3-5 所示。

表 3-5　核心层模块功能介绍

模　　块	功　　　能
地址匹配管理器	负责管理和协调搜索六大模块工作，并实现封装基本用户需求功能
参数解析器	负责对外部传来的参数进行解析，包括对含有多个参数和参数值的字符串进行解析
地址分词器	负责把用户输入的地址拆分成多个更细的地址要素单元。每个地址要素单元都有地址要素名称、地址级别、父地址信息、经纬度等

模　块	功　能
门牌检索器	实现给定道路,在门牌索引文件中查找对应门牌号。在用户地址经过地址分词器拆分以后,如果地址要素中含有门牌号,则通过其门牌索引 ID,并在门牌索引文件中查找相对应的门牌号
组合排序器	负责多个匹配结果的组合排序,并返回最终结果
测试模块	负责对各个功能模块进行测试,保证地址匹配其他模块的稳定性

（3）数据层。

数据层在整个地址匹配架构中承担着数据提取、加工、制作（转换）的任务,为上层提供必须的数据支撑。目前,根据功能可以将数据层分为三大工具,分别是地址要素库创建工具、地址转化工具和地址分词交互工具,这三个工具在地址匹配数据层中承担着不同的角色和任务,缺一不可。

思　考　题

1. 数据清洗的目的是什么？
2. 简述数据缺失的类型。
3. 数据清洗的方式有哪些？
4. 数据格式需要具备哪些条件？
5. 数据存储的基本方法有哪些？
6. 分布式存储有哪些类型？
7. 数据查询的目的是什么？
8. 常用的数据分类方法有哪些？
9. k-means 聚类中的相似度评价指标是什么？
10. 简述灰色关联的算法流程。
11. 时空数据模型有哪些？
12. 地理编码和地址匹配的关系？

参　考　文　献

第4章 智能交通信息交互技术

智能交通是传统交通技术与信息技术、通信技术、传感技术、控制技术以及计算机技术等现代先进技术融合的产物,是应用于整个交通运输管理体系的一种在大范围内、全方位发挥作用的实时、准确、高效、综合的运输和管理的交通模式。信息交互技术是其中重要的组成部分,直接决定了智能交通系统的运营效率和服务质量。本章以智能交通信息交互技术为核心,重点关注相关技术方法与标准规范,主要内容包括车辆自组织网络概述、智能组网与异构网络选择、高效传输与自适应路由方法以及交通信息交互基础应用与标准规范。

4.1 车辆自组织网络概述

4.1.1 无线网络和移动网络

1. 无线网络

无线网络(Wireless Network)是采用无线通信技术实现的网络,其主要组成要素包括无线主机、无线链路和基站。主机是运行应用程序的端系统设备。无线链路起到连接一个基站或者另一台无线主机的作用。基站是无线网络基础设施的一个关键部分。无线网络具有移动性好、架设和维护较容易的特点,并支持移动计算,但是也存在着体系结构复杂、传输速度较慢、通信成本较高等局限性。此外,由于无线网络传输媒介固有的开放性、无线终端的移动性、资源的受限性以及网络拓扑结构的动态性,因此无线网络存在较大的安全风险。

无线网络采用的通信技术、覆盖规模以及应用领域各不相同,因此存在多种分类方法。按照网络组织形式,可分为有结构网络和自组织网络。有结构网络具备固定的通信基础设施,负责无线终端的接入与认证,并提供网络服务,例如无线蜂窝网和无线城域网等;自组织网络按照自发形式组网,不存在统一管理机制,各节点按照分布式策略协同提供服务,包括移动 Ad-Hoc 网络和传感器网络。相比较而言,由于缺乏网络架构和统一管理机制的支持,自组织网络(尤其是传感器网络)面临着更大的安全与隐私风险。按照覆盖范围、传输速率和用途的不同,无线网络又可分为无线广域网、无线城域网、无线局域网和无线个人区域网。

2. 移动网络

移动网络(Mobile Web)指基于浏览器的 Web 服务,由一系列带有无线收发装置的动态节点形成,任意时间任一节点可以向任意方向运动,节点的运动是自主的,不同时刻的网络,其拓扑结构也随之发生变化。移动网络具有灵活性和移动性,安装便捷,易于进行网络规划和调整,有限的无线传输带宽等特点。车联网的不同场景使用的通信技术有所不同,除了近距离通信技术外,属于中远距离通信技术的移动通信网络在 V2I 中扮演了重要的角色。我国的移动网络覆盖广、性能优、可靠性高,包括 DSRC 和 LTE-V 等技术为车联网的发展奠定了良好的基础。在车联网使用场景中,车-车通信主要使用移动网络实现,包括早期的车辆定位也是通过 GPS 和移动网络实现的。但是面对车联网,移动通信网络面临着以下问题:道路覆盖问题;由于海量车载终端接入、车辆移动导致的临时集中访问等问题带来的网络拥塞;对于时延敏感的关键应用所需要的 QoS 保证问题等。因此,需要寻求各种方式扩大覆盖、扩充容量以及提高 QoS。目前,移动网络支撑了大部分的车联网应用,其通信潜力有待进一步挖掘。

4.1.2 DSRC、LTE-V 及 5G 通信技术

1. DSRC

DSRC(Dedicated Short Range Communications,专用短程通信技术)是一种专门为车联网设计的高效短距离无线通信技术。DSRC 能够实现高速的数据传输,并且能保证通信链路的低延时和系统的可靠性。DSRC 是由电气电子工程师学会(IEEE)制定的。DSRC 的标准化流程可以追溯至 2004 年。当时,IEEE 在其 802.11 无线局域网(Wireless Local Area Networks,WLAN)标准系列下开始制定新的车载通信标准,这一标准即 IEEE 802.11p。2007 年左右,IEEE 802.11p 标准已经趋于稳定。于是,IEEE 又开始着手制定 1609.x 系列标准,作为 V2X 的安全性框架。与此同时,美国汽车工程师协会(Society of Automotive Engineers,SAE)从汽车工业的需求出发,也开始制定关于 V2V 应用的标准,并将其称为 DSRC。而 DSRC 所采用的通信标准即 IEEE 802.11p 和 1609.x。现在,人们将 DSRC 和相应的下层标准统称为 DSRC。日本在 DSRC 的发展中处于比较领先的地位。2011 年,日本开始布设并且升级路侧单元为 5.8GHz 的 DSRC,到 2017 年年底基本布设完成,目前日本使用 2.4GHz 与 5.8GHz 双重频率,日本国土交通部在 2018 年 2 月宣布在 2022 年 3 月底停用老旧的 2.4GHz VICS 系统,全部转移到采用 5.8GHz DSRC 技术的 VICS 系统。对于 DSRC 技术,路侧单元 RSU 是其中的重要组成部分,车与车之间的信息交换通过 RSU 和车载设备(OBU)之间的通信实现。目前,DSRC 的专属带宽为位于 5.850~5.925GHz 中的 75MHz 频段。安装了车载单元的车辆和路边单元通过 DSRC 专用短程通信技术可实现车辆之间的通信(V2V)和车辆与路边基础设施的通信(V2I)。DSRC 可以实现在特定的小区域内(通常为数十米)对高速运动的移动目标的识别和双向通信。DSRC 可实时传输图像、语音和数据信息,实现 V2I、V2V 及 V2P 的双向通信。DSRC 广泛地应用在 ETC 不停车收费、出入控制、车队管理、信息服务等领域,并在车辆识别、驾驶人识别、路网与车辆之间的信息交互、车载自组网等方面具备优势。

2. LTE-V

LTE-V(长期演进技术-车辆通信)是在 2017 年由第三代合作伙伴计划(3GPP)通过拓展 LTE 而制定的,专为另一种短距离通信和高速移动载体而设计。LTE-V 技术包括集中式(LTE-V-Cell)和分布式(LTE-V-Direct)两个工作模式。LTE-V-Cell 需要将基站

作为控制中心,实现大带宽、大覆盖通信,满足道路事故或施工提醒、信号灯提醒、车速引导、动态地图等信息服务以及交通效率类车联网应用需求;而LTE-V-Direct可以无须基站作为支撑,使用5.9GHz附近的ITS专用频谱进行终端设备之间的直接通信,可直接实现车辆与周边环境节点低时延、高可靠通信,重点满足前向碰撞预警、十字路口碰撞预警、紧急车辆预警等行车安全类车联网应用需求。相较于DSRC,LTE-V拥有更大的带宽,因此能更好地支持非安全性应用,例如文件下载和互联网连接。然而,LTE-V的通信延时较大,这阻碍了它在安全性相关的场景中的应用,因此DSRC在碰撞预警等安全性相关的场景中的表现优于LTE-V。LTE-V的支持者主要是部分手机和芯片制造商。在我国,LTE-V作为拥有自主知识产权的通信技术,有利于国内企业规避专利风险,而且网络部署维护投入低,通过对现有的LTE网络基站设备和安全机制进行升级就可以实现,具有更明显的优势。LTE-V可以采用现有蜂窝网络,使用现有基站和频段,组网成本比DSRC明显降低。

3.5G 通信技术

根据国际电信联盟(ITU)对5G的定义,5G网络是能提供20Gb/s速率、时延1ms、每平方千米100万连接、网络稳定性为99.999%的下一代蜂窝无线通信网络。业内普遍认为5G将在2020年商用。通信业界将5G的应用划分为增强型移动带宽(eMBB)、海量互联网(mMTC)、高可靠低时延(uRLLC)。其中,eMBB相当于3～4G网络速率的变化,用于为用户提供更好的应用体验,而mMTC和uRLLC则是针对行业推出的全新场景。目前,自动驾驶、AR、VR等新应用对5G的需求十分迫切,对通信网络的速率、稳定性、时延等提出了更高的要求。由于自动驾驶要求毫秒级的时延和绝对的可靠性,而5G的时延一般小于5ms,这对于DSRC和LTE-V来说都是无法达到的。5G的通信标准制定主要由ITU和3GPP完成,主要对频谱等技术条件和标准进行制定。WRC-15会议给出了6个低频频段(6GHz以下)和11个高频频段(6GHz以上)作为候选频段,并在2019年召开的WRC-19会议中决定最终的频段。目前全球的共识是:6GHz以下频段用于满足5G网络覆盖和网络容量需求;6GHz以上频段除了用于满足5G网络容量外,还用作信号隧道(backhaul)。美国频谱规划由联邦通信委员会(FCC)主导,高频段频谱是其重点发展方向。欧盟频谱规划由欧盟委员会无线频谱政策组(RSPG)制定,中低频段频谱是优先发展的频段。2016年8月,我国发布《国家无线电管理规划(2016—2020年)》,指出为5G预留不低于500MHz的频谱资源。2017年6月,工业和信息化部先后公布5G频谱规划,低频为3.3～3.4GHz、3.4～3.6GHz和4.8～5GHz,高频明确为24.75～27.5GHz频段以及37～42.5GHz频段。全球各国加快5G试验和商用计划,力争5G标准与产业发展主导权。我国于2018年进行了大规模组网试验,并将于2020年正式商用5G网络。2016年11月的3GPP RAN187次会议中,华为主推的PolarCode(极化码)成为5G控制信道eMBB场景编码方案,我国厂商在世界范围的话语权不断提高。

5G技术总体可以分为无线技术(空口技术)与网路技术(网络架构)。无线领域的技术包括:大规模天线阵列、超密集组网、新型多址和全频接入等,网络领域的技术包括基于软件定义的网络(SDN)、网络功能虚拟化(NFV)以及边缘计算等。大规模天线是Pre 5G的核心技术,本质是通过天线的量变提高系统容量和频谱效率。新型多载波技术通过降低频谱泄露提高频谱效率。超密集组网的本质是通过单位面积内部署的微机站密度的量变实现频率复用效率的巨大提升，是满足 5G 千倍容量增长需求的主要手段之一。超密集组网和高频通信将会使小基站的需求大幅增加。移动边缘计算具备超低时延、超大带宽、本地化、高实时性分析处理等特点，降低了对核心网络及骨干传输网络的占用，并降低端对端的时延，促进网络切片技术的研究与发展。预测 5G 将会带来巨大的经济市场和通信变革。

4.2 智能组网与异构网络选择

4.2.1 组网基础知识

移动通信网络一般有两种工作模式：有基础措施的移动网络 Infrastructure 模式和无基础设施的移动网络 Ad-hoc 模式。

1. Infrastructure 网络

站点与接入点通信而不是站点之间形成的通信称为 Infrastructure 网络。移动节点通过无线信号与其通信范围内的接入点通信享受优质网络资源，Infrastructure 网络中，移动节点与接入点组成的 BSS 结构如图 4-1 所示。

图 4-1 BSS 结构

2. Ad-hoc 网络

由两个或两个以上站点不依靠接入点或有线网络直接形成的通信称为 Ad-hoc 网络。Ad-hoc 网络是一种自组织的无线多跳网络，可以快速建立节点之间的通信链路，整个网络中没有固定的基础设施，这种网络中的无线节点可直接进行通信，而不在彼此无线覆盖范围内，无法直接进行通信的节点可以依靠其他多个中间节点进行通信。Ad-hoc 网络中所有节点不仅具备普通移动终端的功能，还具有数据转发能力，即具备路由功能。Ad-hoc 网络中多个站点组成的 BSS 称为 IBSS(independent basic service Set)，IBSS 的结构如图 4-2 所示。

多个 BSS 通过分布式系统连接构成 ESS，如图 4-3 所示。在扩展业务集中 AP(Access Point)，通过分布式系统在不同 BSS 之间完成信息交互融合。

多个 IBSS 构成的网络一般有两种结构：平面结构和分级结构。在平面结构中，如

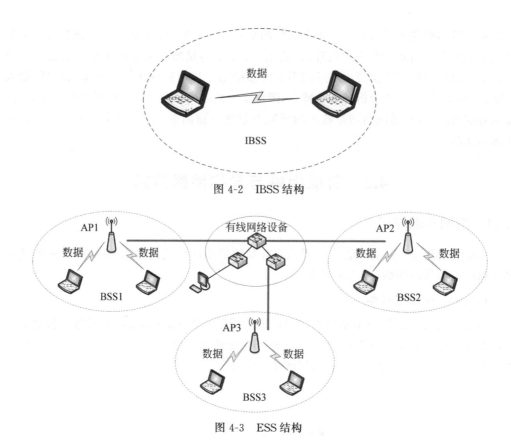

图 4-2　IBSS 结构

图 4-3　ESS 结构

图 4-4 所示。所有节点的地位平等,所以又可以称为对等式结构。而在分级结构中,网络被划分为簇。每个簇由一个簇头和多个簇成员组成。簇头形成的高一级网络中可以继续产生分簇,再次形成更高一级的网络,直至最高级。在分级结构中,簇头节点负责簇间数据的转发,它可以预先指定,也可以由节点使用算法选举产生。分级结构的网络又可以分为单频分级和多频分级两种。单频分级如图 4-5 所示,所有节点使用同一频率通信,簇头之间使用网关节点通信,簇头和网关形成的高一级网络称为虚拟骨干网。

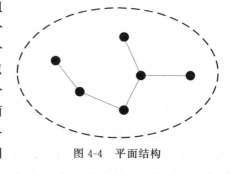

图 4-4　平面结构

多频分级网络如图 4-6 所示,不同级使用不同的通信频率,低级节点的通信范围较小,高级节点的范围较大,由于高级节点处于多个级中,具有多个频率,因此可实现不同级之间通信。

车辆移动自组织网络 VANETs(Vehicle Ad-hoc Network)是一种动态变化的、基于无线信道的自组织网络,每个无线节点都可以在道路中按照路网规则自由移动,它的体系结构、QoS 保障和应用等问题比较复杂并难以解决,传统固定网络和蜂窝网络中的各种协议和技术无法直接利用,需要为其设计专门的协议和技术。

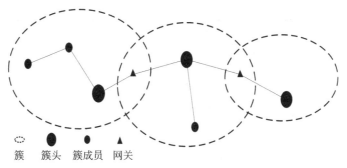

簇　簇头　簇成员　网关

图 4-5　分级结构-单频分级

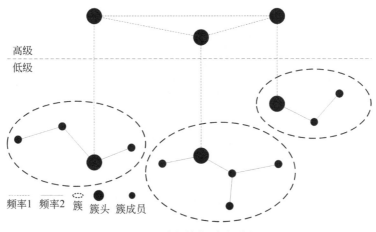

高级
低级

频率1　频率2　簇　簇头　簇成员

图 4-6　分级结构-多频分级

4.2.2　计算机网络的标准化与分层模型

计算机网络中存在众多不同的体系结构,其中最著名的是由 IBM 公司在 1974 年提出的 SNA,其特点是只能与同种结构的网络互联,也就是只能选用 IBM 的产品。为了解决不同体系结构的网络互联问题,国际标准化组织(ISO)于 1981 年制定了开放系统互联参考模型(Open System Interconnection,OSI)。OSI 的设计是为所有销售商提供开放的网络模型,克服众多私有网络模型带来的兼容性困难。OSI 模型把网络通信分为七层,由低到高分别是物理层(Physical Layer)、数据链路层(Data Link layer)、网络层(Network Layer)、传输层(Transport Layer)、会话层(Session Layer)、表示层(Presentation Layer)和应用层(Application Layer),各层次功能如表 4-1 所示。

表 4-1　OSI 七层模型

七层结构	数据格式	功能与连接方式	典型设备	协议代表
应用层		为操作系统或网络应用程序提供访问网络服务的接口		Telnet、FTP、HTTP、SNMP、SAE J2735/2945

七层结构	数据格式	功能与连接方式	典型设备	协议代表
表示层		(1) 统一通信双方传输信息使用的语义和语法 (2) 完成数据转换、格式化和文本压缩		
会话层		提供包括访问验证和会话管理在内的建立和维护应用之间通信的机制		DIS8236、DIS8237
传输层	数据段(Segment)	(1) 在并不可靠的网络层提供的端到端传输服务上提供可靠的端到端传输服务 (2) 实现同一主机、多个进程之间的通信		TCP、UDP、WSMP
网络层	数据包(Packet)	(1) 实现端到端的传输 (2) 路由建立、拥堵控制	路由器	IP、IPX、OSPF
数据链路层	数据帧(Frame)	(1) 在并不可靠的物理链路上为网络层提供可靠的点对点通信 (2) 流量控制 (3) 把网络层的数据单元封装,把物理层提供的比特流分离出链路层要求的帧	交换机、网桥	SDLC、HDLC、PPP、STP
物理层	比特流(bit)	(1) 实现发送端和接收端的信号同步 (2) 建立、维护和取消物理连接	中继器、集线器	802.11a/b/g/n/ac/p、RJ-45、RS-232

4.2.3 网络切换方法

随着通信技术的不断发展,大量无线网络和车载信息技术的集成促进了车联网的诞生。车载终端实现自主决策与合理选择接入的无线网络,并在不同的网络端口之间动态切换。这些一直是车联网领域的研究热点。

针对车联网环境下车载终端的网络切换选择问题,将生物智能计算(细胞吸引子选择模型)引入研究框架,探索智能化的车载信息系统在满足一定网络资源约束和车载用户应用 QoS 需求约束的条件下,自主、优化、可靠地根据动态变化的车联网环境为车载终端应用进行切换决策。

1. 细胞吸引子选择模型

细胞吸引子选择模型模拟了动态营养环境下大肠杆菌细胞的新陈代谢的过程。通过细胞对于动态变化环境做出的适应性反应影响双吸引子的数值变化,从而完成决策过程。细胞吸引子选择模型中存在两个吸引因子,即 m_1 和 m_2,每个吸引因子代表了当时环境下大肠杆菌细胞内的两种 mRNA 的浓度或者它们的蛋白质产量。为了对该机制进行数学表征,研究者在双切换模型的基础上引入了随机噪声项,从而提出了细胞吸引子选择模型。

$$\begin{cases} \dfrac{\mathrm{d}\, m_1}{\mathrm{d}t} = \dfrac{S(A)}{1+m_2^2} - D(A)m_1 + \eta_1 \\[3mm] \dfrac{\mathrm{d}\, m_2}{\mathrm{d}t} = \dfrac{S(A)}{1+m_1^2} - D(A)m_2 + \eta_2 \end{cases} \tag{4-1}$$

它们是一对随机非线性微分方程,m_1 和 m_2 这一对变量也代表了大肠杆菌细胞的代谢表型,同时具有两种稳定状态:$m_1 \gg m_2$ 或者 $m_2 \gg m_1$。其中,A 代表细胞活跃度,反映细胞的生长速率,取值范围为 $[0,1]$。η_1 和 η_1 是两个相互独立的高斯白噪声。$S(A)$ 和 $D(A)$ 是细胞体积增长引起的合成率和分解率系数。由于细胞体积的增长取决于细胞活跃度水平 A,由细胞活跃度 A 决定,其与细胞活跃度成正比:

$$\begin{cases} S(A) = \dfrac{6A}{(2+A)} \\[3mm] D(A) = A \end{cases} \tag{4-2}$$

由于细胞的基因表达模式与环境条件匹配程度决定了细胞活跃度 A,为了进一步刻画该细胞活跃度 A 的动态变化行为,研究者参考了细胞生长的计算模型:

$$\frac{\mathrm{d}A}{\mathrm{d}t} = \frac{p}{\left(\left(\dfrac{N\_\mathrm{thr}_1}{m_1+N_1} \right)^{n1} + 1 \right) \left(\left(\dfrac{N\_\mathrm{thr}_2}{m_2+N_2} \right)^{n2} + 1 \right)} - CA \tag{4-3}$$

其中,p 和 C 代表细胞活跃度的合成率和损耗率系数。N_1 和 N_2 代表外部生存环境提供的营养物质水平,N_thr_1 和 N_thr_2 代表两种营养物质对于 A 增量的阈值,n_1 和 n_2 表示细胞对于这两种营养物质的敏感系数。

2. 车联网环境网络切换建模

从"网络侧"的性能指标来看,假设车联网环境中存在 M 个无线网络用于支持车联网数据通信,记这些无线网络组成的集合为 $\mathrm{Net} = \{i \mid i = 1, 2, \cdots, M\}$;同时,假设该环境中存在 N 个车载多模式通信终端,每一个车载终端任意一个时刻允许采用某一个无线网络的端口为终端上的应用提供数据通信服务,记这些车载终端构成的集合为 $\mathrm{MT} = \{j \mid j = 1, 2, \cdots, N\}$。此外,记任意一个车载终端 $j \in \mathrm{MT}$,当前所接入的无线网络为 $i_j \in \mathrm{Net}$。对于无线网络 i,在时刻 t,该网络的信道数为 $C_i(t)$,平均每个信道的吞吐量为 $R_i(t)$,同时接入该网络的车载终端上的应用个数为 $n_i(t)$。由于每个网络的动态吞吐量根据接入应用数的不同而实时变化,所以在时刻 t 第 i 个网络的吞吐量为

$$p_i(t) = \frac{R_i C_i(t)}{n_i(t)} \tag{4-4}$$

针对车载终端 j,记该车辆在时刻 t 可连接的备选网络(不包括当前接入的网络 i_j)为 $c\mathrm{Net}_j(t)$,$c\mathrm{Net}_j(t) \subseteq \mathrm{Net}$,且 $k_i \in c\mathrm{Net}_j(t)$。设存在 S 种类型的应用在车载终端上运

行，$s \in S$。记第 j 辆车上 s 类型的应用构成的集合为 $\text{appS}_{j,s}$，并且每一个应用为 $a_{j,s} \in \text{appS}_{j,s}$。对于 s 类型的应用，该应用的最大吞吐需求界限为 $p_{s,\max}$，最小吞吐需求界限为 $p_{s,\min}$。

为了衡量车载终端用户对于接入网络性能的服务质量体验，将吞吐量作为重要参考指标，量化评估任意网络 i 对于 s 类型车载用户的服务质量，提出了 $\text{satisfaction}(i,s)$ 函数。

$$\text{satisfaction}(i,s) = \begin{cases} 0, & p_i(t) \leqslant p_{s,\min} \\ \dfrac{p_i(t) - p_{s,\min}}{p_{s,\max} - p_{s,\min}} & p_{s,\min} < p_i(t) < p_{s,\max} \\ 1, & p_i(t) \geqslant p_{s,\min} \end{cases} \qquad (4\text{-}5)$$

函数 $\text{satisfaction}(i,s)$ 综合衡量了车载终端个体能够从当前接入的网络中得到的收益程度，而这一收益指标对其进行网络切换决策具有重要影响。

从用户侧的性能指标来看，针对任意车载终端 j，通过 $\text{satisfaction}(i,s)$ 函数量化评估了每个车载移动用户对于当前接入网络的满意程度。此外，通过用户对于每种应用类型的个人偏好加权，提出了下列效用函数综合评判了对于车载终端 j 当前接入网络的通信条件所带来的收益。

$$\text{Qos}(t) = \sum_{s \in S} \sum_{a_{j,s} \in \text{appS}_{j,s}} \frac{\omega_{j,s}}{|\text{appS}_{j,s}|} \text{satisfaction}(i_j,s) \qquad (4\text{-}6)$$

其中，$\omega_{j,s}$ 为第 j 辆车上用户对于 S 型应用的个人偏好的权重，即 $\omega_{j,s} > 0$，且 $\sum_{s \in S} \omega_{j,s} = 1$。

为了得到车载终端 j 用户平滑的 QoS，采用了移动平均法将时间段 W_j 内用户的 $\text{QoS}_j(t)$ 进行了移动平均，得到了反映当前接入网络用户服务质量的参数 h_1。

$$h_1 = \sum_{\tau = t - W_j}^{t} \frac{\text{QoS}(\tau)}{W_j} \qquad (4\text{-}7)$$

为了衡量车载终端 j 周围实时变化的无线车联网通信环境，提出 $\text{AvgQoS}_j(t)$ 反映每个车载终端备选网络所能提供的收益。

$$\text{AvgQoS}_j(t) = \sum_{k_j \in c\text{Net}_j(t)} \sum_{s \in S} \sum_{a_{j,s} \in \text{appS}_{j,s}} \frac{\gamma \omega_{j,s}}{|c\text{Net}_j(t)|} \frac{\text{satisfaction}(k_j,s)}{|\text{appS}_{j,s}|} \qquad (4\text{-}8)$$

其中，$\gamma \in (0,1)$。由于网络切换的过程都需要损耗新接入的网络资源，因此 γ 表示的是车载终端进行切换时的折扣系数。同时，令

$$h_2 = \text{AvgQoS}_j(t) \qquad (4\text{-}9)$$

最后，运用 Sigmoid 函数，通过 a 和 b 的取值变化将 h_1 和 h_2 映射到 $[0,10]$ 区间，与代表环境变化情况的变量 N_1，N_2 相联系。

$$N_i = \frac{10}{1 + \exp(-ah_i + b)}, \quad (i = 1,2) \qquad (4\text{-}10)$$

在车载终端用户和车联网环境之间建立关系，类比于细胞与周围环境的关系，进行实验得出了合适的取值，取 $a = 14$，$b = 7$。

将每个车载终端 j 视为一个大肠杆菌细胞，将车载终端所处的车联网通信环境看成是细胞周围生存的营养环境。通过细胞对于动态生存环境的适应性所产生的基因表达，

映射到车联网环境中,诱导车辆做出正确的网络切换决策。

在细胞吸引子选择模型中,存在两个吸引因子 $m_i(i=1,2)$,其中一个的值与现存的环境状态一致,并且它会远大于另一个,即细胞的基因调控过程中存在两种稳定的状态: $m_1 \gg m_2$ 或者 $m_2 \gg m_1$。同时,细胞与环境之间的交互作用由一对变量 $(N_1、N_2)$ 代表,为了适应环境的变化,细胞的选择会从一个吸引因子转换到另一个吸引因子,或者在环境的变化不需要做出改变时,它也会保持当前的吸引因子。因此,在细胞与环境的相互作用之间,$(N_1、N_2)$ 在驱动细胞做出自适应的行为上扮演着重要角色。

受到细胞吸引子选择模型的自适应性所启发,将车载终端决定是否进行网络切换的过程与细胞吸引子选择模型相结合。具体来说,假设车载终端 j 与一对实时变化的变量 (m_1,m_2) 相关,则车载终端的网络切换由吸引子选择模型决策。因此,提出的切换决策机制由细胞吸引因子诱导:当细胞吸引子选择模型选择 $m_1 \gg m_2$ 时,车载终端建议进行网络切换,然后运用 TOPSIS 方法连接到另外收益更高的网络上;当 $m_2 \gg m_1$ 或者 $m_1 \simeq m_2$ 时,车载终端应当保持当前接入网络,不发生网络切换。

3. TOPSIS 方法选择最优网络

基于细胞吸引子选择模型,当移动的车载终端决定发生网络切换时,需要决定选择切换至哪一个具体备选网络作为新的接入网络。为了解决这个问题,提出了 TOPSIS 方法选出最优决策网络。TOPSIS (Technique for Order Preference by Similarity to an Ideal Solution)法又称逼近理想解排序法,它的基本原理是根据有限评价对象与理想化目标的接近程度进行排序,在现有的对象中进行相对优劣的评价。运用 TOPSIS 方法从备选网络中选出最优网络的步骤如下。

① 建立 QoS 效用矩阵。由于 QoS 为评判网络性能的重要指标,将车载终端 j 的各个应用从备选网络获得的服务质量作为矩阵的元素。

$$X = [x(k_j, a_{j,s})] \tag{4-11}$$

其中,设 $x(k_j, a_{j,s}) = \text{satisfaction}(k_j, s)$,对任意的 $k_j \in c\text{Net}_j(t)$,$a_{j,s} \in c\text{appS}_{j,s}$ 以及 $s \in S$。

② 计算规范化矩阵。由于矩阵元素的数值参差不齐,将矩阵 X 进行规范化处理,使得矩阵元素值位于 $[0,1]$ 区间内。

$$x'(k_j, a_{j,s}) = \frac{x(k_j a_{j,s})}{\sqrt{\sum\limits_{k_j \in c\text{Net}_j(t)} x^2(k_j, a_{j,s})}} \tag{4-12}$$

③ 加入权重因子,构造权重规范化矩阵。针对车载终端 j 上的每个用户的个人偏好程度的不同进行加权,得到权重规范化的矩阵。

$$y(k_j, a_{j,s}) = \omega_{j,s} \times x'(k_j, a_{j,s}) \tag{4-13}$$

④ 确定正理想解方案和负理想解方案。对于车载终端 j 上的用户评估了效益指标的最大值和最小值,得到了正理想解 I_j^+ 和负理想解 I_j^-。

$$\begin{cases} I_j^+ = \{ \max\limits_{k_j \in c\text{Net}_j(t)} y(k_j, a_{j,s}) \mid a_{j,s} \in \text{appS}_{j,s}, \in S \} \\ I_j^- = \{ \min\limits_{k_j \in c\text{Net}_j(t)} y(k_j, a_{j,s}) \mid a_{j,s} \in \text{appS}_{j,s}, \in S \} \end{cases} \tag{4-14}$$

⑤ 计算与正理想解和负理想解的距离尺度。每个备选网络与正理想解 I_j^+ 和负理想解 I_j^- 之间的距离可通过下列方程组计算。

$$\begin{cases} Z_j(k_j)^+ = \sqrt{\sum_{s \in S} \sum_{a_{j,s} \in \text{app}S_{j,s}} (y(k_j, a_{j,s}) - I_j^+(a_{j,s}))^2} \\ Z_j(k_j)^- = \sqrt{\sum_{s \in S} \sum_{a_{j,s} \in \text{app}S_{j,s}} (y(k_j, a_{j,s}) - I_j^-(a_{j,s}))^2} \end{cases} \tag{4-15}$$

⑥ 计算每个方案与正理想解的接近程度。每个备选网络与理想网络的距离为

$$\text{Score}_j(k_j) = \frac{Z_j(k_j)^-}{Z_j(k_j)^+ + Z_j(k_j)^-} \tag{4-16}$$

⑦ 根据各方案与正理想解的贴近度进行排序。将备选网络中得分最高的网络选出作为接入网络。

$$k_j^* = \arg \max_{k_j \in c\text{Net}_j(t)} \{\text{Score}_j(k_j)\} \tag{4-17}$$

最后,通过与正理想解接近程度的排序,发现 k_j^* 即与正理想解最接近的方案,亦即所选出的最优接入网络。

4. 仿真实验

为了分析细胞吸引子选择模型切换算法,进行了一系列的对比仿真实验。基于项目 iTETRIS 所提供的探测数据集,采用了德国城市 Bologna 的真实交通网络场景数据,得到了在该城市路网和车流量的实际数据,并运用交通仿真软件 Simulation of Urban MObility(SUMO)得到了任意时刻车辆的位置信息,最后通过 MATLAB 编程获取信息模拟车辆在路网中真实移动的各项数据变化。

假设存在四个不同类型的无线网络,Net$=\{i \mid i=1,2,3,4\}$,在 Bologna 的交叉路口设置了四个无线网络,每个无线网络的通信范围如图 4-7 所示,划定了一个最大的圆圈作为总的无线网络范围,其内部存在重叠的无线网络通信范围,共同构建了一共四个网络的通信环境。

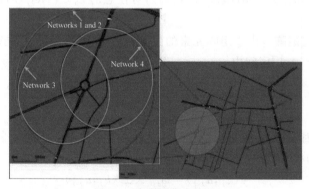

图 4-7 车联网仿真场景

首先,在 0~600s 时间段内,在 Bologna 的路网上随机选取一辆车,对于该车的网络切换情况以及 QoS 的变化情况进行记录;然后挑选出路网车流量在低峰、平峰和高峰三个时期的时间段,同时与三种传统的切换方法,即与最优吞吐法(best throughput)、随机

法(stochastic)和 TOPSIS 法进行了对比实验。

（1）参数设置。

根据不同的网络性能，网络环境的仿真参数由表 4-2 给出。如表 4-2 所示，不同的网络有不同的通信半径和平均每信道吞吐量。

表 4-2　无线网络参数

网络编号/i	1	2	3	4
通信半径/m	300	300	200	200
信道数	3	3	3	3
平均每信道吞吐量/(Mb/s)	1	5	3	3

在仿真实验中，设定每一个车载终端上运行三种具有不同 QoS 需求类型的联网应用，分别是 $S = \{$音频，视频，数据$\}$。这些应用具体的 QoS 需求参数请参考现有的成熟研究结论，如表 4-3 所示。根据表 4-3，不同应用类型对于具体 QoS 指标的需求条件不一样，例如所设定的视频应用和数据应用相对于音频应用所需要的吞吐更大。

表 4-3　每种应用类型的吞吐需求界限

应用类型	音　频	视　频	数　据
$p_{s,\max}$/(Mb/s)	0.0625	0.1250	0.4883
$p_{s,\min}$/(Mb/s)	0.0088	0.0293	0.1250

对于每个车载终端 j，随机产生一系列相关的应用 $\mathrm{app}S_{j,s}$，其应用类型为 $s \in S$，每一种应用类型的用户数量范围设置在 $[1,2]$，即 $1 \leqslant |\mathrm{app}S_{j,s}| \leqslant 2$。另外，设置 $\gamma = 0.8$。

在整个仿真实验计算中，设定迭代计算的时间间隔为 $\Delta t = 0.01\mathrm{s}$，噪声参数 η_i($i = 1$, 2)服从均值为 0、标准差为 0.636 的高斯白噪声过程。在仿真初始时刻，每一个车载终端的决策向量初始化为 $m_1 = 1$，$m_2 = 1$，细胞活跃度参数 A 初始化为 0.95。$P = C = 0.01$，$N\_\mathrm{thr}_1 = N\_\mathrm{thr}_2 = 2$ 以及 $n_1 = n_1 = 5$。

（2）实验结果及分析。

为了从个体车载终端执行车联网切换的角度分析基于细胞吸引子选择模型的切换方法，首先给出某一个终端在整个仿真进程中的网络切换行为，结果见图 4-8 和图 4-9。在 Bologna 的真实路网中，随机选取了 0～600s 时间段内的任意一辆车。

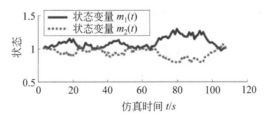

图 4-8　车载终端状态变量的时间变化

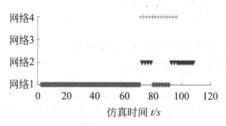

图 4-9 车载终端接入网络的时间变化

从图 4-8 中可以看出,在开始的仿真阶段(大约为 0～70s 的时间段),根据外界通信环境的变化,细胞状态在该初始阶段随机波动,该终端的细胞吸引子选择模型的演变行为由噪声因子主导,m_1 和 m_2 大致相等,此时车载终端不发生网络切换,接入网络 1。随着仿真时间的推移,大概在 70s 之后,该车载终端的状态变量逐渐发生变化,细胞的状态变量 m_1 逐渐大于 m_2,根据吸引子选择模型,车辆应当发生网络切换,其从当前状态切换到另一个状态,并在 1、2、4 网络之间来回切换以达到最好的效益。

图 4-10 为该车载终端的 QoS 指标变化情况。根据细胞决策机制的自适应性,在图 4-10 中,当车辆在初始状态时,QoS 是逐渐上升的,然后由于通信环境的变化,在 40～70s 有短暂的下降。当 QoS 达到较低水平时,当前接入网络无法满足车载终端用户的需求,车辆便决定切换到另一个网络,以有效地改善 QoS 水平。

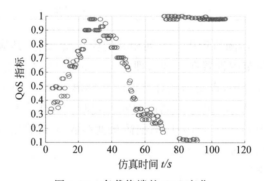

图 4-10 车载终端的 QoS 变化

为了进一步测试方法的性能,在低峰、平峰和高峰三种不同交通场景中分别与传统的三种方法进行仿真实验。这三种方法分别是:最优吞吐法(best throughput)、随机法(stochastic)和 TOPSIS 法。将三种方法的全局所有车载终端的平均 QoS 总和进行比较,每一个数值采用柱状图表示,其标准偏差用误差棒表示,如图 4-11 所示。同时,为了衡量了全局车载终端的吞吐资源分配公平性指标,将全局车载终端的 QoS 的 JFI(Jain's Fairness Index)计算出来,如图 4-12 所示。

结果表明,不论是在低峰、平峰还是高峰时期,细胞吸引子选择模型都能比其他方法得到更高的平均 QoS 和 JFI,体现出优良的性能,使车载终端的用户得到更高的 QoS 以及分配到更加公平的网络资源。并且,细胞吸引子选择模型相对于传统切换方法在三个不同场景中都能够获得较好的全局吞吐资源分配效益。

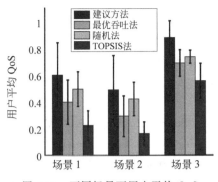

图 4-11　不同场景下用户平均 QoS

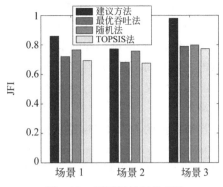

图 4-12　不同场景下的 JFI

由于传统的切换方法的决策机制类似于贪婪优化机制——以个体利益为决策根据,个体认为能够提供最好收益的无线网络即为最好的接入目标网络。因此,在贪婪策略的驱动下,大量车载终端将会并发性地切换到同一个全局最优的无线网络。由于大量个体的并发接入,原本最优的无线网络提供的可用吞吐资源将急剧下降,网络资源甚至出现供不应求的现象,原本最优网络的通信性能也会急剧下降,变成次优网络;原本次优的网络由于连接的个体较少、可用吞吐量充足,因此变成了最优网络。此时,大量终端个体为了最大化自身收益而再次从原本最优的网络切换到原本次优的网络。据此,当大量终端个体的并发接入又将导致当前最优网络综合性能的迅速下降,所以在车联网环境中,传统的切换算法可导致大量终端总是在最优和次优网络之间频繁切换,导致乒乓效应的出现。

4.3　高效传输与自适应路由方法

4.3.1　移动 Ad-hoc 网络路由的研究现状

随着我国居民人均汽车保有量的增加,交通安全问题愈发严重。受人的生物特性所限,驾驶人在行车过程中不可避免地会出现走神、疲倦等情况,因此对突发交通状况无法及时处置。传统安全系统是通过摄像头、超声波和雷达等传感系统侦测路面信息,提前警示驾驶者注意潜在风险,甚至采取主动制动等措施从避免事故的发生。但是基于传感器控制的问题在于其覆盖范围有限且存在盲区,因此对于道路环境的适应性不足。车辆之间借助 VANETs 的交流可以为驾驶人提供超视距提前感知能力,驾驶人可以预知更多的道路信息和潜在风险,因此有了充足的反应时间做出应对。

VANETs 是车与车、车与行人、车与道路基础设施之间互联而成的开放式移动自组织网络,其中每辆车、每个道路基础设施等既是数据收发设备,也是网络中的路由节点。自组网中每个节点的数据传输范围有限,数据从源节点到目的节点的传输借助于节点之间的多跳转发。这种数据的转发必然需要寻找和维护路由路径,这就需要借助路由协议的支持。VANETs 中的节点具有移动性,网络拓扑结构处于持续的变化之中,故有线路由协议不适用于这种网络场景。VANETs 作为 MANETs(Mobile Ad-Hoc Networks,移动自组网)的一个分支,不仅需要面对 MANETs 所固有的一些问题,如竞争、信号干扰、信道衰弱等,还需解决其自身特性所引起的问题,如节点的高移动性所导致的网络拓扑结构变化迅速、道路限制引起的节点移动轨迹更具规律等。由于车辆的高移动性,车间通信连接的存活时间不长,如当信号传输半径为 250m,车速为 100km/h 时,两车之间持续连接 15s 的概率仅为 57%。因此传统 MANETs 路由协议在 VANETs 场景中的适应性有待提高。

当前主流的 MANETs 路由协议有 DSR(Dynamic Source Routing)、AODV(Ad-Hoc On-Demand Distance Vector)和 GPSR(Greedy Perimeter Stateless Routing)。DSR 路由协议下的节点需要实时维护以更新其路由缓存。当存储在缓存内的消息有可用传输路径时,此消息将依据网络条件被逐跳转发。当不存在可用路径时,节点将采用广播以发现新路径,并更新其缓存内的路由路径条目。在 AODV 体系下,系统需要提前建立路由路径,通过此完整、连续的路径传输信息,这就要求在传输期间所有路径组成节点以保持稳定连接。如果路径断裂,则数据传输暂停,同样采取广播发现新路径。显然,在快速变化的车载自组网中,稳定的路径不容易保持较长时间,所以 AODV 在车载自组网中的适应性不高。GPSR 使用车载 GPS 获取周围车辆的位置信息,并选择最接近目的节点的车辆作为下一跳节点,此即为 GPSR 的贪婪转发策略,但有时会有邻居节点中不存在比当前待发数据节点更接近目的节点的情况发生,此时 GPSR 转入边界转发模式以解决此问题,但这会增加路由延时和降低可靠性。虽然以上路由协议在 MANETs 中表现不俗,但经过以上分析可以看出,它们在 VANETs 中的表现可能并不尽如人意。

车载自组网作为车联网的底层结构,迅速可靠地将数据包路由至目的节点是保证车载自组网畅通通信的基础,同时也对车联网的各式应用提供了可靠通信支持。在路由问题上,传统通信网络(如无线局域网)采取移动节点统一接入无线访问点(无线路由器),继而接入互联网的方式,如图 4-13 所示,其属于单跳无线自组网路由;蜂窝移动通信系统中移动节点之间的通信建立在以交换机、VLR(访问者位置寄存器)和 HLR(归属位置寄存器)等固定基础设施构成的网络结构上,如图 4-14 所示。

无线访问点

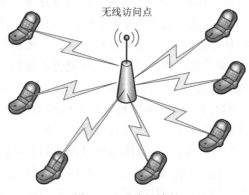

图 4-13　无线局域网

传统通信网络用于指导数据包转发、保证与目的节点之间及时可靠地信息交互的路由协议主要有以下两种。

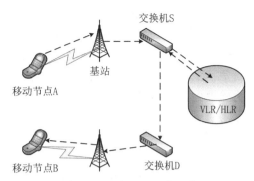

图 4-14 蜂窝移动通信系统

① 基于距离矢量的路由协议：每个路由器都维护一张距离矢量表,表中记录着本路由器到每个目的地的最佳路由。

② 基于链路状态的路由协议：通过可靠地发布链路状态分组维护一张完整的网络拓扑结构图,并按照该拓扑结构计算出至目的节点的最短路由。

车载自组网中数据的起讫节点与中转节点皆为车辆(移动节点),如图 4-15 所示的移动节点之间互联而成的动态自组织网络。

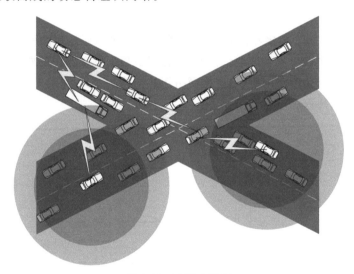

图 4-15 车载自组网

车载自组网具有如下特点。

① 高动态性：车辆的高速移动导致网络拓扑结构频繁变化。

② 非连通性：车辆的高速移动、建筑物的遮挡、路网的不连贯使得网络拓扑出现断裂。

③ 不稳定性：车辆的移动导致车车、车路之间的数据连接存活期短。

④ 可自定位：路网中车辆通常具备定位系统,因此车辆可方便地获取自身地理位置信息。

⑤ 轨迹限制：车辆移动轨迹受路网限制,因此具有很强的规律性。

车载自组网与传统通信网络相异的构造使得其对路由协议有特殊的要求。传统路由协议并不适应于车载自组网中高度动态的网络环境,维持距离矢量表或者持续发布链路状态分组将消耗大量网络资源,并且无法对于高度动态变化的拓扑结构进行快速反应。面向车载自组网的高效、可靠、动态自适应路由协议一直是智能交通领域的一大研究热点,下面介绍几种当前较为成熟的路由协议。

4.3.2 经典路由算法及其性能研究

1. 自组网单播路由协议

路由按照数据包目的节点数的不同,可分为单播路由与组播路由,如图 4-16 所示,单播路由即一对一的数据包传输,多播路由即一对多或多对多的数据包传输。

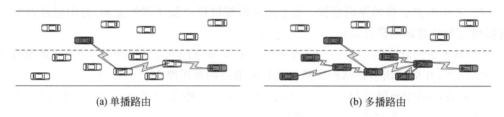

(a) 单播路由　　　　　　　　　　　　(b) 多播路由

图 4-16　路由按目的节点数分类

如图 4-17 所示,对于单播路由而言,根据数据转发策略所依赖的网络信息,可将其分为基于拓扑的路由协议与基于地理位置的路由协议;根据发现路由的驱动模式,可将其分为表驱动路由协议与按需路由协议;根据网络拓扑结构的差异,可将其分为平面结构的路由协议与分簇路由协议。

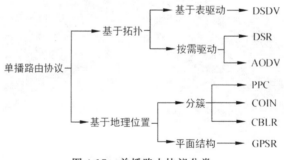

图 4-17　单播路由协议分类

（1）基于拓扑路由协议。

基于拓扑结构的路由协议利用节点之间的链路状态信息转发数据包,并可进一步分为基于表驱动的路由协议和按需驱动路由协议。

① 基于表驱动。基于表驱动的路由协议又称主动式(或先验式)路由协议。基于拓扑结构的路由协议利用节点之间的链路状态信息转发数据包。节点通过周期性地广播路由信息分组交换路由信息,试图实时维护一张或几张到网络中其他节点的路由信息表。基于表驱动的路由协议类似于传统路由协议,最早的基于表驱动的自组网路由协议

(Destination-Sequenced Distance-Vector Routing，DSDV)便是在基于距离矢量的路由协议的基础上修改而来。

基于表驱动的路由协议的优点是省去了路由发现等现在常见的按需路由所必须的过程，在通信发起时起便能与目的节点建立通信，延时相较于其他类自组网路由协议更低。但实时维持达到网络中其余各点的路由表会极大地消耗网络资源，减小网络带宽或者容量。而且节点路由表的更新难以对车载自组网中迅速变化的网络拓扑结构做出反应，因此高速适应性低。

② 按需驱动。相对于上面的主动式路由协议，按需驱动路由协议又称被动式（或反应式）路由协议。典型的按需驱动路由协议有 DSR（Dynamic Source Routing）、AODV（Ad-hoc On-demand Distance Vector）。顾名思义，按需驱动路由协议并不主动维护通往网络中其他节点的路由路径，只在本节点发起通信时寻找通往目的节点的路由路径，如图 4-18 所示。按需驱动路由协议通常包含路由发现、路由维护、路径修复等过程。

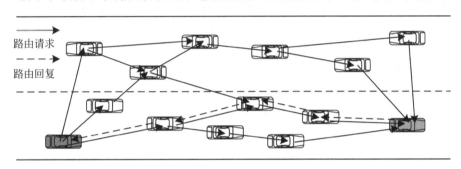

图 4-18 AODV 路由发现

鉴于通信发起时源节点尚不知道通往目的节点的路由路径，需要借助路由发现过程探索路由路径，因此节点之间的多跳通信延时会较高。但好处在于节点无须周期性地广播路由分组以维持路由表，节省了大量的网络开销，提高了网络容量。

（2）基于地理位置路由协议。

车载自组网中车辆的自定位性为设计路由协议提供了新的思路，车辆根据自身所具备的定位系统（如 GPS）可实时获取自身位置、速度等信息，借助节点之间的周期性信标可获知周围节点的位置以及速度信息，基于地理位置的路由协议将这些信息用于指导数据包转发。基于地理位置的路由协议根据网络拓扑结构的层数可进一步分为平面结构路由协议与分簇路由协议。

① 平面结构路由协议。平面结构路由协议中的网络拓扑结构仅有一层，其认为节点之间组成的网络为一张平面图，节点利用 GPS 等定位系统的指导确定网络平面图的结构并以此最优化决策下一跳路由节点。基于地理位置的平面结构路由协议中最具代表性的是 GPSR（Greedy Perimeter Stateless Routing），其采用贪婪转发的形式将数据包每次转发至离目的节点最近的邻居节点，如图 4-19 所示，若邻居节点中没有比当前节点距离目的节点更近的节点，则采用右手转发原则绕过此局部最优区域，如图 4-20 所示。

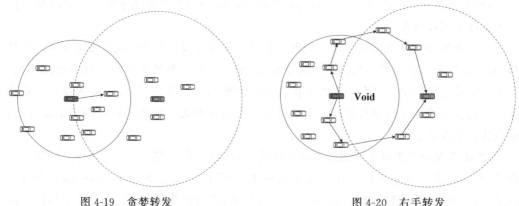

图 4-19 贪婪转发　　　　　　　　　　图 4-20 右手转发

GPSR 具有算法简单、易工程化实现的优点,而且在无建筑物遮挡的环境下能取得不错的性能。然而在真实路网环境下,建筑物对于无线电信号的遮挡作用将显著影响路由协议的性能。现实环境中的数据包一般沿道路传递,车载自组网的非连通性很容易导致数据包在传输途中被建筑物挡路而陷入无以为继的地步,继而采用右手法则解决局部最优问题,以求重新进入贪婪转发阶段。频繁地右手转发使得数据传输的延时增加,数据包到达率下降,GPSR 路由性能大幅下降。

② 分簇路由协议。分簇路由协议将网络拓扑结构分为多层,如图 4-21 所示,节点按照不同的分簇算法可以构成相应的簇,并选出其中一个节点作为簇头,这些簇头构成了更上一层的网络拓扑结构。当然,这些簇头也可以像普通移动节点一样组成更上一层的簇。分簇路由协议一般需要设计节点进/出簇管理、簇内通信、簇间通信等机制。典型的分簇路由协议有 PPC(Position-based Prioritized Clustering)、COIN(Clustering for Open IVC Network)、CBLR(Cluster-Based Location Routing)。

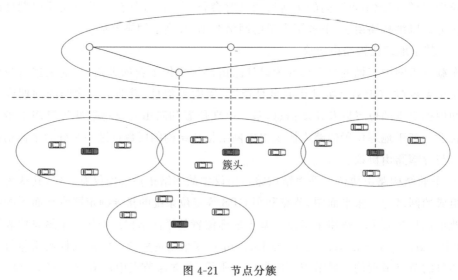

图 4-21 节点分簇

分簇路由协议适用于网络规模较大的情况,但这种路由协议并非全分布式的,簇头既负责簇内节点的通信,同时也要为簇间节点的通信提供路由信息,整个系统的性能在很大程度上受制于簇头节点的性能,簇头节点出现问题比平面结构路由协议中普通节点出现问题对于网络性能的影响更加巨大。再加之节点的移动,簇的维护与管理使得分簇路由协议相比于平面结构路由协议更加复杂与易错。

2. 自组网组播路由协议

车联网借助车载自组网进行一对一通信的应用场景比较有限,而一对多或者多对多的多方通信模式应用场景广阔,比如路口处的交通诱导便是信号灯向其对应方向来车多播路由相位信息,又或者车辆遇到前路突发事故需要向后方来车多播路由前方事故警示。组播路由协议越来越受到人们的重视。如图 4-22 所示,按照路由的建立可以将组播路由协议分为三类:基于树型的组播协议、基于网格网络的组播协议和其他结构的组播协议。

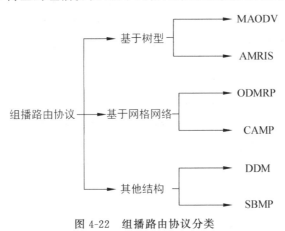

图 4-22　组播路由协议分类

(1) 基于树的组播路由协议。

通常,网络中此类组播路由协议基于有源树或者共享树,鉴于车载自组网中的节点处于持续的移动状态之中,因此面向车联网的此类组播路由协议通常基于共享树。基于树的组播路由协议主要有 MAODV(Multicast Ad hoc On-demand Distance Vector routing protocol)、AMRIS(Ad Hoc Multicast Routing Protocol Utilizing Increasing id-numbers)等。

以 MAODV 为例介绍此类组播路由协议,MAODV 是在 AODV 的基础上面向组播而得到的路由协议,因此也属于按需驱动路由协议。如图 4-23 所示,当节点需要加入多播组时将像 AODV 一样发送请求 join RREQ,当多播组中的节点接收到 join RREQ 后即返回 RREP,加入节点接收到 RREP 后选择有最大序列号以及到多播树成员跳数最短的路由,沿所选路径单播激活消息,激活沿途节点多播路由表中的相应条目,从而加入多播组。多播路由的维护基于链路状态机制,MAODV 主要依靠以下两种方式判断链路连接状态。

① Hello 机制:节点定期广播 Hello 包,邻居节点收到后更新其邻居节点的状态表。

② 监听机制:监测邻居节点的数据发送,从而判断连接是否可用。

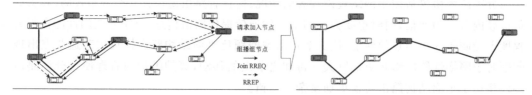

图 4-23　MAODV 节点加入组播树

Hello 机制使得 MAODV 需要大量的网络开销用于判断与邻居节点的连通状态。此类基于树的组播路由协议具有传输效率高、路由决策简单等优点,然而在车联网高速移动的场景下树的链路易断,由此导致树的重构频繁,降低了此种协议的健壮性。

(2) 基于网格网络的组播路由协议。

车载自组网高度动态性的特点使得基于树的组播路由协议的组播树频繁重构,消耗了大量的网络资源。因此一种新的组播路由算法,即基于网格网络的组播路由协议被提出,其对于网络资源的利用率更高,对于动态网络拓扑结构的适应性更强。基于网格网络的组播路由算法主要有 ODMRP(On-Demand Multicasting Routing Protocol)、CAMP(Core-Assisted Mesh Protocol)等。

以 ODMRP 为例介绍此类组播路由协议,ODMRP 也是按需驱动路由协议,只有在有数据传输需求时源节点才能进行组播路径的查找与维护。ODMRP 的源节点通过泛洪广播路由发现数据分组,从而发现到组播接收者的路由路径,如图 4-24 所示,这些相关节点全部加入转发组中,构成的网格网络极大地提高了路由路径的冗余度,增强了协议的健壮性。

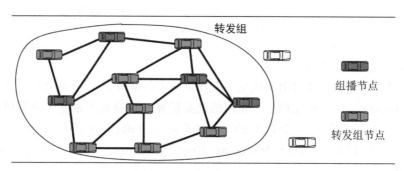

图 4-24　ODMRP 网格网络

(3) 其他结构的组播路由协议。

以上基于树和网格网络的组播路由协议都需要大量发送控制分组维持组播树或者网格网络,因此带来了大量的网络开销。因此有的路由协议便采取了其他方式进行组播路由,主要有 DDM(Differential Destination Multicast)、SBMP(Simple Broadcast and Multicast Protocol)等。

以 SBMP 为例介绍此类组播路由协议。SBMP 是在 DSR 的基础上面向组播而得的路由协议,因此也属于按需驱动路由协议,其直接采取泛洪广播方式发送数据分组,简单有效,但数据冗余度非常高,仅适用于小型网络,在网络节点数较多的情况下,过多的泛洪广播数据容易导致网络瘫痪。

4.3.3 仿生 Ad-hoc 网络单播/广播路由算法

本节将以适用于 VANETs 的 URAS 路由协议(Unicast Routing Protocol Based on Attractor Selection Model,基于细胞吸引子选择模型的单播路由协议)为例,介绍仿生 Ad-hoc 网络路由算法。该协议的核心原理是借助 CASM(Cellular Attractor Selection Model,细胞吸引子选择模型)根据外界环境自适应选择下一跳节点。作为一种新式的生物启发控制模型,CASM 已被成功应用于许多领域,如网络选择、交通信号灯控制等。此外,CASM 还提供了一种未来移动网络管理的新思路。由此可见,CASM 在设计自适应决策策略方面具有优异性能,其比传统方法在自适应性与健壮性方面表现得更加出色。由于 VANETs 的网络拓扑结构变化迅速,其数据传输出错率较其他网络更高,这将导致延时增加和到达率降低。传统路由协议对路由错误的修正方式基本上都是通过广播发现一条到达目的节点的新路径,但是这又会导致网络中的信息冗余。CASM 可以根据反馈信息自动校正错误,且这种校正方式同样采用单播路由,这大大改善了以往网络中信息冗余的状况。引入活跃度这一概念,用于表示当前路由路径对于网络的适应度,活跃度高则当前路径适应当前网络环境,否则相反。活跃度低时,CASM 将在不同的路由路径之间切换,直到找到最适应外界环境的路由路径。通过现有研究,CASM 提供了一种健壮性高的自适应方法以提高路由系统在网络环境中的性能。为减少 CASM 不必要的随机性以帮助路由系统尽快到达最佳状态,使用 TOPSIS 法减少候选节点的个数。当无合适的节点时,数据被缓存在当前节点,直到遇到合适的节点被转发出去或者到达生存极限时间而被清除。

1. 相关工作

URAS 的核心组成部分为 CASM,此模型由 Akiko Kashiwagi 在进行大肠杆菌细胞对外界环境适应性的研究中提出,并用来揭示细胞根据外界环境的变化改变自身基因表达的行为机制,具体方程如下所示。

$$
\begin{cases}
\dfrac{\mathrm{d}m_1}{\mathrm{d}t} = \dfrac{S(A)}{1+m_2^2} - D(A)m_1 + \eta_1 \\
\dfrac{\mathrm{d}m_2}{\mathrm{d}t} = \dfrac{S(A)}{1+m_1^2} - D(A)m_2 + \eta_2
\end{cases}
\tag{4-18}
$$

其中,m_1 和 m_2 分别代表基因中两组相互抑制操纵子的 mRNA 或者蛋白质的浓度;A 代表细胞活跃度,它影响基因产物的合成速率 $S(A)$ 与分解速率 $D(A)$;η 为独立随机白高斯噪声项。

通过将细胞吸引子选择模型拓展到高维空间,本书以此实现在动态无线网络环境中从多个候选节点中选择适当的下一跳节点。当前数据待发节点 i 的所有候选节点被选为下一跳节点的概率为向量 $\boldsymbol{M}_i = [m_1, m_2, \cdots, m_n]$,其中 m_n 是候选节点和集中节点 n 被选中的概率,m_{max} 是概率向量 $\boldsymbol{M}_i$ 中的最大值。EASM(Expanded Attractor Selection Model,拓展后的细胞吸引子选择模型)具体如下。

$$\frac{dm_n}{dt} = \frac{s(\alpha)}{1+(m_{max}-m_n)^2} - d(\alpha)m_n + \eta_n \quad (4\text{-}19)$$

其中，$s(\alpha)$、$d(\alpha)$ 和 η_n 与式(4-18)中的对应量具有相同的含义，α 是代表当前路由路径对 VANETs 网络适应度的指标，$s(\alpha)$ 和 $d(\alpha)$ 如式(4-20)所示。

$$\begin{cases} s(\alpha) = a\alpha^c + b\alpha \\ d(\alpha) = \alpha \end{cases} \quad (4\text{-}20)$$

其中，a、b、c 为正整数。EASM 可以通过在不同的稳定吸引子状态之间切换以达到适应外界环境变化的目的，而切换行为受活跃度 α 的影响。当活跃度 α 的值偏低时，代表系统当前状态不适应外界环境，系统将在不同的吸引子状态之间随机切换，直到活跃度增加到足够大。本节通过仿真验证 EASM 的这种特性，式(4-20)中的参数为 $a=8$、$b=10$、$c=4$，给定活跃度变化如图 4-25(a)所示，同时假设有四个候选状态，其分别被选中的概率如图 4-25(b)所示。

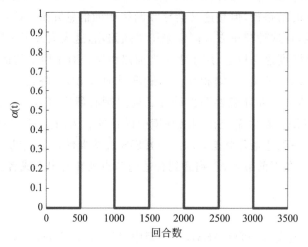

(a) 给定活跃度

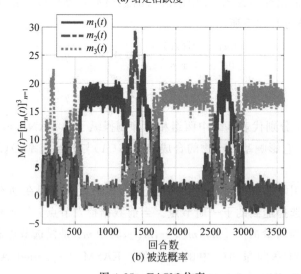

(b) 被选概率

图 4-25 EASM 仿真

当活跃度处于一个比较低的水平时,这意味着当前状态不适应当前环境,四个候选状态被选为下一个状态的概率随时间在同一水平线上波动,相互之间差异不大。在活跃度偏低的期间,系统随机选择其中之一作为下一个系统状态。随着活跃度的增加,四个候选状态被选中的概率出现明显差异,这也就意味着系统的状态从随机变得相对稳定。系统对环境的适应度决定了活跃度值的高低,活跃度又通过影响系统的稳定性改变其状态,进而改变其对环境的适应度。可以这样认为,活跃度反映了当前状态的"好",当前状态如果不够"好",则系统将在几个吸引子状态之间随机切换,直到找到足够"好"的状态。所以EASM 可以在动态环境中自适应地寻找到最好的状态,实现系统始终处于最佳状态,以减少错误、提高健壮性等。

基于 EASM,本节将 VANETs 路由场景中的每个节点都视为细胞,将其自适应传输数据的过程视为细胞对外界环境的适应过程,从而提出一种生物启发式自适应路由协议。使用活跃度 α 代表当前路由路径对于当前网络环境的适应度,通过活跃度的高低影响当前数据待发节点对下一跳节点的选择,最终通过多跳传输形成一条最佳路由路径。每次数据包到达目的节点,目的节点都计算出一个新的活跃度,并通过反馈数据包沿原路返回,将原路径上的所有组成节点的活跃度更新,由此影响下一次路由过程。如果活跃度偏低,则代表当前路径的性能不佳,不能很好地适应当前网络环境,EASM 中的高斯白噪声项影响增大,导致当前数据待发节点选择下一跳节点的行为更加随机,以帮助寻找更佳的路由路径。当活跃度上升到足够高时,$s(\alpha)$ 和 $d(\alpha)$ 的影响大于 η_n,当前节点的选择行为趋于确定,同时意味着当前路径趋于稳定。当然,再高的活跃度也无法令路由路径固定不变,噪声项的存在使得路径在高活跃度时也会具有一定的可变性,以此帮助路由系统寻找更佳的路径。

2. 基于细胞吸引子选择模型的单播路由协议

(1) 路由协议概述。

URAS 作为一种面向 VANETs 的基于细胞吸引子选择模型的生物启发式单播路由协议,其路由过程基本流程如下。

① 当与目的节点 d 通信的请求发出后,源节点 s 通过车载 GPS 确定目的节点和邻居节点的位置、车速,并据此使用 TOPSIS 法对邻居节点进行排序,排在越前面的节点,其性能越好。

② 源节点 s 运用 EASM 从排在前五的节点中选择下一跳节点,随后各跳节点均进行与源节点一样的操作。

③ 目的节点 d 接收到数据包后计算新的活跃度 α,并沿原路由路径返回反向数据包,更新原路径所有组成节点的活跃度(包括源节点),更新后的活跃度将影响下一次路由。

④ 当待发数据节点无合适节点转发数据包时,其将数据包存储在本地缓存直到可以传输或者数据包的生存时间耗尽。

URAS 与传统 MANETs 路由协议相比,其先进之处在于通过借助 EASM 调整当前待发数据节点选择下一跳节点的行为,帮助路由系统不断提升自身性能,直到寻找到最佳路径,同时可以及时自主纠错。通过合理设计活跃度公式,可以对任何路由指标进行优化。

(2) 数据结构。

下面所示的数据结构 1 和 2 分别是前向数据包与反向数据包的表头，数据结构 3 存在于所有节点中。

① 前向数据包。以下信息由前向数据包 A 携带。

- 前向数据包的 ID 由源节点与目的节点的 ID 和此数据包的序号构成。
- 数据包 A 经过的节点个数包含源节点 ID。
- 节点基本信息表 π_A 包含前向数据包所经过的所有节点的基本信息，例如节点的 ID、拥堵度等。反向数据包依据此表返回更新活跃度。
- 数据包 A 从源节点发出到目的节点所需的时间。

② 反向数据包。以下信息由反向数据包 B 携带。

- 反向数据包的 ID 由源节点与目的节点的 ID 和此数据包的序号构成。
- 更新后的活跃度为 α_0，为避免活跃度过时，本书令其按下式随时间衰减，假设衰减后的活跃度为

$$\alpha_t = \frac{\alpha_0}{2^{\frac{t}{x}}} \tag{4-21}$$

式中 x 为常数。

- 反向路径表从前向数据包 A 的节点基本信息表 π_A 处获取，由 A 经过的所有节点的 ID 按顺序组成，反向数据包以此沿原路返回更新组成节点的活跃度。

③ 位于节点 i 处的路由决策表。此路由决策表按不同的源节点与目的节点存储着对应的活跃度，其同样按式(4-21)随时间衰减，同时存储有在上次路由过程中本节点 i 的候选节点及其被选为下一跳节点的概率 $M_i = [m_1, m_2, \cdots, m_n]$。

（3）协议组成。

URAS 的核心机制并不复杂，仅为一个受综合评价参数 α 控制的随机优化方法。但实际情况千变万化，为应对各种可能的状况，此随机优化方法的高效运行必须依靠一系列辅助机制的支持，因此本章余下内容将详细介绍 URAS 中涉及的所有环节。

4.3.4 构建候选节点集

正如前文所述，URAS 借助 TOPSIS 法将邻居节点按性能优劣排序，并选取性能最佳的前五点作为候选节点组成候选节点集 C_i，即下一跳节点必从 C_i 中选出。TOPSIS 法对邻居节点的排序主要依靠四个参数：v_{ji}（当前待发数据节点 i 与邻居节点 j 的相对速度在它们连线上的投影，正方向指向源节点 i，此参数反映连接的稳定性），v_{jd}（邻居节点 j 与目的节点 d 的相对速度在它们连线上的投影，正方向指向目的节点 d，此参数影响到达率以及延时），dist_{jd}（邻居节点 j 与目的节点 d 之间的距离），cong_j（节点 j 的拥堵度，与此节点所携带的数据包的个数成正比）。候选节点集的构建过程如下。

1. 同趋势化

作为排序参数的 v_{ji}、v_{jd}、dist_{jd} 和 cong_j，它们中的 v_{ji} 和 v_{jd} 属于值越大越好的参数，dist_{jd} 和 cong_j 属于值越小越好的参数。为使用 TOPSIS 法，本书对所有参数做同趋势化处理，如表 4-4 所示，这里使 dist_{jd} 和 cong_j 转变为越大越好的参数。

表 4-4　参数同趋势化表

N_i	Index			
	$v_{ji}/(\text{m/s})$	$v_{jd}/(\text{m/s})$	$\text{dist}_{jd}/\text{m}$	$\text{cong}_j/1$
1	v_{1i}	v_{1d}	$(\text{dist}_{jd})_{\max}-\text{dist}_{1d}$	$(\text{cong}_j)_{\max}-\text{cong}_1$
2	v_{2i}	v_{2d}	$(\text{dist}_{jd})_{\max}-\text{dist}_{2d}$	$(\text{cong}_j)_{\max}-\text{cong}_2$
...	...	...	...	...
n	v_{ni}	v_{nd}	$(\text{dist}_{jd})_{\max}-\text{dist}_{nd}$	$(\text{cong}_j)_{\max}-\text{cong}_n$

2. 归一化处理

为了消除计量单位对结果的影响,本书对所有参数做归一化处理,以 v_{ji} 为例,如下所示。

$$v'_{ji}=\frac{v_{ji}}{\sqrt{\sum_{j=1}^{n}v_{ji}^2}} \tag{4-22}$$

3. 分配权重

考虑到不同因素对于路由性能的影响不同,为使最终综合路由性能最佳,URAS 利用不同的权重因子 w 合理分配以上因素对候选节点选择过程的影响程度,同样以 v_{ji} 为例,如下所示。

$$v'_{ji}=w * v'_{ij} \tag{4-23}$$

4. 排序

首先确定在邻居节点中每一项参数的最大值,即

$$\begin{cases} I^+_{v_{ji}}=\max\{v''_{1i},v''_{2i},\cdots,v''_{ni}\} \\ I^+_{v_{jd}}=\max\{v''_{1d},v''_{2d},\cdots,v''_{nd}\} \\ I^+_{\text{dist}_{jd}}=\max\{((\text{dist}_{jd})_{\max}-\text{dist}_{1d})'',((\text{dist}_{jd})_{\max}-\text{dist}_{2d})'',\cdots,((\text{dist}_{jd})_{\max}-\text{dist}_{nd})''\} \\ I^+_{\text{cong}_j}=\max\{((\text{cong}_j)_{\max}-\text{cong}_1)'',((\text{cong}_j)_{\max}-\text{cong}_2)'',\cdots,((\text{cong}_j)_{\max}-\text{cong}_n)''\} \end{cases} \tag{4-24}$$

随后确定每一项参数的最小值,即

$$\begin{cases} I^-_{v_{ji}}=\min\{v''_{1i},v''_{2i},\cdots,v''_{ni}\} \\ I^-_{v_{jd}}=\min\{v''_{1d},v''_{2d},\cdots,v''_{nd}\} \\ I^-_{\text{dist}_{jd}}=\min\{((\text{dist}_{jd})_{\max}-\text{dist}_{1d})'',((\text{dist}_{jd})_{\max}-\text{dist}_{2d})'',\cdots,((\text{dist}_{jd})_{\max}-\text{dist}_{nd})''\} \\ I^-_{\text{cong}_j}=\min\{((\text{cong}_j)_{\max}-\text{cong}_1)'',((\text{cong}_j)_{\max}-\text{cong}_2)'',\cdots,((\text{cong}_j)_{\max}-\text{cong}_n)''\} \end{cases} \tag{4-25}$$

再依据式(4-26)和式(4-27)确定邻居节点 j 分别与最佳和最差状态的差距,即

$$N^+_j=\sqrt{\sum_{k=1}^{4}((\text{Index}_k)_j-(\text{Index}^+_k)_j)^2} \ \text{for} \ j=1,2,\cdots,n \tag{4-26}$$

$$N_j^- = \sqrt{\sum_{k=1}^{4}((\text{Index}_k)_j - (\text{Index}_k^-)_j)^2} \ \text{for} \ j = 1, 2, \cdots, n \qquad (4\text{-}27)$$

通过式(4-28)计算每一个邻居节点的分数,按分数从大到小排序,即

$$E_j = \frac{N_j^-}{N_j^- + N_j^+} \ \text{where} \ j = 1, 2, \cdots, n \ \text{and} \ 0 \leqslant E_j \leqslant 1 \qquad (4\text{-}28)$$

URAS 选择排名前五的邻居节点组成候选节点集,即

$$C_j = \{ j \in N_i \mid E_j \ \text{within the top five} \} \qquad (4\text{-}29)$$

其中,N_i 为邻居节点组成的集合,如果 C_i 是空集,则令 $C_i = N_i$。

4.3.5 随机优化

获得候选节点集后,URAS 将在其中选出下一跳节点。候选集中的每个节点都具有被选为下一跳的概率值,一般情况下,当前数据待发节点只会选择概率最大的节点作为下一跳节点。通过一系列的节点随机选取与优化,最终形成一条最适应外界环境的路由路径。在不同的情况下,概率计算以及节点的选取可能会有微小的差别,具体情况如下。

① 当前数据待发节点参与过上一个数据包的转发,其候选节点未变。

候选节点被选为下一跳节点的概率以一维数组 $M_i = [m_1, m_2, \cdots, m_n]$ 的形式被存储在当前节点的路由决策表内,并按式(4-30)实时更新。

$$m_j = m_j + \left(\frac{s(\alpha)}{1 + (m_{\max} - m_j)^2} - d(\alpha)m_j + \eta_j \right) \Delta t, \quad j = 1, 2, \cdots, n \qquad (4\text{-}30)$$

式中,Δt 是计算周期,为一个常数。当数据包到达当前节点后,当前节点选择 M_i 中概率值最大的节点作为下一跳节点。

② 当前数据待发节点参与过上一次数据传输,其候选节点集不同于上一次数据传输时的候选节点集。

为了最终所有候选节点的概率值和为1,需要对计算公式做归一化处理。对于仍存在于候选节点集中的候选节点,其概率值计算公式如下。

$$m_j = \frac{m_j}{\sum_{k \in \text{node\_still}} m_k} \frac{N_{\text{still}}}{N_{\text{all}}} \qquad (4\text{-}31)$$

式中,node_still 为仍存在于候选节点集中的节点组成的集合,N_{still} 是其中节点的个数,N_{all} 是所有候选节点的个数。

新加入的候选节点被选为下一跳节点的概率为

$$m_j = \frac{1}{N_{\text{all}}} \qquad (4\text{-}32)$$

③ 当前节点未参与上一个数据包的转发。本节只考虑节点是否参与过上一个数据包的转发,为了信息的时效性,本书不考虑更早的情况。此时无法预测当前节点的选择对于路由性能的影响,为保险起见,本书令所有候选节点具有相同的被选概率,即其概率计算公式与式(4-32)一致。

④ 目的节点位于邻居节点集中。当前节点直接将数据包转发给目的节点,但目的节点不存在被选为下一跳节点的概率,同时为了消除本次目的节点的存在对下一次数据包传输

过程中其余邻居节点被选概率值的影响,本书令其余邻居节点的被选概率按下式计算。

$$m_j = \frac{1}{N_{all}-1}, \quad j = 1,2,\cdots,(N_{all}-1) \tag{4-33}$$

4.3.6 数据转发

URAS 除了是一种生物启发式路由协议之外,它还是机会路由协议,这就意味着 URAS 不必借助一条完整持续的路由路径进行数据包的传输,这在网络拓扑结构快速变化的 VANETs 中占有很大优势。传统路由协议(如 AODV 和 DSR)在数据传输之前需要构建一条完整畅通的路由路径才能开始正式进行数据传输,但在 VANETs 中,链路的断裂频繁,系统需要经常性地重启路由发现过程,这无疑会增加路由延时,同时会降低数据包的到达率。URAS 作为机会路由协议,当数据传输需求提出后,节点无须等待完整可行路径的建立,而是直接转发数据包给其他节点。当无合适的下一跳节点时,当前节点将数据包缓存到本地,直到有合适的下一跳节点出现再将其转发出去。不同于传统路由协议将路径的断裂视为传输过程中的异常状态,机会路由协议将其看作一种常态,并通过"储存—携带—转发"的路由方式拓展数据包的传输范围以提高到达率。机会路由的大致过程如图 4-26 所示。

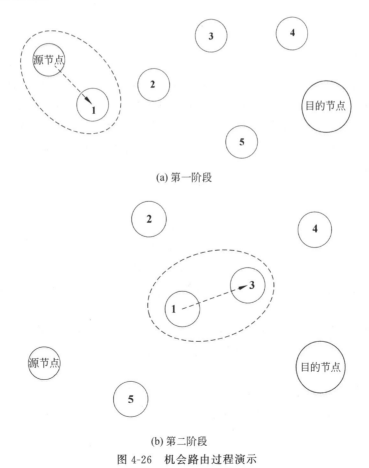

(a) 第一阶段

(b) 第二阶段

图 4-26 机会路由过程演示

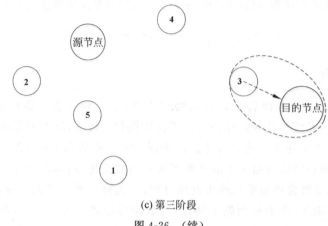

(c) 第三阶段

图 4-26 （续）

图 4-26 展示了机会路由的基本过程。首先路由开始时，源节点选择节点 1 作为下一跳节点并将数据包转发给它。但之后节点 1 无合适的候选节点可转发数据，所以节点 1 将数据包缓存到本地内存并保持移动，直到遇到合适的候选节点（如节点 3）将数据包转发给节点 3。最终，节点 3 运动到目的节点旁边并成功地将数据包转发至目的节点，本次路由结束。

4.3.7　活跃度计算

活跃度 α 作为代表路由路径对当前网络环境适应度的指标，每次数据包传输结束都需要重新计算一个新的活跃度以便及时调整路由路径。URAS 路由协议下每个节点都携带活跃度 α，并时刻处于变化之中，当有反向数据包到达时，节点将自身活跃度更新为数据包携带的活跃度，随后无论节点还是数据包携带的活跃度都继续随时间按式（4-21）衰减，活跃度计算公式如下。

$$\alpha = \frac{\gamma}{\lambda \mid (s - s_{\text{best}})/s_{\text{best}} \mid^{\mu} + \beta} \tag{4-34}$$

式中，s 代表当前路由路径的状态；s_{best} 代表从路由过程开始至今曾出现过的最佳状态。γ、λ、μ、β 是正常数。γ、β 用于限定活跃度的取值范围，λ、μ 用于调控活跃度的变化率。本书取 $\gamma = \beta = 1$，则 $\alpha \in [0,1]$。当前路由路径的状态与历史最好状态之间的差值越大，活跃度的值越小，但相同差值下不同的 λ、μ 所产生的减小幅度是不同的，详见图 4-27。

从图 4-27 可以看出，增加 μ 或者减少 λ 均有助于拓展高活跃度的范围，也就相当于增加了当前路径的存活率。s 的计算公式为式（4-35）

$$s = \tau^e \psi^g \tag{4-35}$$

其中，τ 为数据包的延时，ψ 是当前路径的平均拥堵度，e、g 分别是 τ、ψ 的权重。为消除节点个数对于路径拥堵度的影响，路径平均拥堵度 ψ 按下式计算。

$$\psi = \frac{\sum_{h=1}^{P} \text{cong}_h}{p} \tag{4-36}$$

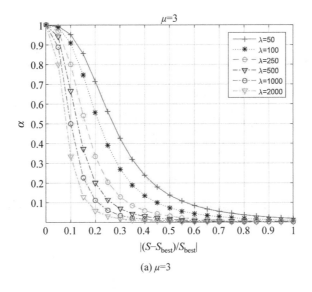

(a) $\mu=3$

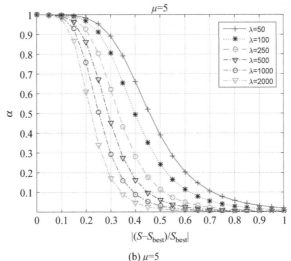

(b) $\mu=5$

图 4-27 μ 对于活跃度 α 的影响

其中，cong_h 是当前路径第 h 个节点的拥堵度，路径上总的节点个数为 p。

以图 4-28 所示的十字路口为例，本节对 URAS 路由过程进行演示。

本书假设图 4-28 中所有车辆拥有相同的拥堵度和信号传输能力，并且仅有一对源节点和目的节点。

① 当向目的节点发送数据包的请求提出后，源节点（同时也是当前待发数据节点）首先查看自己的邻居节点 ID，如果其中有目的节点，则将数据包直接转发给目的节点。

② 如果目的节点在当前节点信号传输范围之外，则当前节点需要借助中间节点的转发才能将数据包传递至目的节点。当前节点运用 TOPSIS 法对邻居节点 1、5、6 进行排序并选出其中排名前五的节点作为候选节点，因为总共只有三个邻居节点，所以邻居节点全部作为候选节点。

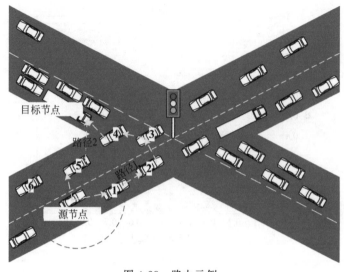

图 4-28　路由示例

③ 根据随机优化中的情况 3，节点 1、5、6 被选为下一跳节点的概率皆为 1/3，当前节点自动记录节点 1、5、6 的节点 ID 以及其对应的被选概率，同时前向数据包记录当前节点的拥堵度。

④ 因为节点 1、5、6 被选为下一跳节点的概率相同，当前节点随机选取节点 1 作为下一跳节点。

⑤ 在下一个时间步，返回步骤 1 进行与上一个节点相同的操作，直到将数据包转发至目的节点，最终形成路径 1：

$$\text{source node} \rightarrow 1 \rightarrow 2 \rightarrow 3 \rightarrow 4 \rightarrow \text{Destination node}$$

⑥ 数据包传输至目的节点后，URAS 根据公式(4-17)计算得到新的活跃度。目的节点沿原路径发送反向数据包依次更新节点 4、3、2、1、source node 的活跃度。同时，无论是身处反向数据包还是节点内的活跃度，皆按公式(4)随时间衰减。

⑦ 当源节点收到反向数据包时，源节点发送下一个数据包；若源节点在发出数据包后 T_{wait} 时间内未收到反向数据包，则认为传输失败，重新传送上一个数据包。

⑧ 根据新的活跃度，URAS 确定了一条新的路由路径 2：

$$\text{Source node} \rightarrow 5 \rightarrow \text{Destination node}$$

可以看出，路径 2 比路径 1 的跳数更少，因此路径 2 的延时比路径 1 更低。以上过程在整个数据包传输过程中会不断重复，路由系统借助活跃度自适应改变决策，不断寻找更佳的路径从实现自我进化。但由于选择的随机性，这种进化不可能是一直由劣向优的或者一步而成的，只能是在不断尝试后才寻找到最适应外界环境的状态。

4.3.8　仿真实验

本节使用 MATLAB(Matrix Laboratory)作为仿真工具，通过与另一种著名的机会路由协议 GPSR 在 SUMO(Simulation of Urban Mobility)搭建的仿真场景中进行性能对比，以验证本书提出的路由协议的先进性。

4.3.9 仿真和网络模型

1. 路由协议参数

参考现有的成熟研究的参数设定，为使式(4-19)拥有稳定的吸引子状态设 $a=8$、$b=10$、$c=4$。

式(4-30)中的 λ、μ 通过影响 α 的改变率进而影响当前路径的存活概率，如图 4-29 所示。增加 μ 或减少 λ 都有助于拓展高活跃度的范围，这也使得当前路径的存活概率提高，相当于提升了路由系统对于路径"坏"的容忍度。但如果容忍度太低，路由路径就会非常不稳定，延时抖动就会过于剧烈。所以理想情况应该是当 s 与 s_{best} 的差距较小时，活跃度的减少小而平稳，差距变大则活跃度迅速降低。根据图 4-27，本节设 $\lambda=100$、$\mu=5$。

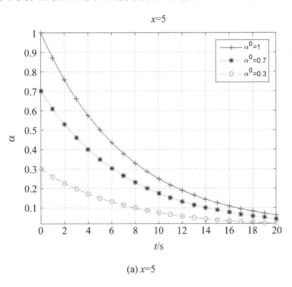

(a) $x=5$

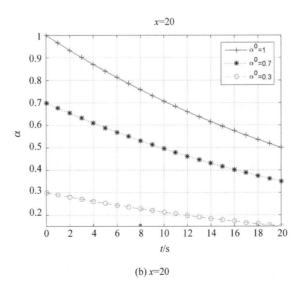

(b) $x=20$

图 4-29　不同 x 对于活跃度 α 的影响

式(4-21)中的参数 x 会影响系统对外界环境变化的灵敏度。从图 4-29 可以看出，活跃度 α 的衰减速度随 x 的增加而减少，同时系统对于外界环境变化的灵敏度也随之降低，但是太快的衰减又削弱了以往路由经验对于本次路由的帮助，使得路由系统陷入无尽的颠簸之中。最理想的情况是根据不同的交通条件自动改变为不同的 x，为简单起见，设置 $x=20$。

式(4-35)中的参数 e、g 分别代表路由延时和平均拥堵度在路由状态计算中的权重，为使综合路由性能最佳，令 $e=g=1$。

2. 网络环境参数

本节在如图 4-30 所示的 SUMO 场景中测试 URAS 和 GPSR 在不同信号传输半径下的性能，在整个仿真期间，共有 12 对源节点和目的节点共同传输数据。

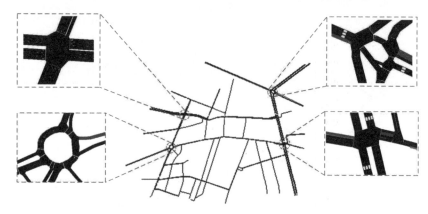

图 4-30　SUMO 仿真场景

上述场景是基于意大利城市博洛尼亚(Bologna)的小规模场景，仿真过程中的交通流量从当地实际交通流量的统计数据中获取。每辆车的拥堵度等于其需要转发的数据包的个数，如果数据包达到一个拥堵度高的节点，则它被排队转发出去所需的时间就越长，甚至可能会错过其目的节点而导致丢包。

本节的仿真需比较的性能参数为路由延时、整体拥堵度、数据到达率。

① 路由延时。在整个仿真期间，平均每对源节点与目的节点的每个数据包所需的从源节点被转发至目的节点的时间。

② 整体拥堵度。整个仿真期间，平均每对源节点与目的节点的平均每次数据传输的 ψ。

③ 数据到达率。整个仿真期间，所有目的节点接收到的数据包个数与源节点发送出的数据包个数的比值。

4.3.10　仿真结果

图 4-31 展示了 URAS 与 GPSR 在如图 4-30 所示的仿真场景中以信号传输半径 280m 为条件进行路由通信时，12 对源节点与目的节点中一对的成功传输数据包的性能变化。可以发现，URAS 在路由延时、平均拥堵度、到达率方面均优于 GPSR。URAS 借

助 EASM 可以根据路由延时等性能指标不断调整自己的状态。随着车辆的移动，VANETs 的拓扑结构不断变化，因此即使当前路径上一时刻最适应外界环境，但此时此刻却可能并非如此，而活跃度又是通过当前路径状态与历史最好状态的差值计算而得的，因此在反映当前状态对外界环境适应度的问题上具有滞后性。为解决此问题，EASM 引入了随机项 η，因此即使活跃度很高，当前节点选择下一跳节点时仍具有一定的随机性。虽然引入随机项的初衷是为了寻找更佳的路径，但是随机选择的结果是不可控的，无法确保下一次的状态一定比现在要好，只能说在多次尝试下系统借助 URAS 找到了最适应外界的状态。但要注意，外界环境也在不断变化，所以从图 4-31(a) 中可以看出，URAS 的活跃度处于频繁的变化之中，但是活跃度却能经常性地到达最高值，这说明 URAS 在路由过程中不断寻找到当前环境中的最佳路线。由于 URAS 可以自适应地进行自我调控，因此从图 4-31(b) 和 (c) 中可以看出，虽然受环境变化与随机项的影响，URAS 的拥堵度与延时处于不断的变化之中，但变化幅度却不大，比如 URAS 的延时变化方差仅相当于 GPSR 的方差的一半。

从图 4-31 中可以清晰地看出，对于这一对源节点与目的节点，URAS 的成功到达率比 GPSR 高，仿真中的具体数据分别为 84%、58%。在复杂的城市道路环境中，交叉路口分布密集，而 GPSR 选择下一跳节点所借助的信息仅是邻居节点与目的节点的相对距离，在比当前节点距离目的节点更近的邻居节点中，选择距离目的节点最近的节点作为下一跳节点将很难适应复杂的交通状况和通信要求。比如当不存在比当前节点更接近目的节点的邻居节点时，GPSR 便陷入了困境，为解决此问题，GPSR 使用右手法则绕过此无合适下一跳节点的区域，当然右手法则的使用显然会增加路由延时，甚至会出现路由错误。GPSR 选择下一跳节点时不考虑节点的拥堵度，因此同一对源节点与目的节点之间的数据包很容易被堆积在同一条路径之上。GPSR 的拥堵度会远高于 URAS，可从

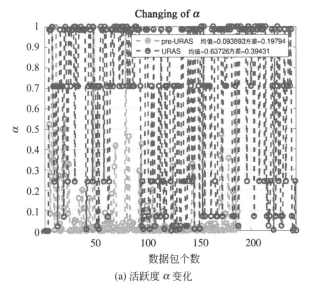

(a) 活跃度 α 变化

图 4-31　URAS 与 GPSR 的性能变化

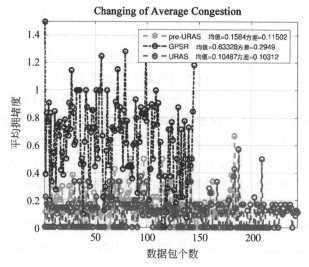

(b) 平均拥堵度变化

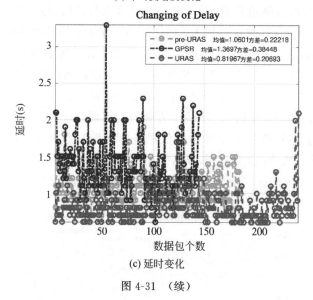

(c) 延时变化

图 4-31 （续）

图 4-31(b)中确认，GPSR 的平均拥堵度为 0.63，远高于 URAS 的 0.10，而拥堵度对于路由延时又会造成影响，故 GPSR 的平均延时为 1.37s，这也远高于 URAS 的 0.82。通过以上分析可知，URAS 可以借助 EASM 的自适应机制根据外界环境与性能要求自主变化，因此其最终性能比 GPSR 更佳。

图 4-32 展示了 URAS 和 GPSR 在不同信号传输半径下综合所有源节点与目的节点的各项平均性能。可以看出，在所有性能指标方面，URAS 均优于 GPSR。URAS 和 GPSR 的性能在变化的信号传输半径条件下具有相同的趋势，即随着半径的增加，性能变优。这不难理解，扩大的信号传输半径内拥有更多的邻居节点，因此也就能从中获取更多合适的候选节点，这无疑增加了数据包更快、更好地到达目的节点的概率。GPSR 由于仍

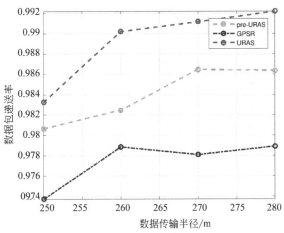

(a) 不同数据传输半径下各方法的数据包递送率变化

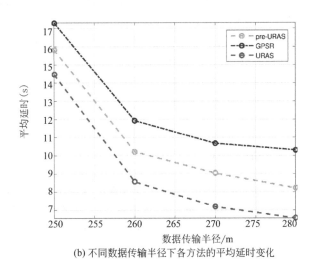

(b) 不同数据传输半径下各方法的平均延时变化

(c) 不同数据传输半径下各方法的平均拥堵度变化

图 4-32　不同数据传输半径下各方法的性能比较

然只选择最靠近目的节点的邻居节点作为下一跳节点,故传输半径扩大的优势会被削弱,所以 GPSR 在各项性能上仍不如 URAS。

4.4 交通信息交互基础应用与标准规范

车联网系统中,节点之间的信息交互是系统正常运行和功能实现的基础,所以车用通信系统也是车联网研究领域的重中之重。车用通信系统旨在车辆行驶过程中,通过智能交通系统各子系统之间的通信链路的信息交互,实现道路安全、通行效率、信息服务等各类应用。为此,不同厂家生产的车辆之间,以及车辆与通信范围内的道路设施信息必须实现互联互通。

参考国际标准化组织(ISO)制定的通信系统七层参考模型,以及欧美国家正在制定的车用通信系统相关标准的系统架构,车用通信系统通常被分为系统应用、应用层、传输层、网络层、数据链路层和物理层。应用层协议主要包括消息集和消息集内的数据帧与数据元素,以及消息的数据结构和编码方式。

本节通过对道路安全、通行效率和信息服务等基础应用的分析,定义在实现各种应用时车辆之间以及与道路设施及其他交通参与者之间的信息交互内容、交互协议与接口等。本节将介绍制定与系统应用对接的应用编程接口(API)以及与通信设备对接的服务提供接口(SPI),以实现车用通信系统与不同通信方式或者通信设备的兼容,并满足通信技术不断更新的需求。

4.4.1 车用通信系统基础应用

车用通信系统使得车辆、路侧设备以及其他交通参与者之间的信息交互成为可能,故在此基础上实现通信系统的具体应用也已经开始被一一实现。大量的运用场景如今已经有一些被运用到了现实的交通中,还有一些正在被人们讨论与研究。车联网可应用在道路安全服务、自动停车系统、紧急车辆让行、自动跟车等方面。车联网的应用不仅保证了道路交通安全,还可以为车主提供便利。本节将从安全、效率、信息服务三个类别介绍数种典型的车用通信系统的应用,并进行全面描述和介绍。

1. 安全类应用

车辆行驶过程中最首要的就是驾驶安全,正因如此,安全类应用是车用通信系统最为典型的应用。通过信息交互,车辆可获得周边车辆的行驶数据以及其他交通设施的数据,并进行数据分析,当达到预警条件时提醒驾驶人,修正危险的驾驶行为,提升驾驶安全性。

部分安全类应用介绍如下。

(1) 前向碰撞预警(Forward Collision Warning,FCW)。

FCW 应用是指目标车辆在车道上行驶,当与在正前方同一车道的车辆存在追尾碰撞危险时,FCW 应用将对目标车辆驾驶人进行预警,辅助驾驶人避免或减轻前向碰撞,提高道路行驶安全,如图 4-33 所示。

FCW 基本工作原理如下:

① 分析接收到的周围车辆消息,筛选出位于同一车道前方(前方同车道)区域的

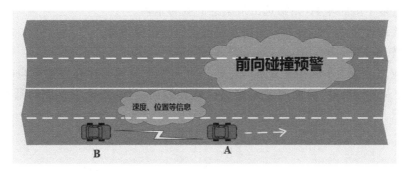

图 4-33　前向碰撞预警示意

前车；

②进一步筛选处于一定距离范围内的前方车辆作为潜在威胁车辆；

③计算每一个潜在威胁车辆的碰撞时间或防撞距离,筛选出与本车存在碰撞危险的威胁车辆；

④若有多个威胁车辆,则筛选出最紧急的威胁车辆,进行预警。

(2)交叉路口碰撞预警(Intersection Collision Warning,ICW)。

ICW 应用是指当车辆驶向交叉路口与侧向行驶的车辆存在碰撞危险时,ICW 应用将对驾驶人进行预警,辅助驾驶人避免或减轻侧向碰撞,提高交叉路口驾驶安全,如图 4-34 所示。

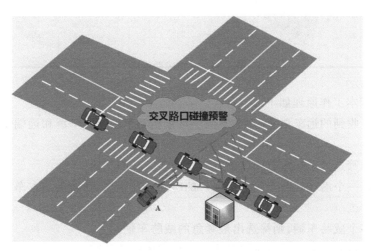

图 4-34　交叉路口碰撞预警示意

ICW 的基本工作原理如下:

①分析接收到的侧向车辆消息,筛选出位于交叉路口左侧或右侧区域的侧向车辆,车辆消息可能是由车辆本身发出或从路侧单元获取的。

②进一步筛选处于一定距离范围内的侧向车辆作为潜在威胁车辆。

③计算每一个潜在威胁车辆到达路口的时间及到达路口的距离,筛选出存在碰撞危险的威胁车辆。

④ 若有多个威胁车辆,则筛选出最紧急的威胁车辆。

⑤ 系统通过交互界面对本车驾驶人进行相应的碰撞预警。

(3) 左转辅助(Left Turn Assist,LTA)。

LTA 应用是指当车辆在交叉路口左转与对向驶来的远车存在碰撞危险时,LTA 应用将对驾驶人进行预警,辅助驾驶人避免或减轻侧向碰撞,提高交叉路口通行安全,如图 4-35 所示。

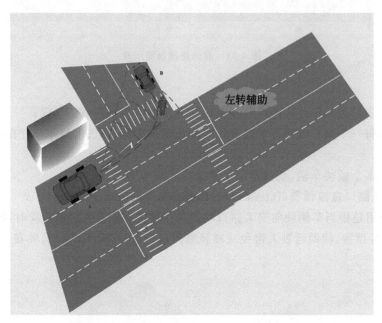

图 4-35　左转辅助示意

LTA 的基本工作原理如下:

① 分析接收到的远车消息,筛选出位于本车相邻车道迎面车辆和远端车到迎面车辆的远车。

② 进一步筛选处于一定范围内的远车作为潜在威胁车辆。

③ 计算每一个潜在威胁车辆到达路口的时间以及距离,筛选出与本车存在碰撞危险的威胁车辆。

④ 若有多个威胁车辆,则筛选出最紧急的威胁车辆。

⑤ 系统通过交互界面对本车驾驶人进行相应的碰撞预警。

(4) 盲区预警(Blind Spot Warning,BSW)。

BSW 应用是指当车辆的相邻车道上有同向行驶的其他车辆出现在本车盲区时,BSW 应用会对本车驾驶人进行提醒,避免车辆变道时与相邻车道上的车辆发生侧向碰撞,提高变道行驶安全,如图 4-36 所示。

BSW 的基本工作原理如下:

① 从接收到的其他车辆消息中筛选出位于本车左后相邻车道和右后相邻车道的车辆作为潜在威胁车辆。

② 判断潜在威胁车辆是否处于或即将进入本车盲区。

③ 如果潜在威胁车辆处于或即将进入盲区,则对本车驾驶人进行 BSW 提醒。

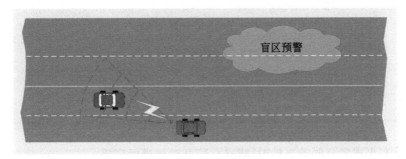

图 4-36　盲区预警示意

（5）逆向超车预警（Do Not Pass Warning,DNPW）。

DNPW 应用是指当本车行驶借助逆向道超车,与逆向车道上的逆向行驶车辆存在碰撞危险时,DNPW 应用会对本车驾驶人进行预警,辅助驾驶人避免或减轻超车过程中产生的碰撞,提高逆向超车通行安全,如图 4-37 所示。

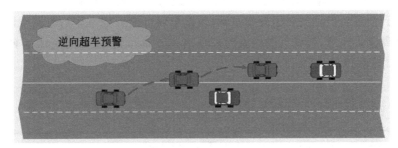

图 4-37　逆向超车预警示意

DNPW 的基本原理如下:

① 分析接收到的车辆信息,筛选出位于本车左前方相邻逆向车道的车辆。

② 进一步筛选处于一定距离范围内的车辆作为潜在威胁车辆。

③ 计算每一个潜在威胁车辆到达碰撞点的时间和碰撞距离,筛选出与本车存在碰撞危险的威胁车辆。

④ 若有多个威胁车辆,则筛选出最紧急的威胁车辆。

⑤ 若发现本车主动进行变道超车动作,与逆向车道上的车辆碰撞条件成立,则系统通过交互界面对本车驾驶人进行相应的碰撞预警。

（6）紧急制动预警（Emergency Brake Warning,EBW）。

EBW 应用是指当车辆行驶在道路上并与前方行驶的远车存在一定距离,但前方远车进行紧急制动时,EBW 会将这一信息广播出来。本车检测到远车的紧急制动状态,若判断该事件与本车相关,则对本车驾驶人进行预警,辅助驾驶人避免或减轻车辆追尾碰撞,提高道路行驶通行安全,如图 4-38 所示。

EBW 的基本工作原理如下:

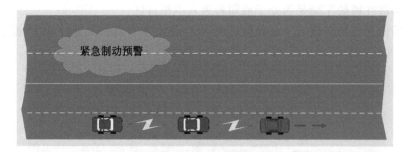

图 4-38　紧急制动预警示意

① 当远车出现紧急制动事件时，将这一信息对外进行广播。

② 本车接收到远车信息后，判断其是否包含紧急制动事件。

③ 本车将紧急制动车辆分为相同车道车辆与相邻车道车辆。

④ 本车进一步根据车速、位置等信息判断本车是否与紧急制动车辆相关，若存在潜在危险，则对驾驶人进行提醒。

（7）异常车辆提醒（Abnormal Vehicle Warning，AVW）。

AVW 应用是指当远车在行驶时打开故障报警灯时，对外广播"该车故障，报警灯开启"，本车收到消息后识别其属于异常车辆，当该车辆可能影响本车行驶路线时，AVW 应用提醒本车驾驶人注意，辅助驾驶人及时发现前方异常车辆，从而避免或减轻碰撞，提高通行安全，如图 4-39 所示。

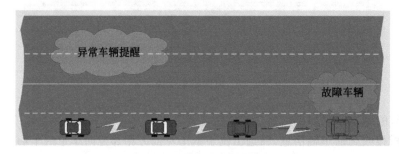

图 4-39　异常车辆提醒示意

AVW 的基本工作原理如下：

① 故障车辆打开故障报警灯并发送消息。

② 本车接收消息并识别异常状态的车辆。

③ 若判断其与本车存在碰撞危险，则及时报警；若有多个威胁车辆，则筛选出最紧急的威胁车辆。

2. 效率类应用

在环保意识提升的当代，在保证行车安全的基础上，如何在行驶过程中尽可能地节能减排也成为研究的重点。效率类应用的作用就是通过车路通信系统的信息交互，使车辆获取部分路况信息，并选择能耗更少或效率更高的驾驶行为。

部分效率类应用介绍如下。

（1）绿波车速引导（Green Light Optimal Speed Advisory，GLOSA）。

GLOSA 应用是指当装有车载单元（OBU）的车辆驶向交叉路口并收到信号灯发来的状态数据后，GLOSA 应用将给予驾驶人一个建议车速区间，使车辆能够经济、舒适地通过路口。

GLOSA 的基本工作原理如下：

① 车辆根据收到的道路数据以及本车的定位和运行数据，判定本车在路网中所处的位置和运行方向。

② 判断车辆前方路口是否有信号灯，提取信号灯对应相位的实时状态；若有信号灯信息，则可直接显示给驾驶人。

③ GLOSA 应用根据本车的位置以及信号灯对应相位的实时状态，计算本车能够在本次或下次绿灯期间不停车通过路口所需的最高行驶速度和最低行驶速度，并进行提示。

（2）车内标牌（In-Vehicle Signage，IVS）。

IVS 应用是指当装载 OBU 的车辆收到由路侧单元（RSU）发送的道路数据以及交通标牌信息后给予驾驶人相应的交通标牌提示，保证车辆的安全行驶。

IVS 的基本工作原理如下：

① 车辆根据收到的道路数据以及本车的定位和运行数据判定本车在路网中所处的位置和运行方向。

② 判断车辆前方道路是否有交通标牌，以及在当前时间段该标牌是否有效，若有效则将信息提供给驾驶人。

（3）前方拥堵提醒（Traffic Jam Warning，TJW）。

TJW 应用是指当车辆行驶时前方发生交通拥堵状况时，RSU 会将拥堵路段信息发给车辆，TJW 应用将对驾驶人进行提醒。

TJW 的基本工作原理如下：

① 车辆根据收到的道路数据以及车辆自身的定位和运行数据，判定本车在路网中所处的位置和运行方向。

② 判断车辆前方道路是否有交通拥堵，若有则直接提醒驾驶人。

（4）紧急车辆提醒（Emergency Vehicle Warning，EVW）。

EVW 应用是指车辆行驶中收到紧急车辆提醒，以为消防车、救护车、警车或其他紧急呼叫车辆等让行。

EVW 的基本工作原理如下：

① 分析接收到的紧急车辆消息，筛选出位于本车受影响区域的紧急车辆。

② 将处于一定范围内的紧急车辆作为优先让行紧急车辆。

③ 计算优先让行紧急车辆到达的时间和距离。

3. 信息服务类应用

信息服务类应用主要指车辆行驶过程中，驾驶人需手动进行非常规且必要的信息交互式应用，最常见的就是支付行为。汽车近场支付（Vehicle Near-Field Payment，VNFP）指车辆作为支付终端对消费的商品或服务进行支付的一种服务方式。汽车通过 RSU 发生信息加护，间接向支付机构发送支付指令，产生货币支付与资金转移行为，从而实现支付功能。

车辆具备支付能力后,在智能交通的各应用场景下,可以有效加速相关付费过程的效率与执行准确性。在停车支付和 ETC 场景,通过收费单元与汽车的有效自动化联动,可以加速车流,提高通行效率;在未来无线充电场景,可以解决根据充电量实时支付的问题,同时无须操作充电设施,提升用户体验;在购买车辆保险场景,可以根据本车实时车况数据直接完成汽车保险的购买,实现车险个性化定价,提高商业服务质量。

VNHP 的基本工作原理如下。

① RSU 广播“我是收费站”的信息,OBU 收到相应信息后发送汽车信息,并建立通信连接。

② RSU 发送收费请求,OBU 接收后,根据车辆自身性能,内部支付计算单元计算支付金额,发出应答支付信息。

③ RSU 收到支付应答信息后进行收费处理,其中包括对支付账户的风险性检测以及实时与后台系统的交易确认(如是否为黑名单账户,是否符合合法交易条件等)。

④ RSU 向 OBU 通知扣款(此时可选择传输电子发票等凭据),OBU 做相应记录并结束通信。

4.4.2 应用层交互数据集、标准及接口规范

车联网中充斥着 V2X 相关的数据流,这些数据流不仅数据量极大,而且由于来源、去向和用途的区别,导致其结构复杂,种类繁多。为了方便对各种 V2X 数据进行解析及应用,需对各方面的数据进行整合和制定标准,数据输出时即进行标准化处理。处理后的数据结构简洁统一,数据流的处理也更加容易和方便。

1. 应用层交互数据集及标准

根据车辆信息的来源,应用层的交互数据集被分成五个类别,分别为车辆基本安全消息(Basic Safety Massage,BSM)、地图消息(MAP)、路侧单元信息(Road Side Information,RSI)、路侧安全消息(Roadside Safety Massage,RSM)以及信号灯消息(SPAT),且分别各有该种消息固定的数据格式。

(1) 车辆基本安全数据。

车辆基本安全消息主要涵盖车联网内的车辆自身的数据(位置、速度)以及车辆安全状态数据,是使用最广泛的一个应用层消息。车辆可通过自身广播该消息,将自身的实时状态告知周边车辆,以支持一系列协同安全的应用。

BSM 数据集主要包含的内容如下。

① 通信数据:时间戳和消息计数。

② 车辆数据:车辆的 ID、车辆类型、车辆三维数据等。

③ 行驶数据:车辆位置数据(三维、经纬度以及海拔)及位置置信集、车辆行驶速度、加速度、方向角、制动数据等。

(2) 地图数据。

地图数据是路侧单元周边一定范围内的简化地图信息,该数据包含多个路口和区域的信息,由路侧单元广播,车辆在接收后即可获取周边局部区域的地图信息,并可以此为

依据进行一定程度的诸如路径规划、车速控制等功能的实现。

MAP 数据集主要包含的内容如下。

① 通信数据：时间戳和消息计数。

② 路段信息：包括该路段的 ID、路段长度和宽度、限速数据等。

③ 车道信息：包括车道数量、车道宽度、车道内车流量等。

④ 道路连接关系：主要表示道路的连接方式、位置分布等。

⑤ 局部地区的路口信息：包括路口位置范围、交叉道路 ID 等。

注：与路口相关的信号灯信息将在后续 SPAT 信息中详细定义。

（3）路侧单元信息。

路侧安全消息指路侧单元向周围车辆发布的交通事件信息以及交通标志牌信息。其中，交通标志牌信息参考国家标准 GB 5768《道路交通标志和标线》，包含其中所有的标志牌信息，而临时的交通事件信息则可通过文本发布。

当车载单元接收并判定信息发送源生效区域时，可通过自身的位置、行驶方向以及消息提供的区域范围进行判定。

RSI 数据集主要包含的内容如下。

① 通信数据：时间戳和消息计数。

② 通信单元数据：路侧单元 ID、路侧单元位置数据等。

③ 路侧信息数据：警示牌信息（GB 5768）、信息优先权重、信息源位置、警戒半径（信息生效区域）等。

（4）路侧安全消息。

路侧安全消息是路侧单元通过路侧本身拥有的相应检测手段，得到周边交通参与者的实时状态信息（包括路侧单元本身、周围车辆、非机动车、行人等）。路侧设备将这些信息整理成定义的格式后，作为这些交通参与者的基本安全状态信息（类似于 BSM）广播给周边车辆，并支持这些车辆的相关应用。

RSM 数据集的存在使得车辆对于周围环境的感知不仅仅依赖于 BSM 数据集。路侧单元基于路侧传感器，可帮助车辆对其周围环境进行探测，并将实时信息通过 RSM 消息传递给车辆。

RSM 数据集主要包含的内容如下。

① 通信数据：时间戳和消息计数。

② 通信单元数据：路侧单元 ID、路侧单元位置数据等。

③ 信息数据：信息源位置、交通行为参与者信息等。

（5）信号灯数据。

信号灯数据主要表示车辆周边范围内一个或多个信号灯的相位信息，与 MAP 信息结合可更加全面地表示道路路况，为车辆应用（如车速引导等）提供可靠的数据源。

SPAT 数据集主要包含的内容如下。

① 通信数据：时间戳和消息计数。

② 信号灯标识：信号灯 ID，信号灯位置，对应路口 ID 等。

③ 相位信息：信号灯颜色、起止时间、倒计时、可行驶方向等。

2. 应用层数据接口规范

应用层数据接口主要包括与系统应用对接的应用程序编程接口和与不同通信设备对接的服务提供者接口。其中，应用程序编程接口可以让不同的应用开发者独立开发能实现互联互通的应用，而无须担心使用的通信方式或者通信设备，也无须担心通信功能是通过调用本机驱动实现还是通过通信调用远程的通信模块实现。服务提供者接口可以实现车用通信系统与不同通信方式或者通信设备的兼容，并满足通信技术不断更新的需求。

(1) 应用程序编程接口。

应用程序编程接口(Application Programming Interface,API)是一些预先定义的函数，目的是提供应用程序与开发人员基于某软件或硬件得以访问一组例程的能力，而又无须访问源代码或理解内部工作机制的细节。

当下的车联网发展呈现多样性，不同的设计规范、不同的开发需求、不同的开发环境及不同的硬件设备等都会导致应用开发难以相互对接，数据应用难度加大。一组 API 设计标准和规范可以定义车联网内各种数据流的传输接口，在不同开发环境、开发工具及硬件基础的情况下，数据也可通信及解析，各个应用功能均可以正常使用。

主要的 API 接口类型如下：

① 本机信息类，主要用于本机数据、本机状态、本机通信设备、本机通信状态等数据的请求和确认等，是数据输出的第一步。

② 通信操作类，主要用于做出基础的通信操作，是车辆是否融入车-车通信网络的基础，如消息初始化、消息发送与终止服务的请求和确认等。

③ 数据镜像服务类，主要用于通信数据镜像处理过程，防止由于数据错误而引起功能失效等情况，以及后续的车联网大数据分析可以从中获取数据备份，主要包括 BSM、RSM、SPAT、MAP 消息的镜像消息请求、请求应答和请求通知。

④ 数据应用服务类，主要用于数据处理解析，也是车联网功能实现的核心部分，如远程车辆、TC 车辆、事件车辆、路侧警示、信号灯、行人等主要交通行为参与者的信息请求、请求应答和请求通知。

⑤ 管理服务类，主要用于各操作者的操作过程，如服务列表获取、供应商与用户服务操作、支付操作等的请求及请求应答。

(2) 服务提供者接口。

服务提供者接口(Service Provider Interface,SPI)属于 API 的一种设计方法，主要是指由供应商提供给各开发商用于二次开发的一些接口。由于数据库的多样性，可以向外提供一组接口(即 Service)，由数据库厂商实现对应的接口(即 Provider)，可以在使用的时候通过配置加载进来并实现内置功能。

主要的 SPI 接口类型如下：

① 操作初始化请求及请求确认。

② DSM 消息(DSRC Short Message,专用短程通信短消息)发送请求、发送请求确认以及接收通知。

③ DME(DSRC Management Entity,专用短程通信管理实体)设置请求及请求确认、获取 DME 属性请求及请求确认、DME 供应商及用户操作请求及请求确认，以及 DME 接

收通知消息等。

思　考　题

1. IEEE 802.11 标准定义了（　　　）。

　　A. 无线局域网技术规范　　　　　　　　B. 电缆调制解调器技术规范

　　C. 近距离个人无线网络标准　　　　　　D. 宽带网络技术规范

2. 以下属于低层协议的是（　　　）。

　　A. FTP　　　　　　　B. IP　　　　　　　C. UDP　　　　　　　D. TCP

3. 比较 DSRC 与 LTE-V，它们的优势分别体现在哪里？

4. 简述车辆自组织网络的概念。与 MANET/WSM 相比，VANET 具有哪些不同的技术特点？

5. 车联网环境下如何实现吞吐量、延迟、丢失的性能优化？

6. 简述分组交换技术的工作原理及其特点。

7. 分别按照基本路由机制的不同、网络结构的不同、路由发现策略的不同对 Ad-hoc 网络路由协议进行分类。

8. 简述单播、多播和广播的含义，它们的差别是什么？

参 考 文 献

第 5 章　交通状态分析及预测技术

城市道路交通状态的完整获取、准确实时评价和预测是准确把握城市道路交通系统行为，科学制定交通管理决策和充分发挥交通设施潜能的基础。本章重点介绍交通状态的分析及预测技术，以满足城市交通管理的实际需求。

5.1　交通状态的概念和内涵

5.1.1　交通状态的概念

城市道路交通状态是指交通流的总体运行状况，具有多尺度、多变量、随机和时变的特性。针对不同的交通状态，需要采取不同的交通控制和管理方案，以及选择不同的出行方案等。对道路交通状态进行分析是交通指挥、交通控制和交通诱导的基础，尤其是在发生非常态事件的情况下，交通状态信息的获取对于政府部门应急疏散方案的确定、公共安全部门的抢险救灾以及社会公众的避险或出行等更是必备的支持信息，可以为抢救生命财产、避免事态恶化争取宝贵的时间。因此，界定交通状态概念、建立交通状态评价指标体系、设计合理的交通状态评价指标的计算方法是非常必要的。

虽然目前国内外有很多关于道路交通状态的相关研究及一些有益成果，但已有研究大部分用于描述路口交通流运行状况，其评价指标主要是从路口处路基型检测器采集的数据中直接提取的，包括流量、速度、占有率等交通参数，通常为交通信号控制系统服务，虽然可以说明特定路口的交通运行状态，但难以全面描述整个路网的交通运行状况，尤其是在非常态事件发生之后，不确定性因素增多，出行的信息需求也明显增加。因此，亟须建立一套系统的、基于多源信息的道路交通状态评价指标体系，以同时满足不同用户主体的需求。

道路交通状态是指交通流的总体运行状况，可从微观、中观和宏观角度分别对其进行分析。

从微观上看，交通流运行状态可用一些基本车辆的运行参数描述，一般表现为交通流量的大小、车辆速度的快慢、车辆排队的长短、延误时间的大小等定量指标。

从中观上看，交通流运行状态一般描述为某路段或路口的交通状况综合水平，可划分为正常状态和异常状态两种。正常状态指所有车辆都能够有序、安全、畅通地运行；异常状态即非正常状态、交通拥挤状态。通常情况下，交通拥挤又可根据其严重程度划分为轻微拥挤、拥挤和严重拥挤等。综上所述，中观层次的道路交通状态包含以下四种类型：畅通、轻微拥挤、拥挤和严重拥挤。

其中,畅通大致是指平均行程速度不明显低于所在路段最高限速规定的交通状况,包括可按最高限速行驶的交通状态以及处于稳定流状态较好和中间部分的交通状况。其中,第一种情况下的交通流量很小,驾驶人不受或基本不受交通流中其他车辆影响,有非常高的自由度以选择期望速度。但在第二种情况下,交通流处于稳定流中较好和中间的部分,车辆行驶速度开始受其他车辆影响,并随交通流的增加而逐渐增大,交通服务水平有明显的下降。

拥挤则是指平均行程车速明显低于所在路段规定的最高限速的交通状况。根据拥挤的严重程度,又可将其划分为轻微拥挤、拥挤和严重拥挤三种状态。其中,轻微拥挤是指平均行程车速仍然保持在公认的可接受范围之内的交通状态,此时交通处在稳定交通流中的较差部分,车速和驾驶自由度受到严格约束,车辆行驶的舒适性和便利程度低下,此时交通量稍有增加就会导致交通运行问题。

严重拥挤是指平均行程车速已经低于公认的可接受范围时的交通状态。其中,公认的可接受范围随城市规模、道路和交叉路口等级的不同而不同。此时交通有可能处于不稳定流状态,交通量稍有增加或交通流内部的微小扰动就将产生较大的交通运行问题,甚至有可能导致交通中断。或者,更严重的情况是交通处于强制流状态,车辆跟随前车走走停停,经常排成队,此时交通量和速度同时由大变小甚至变为零,而交通密度则随交通量的减少而增大。

拥挤是介于轻微拥挤和严重拥挤之间的一种过渡状态,其交通状况劣于轻微拥挤状态下的交通运行状况,而又好于严重拥挤状态下的交通运行状况。

从宏观上看,交通流运行状态可以描述为路网或局部路网的交通拥挤程度,可用交通拥挤指数表示。

目前应用最广泛的交通状态是 HCM 提到的服务水平,HCM2000 中关于服务水平的定义为:服务水平是描述交通流运行状况的一种质量测度,通常用速度、行程时间、驾驶自由度、交通中断、舒适和方便等服务指标描述。

交通状态应包含两层含义:反映交通流运行的客观状况,即随着交通流的变化,交通状态也在不断变化;反映交通出行者对交通流状况的心理感受,即对于不同的交通状态,驾驶人对交通流运行状况的感受也是不一样的。同时,交通状态应该是交通流运行过程中产生的一种动态状态或网络模式,可以根据不同的交通管理需要,从不同层面对交通状态进行分析。

系统论认为,系统状态是物质系统所处的状况,是一组状态变量的集总值。而系统的状态变量是指系统变量中可以表示任一时间系统完整状态的最小子集合。

交通状态是伴随交通系统的运行而产生的,它首先是一种系统状态,但交通系统是由人参与的复杂系统,具有不同于其他系统的特性。根据系统状态的一般定义,结合道路交通系统的特性,定义交通状态是对交通流总体运行状况的客观反映,能够由一组反映交通流行为不同侧面、不同粒度的指标变量表征。

分析交通状态的概念,可以得到交通状态的构成要素。

① 时间要素。交通状态随时间的变化而变化,交通状态应该有时间的限制。

② 空间要素。交通状态随空间的变化而变化,交通状态应该有空间的限制。

③ 对象要素。交通状态的描述对象是不同时间、不同空间的交通流总体运行状况，不是单个车辆的运行状况。

④ 条件要素。交通流行为产生交通状态，不改变行为的交通流不会产生新的交通状态。

⑤ 结果要素。交通状态是可测的，能够由一组反映交通流行为不同侧面、不同粒度的指标变量表征。

分析交通状态的概念，归结其特性如下。

① 客观性。交通状态的客观性是指在道路交通系统中，由于交通流的客观存在，决定了反映交通流总体运行状况的交通状态也是客观存在的，不以人的意志为转移。

② 动态随机性。交通流的一个最大特征是动态性，这是因为城市道路交通系统与出行者的活动密切相关，具有很多随机的因素：一方面是交通需求的随机变动，比如出行目的、个人偏好等；另一方面是交通供给能力的随机变动，例如交通事故、道路改扩建以及天气等都会影响交通流的变化。交通流的动态随机变化决定了交通状态必然是动态随机变化的。

③ 连续性。交通流行为产生交通状态，本书认为交通流行为是一个连续变化的过程，因此，交通状态也是一个连续变化的状态。

④ 层次性。交通状态随空间的变化而变化，不同的空间有不同的交通状态。城市路网是有层次结构的，不同层次的交通状态是不一样的。

⑤ 相关性。道路交通网络是由相互连接的路段和交叉路口组成的网状结构。一个路段或交叉路口交通状态的变化，可能导致相邻路段或交叉路口交通状态的变化，甚至整个路网交通状态的变化。

⑥ 周期性。由于路网结构在一定时间内具有相对稳定性，加之交通出行者和管理者对出行习惯和管控措施的经验，以及路网本身对环境的适应性，尽管交通状态会动态随机变化，但在总体上仍然呈现出周期规律性。

⑦ 可测性。交通状态研究的目的是为了更好地服务交通管理决策，因此，交通状态是可以量化的，即表征交通状态的指标变量是可测的。

道路上的车流行为可以根据车辆之间的行车干扰分为两类：自由流行驶和非自由流行驶。在自由流行驶条件下，驾驶人可以根据道路条件、车辆条件及自身状况等选择较高的行驶速度和较好的车道。而在非自由流行驶条件下，车辆易受到其他车辆的干扰，车速和车道的选择都受到一定程度的影响，甚至存在走走停停的行为。

交通状态评价和预测的目的是服务于交通管理决策。不同的交通状态反映了不同的交通流运行状况，因此可以根据不同的交通状态制定相应的交通管控措施，但交通状态是一个连续状态，随时间和空间的变化而不断变化，这就需要制定许多的交通管控措施，不符合实际。因此，可以根据交通流行为之间的某种相似性将交通状态划分为若干个类别（等级），分别反映交通流在不同阶段的质变行为，进而制定出有针对性的交通管控措施。

在对交通状态类别（等级）划分之前，应基于如下共识。

① 交通状态的类别是反映相似交通流行为的交通状态集合。交通状态是对交通流运行状况的客观反映，是随时间和空间不断变化的量，而交通流在不同时刻或空间存在着

某种相似性,因此可以将交通状态的类别理解为那些反映相似交通流行为的交通状态集合。

② 不同的交通状态类别之间是有差异的。不同交通状态类别描述的交通流运行状况是不一样的,反映的交通流行为也是不一样的,对交通管理决策制定的影响也是不同的。

③ 不同交通状态类别之间的差异是可以测评的。将交通状态划分为不同的类别,分别描述交通流在不同阶段的质变行为,科学地测评它们之间的差异,可以使得交通管理者制定出有针对性的交通管控措施。根据交通状态的概念,交通状态能够由一系列反映交通流行为不同侧面、不同粒度的指标变量表征,因此可以通过设计科学、合理的指标变量对交通状态进行量化,进而实现交通状态类别之间差异的测评,也为进一步区分不同交通状态的类别奠定基础。

④ 交通状态的类别划分是主观的。交通状态的类别是反映相似交通流行为的交通状态集合,而如何定义交通流行为的相似性,人与人之间,尤其是道路交通系统中的参与者之间是有差异的,这些参与者具有不同的年龄、性别、教育程度、心理特征等,因此对相似性的理解是不同的,进而对交通状态类别的认知是不同的,对类别的划分是主观的,必然存在差异性。可以根据交通参与者主观感受的统计结果或决策需要对交通状态进行分类。

交通状态是客观的,能够由一组反映交通流行为不同侧面、不同粒度的指标变量表征。而交通状态类别是主观的,一般根据交通参与者主观感受的统计结果或决策需要进行类别划分。交通状态和交通状态类别从不同角度描述交通流的运行状况,形成了一个相对完整的交通状态概念体系。

5.1.2 交通状态的指标体系

在道路上通行的大量行人和车辆在整体上具有类似流体的特点和特性,交通工程中把在道路上通行的人流和车流统称为交通流(Traffic Stream 或 Traffic Flow)。一般在交通工程学中讨论的交通流主要指车流。

交通流是整体、宏观的概念,通过对大量观测数据的分析,发现交通流具有一定的特征性倾向,为此提出了交通流特性的概念。交通流特性是指交通流运行状态的定性、定量特征,用来描述和反映交通流特性的物理量称为交通流参数。

用于描述交通状态的交通流参数分为宏观参数和微观参数。其中,宏观参数用于描述交通流作为一个整体表现出来的运行状态特性,主要包括交通量、速度、交通密度、占有率、排队长度;微观参数用于描述交通流中彼此相关的车辆之间的运行状态特性,包括车头时距和车头间距。

1. 交通量

交通量(Volume)又称流量,是指单位时间内通过道路指定地点或断面的车辆数。交通量不是一个静止不变的量,其具有随时间和空间的变化而变化的特征。度量城市交通特性的一种方法是在道路系统内一系列的位置上观察交通量在时间和空间上的变化规律,并绘出交通流等值图。当交通量超过某一水平时,就认为发生拥挤。然而,这种判断存在的问题是同一流量水平可以对应两种截然不同的交通状态,因此这种参数应该与其他方法相结合,而不是单独使用。

2. 速度

速度是描述交通流状态的第二个基本参数,它是指车辆在单位时间内通过的距离。由于道路交通流是由多种车辆组成的复杂系统,因此存在多种速度概念。

从微观上看,每个车辆都有瞬时速度和在特定时间段内的平均行驶速度和平均行程速度。瞬时速度(也称即时速度、地点速度)是车辆通过某一地点时(或在某一时刻)的瞬间速度,可用作道路设计、交通管制和规划的依据。单个车辆的平均行驶速度是指车辆通过特定长度路段时路段长度与所用的行驶时间之比,其中,行驶时间不包括由于各种原因发生的车辆停驶时间。由于车辆的平均行驶速度不考虑车辆在运行过程中的停车延误,不能准确反映车辆的运行特性,因此这个概念很少得到实际应用。车辆的平均行程速度则是指车辆通过特定长度路段时路段长度与所用的全部时间之比。由于考虑了可能产生的停车延误,所以这种速度概念能够更好地体现车辆在特定路段、特定时间段的运行状态。

从宏观来看,交通流的平均速度有在特定地点的时间平均速度(平均地点速度)和在特定路段上的区间平均速度(平均行程速度)之分。时间平均速度是在观测时间内通过某截面的所有车辆地点速度的算术平均值,而区间平均速度是观测距离与车辆通过该距离所用平均行程时间的商。前者体现了交通流在特定观测地点处的运行状况,后者体现了交通流在特定路段空间上的运行状况,当这两种速度值明显低于正常值时,表明观测地点或观测路段的交通处于拥挤状态。

3. 交通流密度

交通流密度是指在某一瞬间单位道路长度上存在的车辆数,即

$$K = N/L \qquad (5\text{-}1)$$

式中,K 为交通密度[辆/(km·车道)];N 为车辆数(辆);L 为观测路段长度(km)。

在通常情况下,交通流量大,交通密度也大。但当道路交通十分拥挤、车流处于停滞状态时,交通流量近似等于零,而此时的交通密度却接近于最大值。因此,单纯使用交通流量指标难以表示交通流的实际状态,而采用交通密度指标则能够做出较好的评价。尽管交通密度能够直观地表明交通状态的性质,但由于数据的采集难度大,这个参数的实际应用是很有限的。

4. 车头时距和车头间距

在同向行驶的车流中,将前后相邻两辆车之间的空间距离称为车头间距。由于在交通流运行过程中测量车头间距是非常困难的,因此一般不使用这个指标。

在同向行驶的车流中,将前后相邻两辆车驶过道路某一断面的时间间隔称为车头时距。在特定时段内,观测路段上所有车辆的车头时距的平均值称为平均车头时距。

车头时距是一个非常重要的微观交通特性参数,其取值与驾驶人的行为特征、车辆的性能、道路的具体情况密切相关,同时又受到交通量、交通控制方式、交叉路口几何特征等因素的影响。与交通流量相似,相同的车头时距也对应着两种截然不同的交通状态,因此

不能单独用于交通状态度判别。

5. 占有率

占有率包括空间占有率和时间占有率两个概念。

在道路的一定路段上,车辆总长度与路段总长度之比称为空间占有率,通常以百分数表示。空间占有率直接反映了交通密度的高低,更能表明道路被实际占用的情况。与交通密度相似,由于这个交通参数数据的直接获取存在较大的难度,因此在实际上一般不被采用。

时间占有率是指在一定的观测时间 T 内交通检测器被车辆占用的时间总和与观测时间长度的比值,计算公式为

$$\text{occupy} = \sum \Delta t_i / T \tag{5-2}$$

式中,occupy 为时间占有率;Δt_i 为第 i 辆车占用检测器的时间(s);T 为观测时间段的长度(s)。

时间占有率的大小能够体现交通运行的状态。在交通流量较小的情况下,单位时间内通过检测器的车辆数较少,而且由于车速较高,因此导致时间占有率比较低。随着交通量的增加,单位时间内通过检测器的车辆数增加,而且车速有所降低,因此检测器被车辆占用的时间增加,时间占有率显著增加。当出现交通拥挤时,通过检测器的交通量虽然可能会有所降低,但由于车速明显下降而使得时间占有率仍然处于较高的水平。

6. 排队长度

排队长度是指在交通间断点(交叉路口、事故发生点等)处排队的车辆数。排队长度可以用来衡量交通拥挤程度,在一般情况下,拥挤越严重,产生的排队长度越长,因此可将排队长度作为衡量交通拥挤程度的最直观指标。需要注意的是,对于城市交叉路口来说,由于存在交通控制信号,在红灯期间到达交叉路口的车辆必定会在停车线前排队,一般认为在 1~2 个信号周期能够通过的排队不属于交通拥挤的范畴。

交通流特征的时空变化可由交通流参数数据的变化体现出来。如果在道路上设置有一定数量、一定种类的交通检测器,并按照一定的时间间隔对交通参数数据进行采样,则通过分析这些交通数据的变化规律可以实现对交通流状态度的监视。究竟采用哪个或哪几个交通参数数据作为拥挤判别的依据,应从交通状态判别的效率、效果以及经济性和可靠性等多方面考虑。

城市道路交通状态是指交通流的总体运行状况,是表征交通流运行的拥挤程度,是各种交通管理与控制的基础。城市道路上的交通状态可分为顺畅、拥挤、拥堵三种状态。

顺畅大致是指平均行程车速不明显低于所在路段规定的最高速度限制的交通状况,包括可按最高限制速度行驶的交通状态以及交通处于稳定流的较好和中间部分的情况。其中,在第一种交通状态的情况下,交通量很小,使用者不受或基本不受交通流中其他车辆的影响,有非常高的自由度以选择所期望的速度(前提是不大于最高限制速度)。而当交通流处于稳定流的较好和中间部分的情况时,车辆行驶速度开始受其他车辆的影响,而且这种影响会随交通流的增加而逐渐加大,车辆行驶的舒适性和便利程度有明显的下降。

拥挤则是指平均行程车速明显低于所在路段规定的最高速度限制的交通状况。根据

拥挤的严重程度,拥挤又可分为轻微拥挤、拥挤和严重拥挤。在这里,我们认为轻微拥挤是指平均行程车速尚在一个大家公认的可以接受的范围之内的交通状态,此时交通处在稳定交通流范围的较差部分。速度和驾驶自由度受到严格约束,舒适和便利程度低下。此时交通量有少量增加就会在运行方面出现问题。而严重拥挤则是指平均行程车速已经低于大家可以接受的范围时的交通状态。这个公认的可以接受的速度标准随城市规模、道路、交叉路口等级以及发生时间不同而不同。此时交通处于不稳定流范围内,交通量有小的增加,或交通流内部有小的扰动就将产生较大的运行问题,甚至发生交通中断。更严重的是交通处于强制流状态,车辆经常排成队,跟着前面的车辆走走停停,在这种情况下,交通量与速度同时由大变小直到零,而交通密度则随交通量的减少而增大。拥挤是介于轻微拥挤和严重拥挤之间的一种过渡状态,其交通状况劣于轻微拥挤状态下的交通运行状况,而又好于严重拥挤状态下的交通运行状况。

交通拥堵等同于严重拥挤,指一种车多拥挤且车速缓慢的现象,通常在假日或上下班高峰等时刻出现。此情形常出现于世界上各大都市区、连接两都市的高速公路及汽车使用率高的地区。此外,人们经常把容易塞车的道路称为交通瓶颈,其原因一般是因为汽车使用率增加、道路容量不足或设计不妥、道路交会处过多等。拥堵的存在会造成多种影响,比如增加通勤时间,使得可用于工作的时间减少,造成驾驶人及该区域经济上的损失;导致驾驶人感到愤怒及烦躁,增加了他们的压力,从而进一步损害其健康;浪费燃料及污染:引擎在塞车时仍不断运转,持续消耗燃料,并且在堵塞的时候,车辆必须不断加速、制动,增加燃料的耗费,因此交通堵塞不仅浪费能源,也造成空气污染;造成都会区的生活品质降低,导致居民大量迁至郊区(即所谓的郊区化);难以应变紧急状态,当有紧急需要时,可能因为交通堵塞而难以到达目的地等。因此,交通拥堵现象是一个亟待解决的问题。

根据拥挤成因,拥挤可分为两种:一种是常发性拥挤,一般发生在固定地点、固定时间内,例如早高峰和晚高峰时的拥挤,此时道路上的交通量接近饱和或过饱和状态,车辆在道路上的行驶速度比较慢,自由度比较低,严重时甚至出现车辆走走停停的状况;另一种是偶发性拥挤,又称为事件拥挤,一般是由一些特殊交通事件引起的,例如交通事故、车辆抛锚、不良天气、大型活动、道路施工养护等。此时道路上的交通量一般很低,低于饱和流量,它的产生是没有规律和不可预测的,且可能持续时间较长,只能依靠现场的组织、协调、指挥等手段对其进行管理。然而,对于大型活动而引发的拥挤,因可在一定程度上估计发生的时间和地点,因此可采取与常发性交通拥挤管理相类似的对策。

5.2 交通状态的判别和分析

通过观察城市交通实际运行和对所采集到的交通信息进行分析,可以发现路段和区域交通状态具有自身的规律。在过去,这些规律需要交通管理人员长期的经验积累才可发现,而现在充分利用智能交通系统的海量信息,运用模式识别、人工智能等方法,便可找出隐含在交通信息之中的交通模式,为区域路网的交通流控制、诱导等提供决策支持。从本质上看,交通拥挤也是一种交通状态,交通拥挤状态判别等相关研究也是交通状态分析的一个子集。因此,本节将围绕交通状态判别和分析的相关方法进行详细阐述。

5.2.1　道路交通状态判别

路网交通状态的判别主要依据宏观、中观和微观交通流参数进行。其中,宏观交通参数主要描述交通路网的网络特性和整体状态的演变过程;中观参数主要是指路口与路段的交通状态;微观参数主要是指车辆运行状态与相互影响关系。因此,路网交通状态判别是涉及多尺度、多变量、高度随机和时变的复杂系统分析问题。

现有交通状态判别方法可以概括地分为人工判别方法和自动判别方法两大类。

人工判别方法是最早、最容易实施、最常用的方法,在日常生活中用来向交通管理中心报告交通拥挤和交通事件信息。人工判别方法包括市民报告、专职人员报告、民用无线电、闭路电视监视、航空监视等。从整体上看,这种非自动判别方法的主要优点是方便、直接、经济、效率比较高;缺点是要求当时当地有目击者,拥挤和事件地点比较难以准确确定,需要专门的人员对报告进行筛选确认,人员工作量和强度都比较大。值得注意的是,随着移动电话的普及,它已经逐渐成为大多数城市区域拥挤和事件判别的重要方法。高速公路巡逻队不但能发现事件,而且能够迅速开展事件响应和清除活动,从事件管理的角度来看,实际应用中还是很有吸引力的方法。而固定的观察人员更适合于短期的需要(如在有特殊的活动或在高速公路建设与维修期间等)。闭路电视可以作为一种人工交通状态判别的方法,也可作为对电话和 ACI 算法的报警进行确认的一种方法,前者需要有操作员对其进行连续观察。综合来看,人工判别方法一般适用于城市道路中交通状态的判别,而在高速公路中应用则受时间和天气的影响较大,其检测时间较长,检测率较低。因此,高速公路以及城市快速路更适合使用交通状态的自动判别方法。

对于自动判别 ACI 法,绝大多数的 ACI 方法都是通过识别由交通检测器得到的交通流参数的非正常变化间接地判断交通拥挤和交通事件的存在,因此称为间接 ACI 方法。而直接 ACI 方法则是指使用图像处理判别是否存在缓行或停止的车辆,从而对交通拥挤进行判别的方法,这类方法实际上是"看到"发生了交通拥挤和交通事件,而不是通过对交通流特征参数数据的分析以检测到它们的存在。从检测效果上看,直接 ACI 方法在判别速度方面远远胜于间接 ACI 方法,特别是在交通量较低的情况下也能对突发交通事件进行良好的判别,但需要更密集地设置交通监测器(摄像机),需要较高的资金投入才能保证判别的可靠性,而且气象条件对其影响也较大。

下面介绍一些经典的交通状态判别方法。

1. 加州算法

美国加利福尼亚州运输局在 1965—1970 年利用环型线圈技术获得了道路占有率数据,开发了加利福尼亚算法,简称加州算法。该算法对交通状态的判断原理主要是:依据设置在道路上下游的检测器在不同时刻检测得到的上下游占有率的变化情况(差值变化、变化率、相对差值)与对应阈值的相互关联情况对交通进行状态判断。加州算法的基本原理如图 5-1 所示。

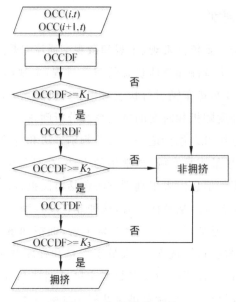

图 5-1 加州算法流程

其中,

$$
\begin{cases}
OCCDF = OCC(i,t) - OCC(i+1,t) \geqslant K_1 \\
OCCRDF = \dfrac{OCCDF}{OCC(i,t)} \geqslant K_2 \\
OCCTDF = \dfrac{OCC(i+1,t-2) - OCC(i+1,t)}{OCC(i+1,t-2)} \geqslant K_3
\end{cases}
\tag{5-3}
$$

式中,$OCC(i,t)$ 为第 i 个检测站 t 时刻所测的占有率,$OCCDF$ 为路段上下游占有率差值,$OCCRDF$ 为路段上下游占有率相对差值,$OCCTDF$ 为拥挤开始时下游占有率相对差值,K_1、K_2、K_3 为对应阈值。

后来,学者通过努力对上述加州算法进行了一系列改进,开发了 10 余种以最初的加州算法为基础理论支持的改进拥堵自动识别算法,其中加州♯7 算法和加州♯8 算法的拥堵识别效果最好。在加州♯7 算法中,当前测得的下游占有率取代了占有率相对差值,这一改变排除了较大交通量情况下出现的常见压缩波的错误报警。同时发现,当下游占有率数据小于设定阈值时(通常 20%),就表示有事件发生。加州♯8 算法是所有改进的加州算法中最复杂但性能最好的一个算法。加州♯8 算法对交通量压缩波进行反复检测,这些波是导致上游交通移动速度降低的主要原因,并且这些压缩波很可能在大交通量状况下出现交通瞬间中断现象。通过分析发现,这种压缩波能被及时检测并且可以在上游延迟报警。

2. 指数平滑法

通常情况下,检测器采集到的交通参数数据中含有较多的噪声,如果将其直接用于交通拥挤的判别,将导致较高的误判率。指数平滑法先对原始交通数据进行平滑,去除短期的交通干扰,如随机波动、交通脉冲和压缩波等,然后将处理过的数据与预先设定的阈值

进行比较,判断是否有拥挤发生。交通参数的指数平滑计算公式为

$$ST_i(t) = \alpha T_i(t) + (1-\alpha) ST_i(t-1) \tag{5-4}$$

式中,α 为平滑系数,$0<\alpha<1$,一般取值范围为 $0.01\sim0.3$;$T_i(t)$ 为第 i 个检测站 t 时刻的交通流参数值;$ST_i(t)$ 为第 i 个检测站 t 时刻的交通流参数平滑值。

该算法的判别流程如图 5-2 所示。

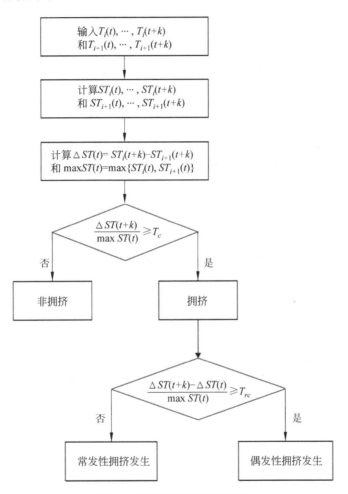

图 5-2 指数平滑判别算法流程

3. Mc Master 算法

Mc Master 算法是由加拿大的 Mc Master 大学土木工程系基于突变理论开发的,该算法对交通拥挤的判别过程包括两个阶段:①判别拥挤的存在;②判别拥挤的类型。这种算法将获得的交通流量和占有率数据表示在二维空间上,并将流量-占有率二维图形划分为四个区域,每个区域代表一种交通状态,如图 5-3 所示。

区域 1 表示正常(非拥挤)交通状态;区域 2 表示偶发性拥挤地点上游的交通状态;区域 3 表示缓慢交通流动阻塞状态,一般意味着该检测站下游发生拥挤;区域 4 表示常发性拥挤地点上游处的交通状态。通过检查实测数据点在四个区域中的分布情况,可以对某

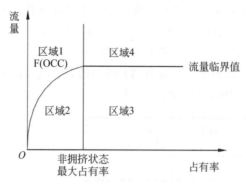

图 5-3　Mc Master 算法的状态分类

个检测站点下游交通拥挤状态的开始、持续和结束时刻进行判别。该算法规定,在三个连续的采样周期内,车速均降至阈值以下,或占有率超过阈值,或流量与占有率都在非拥挤区域之外,即可判定有拥挤存在。在连续两个采样周期内,若车速、流量和占有率任意两个超过各自的阈值,则也可以判定发生了交通拥挤。

4. 标准偏差法

标准偏差算法利用时刻 t 之前 n 个采样周期的交通参数数据(流量或占有率)的算术平均值作为交通参数在时刻 t 的预测值,再用标准正态偏差度量交通参数数据相对于其以前平均值的改变程度,当它超过预先设定的阈值时,则认为发生了偶发性交通拥挤。

设 t 时刻交通参数的实际值为 $x(t)$。时刻 t 之前 n 个采样周期的交通参数实际值为 $x(t-n),x(t-n+1),\cdots,x(t-1)$,则判别公式为

$$\text{SND}(t)=\frac{x(t)-\hat{x}(t)}{S} \geqslant K \tag{5-5}$$

式中,$\hat{x}(t)$ 为交通参数的当前预测值,S 为前 n 个采样周期交通参数的标准差,K 为决策阈值,SND 为正态偏差。

图 5-4 给出了采用标准偏差法进行拥挤判别的流程,所输入的交通参数可以是交通流量、占有率和速度等。在这种算法中,计算移动平均的时间窗口宽度 n 对拥挤判别的效果具有很大影响。

5. 基于 ANN 的双截面 ACI 算法

ANN 是近年来出现并得到快速发展的人工智能技术之一,已在许多领域得到了有效应

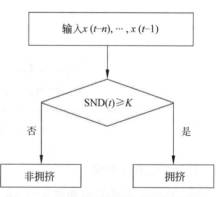

图 5-4　正态偏差法的拥挤判别逻辑流程

用。由于 ANN 能够模拟人脑对信息的记忆和处理能力,擅长从海量的数据中提取有用的知识,因此提出了基于 ANN 的双截面 ACI 算法。运用 ANN 进行交通状态判别的基本思想是:运用大量包括拥挤和非拥挤状态的交通数据对 ANN 进行训练,确定其最佳的结构和权值。对于一组特定的交通数据,通过对 ANN 输出结果与决策阈值相比较确

定所反映的交通状态。

(1) 数据准备。

对交通数据进行预处理,去除数据中的随机成分;将数据集合进行划分,形成 ANN 训练用数据子集和测试用子集;按照时间顺序对所有数据的预测值进行估计,计算输入变量的值。

(2) ANN 模型标定。

运用目标路段上下游的输入变量数据确定上下游 ANN 模型的隐层节点数及其连接权值。

(3) 决策阈值的确定和交通状态的判别。

根据数据集合中各组数据对应的交通状态,在确保交通拥挤的判别率、误判率和平均判别时间等指标的要求下,对上游和下游 ANN 模型的决策与阈值进行优化,据此对交通指数进行判别,并运用或运算对决策结果进行融合,给出目标路段的交通状态。

DS-ANN 算法以两个 ANN 模型为基础,分别对应目标路段上下游的检测站。上、下游检测站的 ANN 模型均有两个输入变量,每个 ANN 模型均会给出对应于各自地点的交通拥挤指数数据。因此,在同一时段可以得到两个关于目标路段交通状态的拥挤指数值。为了充分利用这两个拥挤指数所提供的交通状态信息,可以通过或运算对两个结果进行融合,这种融合方法对提高 ACI 算法的效率具有重要的作用。

5.2.2 交通状态分析方法

交通状态的判别作为交通状态分析的一个重要部分,其判别结果主要用于衡量城市道路交通运行状况。因此,为实现对城市路网交通流状态的实时响应,还需要对交通信息进行提取和分析,以得到能够科学表征城市交通流状态的有用信息,进而实现交通控制系统与诱导系统的相互协作。随着交通控制设备的大量投入使用和智能交通系统研究的不断深入,交通管理控制中心不但积累了海量的历史交通信息,同时能够提供丰富、准确的实时交通信息,这就为通过交通信息处理进行交通状态分析创造了条件,并使区域交通流特征提取、交通模式划分、拥堵时空分析等方法逐步应用于交通状态分析中得以实现。

为了对区域路网的交通流控制和诱导等提供决策支持,根据分析对象的差异以及交通管理需求的不同,可以将城市道路交通状态分析划分为微观、中观以及宏观交通状态分析三个层面。

1. 微观交通状态分析

微观交通状态分析主要集中于交通流的基础研究,通过建立微观交通流模型进行交通状态参数估计。目前比较典型的两种交通流微观模型为元胞自动机模型和跟驰模型。

元胞自动机实质上是定义在一个由具有离散、有限状态的元胞组成的元胞空间上按照一定的局部规则,在离散的时间维度上演化的动力学系统。目前,描述交通流运行特征的元胞自动机模型主要分为两大类：一类是以一维道路交通流为研究对象的单车道模型、双车道模型和多车道模型；另一类是以二维网络交通流为研究对象的模型。交通流可以在元胞自动机理论的基础上被离散划分为细小的单元，因此能够较好地描述交叉路口红绿灯、驾驶人过度反应、路段瓶颈、匝道连接点等因素引发的交通效应。所以，实际交通运行状态中的众多非线性复杂现象可以通过元胞自动机模型描述和模拟，交通流的本质特征能够更加准确地呈现出来。

跟驰模型以单个车辆作为研究对象，将交通流等效为分散的粒子，通过研究道路上行驶的相邻前后车之间相互作用力揭示车辆的运行特征与规律。在跟驰模型中，每辆车的运动规律被描述为含有离散状态变量和时间、空间变量的耦合常微分方程。在跟驰模型中，由于前方车速的变化，车距发生改变，驾驶人产生延迟反应，由此导致的交通流微扰动沿着车流向上传播，微扰动在交通状态不稳定的情况下经过一定程度的放大、局部区域车辆密度增大，交通拥堵现象随之形成。因此，对跟驰模型进行研究应加以数值模拟，可以分析得到车辆运行的稳定性特征，揭示交通流运行的演化机理，从而对道路交通状态进行判定和划分。

2. 中观交通状态分析

中观交通状态分析工作主要包括交通状态的分级与判别，分析对象为路段、交叉路口或交织区。

目前对于交通状态的划分主要分为两类：一类以美国通行能力手册为代表，将交通状态表征为服务水平，划分为 A~F 共 6 个级别；另一类是根据不同的研究目标、交通流变化特征以及交通实测特征进行交通状态的划分。一般而言，交通状态分级的指标选取往往由交通状态参数的获取形式决定，且大多数是由多个定性或者定量的参数构成。流量、平均车速以及占有率等基本交通参数可以通过固定检测器直接获得，经过对基本参数的进一步计算或转换，可以得到道路饱和度或拥挤度、旅行时间、行车延误以及交通密度等特定的表现交通特征的参数。车辆排队长度、车辆延误、停车时间比例、拥堵系数、加速度噪声等用以划分交通状态等级的指标可以通过探测车技术（即移动交通流检测技术）获取。

交通状态判别方法可分为人工判别方法和自动判别方法。其中，人工判别方法耗时耗力，且检测准确率较低，时间跨度也较短，在实际交通状态的判别应用中局限性很大。自动判别方法具有较好的机动性与灵活性，可以充分弥补人工判别方法的不足。随着各类交通检测器布设范围的扩大以及密度的增加，自动判别方法已经成为交通状态判别的主要手段。具体判别方法见 5.2.1 节。

3. 宏观交通状态分析

宏观交通状态分析主要是对宏观路网的总体运行状态进行分析评价，研究对象为交通网络。分析方法主要通过路口可达性矩阵及路段连通性分析，结合适当的交通参数进行合理的路网交通状态建模，基于路网的交通状态进行时空特征分析。随着通信技术的快速发展，浮动车数据已成为城市道路网络中广泛可用且高度适用的交通数据源。浮动车 GPS 装置获得的交通流参数数据可以覆盖包括那些没有交通监控基础设施的道路在内的更广泛的空间,因此为路网层面的交通状态研究提供了良好的数据支持。然而,由于路网层级的交通状态始终随着时间在空间上不断产生变化,呈现高度的动态、随机和复杂性,其交通流参数也具有海量、高维、多时相的特征,传统基于数学公式、统计模型的分析方法很难对其进行准确建模。目前,路网层面的交通状态分析多采用一些以数据为驱动的可视化方法或数据挖掘算法,通过分析交通状态的时空特征以帮助交通管理者从宏观层面进行交通管控。以下是几种典型的分析方法。

(1) 聚类分析法。

聚类分析法是一种依据对象之间某种特定的相似性原则将一组样本划分为不同类别的统计方法,使得同一类别中数据之间相似性尽可能最小,同时不同类别的数据之间差异性尽可能最大。相比于有监督的分类算法,聚类算法是一种无监督的机器学习方法,是在事先对样本的数据结构和分布没有较多的先验信息的条件下,能够有效地从大量的数据中找出不同样本之间的内部结构特征,并将数据划分为一定数量的子集,进而为下一步的数据分析提供重要的帮助。随着聚类技术的迅速发展,聚类分析在数学、统计学、生物学、计算机科学、经济学等学科得到了广泛的应用,其不仅是数据挖掘与统计分析的一个重要组成部分,也是模式识别、图像处理等领域中备受关注的基础性研究问题。在智能交通领域中,聚类分析技术可以将海量的交通数据划分为若干具有明显特征的交通状态,以便于挖掘不同交通状态下的交通流变化规律,对分析交通拥堵的成因、完善交通流理论以及为交通管理措施的制定提供决策支持都具有十分重要的科学意义。随着国内外学者对不同聚类问题的深入研究,聚类技术已形成了系统的方法体系,并提出了大量的适用于不同问题的聚类算法。目前根据聚类的原理,常见的聚类算法可以分为以下几种:划分聚类法,如 K-Means 算法;基于密度的聚类方法,如 DBSCAN、OPTICS;模糊聚类方法,如 FCM 算法等。

(2) 可视化法。

可视化法通过相应的二维地理空间表达或三维空间可视化手段,结合 GIS 地图表征交通流参数的时空变化规律,以探索时空拥堵特征。该方法可以直观、清晰地观察到路网交通流的时空变化特征,有助于管理者采取科学合理的交通管控措施。可视化法多作为一种路网层面交通状态的表达方式,需结合具体的聚类方法或统计方法对交通状态进行深入分析。

(3) 宏观基本图法。

为了描述车速、密度以及流量之间的关系,前人根据历史数据以及统计学知识构建了交通流模型,并以基本关系图的形式呈现,因此也称之为交通流关系基本图。根据研究对象的不同,采用相同的表现形式可以得到宏观基本图。宏观基本图以道路或宏观路网为研究对象,分析多条道路中所有车辆或多个断面所有车辆的平均交通流参数之间的变化规律与关系。宏观基本图的常用模型结构有以下几种:路网平均密度、平均速度、平均流量关系模型;路网车辆行驶里程与累积车辆数关系模型;路网内交通出行完成量与车辆行驶里程关系模型。

4. 实例分析

【例 5-1】 以北京市三环内路网为实例进行宏观层面的路网交通状态分析。路网如图 5-5 所示,共包含 14 990 个路段。选取以路段为单位,以 2min 为更新频率的速度指标作为分析的交通流参数,分析该路网一天内交通状态的时空变化规律。

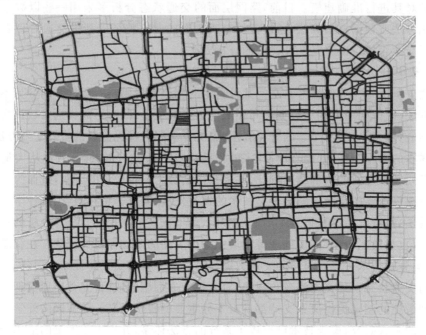

图 5-5　三环内路网

具体方法如下。

首先将网络层面的交通状态定义为由 m 个时间戳,n 个路段的交通状态构成的一个高维向量,令 A_{ij} 表示路段 i 在 j 时段的交通状态,则路网的全局交通状态可定义为 $m \times n$ 的矩阵 X。

$$X_{m \times n} = \begin{bmatrix} A_{11} & \cdots & A_{1n} \\ \vdots & A_{ij} & \vdots \\ A_{m1} & \cdots & A_{mn} \end{bmatrix} \tag{5-6}$$

为了更准确地表征交通状态,将 A_{ij} 定义为路段畅行指数,用路段 i 在时段 j 的实际平均速度与自由流速度的比值表示,值越接近于 1 表示路段越畅通,值越小拥堵情况越严重,公式如下

$$A_{ij} = \frac{V_{ij}}{V_{fi}} \tag{5-7}$$

对于该高维向量组成的矩阵,采用非负矩阵分解算法(NMF)对其进行特征提取。作为一种半监督学习算法,NMF 的核心思想是将一个目标矩阵 X 分解成两个非负子矩阵 W 和 H,即给定一个由 n 个样本及每个样本的 m 维特征向量构成的 $m \times n$ 阶非负矩阵

X,将其作为输入,然后通过迭代过程不断计算,将输入矩阵分解为 $m \times s$ 阶和 $s \times n$ 阶的两个非负矩阵 W 和 H,使其最大化地近似输入矩阵 X。通过矩阵分解,输入矩阵 X 中每个样本的 m 维特征向量可近似为矩阵 H 相应列中分量加权后的矩阵 W 中 s 列的线性组合。通常,变量 s 要取一个远小于 n 和 m 两者的值,使得矩阵 H 代表着输入数据的一个精简化的低维表示,以便进一步的数据分析。本实例中,输入矩阵即对应着路网的全局交通状态 X,其维数等于路段的数目 m,将时间序列作为 n 个样本,每个样本的特征向量由路段代表的 m 维列向量组成,通过 NMF 算法,得到由 n 个 s 维特征向量构成的子矩阵 H,H 即代表着路网全局交通状态的一个低维表示形式。

基于上述提取得到的低维表达形式的路网全局交通状态,采用 K 均值算法对两个子矩阵进行时空聚类分析,挖掘路网交通状态的时间演化规律和空间结构特征。K 均值聚类方法是目前应用比较广泛的一种聚类分析方法,通过确定一个目标函数,用以评价聚类结果的优劣程度,将满足目标函数极小的数据样本划分结果作为最终的聚类结果。对于具有 n 个样本的数据集,划分聚类方法的基本思路为:首先确定数据集要划分的类别数 k,创建一个初始的划分结果,使得每个类别中至少包含一个样本,同时满足每个样本属于且仅属于一个类别;然后根据某种度量方式,通过循环迭代不断交换不同类别中的数据样本,直到出现使得目标函数取得极小值的划分结果。

结合三维空间及路网的 GIS 地图对时空聚类结果进行可视化分析。

聚类分析结果如下。

通过 K 均值算法进行聚类,得到聚类分类。如表 5-1 所示。自由流聚类拥有最高的平均畅行指数,对应着最畅通的交通状态。相比之下,早晚高峰时段则显示出最低的平均畅行指数,代表着最拥堵的聚类。

表 5-1 时间聚类结果

聚　　类	平均畅行指数	时　　间	聚 类 名 称
聚类 1(红色)	0.7645	9:50—17:10	日间过渡阶段
聚类 2(蓝色)	0.9840	22:48—6:38	自由流
聚类 3(绿色)	0.6921	17:12—18:50	晚高峰
聚类 4(紫色)	0.7546	6:40—9:48	早高峰
聚类 5(黄色)	0.8331	18:52—22:46	夜间过渡阶段

为了更直观、更清晰地展示路网交通状态的时间演化规律,将选取 s 维聚类结果中的三维进行可视化展示,结果如图 5-6 所示。

根据上述实例,该种基于聚类算法并进行可视化的分析方法可以有效显示出一天内交通状态的时间变化规律,并具备根据交通流参数准确划分交通状态的能力,其结果可为区域路网的交通流控制和诱导等提供决策支持。

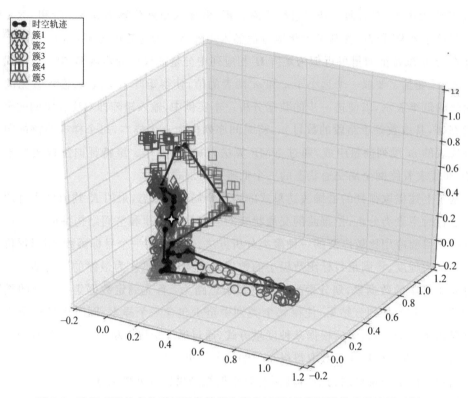

图 5-6 路网交通状态的时间聚类结果和演化过程（星状图样代表着凌晨时刻，黑色轨迹为以小时为单位显示交通状态一天内的演化流程）

5.3 预测基本理论与方法

5.3.1 交通状态预测概述

交通状态预测是指以历史、现有的交通运行数据为基础,采用智能方法,对交通目标未来运行状态的测定。交通状态预测作为预测学的一个分支,是现代智能交通系统的重要组成部分,也是当前国际社会公认的解决交通拥堵问题的途径之一。科学判断、预测城市路网和高速路交通状态变化情况,主动采取电子信息发布单元、交通广播等诱导方式保障城市交通畅通,是信息化时代背景下城市对交通管理部门提出的新要求。通过当前或过去一段时间路网交通状态的变化规律,合理推测未来一段时间内的交通状态信息,并发布可靠信息,一方面可以为交通管理与控制策略带来指导,通过提前采取有效措施规避可能存在的交通拥堵或阻塞,做到防患于未然;另一方面还可以为出行者提供出行参考,进行良性的交通导航,积极引导居民的出行,通过制定合理的出行规划提高城市道路的使用效率与出行效率,对于缓解交通拥堵有着重要的意义。

交通状态预测按照不同的划分标准可以分为多类。

根据预测周期长度,可以分为短时交通状态预测、中时预测及长时预测三类,一般将 5～30min 的预测归入短时预测,将 30min 到数小时的预测称为中时预测,而将时间跨度不低于 1d 的预测称为长时预测。其中,短时交通状态预测的结果可以直接应用到先进的交通信息系统(Advanced Traffic Information Systems,ATIS)和先进的交通管理系统(Advanced Traffic Management Systems,ATMS)中,给出行者提供实时有效的出行信息,帮助他们更好地进行路径选择,实现路径诱导,达到节约出行者出行时间、缓解道路拥堵、减少污染及节省能源等目的。

根据预测的内容,可以分为连续交通状态预测和离散交通状态预测两大类:一类认为交通状态是连续的,针对交通状态指标变量主要对交通流参数进行预测;另一类认为交通状态是离散的,针对交通状态的类别或等级(主要针对拥堵状态)进行预测。

根据应用的不同场景,交通状态预测可以分为微观交通状态预测、中观交通状态预测、宏观交通预测三类。其中,微观交通状态预测主要围绕路段交叉路口进行,中观层面围绕城市单一干道或快速路进行,宏观层面则围绕城市路网进行。

由于交通状态的变化不仅与本路段过去几个时段的交通状态有关,还受上下游的交通状态及交通环境等因素影响,尤其对于大规模路网而言,存在交叉路口、主干道、快速路、立交桥等多种交通道路,其交通状态始终随着时间在空间上不断变化,呈现出高度的动态、随机和时空复杂性。交通状态预测要解决的问题就是从带有随机性和不确定性的交通状态变化中,根据车辆检测器得到的交通状态参数,结合其他影响因素找出其中的规律,建立预测方法和模型,以预测未来几个时段的交通状态变化。一个优秀的交通状态预测方法必须具有以下几点。

(1) 准确率高。预测结果必须能够准确反映未来交通流运行状况,预测误差在可以接受的范围之内。

(2) 运算效率高。预测结果是直接服务于当前交通控制和诱导系统的,因此预测模型必须具有较快的运算能力,以保证结果的实时性。

(3) 适应性强。由于路网中的交通流是时刻变化的,预测模型要具有较强的适应能力,不仅能够在畅通状态下有较高的预测精度,还应在交通拥堵状态下有较高的准确率。

(4) 综合考虑交通流时空特征。交通流在时间上的变化性和空间上的流动性使得预测模型不仅需要考虑交通流数据时间序列上的相关性,还需考虑相邻路段交通流数据上的相关特征。

据此,国内外学者和交通工程师也以缓解交通拥堵为目标,投入了大量的人力、物力开展相应的研究。起初,对城市道路交通状态的研究多集中在单一路口、主干道或某些路段,采用人工采集数据、感应线圈数据、车牌识别数据、雷达数据等方式通过统计模型构建、仿真实验分析等方法,从微观、中观层面对交叉路口、快速路或主干道进行交通状态预测。近年来,随着智能交通系统的发展,我国道路上交通数据采集设备的不断完善,通过信息采集、处理与分析,使得提供实时的动态交通数据已成为可能。目前,我国很多城市道路都建立了基于嵌入式传感器的交通信息采集系统、基于摄像机的电视监视系统以及交通违章监测系统等,初步实现了对交通状态的实时监测和监视。以北京市为例,市区道路交通流信息采集的手段主要有设置于 1600 余个路口信号控制系统的检测线圈,用来采集机动车交通流量、车速和占有率等交通信息并存入外挂数据库;在城市快速路和主干道上设置了近 2000 个交通流断面检测器,可以实时获取机动车车速、流量、占有率等各种交通流数据;旅行时间检测断面 600 余处;在 1500 多个路口设置了车辆违章检测设备,提供车辆违章信息;在城市快速路、联络线和部分主干道上安装了 240 余面交通情报板。随着采集设备性价比越来越合理,采集质量和精度不断提高,采集手段和来源日益丰富,不同采集手段和信息之间的融合不断加强,使交通系统的信息采集、处理和利用能力上升到新的层次,为实现信息的深度挖掘、集成和应用,提高交通指挥、管理和服务的信息化水平奠定了基础,同时也为交通研究提供了海量的数据支持,这也促使国内外大量的学者建立了多种以数据为驱动的算法,致力于从海量出行数据中挖掘出对交通管理与控制有用的信息,以达到缓解交通拥堵的目的。由于交通状态预测的精度受数据质量的影响很大,使得其在这场以数据为核心的交通变革之中受益匪浅,并且随着 GPS 技术的不断进步,浮动车数据的出现也使得交通状态预测进一步突破了利用基础设施采集数据的瓶颈,其可控制的大覆盖范围及实时性为对大规模城市路网交通状态的预测奠定了数据基础,也更有利于交通管理者从宏观层面对城市拥堵现状进行管控。

总结相关研究,交通状态预测的方法大致可以分为以下四类。

1. 基于参数模型的预测

这类方法的基本思想是通过建立精确的预测模型估计未来的交通流参数。该类方法不仅包括多元线性回归模型、自适应模型、时间序列法、滤波法、指数平滑法等线性模型,还包括小波分析、混沌理论等非线性模型。

多元线性回归模型是通过研究一个随机变量和多个可控变量之间的相关关系的统计方法。通过对历史数据的统计分析找出自变量与因变量之间的数学函数关系模型,然后代入实测的自变量值,输出预测值。多元线性回归模型是一种简单实用的模型,易于应用于大规模路网交通流量预测中。但是对于没有历史数据或者历史数据稀缺的路段,多元线性回归模型的预测精度较低。

自适应模型选取可以实时检测到的路况指标,例如预测间隔时间、突发事件、与天气有关的因素、道路占有率、平均路网行驶时间等动态地改变各个预测因子在回归模型中所占的比重,从而加强模型的自适应能力,以克服普通线性回归模型不能反映交通流的非线性变化和不确定性的缺点。此方法以线性回归模型为基础,计算简单,易于实现,便于大规模应用,且采集路况指标用以改变权重也简单易行,实时性好。但是模型的参数估计中,路况指标对各权重的影响从理论上分析或凭经验推测缺乏更为科学的选择机制。

时间序列法是利用时间序列的理论和方法对交通流数据进行预测的方法。该方法的原理是通过对采集到的交通流数据序列进行处理,根据数据序列内在的各种统计特征拟合为一个参数模型,利用该模型实现未来交通流数据的预测。时间序列法中比较常见的模型包括自回归模型(AR)、移动平均模型(MA)、自回归移动平均模型(ARMA)和自回归差分移动平均模型(ARIMA)。

卡尔曼滤波法是由 RE Kalman 于 1960 年提出的一种线性滤波方法。该方法采用由状态方程和观测方程组成的状态空间模型描述滤波器,并利用迭代的方式对模型中的参数进行估计和预测。应用在交通状态预测方面,则利用由状态方程和观测方程组成的状态空间模型描述交通系统,分别利用状态方程和观测方程以及卡尔曼滤波递推算法预测交通流。卡尔曼滤波递推算法是针对线性回归分析模型的一种矩阵迭代式的参数估计方法,具有预测因子选择灵活、精度较高的优点,且模型的预测精度不依赖预测时间间隔。但是,由于模型的基础是线性估计模型,所以当预测间隔小于5min,交通流量变化的随机性和非线性较强时,模型的性能便随之下降。

指数平滑法是采用指数平滑模型对交通流参数进行预测,再利用最小二乘原理或遗传算法等实现参数估计。该模型的特点是在预测过程中不断考虑最新观测值对预测的纠正,从而综合前面预测的误差,加入下一次的预测中,经反复迭代得到一个对所有前面观测值的线性组合,最终形成预测结果。其权重是不断衰减的指数权值,而且相对来说,观测值越近,其在预测偏差的纠正上所占的权重值越大,这也正是指数平滑得名的由来。指数平滑模型采用递推式计算,对数据的存储要求较低,只需存储前一个估计值和过滤参数,且计算比较简单,不需要训练,因此在预测早期应用较多。

基于小波分析的预测方法利用小波分析理论将交通流的时间序列数据进行分解,得到不同分辨率的分解信号,分别对各个分解信号进行预测,最后将各个预测结果合成得到最终结果。

基于混沌理论的预测方法将混沌理论应用于交通状态分析,利用混沌理论判别交通系统是否为混沌系统。如果判别交通系统是混沌系统,则它具有混沌特性,不能对其进行长期预测,但是可以对其进行短期预测。利用相空间重构技术预测交通状态的一般过程是首先对交通状态时间序列数据进行相空间重构,确定嵌入维数和时间延迟参数,接着找出相空间中最后一个已知点,以该已知点为中心在相空间中找出离中心点最近的若干个相关点,以这些相关点为基础拟合函数并用来预测下一个点,最后根据所预测的点分离出所要的预测值。

2. 基于非参数模型的预测

这类方法不需要建立精确的模型表达,它的基本思想是通过对大量历史或调查数据的统计分析,从中找出交通流数据的变化规律,并以此作为预测的依据,如非参数回归算法、K最近邻(KNN)、决策树等方法。其中,非参数回归预测方法根据历史数据中因变量和自变量的关系建立案例数据库,预测时把当前要预测的交通状态看成是过去状态的近邻状态,根据模式识别原理寻找出案例数据库中与当前的输入状态相类似的近邻状态,并且根据这些近邻状态预测交通状态。它不需要先验知识,只需要足够的历史数据,并且随着案例数据库中案例的增加能够考虑更多情况下的交通状态变化趋势。

3. 基于人工智能方法的预测

这类方法的基本思想是借助机器学习相关算法及人工智能技术实现对交通流的预测。常用的方法包括神经网络、支持向量机、深度学习算法等。

神经网络预测方法是利用工程技术手段模拟人脑神经系统的结构和功能,将通过很多路径得到的信息发送给神经单元,神经单元对得到的信号进行处理,然后将信息传送到更多的神经单元,同时还会根据被处理的数据信息和神经元的相关性赋予不同的权重。通过利用大量的历史数据训练神经网络模型,得到输出对输入的一种映射关系,如果给定相应的输入,利用这种映射关系就可以得到相关预测结果。借助神经网络识别这种复杂非线性系统的特性,以道路网络中相关性较强的局部路网或某条线路为研究对象,就可以对城市道路的交通状态进行预测。根据神经网络模型的不同，目前应用于交通状态预测的算法主要有 BP 神经网络、径向基函数递归神经网络、广义回归神经网络、模糊神经网络、小波神经网络等。

支持向量机是一类较新的机器学习算法，它通过求解凸优化问题可以得到全局最优解，这样就不存在一般神经网络的局部极值问题，因此一经提出即被广泛应用于模式识别、回归估计、概率密度函数估计等多个方面，开始成为克服小样本、维数灾难问题、过拟合问题和局部最优问题等传统机器学习算法所遇困难的有力手段。

深度学习的概念源于人工神经网络的研究，是一种模拟人脑的多层感知结构以认识数据模式的学习算法，通过组合低层特征形成更加抽象的高层表示（属性类别或特征），以发现数据的分布式特征表示。传统机器学习和信号处理技术探索仅含单层非线性变换的浅层学习结构，浅层模型的一个共性是仅含单个将原始输入信号转换到特定问题空间特征的简单结构，而深度学习比浅层学习具有更强的表示能力。近年来，深度学习作为数据挖掘的一个新兴领域，在处理图像、文本、语音等非结构化数据等方面体现出了极为卓越的性能，在交通状态预测方面也取得了一些成果。目前最常用的结构有两种，即卷积神经网络和递归神经网络。

4. 基于组合模型的预测

这类预测方法是将两种或两种以上不同类型的预测模型组合起来进行最终预测，目的是为了充分发挥各个预测模型的优点，克服各自的缺陷，从而达到提高预测精度的目的。例如，小波分析和时间序列分析相结合的方法、模糊推理结合神经网络的预测方法、多种预测方法与人工智能技术相结合的智能预测方法等。

5.3.2 交通状态预测方法分析

本节将围绕现阶段交通状态预测领域的一些主流的先进算法对算法的理论体系进行详细介绍，并对实例进行解释，包括典型的时间序列预测算法、神经网络相关算法、支持向量机、深度学习算法等。

1. 时间序列预测方法

常见的时间序列模型有以下三种：自回归模型（AR 模型）、滑动平均模型（MA 模型）和自回归滑动平均模型（ARMA 模型）。

p 阶自回归模型 AR(p)的公式为

$$y_t = \phi_1 y_{t-1} + \phi_2 y_{t-2} + \cdots + \phi_p y_{t-p} + e_t \tag{5-8}$$

式中，p 是自回归模型的阶数，y_t 是时间序列在 t 期的观测值，即因变量或称被解释变量；$\{e_t\}$ 为白噪声序列，即随机误差；$\phi_1,\phi_2,\cdots,\phi_p$ 为待估计的自回归参数。

q 阶移动平均模型 MA(q)模型的公式为

$$y_t = e_t - \theta_1 e_{t-1} - \theta_2 e_{t-2} - \cdots - \theta_q e_{t-q} \tag{5-9}$$

式中，q 是滑动平均模型的阶数，y_t 是时间序列在 t 期的观测值，$\{e_t\}$ 为白噪声序列，表示时间序列模型在 t 期的误差或偏差。

ARMA(p,q)模型为以上两种模型的组合，其形式为

$$y_t = \phi_1 y_{t-1} + \phi_2 y_{t-2} + \cdots + \phi_p y_{t-p} + e_t - \theta_1 e_{t-1} - \theta_2 e_{t-2} - \cdots - \theta_q e_{t-q} \tag{5-10}$$

自回归滑动平均模型法的基本原理是将预测对象随时间变化形成的数据序列看成一个随机时间序列,该序列的未来发展变化存在对预测对象过去发展变化的依赖性和延续性。据此可以建立适当的数学模型,兼顾各种扰动误差,从而得到预测对象的未来变化状态。

比较以上三个模型可以看出,当 $q=0$ 时,ARMA$(p,0)$ 模型就是 AR(p) 模型;当 $p=0$ 时,ARMA$(0,q)$ 模型就是 MA(q) 模型。

这里要注意的是,ARMA 模型法的预测对象为一个零均值的平稳随机时间序列,从平稳随机时间序列的折线图来看,没有明显的上升或下降趋势,在各观测值横轴附近上下波动。但是,实际的许多交通现象总是表现出某种上升或下降的变化趋势,构成非零均值的非平稳时间序列。因此,在建立 ARMA 模型之前,应对时间序列进行零均值化处理和平稳化处理。

零均值化处理是将原序列 $\{y_t\}(t=1,2,\cdots,n)$ 中的各项数据减去该序列的均值,得到一个均值为零的新的时间序列。

平稳化处理通常指差分平稳化处理。在实际工作中,许多非平稳序列只要进行一次或多次差分,都可以化为平稳序列,这种时间序列称为齐次非平稳序列。差分的次数称为齐次的阶。

经过处理后的零均值平稳时间序列可以遵循以下步骤进行 ARMA 模型预测。

(1) 模型识别。

利用自相关和偏相关分析方法分析给定的样本序列的随机性、平稳性等有关特性,确定样本序列应属于 AR(p)、MA(q) 和 ARMA(p,q) 中的哪一种。

若序列 $\{y_t\}$ 的偏相关函数在 p 步以后截尾,则可选用 AR(p) 模型;若序列 $\{y_t\}$ 的自相关函数在 q 步以后截尾,则可选用 MA(q) 模型;若序列 $\{y_t\}$ 的自相关函数和偏相关函数都是托尾的,则可选用 ARMA(p,q) 模型。

(2) 参数估计。

在确定的模型和阶次基础上对模型的待定参数进行估计。

(3) 模型检验。

对初步建立的模型进行合理性检验,若检验结果不满足要求,则返回第一步重新选取模型。然而,随着模型阶次和时间序列长度的增加,模型检验和反复校正也会变得十分复杂,这时可以借助于计算机来完成其中烦琐的计算过程。

(4) 预测。

用通过检验的模型对交通状态数据时间序列未来值进行预测。

此外,还有一种更常用的改进 ARMA 模型——ARIMA(p,d,q) 模型,该模型是由博克思(Box)和詹金斯(Jenkins)于 20 世纪 70 年代初提出的著名时间序列预测方法,所以又称 Box-Jenkins 模型或博克思-詹金斯法。

一个平稳的时间序列总可以找到生成它的平稳的随机过程或模型;一个非平稳的随机时间序列通常可以通过差分的方法将它变换为平稳的,对差分后平稳的时间序列也可找出对应的平稳随机过程或模型。因此,如果将一个非平稳时间序列通过 d 次差分将它变为平稳的,然后用一个平稳的 ARMA(p,q) 模型作为它的生成模型,则说该原始时间序列是一个满足自回归滑动平均模型(autoregressive tegrated moving average model)的时间序列,记为 ARIMA(p,d,q),其中,ARIMA(p,d,q)称为差分自回归滑动平均模型,AR 为自回归,p 为自回归项;MA 为滑动平均,q 为滑动平均项数,d 为时间序列成为平稳时所做的差分次数。通常来说,d 的取值一般为 0,1,2。

例如,一个 ARIMA$(2,1,2)$时间序列在它成为平稳序列之前先要差分一次,然后用一个 ARMA$(2,2)$模型作为它的生成模型。当然,一个 ARIMA$(p,0,0)$过程表示了一个纯 AR(p)平稳过程;一个 ARIMA$(0,0,q)$表示一个纯 MA(q)平稳过程。

ARIMA 模型的基本思想是:将预测对象随时间推移而形成的数据序列视为随机序列,用一定的数学模型近似描述这个序列。这个模型一旦被识别后就可以从时间序列的过去值及现在值预测未来值,其建模一般过程如下。

(1) 数据的预处理。

包括上文提到的零均值化处理与平稳化处理。

(2) 参数估计。

参数估计是建模的核心环节,通常采用递推算法进行估计。参数估计之前需要给定阶数才能进行,通常给定一个阶数上限,然后依据一定的估计方法从低阶到高阶逐个进行参数估计,并结合定阶准则最终选出参数的估计值。

(3) 模型定阶。

对于每一组给定的阶数与相应的参数估计值,按照定阶准则进行模型阶数的比较判断,最终确定对数据进行拟合的理想模型。

ARIMA 模型特别适用于稳定的交通流。当交通状况变化急剧时,该模型将在延迟方面暴露出明显的不足。ARIMA 模型预测未来观测值可以按照以下步骤进行:一是识别时间序列的平稳性;二是数据进行平稳化处理;三是根据时间序列模型的识别规律,建立相应的模型;四是进行参数估计,估计暂定的模型参数,检验是否具有统计意义;五是进行假设检验,诊断白噪声。

2. 神经网络相关算法

神经网络的基本组成单位是神经元,它是一个多输入、单输出的信息处理单元,输入可以类比为生物工程中神经元的树突,而输出可以类比为神经元的轴突,计算则可以类比为细胞核。工程上用的人工神经元模型如图 5-7 所示。

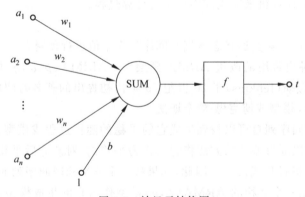

图 5-7　神经元结构图

其中，$a_1, a_2, \cdots, a_n$ 为神经元的 n 个输入信号量；$w_1, w_2, \cdots, w_n$ 为对应输入的权值，它表示各信号源神经元与该神经元的连接强度；SUM 为神经元的输入总和，f 对应于生物神经细胞的膜电位，称为激活函数；y 为神经元的输出。于是，人工神经元的输入输出关系可描述为

$$y = f(\text{SUM}) \tag{5-11}$$

$$\text{SUM} = \sum_{i=1}^{n} w_i x_i \tag{5-12}$$

函数 $y = f(\text{SUM})$ 称为特性函数，又称作用函数或传递函数。特性函数可以看作是神经元的数学模型选取不同的激活函数 f，输出 y 的取值范围也不同，常用的函数有线性函数、符号函数、Sigmoid 函数和双曲函数等。

神经元和神经网络的关系是元素与整体的关系，大量形式相同的神经元连接在一起就组成了神经网络。神经网络是一个高度非线性动力学系统，具有自学习和自适应的能力，可以通过预先准备的大量相互对应的输入-输出数据分析和掌握两者之间潜在的规律，最终根据这些规律用新的输入数据推算输出结果，这种学习分析的过程被称为训练。

神经网络具有如下特性：

① 神经网络是一种能够逼近任意非线性映射的有效方法；

② 神经网络拥有学习能力，即它们可以用样本数据训练；

③ 神经网络具有泛化能力，即一个训练好的神经网络可以对任意的输入产生准确的响应；

④ 神经网络可以同时运行定性的和定量的数据；

⑤ 神经网络可以很容易地应用于多变量系统；

⑥ 神经网络具有高度的并行实现能力，比传统的方法具有更高的容错能力。

网状结构的神经网络中，任何两个神经元之间都可能存在双向连接。前馈网络、反馈网络和自组织网络是三种比较具有代表性的神经网络的拓扑结构。

(1)前馈网络。

前馈网络包含输入层、隐含层和输出层，其中隐含层可以是多层的。前馈网络输入层的输出作为隐含层的输入，而隐含层的输出又作为输出层的输入，同层的神经元之间不存在连接关系，故前馈网络又称前向网络。

前馈网络是神经网络体系中最常见的一种网络结构，其信息处理能力主要来源于非线性输出函数的多次复合作用，且网络结构较为简单，易于实现。BP 网络是典型的前馈网络。除此之外，感知器网络、线性神经网络、RBF 网络和 GMDH 网络也属于前馈网络。

(2)反馈网络。

反馈网络又称递归网络或回归网络。反馈网络的输出层与输入层之间存在反馈作用，同层神经元、异层神经元之间都有信息流通。在反馈网络中，输入信号决定反馈系统的初始状态，系统需要经过一系列的状态转移后逐渐趋于稳定。典型的反馈网络有 Elman 神经网络和 Hopfield 神经网络；CG 网络模型、回归 BP 网络、Boltzmann 机网络也属于反馈网络。

（3）自组织网络。

自组织网络是无监督学习网络，它模拟人类根据过去的经验以自动适应无法预测的环境变化。因为没有监督信号，这类网络通常利用竞争的原则进行网络学习，包括自组织竞争网络和自组织特征映射神经网络。

神经网络发展迅猛，目前已有数十种神经网络模型，其中误差反传神经网络（Back-Propagation Neural Network，BP）是研究最为成熟、应用最为广泛的一种神经网络模型。

BP神经网络是一种按误差逆传播算法训练的多层前馈网络，最初是由Paul werboss在1974年提出，但未传播。直到20世纪80年代中期，Rumelhart、Hinton和Williams、Yann Le Cun重新发现了BP算法，同时在算法被收录在《并行分布处理》时，此算法才广为人知。目前BP算法已成为应用最广泛的神经网络学习算法，据统计有近90%的神经网络应用是基于BP算法的。

BP网络的基本结构如图5-8所示，其模型拓扑结构包括输入层、隐含层和输出层。输入层各神经元负责接收来自外界的输入信息，并传递给中间层各神经元；中间层是内部信息处理层，负责信息变换，根据信息变化能力的需求，中间层可以设计为单隐含层或者多隐含层结构；隐含层传递到输出层各神经元的信息，经进一步处理后，完成一次学习的正向传播处理过程，由输出层向外界输出信息处理结果。隐含层节点一般采用Sigmoid函数，输入和输出节点可以采用Sigmoid函数或者线性函数。

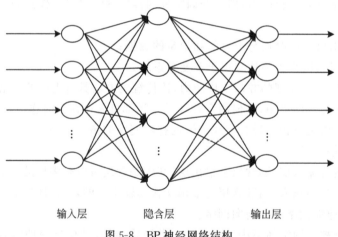

输入层　　　　隐含层　　　　输出层

图 5-8　BP 神经网络结构

BP算法由正向传播和反向传播两部分组成。在正向传播过程中，输入信息从输入层经隐层单元处理后传至输出层。每层神经元的状态只影响下一层神经元的状态。当实际输出与期望输出不符时，进入误差的反向传播阶段，把误差通过输出层沿连接路径返回，按误差梯度下降的方式修正各层权值，向隐含层、输入层逐层反传。周而复始的信息正向传播和误差反向传播过程是各层权值不断调整的过程，通过修改各层神经元之间的连接权值也是神经网络学习训练的过程，此过程一直进行到网络输出的误差信号减少到可以接受的程度或者预先设定的学习次数为止。

BP模型把一组输入/输出样本的函数问题转变为一个非线性优化问题，并使用了优化技术中最普通的梯度下降法。如果把神经网络看成是输入到输出的映射,则这个映射是一个高度非线性映射。BP算法程序框图如图5-9所示。

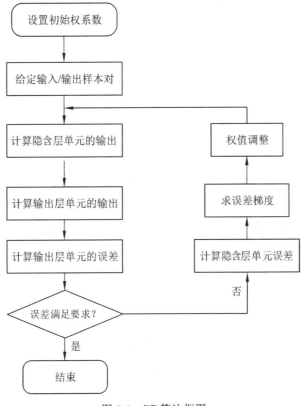

图 5-9　BP 算法框图

由于BP网络具有拟合任意非线性函数的功能,因此可以利用BP网络代替复杂的非线性数学关系式,实现对现实交通系统的较准确刻画。当然,BP网络对训练样本要求较高,且所需样本规模较大,最常用于城市道路及高速公路断面的交通流量等微观交通信息预测。

基于BP网络的交通信息预测算法大致可归纳如下。

① 原始数据采集及预处理。

② 设计网络结构,确定网络层数、输入层神经元个数、隐含层神经元个数、输出层神经元个数。

③ 利用原始数据构造训练样本对。

④ 设计学习算法训练神经网络。

⑤ 利用检验样本对,结合预设误差评价网络性能,若当前累积误差大于预设误差,则返回④调整学习算法并重新训练网络;若累积误差小于预设误差,则进入⑥,或者当训练次数达到预设训练次数最大值时也转入⑥。

⑥ 对于经训练满足要求的BP网络,输入一组已知数据得到相应的交通信息预测值。

具体而言,设 X 为输入的数据集,对于单个样本$(x^{(i)},y^{(i)})$来说,输入部分为 $x^{(i)} =$

$[x_1^i, x_2^i, \cdots, x_n^i]$，$n$ 表示每个样本有 n 个特征，即输入层有 n 个神经元，在回归问题中，$y^{(i)}$ 通常是一个具体的值。输入层首先与隐含层进行线性求和，通过激活函数得到隐含层中各个神经元的值，得到隐含层的值后继续做前馈计算得到输出层的值，隐含层和输入层之间的关系与输入层和隐含层之间的关系相似。可定义损失函数为均方差函数，根据梯度下降原理更新网络模型中的参数。

其中，通过激活函数得到隐含层中各个神经元的值如式(5-14)所示。

$$Z_j = \sum_{i=1}^{n} W_{1i}^{(1)} x_i + b_i \tag{5-13}$$

$$h_j = f(Z_j) \tag{5-14}$$

式中，$W_{1i}^{(1)}$ 为连接输入层和隐含层的权重矩阵；b_i 为偏置；h_j 隐含层中第 j 个神经元的值；f 为激活函数。隐含层与输入层的激活函数与上述公式类似，不再详细描述。

通过历史交通数据进行有效的学习，采用梯度下降的方法进行参数更新，在过拟合之前，模型的每一次学习都是朝着误差减小的方向进行，基于足够多的样本和足够多的训练次数，模型就可以学习到路网交通流的演化趋势，基于该趋势再做出预测，得到交通流参数预测结果。

3. 基于支持向量机回归的交通状态预测

支持向量机(Support Vector Machine，SVM)是 Cortes 和 Vapnik 于 1995 年首先提出的，它在解决小样本、非线性及高维模式识别中表现出许多特有的优势，并能够推广应用到函数拟合等其他机器学习问题中。根据道路交通流预测基本原理，采用支持向量机回归预测模型。

假设 $x_i \in Z^n$ 是影响道路交通流参数的变量，y_i 为道路交通流参数预测值，支持向量机回归预测模型便是要寻找这二者之间的关联。

$$f : Z^n \rightarrow Z \tag{5-15}$$

$$y_i = f(x_i) \tag{5-16}$$

如前所述，实际交通环境中前一时段的交通流运行状态会对后一时段造成影响，交通流的变化为时间序列，不妨根据相邻时间交通流数据预测下一时间的交通流。

选取与预测时间相邻的前 n 个采样时间的交通流数据作为输入，即 x_i，将预测时间交通流参数的估计结果作为输出，即 y_i。模型具体流程如下。

选定原始数据，对数据进行过滤和修复等预处理工作，构建训练集。设当前待预测的交通流参数为 k_i，则下一时间段 $t+1$ 的训练集数据为 $x_i = [k_i(t), k_i(t-1), \cdots, k_i(t-n)]$。

根据已知数据集特点，选定核函数，对惩罚因子等参数进行初始化。通过对训练效果进行对比，选择性能较好、偏差较小的径向基核函数(RBF)，函数形式如下。

$$K(x_i, x) = \exp\left(-\frac{\|x_i - x\|^2}{\sigma^2}\right) \tag{5-17}$$

构造并求解最优化问题。将训练样本和样本相应交通流参数值(即样本标签)作为输入进行求解。

$$\min\left\{\frac{1}{2}\sum_{i=1}^{N}\sum_{j=1}^{N}(a_i^*-a_i)(a_j^*-a_j)K(x_i,x)-\sum_{i=1}^{N}(a_i^*-a_i)y_i+\sum_{i=1}^{N}(a_i^*+a_i)\varepsilon\right\}$$

$$\text{s.t.}\sum_{i=1}^{N}(a_i-a_i^*)=0$$
$$0\leqslant a_i\leqslant C$$
$$0\leqslant a_i^*\leqslant C$$
$$i=1,2,\cdots,N \tag{5-18}$$

将最优解代入决策函数,用测试集预测未来交通流参数。

$$f(x)=\sum_{i=1}^{N}(a_i^*-a_i)K(x_i,x)+b \tag{5-19}$$

对于交通预测,基于支持向量和回归的预测算法具体步骤如下。

① 对历史交通量数据进行归一化处理,生成数据集。

② 选择核函数,确定 SVM 参数。得到样本数据集后,选择径向基函数(RBF)作为核函数,并确定二次规划的优化参数 ε 和 C。ε 和 C 对支持向量机算法的学习能力和推广能力有很大的影响。惩罚系数 C 取值小,训练误差就会增大,惩罚系数取值大,学习精度提高,但模型的泛化能力就变差。因此,选取适当的惩罚系数 C 对预测模型很重要,适当的 C 值能减小离群样本的干扰,提高模型的稳定性。不敏感损失函数 ε 控制的是模型的预测能力,当 ε 取值大时,会导致学习精度低,推广能力下降,当 ε 取值小时,会导致预测模型过于复杂,训练时间变长。

因此,可以使用动态调整的方法确定参数,先用先验知识方法固定其中一个参数,然后用列举法确定另外一个参数。最后固定已经优化的参数以确定未优化的参数,从而最终确定 ε 和 C。

③ 输入数据集,生成预测函数。

④ 预测并进行误差分析。根据生成的预测函数预测未来时段的交通流量信息,并对预测结果进行误差评价分析。如果发现相对误差较大,则需要返回(2),重新调整 SVM 的参数。

【例 5-2】 该部分将以预测速度为例对上述两种预测算法(BP 神经网络和支持向量机)进行实例分析,选取北京市某区域为研究对象,并给出对比结果及结论。

所属路网如图 5-10 所示,共包含 278 条路段,涵盖面积为 2.4124 平方千米(1.63km×1.48km),车辆数据更新频率为 2min,时间范围为 2015 年 06 月 01 日到 2015 年 07 月 31 日,共计两个月。

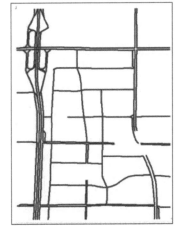

图 5-10 北京市某局域路网示意

数据集包括 DataInput 数据集和 DataInput_Lables 数据集。

DataInput 数据集为每 2min 的路网状态空间矩阵,矩阵的大小是 164×148。矩阵由对路网进行 10m×10m 的空间网格化处理得到,网格化过程如图 5-11 所示。

DataInput_Lables 数据集为速度数据的时空矩阵,大小为 481×278,横轴代表 278 个路段,纵轴为一天内的时间轴,从 6:00:00 到 22:00:00,以 2min 为间隔。

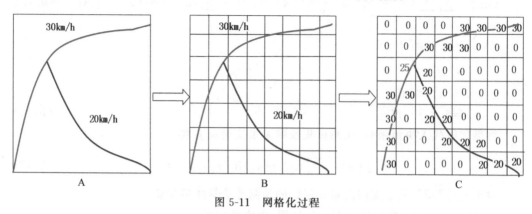

图 5-11   网格化过程

分别采用 BP 神经网络和支持向量机对给定路网进行速度回归预测,利用 20min 历史数据预测未来 2min 的速度,预测结果如图 5-12 和图 5-13 所示。

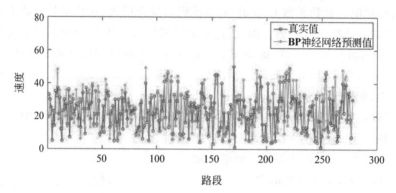

图 5-12   早高峰 08:00 采用 BP 神经网络预测结果与实际值对比

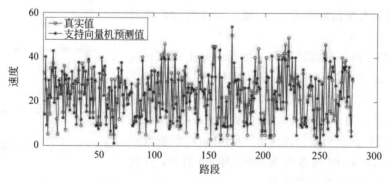

图 5-13   早高峰 08:00 采用支持向量机预测结果与实际值对比

采用平均绝对百分比误差(Mean Absolute Percentage Error,MAPE)、均方根误差(Root Mean Square Error,RMSE)对预测效果进行评价,评价指标计算结果如表 5-2 所示。

表 5-2　预测效果评价指标值

预测方法	MAPE	RMSE
BP 神经网络	0.303 25	8.9583
支持向量机	0.314 31	10.188

从预测结果可以看出,BP 神经网络和支持向量机都可以用来预测速度,两种方法相较而言,预测效果较为接近。若与平峰时段预测结果进行对比,可以看出高峰时段的预测精度更高,究其原因是因为高峰时段路网速度的波动范围更小,利于交通流参数的预测。

4. 基于深度学习的路网交通状态预测

在交通大数据背景下的路网预测中,传统的机器学习难以从大规模、复杂事变、异质多样、价值密度高低并存的大数据中获取有价值的信息,而深度学习相比传统的机器学习模型更加复杂、网络表达能力更强、学习能力更强、泛化能力更强,能够从复杂的交通大数据中挖掘路网状态的时空演变规律,从而对未来路网状态做出精确预测。因此,基于深度学习理论研究路网状态预测是一个重要的研究方向,通过深度学习,把握复杂路网状态的演变规律具有重要的理论研究价值及现实意义。目前,基于深度学习的状态预测算法主要围绕递归神经网络、卷积神经网络及其组合形式展开。下面将围绕几个主流算法进行介绍。

(1) 基于长短时记忆神经网络的预测算法。

在人工神经网络中,前后两个样本对模型进行训练时是相对独立的,互不干扰,使得传统的神经网络(如 BP 神经网络)在处理序列信息时存在很多不足,因此 Jürgen Schmidhuber 在 1992 年提出了递归神经网络。递归神经网络的主要贡献在于它允许同一个隐含层内的神经元相互连接,由于递归神经网络的训练方式是采用梯度下降,而在梯度下降中需要用到链式求导法则。链式求导的本质是反向传播误差,当序列长度比较长时容易产生梯度爆炸或梯度消失的问题。许多基于 RNN 的拓扑结构都已经被用来进行交通预测,例如 Time-Delay Neural Network(TDNN)、State-Space Neural Network(SSNN)。然而传统的 RNN 模型在进行交通预测时存在两个问题:传统的 RNN 不能训练具有长时滞的时间序列,而这种现象又常见于交通预测任务;传统的 RNN 依靠预设的时间滞后学习时间序列处理,但是很难以自动方式找到最佳的时滞窗口。为了解决这些缺点,马晓磊等人提出了一种基于长短时记忆神经网络(Long Short-Term Memory Neural Network,LSTM NN)的算法进行速度预测。该 RNN 结构最初由 Hochreiter 和 Schmidhuber 提出,其主要目标是建模长期相关性,并确定时间序列问题的最优时滞,这些特征对于交通预测尤为重要。

LSTM NN 由一个输入层、一个循环隐含层和一个输出层组成,与传统的神经网络不同,隐含层的基本单元是内存块。内存块包含存储时间状态的自连接存储单元以及一对自适应乘法门控单元以控制内存块中的信息流,其结构如图 5-14 所示。

每个记忆单元都有三个输入和两个输出,输入包括 x_t、h_{t-1}、c_{t-1},输出为 h_t、c_t。它们之间通过三个门进行控制,分别是输入门、遗忘门和输出门,通过激活函数控制三个门

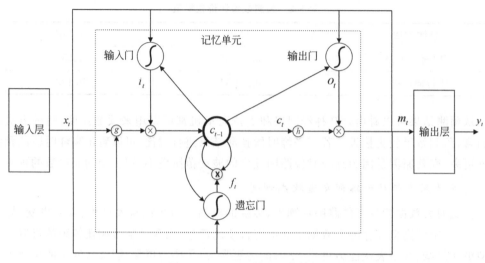

图 5-14　LSTM 神经网络结构

的输出值。在 t 时刻有：

$$i_t = \text{sigmoid}(W_{ix}x_t + W_{im}m_{t-1} + W_{ic}c_{t-1} + b_i) \qquad (5\text{-}20)$$

$$f_t = \text{sigmoid}(W_{fx}x_t + W_{fm}m_{t-1} + W_{fc}c_{t-1} + b_f) \qquad (5\text{-}21)$$

$$c_t = f_t \odot c_{t-1} + i_t \odot g(W_{cx}x_t + W_{cm}m_{t-1} + b_c) \qquad (5\text{-}22)$$

$$o_t = \text{sigmoid}(W_{ox}x_t + W_{om}m_{t-1} + W_{oc}c_{t-1} + b_o) \qquad (5\text{-}23)$$

$$m_t = o_t \odot h(c_t) \qquad (5\text{-}24)$$

$$y_t = W_{ym}m_t + b_y \qquad (5\text{-}25)$$

其中，i_t、f_t、o_t 分别代表输入门、遗忘门和输出门的输出，W 和 b 分别是系数矩阵和偏差向量，$\odot$ 是点乘运算，sigmoid 为标准的逻辑 sigmoid 函数，$g(\cdot)$ 是一个范围为 $[-2,2]$ 的居中 sigmoid 函数，$h(\cdot)$ 是一个范围为 $[-1,1]$ 的居中 sigmoid 函数。长短时记忆神经网络的训练过程主要基于截断反向传播时间和实时递归学习使用梯度下降优化方法的修改版本。

（2）基于卷积神经网络的路网交通状态预测。

由于上述深度学习模型中的大多数只考虑了单个或多个路段交通演变的时间相关性，并没有从路网整体角度考虑路段之间的空间关联性。为弥补这一缺陷，有学者引入了一种基于图像处理的方法，将路网交通状态表征成图片，并采用卷积神经网络（Convolution Neural Network，CNN）的深度学习体系结构提取图像所包含的时空交通特征。CNN 是一个高效且有效的图像处理算法，已经在计算机视觉和图像识别领域得到了广泛的应用，并取得了显著的成果。

图 5-15 为运用于交通预测的 CNN 结构，主要包括四个部分，即模型输入、交通特征提取、预测和模型输出，每个部分的解释如下。

首先，模型输入的是具有时空特征的交通网络转换而成的图像。输入和输出的时间间隔分别为 F 和 P，模型的输入可以写成

$$x^i = [m_i, m_{i+1}, \cdots, m_{i+P-1}], \quad i \in [1, N-P-F+1] \qquad (5\text{-}26)$$

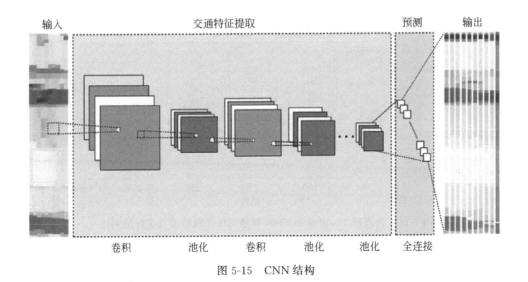

图 5-15 CNN 结构

其中，i 为样本标记，N 是时间间隔的长度，m_i 表示一个时间单位内交通路网中所有路段交通速度的列向量。

然后通过卷积层和池化层提取交通特征，这也是 CNN 模型的核心部分。池化过程用 pool 表示，L 表示 CNN 的深度。第 l 层的输入、输出和参数分别由 x_l^i、o_l^i 和 (W_l^i, b_l^i) 表示，其中，j 是考虑卷积层中的多个卷积滤波器的通道数。第 l 层中的卷积滤波器数量由 c_l 表示，第 l 卷积层和池化层的输出可以写成

$$o_l^i = \text{pool}\left(\sigma\left(\sum_{k=1}^{c_{l-1}}(W_l^i x_l^k + b_l^i)\right)\right), \quad j \in [1, c_l] \tag{5-27}$$

其中，σ 为激活函数，在模型预测中通过交通特征提取学习，最终输出的路网特征将串联表示成一个密集向量，用 flatten 表示串联过程为

$$o_L^{\text{flatten}} = \text{flatten}([o_L^1, o_L^2, \cdots, o_L^J]), \quad j = c_L \tag{5-28}$$

最后，向量通过全连接层转换成模型输出，最终的模型输出可写为

$$\hat{y} = W_f o_L^{\text{flatten}} + b_f = W_f\left(\text{flatten}\left(\text{pool}\left(\sigma\left(\sum_{k=1}^{c_{l-1}}(W_l^i x_l^k + b_l^i)\right)\right)\right)\right) + b_f \tag{5-29}$$

其中，W_f 为全连接层的参数，$\hat{y}$ 为预测的路网交通状态。

卷积神经网络的权值共享机制可以减少模型的部分参数，但存在多个卷积核，由于卷积核针对的是局部特征提取，因此可以对卷积的输出做池化操作以降低参数规模。另外，卷积神经网络的训练方式与损失函数的设置和上述 BP 神经网络一样。在路网中，各个相邻路段之间的空间关联往往具有相似性，符合卷积神经网络平移不变性的特点，因此可以利用卷积神经网络提取不同距离级别的空间特征。

【例 5-3】 以预测速度为例对上述算法（卷积神经网络、递归神经网络）进行实例分析，选取研究对象与上一实例相同，并给出对比结果及结论。

分别采用 CNN 神经网络和 LSTM 神经网络对给定路网进行速度预测，利用 20min

历史数据预测未来 2min 的速度,预测结果如图 5-16 和图 5-17 所示。

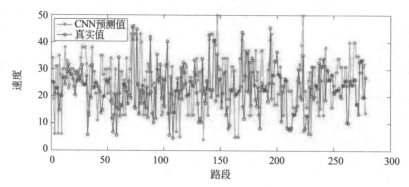

图 5-16 晚高峰 18∶00 采用 CNN 神经网络预测结果与实际值对比

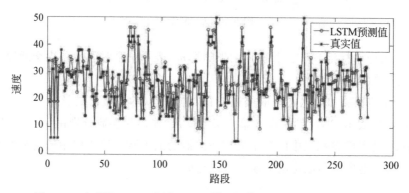

图 5-17 晚高峰 18∶00 采用 LSTM 神经网络预测结果与实际值对比

采用平均绝对百分比误差和均方根误差对预测效果进行评价,评价指标计算结果如表 5-3 所示。

表 5-3 预测效果评价指标值

预测方法	MAPE	RMSE
CNN 神经网络	0.218 55	8.5523
LSTM 神经网络	0.202 81	6.1653

从预测结果可以看出,CNN 神经网络和 LSTM 神经网络都可以用来预测路网速度,两种方法相较而言,预测效果同样十分接近。若与 BP 神经网络和支持向量机预测结果进行对比,可以看出 CNN 神经网络和 LSTM 神经网络的预测效果更好。需要注意的是,当数据样本数量较少时,深度学习算法的预测效果反而会次于机器学习,这是因为深度学习算法需要依赖更多的训练样本进行学习。因此,当数据量较少时,采用传统机器学习算法制定的规则预测效果会更好。

5.4 拥堵状态预测方法及应用

5.4.1 拥堵状态的判别

1. 交通拥堵的定义

交通拥堵是人为主观感知,具有一定主观性。目前,对于交通拥堵的具体概念并无统一的定义标准。芝加哥交通管理部门给交通拥堵的具体定义为:道路上,车道 5min 占有率超过 30% 的道路交通状态。在北京市《城市道路交通拥堵评价指标体系》地方标准中,交通拥堵的定义为:由于交通供给与需求矛盾,或受恶劣天气、施工情况、交通事件、交通管制等外界复杂因素影响,而造成道路网中机动车行程时间延长、行程延误增加的交通现象。综上,交通拥堵的实质可总结为由于某种因素影响,使得道路交通出行需求超过交通供给,导致交通供需失衡,出现交通瓶颈的一种交通现象。

2. 交通拥堵的分类

交通拥堵按照拥堵发生的严重程度,可分为轻度、中度和严重拥堵三类。轻度拥堵是指由于某种原因使得道路通行速度减慢,但未出现排队的道路现象;中度拥堵是指由于某种原因使得道路通过能力较低和道路车辆行驶速度降低,出现了车辆排队的现象,但在短时间内交通能够恢复正常的道路现象;严重拥堵是由于某种原因造成道路通过能力和速度极低,道路上车辆出现较长时间排队,交通处于瘫痪状态,短时间内无法恢复正常的道路现象。

按照拥堵的形成原因,又可以分为常发性交通拥堵和偶发性交通拥堵两种。偶发性交通拥堵是临时或短期发生,其拥堵事件发生的具体时间和地点难以预测,只能在事件发生后通过相关部门的协调配合,及时通过一定的补救措施将交通拥堵事件引起的危害降到最低。对于常发性交通拥堵事件,通过观察和分析能够准确把握产生交通拥堵的具体位置,甚至可以根据瓶颈位置的交通规律估算出拥堵发生和扩散的可能时间范围,为交通管理提供可靠依据。本节的主要研究对象为常发性交通拥堵,对常发性交通拥堵进行状态判别及预测。

3. 交通拥堵的量化标准

交通拥堵与道路需求和供给能力相关联,在一定程度上它也与道路使用者的主观感受有关,所以它既有定量的特点,也有定性的特点,可以从定性、定量两个方面进行分析。从定性方面来看,路网由于某些原因运行出现故障,导致服务水平降低,无法正常运转,需要管理者进行干预以恢复运营。然而在实际出现的交通状况中,每个人对交通拥挤程度的感受各不相同,所以交通状态的定量分析就在拥堵识别中凸显了重要作用。因为交通参数的变化是交通状态变化的最直接体现,所以交通状态的定量化就可以选择通过交通参数的变化情况进行分析。到目前为止,交通状态量化的标准参差不齐,国内外学术界都有各自的量化标准。

日本公路局以速度、排对长度和排队时间作为高速公路的综合判断量化标准,提出 $40km/h$ 的车速为行驶标准,将在道路上反复波动的车辆排队长度大于 $1km$ 并且 $1km$ 排队的持续时间在 15min 以上的交通状态称为交通拥挤。

美国芝加哥交通运输部认为 30％及以上的车道 5min 占有率对应的交通状态属于交通拥挤。

美国得克萨斯交通运输部认为道路使用者实际出行时间大于正常出行时间，且产生的时间延误超过大众能够接受的时间延误临界值时，严重交通拥挤就会发生。

2002 年，我国公安部在《城市交通管理评价指标体系》用行驶在城市主干道上的车辆的平均行程速度 $\bar{v}$ 对城市主干道交通拥挤程度进行了量化，并将其划分为四个参考标准。

若机动车的 $\bar{v} \geqslant 30km/h$，属于畅通。

若机动车的 $\bar{v} < 30km/h$，但 $\bar{v} \geqslant 20km/h$，属于轻度拥挤。

若机动车的 $\bar{v} < 20km/h$，但 $\bar{v} \geqslant 10km/h$，属于拥挤。

若机动车的 $\bar{v} < 10km/h$，属于严重拥挤。

4. 交通拥堵的判别方法

第一类为基于单个交通参数的拥堵识别方法，具体方法具有以下几种。

① 基于车速的拥堵识别方法。该算法是指：通过跟踪检测器，测量车辆在相邻检测器之间的行程时间数据，通过路段长度和行程时间的比值计算车辆的行程速度，并将得到的速度数值与对应速度阈值进行比较，从而判定道路交通拥堵情况。显然，本算法的关键是车辆速度检测与速度阈值的设定。在基于车速的拥堵识别中，关于速度阈值的研究有很多方面：1983 年，加州运输部以速度 56km/h 作为高速公路的速度阈值；1990 年，华盛顿州交通运输部以速度 64km/h 作为速度阈值；1994 年，在日本，若行驶在道路上的车速低于 40km/h，则被视为拥堵状态；2004 年，美国联邦公路局用车辆平均行程速度 72km/h 和 48km/h 作为划分拥堵与严重拥堵的标准；从 2000 年开始，我国学者也对速度阈值进行了研究，郭继孚等通过调查以 25km/h、20km/h、15km/h、10km/h 作为城市快速路、城市主干路、次干路和支路上出现严重拥堵的速度阈值；刘娟等则认为 35km/h 为城市快速路的速度阈值。关于速度的检测方法，目前主要应用的有红外检测方法、超声检测方法、感应线圈检测方法、激光检测方法、雷达测速方法、视频测速方法、GPS 卫星测速方法等。

② 基于延误指数的拥堵识别方法。该算法是指：根据道路通行情况，通过测量车辆的行程延误，将行程延误数字化并与对应阈值进行比较，从而判定道路交通拥堵情况。显然，本算法应用的关键是车辆延误指数的检测与阈值的设定。对于车辆行程延误等级的划分及判断阈值的设定，可根据具体情况进行不同划分，如 Levinson 和 Lomax 在其文献中将 0～10 的数值作为延误等级的取值范围。

③ 基于饱和度的拥堵识别方法。该算法是指：根据道路通行情况，通过计算路段的饱和度，将得出的路段饱和度数值与对应阈值进行比较，从而判定道路交通拥堵状况；显然，本算法应用的关键是路段的饱和度的检测与阈值的设定。利用计算饱和度判断路段拥挤程度，可采用不同的参数，如拥堵程度系数 CSI 或城市主干道拥堵时间里程 LMDI。

④ 基于占有率的拥堵识别方法。该算法是指：运用感应线圈技术，通过设置在道路上的检测设备，采集道路占有率数据，把得到的占有率数据与对应的阈值进行比较，如果在连续几个瞬间道路占有率值均超过对应阈值，则可以判定该路段发生拥堵。显然，本算法应用的关键是路段占有率的检测和阈值的设定。Collinsetal 在 1979 年利用感应线圈

技术首次开发了占有率算法,通过设置在路段上的环形感应线圈检测器对路段进行实时监控,获取占有率实时数据,并将其与预定的占有率阈值进行对比,从而实现对交通事件的判断。

第二类为基于多参数及现代先进计算方法的拥堵识别法,具有代表性的方法有以下几种。

① 典型交通状态自动判别方法,如 5.2.1 节提到的加州算法、指数平滑法等。

② 基于人工神经网络的拥堵识别方法。人工神经网络的识别原理是:当拥堵发生时,交通参数随之发生明显变化。由此得知交通参数与交通状态之间存在相关性,可用函数关系描述,但由于交通参数对交通状态的影响程度不一致,所以很难用简单的线性函数描述两者之间的函数关系,为了有效解决这一关键问题,建立了 ANN 模型。1995 年,Cheu 等开发了基于多层前馈的神经网络算法,该算法由路段上游和下游的交通流量、占有率和速度三个交通参数作为输入项,中间层是处理过程,进行数据处理,输出层则输出交通的最终状态——拥堵和畅通,其结构形式如图 5-18 所示。

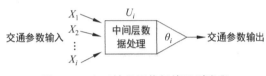

图 5-18　人工神经网络拥堵识别流程

③ 基于波动分析的拥堵识别方法。2000 年,加利福尼亚大学伯克利分校的 Adeh 和 Karim 开发了基于波动理论的波动分析算法对交通拥挤状态进行识别。该算法以设置在路段上下游的检测器累计占有率之差作为拥挤判别的基础准则。在正常交通条件下,如果检测器检测得到的累计占有率之差出现连续的偏差,则说明交通状态有拥挤发生。

④ 基于排队论的拥堵识别方法。2008 年,M. Farazy Fahmy 等利用排队模型对交通状态进行了判别。先将采集到的交通流量数据分为到达和离开两种交通流。然后比较到达流与离开流的关系,用两者之间存在的这种关系识别交通拥挤与否。通过比较如果发现:当到达流小于离开流,则交通畅通;当到达流大于离开流,则拥堵现象正在逐步出现;当离开流等于零,则说明交通状况正处于拥堵阶段。

⑤ 基于突变理论的拥堵识别方法。该算法的原理是:从同一检测站得到的交通数据,通过比较速度、流量和占有率三者间的关系判断交通状态。该算法规定必须对三个连续采样周期内的交通数据进行比较,当检测器检测得到的采样数据中车速、占有率和流量均在采样周期内达到阈值,或有其中两个参数达到阈值时,也可认为拥挤的存在。

5.4.2　拥堵状态预测方法与应用的基本框架

道路拥堵状态预测的相关算法可以由状态预测算法进行延伸,一种方式是基于拥堵状态的判别理论将交通流参数进行预处理,将其表示为拥堵状态的表达形式,然后进行预测;另一种为通过传统的交通流参数预测后,通过判别方法将预测的结果进行拥堵判别,与合理的阈值比较后得到拥堵预测的结果。

1. 拥堵预测方法

交通拥堵预测模型研究就其学科性质而言属于信息科学的模式识别问题。目前，国内外对于交通拥堵预测的诸多研究成果中也主要集中在该学科领域，主要有基于时间序列相关的预测分析、神经网络预测、贝叶斯网络预测以及多分类器组合预测等方法。这类方法的研究多见于理论研究，且由于其立足的基础理论在处理大数据上缺少健壮性，所以导致模型普遍缺乏长效性和扩展能力。由于拥堵状态预测属于交通预测中的离散交通状态预测类别，其对应输出仅为几个离散的类别，与机器学习中的预测标签契合度很高，因此对于拥堵的预测，采用机器学习类方法效果会很显著。目前比较流行的较为准确的算法大多数都是基于神经网络等的人工智能相关方法，其准确度比传统基础理论模型要高得多。具体方法内容介绍见 5.3 节交通状态预测方法分析部分。

下面将着重介绍一种前沿的基于受限玻尔兹曼机和递归神经网络的拥堵预测算法。

该算法主要通过将受限玻尔兹曼机（Restricted Boltzmann Machine，RBM）和递归神经网络算法（Recurrent Neural Network，RNN）相联合，搭建深度学习框架进行高维度的时间序列预测。

受限玻尔兹曼机（RBM）通常包含一个可见层和一个隐含层，每一层的单元都互相连接，且 RBM 的概率分布函数可以根据其前一状态修改为条件概率分布函数，由此可建立多种不同 RBM 模型进行复杂的时间序列建模。递归神经网络（RNN）是神经网络系列的一种特殊形式，特殊在于至少包含一个反馈连接作为从神经元的输出到输入的内部状态，该循环结构也赋予了网络时间处理和序列学习的能力。由于 RNN 的短时记忆，其被广泛应用于非线性时间序列数据。训练 RNN 与训练传统的多层前馈神经网络（FFNN）类似，随着时间的推移展开 RNN 结构，每个反馈回路将被扩展为每个时间戳处的单层前馈神经网络，在这种情况下就可以使用反向传播算法反复有效地训练 RNN。

鉴于 RBM 和 RNN 模型的时间序列预测能力，为充分利用二者的优点，将二者结合，搭建 RNN-RBM 模型的深层架构以描述高维序列中的时间依赖性，该模型结构如图 5-19 所示。

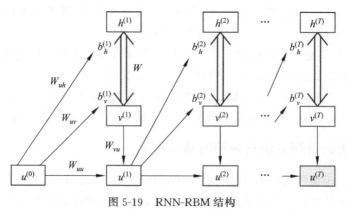

图 5-19　RNN-RBM 结构

该模型通过将条件 RBM 和 RNN 相堆叠构建而成。条件 RBM 是传统的 RBM 的延伸，通过在可见层和隐含层之间提供反馈回路处理时间序列，可见层和隐含层的偏差值均根据之前的可见单元进行更新,同样将其应用在 RNN-RBM 模型中。

b_v^t 和 b_h^t 分别表示 t 时刻 RBM 模型中可见层和隐含层的偏差向量,并在 $t-1$ 时刻通过 RNN 模型中的隐含单元进行更新。RNN 模型和 RBM 模型则通过权重矩阵 w_{uv} 和 w_{uh} 相连接。上述过程如下所示。

$$b_v^t = b_v + w_{uv} u^{t-1} \tag{5-30}$$

$$b_h^t = b_h + w_{uh} u^{t-1} \tag{5-31}$$

其中,b_v 和 b_h 是 RBM 模型中可见层和隐含层的初始偏差值。RNN 模型则随时间推移展开,基于模型中输入层 v^t 和隐含层 u^t 生成 RBM 模型中前一个隐含状态。隐含层中隐含单元的激活计算如下。

$$u^t = \mathrm{sigmoid}(b_u + w_{uv} u^{t-1} + w_{vu} v^t) \tag{5-32}$$

算法执行过程总结如下。

步骤 1:生成 RNN 模型中隐含单元的值。

步骤 2:基于步骤 1 中的估计值 u^{t-1} 更新 RBM 模型中的偏差,并计算 RBM 参数。

步骤 3:计算 RBM 模型中的对数似然梯度。

步骤 4:将估计梯度传播到 RNN 模型,并且随时间更新权重 w_{uv} 和 w_{vu} 以训练 RNN 模型进行预测。

2. 实例分析

【例 5-4】 该部分围绕上述基于 RBM-RNN 的拥堵预测方法进行分析。

(1) 数据输入。

选取对象为宁波市某区域,如图 5-20 所示,包含 515 个路段,主要交通流参数选取 2min 为更新频率的 GPS 速度数据。

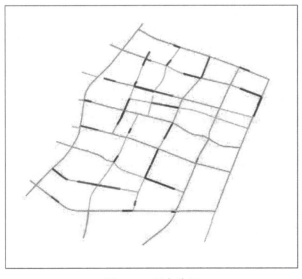

图 5-20　研究路网

输入部分。首先根据 GPS 数据判别拥堵状态,将速度阈值以 20km/h 进行划分,然后将每条路段的拥堵状态转化为二进制,低于 20km/h 定义为拥塞,用 1 表示;高于 20km/h 定义为畅通,用 0 表示。由于路段的交通状态随着时间不断变化,其交通状态则变成长度一直增加的二进制序列,整个路网的拥堵状况则可以表达成在时间和空间层面排列的高维矩阵。整个拥堵演化预测模型的关键就在于挖掘每个矩阵元在空间和时间上的演化规律。

对于每一个路段 n,在 t 时段的拥堵状态表示成 c_n^t,据此具有 N 个路段的路网在时间 T 内的交通拥堵状况可以表示成如下一个二进制高阶矩阵。

$$\begin{bmatrix} c_1^1 & \cdots & c_1^T \\ \vdots & c_n^t & \vdots \\ c_N^1 & \cdots & c_N^T \end{bmatrix} \tag{5-33}$$

(2) 模型搭建。

基于上述表达矩阵,利用 RNN-RBM 模型预测路网时空拥塞演化规律。为了有效地实现 RNN-RBM 模型,采用小批量梯度下降优化方法:将训练集划分为若干个小样本,每个样本集可以采用标准梯度下降优化方法并行处理。GPU 由于设计在并行架构上,因此可以同时执行多个任务。该性质尤其适用于加速 RNN-RBM 模型的计算。采用由 NVIDIA 开发的并行计算平台 CUDA 库执行 GPU 中的计算单元。RNN-RBM 模型中的参数设置如下:RNN 模型中的隐含单元数为 100,RBM 模型中的隐含单元数为 150,梯度下降优化方法学习率为 0.05,RNN-RBM 模型的权重矩阵 **W** 通过平均值为 0、方差为 0.01 的正态分布进行初始化,其他权重矩阵通过方差为 0.0001 的正态分布进行初始化,所有偏差向量在模型初始均设置为零。

(3) 误差计算及训练。

在 RNN-RBM 模型训练过程中,优化的目标为交叉熵误差的最小化。由于交叉熵表示计算输出和目标输出的概率分布之间的距离,因此使用均方误差作为具有二进制值的神经网络分类器比较合适。交叉熵误差(Cross Entropy Error,CEE)的定义如下。

$$\text{CEE} = -\frac{1}{T} \sum_{n=1}^{N} \sum_{t=1}^{T} c_n^t \ln \mid (\hat{c}_n^t) + (1 - c_n^t) \ln (1 - \hat{c}_n^t) \tag{5-34}$$

将该模型与传统预测模型 BPNN 和 SVM 进行对比,结果如图 5-21 所示。该种深度学习的预测算法相比传统的神经网络算法和 SVM 算法的准确度提高了 10%,充分证明了深度学习模型在进行拥堵状态预测的卓越性能。

Algorithms	Runtime (seconds)	Prediction Accuracy (%)	Sensitivity (%)	Specificity (%)
RNN-RBM	354	88.2%	64.1%	91.1%
BPNN	13 498	69.7%	38.2%	77.5%
SVM	14 979	71.0%	36.6%	80.3%

图 5-21 不同算法交通拥堵预测结果对比

3. 拥堵预测算法应用的基本框架

在大数据背景下,对于交通拥堵预测算法的应用可以采用现代软件系统大多呈现的"平台+应用"结构。应用是直接服务于用户以达成特定目的、完成特定需求的计算机程序。用户需求广泛多样,导致应用之间的差异无法仅用参数的不同配置描述,更多的涉及业务逻辑的区别。但不同的应用又可能呈现出某种统一的特征,如 Windows 系统上的应用都至少包含 1 个视图窗。

因此,通过建立支持二次开发平台可以在有效提高应用差异性和满足多样化用户需求的同时,降低各个应用共性特征的开发难度和成本。二次开发时间的缩短还能促进用户新需求的快速满足,这也是软件平台技术蓬勃发展的根本原因。

系统的设计对其未来的可扩展性和应用性能是至关重要的。图 5-22 为一种基于多源异构交通数据的拥堵预测平台设计,反映了对平台的当前理解和未来期许,它采用开放式结构,为开源项目,从而使系统的设计可以随着功能的扩展而持续改进。设计的系统架构主要由三部分组成:来自不同机构的异构数据源、智能交通应用和研究实验室的数据仓库、运行在系统服务器上的网络服务器。

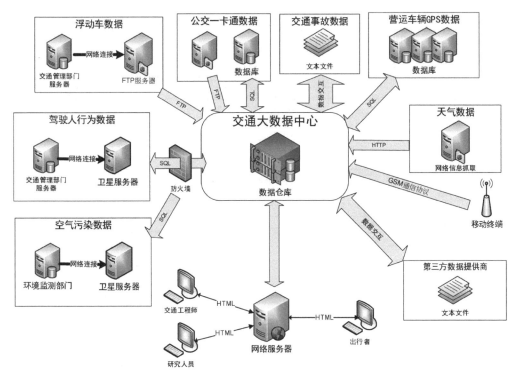

图 5-22 系统架构(FTP＝文件传输协议;SQL＝结构化查询语言;HTTP＝超文本传输协议;
GSM＝全球移动通信系统;HTML＝超文本标记语言)

其中,数据仓库负责数据存档,具备系统提供的多重数据检索功能。数据库的模式都是预先设计好的,以确保数据管理和查询效率。各种交通数据可以系统地存储在数据库管理系统中,数据之间的属性关系遵循着事先设计的模式,也可以很容易地维持。网络服务器可以呈现和传播数据,并且根据用户的任务执行分析算法,主要服务于交通工程师、研究人员和出行者,例如某些下载功能仅限于特定的用户组。同时,平台可以通过使用不同的数据通信技术连接多个数据服务器,必要时,另一台服务器可以被添加到系统中。

系统设计方面采用软件工程中常用的多层体系结构。多层体系结构的主要优点在于开发人员可以修改或添加一个特定的层而不用重写整个应用程序。所使用的模型包括客户端表示层（客户端 Web 浏览器）、服务器端数据层（数据仓库）和两个服务器端逻辑层（中间件和计算模块）。与传统的三层主从式模型相比，一个额外的逻辑层可以处理数据的质量问题。计算层可以用于控制数据共享和执行算法。中间件层可以减缓计算层的负担，例如过多的数据库访问、分析算法的计算和数据质量控制（DQC）。客户端表示层（Web 浏览器）则负责显示界面、可视化输出和接收用户的输入，整个系统流程如图 5-23 所示。

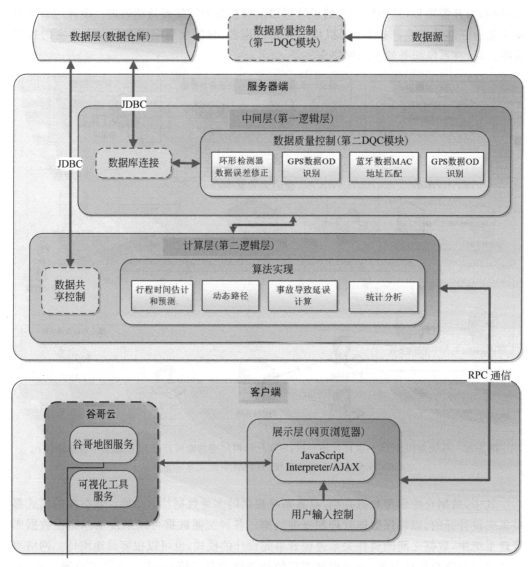

图 5-23 设计系统流程图（OD＝起点和终点；AJAX＝异步 JavaScript 和 XML）

下面围绕其主要结构做具体介绍。

（1）数据质量控制（DQC）。

数据质量问题是交通研究人员和机构广泛关注的。一个自动和稳定的 DQC 过程有利于促进与交通相关的研究。为确保数据质量，设计采用两步式 DQC 数据清洗机制，检测、删除错误和不一致的数据。数据清洗的第一步发生在从不同的数据源进行数据检索的过程，错误数据将被标记或删除。比如环形检测器数据中的零占有率和负流量、货运数据库中偏移的 GPS 数据。另一次数据清洗过程发生在中间件层的 DQC 模块中。

除了检查错误，DQC 在中间件层也将进行初步的数据分析和处理，以减少计算层的计算负担。例如，在某些交叉路口，早期的环形探测器都连接在一起，这将导致少计问题，而纳入第二 DQC 模块的非线性概率模型将修正车辆的少计数目。另外，一种基于软件的误差检测和修正算法也被植入于中间件层。

DQC 的另一个例子是 OD 识别算法，可以整合和提取私人卡车 OD 信息和货运性能评价。同样地，蓝牙探测器收集的原始蓝牙媒体访问控制地址也将返回到平台中。冗余数据将在第一个 DQC 模块被筛选，行程时间在中间件层的第二个 DQC 模块中计算。

（2）中间设备层。

中间件是一种在服务器中独立运行的计算机程序。如前面所述，构建中间件层的目的就是利用计算能力，从而管理服务端（数据和两个逻辑层）和客户端（表示层）之间的资源。除了 DQC 模块，数据连接模块也安装在中间件层。事实上，这个模块是通过使用 Java 数据库连接 API 来连接多个数据库的程序接口，允许中间件层从数据仓库中查询和接收结果进行进一步处理。

（3）计算层。

网络服务器的计算层将在 DQC 完成后执行复杂的算法，这一层也可以帮助存档原始数据和控制数据共享服务。异步 JavaScript 和 XML 技术的功能是减少服务器和浏览器之间的数据传输，最小化现有页面上的显示和正在进行的活动的冲突。这个设计可以减少服务器的响应时间，并且提高系统显示动态和交互网页的性能。

设计平台中的多种算法都使用这种异步 JavaScript 和 XML 技术，包括最短路径（行程时间）的迭代计算、运输性能指标的统计度量以及使用排队论和时间序列算法计算事故相关的延误。

（4）展示层。

客户端的主要功能是提供一个交互式的图形用户界面。用户输入发送到计算层，然后计算结果通过远程调用过程返回 Web 浏览器。最终结果通过由 Google Cloud 提供的两个主要的第三方控件可视化，Google 地图 API 和可视化 API。Google 地图 API 允许开发人员通过 Google 地图服务器将结果在 Google 地图上可视化。Google 可视化 API 允许用户通过可视化工具服务进行统计图表可视化，比如柱状图、饼状图等。

对于平台的实现，Google 网络开发工具包和 Eclipse 结合的开源集成开发环境可以为平台提供一个强有力的开发环境。Google 网络工具包包括 Java API 库，允许开发者使用 Java 语言进行网络应用编码，然后在 JavaScript 编译源代码。在这种情况下，开发成本和耗时相比传统的网络开发方法将显著降低，如 JavaScript 或 JavaScript 和 PHP。此外，Google 网络工具包的调试使得传统的 JavaScript 网页开发更加便捷。开发人员可以访问 Google 网络工具包中现有的小部件模板库设计网页界面,也可使用 Java-to-JavaScript 编译器在 JavaScript 中转换和优化 Java 代码。

通过上述交通拥堵预测平台设计的理论框架可以访问实时区域交通信息,促进数据共享和可视化,可为出行者和交通管理者提供实时直观的交通拥堵信息。与传统平台相比,其不仅可以实现集交通数据的共享、可视化和分析于一体,更提供了一个在线数据库网络,可以极大地促进交通工程领域的科学发现和教育成果。

思 考 题

1. 如何理解交通状态,它包括几个类型?
2. 交通状态的指标体系包括什么内容?
3. 交通状态的判别依据有哪些?
4. 交通状态的判别方法有哪些?
5. 交通状态的预测方法有哪些类别?
6. 常用的交通状态预测方法有哪些?
7. 简述交通拥堵的是如何量化的。

参 考 文 献

第 **6** 章　智能交通信息服务技术

随着信息技术的不断进步和交通运输在社会经济中地位的不断提升,以实现出行和交通管理的信息化、智能化为目标的交通信息服务系统已成为智能交通领域中不可缺少的重要组成部分。

目前,交通信息服务系统已经成为世界规模的 ITS 热点研究课题,也是 ITS 得到广泛应用的领域,其开发与应用正以欧、美、日本为中心迅速展开。世界上开始进行 ITS 研究开发的国家和地区所展示的 ITS 示范项目和研究内容中,几乎都涉及各种有针对性的交通信息服务系统。

6.1　智能交通信息服务的内涵

6.1.1　智能交通信息服务系统的概念

1. 含义

先进的交通信息服务系统应该覆盖多种运输方式,综合运用多种高新技术,满足驾乘人员、出行者、公众和交管部门对交通信息的各种需求,使交通参与者的交通行为更具有科学性、计划性、合理性,保障出行的机动性、方便性和安全性,最终提高整个交通运输系统的社会效益和经济效益。

在美国、日本、欧洲等发达国家的 ITS 体系框架中都定义了先进的出行者信息系统(Advanced Traveler Information System,ATIS)。很多国家,包括我国第一版的 ITS 体系框架中也引用该名称,有一些资料和地方将该部分内容定义为先进的交通信息系统。先进的出行者信息系统是指建立在完善的信息网络基础之上的,通过装备在道路、机动车、换乘站、停车场以及气象中心的传感器和传输设备,向交通信息中心提供实时、全面的交通信息,如道路交通信息、公共交通信息、换乘信息、交通气象信息、停车场信息以及与出行相关的其他信息,用户可根据系统提供的信息确定自己的出行方式,选择自己的出行路线。

国内外很多专家学者认为,出行者信息系统不能有效地涵盖交通信息服务的内容,而交通信息系统外延又太广,与体系框架中的其他部分重复过多。目前,比较一致的思路是将该部分内容定义为先进的交通信息服务系统。

交通信息服务系统,可以简单地定义为由信息终端、交通信息中心、广域通信网络等组成的以个体出行者为主要服务对象,按照其需求提供出行信息,通过提供优化行进路线的方式,以缩短出行时间或减少费用为目的的信息服务系统,又可以较为全面地定义为智能交通系统的重要组成部分,系统综合运用多种高新技术,通过无线、有线通信手段以文字、语音、图形、视频等多媒体形式实时动态地提供与出行相关的各类交通信息,使出行者(包括驾驶人和乘客)从出发前、出行过程中直至到达目的地的整个过程中随时能够获得有关道路交通情况、所需时间、最佳换乘方式、所需费用以及目的地等各种相关信息,从而指导出行者选择合适的交通方式(私家车、火车、公交车等)、出行路线和出发时间,以最高效率和最佳方式完成出行过程。

交通信息服务系统涉及的各类交通信息,根据属性不同,其信息采集、传输、处理、发布的方式和途径也各不相同,例如:

① 公交时刻表和运行状态信息可从公交管理系统获得。

② 大部分与道路有关的信息由监测系统(车辆检测器、摄像机、车辆自动定位系统等)采集,经过交通信息处理中心处理后,出行者通过路侧的信息显示装置(如可变情报板)获得,或从各类车载装置中直接获得。

③ 其他一些具有静态性质的信息,如地图数据库、紧急服务信息、驾驶人服务信息、旅游景点与服务信息等,出行者或公众可以在家、办公室、旅行车、商用车、公交车、公交车站中或利用随身携带的个人通信设施完成这些信息的查询、接收和交换。

在这些方法中,由于选用的信息传播媒介、信息提供方式不同,其所能为出行者、公众和交通部门提供的信息量大小、信息表达形式也有很大的不同,故对出行者的诱导影响作用也各不相同。从信息流的观点来看,其遵循的信息处理过程基本是一致的,即将采集到的原始数据(如道路状况、交通流现状等)进行综合分析和处理,最后向出行者和公众提供合适的交通信息,来影响交通参与者对出行路线、出行方式的选择,以疏导交通流,保持最佳通行能力及提高交通安全度,从而最终提高社会效益和经济效益。交通信息服务系统的结构框架如图 6-1 所示。

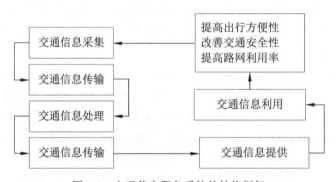

图 6-1　交通信息服务系统的结构框架

2. 发展历程

随着信息技术的迅猛发展以及科技进步与交通管理高效化的要求,交通信息服务系统也在不断地发展变化、逐步完善。例如视觉上由提供静态信息的道路标志与标线发展到目前大量应用的可变情报板、可变标志等;听觉上由一般电台的交通信息广播节目发展到路侧实时通信系统。

传统的交通信息系统是为整个交通流总体服务的,可作为交通管理系统的基础,其所能传递、提供的信息量是有限的。自 20 世纪 70 年代以来，欧美、日本等发达国家在寻求缓解交通拥塞的研究中出现了以个体出行者为服务对象的综合交通信息服务系统。出行者可以通过其便携式信息系统在与交通信息中心的双向信息传递中使自己始终行驶在最短路径上（距离或时间），以避开阻塞路段、事故发生路段或环境不良地段，从而减少延误，使交通拥堵状况得到缓解。

从总体上，针对个体出行者的综合交通信息服务系统（即出行者信息系统）的发展又可划分为两个阶段。

第一代系统：出行者信息系统（Traveler Information System，TIS），是在 20 世纪 70 年代出现的计算机技术和交通监控系统的基础上发展起来的，反映了人们利用通信技术进行信息发布的最初愿望，这些系统主要用于提高路网局部的通行能力，例如严重拥挤的交叉路口或者由特别事件和交通事故引起阻塞的部分路口与路段等。

发布手段：可变信息标志（Variable Message Sign，VMS）和公路顾问广播（Highway Advisory Radio，HAR）。

特点：VMS 和 HAR 是单向的通信系统，用来向车辆传递通用出行信息，由出行者个人对信息进行筛选，选择出对其有用的信息（如果有）。目前，VMS 仍是发布交通信息的重要手段。

第二代系统：称为先进的出行者信息系统，它采用信息采集、传输、处理和发布方面的最新技术成果，可以为更广泛的交通参与者提供多种方式的实时交通信息和动态路径诱导功能。

发布手段：车载终端、蜂窝电话、有线电话、有线电视、大屏幕显示和互联网等。

特点：通信电子地图、计算机和多媒体技术的高度发展使得先进的出行者信息系统为出行者提供个性化的出行帮助成为可能；ATIS 着眼于提供出行者想要的信息，因此可以大大减少出行者对信息进行筛选的工作量（如装有车载机的车辆可以进行出行起终点的输入，然后查询和选择路线，其中路线的提供是出行者信息系统根据当前实时的道路信息进行计算得出的最短路径）。

随着信息技术和计算机网络的发展，已经着手研究基于移动通信技术进行 ATIS 构建，并采用多媒体、通信等各种高新技术成果将汽车逐步发展成为移动的信息中心和办公室，这将大大加强 ATIS 的服务功能和服务领域，服务对象也由出行者扩展到所有交通参与者、公众和交通管理部门等。

6.1.2 智能交通信息服务系统的作用

先进的交通信息服务系统可以提供多种交通方式的出行计划和路径诱导，能为各种类型的驾驶人和其他出行者提供咨询服务，允许出行者确认和支付所享用的服务，并具有个人报警功能。交通信息服务可以在出行前提供，也可以在出行中提供。出行前的服务可以为出行者提供用于选择出行方式、出行路线和出行时间的交通信息，包括道路条件、交通状态、公交信息等。出行者可以在家中、工作场所、停车场与换乘站以及其他地点提出这种服务请求以获得帮助。途中交通信息服务为出行者提供旅途中的交通信息，如交通状态、道路条件、公交信息、路线引导信息以及不利的出行条件、特殊事件、停车场位置等信息。先进的交通信息服务系统的作用主要体现在以下几个方面。

① 多种交通方式的出行计划。提供区域范围的相关信息，帮助出行者选择、制定包括步行、私家车、公交车等不同出行方式的出行计划，甚至包括铁路交通、水运交通和航空交通等。

② 用户咨询服务。提供广泛的咨询服务，包括事故警告、延误预告、当前交通状态下到达终点或换乘站预计时间、不利的出行条件、交通方式之间的衔接及其时刻表、运营车辆(CVO)的限制(限高、限重等)、停车场信息、公交车站位置信息以及即将到达的收费站信息等。

③ 路径诱导服务。基于实时动态交通信息的诱导服务能够提供动态路径导航以及道路的行程时间等信息，可以帮助驾驶人选择最佳路线以躲避严重拥挤或其他不利的交通状况。

④ 与相关系统接口。与区域交通管理系统的接口可以获得高速公路和城市干道的交通信息、事故信息和道路信息，与区域公交管理系统接口可以获得公交信息，包括公交时刻表和公交车辆运行状态信息。这些信息可以与监视信息以及其他来源的实时信息融合，共同发挥作用。

通过对出行者、公众、交管部门以及交通信息服务系统设计和应用人员的调查得知，交通信息服务系统应该具备的特性主要体现在如下几个方面：

① 提供的信息要及时、准确、可靠，出行决策的相关性要好；

② 能为整个区域提供相关的交通信息，这要求跨行政区的公共机构共同参与；

③ 容易与 ITS 其他系统相结合，如紧急事件管理系统、高速公路管理系统、交通信号控制系统、公交管理系统等，以便获得大量的交通信息；

④ 操作人员必须经过专门培训，训练有素；

⑤ 易于被交通参与者和公众接受和使用；

⑥ 易于维护，不需要过高的运行成本和较长的操作时间；

⑦ 最终用户能够承受所提供服务的费用。

交通信息服务系统应该满足国家和地区的特定发展目标，一般情况下，交通信息服务系统的主要目标体现在以下六个方面：

① 促进以实时准确的交通状态为基础的出行方式选择；

② 减少出行者在陌生地区出行的压力；

③ 减少出行者个体在多方式出行中的出行时间和延误；

④ 降低整个交通系统的行程时间和延误；

⑤ 提高交通系统的总体效率，通过多种方式降低交通系统的总体成本；

⑥ 减少碰撞危险和降低伤亡程度(如减轻出行者在陌生地区的精力分散程度)。

实践表明，交通信息服务系统在出行时间、出行者满意度、路网通行能力以及环境影响等方面具有显著效益，也能减轻道路拥挤和减少交通事故的数量。

美国运输部报告的美国出行者信息系统的实施效果如表 6-1 所示。

表 6-1　出行者信息系统的实施效果(美国运输部)

指　　标	效　　果
碰撞危险	预计减轻驾驶人压力(4%～10%)
伤亡程度	与具有 GPS 定位和路线引导功能的紧急事件管理系统相结合,可降低伤亡程度
出行时间	减少 4%～20%,严重拥挤时会更明显
通行能力	模拟显示当有 30%的车辆接收实时交通信息时,可增加 10%的通行能力
延误	高峰小时可以节省 1900 辆·时,每年可以节省 300 000 辆·时
排放估计量	HC 排放物减少 16%～25% CO 排放物减少 7%～35%
出行者满意度	可以减轻有意识的压力;与救援中心的无线通信可将安全性提高 70%～95%

6.1.3　智能交通信息服务系统的分类

交通信息服务系统(Traffic Information Service System,TISS)的服务内容多种多样,服务方式也各有不同,按照不同的分类标准,交通信息服务系统可以分为不同的类型并各具特点。

① 按照向交通参与者提供信息服务的时机进行分类,其分类和特点见表 6-2。

表 6-2　交通信息服务系统分类(1)

名　　称	特　　点
出行前信息系统	出行前信息服务可以使出行者在出行前获取关于出行的路径、方式、时间、道路交通及公共交通等信息,为出行者规划最佳出行模式提供辅助决策服务
在途驾驶人信息系统	通过各种手段向驾驶人提供关于出行选择及车辆运行状态信息、道路状况信息和警告信息等,为有需要的驾乘人员提供路径诱导功能
在途出行者换乘信息系统	在车站、公交换乘点等地点利用多种形式为出行者提供换乘信息服务,如始发时间、出行费用和出行时间等信息,从而优化出行者的出行路径

② 按照所提供信息内容的不同进行分类,其分类和特点见表 6-3。

表 6-3　交通信息服务系统分类(2)

名　　称	特　　点
路径诱导系统	路径诱导系统是利用先进的信息、通信等技术,为驾驶人提供丰富的行驶信息,引导其行驶在优化的路径上,以此减少车辆在路网中的滞留时间,从而缓解交通压力、减少交通阻塞和延误。这种服务主要针对城市路网的个体车辆

名　称	特　点
交通流诱导系统	交通流诱导系统是通过实时地采集和发送交通信息,适时地引导交通流量合理分布,从而达到高效率利用道路网络的主动交通控制方式。交通流诱导系统的核心和基础是交通信息的准确性及及时性,这些信息包括道路条件信息、实时动态交通信息(包括交通时间和交通流量、车道占有率、车速、行程时间等交通特性、交通事件和拥挤程度信息)、气象等环境信息。交通流诱导以交通流预测和实时动态交通分配为基础,应用现代通信技术、电子技术、计算机技术等为路网上的出行者提供必要的交通信息,为其当前出行决策和路线选择提供信息参考,从而避免盲目出行造成的交通阻塞,达到路网畅通、高效运行的目的,它面向的是路网上行驶的所有车辆
停车场信息诱导系统	停车场信息诱导系统给停车者提供一定区域内所有停车场的位置信息以及其车位利用信息,从而有利于驾驶人做出合理的停车选择,减少迂回驾驶和由此产生的无谓交通量及环境污染
个性化信息服务系统	可以获取与出行有关的社会综合服务及设施的信息,如餐饮服务、停车场、汽车修理厂、医院、警察局等的地址、营业或办公时间等。出行者获知这些信息后,就能够制订合适的出行计划,选择合适的路径

③ 根据信息流三要素,即信息采集、处理与传送的集成程度以及系统功能分配的不同进行分类,其分类和特点见表 6-4。

表 6-4　交通信息服务系统分类(3)

名　称	特　点
自主导航系统	自主导航系统融信息流三要素于一体,能对行驶中的车辆进行实时导航。它是一个静态系统,在独立的车辆上装备有定位设备和历史地图数据库,车辆不与信息中心进行通信,而是使用一个单独的记录着过去交通状况、路网信息的数据库。 该系统中的信息收集、分析处理及传送都在车上独立完成,与交通信息中心无任何联系,这样它既不能提供基于实时动态交通状况的自动导航,也不能向交通控制中心报告路段通行时间等
中心式导航系统(单向通信系统)	这种系统是指由交通信息中心单方面向交通参与者提供实时动态交通信息,交通信息中心将通过各种渠道收集的道路交通信息,经处理后通过信号发射系统定时发送给路网上行驶的车辆。驾乘人员借助车载信息接收装置,获得当前关于交通阻塞地区和一般公路状况等的信息以实时决定行驶路线。 单向通信系统的致命弱点是交通信息中心仅单方面提供信息,却不能收到出行者反馈回来的信息以利用结果以及交通参与者所获得的现场交通信息。但该系统对比自主导航系统显然有了很大的改善和提高

名　　　称	特　　点
中心式导航系统(双向通信系统)	双向通信系统是在信息中心和出行者之间实现双向信息交换,基于此可以开展动态交通流分配、动态交通监控以及实时交通预测等工作。该类系统的一个重要特性是:车辆和交通参与者不再只是被动的信息接收者,还可以成为主动的交通信息采集器。不仅可以给出车辆通过某一路段的行程时间、车速,还可以通过一定规模的探测车辆,获取车道占有率、交通流量等交通信息。该类系统是目前各国致力研究的方向,由于该系统的研究与实施涉及的单位机构、行业部门众多以及学科专业综合性强、专业联合跨度大,因此具有较高的难度,但是可以预言,一旦该系统得以实施,交通状况以及由此产生的环境、能源状况将得到极大的改善

6.2　智能交通信息服务关键技术

6.2.1　交通信息服务系统的组成及工作原理

先进的交通信息服务系统主要由交通信息中心、通信网络和用户信息终端三大功能单元组成,系统构成如图 6-2 所示。

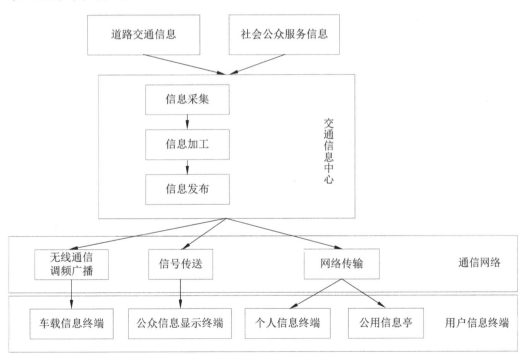

图 6-2　交通信息服务系统的构成示意

其中,交通信息中心是指为整个系统控制的实现提供数据处理、显示和接口功能,包括对道路交通运输数据和社会公众信息的采集、分类、加工、分析和提供,以及涉及的最优路径搜索等算法的实现。

通信网络是指在用户信息终端和交通信息中心之间提供的有线和无线双向数据传输，以及在信息流与信息中心之间的光纤数据传输。

用户信息终端指的是车载信息和导航终端、各种道路交通信息的公众显示终端，包括PC终端和手持机等在内的个人信息终端以及公用信息亭等。

1. 交通信息中心（Traffic Information Center，TIC）

TIC是先进的交通信息服务系统的核心，为车辆及相关交通信息资源提供中心通信接口，并在此基础上建立一个综合的交通运输信息数据库，提供上节所述的各类交通信息服务功能。

TIC的实施一般采用分布式的B/S或C/S构架，建立一个开放的系统，并提供良好的操作平台、软件、简便网络以及标准接口，以有效增强交通信息服务系统，为适应未来需求而进行扩展的灵活性。

交通信息中心具有对交通运输数据进行分析处理的功能，能产生相关区域范围内的交通运输信息数据库，完成最优路径搜索等工作。交通信息中心的基本数据处理功能包括以下几项。

① 根据实时动态的道路交通状况，更新交通运输信息数据库。

② 产生并定期更新预估的历史各路段通行时间的数据库。如一天中各个时间段，在缺少当前实时交通信息情况下，这是对路段通行时间做出的最好估计，并以此为基准结合车辆向TIC发送当前路段通行时间以及其他交通运输信息源发送的报告，综合判断不正常的交通状况。

③ 比较、组合当前的道路交通信息和历史的路段通行时间数据，将各方面的信息综合以建立最佳的当前交通状况预测模型，用于给车辆提供最佳的路段通行时间估计。当前道路交通信息包括车辆报告的实际路段通行时间，来自交通信号系统的数据以及其他动态信息如路政巡逻车、车辆检测器、浮动车等采集的数据。

④ 利用上述实时交通状况预测模型，TIC可计算出预估的通行时间并选择从出发点到目的地的最优路线，将估计结果通过通信网络发送给路网中的车辆，驾乘人员利用这些信息可以选择通往目的地的最优路线。

目前，国内外已研究并发展了多种最优路径搜索算法，比较典型的有Dijkstra算法、启发式搜索算法、神经网络方法以及蚁群算法等。在车辆行驶中，路径搜索算法应能在较短时间内根据当前的道路交通状况，可以不断对已选择的最优路线及路段通行时间进行修正。

⑤ 进行事故调查工作，确定不正常的路段通行时间的起因。不正常指某天、某时、某路段上的通行时间大大超过了历史通行时间，事故调查过程是用来查明路段通行时间产生突变的缘由，并将相关信息通知出行者。

2. 通信网络

通信网络（Communication Network，COM）是指在用户信息终端和交通信息中心之间提供的有线和无线双向数据传输，以及在信息源与信息中心之间的光纤数据传输。

在信息中心与固定信息源之间,通过光纤数字网络进行数据传送,原始交通信息采集后传送到信息中心进行分析和处理,并通过相应的光纤网络传送到信息发送装置。

双向动态无线数据传输系统负责完成信息中心与车辆之间的数据交换。一方面,车辆利用接收设备获得从TIC发来的实时交通信息,如当前路段通行时间估计、堵塞或事故发生地点等;另一方面,车辆又是流动的交通信息探测器,通过车载发射装置把现场的交通信息(实际路段通行时间)反馈给信息中心。目前,广泛使用的无线通信方式有射频通信(无线电广播通信)、微波通信、红外通信、移动电话通信等。

信息中心向所有装备车辆导航辅助系统的车辆发送实时道路交通信息,车辆通过车载设备接收,经处理后显示(视觉或听觉),同时车辆在每完成一路段的行驶后就自动向交通信息中心发送通行时间报告及其他相关信息,使信息中心获得来自车辆的实时动态信息。

3. 用户信息终端

用户信息终端种类很多,车载信息和导航终端是应用最广泛的用户终端,其结构和功能如图6-3所示。车载终端包括导航辅助系统和无线电数据通信收发器,而导航辅助系统包括车辆导航定位模块、车载计算机及显示屏。

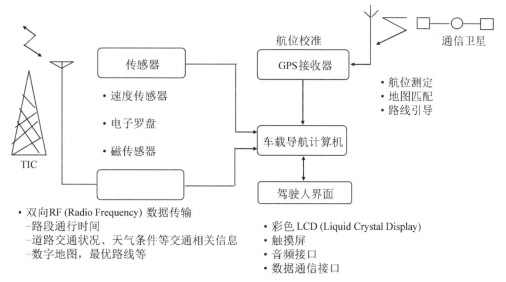

图 6-3　典型车载信息和导航终端构成示意

车辆导航定位模块包括测速仪、方向传感器等各类车载传感器,以及GPS(Global Positioning System)接收机,这些均用来为导航提供精确的地理位置和时间数据。通过航位测定(Dead-reckoning)、地图匹配(Map-matching)和绝对位置校准计算和跟踪车辆在路网中的位置。

航位测定通常使用的传感器包括安装在非驱动车轮上的速度传感器、测定方向的电子罗盘等,它们可提供距离、速度及方向等数据以计算车辆位置。由于车轮倾斜、轮胎压力变化等原因,航位测定很容易产生误差,并具有累加效应。要对产生的误差进行修正,则需要使用地图匹配技术和全球定位系统。

地图匹配是指利用各种数据(传感器数据、GPS 定位数据、数字地图数据库、已知最优路线等),确定车辆在地图上的相对位置。该过程把航位测定所得到的路线与地图数据库中道路线形及最优路线相比较,以确定车辆的位置,并将结果反馈给航位测定,用来修正航位测定过程的误差。

量测、计算和报告路段通行时间、速度、流量等交通信息的功能,使装备车载信息和导航终端的车辆成为一个主动式的交通探测器,在给 TIC 提供实时交通信息方面具有完整且重要的作用,此功能对驾乘人员来说是自动的,没有任何额外的负担。

在交通阻塞分析的整个分析图上,单个的车辆通行时间报告几乎没有意义,但是成百上千辆装备车载信息和导航终端的车辆发送的报告,就会产生遍布某一区域路网的关于交通阻塞和路段通行时间的一个准确和实时的图表。这些信息传送给在系统范围内所有运行的车辆,就可产生对应于每辆车的当前位置和既定目的地的最优路径诱导指令。

6.2.2 交通信息服务系统的理论基础

交通信息服务系统主要是根据实时采集的交通流信息,经加工和处理后,形成有利于出行者出行的交通信息,并将这些信息及时传递给出行者。交通信息服务系统的研究主要包括两个方面:实施技术研究和基础理论研究。实施技术主要指电子控制技术、通信技术、计算机处理技术、GPS 定位导航系统等在交通系统中的集成应用,它们是实现城市交通流诱导必不可少的硬件手段和技术条件;城市交通预测和诱导的关键理论和模型,是交通信息服务系统的核心,也是 ITS 的基础理论,因此涉及路径诱导的动态交通量分配和行驶路线优化设计是系统的关键技术。

目前,我国在实施技术方面进展较快,但基础理论和模型研究相对滞后,为此某些研究项目没有得到实际应用,这也是世界各国都重视理论模型研究的主要原因。

1. 动态交通分配

交通需求具有随时间变化的性质使得交通网络上的交通流具有动态性。因此要确切地描述交通网络上的各种交通现象,需要采用动态的交通模型,其中很重要的技术之一就是采用动态交通分配。通常交通规划中采用的静态交通分配假定模型时间段内的交通需求是常量,即交通流分布的形态是固定的,求出某一时间段内的最大交通需求,从而做出满足该需求的规划以达到规划的目的。但当需要描述城市交通网络的拥挤特性、制定城市交通管理的措施或向出行者发布城市交通状况信息时,就要研究城市交通流的动态分布形态,因为它决定了城市交通拥挤发生的地点和拥挤程度。动态交通分配考虑交通需求随时间变化的特性,给出瞬时的交通流分布状态,因此可以用来分析交通的拥挤特性,对交通流实行最优控制以及进行交通信息预测和路径诱导,从这个意义上说,动态交通分配也是 ITS 的重要技术基础。

早期的动态随机分配模型只能处理单个 OD 对出行时间和出行路径选择的二维选择问题,经过发展之后,现已能够处理道路网络的二维选择问题,但其假设交通条件是车辆在路段内均匀分布且速度保持不变,这和实际中的情况显然不符合。

近年来,实时动态交通分配理论的研究已有较大的进展,其研究的方法已有计算机模拟、优化理论、最优控制理论、不等式变分原理等,能处理的问题已从处理单一的出行时间或出行路径选择发展到能综合处理出行时间和出行路径的选择。模型的形式有连续时间模型和离散时间模型两大类。下面重点介绍基于遗传算法的最优控制动态交通分配理论与模型。

尽管交通领域的专家学者开发了多种动态交通分配模型,但一般都假设需求固定而不是随时间变化、网络只有单个终点以及所选路径固定不变等。Papageorgiou M.建立的动态交通网络模型的关键变量是针对特定终讫节点的交通子流量的分配比例和构成比例,适用于需求随时间变化的多终点交通网的动态配流。该模型体系在求解可能性和与实际路网相似性等方面都有很大进步,但使用直接优化算法所需时间较长,因此只适用于小规模的交通网络。

20世纪70年代中期,美、德等国科学家研究了模仿生物进化过程求解复杂优化问题的全局寻优方法,统称模拟进化优化算法,也称遗传算法(Genetic Algorithm,GA),已在许多领域得到了实效性应用。由于遗传算法只需要各可行解的目标值而无须假设目标函数连续或可微,采用多线索的并行搜索方式进行优化,而且对搜索空间没有特殊要求,节省优化时间,使用方便,具有很强的适应性。

将Papageorgiou M.建立的模型体系与快速全局优化算法——遗传算法相结合,能大大提高模型的实用价值。然而,由于Papageorgiou M.建立的模型体系仍然需要动态的OD信息,这在实际路网和进行交通流诱导的情况下是难以做到的。此外,该模型体系采用递推方式计算各个交通参数,在所采集的动态交通信息受到多种干扰的情况下,将引起严重的误差积累效应而导致分配结果的可靠度降低。因此,从交通信息服务系统以及城市交通流诱导系统的实际应用出发,开发新的、更为实用的动态交通分配模型算法是今后研究的重点。

另外,由于实时自适应交通控制系统和路径诱导系统本身会影响出行者的路径选择行为,甚至影响交通流的分布形态,因此动态交通分配在为交通控制系统和路径诱导系统提供技术基础的同时,如何将交通控制和路径诱导等系统的影响集成到动态交通分配中也成为动态交通分配需要研究解决的新问题。

2. 路径选择和优化

动态路径诱导就是要为行驶在道路网中的车辆提供从当前位置到达目的地之间的最方便和快捷的路径,即所谓的最短路径。这里最短路径有两种理解上的含义:一种是基于已有道路基础上的行驶路程距离最短,这种最短路根据已有路网结构和图论的知识便可以找到,而且是静态不变的;另一种便是考虑了实时道路交通流状况的行驶时间最短或路阻最小路径,计算这种最短路径有以下两个前提:一是由前面提到的动态交通分配得到交通流的实时分布情况,二是要建立一定的行驶时间函数或路阻函数,将交通流的分布状况或其他因素加入行驶时间或路阻的计算中,从而根据计算结果选择最短路径,并作为诱导路径提供给驾驶人。理论上说,这种最短路径是随交通流而动态连续变化的,但实际操作只能做离散处理,将系统工作划分为若干时间段,并在一个时间段中找出多条动态最短路径并提供给驾驶人选择。

在路径选择和优化过程中,以下几个问题是必须关注的。

① 交通路口延误的处理。对于交通路口的延误可以将交叉路口拆分为多个虚拟点，建立相应的虚拟路段，控制中心根据不同的配时方案设定虚拟路段的广义路阻。另外，通过加虚拟点拆分交叉路口可以实现禁止左转和唤醒交叉路口的车辆转向问题的抽象。

② 评价指标的确定。评价指标主要体现在路阻函数中，为了适应路径优化多目标的需要，应在动态路径诱导系统中采用广义路阻。广义路阻（出行费用），是指出行者为了完成出行而付出的代价以及给社会带来的负面影响的量化值。根据实际情况一般有出行时间、行驶距离、拥挤程度、道路质量和综合费用 5 种路阻。5 种路阻并不矛盾，但是根据目标不同，以这种路阻得出的最佳路径一般不一样。

③ 用户出行特点对动态路径诱导系统的影响是多方面的，用户根据道路级别、路面质量、舒适程度进行路径选择将影响最优路径。

目前，最短路径算法最流行的有 Dijkstra、Bellman-Ford-Moore 算法、Floyd 算法、启发式搜索（Heuristic Search）算法——A* 算法、SPFA、蚁群算法等。

Dijkstra 算法是由 E.W.Dijkstra 提出的一个适用于所有弧的权为非负的最短算法，也是目前公认的求解最短路问题的经典算法之一。它可给出从某指定节点到图中其他所有节点的最短路径，其时间复杂度为 $o(n^2)$，n 为节点个数。

Bellman-Ford-Moore 算法分别由 Bellman、Ford 和 Moore 在 20 世纪 50 至 60 年代提出，其时间复杂度是 $o(nm)$，m 是边/弧数。目前这样的时间复杂度在所有带有负权弧的最短路径算法中是最好的，但其实际运算效果却往往不及 Dijkstra 算法。

Floyd 算法是一个求图中所有节点对间最短路径的算法，由 Floyd 于 1962 年提出，其时间复杂度为 $o(n^2)$，虽然与对每一节点做一次 Dijkstra 算法的时间复杂度相同，但其实际运算效果要好于后者。

较为流行的启发式搜索算法是由 Hart、Nilsson、Raphael 等人首先提出的 A* 算法。该算法的创新之处在于选择下一个被检查的节点时已经引入了已知的全局信息对当前节点的距离做出估计，作为评价该节点处于最优路线上的可能性的量度，这样就可以首先搜索可能性较大的节点，从而提高搜索效率。

求单源最短路的 SPFA 算法的全称是 Shortest Path Faster Algorithm，是段凡丁于1994 年提出的。它还有一个重要的功能是判负环（在差分约束系统中会得以体现），在Bellman-Ford 算法的基础上加上一个队列优化，减少了冗余的松弛操作，这是一种高效的最短路算法（SPFA 会被恶意数据卡掉，如果没必要判负环则建议使用 Dijkstra）。

蚁群算法是一种用来寻找优化路径的概率型算法，它由 Marco Dorigo 于 1992 年提出，其灵感来源于蚂蚁在寻找食物过程中发现路径的行为。

另外，对于实际应用中的自动导航系统，车载计算机的存储量和运算都有限，面对庞大的路网和信息，寻求小存储量的算法是非常有必要的；而对于实时导航系统，时效性要求很高。因此，很多时候是以精度换时间，以实现算法在实际情况中的应用。针对车辆自动导航的特点，近年来在最短路径方面取得了一些进展，主要有数据结构方面的改进、双向搜索、分层搜索、K-最短路径算法、基于神经网络的算法和遗传算法，另外还有基于出行特性的 TC-B Method 的算法，有兴趣的读者请参考相关文献。

3. 交通信息发布

有利于出行的交通信息形成后,如何通过有效、直观的方式提供给出行者,使出行者能够很容易地接收这些信息,又不带来更多的驾驶负荷,这是交通信息显示要解决的问题。这就要求一方面要根据人机工程学实现好的人机界面设计,使人机交互功能易于实施,另一方面就是信息本身要以一种清晰和直观的形式显示,例如以不同颜色表示道路的拥挤状况,使得出行者不必花太多精力接收这些信息,以致影响驾驶。在动态路径诱导方面,诱导信息如何与已有的电子地图相结合,从而给出一目了然、直观明白的路径诱导,也是信息发布要解决的问题。

6.2.3 交通信息服务系统的技术基础

1. 全球定位系统

全球定位系统(Global Positioning System,GPS)原名为导航星(NAVSTAR)系统(图 6-4),GPS 是美国国防部研制建立的一种具有全方位、全天候、全时段、高精度的卫星导航系统,能为全球用户提供低成本、高精度的三维位置、速度和精确定时等导航信息,整个系统需要 24 颗卫星以提供高精度的定位和连续的全球覆盖,是卫星通信技术在导航领域的应用典范。

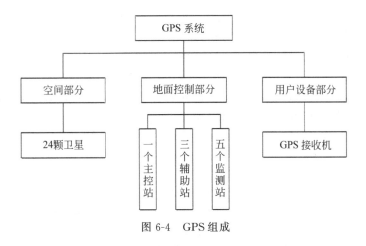

图 6-4　GPS 组成

GPS 定位的基本工作原理是:卫星持续向地球发送时间、星历参数等信息,接收机接收到信息后通过处理和计算求得接收机所在的三维位置、三维速度以及时间,从而提供车辆位置信息。GPS 采用 CDMA 码分多址技术,不同卫星的调制码不同,但载波频率相同。民用 GPS 的定位精度一般在 10m 左右,军用定位精度比较高,可以达到 1m 左右。

GPS 主要由 GPS 空间星座部分、地面监控部分、GPS 信号接收机部分组成。空间部分即 GPS 卫星系统,GPS 卫星星座也称 24GPS 星座,由 21 颗工作卫星和 3 颗轨道备用卫星组成,轨道高度为 20 183 公里。在使用 GPS 信号导航定位时,只有观测 4 颗 GPS 卫星才能计算观测站的三维空间坐标,这被称为定位星座。地面控制部分即地监控系统。GPS 卫星在定位导航中的位置是通过卫星发射的星历计算得到的。星历是描述卫星运动和轨道的参数,由地面监控系统提供。GPS 卫星的地面控制站系统主要包括位于美国科罗拉多州的主控站以及分布在全球的 3 个辅助站和 5 个监测站,通过其监控 GPS 卫星。用户设备部分即 GPS 信号接收机。GPS 信号接收机的任务主要是捕获和跟踪卫星信号,并对该信号进行处理,以便实时计算出观测的三维空间位置、速度和时间。GPS 接收机在静态定位中捕获和跟踪 GPS 卫星的过程固定不变,而动态定位则是利用 GPS 接收机测定一个运动物体的运动轨迹。

当前,GPS 定位技术已经广泛渗透到经济、科学技术等众多领域。随着智能交通系统的发展,GPS 技术也广泛运用于车辆等移动目标的定位和导航领域。在车载导航定位技术的发展史中,GPS 系统是目前使用最广泛、技术最成熟的一种卫星定位系统,其次就是我国的"北斗"导航定位系统,预计在 2020 年建成,由 30 多颗卫星组成,将提供覆盖全球的海、陆、空全方位的全球定位导航定位服务。"北斗"导航定位系统主要有三大功能:快速定位,为服务区域内的用户提供实时、全天候的定位服务,定位精度与 GPS 民用定位精度相当;短报文通信,一次可传送多达 120 个汉字的信息;精密授时,精度达 20ns。随着"北斗"的组网成功,其在交通信息服务系统车载定位技术中受到了越来越多的重视。

2. 地理信息系统

地理信息系统(Geographic Information System 或 Geo-Information System,GIS)又称地学信息系统或资源与环境信息系统。GIS 是一种重要的地球空间数据管理的信息系统,是一种基于计算机的地学信息空间数据库的管理平台,具有其他数据库系统没有的独特功能,除了数据库通用的数据输入、存储、查询、显示等一般功能外,还具有把传统而独特的地学信息记录载体——地图和地理分析功能与一般的数据库操作功能集成在一起,实现空间地理信息的存储、查询和统计分析等功能。地理信息系统通常由硬件系统、地理数据、软件系统和用户构成,如图 6-5 所示。

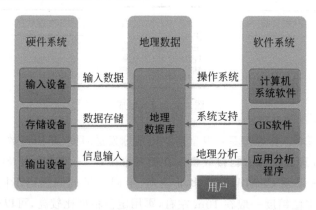

图 6-5 GIS 的组成

目前,人们应用 GIS 技术对地球表层人文经济和自然资源及环境等多源复合信息进行管理和分析,利用 GIS 技术发现区域的自然环境、经济地理要素的空间分布、空间结构、空间联系和空间过程的演变规律,服务于区域宏观决策和多目标开发等区域发展。GIS 技术与传统的交通信息分析和处理技术相结合,延伸出了交通地理信息系统

(Geographic Information System for Transportation,GIS-T)。GIS-T 是地理信息系统在交通勘测设计、交通管理、交通规划领域中的应用,是交通信息服务系统运行的基础。

GIS-T 最基本的功能就是对于图层进行编辑和测量,并且支持图层的显示,其最主要的就是对于其属性以及空间的数据进行编辑,而且还附带有输入和存储功能,其另外一个功能就是对交通地理信息时空的分析以及制图。在编辑功能中,包括属性的更改和用户需要的点、线、面的删除或者添加;而对于制图的功能,不论是制作还是对于地图的显示来说,都是灵活多样的,在对细节进行显示中,不同的所属交通信息客体都能进行输入以及输出(显示);对于测量功能,可以对于所属区域进行面积的测定或者对需要测量的地图上的线段进行测定。通过这一功能,GIS-T 构建了交通路网的空间数字模型,为数字交通地图的生成和交通属性数据的加载提供了基础。此外,在此基础上,GIS-T 还具有叠加功能、动态分段功能、地形分析功能、栅格显示功能、最短时间路径功能等。

交通信息具有明显的地域特征,在实际应用中主要使用交通地理信息系统(GIS-T)数据模型对交通网络进行建模和表达,实现交通信息和路网空间信息的融合交互。GIS-T 数据模型是一种在传统 GIS 弧段-节点数据模型基础之上进一步发展和扩展的数据模型。由于弧段-节点数据模型采用平面强化,在弧段相交的地方必须产生节点,使得其在处理和描述动态的多属性交通信息需要打断道路的几何数据,从而产生现实路网中并不存在的道路节点,使得数据库中的节点和弧段的数量增加,造成数据冗余。为了避免弧段-节点数据模型的不足,以线性参照方法(Linear Referencing Method,LRM)和动态分段(Dynamic Segmentation,DS)技术为基础的 GIS-T 数据模型是当今交通信息系统应用的主流基础技术。在动态交通信息为主的交通信息系统中,海量的交通流量信息、路况信息以及交通管制信息等数据都在 GIS-T 数据模型上与路网空间信息进行高效精准的融合。

3. 地图匹配技术

交通系统中数据采集的目的是将交通环境中的感知器所获取的数据进行融合,收集交通系统状态的动态特征数据信息。最基础的地图匹配技术就是车辆的动态位置数据在GIS-T 中的分析和处理,而获得移动车辆位置数据信息的技术称为在线地图匹配。在线地图匹配(Map Matching)算法则通过少量的简单信息,例如卫星定位的 GPS 数据经纬度等,计算运动车辆在道路网路段上的位置,是将位置传感器获得的 GPS 数据与路网模型(例如道路网数字地图数据模型 GIS-T)的一个动态融合过程。

交通信息服务系统的地图匹配算法要求具有较高的精度和效率,按照算法使用的技术方法将地图匹配算法划分为三类,即几何算法、拓扑算法和高级算法。几何算法将GPS 点匹配到最近的道路端点或形状点,即点到点匹配;或是 GPS 点匹配到最近的道路,即点到线匹配;或是将 GPS 点列匹配到最近的道路,即线到线的匹配。拓扑算法利用道路网的拓扑关系:连通、邻接、关联,结合道路属性(如转向限制和道路方向)推测车辆行驶的路段,可以在采样率低、采样间隔要求不高的情况下使用。高级匹配算法采用卡尔曼滤波、贝叶斯推断及模糊逻辑技术推断 GPS 点在路网模型中的位置。三种算法各有优劣,在实际研究中,地图匹配算法设计通常会综合利用这三种技术,优势互补,提高算法精度,以获取准确的车辆位置。

在线地图匹配技术为交通信息系统提供了连续的车辆位置数据,它纠正了GPS定位误差引起的车辆在路网模型(道路网数字地图数据模型)上的显示偏差,使得交通信息系统能实时获悉车辆行驶的准确道路位置信息,为道路交通流运行状态和车辆行驶路径优化等交通信息分析提供数据支持。

4.先进的车联网交通信息传输技术

物联网(Internet of Things,IoT)技术正在日常生活中大放异彩,如智能穿戴系统、智能家居、智能工业和智能交通等,其主要目标是让异构设备和物体之间具备互操作性。车辆自组织网络(Vehicular Ad hoc Network,VANET)提出的目标是实现实时通信以增强交通安全性和管理的有效性。而车联网(Internet of Vehicles,IoV)作为物联网研究的一个重要分支,从VANET发展而来,作为交通信息系统传输未来发展的基础,成为近年来交通信息系统研究的热点。

车载自组网VANET旨在提高交通运输效率,改善人们出行的舒适度。VANET服务于车辆之间的相互通信,具有节点性、移动性及数据流特性,将用于交通工具角色的车辆变成了一个个智能终端。

VANET是指在交通环境中,车辆之间、车辆与固定接入点之间以及车辆与行人之间相互通信而组成开放式的移动Ad hoc网络,旨在在道路上构建一个自组织、结构开放、部署方便、费用低廉的车辆通信网络。自组网是一种无线分布式结构,具有自组织、无中心、多跳转地进行数据传输的能力,从而实现协助驾驶、事故预警、车间通信、道路交通信息查询等应用。较于其他网络,VANET具有拓扑高动态、节点移动速度高、轨迹可预测、定位精确等优点,在交通领域有着非凡的广泛性和实用性。

VANET通信架构一般可以分为三类,分别是基于车载环境下无线接入(Wireless Access in Vehicular,WAVE)的Wi-Fi、自组织网络(Ad hoc)以及将这两种结合的混合(hybrid)架构。在Wi-Fi驱动的结构下,设置在路网上的路边单元RSUs被当作无线接入点,为属于该覆盖范围内的车辆提供通信功能;第二类是由路上行驶的一组车辆形成的自组织网络,利用WAVE进行通信。这些网络之间相互独立,并不需要任何基础设施的协助;而在混合结构下,蜂窝和自组织网络同时利用WAVE进行通信。IEEE 802.11p协议作为车联网中V2V通信的标准之一,得到了美国政府和企业界支持。与此同时,基于蜂窝通信的基础,我国企业主导了LTE-V2X相关标准的制定及后续演进技术的研究。此外,为了加强汽车与通信产业合作,全球通信产业和部分汽车企业联合成立了5GAA(5G Automotive Association)。为了积极推动LTE-V2X走向产业化,我国成立了蜂窝车联网C-V2X项目组,配合DSRC/5G工作的开展。图6-6展示了车联网传输道路拥堵信息,辅助安全预警与车辆路径重新规划诱导的应用场景。

5.基于蜂窝网络的V2X通信技术C-V2X

车用无线通信技术(Vehicle to Everything,V2X)是将车辆与一切事物相连接的新一代交通信息通信技术,其中V代表交通单元——车辆,X代表任何与车辆交互信息的对象,当前X主要包含车、人、交通路侧基础设施和网络节点。V2X信息交互单元组合模式包括:车与车之间(Vehicle to Vehicle,V2V)、车与路之间(Vehicle to Infrastructure,

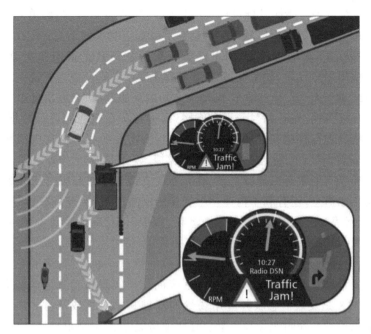

图 6-6　通过车联网避免交通拥堵与事故的场景

V2I)、车与人之间(Vehicle to Pedestrian，V2P)、车与网络之间(Vehicle to Network，V2N)的交互，如图 6-7 所示。

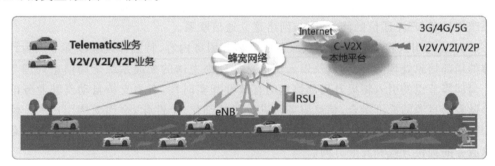

图 6-7　车用无线通信技术

C-V2X 中的 C 是指蜂窝(Cellular)，它是基于 3G/4G/5G 等蜂窝网通信技术演化而形成的在车辆之间进行无线通信的技术，其包含两种通信接口标准，一种是车、人、路之间的短距离直接通信接口标准(PC5)，另一种是终端和基站之间的通信接口标准(Uu)，它可实现车辆长距离和更大范围的可靠通信。C-V2X 是基于 3GPP 全球统一标准的车联网通信技术，包含 LTE-V2X 和 5G-V2X 两个技术发展进程，从技术演进角度讲，LTE-V2X 支持向 5G-V2X 的平滑演进。目前，LTE-V2X 技术是应用比较成熟的车联网通信技术。

V2V 是指车-车之间通过车载终端进行通信。车载终端可以实时获取周围车辆的车速、位置、行车情况等信息，车辆之间也可以构成一个信息交互的平台，实时交互传输文字、图片和视频等数字信息。V2V 通信主要应用于避免或减少交通事故、车辆监督管理等。V2I 是指车载设备与路侧基础设施（如红绿灯、交通摄像头、路侧单元等）进行通信，路侧基础设施也可以获取附近区域车辆的信息并发布各种实时信息。V2I 通信主要应用于实时交通信息服务、车辆监控管理、不停车收费等。V2P 是指弱势交通群体（包括行人、骑行者等）使用用户设备（如手机、笔记本电脑等）与车载设备进行通信。V2P 通信主要应用于避免或减少人-车、非机动车-机动车之间的交通事故、交通信息服务等。V2N 是指车载设备通过接入网/核心网与云平台连接，云平台与车辆之间进行数据信息交互，并对获取的数据信息进行存储和处理，提供车辆出行所需要的各类信息应用服务。V2N 通信主要应用于车辆导航、车辆远程监控、紧急救援、娱乐信息服务等。因此，V2X 将人、车、路、云等交通参与要素有机地联系在一起，不仅支持车联网形成交互感知体，获取比单车更多的交通感知信息，还有利于构建一个智慧的交通体系，促进汽车和交通信息服务模式的创新发展，对提高交通通行效率、节能降耗、减少污染、降低事故发生率、改善交通管理具有重要意义。

借助于人、车、路、云平台之间的高效、全方位的信息互联，C-V2X 目前正从信息服务类应用向交通安全和效率类应用发展，并将逐步向支持实现自动驾驶的协同信息服务类应用演进。C-V2X 是交通信息服务应用场景的基础和重要组成部分。典型的交通信息服务应用场景包括紧急呼叫业务等。紧急呼叫业务是指当车辆出现紧急情况时（如交通事故、机械故障等），车辆能自动或手动通过车联网通信网络发起紧急求救，并对外发出求助的基础信息数据，包括车辆类型、交通事故（故障）地点与时间、事故类型、伤亡情况、求助内容等信息服务需求，以便医疗救助、事故处理、保险服务、运营商救援或第三方紧急救助中心等服务提供方接收求助信息并采取紧急救助措施，该场景需要车辆在交通信息服务系统内具备 V2X 通信的能力，能与网络建立通信联系。

C-V2X 的引入将丰富交通信息服务的类型和服务内容，特别体现在以雾节点为计算主体的局部信息处理与分享，以及以云端信息处理为主体的交通系统全局信息处理与分享。局部雾节点的引入将提升局部信息的有效性和实时性，有力支持自动驾驶业务的演进。随着信息源的深度融合，信息服务将进一步精细化、个性化，全面支持用户的个性需求，其演进过程与平台融合、AI 优化、计算优化密切关联，将全面影响交通信息服务系统信息服务的提供方式和发展方向。

6. 可变信息标志信息系统

车辆自组织网络由车辆（Vehicle）和配备有车载单元（OBU）的路侧单元（RSU）组成，通过 Wi-Fi 和专用短距离通信等技术实现车与车之间的通信以及车与路边单元的通信。其中，专用短程通信（Dedicated Short-Range Communication, DSRC）是由汽车行业研发的技术，最初是为了实现车与车之间、车与路边单元之间频繁的数据交换，DSRC 以协议栈的形式被发布，是一组通信协议的集合，并且这些集合是专用于车联网中的短程通信的一组标准，包括 IEEE 802.11p 协议、IEEE 1609 协议系列和 SAE 系列等。除此之外，DSRC 还添加了对安全报文的专门处理机制，以满足安全应用服务需求。目前，DSRC 协议栈在国际上还没有形成统一的标准，现有的 DSRC 标准主要是由欧洲、美国和日本所提出的，分别是 ENV 系列、900MHz 和 ARIBSTD-T75 标准。其中，美国 ASTM 研究所开发并颁布的 DSRC 标准影响最大，其在 2002 年颁布的 E2213-03 标准将通信频段设置为 5.9GHz,使得数据的传输速度最高可达 27Mb/s,通信距离近千米。美国在 5.9GHz 的频谱范围内为 DSRC 分配了 75MHz 的带宽范围,该频谱范围又被分成了 7 个 10MHz 大小的信道,除了一个专用的普通安全通信的控制信道外,其余六个信道被用作非安全应用的信息服务信道(Service Channel,SCH)。据美国交通部估计,基于 DSRC 的车间通信已经有效地避免了该国 82% 的碰撞事故等交通事件,并挽救了数以万计的生命。在美国,DSRC 除了能够有效地防止车辆之间的碰撞外,还广泛应用于交通信息服务,这些应用大都涉及车辆与路边单元的通信,比如协助导航、电子付费、提高燃料功率、收集交通探针以及分发交通更新,甚至还能够用于娱乐和商业领域。

车联网 V2X 的通信模式下可以使用很多种无线通信技术,现有的通信技术有专用短程通信 DSRC、无线局域网 Wi-Fi、蜂窝移动网络(Cellular Network)等。而只有专用短程通信 DSRC 是专用于汽车之间的单向或双向短程到中程无线通信的一组相应的协议和标准。表 6-5 是 DSRC 技术和其他无线通信技术的参数性能比较。通过比较发现,DSRC 技术在时延、移动性、通信距离、数据传输率、通信带宽、通信频段方面相对其他无线通信技术而言,更适合于车辆之间的短程通信。

表 6-5　DSRC 技术与其他无线通信技术的比较

	DSRC	Wi-Fi	Cellular	WiMAX
IEEE 标准	802.11p	802.11a	N/A	802.11e
时延/ms	<50	>100	>100	/
移动性/(km/h)	>60	<5	>60	>60
通信距离/km	<1	<0.1	<10	<15
数据传输率/(Mb/s)	3～27	6～54	<2	1～32
通信带宽/MHz	10	20	<3	<10
通信频段/GHz	5.86～5.925	2.4/5.2	0.8/19	2.5

7. 新一代高速车联网通信系统 5G

在智能交通系统中,为了有效避免交通事故和提高交通通行效率,毫秒级的时延和近乎为零的传输错误是必不可少的。车联网系统中的信息共享是时间敏感的,并需要稳定和迅速的网络连接。车联网通信系统的高动态的连接、敏感的信息分享和时间敏感性对网络在可靠性、低时延性和可用性上有更高的要求。因此,车联网这种低时延、高可靠性通信技术应用场景成为 5G 四个技术场景中的重要场景。

国际电信联盟(International Telecommunications Union,ITU)在 2014 年 10 月的国际移动通信会议上提出了 5G 计划的时间进度表,分三阶段推进 5G 计划的实施:阶段一是到 2015 年年底,ITU 通过完成 5G 愿景建议书,定义 5G 的宏观需求和关键能力。阶段二是从 2016 年到 2017 年中旬,完成 5G 中的关键技术的需求和评估标准制定,并且征集各个机构目前研究的 5G 新技术。阶段三是从 2017 年到 2020 年年底,向全世界范围内征集 5G 新技术,并且按照评估标准完成评估,最终制定 5G 标准。

对于车联网来说,通信过程中至少一方为处于动态变化中的车辆,使网络拓扑变化频繁且计算复杂,而数据传输的通信链路从建立到断开所维持的时间较短,因此对时延和可靠性的要求很高,并且车联网的核心业务多与交通安全和信息服务有关,在 5G 移动通信系统有关交通安全与信息服务的应用中,要求其可靠性达到 99.999％,并且端到端的时延小于 5ms。

5G 需要同时支持高频段(6GHz 以上)和低频段(6GHz 以下)两种传输方式,以满足各个场景技术的需求和各项性能指标。采用高频段主要用来满足超高数据速率的需求,因为高频段具有连续大带宽的优点,并且是全新开发的频段,不需要后向兼容,因此高频段对应全新设计的高频段空口。而低频段主要是为了提供超低时延(空口 1ms)、高频效等优势,同时也可以提供大连接等能力,以满足设备大范围覆盖和移动性方面的需求。低频段分为4G 演进空口以提供低时延、大连接功能和低频段新空口以提供低时延、高频效功能。

8. 基于云计算的交通大数据挖掘技术

交通数据是交通信息服务系统的根基,它拥有数据源的地域特性,数据获取的空间范围广泛,产生的频率较高,并且具有持续不间断的特点。TISS 存在数据来源多样、数据结构复杂和数据量大等问题,交通信息中心(TIC)对获取海量信息的深入分析和挖掘,达到对交通物理现象的准确认知,是准确掌握交通现象实质及其发展变化规律的基础。针对TISS 拥有的海量交通信息数据,需要构建数据的分析处理、运算能力和存储能力巨大的计算层,如图 6-8 所示。

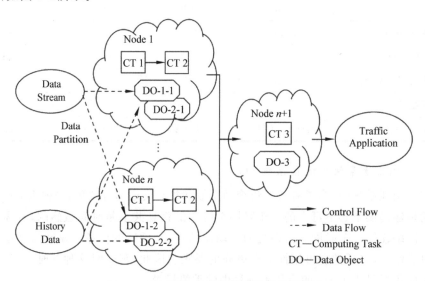

图 6-8　交通感知时空数据云计算处理模型

云计算系统具备超高的计算性能,单机设备每天处理的信息量最大多达 2000 万张图片。云计算分析具备对卡口、电子警察以及部分监控设备拍摄的车辆图像信息的结构化智能分析功能,主要包括识别图像中车辆的品牌、型号、年款、车身颜色、类别、异常特征(如遮挡面部、遮挡号牌)、唯一性局部特征(如年检标志、车内饰物)等关键信息。可对提交的图像中的车辆车牌颜色及车牌号进行二次识别,通过大数据技术对诸如图像等多源海量数据进行知识挖掘,对车辆在卡口数据的时间、地理、轨迹等进行对比识别,以得到交通系统网络的运行状态等分析结果。

云计算技术在交通信息系统中的优势有两个:一是提高了交通信息设备资源利用水平,云计算技术的应用,能有效提高各项设备资源利用率,降低信息平台建设成本;二是提高了交通信息数据的处理水平,云计算中融合了分布式计算,通过分布式计算可以实现数据的分布式处理,在极短的时间内实现海量数据的存储、挖掘、分析、处理,为交通信息服务系统做出合理交通信息发布提供科学决策的数据支持。

云计算技术具有超强的计算能力、动态资源调度、按需提供服务以及海量信息集成化管理机制,可以有效地进行海量数据存储、计算和分析,从而丰富交通信息服务内容,提高信息传递的可达性与准确度,从交通信息服务系统内核提升服务的质量。交通信息中心(TIC)计算层通过云计算技术高效地从海量数据中分析、挖掘所需的信息和规律,结合已有经验和数学模型等生成更高层次的决策支持信息,获得各类分析、评价数据,能够为交通诱导、交通控制、交通需求管理、紧急事件管理等提供决策支持,为交通管理、规划、运营、服务以及主动安全防范带来更加有效的数据支撑,也为公共安全和社会管理提供一种新的理念、模式和手段。例如针对城市路段存在的周期性交通拥堵问题,TISS通过将大量数据信息上载到云端,利用云计算进行海量数据的综合分析,排除各种随机干扰,同时云计算根据交通流理论描述交通运行规律,刻画出交通拥堵机制,从而为区域交通诱导和控制提供信息服务。

9. 可变信息标志信息系统

可变信息标志(Variable Message Signs,VMS)是智能交通系统的一个重要组成部分,是交通状况及交通诱导信息发布的重要设备。VMS的主要作用是为出行者提供更加丰富、及时的信息服务,进而达到帮助整个路网更加高效、安全运行的目的。可变信息标志是交通诱导系统中出行者信息系统的主要实现工具,它通过安装在路边或公路上方的电子信息显示牌为驾驶人提供与交通相关的信息和诱导。

在群体车辆诱导信息系统中,需要采集和处理的可变信息标志信息有路网基本信息、交通控制信息、交通状况信息和交通状况预测信息。

路网基本信息包括路网结构信息(如路段、节点、车道数、用于车辆定位的路网拓扑参数)、路网的属性参数(如路段名、单向交通路段、禁止转弯路段、装载质量和净空限制等)和其他有用的服务信息。为适应诱导的需要,这些信息均需计算机化,即将路网信息转化为路网数字地图。

交通控制信息包括重大事件时的交通管制信息、交通突发事件的信息、道路的建设与维修情况、道路的禁止通行情况等,这些信息可由交通控制中心和道路管理部门提供。

交通状况及预测信息。车辆诱导系统必须具有为驾驶人提供实时的交通状况的功能,并可对交通状态做出必要的预测以引导车辆。交通状况的主要参数有交通流量、交通密度、交叉路口饱和度、延误、车辆运行速度、路段运行时间等。交通流量、交通密度、交叉路口饱和度可由线圈检测系统和视频检测系统提供,经交通控制中心处理后获得。处理运行速度路段运行时间则由探测车辆和信标获得。美国采用的是探测车辆先获得道路网络上的交通状况,将一定数量的车辆装备导航系统,每个车辆随时向信息中心发回交通状况信息。欧洲和日本是通过路边上的信标向车辆上的接收机发出信息,接收机再返回信号给信标,通过两个信标接收信号的时间差计算出车辆的行驶速度和路段运行时间。

当获得实时的交通状况后,可变信息标志信息系统会对交通状况做进一步的预测,在预测的基础上根据运输分析模型为车辆计算最优行驶路线,并通过可变信息标志等诱导设备为用户提供声像提示或诱导指令。

可变信息标志信息系统的构成与交通信息服务系统的组成类似,都有信息控制中心和通信系统,可变信息标志信息系统的构成如图 6-9 所示。

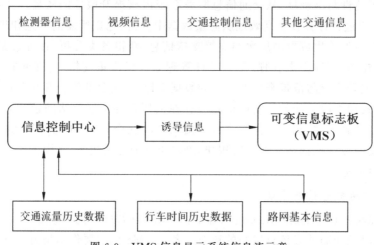

图 6-9　VMS 信息显示系统信息流示意

① 信息控制中心。信息控制中心是车辆诱导主控中心,集所有交通流信息数据收集处理和发送于一体,其主要功能有数据库的建立与更新、与其他信息源的通信、与可变信息标志的通信、交通信息的数据分析与处理、最优路径的计算,其硬件系统由计算机和各种通信设备构成。

② 通信系统。信息系统良好运作的关键在于通信系统。群体车辆诱导系统采用的是单向通信方式,单向通信只是信息中心向可变信息标志单向发送信息。

③ 可变信息标志板。可变信息标志板是群体车辆诱导信息系统的终端设备,为驾驶人提供良好的诱导信息,其显示方式一般为文字和图形。

6.3　先进的交通信息服务系统

先进的交通信息服务系统是 ITS 研究中一个非常重要的领域,向来是 ITS 研究中的重点和热点,备受交通工程工作者的关注,许多欧、美、日等国家和地区投入了大量的人力、物力和财力进行研究、开发、实验并积极投入运营,积累了丰富的经验并取得了相当的成绩。

6.3.1 典型交通信息服务系统及其关键技术

目前,已经建设、应用且比较典型的交通信息服务系统有美国的 TravTek、TravLink、511 系统、IntelliDrive/VII、SafeTrip21 等系统;日本的 VICS、SmartWay 等系统;欧洲的 RDS-TMC 和 Traffic-master 系统。还有一些系统集中于路径导航功能的实现,交通信息提供功能还不完善,如欧洲的 EURO-SCOUT 系统、美国的 ADVANCE 系统、日本的 DRGS 等。

1. 美国交通信息服务系统

美国交通信息服务系统见表 6-6。

表 6-6 美国交通信息服务系统

项目名称	时 间	主要功能	关键技术	应用状况
TiavTek	1991—1994	100 辆规模的驾驶人信息系统演示项目,为驾驶人提供导航、路径选择、实时交通信息、本地信息与移动电话服务	定制的移动无线通信系统移动电话、车载终端、GPS 与语音合成导航	小规模测试
TravLink	1994—1996	实现 Duluth 市 I-396 道路上公交的计算机辅助调度和自动车辆定位,同时为旅行者提供实时的公交信息	GPS、可变信息板与查询信息亭	特定路段试用
511 系统	2000 至今	提供国家干线公路的施工、事故、特殊事件与拥堵信息、公交时刻表与费用信息以及影响交通的气象条件等	呼叫中心、信息门户网站与公路交通流摄像照片	美国国内大规模应用
IntelliDrive/VII	2004—2009	通过信息与通信技术实现汽车与道路设施的集成,采用试验车获取实时交通数据,支持动态路径规划与诱导,提高行车安全与效率	DSRC、WAVE/IEEE 1609、车-车通信与车-路通信	小规模测试
SafeTrip21	2008 至今	向驾驶人提供软安全性警告,使其更加及时地调整车行速度,降低高速公路上的事故发生概率	GPS、CAN/OBD II、雷达、加速度传感器、摄像头与 3G 移动通信	小规模测试

(1) 美国 511 出行信息服务系统。

美国 511 出行信息服务系统是一个由美国交通运输部主导的交通信息服务热线,用户可以拨打电话或登录网站获得所需的交通出行信息。建立 511 交通信息系统的最初想法始于美国交通运输部与美国高速公路及交通公务员协会、各州交通部 1999 年 3 月向美国通信委员会的一份请愿书，该请愿书指出创建 511 交通信息系统能够切实保障各组织向公众发布有关交通信息。

511 系统为非联邦政府资助性项目，联邦政府没有强制性的规定，具体规则完全由州和地方有关机构制定。2001 年，美国交通运输部开始对资助州运输部门进行规划，至今共有 46 个州接受了资助。各州确定合理的商业模式，用于系统的经营，并为用户提供有价值的信息服务。2010 年，美国全境各州开通 511 系统，全国 90% 以上的人口了解和知道 511 系统，年呼入量将达到 4000 万，如图 6-10 所示。511 系统的成本主要包括人工、设备及数据更新、通信及市场营销费用，各州采用各种融资渠道独立建设。鼓励私人机构提供增值服务，可以接受广告和赞助，但不能降低用户服务质量；通过电信控制技术保证用户的本地呼叫，并可以与相邻州进行数据交换与应用共享。经过数据处理、格式转换后供当地系统使用，如需提供旅行时间信息，需借助于路上自动检测设备，同时鼓励道路用户通过 511 报告路上事故信息，部分 511 系统还支持旅游信息的服务功能。511 系统同时可为听力障碍用户和非英语用户提供信息服务；呼叫量高峰主要集中在恶劣气象条件、严重交通事故、节假日等情况下。

根据相关统计，511 系统的使用范围在 2008 年已经覆盖美国 47% 的人口，该系统在 2009 年的使用范围覆盖了美国 70% 的人口。其中，加利福尼亚州、密苏里州、纽约、宾夕法尼亚州、华盛顿特区、马里兰州这六个地区是 511 系统在 2009 年新增覆盖的地区；截至 2009 年，除了得克萨斯州、阿肯色州、俄克拉荷马州、阿拉巴马州、南卡罗来纳州、密歇根州、俄亥俄州、西维吉尼亚州、德拉华州、康涅狄格州、伊利诺斯州以外，511 系统已经在全美国实现覆盖。

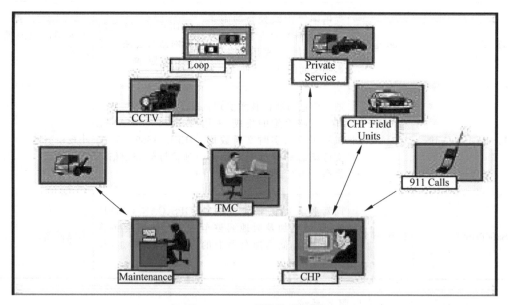

图 6-10　511 系统数据来源

511 系统服务的内容包括道路信息、公共交通信息、天气信息、预警信息、出行信息。

① 道路信息。从意外交通状况（如影响范围大的交通事件报告）到某一路段内的交

通拥挤状况和行驶时间数据;通常提前提供有关道路状况和道路施工方面的信息,并提供事件报告和事件最新发展状况报告。

② 公共交通信息。用户可以根据语音提示从城市一览表中获得任意城市的公共交通信息,最终获得有关公共交通经营者的情况和联系电话。旧金山湾地区 511 系统提供的公共交通信息最为广泛,包括票价、服务通告、自行车信息、残疾人出行服务信息、事件热线、失物招领、渡船服务时刻表等。

③ 天气信息。包括各个路段和地区目前和预报的天气状况、气温、路面温度、雨雪、结冰等信息,预报信息可提前 72 小时向用户提供。

④ 预警信息。511 系统是发布橙色预警信息的一种有效途径。所有拨打 511 系统的用户,在进入其他信息服务项目之前都可以听到橙色预警信息。

⑤ 出行信息。511 系统可将用户电话转给运输经营者,以提供有关旅游方面的信息,有的可以与旅游服务网站联系起来。弗吉尼亚州出行信息服务网站上有 26000 个旅游点信息,有的州还提供国家公园旅游活动、音乐会、剧场、地方欢庆节日、会议和其他各类活动的相关信息。同时,511 系统还与航空公司和铁路客运公司的服务电话相连。

未来 511 系统的发展将从以下几个方面进行发展:完善数据来源;紧急警报、广播消息(疏散、国土安全、黄色警报);时间标记;电话信息内容过滤;考虑区域差异性。

(2) TRAVTEK 系统。

在美国开展的 ITS 现场实验中,佛罗里达州奥兰多市进行的 TRAVTEK 研究是比较有代表性的。该实验是以实时的道路引导和信息服务系统的实用化为目的,使用了汽车电话的双向通信功能的导航系统。

如图 6-11 所示,TRAVTEK 由交通管理中心、信息服务中心和装载了导航装置的车辆构成。交通管理中心负责收集、管理并提供道路交通信息,同时还要提供该系统运行所必需的信息管理与服务。信息服务中心以观光设施、宾馆、饭店等为对象,收集各种服务信息(黄页信息)。车载导航装置提供车辆定位、路径选择、界面等三个功能,该装置能够显示包含堵塞地点、事故和施工等信息的奥兰多地区地图,符合驾驶人要求的路径引导以及有利用可能性的文字信息等。

TRAVTEK 系统的用户界面能够提供导航、黄页信息、道路交通事故信息和交通状况信息。导航系统的界面设计主要实现了以下几个目标:为用户提供更有效的导航以节省出行时间和花费;更简单地获取有价值的区域交通信息,减轻驾驶人的压力,增加行车乐趣;通过对紧急事件的预报和信息发布维持驾驶人的安全行车;提高路网的通行能力,改善交通拥挤状况。

在佛罗里达州奥兰多市,装备有 TRAVTEK 车载单元的用户能够通过用户界面进入丰富的信息环境。车载设备的功能有导航信息、路径诱导、实时交通流信息以及区域服务信息和兴趣点信息。在系统主菜单中,用户能够选择不同的功能项:输入目的地进行路径导航、浏览当地服务设施信息和兴趣点信息、浏览区域电子地图、请求紧急服务、进入使用指南和修改在地图显示中的车辆所在区域信息。

在 TRAVTEK 系统中的所有的有关出行前路径诱导信息和大多数的功能信息都通

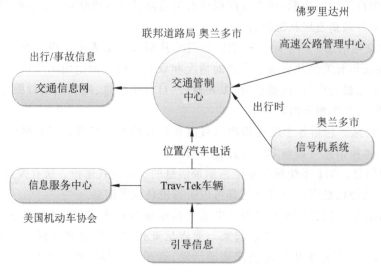

图 6-11　TRAVTEK 概念图

过可视化信息的方式提供给用户,有关功能的详细举例如下。

①　出行前的一些信息功能。在出行前,用户可以通过可视化界面和触摸屏或其他按键输入目的地查询相关信息,进入新的界面后,用户可以进一步进行详细设置。

②　兴趣点查询功能。TRAVTEK 系统可以向出行者提供当地服务设施和兴趣点信息。在菜单中可以让用户选择不同的兴趣点,包括停留地、酒店和野营地、参观地点、进餐点以及其他服务点。在选择了上述选项后,进入下一级菜单还可以提供更完整的服务信息。

③　信息电子地图功能。如果出行者并没有输入目的地进行诱导,那么地图屏幕可以用来浏览电子地图,可以通过按键选择区域,电子地图同时也显示车辆的位置以及航向。

④　交通流信息服务。在 TRAVTEK 系统中,实时的交通信息从交管中心通过无线方式传输给用户。在信息屏幕的地图中加入了彩色的标志以显示中等道路堵塞、严重道路堵塞、车道封闭以及交通事故或其他事故的信息。

⑤　路线诱导功能。当出行者输入目的地等相关信息后,系统可为用户提供可视化信息,进行路径诱导。

TRAVTEK 系统提供的功能基本涵盖了美国 ATIS 预先计划的四个子系统中的一些方面。表 6-7 显示了 TRAVTEK 系统的功能,可以和 ATIS/CVO 提出的功能进行比较。从表 6-7 中可以看到,TRAVTEK 系统满足了 ATIS 中的 18 个功能,这在当时的情况下是相当好的。

2. 欧洲交通信息服务系统

欧洲交通信息服务系统简介详见表 6-8。

表 6-7　TRAVTEK 系统和 ATIS/CVO 系统的功能比较

	功　　能	TravTek 实现情况
ATIS/CVO	出行规划	*
	多模式旅行协调	*
	出行前路线、目的地选择	*
	动态路径选择	*
车载路线导航系统	路线导航	*
	路线指引	*
	自动收费	*
	路线行程安排(CVO 特有)	
	计算机辅助路径分配(CVO 特有)	
	广播服务/兴趣点	*
车内人员服务信息系统	服务信息/兴趣点目录	*
	目的地协调	*
	消息传递	*
	沿途信号引导	*
车载信号信息系统	沿途信号通告	*
	沿途信号调整	*
	危险警告	*
	沿途状况信息	*
车载安全咨询与警告系统	救援自动化	*
	手动救援呼叫	*
	车辆状态监视	
	车船监视(CVO 特有)	
CVO 特有功能	车辆分配	
	调整管理	
	调整执行	

表 6-8　欧洲交通信息服务系统简介

国家	项目名称	时　　间	主 要 功 能	关 键 技 术	应用状况
欧洲	SOCRATES	1989—1991	交通指挥中心充分利用传统蜂窝无线电话的基础设施,与行驶中的车辆进行双向通信,实现交通信息的采集与发布	移动通信技术与 GPS	小规模测试

国家	项目名称	时 间	主 要 功 能	关 键 技 术	应用状况
欧洲	RDS-TMC	1994 至今	系统通过广播数据系统(Radio Data System,RDS)按照标准编码交通信息并发布,车载终端通过广播接收该码型对应的交通信息	RDS 技术、TMC 编码与传输	欧洲大规模应用
	CVIS	2006—2010	创建一个集硬件和软件于一体的综合信息平台,实现即时路况信息获取与分享,提高交通管理效率,涉及私家车、公交和商业运输	伽利略卫星导航、GPS、WLAN 与车载传感	小规模测试
	DRIVE C2X	2012—2013	一个涵盖欧洲七国的车路协同系统测试项目,通过安全、交通管理、环境保护及商业 4 类典型应用的测试,对基于车车/车辆通信的交通信息服务系统进行验证	ITS G5 接入技术、系统集成技术、隐私与信息安全技术	小规模测试

欧洲的代表性交通信息系统有 SOCRATES、TrafficMaster、EUROSCOUT 和 RDS/TMC。其中,RDS/TMC 是应用最成功、使用范围最广的大规模交通信息解决方案。

(1) RDS/TMC。

RDS 是于 1984 年由欧洲广播联盟(EBU)制定的数据广播系统的欧洲规范,1986 年国际无线电咨询委员会(CCIR)通过了有关 RDS 的 643 号建议书,1990 年正式通过和出版《实施 RDS 的准则》(EN50067)。自此欧洲各国纷纷开设 RDS 的广播业务。

RDS/TMC(Radio Data Service/Traffic Message Channel)是采用 RDS 技术实现信息发布的应用之一。交通信息在广播前按照标准编码,并采用 RDS 技术发布。车载终端设备可接收该码型信息,并可选择信息的实现方式,如文本、简单图形和语言等。接收 RDS-TMC 需要一个特别的无线电接收机,其最主要部分就是 TMC 卡,该卡包含了具体的路线信息等。假设出行者从英国到罗马,途径比利时、德国、瑞士、法国和意大利,使用者只需购买或租用包含从英国到罗马路线的 TMC,接收机就会自动转到提供 TMC 信息流的另一个无线电台,使用户接收到最新的道路信息。

用户可以选择 TMC 接收终端的语言类型以显示交通信息。用户还可以选择过滤信息,以便于只选择与正在行驶的路线有关的信息。能够承载 TMC 服务的新的传输方式很多,包括数字广播、移动互联网、传呼以及 GSM/GPRS 移动通信网络。RDS-TMC 具有以下特点:

- 最新的交通信息,实时传送;
- 即时了解事故、道路工程和交通拥堵;
- 信息自动筛选、只显示当前路线信息;
- 用户选择信息表达的语言;

- 高品质的数字传输；
- 欧洲范围内接收器的兼容性；
- 欧洲免费或低收费服务的权利。

对用户而言，首先 RDS-TMC 能够接收无声调频数据通道，这意味着用户在听音乐或广播新闻的同时可以无干扰地接收 TMC 数据传输；此外，信息到位即可立即显示，而不必等待固定的交通新闻公告或收听方案。TMC 信息服务是连续的，会直接提交给司机，不像路边的可变信息标志只是间断地提供信息服务。

TMC 交通信息服务提供者接收来自交通监控系统的交通流量、事故、天气等信息和来自交通信息中心的紧急服务、出行者信息请求等信息，经过处理按照 ALERT-C 编码协议生成 TMC 交通信息，TMC 用户能接收的基本广播交通信息主要如下：
- 事件描述，天气状况或交通问题及其严重程度的详细资料；
- 受影响的位置、区域、路段或受影响的点位置；
- 方向和范围，指出影响的相近路段或点位置以及影响的交通方向；
- 持续时间，问题预计的持续时间；
- 分流建议，是否建议驾驶人寻找替选路线。

TMC 交通信息服务在欧洲和北美应用得最为广泛，部分欧洲国家可以免费使用一些交通信息服务，包括交通事故、交通拥堵、恶劣天气，TMC 免费交通信息服务几乎可以很好地覆盖整个欧洲。此外还有一些商业性的 TMC 服务，如越来越被广泛使用的 TMC-内置地图导航系统，如图 6-12 至图 6-14 所示。

图 6-12　TMC 显示交通情况

大部分的 TMC 产品基于车载 GPS 导航系统，RDS 接收器接收 TMC 信息，为用户进行信息和导航服务。如今，一些小型的基于交叉路口信息接收器也可以提供交叉路口信息服务，如图 6-13 所示。

图 6-13　TMC 可以进行导航服务

由于综合或附加 FM/RDS-TMC 调谐器的出现,越来越多的厂商开始提供基于 PDA 的导航系统,而不需要在车辆上安装永久性的显示设备。

RDS-TMC 技术起源于欧洲,同时也在欧洲应用得最为广泛。从 1994 年开始,瑞典实施了全国性覆盖的 RDS-TMC 业务。1995 年德国和荷兰、1996 年发展到巴黎地区、1997 年法国、瑞士、奥地利、意大利等国也先后实施了 RDS-TMS,目前欧洲已有 18 个国家实施了 RDS-TMS 项目。经过 20 年左右的发展,目前 RDS-TMC 技术已经成熟,相关产品在全球已经形成了年销售上百亿欧元的产业规模。RDS-TMC 服务已经确定是中短期内欧洲地区唯一的大规模交通信息解决方案,2003 年已经完全投入运作的服务数量从 10 项增加至 15 项,另有 5 项已经进入实验的最后阶段。在我国,该技术起步较晚,目前只有个别地区和单位建立了一些特殊用途的 RDS 电台,但是作为一种成本低廉、技术成熟、覆盖范围广的无线广播数据系统,其孕育的市场商机是不可估量的。

图 6-14　TMC 产品图

(2) Traffic-master 系统。

Traffic-master 是以英国伦敦为中心、在大范围的高速公路上已经实用化的系统,该系统有效利用了现有的寻呼网络以提供交通信息。系统由收集高速公路交通状况数据的传感器、处理及发送信息的控制中心、接收信息并表示在显示屏上的车载终端装置组成,系统结构如图 6-15 所示。

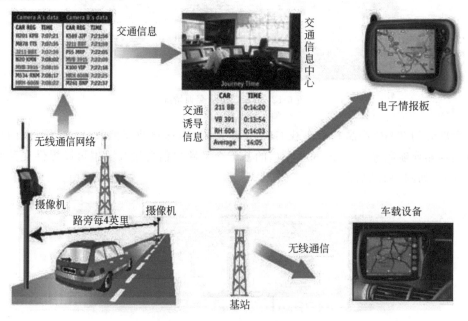

图 6-15　Traffic-master 系统结构

传感器向车体前端和后端分别发射两束红外线,根据这两束射线经车辆反射的反向波的时间差测出车辆的速度。传感器控制机的计算机计算每 3 分钟的平均速度,如果速度低于 30mile/h,则将此信息发送到控制中心。控制中心由多台计算机组成,有的用于收集数据,有的用于发送经处理的信息,有的用于文字录入等。车载终端包括接收装置和显示设备,可以显示全部区域或局部放大的区域内的低速区间。如果切换为文本方式,则可以知道关于事故、施工等的详细信息。车载装置如果事先进行登录并取得识别号码,则可以接收面向特定个人的信息,并能够在屏幕上显示,如图 6-16 所示。

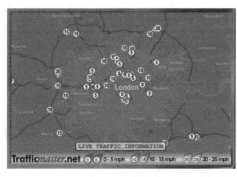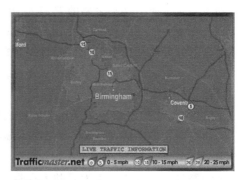

图 6-16　Traffic-master 车载装置显示示意

（3）SOC 系统。

SOC 是欧洲共同体研究计划 DRIVE 中的最大项目,目的是研究基于蜂窝无线电的道路运输信息学（RTI）系统的使用和可行性,并提出可使用欧洲蜂窝无线电系统（如GSM）作为 DRIVE 基础的建议。

总体概念是基于交通控制中心内道路交通信息的收集、存储、处理以及车辆和路边基础设施之间的双向信息流。首先向驾驶人及其车内单元发送信息,其次是从车辆收集实时交通数据和其他消息。

SOC 概念及其迄今为止的结果和结论,包括在哥德堡实施的主要试验场地,最后将几个欧洲国家的试点项目计划描述为 20 世纪 90 年代欧洲 SOC 商业化实施的下一步。

SOC 是一个跨国研究项目,该研究将蜂窝无线电用于完整的 RTI 系统,包括动态路线引导和许多其他应用。该项目是欧洲共同体研究计划 DRIVE 中的最大项目（V1007）——欧洲车辆安全专用道路基础设施。

该项目的主要议题是:

- 在蜂窝无线电系统中使用高容量双工链路传送所需信息;
- 动态更新车载导航设备,提供互动路线指导;
- 双工无线电链路的其他与业务相关的应用。

该项目包括:

- 证明基于蜂窝无线电的动态路径引导系统的可行性;
- 显示拟议的通信链路也可以支持其他应用,如危险警告、紧急呼叫、自动车辆定位、道路收费、酒店停车状态等;

- 根据用户数量改变系统容量；
- 显示为蜂窝无线电开发的技术如何用于 DRIVE 用户的简化设备；
- 提供数据处理、车辆信息流和车辆导航系统的计算机模拟；
- 配备测试站点并使用实验室模型和原型检验和验证理论预测；
- 对具有路由指导和蜂窝无线电支持的其他应用的连贯系统提出了初步建议。

IRTE 的一个基本假设是：通用通信基础设施应该为其中的所有 RTI 应用程序提供服务。DRIVE 中考虑的主要应用程序以及 SOC 中列出的主要应用程序如下。

动态路线定向。这是主要的 RTI 应用程序，它不仅基于道路网络的详细知识，而且基于当前和预测的交通状况向驾驶人提供车内路线建议。运输和道路研究实验室对动态路线引导的好处的估计表明节省的时间和车辆运营成本将是巨大的。

连接停车设施的信息将改善停车管理，让司机在旅程结束时找到最方便的停车位，最终预留停车位甚至支付停车费。

车队管理。IRTE 将为车队运营商提供监控车辆的设施，并进行有效的调度和控制。

公共交通管理和信息系统。动态车辆调度、乘客信息服务和公共交通车队管理将包括在 IRTE 中。

危险警告。车载通信将为驾驶人提供警告，包括事故、雾、冰等危险。

紧急呼叫。SOC 系统将提供紧急呼叫设施，由紧急情况下的自动碰撞传感器激活。

紧急寻呼。允许个人通过通信基础设施进行寻呼以用于紧急情况。

自动扣款。道路收费或提供服务的能力将是 IRTE 的重要组成部分。

驾驶人信息。车辆链接将提供有关交通状况、特定问题点以及酒店、加油站等特定服务的可用性一般信息。

旅游信息。游客特别感兴趣的信息将被包括在内，包括选择风景路线以及特殊活动细节等。

交通管理和交通规划的数据。改进的 IRTE 交通监控将提供重要的交通数据来源，大大节省了传统交通调查的时间。

旅行计划。动态路线引导与公共交通信息的联系将允许提供旅行前规划服务，以便旅行者不仅可以计划时间，还可以计划旅程的模式。

实现 IRTE 的关键是车辆与交通信息和控制中心网络之间的双向通信的广泛可用性。当能够使用这种通信基础设施时，上面列出的大多数应用程序将带来更大的好处。但是对于大多数应用，该通信链路不必是普通电话呼叫所熟悉的一对一联系人。

SOC 的概念将支持上面列出的所有应用程序。在当前的发展阶段，动态路线指导是工作重点，也是最重要的应用。

6.3.2　我国交通信息服务系统简介

随着我国经济的持续发展，人民生活水平不断提高，人们对高质量的交通出行服务的需求越来越迫切，期望的服务标准越来越高。而现实情况是：一方面，虽然道路交通基础设施的建设日新月异、高速发展，但交通供给增长的速度仍难以应对呈加速增长态势发展的机动车保有量所带来的交通需求的高速增长，交通供需矛盾日益突出；另一方面，与道路基础设施的发展相比,我国交通信息服务的发展更是处于弱势地位,动态交通运输信息既无法全面掌握,又缺乏有效的发布手段,使得原本可以提高道路基础设施运行效率的交通信息化手段由于未能充分发展和有效应用,反而成为影响交通运输服务水平提高的瓶颈。因此,开展公众出行交通信息服务有着非常迫切的需求,具备良好的发展前景,是有效提高公众出行质量的重要手段,是交通信息化亟待发展的重要领域。2005 年,由交通部组织实施的公众出行交通信息服务系统已成为三大信息化建设示范工程之一。公众出行交通信息服务系统是依托公路信息资源整合系统和客运站场管理信息系统的信息资源,通过互联网、呼叫中心、手机、PDA 等移动终端,交通广播、路侧广播、图文电视、车载终端、可变情报板、警示标志、车载滚动显示屏、分布在公共场所的大屏幕、触摸屏等显示装置,为出行者提供较为完善的出行信息服务。为驾车出行者提供路况、突发事件、施工、沿途、气象、环境等信息;为采用公共交通方式的出行者提供票务、营运、站务、转乘、沿途等信息;据此出行者可提前安排出行计划,变更出行路线,使出行更安全、更便捷、更可靠。同时与铁路、民航、旅游、气象等相关的各类信息进行整合,与广播、电视结合,提供更全面、更多方式的服务,让公众切身感受交通信息服务的便利。我国交通信息服务系统简介详见表 6-9。

表 6-9 我国交通信息服务系统简介

地区	信息服务系统(平台)	主要的高速公路交通信息服务功能及内容	运营管理主体
全国	中国公路信息服务网	公路阻断情况、气象预警、公路出行规划公路基础信息、公路通车信息、公路地图	交通运输部网测与应急处置中心
北京	北京公众出行网	—	—
天津	天津市高速公路出行服务网	交通路况、出行规划、出行参考、旅游指南	天津市高速公路路网管理指挥中心
河北	河北省高速公路出行信息服务系统	实时路况、路径规划、景点及酒店查询、高速气象、高速服务、ETC 服务	河北省高速管理局指挥调度中心
山西	山西省公众出行交通信息服务系统	交通地图、动态路况、畅行八方、收费查询、气象查询	山西省交通运输厅
内蒙古	内蒙古公众出行信息服务系统	交通出行策划、图行内蒙、出行景点查询、客运站查询、加油站查询、服务区查询、维修站查询、路况查询、天气预报	内蒙古自治区交通通信信息中心
辽宁	辽宁省高速公路公众出行信息服务系统	目的地查询、服务区查询、天气查询、路况查询	辽宁省交通运输厅
吉林	吉林省交通公众出行服务网	动态路况、出行规划、公路客运高速通行费、交通旅游电子地图、出行辅助(高速气象、交通资讯)、留言板	吉林省运输厅

地区	信息服务系统（平台）	主要的高速公路交通信息服务功能及内容	运营管理主体
黑龙江	查无相关系统	—	—
上海	上海交通出行网	线路规划、道路查询、设施查询 实时交通突发事件、道路施工、客户端下载	上海市城乡建设和交通发展研究院
江苏	江苏省高速公众出行服务网	图行高速、实时路况、高速气象 实时路况、路径查询、服务设施 高速快拍、费率查询、卡务办理、在线问答	江苏省高速公路联网运营管理中心
浙江	浙江交通	实时路况、道路施工、路径查询与规划 交通费用（通行费）查询 交通广播、服务区位置、出行微博	浙江省交通厅信息中心
安徽	查无相关系统	—	—
福建	福建省交通信息通信中心	交通气象、出行动态、实时路况 热点导航、道路设施、出行常识 出行查询、违章查询	福建省交通通信信息中心
江西	江西省公众出行服务网	出行向导、图行江西、红色旅游、交通实况、出行参考	江西省交通运输厅信息中心
山东	山东交通出行网	电子地图、路网示意、交通信息 高速基础设施及费用查询 旅游出行、咨询中心、新浪微博、客户电话	山东省交通运输厅
河南	河南省高速公路出行服务网	实时交通、目的地查询、线路查询 服务、停车区、收费站 文明示范路、高速常识、客户电话	河南省交通运输厅高速公路管理局
湖北	湖北省交通公众出行服务网	交通地图、动态路况、公路信息、出行策划 规费查询、交通旅游、交通黄页 个性服务、呼叫中心、在线广播	湖北省交通运输厅
湖南	湖南高速公路信息服务网	天气预报、路况信息、行车指南 电子地图、景点介绍、违章查询、通行费用 出行常识、ETC运用、举报投诉	湖南省高速公路管理局
广东	广东省公众出行交通信息服务系统	电子地图、出行向导、路况查询、交通快讯 通行费查询、意见反馈、道路施工	广东交通运输档案信息管理中心
广西	广西高速公路出行信息服务网	路网示意图、高速地图、路况信息 费率查询、服务设施、旅游指南、出行指南	广西壮族自治区高速公路管理局
海南	海南省交通公众出行信息服务系统	交通路况、出行气象、高速公路服务区、旅游景点	海南省交通运输厅
重庆	重庆交通公众出行服务网	实时路况、公路地图、动态数据、出行线路	重庆市交通委

地区	信息服务系统(平台)	主要的高速公路交通信息服务功能及内容	运营管理主体
四川	四川交通公众出行(网站)服务系统	高速公路介绍、出行策划 通行费查询、公路路况 电子地图、我的出行(线路收藏)、景点查询 及线路推荐	四川省交通运输厅信息中心
贵州	贵州交通公众出行(网站)服务网	路况信息、出行规划 电子地图、出行气象、高速服务查询 出行常识、ETC简介及使用	贵州交通信息中心
云南	查无相关系统	—	—
西藏	查无相关系统	—	—
陕西	陕西交通公众出行服务网	三秦通卡、路况信息、交通公告 交通地图、费额查询、里程查询 交通旅游、综合服务、出行常识	陕西高速公路收费管理中心
甘肃	查无相关系统	—	—
青海	青海交通出行信息服务网	图行青海(路况、事件、流量、交通)自驾出行 实时路况、收费指南与查询 出行天气、短信平台、旅游景点	青海省交通运输厅
宁夏	查无相关系统	—	—
新疆	新疆维吾尔自治区交通公众出行服务系统	动态路况、出行策划、交通资讯 交通旅游、违章查询、赔补偿标准 呼叫中心、短信平台、在线广播	新疆交通运输厅

1. 湖北省交通公众出行服务管理系统

近年来,国民经济飞速发展,机动车数量急剧增加,公众出行的方式也趋于频繁及多样化,并且从多媒体、多渠道获取信息已成为公众的日常习惯,因此人们对交通管理部门提供的出行者信息服务也提出了更高的期望。如何加强交通信息收集、丰富信息获取的渠道、提升信息发布质量、贴近公众的实际需求、方便出行是摆在交通部门面前的一个新课题。实践证明,公众出行服务管理系统的建设能较好地满足民众对出行信息的需求。下面以湖北省为例,对公众出行服务管理系统的基本情况进行介绍。

(1) 系统建设。

湖北省交通公众出行服务管理系统属于湖北省交通运输厅开展的公路交通信息资源整合与服务工程应用软件开发项目的二期工程,该系统在一期建设的基础上以交通信息资源整合为建设理念,以进一步增强服务意识、提高服务能力、提升服务水平为宗旨,方便管理者为人民群众服务,方便人民群众安全便捷出行。

湖北省公众出行服务管理系统对现有的公路数字信息资源,如高速公路道路监控视频、路况及气象监测信息、客运站站务管理信息进行整合,并根据公众出行习惯进行提炼和整理,开发了贴近实际需求的系统功能,通过互联网、客服热线、广播、路侧可变情报板为出行者提供信息服务。作为为公众出行提供服务的一种便捷、高效的服务手段,公众出行交通信息服务系统提供呼叫中心服务。通过上述资源整合,公众出行交通信息服务系统的呼叫中心服务平台将利用丰富的出行信息为广大出行者提供实时服务,如咨询出行天气情况、出行线路、路况情况、民航各售票网点地址、问路、周遍环境设施(宾馆、酒店、景点、购物场所等)等,通过对这些问题的解答真正满足公众对出行服务的需要。

(2) 系统功能。

公众出行服务管理系统丰富了公众出行服务信息,加强了交通信息服务深度和广度,为公众提供了交通地图、气象、路况、旅游景点、线路规划、班次等出行信息服务,极大地方便了公众出行,其功能模块结构与相关的功能描述如图 6-17 所示。

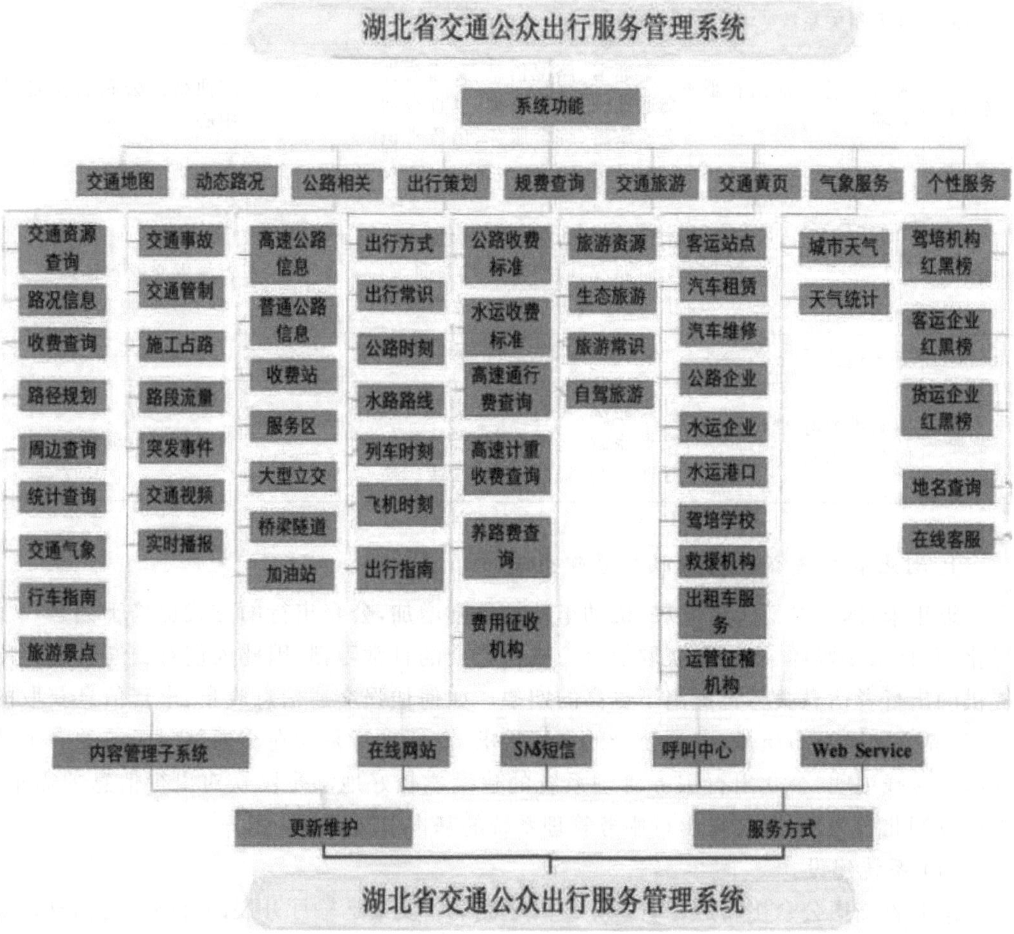

湖北省交通公众出行服务管理系统

系统功能

| 交通地图 | 动态路况 | 公路相关 | 出行策划 | 规费查询 | 交通旅游 | 交通黄页 | 气象服务 | 个性服务 |

交通地图: 交通资源查询、路况信息、收费查询、路径规划、周边查询、统计查询、交通气象、行车指南、旅游景点

动态路况: 交通事故、交通管制、施工占路、路段流量、突发事件、交通视频、实时播报

公路相关: 高速公路信息、普通公路信息、收费站、服务区、大型立交、桥梁隧道、加油站

出行策划: 出行方式、出行常识、公路时刻、水路路线、列车时刻、飞机时刻、出行指南

规费查询: 公路收费标准、水运收费标准、高速通行费查询、高速计重收费查询、养路费查询、费用征收机构

交通旅游: 旅游资源、生态旅游、旅游常识、自驾旅游

交通黄页: 客运站点、汽车租赁、汽车维修、公路企业、水运企业、水运港口、驾培学校、救援机构、出租车服务、运管征稽机构

气象服务: 城市天气、天气统计

个性服务: 驾培机构红黑榜、客运企业红黑榜、货运企业红黑榜、地名查询、在线客服

| 内容管理子系统 | 在线网站 | SNS短信 | 呼叫中心 | Web Service |

更新维护   服务方式

湖北省交通公众出行服务管理系统

图 6-17 公众出行服务管理系统功能模块结构

相比于传统的公众出行信息服务系统,湖北省交通公众出行服务管理系统在数据采集、数据库的建设与管理、数据交换与共享、信息发布等方面均采用了先进的网络技术、计算机技术、流媒体技术与 WebGIS 技术,并在线性参考、动态分段、桩号定位等关键技术

上有所突破,保证了系统建设的可用性、安全性、稳定性和扩展性,其具体特点体现在如下方面。

系统集成了公路交调系统、高速公路收费系统、运政系统、视频监控系统等多业务应用系统,实现了运输行业内运管、公路、港航、铁路、航空等多种信息与气象等相关行业信息资源的整合,为出行者提供全方位、多角度、更准确的出行信息,打破了以往的行业信息共享壁垒。

在数据展现上,系统更多地采用了 GIS 技术,基本所有的查询都可以通过 GIS 系统完成,所有与 GIS 相关的信息都能以最直观的方式展现在 GIS 系统上,从而提升了系统的友好性及易操作性,也让用户对所查询的信息有了更直观的感受。

为方便公众从多渠道快速获取出行信息,系统提供了手机短信、呼叫热线、广播等多种信息发布方式,结合公众出行前、出行中的交通信息需求,满足了各种出行人群随时随地获取出行信息的需求。

湖北省交通公众出行服务管理系统建成以来,得到了广泛的应用,已经成为出行者获取交通信息的重要方式之一,其丰富及时的交通信息,友好的访问界面系统赢得了社会各界的一致好评,仅 2013 年,该系统的访问量达到 554 759 次,切实为出行者提供了便利。公众出行信息服务系统的建设极大地提升了交通运输行业对社会公众的服务能力。

2. 国内有代表性的企业级道路交通信息服务系统

国内有代表性的企业级道路交通信息服务系统如表 6-10 所示。

表 6-10　国内有代表性的企业级道路交通信息服务系统

类别	代表企业	代表系统	主要服务功能	服务范围
传统企业	四维图像	四维地图	电子地图、导航服务	城市道路和高速公路
	世纪高通	路况交通眼	实时交通流、简易图形交通信息、交通事件信息、历史数据、动态路径规划、天气、地图、交通指数	城市道路和高速公路
	掌城科技	掌城路况通	交通信息、交通事件、动态路径规划、违章查询、天气预报	城市道路
导航企业	高德	高德导航	AR 实景导航、3D 实景导航、在线和离线地图、实时动态路况显示、云端数据同步、语音播报、监控提醒	城市道路和高速公路
互联网企业	百度	百度地图	地图展示、信息搜索、定位、导航	城市道路和高速公路
	腾讯	微信	高速路况、高速服务、更多三个功能模块	高速公路
高速企业	山东高速集团	易高速	路况信息、监控快览、高速设施、高速地图	高速公路
	重庆高速集团	重庆高速通	监控快览、实时路况、附近导航、路径路费、服务区及重庆特产推荐	高速公路

以高德导航为例进行相关介绍。

高德导航有自驾导航、共享出行、公共出行、信息服务这几个板块。

- 自驾导航：实时动态路况，全程优选路线，180万个电子眼，语音导航。
- 共享出行：叫车业务，顺风车。
- 公共出行：实时公交，共享单车，电动自行车，混合规划。
- 信息服务：发现周边，海量精准动态数据，搜索异地，综合数据源。

（1）高德广泛开展地方交通部门合作。

高德地图积极与交通管理部门进行大数据共享和融合，在交通大数据领域，高德地图先后推出了交通信息公共服务平台、交警平台，依托交通大数据云为相关交通机构提供城市堵点排行、热点商圈路况、权威交通事件、堵点异常监测等交通信息分析，不仅提高了公众的出行效率，还辅助了政府出台管理政策，制定更合理的改善措施，助力城市治堵缓堵。

截至2015年4月，高德地图已经联合北京、广州、深圳、天津、沈阳、大连、无锡、青岛等20多个地方政府交通管理部门以及北京交通台等权威媒体机构共同推出了高德交通信息公共服务平台，利用大数据试图为相关交通机构提供路况等交通信息分析，并提供躲避拥堵方案。2015年5月29日，高德地图发布新版本，推出"交警平台"项目。交通部门可通过高德交警平台即时发布道路管制、施工、尾号限行等官方信息，深圳率先入驻高德地图交警平台，广州、大连、沈阳等城市也成为第二批入驻者，与高德地图一起共同探索"互联网＋交通"建设。

截至2016年9月，高德地图已经与北京、广州、深圳、武汉、南京、杭州、天津、沈阳、大连、无锡、青岛、重庆等超过40家地方交通管理部门达成了战略合作，与超过70家地方交通管理部门达成了业务合作。

（2）地方合作。

在全国多个降雨天气频繁的城市，高德地图全国首创开发"积水地图"。联合多地交警部门发布城市积水地图以确保汛期交通安全，积水地图除平日可查询之外，若遇到暴雨天气，高德地图会及时推送信息提醒用户绕行积水点。积水地图的数据来源为各地交警提供的权威数据。同时，高德地图用户也可以自行上传身边的积水点信息，通过官方审核即可上线。此外，高德地图还联合多地交警发起"找出身边积水点"有奖活动，确保数据发布全面，为市民出行提供参考。2016年6月，由高德地图首创开发的积水地图分别于北京、上海、广州、深圳、武汉、宁波、郑州、南京、杭州等多地上线。

三维实景导航。2015年12月，高德地图正式上线了三维实景导航功能，通过建立三维实景数据模型在导航产品中模拟真实的道路场景和驾驶路线，使驾驶者身临其境，获得更加清晰的导航指引。高德地图先后在北京、上海、广州、深圳、厦门、杭州、程度等多个城市上线三维实景导航，相比过去的平面地图导航，三维导航能够在复杂路口和立交桥区域给予驾驶人非常清晰的3D场景还原，更准确地描绘指引行驶的路线，如图6-18所示。

实景路况图。高德地图与广州、江门等城市交警部门联合上线交通实景图功能，用户能查看到交警提供的交通实景图片，从而更加清晰地了解实时交通信息，如道路拥堵、交通事故、道路施工等路面情况，如图6-19所示。

图 6-18　三维实景导航图

图 6-19　实景路况图

（3）高德地图在成都。

高德地图依托自有数据支撑在成都实现的功能包括交通路况、电子警察提示、交通管制、交通事件、研判分析、高速拥堵、常规拥堵、异常拥堵等交通信息分析以及路况提醒、交通安全提示、动态交通事件发布、拥堵排行、实时公交等。

3. 基于移动互联网的交通信息服务系统

（1）系统简介。

基于移动互联网的智能交通信息服务系统（以下简称智能交通信息服务系统，如图 6-20 所示）是在无线视频监控系统的基础上，把道路视频资源与公众交通出行需求相结合，为手机用户提供实时、准确、直观的道路交通信息服务。用户在本城市行车或行走途中，通过手机界面输入和选择即可进行最佳路线查询、所在位置周边交通信息查询、所在位置周边公交地铁信息和实时到站信息等的查询。

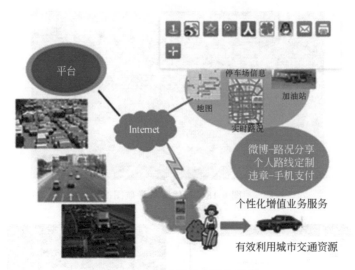

图 6-20　智能交通信息服务系统

（2）系统架构。

智能交通信息服务系统分为智能交通信息服务系统手机客户端软件和后台业务系统两大部分。按照信息获取的方式、传递及使用情况，可以把后台业务系统划分为 3 个层次：基础层、共享信息层、服务层。在指挥中心建设一个综合信息服务平台以整合集成各个子系统，如图 6-21 所示。

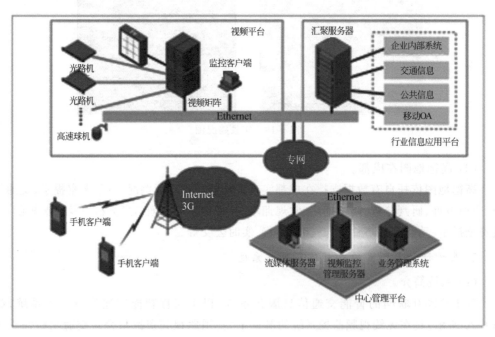

图 6-21　系统架构

基础层（如图 6-22 所示）主要包括各种交通信息的获取和传递、信号控制、运行车辆管理、电子收费、紧急事件处理、交通信息管理与发布系统、车载导航定位系统等，为出行者选择出行方案提供有效的帮助。交通信息管理与发布系统通过地理信息系统对动态交通信息进行采集、传输和处理，为商业运输企业、政府机构和普通公众提供实时、预测性的交通信息服务。

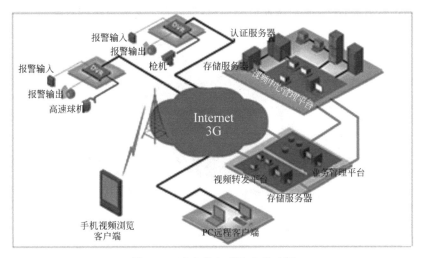

图 6-22　后台业务系统之基础层

共享信息层（如图 6-23 所示）是指由功能层各部件综合集成所构成的城市智能交通综合信息服务平台，它将从基础层采集到的各种交通信息进行融合分析与加工处理，为上层各种服务所共享，并为交警、交通、公安等系统的跨系统联动提供依据。共享信息层主要是以地理信息系统平台为支撑，为交通管制、设计交通运输方案、道路的规划与设计等提供有力的帮助。

图 6-23　后台业务系统之共享信息层

服务层(如图 6-24 所示)是整个系统的最高层,是系统与出行者和交通管理者实现交互的接口。系统通过服务层为道路的控制设备提供控制方案,为出行者提供路况信息,为交通管理者分配管理任务。同时,服务层也负责从出行者和管理者接收信息,如交通事故的报警、交通管理者提供的路况信息等。另外,通过服务层还可以根据出行者提出的要求提供最佳的出行方案,尽可能地保证道路畅通,提高整个交通系统的效率。

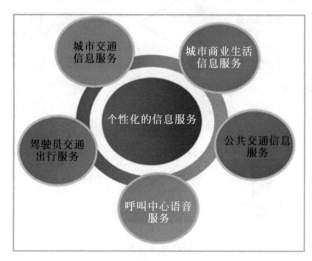

图 6-24 后台业务系统之服务层

(3) 系统功能。

手机用户可以通过访问客户端软件,查看整个城市的路况图片,查询城市主要路桥的实时路况、高速路事件信息、指定起始点之间的最优行车路线和预测行车时间等,为广大用户提供更加丰富、全面的交通路况服务,充分满足客户的交通出行需求,如图 6-25 和图 6-26 所示。

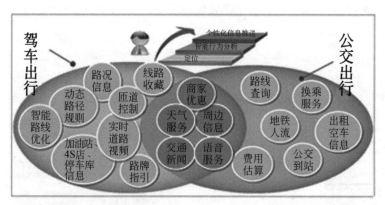

图 6-25 系统功能

道路信息查看。用户通过客户端预先或实时查看行驶路线的道路交通视频,可以随时了解道路交通信息。

动态路况播报通过 GPS＋基站＋Wi-Fi 的形式进行用户定位,根据行驶路线主动对

图 6-26　系统功能

前方线路拥堵情况进行提醒,提供语音、文字、图像形式的拥堵信息播报。

停车场空位提醒。获取城市主要停车场的位置和动态空位信息,根据用户目的地和行驶线路主动用语音提醒目标停车场的空位信息。

线路提醒订制。用户可以订制线路路况提醒服务,系统可以根据用户订制情况每天定时对选定线路的路况信息进行主动播报。

交通服务信息查询提供加油站、局部天气、违章情况等交通服务信息。

公交站台服务系统包括交通地理信息查询系统、电子站牌系统和候车基础设施等。电子站牌包括通信接收模块和数据处理模块,通过无线或有线系统与监控调度中心连接,其基本功能是向乘客提供公交线路上公交车辆的运行状况。交通地理信息查询系统以交通 GIS 为基础平台,为出行者提供各种公共交通信息和服务信息,使乘客在从等车到乘坐公交车抵达目的地的整个过程中均能获得所需要的信息,感受到人性化的信息服务。

公交信息服务系统主要包括三类交通信息服务:系统中公交车辆行驶状态信息(时间、地点以及行驶速度等);公交车辆营运信息(不同发车间隔、沿途公交站点等车乘客的数量以及突发事件等);相关道路系统和换乘系统的交通状况信息。公交信息服务系统能够在公交利用者需要信息的时间和地点提供所需内容的信息,使公交利用者有足够的决策判断依据。

停车诱导系统。为减少车辆不必要的绕行和无效行驶距离,避免因寻找停车场而导致的缓慢行驶和驾驶人注意力分散等,开发应用停车诱导系统非常有必要。通常有两级停车诱导,一级诱导是大区域的停车诱导和信息服务,为交通出行者提供目的地区域的停车设施分布、距离远近和停车设施当前的利用状态信息,以便作为出行者选择交通方式和停车区域的决策判断;二级诱导是对具体停车设施的路径进行诱导以及提供停车设施当前的使用情况信息,便于利用者选择和顺利到达停车场。

4. 杭州城市大脑信息系统

(1) 杭州城市数据大脑定义。

城市数据大脑是一个按照城市学中城市生命体理论和"互联网+现代治理"思维,创新应用大数据、云计算、人工智能等前沿科技构建的平台型人工智能中枢,其整合汇集政府、企业和社会数据,在城市治理领域进行融合计算,如图 6-27 所示,实现城市运行的生命体征感知、公共资源配置、宏观决策指挥、事件预测预警、"城市病"治理等功能。

图 6-27　杭州城市数据大脑

这意味着在不久的将来,杭州城市数据大脑将给生活在杭州的每个人带来便利,比如道路动态路况、停车位实时数据、医疗门诊流量等,今后都可以在掌上"城市数据大脑"中一键查询。

(2) 城市数据大脑建设方向。

这两年来,杭州城市数据大脑的交通系统先后在萧山区以及杭州市区部分道路进行试点。试点的中河—上塘高架道路平均延误率降低 15.3%;萧山区覆盖区域内 208 个路口,畅通比例总体提升 5%;城市数据大脑实现数据批量交换共享 11.25 亿条。

城市数据大脑作为支撑城市可持续发展的新型基础设施,不仅要缓解拥堵,还需要综合考虑与城市运行、管理相关的各个领域,通过数据全面打通,提升各个业务体系的能力水平。

① 平台型人工智能中枢。杭州城市数据大脑的总体架构包括大脑平台(计算资源平台、数据资源平台、算法服务平台)、行业系统、超级应用、区县中枢等,如图 6-28 所示。

数据大脑平台目前正在建设中,预计将在 2020 年底上线并试运行。

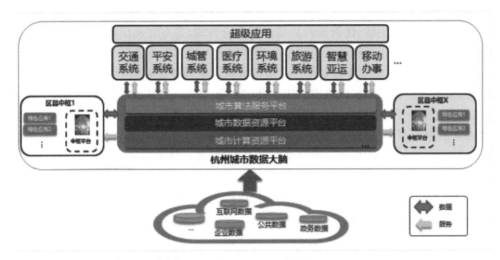

图 6-28　杭州城市数据大脑的总体架构

② 城市大脑近几年的规划。目前已有 16 个市级部门的数据纳入了大脑平台,并建设了城管、交通等主题数据库。

2018 年,在交通系统 V1.0 稳定运行的基础上扩展试点范围,进一步优化算法;完善城市数据大脑数据平台,建设城市数据大脑交通系统 V2.0 并扩展覆盖范围,如图 6-29 所示。

图 6-29　城市大脑的规划

2019—2021 年,在杭州主城区全面推进城市数据大脑交通系统建设,建设平安系统,推进智慧亚运和城管、医疗、旅游、环保等领域系统建设。

2022 年,实现城市数据大脑交通治理的全域覆盖,基本完成城市数据大脑在各行业的系统建设并投入实际运行;开展跨行业、跨领域数据资源开发,唤醒更多"沉睡"数据,并服务于人们的生产和生活,让数据的价值得到充分体现,基本完成杭州城市数据大脑的主要场景建设,为2022年亚运会的成功举办提供数据支撑和服务保障。

③ 建立多道屏障保障数据安全。在城市数据大脑的建设和运行过程中,底层的数据安全由云服务提供商和阿里巴巴安全团队共同负责,配置完善的数据安全策略,关键敏感数据实现"可用不可见";引入国内领先的信息安全机构,进行第三方的数据安全管控、审计,实现从数据的产生、归集、存储、交换、利用到销毁等全生命周期的监控,确保每条数据来龙去脉清晰,流向合规,异常情况实施阻断并告警,保障数据资源安全。

(3) 城市大脑在杭州的应用。

① 杭州城市交通发展变迁的四个阶段。杭州与世界各大城市一样,在整个城市发展变迁中经过了以下几个发展阶段。

第一阶段:交通设施标准化阶段。

城市道路交通信号灯配时智能化和交通标志标线标准化,对整个市区的交通标志标线、交通信号进行了整体梳理和提升,促进交通设施规范化、标准化。

第二阶段:交通组织渠化阶段。

交通设施标准化后,集化了一些车道分布不合理、信号配时不合理以及一些路段的出入口干扰的地方。开展了路口可变车道、左转直行待行区、潮汐车道、微循环交通等一系列的交通组织优化工作。

第三阶段:交通秩序整治有序化阶段。

在做好交通设施标准化、交通组织优化后进行了交通秩序的整治。交通设施进行了优化,2017年处罚了1400多万起交通违法行为,连续6个月位列全国36个大城市首位。通过改善道路交通秩序,通行效率得到明显提高。

第四阶段:大数据、云计算、人工智能的智能化阶段。

随着城市扩张及日新月异的变化,警力不足的矛盾日益突出。在这种背景下,杭州借助人工智能和机器智能更精准地盯紧城市交通的每一个细节,更精准地调控城市交通的每一个阶段节点。预计到2022年,杭州将建成快速路464公里,4年内将新建281公里;轨道网总里程446公里,4年内将新建329公里。

② 城市数据大脑已在杭州两个地方开展试点。

试点一:中河-上塘高架和莫干山路。

2015年前,中河-上塘高架曾经被高德地图App评为全国最拥堵、高峰时间时速最低的一条快速路。经过城市数据大脑半年时间的实践,中河-上塘高速的平均延误降低15.3%,出行时间节省了4.6分钟。莫干山路平均延误降低8.5%,出行时间节省了1分钟。现在白天时段,整条快速路的车速基本维持在40～45km/h。

试点二:萧山区5平方公里区域。

在萧山区5平方公里的试点范围内的平均通行速度提升了超过15%,平均节省出行时间3分钟,120、119、110等特种车通行速度最高提升超过50%、救援时间减少7分钟以上。

据高德地图App统计的数据显示,2017年杭州的拥堵排名由2016年第8位下降到第 48 位,拥堵缓解趋势为全国第一,而且交通拥堵下拐态势已经形成。

③ 杭州城市数据大脑在试点的过程中主要围绕以下四项工作展开。

• 规划四个路径。

设置四个实现路径,即全面感知,战路主导,智能模仿、反哺系统。

在战略层面上注重城市交通的战略性、宏观性管理,实现交通点、线、面特征转向宏观指标的展现,解决交通治理、安全防控的反复性、失调性问题。

在战术层面上以数据技术为支撑,找出交通管理的影响因子和非直接关系的关联因子,立足视频、信号、匝道、断面等检测技术建立交通特性分析模块;以规律性、反复性、周期性的统计科学预判交通流、拥堵、安全风险等趋势,实现城市交通管理的预警、预判、预决。

• 数据融合找交通堵点和乱点。

一是对堵点进行分析。通过对交通流理论和交通特性进行分析,融合外部数据以及交警内部资源后建立交通堵点算法,通过数差失衡度、延误率等 16 项参数指标全面感知检测,对交叉路口、快速路、匝道以及道路断面每两分钟进行一次类似 CT 切片的检测,再通过与历史数据进行对比发现城市交通堵点。例如,在高架道路试点中,对所有匝道进行切片式的检测,与历史数据对比,再决定哪个匝道该封掉,哪个匝道该用信号灯。

二是视频检测乱点。将 144 个监控纳入数据分析,监控点会自动报警。原来的交通组织中,治理乱点堵点和进行交通优化需要人工到现场判断,导致不能实时发现、实时治理。通过视频检测自动报警可以更有针对性、更高效地治理堵点和乱点,如图 6-30 和图 6-31 所示。

图 6-30　新华医院门口一天报警 63 次

• 球机监控替代交警路面巡查以发现各类交通事件。

在城市数据大脑的建设中,通过提取经验特征形成算法和场景,实现机器智能,例如交通事故、车辆抛锚、违法停车等,如图 6-32 所示。

杭州道路里程 1900 多公里,信号灯路口有 1700 多个,路面交警不到 1000 人。按照

图 6-31　人民医院门口一天报警 156 次

图 6-32　视频监控自动巡查

现在三班次的勤务安排,高峰时间最多也只能巡查约 260 个路口,还有 1500 多个路口处于失控状态。因此,通过监控替代人员在路面自动巡查,可以准确判断每起事件的不同属性,进而对交通堵点、乱点以及涵盖交通事故、交通拥堵等交通事件自动报警。目前,杭州市区有 3400 多个监控,如果全部实现自动巡查,则整个视频监控就会产生 5 万多起报警数据,平均每天 200 多起。对卡口设备的应用进行创新。原来卡口设备主要运用于治安事故的车辆轨迹、人脸查寻,现在通过城市数据大脑将卡口应用升级成非现场执法,包括驾驶人开车打手机、未使用安全带、重点车辆报警等,这些数据都可以从卡口系统中抽取。这种通过抽取卡口数据进行非现场执法的方式可以在很大程度上解放有限的警力,让交警快速处置事故和抛锚车辆,快速管理行人和机动车。

运用城市大数据对警务进行创新。把原来传统的路口交警定点为主的勤务模式创新升级为现在的路口智能监管,路段滚动快处理的模式,为此配套成立交警机动队,快速处置城市数据大脑报警发现的各类事件。例如,在高峰时间按照 260 个警力计算,全部作为交警机动队,杭州市平均每个民警可以辐射七公里的范围,也就是说,每个民警最远可以到达 3.5 公里的地方,按照摩托车快速反应,只要 3～4 分钟就可以到达现场,对各类事件进行快速处置。

思 考 题

1. 简述交通信息服务系统的含义。
2. 交通信息服务系统的作用主要体现在哪几个方面？
3. 交通信息服务系统的实施效果评价指标有哪些？
4. 交通信息服务系统按照所提供信息内容分为哪几个类型？
5. 交通信息服务系统中交通信息中心的基本数据处理功能包括哪几项？
6. 路径选择和优化过程中必须关注的问题是什么？
7. 什么是 GPS？GPS 的工作原理是什么？
8. 交通地理信息系统 GIS-T 的基本功能有哪些？
9. 交通信息服务系统的地图匹配算法划分为哪三类？
10. VANET 通信架构一般可以分为哪三类？
11. 什么是 C-V2X？
12. 基于移动互联网的交通信息服务系统架构由哪些部分组成？

参 考 文 献

第7章 智能交通管理与控制技术

交通系统是一个人、车、路及其环境综合作用的复杂而庞大的系统。因此,仅分别从人、车、路单方面解决交通问题的效果是有限的,需要从系统的观点出发,综合考虑人、车、路等因素,将各种先进的技术和科学方法应用于交通管理和控制,一方面使人、车等交通系统中的节点对系统状况有充分的理解;另一方面使交通管理者能够实时地了解和监控交通系统状态,并加以科学管理和优化调控,使系统发挥最高效率,实现整个系统的智能化。

7.1 智能交通管理系统概述

7.1.1 智能交通管理系统概念及发展现状

智能交通管理系统(Intelligent Traffic Management System,ITMS)是智能交通系统的重要组成部分。智能交通管理系统定义为:依据城市道路交通信息采集、处理、发布、决策的过程,运用各种先进的技术和科学方法,实现交通管理的自动化、现代化和智能化,为实现智能交通管理的目标而构建的系统。在实现智能交通管理中所采用的相关技术称为智能交通管理技术,既包括各种电子和信息加工的 IT 技术,也包括相关交通科学、系统工程和管理科学的理论及方法。

智能交通管理系统的发展不仅促进了城市交通管理水平的提高,而且还通过信息技术,从提高现有交通设施的运输能力及运输效率入手,加强了多种交通方式之间的有效协调,增强了道路交通的管控能力和突发事件的快速响应处置能力;通过提升路网通行效率和承载能力缓解交通拥堵,减少交通事故,降低因交通拥堵导致的时间延误、能源消耗和尾气排放,为城市可持续发展创造了条件;同时也推动了交通及相关产业的发展,对城市现代化的建设具有重要意义。

美国的 ITMS 系统是将高速公路与城市的交通管理结合起来以减少旅行时间,提高效率,更好地自动检测事故并建立事故反应系统。其中,都市圈诱导信息与控制(Metropolitan Area Guidance Information and Control, MAGIC)是一个非常典型的 ITMS 系统。MAGIC 是美国新泽西州智能交通管理系统的重要项目,其目标是减少道路交通拥挤,从而降低车辆废气排放量。MAGIC 包括道路监测、交通管理和交通信息服务等内容。MAGIC 系统中安装的各种传感器可以接收信息,在经主计算机处理后控制公路交通条件并显示相关数据及进行事故处理,由专家系统向车辆提供替代路径和缓解交通堵塞的建议。MAGIC 系统还利用公路资讯广播为车辆驾驶人员提供服务信息,告知其交通、道路和天气状况、建议路径;事故检测系统将来自道路监测系统的数据,经计算机软件系统计算后自动对可能发生的事故做出报警;另外 MAGIC 可利用匝道监控系统,经环形线圈检测匝道的占有率和匝道上车辆的速度,配合 CCTV 摄像机监测和控制匝道区的车辆汇入。

日本的先进交通管理系统(Universal Traffic Management System, UTMS)于 1993年开始建设,旨在适应日本交通需求的日益增长,致力于实现"安全、舒适,有利环境的交通社会"。UTMS 的关键是实现车辆与控制中心之间的交互双向通信,通信系统使用红外线信标将管理中心对交通需求和交通流的管控信息准确无误地传给车辆驾驶人员,对交通流进行全面的管理,避免交通拥堵,保证车辆行驶安全。UTMS 主要由六个系统组成:①综合交通管制系统设置在交通管制中心是与车载装置实现双向通信的信息中心,通过这一系统对交通信号进行控制;②先进的交通信息系统在 UTMS 中可利用现存的移动通信网络和车辆通信媒介实现交通管理中的双向信息通信;③动态路径诱导系统能引导车辆沿优化后的路径行驶到达目的地,达到车辆行车路线分散、减少交通拥堵的目的;④车辆行驶管理系统通过准确地向交警提供公共汽车、出租车、卡车的行车位置及道路情况等信息,通过路口的信号管理帮助车辆高效行驶,促使交通流畅;⑤公交优先系统能通过控制优先信号和设定优先路线保证公共汽车使用道路的优先权;⑥环境保护管理系统可向车辆驾驶人员和出行者提供气象和空气质量等交通信息,并能通过控制交通信号实行车辆运行管理,可以减少尾气排放、降低交通噪声污染、保护环境。

我国的智能交通管理系统虽然起步较晚,但经过近二十年的不懈努力取得了长足的进步。目前,国内一线城市(如北京、上海、深圳等)都构建了以智能控制中心、控制系统、控制平台为核心的智能交通管理系统,集成了先进的交通信息服务系统(ATIS)、先进的交通管理系统(ATMS)、先进的公共交通系统(APTS)、先进的车辆控制系统(AVCS)、货运管理系统、电子收费系统(ETC)、紧急救援系统(EMS)等应用子系统,在交通信息采集、交通控制、网格化机动车识别综合、交通诱导、交通事件处理、智能交通违章管理、视频监控等方面具有较高的应用水平。

7.1.2　智能交通管理系统框架及功能

智能交通管理系统作为面向交通管理部门的应用系统,以在城市道路交通管理中应用的 ATMS 和 ATIS 为主体,并与其他 ITS 子系统相互关联。ITMS 的总体框架如图 7-1 所示。

智能交通管理系统主要包括以下组成部分和功能。

1. 基础应用系统

(1) 交通基础数据处理。

通过资料及外部设备实现交通静态数据的采集,得到包括城市地图、人口、经济以及道路资源等信息,通过中心服务器实现对文本数据的数字化处理,得到基础的数据库并实现数据的存储与读取。

(2) 交通状态监测。

通过路上设备对道路上的实时交通情况进行监测,采集包括过车数据、交通流数据、气象信息以及交通事件等信息,实现在中心对路面的全面监控。

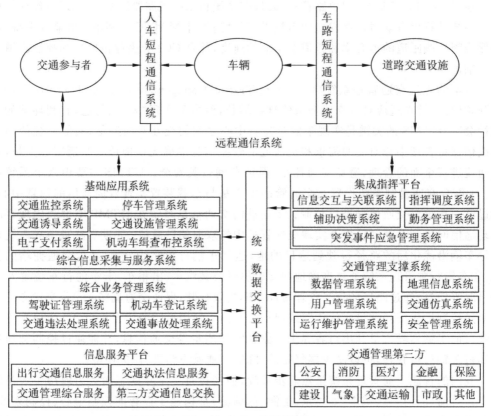

图 7-1　ITMS 总体框架

（3）交通组织与管理控制。

实现对交通出行需求数据的采集，能够完成历史交通流数据的分析，并根据交通状况进行交通组织方案优化；通过对已有交通数据的分析研判为交通状况进行预测，并实现公交优先及其他特殊车辆的优先控制。

（4）机动车缉查布控。

对违法车辆进行缉查布控，并能够在规定的时间内进行反馈；可以实现预警管理，并能够对车辆轨迹进行分析预判。

（5）电子收费与电子支付。

系统可提供接口，实现用户在线缴纳证件办理、机动车查验以及交通违法罚款等相关业务功能，实现缴费的自动化与便捷化。

2. 集成指挥平台

（1）应急指挥。

在紧急状态下可以通过智能交通管理系统实现对态势的有效控制，包括大型活动的交通疏导、交通拥堵的指挥调度、交通事件处置、预案的管理与评估、与现场的视频连线以及特勤任务的控制与调度等。

（2）交通安全态势评估。

能够对路网交通安全状态、路段及重要节点的安全状态进行评估与预警；能够对路网、路段以及重要节点的运行状态进行判断，并能够根据天气态势对交通的影响进行研判分析；可以进行道路安全审计工作，对安全态势进行综合评估。

（3）勤务管理。

通过智能交通管理系统对交警内部勤务状况进行管理，能够实现警员及警务车辆的定位，以及勤务的人工及自动安排及考核，并能完成应急管理及特勤任务的管理。

3. 综合业务管理系统

（1）基础信息业务管理。

实现对机动车信息的管理、驾驶人信息的管理以及道路交通违法事故处理信息的管理，并能够实现公安网、警务通等各类交管信息的查询。

（2）综合业务分析。

对驾驶人信息业务、机动车信息业务、交通事故信息业务、交通违法处理信息业务等进行分析；可以完成对交通事故态势及交通违法态势的研判，通过研判对道路交通事故进行预防。

4. 信息服务平台

（1）面向出行者的路面交通信息发布。

通过终端向出行者发布路面交通的实时信息，可以响应终端用户的查询请求，能随时发布路面交通管制实时进度，并能够提供停车的诱导及预约等停车服务。

（2）面向出行者的交通安全综合服务。

驾驶人可通过智能交通管理系统实现对驾驶人、机动车的基本信息、驾驶人及机动车的违法信息进行查询；可以通过终端对系统进行访问，实现对相关事务办理流程以及法律法规的查询。

（3）面向第三方的信息交换。

道路养护部门以及施工部门可通过系统实现信息的采集与传输；可以实现气象与环境信息的采集与传输；可以对急救资源以及消防资源进行采集与更新；可以同时向交通运输、消防、建设、金融保险等相关业务单位提供交通信息服务。

7.2 典型智能交通管理系统及应用

智能交通管理系统的涉及面较为广泛，相关应用系统也很多。在实际交通管理中，常见的典型应用系统主要包括智能交通监控系统、电子警察系统、智能公交管理系统、停车诱导系统及突发事件应急管理系统等。本节将对各典型应用系统进行详细介绍。

7.2.1 智能交通监控系统

1. 智能交通监控系统概述

智能交通监控系统是目前交通管理领域应用最为广泛的系统。智能交通监控系统按信息的流程可以分为三个部分，即信息采集、信息处理、信息发布。监控信息采集可以看作是一个信息管理系统，包括信息的采集、传输和分类存储。信息处理是整个智能交通监控系统中的关键部分，信息处理根据采集和检测到的各种数据和信息，通过处理、分析、判断提供控制策略，通过相应的设备对有关的交通运行情况进行相应的调控。信息发布作为智能交通监控系统信息流输出的终端，肩负着与驾驶人对话的任务，为了智能交通监控系统的控制策略和警告信息能及时传递给使用者，需要信息发布能通过各种途径及时地影响使用者。智能交通监控系统适用于高速公路、重要桥梁隧道、城市道路交通管理等场合。

2. 智能交通监控系统组成及功能

智能交通监控系统在城市道路和高速公路均有广泛运用。城市交通监控系统实时探测各主要交通要道和交叉路口的车流量、车辆通行状况，根据各监控点反馈的信息预测某些交通要道和交叉路口可能会出现的堵塞，以便及时调整和诱导交通流向，减少交通堵塞，最大限度地提高道路系统的利用率，创造安全、舒适的道路交通环境。高速公路监控系统通过对高速公路全线的交通流量检测、交通状况的监测、环境气象检测、运行状况的监视实施交通管控方案，从而达到控制交通流量、改善交通环境、减少事故的目的，使高速公路运营达到较高的服务水平。

（1）城市交通监控系统。

现代城市交通监控的发展方向主要体现在网络化与智能化。在城市交通监控系统中，综合利用现代计算机技术、电子技术与信息技术以实现智能化管理。一个完整的城市道路交通监控系统实际上是多个子系统的集成。基于城市道路交通特点，当前城市交通监控系统的组成如图7-2所示。

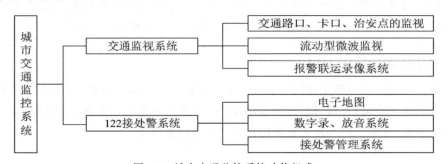

图 7-2　城市交通监控系统功能组成

交通监视子系统由前端图像采集单元、信号传输单元、中心控制单元等组成，其功能是将各路口现场的情况实时、快速地传输到中心控制单元，从而使交通控制管理人员随时观察城市各路口所发生的情况实景，以便管理者做出正确的判断，为道路交通诱导提供信息支撑。

122接处警系统由电话通信调度子系统、电话数字录音子系统、数据管理子系统、首长终端子系统和电子地图子系统（可选）等组成。其中，通信调度子系统和数字录音子系统可运行在同一台计算机上，接处警子系统和电子地图子系统也可运行在同一台计算机上。

指挥中心计算机管理系统的主要任务是将上述各自独立的应用系统连接在一起,实现面向上级机关和社会的有序管理、信息发布和信息交流。交通指挥中心是交通监控系统的中枢,需要通过交通综合信息管理系统进行集成。

(2) 高速公路交通监控系统。

高速公路交通监控系统的主要目的是为高速公路提供有效的交通管理、控制、监视、诱导交通运行的手段,它通过先进的电子技术采集各种交通数据,帮助高速公路管理部门及时掌握交通流的各种数据和信息,通过计算机软件对信息进行处理分析,形成控制策略,及时发布各种控制命令、交通信息,处理各种交通事故和拥堵现象,疏导交通流,制定减少交通事故和交通拥堵的有效措施,及时向有关部门提供各种服务(包括抢救受伤人员、拖走故障车辆、维修损坏路面及损坏设备等),保证高速公路的安全畅通。

高速公路交通监控系统的工作原理为:通过道路沿线设置的车辆检测器、紧急电话、闭路电视以及巡逻车收集高速公路的道路、交通、事故等情报,并传送到监控中心,进行计算、处理、记录。同时,利用监控中心的地图板、图形显示器、汉字显示器、电视等设施把道路利用情况、车辆运行情况、设备工作状态等显示出来。值班人员综合上述信息提出控制方案,发出必要的命令或指令,通过沿线设置的可变情报板、可变限速标志向道路使用者提出警示或建议。

交通监控系统的运作特别强调监控中心的作用。在交通正常情况下,监控中心信息处理计算机根据交通流量和气象条件进行分析,形成决策控制方案,利用可变信息板和可变限速标志对交通进行引导和控制;在交通异常情况下,监控中心信息处理计算机根据数据处理结果向操作员显示相应的控制方案,由操作员根据外场图像、紧急电话、巡逻车等对事件进行确认后,发出控制指令和诱导控制方案。

高速公路监控系统主要由交通信息采集系统、中央控制系统和信息发布系统组成。

交通信息采集系统的信息采集方式有人工的,也有自动的,主要的信息采集手段包括气象检测装置、车辆检测装置、闭路电视、紧急电话、无线电设备等。

中央控制系统是介于信息采集系统和信息发布系统之间的中间环节,是监控系统的核心部分,其主要功能为:对信息采集系统传来的数据进行实时运算、处理和分析;根据分析结果决定控制方案,发出相应的控制命令,指挥事件处理;通过闭路电视系统监视各主要路段的交通情况;负责管辖区域内的通信联络;实时监控整个系统设备的工作状态。中央控制系统通常由计算机系统、室内显示设备和监控系统控制台组成。

信息发布系统是高速公路上设置的用来向道路使用者提供道路交通信息和诱导控制指令的设备,以及向管理、救助部门和社会提供求助指令或道路交通信息的设施,其主要设备包括可变情报和可变限速标志、车道控制标志、指令电话和交通广播系统等。该系统主要包括以下几个方面:向道路使用者提供信息,如前方道路的交通堵塞情况、事故报警、气象情况、道路施工情况等;向道路使用者提供建议或控制命令,如最佳行驶路线、最佳限速、车道控制信号、匝道控制信号等;向管理部门和救助部门提供信息;向社会公众提供高速公路交通状况信息等。

7.2.2 电子警察系统

1. 电子警察系统概述

电子警察作为一种现代高科技交通管理手段,不仅能有效解决警力与管理重任之间的矛盾,全天 24 小时监控路面,提高交通参与者自觉守法的意识,而且能有效地规范执法行为,促进执法公正,为打击规避年检、肇事逃逸、盗抢车辆等违法犯罪行为也提供了有力的侦察手段。由于电子警察系统可以全天候工作,因此在一定程度上消除了道路交通管理在时间和空间上的盲点,扩大了交通管理的监控时段和监控范围,有效地抑制了机动车驾驶人的违章、违法行为,得到了各级道路交通管理部门的认同,目前在国内各级城市都有广泛应用。

2. 电子警察系统组成及功能

(1) 系统组成。

电子警察系统由前端子系统、网络传输子系统以及后端管理子系统三大部分组成,可以实现对路口机动车闯红灯、压线、逆行、不按导向车道、违法停车、不系安全带、开车打手机等交通违法行为的自动抓拍、记录、传输和处理,同时还兼具卡口功能,能够实时记录通行车辆信息。

前端子系统负责完成前端数据的采集、分析、处理、存储与上传,主要由电子警察抓拍单元、补光单元、视频分析记录单元等相关组件构成。路口交通违法信息与卡口信息全部采用 IP 方式传输。前端子系统包括以下几个部分。

① 图像检测:在系统中起车辆感应的作用,主要种类有环形线圈检测器、视频检测器、超声波或微波(雷达波)检测器、红外线检测器等几种。

② 图像拍摄:图像拍摄在系统中起图像抓拍的作用,主要有照相机和摄像机。

③ 图像采集:图像采集是将模拟视频图像数字化。通常采用多路视频图像采集卡将多路模拟视频图像经过多路切换器、A/D 变换器以及裁剪、压缩编码后变成数字视频信息。国际上通常采用的视频压缩编码方式有 MJPEG、Wavelet(小波变换)、MPEG-1(如 VCD)、MPEG-2(如 DVD)和 MPEG-4 等几种。

④ 图像处理:图像处理包括控制主机和系统应用软件两个部分,在系统中起控制、图像识别、存储与管理的作用。

网络传输子系统负责完成数据、图片、视频的传输与交换、建设视频专网,其中路口局域网主要由外场工业交换机、点到点裸光纤、光纤收发器组成;中心网络主要由接入层交换机以及核心交换机组成。

后端管理子系统负责实现对辖区内相关数据的汇聚、处理、存储、应用、管理与分享,由中心管理平台和存储系统组成。中心管理平台由平台软件模块搭载的服务器组成,包括管理服务器、应用服务器、Web 服务器、图片服务器、录像服务器和数据库服务器等。

(2) 系统功能。

闯红灯监测和记录功能。电子警察系统通过视频触发自动感知红绿灯信号。在红灯信号时,当车辆经过,系统主机将会快速检测到这些变化,并通过对这一变化进行分析处理判断是否有车辆通过。当检测在红灯状态下有车辆通过时,自动抓拍违法车辆图片,拍摄 3 张车辆违法过程和 1 张特写的高清图片,如图 7-3 所示,图片可清晰判别红灯状态、红灯时间、停车线、违法时间、违法地点、违法类型、车辆类型、车牌颜色、车牌号码、车身颜色等内容。3 张连续图片能够准确清晰地反映车辆违法闯红灯的过程,4 张图片会合成为一张证据图片,同时一组违章图片有一段高清视频对应。

图 7-3　车辆闯红灯抓拍

不按规定车道行驶监测与记录功能。电子警察系统采用直接分析视频的方式监测车辆的行驶状态,可以准确判断直行车道左右转、右转车道直行与左转、左转车道直行与右转等违法行为,如图 7-4 所示。同时一组违章图片有一段高清视频对应。

图 7-4　车辆不按规定车道行驶抓拍

车辆逆行自动监测与记录功能。系统采用视频跟踪技术，对画面中每辆机动车进行跟踪，可直接检测抓拍车道中逆向行驶的车辆，同时直接识别车辆的车牌信息，如图 7-5 所示。同时一组违章图片有一段高清视频对应。

图 7-5 车辆逆行抓拍

区间测速与记录功能。系统在同一路段上布设两个相邻的监控点，基于车辆通过前后两个监控点的时间计算车辆在该路段上的平均行驶速度，并依据该路段上的限速标准判定车辆是否超速违章，同时在 LED 大屏进行交通违法车辆信息的实时发布，以对违法车辆进行告知及警示更多的车辆，如图 7-6 所示。

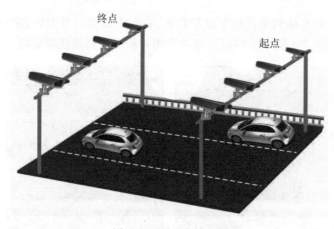

图 7-6 区间测速示意

车辆违法占用车道的监测和记录功能。系统基于车辆的轨迹跟踪和判定能够对监测区域内车辆在公交车专用道、非机动车道、应急车道内违法行驶、违法停车等行为进行检测和记录。抓拍图片中包含禁行标志、车道线、车辆位置、车牌等执法要素。

车牌号码自动识别功能。系统能对车牌号码进行自动定位、识别。具备对民用车辆、警用车辆、军用车辆、武警车辆的车牌自动识别能力。

卡口记录功能。系统采取视频检测技术在红灯、绿灯、黄灯时对通过每个车道的所有车辆进行检测、抓拍、记录、保存和识别,并识别车牌信息。卡口图片为合成式,左半部分为该车辆的全景照片,右半部分为该车辆的特写照片。所有记录车辆通过的信息包括时间、地点、方向、车型、车辆牌照号、号牌颜色等。

3. 电子警察系统关键技术

通过交通路口安装摄像机,拍摄交通路口的视频,经过计算机对数字图像信号的阈值比对和分析处理完成自动违章识别和自动车牌识别的任务。

自动违章识别是对动态物体(如车辆)进行识别,并对其运动轨迹进行跟踪,然后依靠监控区域内的道路标志和路口信号灯状态自动判断车辆违章情况,其中涉及的关键环节如下。

(1) 对运动目标的检测。

这一环节主要采用的技术手段有背景图像差分法、帧间差分法和光流法等图像识别方法。这三种方法各自拥有自己的特点,结合不同实际情况使用可以取得很好的应用效果。

① 背景图像差分法。其基本原理是首先将监控视野内的静态背景存储起来,在实际运行中通过将拍摄到的实时图片与静态背景进行减除,将所得差的每一像素的值和预定阈值相比较,若这个像素值大于阈值,则认为这一点是前景点,否则是背景点。利用这种技术解决方案时,受光线和天气等外界条件的影响较大,因为在不同天气、不同光照的情况下,背景图像并不是一成不变的,因此很难构造一个理想的静态背景图像作为基础;另一个问题在于预定阈值的确定,只有恰当的阈值才能正确分割出目标所占的区域,而这也需要根据实际情况进行调整和确定。

② 帧间差分法。这种解决方案是通过将记录的视频图像中一系列的相邻两帧做差分运算以获得目标轮廓,在多个运动目标的识别中,该方案可以取得良好的效果。由于视频中两帧图像的间隔时间很短,所以背景的变化也非常小,对差分的影响很小。其缺点在于所差分的图像并非由理想封闭的轮廓区域组成,得出的目标往往是局部的、不连续的,这对运动目标的识别是不利的。

③ 光流法。其基本原理是给视频中的每一个像素都设定了一个速度矢量,形成一个整体的图像运动场,在运动的定格时刻,图像上的点与三维物体上的点一一对应,再根据各像素点的速度矢量特征对图像进行动态分析,根据图像的光流矢量分析这一区域是否连续变化,从而判断是否有运动目标。光流法规避了差分时基础静态背景和阈值的选取工作,但是对每个像素的矢量进行分析的计算量大、易受视频噪声影响,依照现有的硬件处理能力还不能做到图像的实时处理,应用范围受到一定限制。

(2) 对多目标的跟踪。

在视频流中分割目标,再将分割的目标与上一帧图像的目标进行匹配,从而达到跟踪的目的。其基本原理是将当前图像帧中的区域和已知图像的目标区域进行匹配,如果已知的目标区域表示为一个目标列表,则将当前图像帧中的所有区域表示为一个测量列表,针对测量列表中的每一个元素在目标列表中找到与之最相似的元素,这类方法适用于目标之间相互作用较小的情况,且与目标特征的选取关系较大。

(3) 对车辆违章的判别。

在车辆运动轨迹提取之后,根据红绿灯信号和道路交通标志标线自动判别车辆违章情况。在对交通违章行为进行处理时必须记录三个重要证据：违章画面；违章车辆全景位置，表明该车当时确实处在违章位置；清晰的车牌号码，明确违章车辆身份。所以只有利用了基于计算机技术的视频监控系统才能完成自动监控。车辆自动识别作为当前智能交通系统的重要组成部分，已逐渐形成了几种成熟、有效的识别技术，如射频识别、车牌识别以及条形码识别。其中，条形码识别以及射频识别都隶属于间接识别，很难对车辆同其车牌信息是否真实及相符进行有效识别。车牌识别是一种直接识别，不需要在车辆中安装相应的条形码或者其他射频识别标志，且维护和使用简便。车牌自动识别以摄像机拍摄的车辆画面作为输入图像，利用计算机图像处理和模式识别技术识别车牌字符。

车牌识别系统有两种触发方式，一种是外设触发，另一种是视频触发。外设触发工作方式是指采用线圈、红外或其他检测器检测车辆通过信号和车牌识别系统接收到车辆触发信号后采集车辆图像、自动识别车牌以及进行后续处理。视频触发方式是指车牌识别系统采用动态运动目标序列图像分析处理技术实时检测车道上车辆的移动状况，发现车辆通过时捕捉车辆图像，识别车牌照，并进行后续处理。视频触发方式不需要借助线圈、红外或其他硬件车辆检测器。

7.2.3　智能公交管理系统

1. 智能公交管理系统概述

智能公交管理系统是将现代通信、信息、电子、控制、计算机、网络、GPS、GIS 等技术集成应用于公共交通系统，在公交网络分配、公交调度等关键基础理论研究的前提下，通过建立公共交通智能化调度系统、地理信息系统、公共交通信息服务系统、公交电子收费系统等，使管理者、运营者以及个体出行者变得更为便捷，相互能够更为协调，能够做出更为明智的决策。通过智能公交系统的建设与实施，实现缓解公交客流压力、平衡公交车辆负荷、降低公交运营成本、提高出行效率的目的，从而建立便捷、高效、舒适、环保、安全的公共交通运营体系，实现公共交通调度、运营、管理的信息化、现代化和智能化，提高公交出行比例，缓解城市交通拥挤，有效解决城市交通问题。

智能公交管理系统主要以出行者和公交企业为服务对象。对于出行者而言，智能公交管理系统通过采集与处理动态数据（如客流量、交通流量、公交车辆位置、公交站点候车状况等）和静态交通信息（如交通法规、道理管理措施、大型公交出行生成地的位置等），通过多种媒介为出行者提供动态和静态公共交通信息（如发车时刻表、换乘路线、最佳出行路径诱导等），从而实现规划出行、最优路径选择、避免交通拥挤、节约出行时间的目的；对于公交企业而言，智能公交管理系统主要实现对公交车辆的动态监控、实时调度、科学管理等功能，并实现公交企业的现代化、信息化管理，从而提高公交服务水平和公交企业的经营效益。

2. 智能公交管理系统组成及功能

对国内城市的公交企业而言，将公交智能化运行系统与公交企业智能化管理系统有机地组合在一起能够充分实现公交信息资源的共享和应用。上述两个系统通过公交通信子系统和数据中心实现数据的共享以及其他相关业务的操作。城市智能公交管理系统的系统构架如图 7-7 所示。

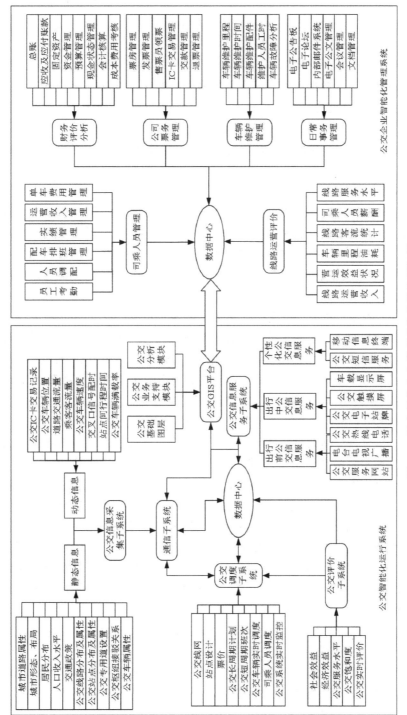

图 7-7 城市智能公交管理系统的结构框架图

(1) 公交智能化运行系统。公交智能化运行系统主要由以下部分组成。

① 数据中心。数据中心是城市智能交通管理系统各个子系统信息交互的枢纽，主要完成公交相关信息的汇集、存储和处理功能。数据中心在逻辑上由中央数据库系统、数据处理系统和数据库管理系统三部分构成。中央数据库系统负责对数据的汇集和存储，数据处理系统负责对公交信息采集子系统采集的数据进行融合及初步的数据处理。

② 公交 GIS 平台。公交 GIS 平台系统运用信息处理技术建立以公交信息为主的矢量电子地图数据库、关系数据库等多平台多数据库的集成，具有较强的交通网络系统的空间分析与空间数据处理能力，实现以"转乘次数最少，距离最短"等为条件的最佳路线选择模式，并具备航空、铁路、水路、公路等常用客运交通信息的查询功能。

③ 公交通信子系统。根据各子系统之间数据传输需求情况，公交通信子系统可以选择采用光纤网、以太网、ADSL、MODEM 等多种有线通信方式，以及无线常规通信、无线集群通信、GSM、CDMA、卫星通信等无线通信方式。

④ 公交信息采集子系统。公交信息采集子系统是公交调度子系统、公交信息服务子系统、公交评价子系统等模块正常工作的前提。公交信息采集子系统采集的实时动态信息为公交企业实现车辆实时调度提供依据，为公交信息服务提供基础数据源；同时，公交管理中央数据库的历史信息还可以为公交企业中远期班次安排、公交系统评价等业务提供数据支持。

⑤ 公交信息服务子系统。公交信息服务子系统是提高公交出行方式可靠性的有效途径，同时也是引导交通需求均衡分布的有效手段。完善的公交信息服务系统可以为乘客提供多方位的信息服务，包括出行前信息服务、出行中信息服务、个性化信息服务等。同时，公交信息服务子系统还将通过数据接口为其他运输企业和相关管理部门、政府部门提供公交信息服务。

⑥ 公交调度子系统。公交调度子系统是整个城市智能公交管理系统的核心子系统，从分类上来讲，其分为线路调度和区域调度两类。公交调度子系统包括智能公交班次安排模块、公交车辆实时调度模块、公交调度优化模块、智能公交区域调度模块 4 个模块。其中，智能公交班次安排模块将根据线路乘客客流量预测和公交车辆的配备情况，确定各条线路发车的班次安排和公交车到达各站点的时间；公交车辆实时运行调度模块在公交运营过程中根据车辆上乘客的载客率变化及公交车辆的行程时间预测对各公交车进行实时的调度；公交调度优化模块根据公交企业运营的历史数据以及城市规划、交通管理等多方面的信息对公交车辆实时调度模块进行自主优化；区域调度模块是在公交线路智能调度的基础上将区域内的公交线路管理和调度进行整合，充分利用公交企业的资源，同时也能提高公交的服务水平。

⑦ 公交评价子系统。公交评价子系统主要根据社会系统对公交企业运营绩效的满意度指标对公交企业的运营情况进行评价。

⑧ 公交收费子系统。公交收费子系统通过 IC 卡、手机移动支付等方式实现公交车票支付，避免了现金交易及乘务员找零的过程。

(2) 公交企业智能化管理。公交企业智能化管理系统是公交企业自身的管理系统，它是一个覆盖了整个公交企业各相关部门的信息智能化管理系统，并提供与中央数据库系统之间的信息交换,包括 MIS 系统和 OA 系统的功能,主要实现公交企业的自动化管理和无纸化办公,其主要功能模块包括线路运营评价,公司票务管理,日常事务管理,车辆维护管理,车队及公交场站管理,司乘人员管理,财务评价分析。

3. 智能公交管理系统关键技术

公共交通优化调度是智能公交管理系统的关键技术。对于公共交通的调度问题,现在普遍采用的方式包括静态调度和动态调度两种。其中,静态调度主要指发车时间根据预先安排进行;而动态调度中则包含车辆调度、驾驶人调度以及车辆的控制与调整等。通过动态调度可以实现公交运营的实时优化调整。采用静态调度的方式难以对公交车辆运行过程中的实际情况进行反应。因为在一般的公交调度系统中,车辆的行程和时间都是根据经验确定的,没有对实际运行中的突发情况进行考虑。所以,在车辆的设计运行过程中,仅采用静态调度则难以应对各种突发事件和确保最优调度。在实际情况发生变化的情况下,静态方法的灵活性不佳。而采用动态调度则可以通过公共交通的实时放车调度等方法实现降低乘客等待时间、提高公交服务水平的目标。

本节列举了一个简单的动态调度方案。考虑到车辆在运行过程中的实际情况非常复杂,所以为了有效简化研究过程,做出了如下假设。

(1) 不考虑车辆在运行过程中的人为因素、道路交通等因素,这样可以确保不同车辆在相同邻接站之间的运行时间相同。

(2) 公交车在每个车站的停车时间为定值,不受乘客数量等因素的影响。

在动态调度模型中,所定义的各种参量为:车站集 $K \in \{K | K = 1, 2, \cdots, N\}$;车辆集为:$I_m = \{i, i+1, \cdots, i+m-1\}$,而 $i \leqslant m \leqslant M$。其中,$M$ 表示公交系统能够提供的最多车辆数;用 d_{ik} 表示 i 车辆从 k 出来的时间;δ 表示车辆进出站时的时间,单位为分钟;所以,如果车辆能够将进出站时间节约下来,就可以减少运营时间,即 $\delta = 0$;用 c_0 表示公交车在车站的停车时间,单位为分钟;用 Δ 表示在不停车情况下所能够节约的时间,即 $\Delta = c_0 + 2\delta$。

要实现动态调度,其根本问题还是确定目标函数,即确保所有车站的乘客在等待该车辆的过程中所需要的时间和最小,将该模型定义为 $\min(W)$。将某个时间段 h_{ik} 内的所有乘客数量假设为 $h_{ik}r_k$,这样在该时间段内所有乘客的平均候车时间可以表示为 $h_{ik}/2$。经过推导,可以将乘客在 k 站等待第 i 车所需要的时间成本表示为

$$w_{ik} = r_k h_{ik}^2 / 2 + h_{ik} P_{i-1k} \tag{7-1}$$

在上面的式子中,w_{ik} 表示乘客在 k 站等待第 i 车所需要的时间成本。r_k 表示某公交站的乘客到达率;P_{i-1k} 则表示车辆 i 在 k 站的剩余乘客数量。在没有采用动态调度的情况下,$P_{i-1k} = 0$;h_{ik} 表示车辆 i 与车辆 $i-1$ 在 k 站出发的时间间隔;h_i 表示车辆 i 与车辆 $i-1$ 在任意站的时间间隔。所以,根据该定义可以得到:$h_{ik} = d_{ik} - d_{i-1k}$。可以换算得到线路中各个站点乘客的候车时间成本为

$$W = \sum_{i=1}^{m} \sum_{k=1}^{KC} (r_k h_{ik}^2 / 2 + P_{i-1k} h_{ik}) \tag{7-2}$$

从上面的式(7-2)中可以计算出乘客的候车时间成本,进一步构建动态调度模型,也就是在第 i 与车辆 $i+1$ 之间进行动态调度,如果将两辆车在运行过程中不停车的车站数

假设为 n_1 和 n_2，则这两辆车通过不停车所节约的时间可以表示为 $n_1\Delta$ 和 $n_2\Delta$。通常，为了能够减少不停车车站乘客的候车时间，促进整条线路车辆间隔的均匀，应该使得 $n_1 \geqslant n_2$。如图 7-8 所示，其中，虚线表示没有实施调度的发车时间，而实线则表示实施动态调度后的发车时间。能够给乘客的候车时间成本造成影响的车辆主要为 $i, i+1, i+2$。如果用 w_1、w_2、w_3 分别表示 $0 \sim n_2$、$n_2 \sim n_1$ 和 $n_1 \sim N$ 站的候车时间成本和无放车时的候车时间成本差，则整个候车成本就可以表示为 $w = w_1 + w_2 + w_3$。

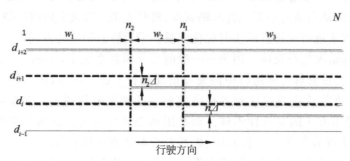

图 7-8　公交车的动态调度模型图

7.2.4　停车诱导系统

1. 停车诱导系统概述

停车诱导系统（Parking Guidance Information System，PGIS）包括大型停车场停车智能引导系统与城市停车诱导系统，它是以多级信息发布为载体，实时地提供停车场（库）的位置、车位数、空满状态等信息，从而指引驾驶人停车的系统，它对于调节停车需求在时间和空间分布上的不均匀、提高停车设施使用率、减少由于寻找停车场而产生的道路交通、减少为了停车造成的等待时间、提高整个交通系统的效率、改善停车场的经营条件以及增加商业区域的经济活力等方面具有重要的作用。

2. 停车诱导系统的组成和功能

一般的停车诱导系统由 4 个子系统组成，分别为信息采集子系统、信息处理子系统、信息传输子系统及信息发布子系统。大城市的停车诱导系统的总体功能是发布停车信息，同时给城市智能交通系统提供基础数据。停车诱导系统的直接功能就是给交通管理人员和停车需求的公众提供停车信息。

停车诱导系统的总体结构采用集中-分布式的系统体系结构。数据信息的采集、处理及数据库的布置是分布式的，数据的共享融合和一致性维护管理是集中式的。

（1）信息采集。

停车诱导系统的信息采集是停车诱导系统的一个重要组成部分，它同样是停车场设计、道路基础设施建设乃至交通规划的基础工作。通过对车位数量、位置及利用状况等信息进行采集，不仅可以为停车诱导系统的发布提供信息保障，还能掌握停车现状和规律，明确停车问题的性质，由此提出针对性的问题解决方案。

停车诱导系统的信息采集可以分为静态数据采集和动态数据采集。静态数据采集是停车诱导系统中一段时间内稳定不变的信息,主要完成各停车场或路侧停车位的位置、类型、费率额统计和输入,以及具有停车-换乘功能的相关站点的信息;动态数据采集是车位利用状况、停车场开闭等在时间上相对变化的信息。按数据来源,车位信息采集可以分为直接采集和间接采集。直接采集通过停车管理主机获得停车信息,间接采集通过其他智能交通系统的各个采集数据节点整合交通行业的各种信息。

数据采集可以分为以下 3 类。

① 人工采集。人工采集属于比较传统的非自动采集,不需要复杂的设备,但信息的准确性和及时性不易控制。

② 根据车辆特性采集。交通信息采集主要是检测车辆,将车辆的存在和运动状况转换成电信号输出。车辆是一个含有大量铁构件、有质量、有几何形状的实体,并具有一定的光、热、电的特性,根据这些特点,信息采集包括磁性检测、超声检测、电磁波检测、热检测、质量检测、视频图像检测等方法。

③ 借助外界物采集。随着交通的发展,停车诱导系统对信息有了更高的要求,不仅要求提供车辆数量,还要求对不同的采集对象加以区别,继而采取不同的策略,比较常见的是号牌识别和 IC 卡。

(2) 信息处理。

停车诱导系统信息处理不仅提供车位使用状况信息,还担负着存储停车场或路边车位信息、加工处理车位使用情况的变化模式等任务,这些功能将为未来提供车位需求状况预报、停车位预约等服务奠定基础。停车诱导系统的车位信息处理通过管理软件分两步实现,即前端处理系统和管理中心系统。

前端处理系统一般指停车场管理系统,主要具备如下功能。

① 采集车辆的进出口数据,如车辆性质、车辆编号、进出口时间等。

② 车位利用情况。

③ 停车管理需要的其他功能,如收费统计等。

管理中心系统的功能组成如图 7-9 所示。

从目前的采集技术来说,车位采集器对于当前的车位采集比较明确,但它无法对未来的车位变化做出准确无误的预测。在诱导区域较大的情况下,由于停车场与信息发布牌相隔一定距离,为了防止驾驶人在信息发布屏上看到停车场有"空位"而到达停车场时没有车位的情况发生,必须对行程时间内的车位变化做出合理处理。

在区域停车诱导系统中,系统总是考虑如何准确及时地向驾驶人提供停车信息,虽然这种模型简单实用,但也存在一些缺点,如所提供的信息有限、无法考虑不同驾驶者的不同要求,即无

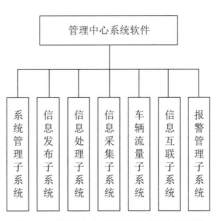

图 7-9 管理中心系统的功能组成示意

法实现系统与使用者之间的互动。随着城市智能交通信息平台、交通流诱导系统、GPS及多级化停车诱导系统的建立,人们对停车诱导系统的信息处理有了更高的要求。停车

诱导系统的系统优化从整个城市的停车管理和交通畅通出发,拟定合理的交通控制策略,即系统最优模型,然后根据不同的系统目标采取相应的对策。

停车信息发布是停车诱导系统的主要部分,按诱导信息是否可变分为固定诱导信息和可变诱导信息。固定诱导信息主要以停车标志牌为主,由于这种信息发布方式成本低廉,可作为停车场诱导信息发布的有益补充;可变诱导信息发布牌能够提供变化的车位或车场信息,在可变信息发布牌上附带一些固定的诱导信息,可以节约成本或提高发布系统的稳定性。

常用的停车诱导屏信息表现形式如表 7-1 所示。

表 7-1　常用停车诱导屏信息表现形式

级别	牌面类型	静态内容	动态内容
A	文字+箭头	P 空位+诱导区域名+箭头	区域剩余泊位总数
B	地图式	P 空位+路网	小区剩余泊位总数
C	文字+箭头(组合式)	P 空位+停车场名+箭头	停车场剩余泊位总数
D	文字	P 空位+停车场名称	停车场剩余泊位总数

诱导系统应结合诱导区域特点设计成 3 级或 4 级诱导系统。一般采用 3 级诱导体系,详见表 7-2。

表 7-2　停车诱导系统分级体系

性　　质	级　别	作　　用	建议设置位置
区域级预告性诱导标志	一级(A)	显示诱导区域位置和总控信息	区域周边主干道
	一级(B)	分区诱导,指导临近各分区位置及空位信息	分区域外围主要道路
街道级诱导标志	二级(C)	周边停车场指示标志,指示道路沿线停车场信息	区域内部道路
停车场级指示标志	三级(D)	指导各停车场位置和总空信息	停车场入口

在多级停车诱导系统中,信息发布常涉及区域车位数据的统计和处理,鉴于信息发布的跨区域性,为提高诱导效果,在分管理中心,发布区域信息的分区处理与在物理上各区域信息采集的划区应有所不同。

发布区域车位信息的分区主要遵循以下原则:每个分区的范围不宜过大,应当限制在 6~8 个街区以内,最好控制在边长为 500m 左右的矩形区域内;各个分区最好在名称上能加以区别,容易识别;每个分区内的停车场容量和停车需求大致相等;应当避免行人流量大的道路跨越小区;通往停车场的诱导路线尽量避免出现左转;各分区最好能用干线道路分开。

(3) 信息传输。

交通通信技术包括无线电广播、电缆通信、微波通信、移动通信、光纤通信、数字基带通信、数字载波通信、红外线与超声波通信及卫星通信等,不同的通信技术有着不同的适用范围,上述通信技术在 ITS 中并不都是独立存在的,很多技术相互渗透、相互交叉。

按照发送者和接收者的管理层次,可将停车诱导系统的信息传输分为:

① 停车场或路边停车位——管理中心；

② 管理中心——LED 发布屏；

③ 管理中心——其他信息发布方式。

（4）通信结构。

根据不同的传输任务，停车诱导系统的通信可以采用不同的方式，目前比较常见的包括有线光缆、光纤和无线方式。线缆包括实线、DPN 数据网等，无线包括 GPS、GPRS、CDMA 等。

7.2.5　突发事件应急管理系统

1.突发事件应急管理系统概述

突发事件应急管理系统是一个以人为主导，以科学的管理理论为指导，在科学的管理制度的基础上，利用计算机硬件、软件、网络通信设备对道路网络的运行状况进行全天候监视控制，对突发事件进行快速检测和判断，并迅速采取恰当的事件响应措施，以避免交通事故（或二次事故）的发生和保证事故发生后的及时救护与事故排除为目的，支持司乘人员、通行车辆、基层作业的集成化人机系统。交通应急管理的总目标是：在交通事件发生前采取预防措施，降低和避免异常交通事件的发生；在发生交通事件时及时发现并采取合适的应急救援措施，使人员伤亡和财产损失降到最小，并尽量降低事件导致的交通延误等影响，在最短时间内恢复到正常交通状态。

2.突发事件应急管理系统组成及功能

突发事件应急管理是交通安全管理工作的重要组成部分，可以明显提高交通安全性和运营效率。交通安全应急管理是一项系统性的工作，其涵盖的内容包括：突发事件预警；突发事件检测；突发事件分析；突发事件决策；救援执行系统；突发事件评估；预案管理等。每一个环节都关系到应急管理的效率和效果。突发事件应急管理的总体框架如图 7-10 所示。

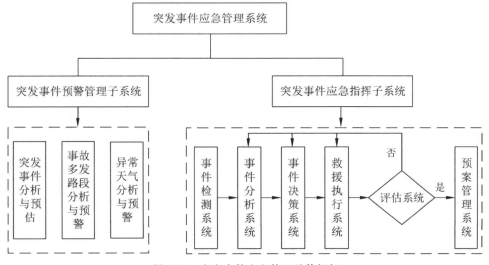

图 7-10　突发事件应急管理总体框架

（1）突发事件预警管理子系统。

突发事件预警管理子系统的主要功能包括对即时存在的交通状况和现实环境进行数据挖掘和信息采集、统计和分析,找出交通事故的分布特征及其形成的原因和影响因素,譬如恶劣气候时的交通安全管制、交通事故多发地段的风险因素等,预警系统要即时监测到这些风险因素,向交通安全管理部门发出预警,并及时采取预警方案,最大可能地防止事故发生。突发事件预警管理子系统有 3 个功能模块:交通信息处理及预估模块、事故多发路段分析及预警模块、异常天气分析及预警模块。根据道路运营活动的客观过程,突发事件预警管理子系统工作模式如图 7-11 所示。

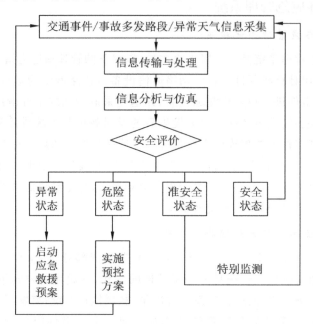

图 7-11　突发事件预警管理子系统工作模式

突发事件预警管理子系统工作的开展是建立在对所管辖路段交通运营指标的监测基础之上的。管理部门根据获取的信息,通过识别、诊断、评价各交通现象确认监测指标处于异常、危险、准安全或安全状态,以实施相应的控制对策。当指标处于安全状态时,继续进行日常监测;当监测指标处于准安全或危险状态时,预警部门根据具体情况或指示进入特别监测阶段,或提出预控对策并由决策层或调度部门下达执行,直至恢复到安全状态,同时调度部门将对策方案输入对策库供将来参考;当监测指标进入异常状态时,整个道路管理组织进入应急救援程序,启动应急预案直至道路运营重新进入安全状态。

（2）突发事件应急指挥子系统。

城市交通突发事件能否及时检测是交通应急管理中需要首先解决的问题,事件检测子系统用来实现检测并确定事件性质的功能,它是集成各种检测、监测设备(如感应线圈、视频监测设备、微波检测设备、浮动车信息采集设备),与相关信息部门协调,收集有关气象、道路环境、交通流状况(交通流量、流速、区间行程时间)等信息,及时预测、发现、分析突发事件的发生地点、规模及发展趋势,为应急反应决策及指挥提供可靠的依据。事件检测技术是事件检测子系统的基础,它不仅关系到监控系统(硬件部分)的作用能否充分发挥,而且对事故的处理也具有极重要的意义。例如:事故发生后的快速检测,对事故做出快速反应、采取相应的交通控制措施、防止二次事故的发生、快速处理事故、降低事故损失等,都与事件的检测算法有着直接的关系。

事件检测子系统检测到所发生的和将要发生的交通突发事件后,原始的事件信息以及事件地点的环境信息、交通信息被汇总到事件分析子系统,进行进一步的过滤和分析。在事件分析子系统内部要对事件的类型、严重程度、导致原因等因素进行判别,并对事件造成的瓶颈处通行能力的下降程度、可能造成的阻塞以及阻塞的扩散程度等几个方面进行分析和预测,为下一步的事件决策提供基本的依据。

事件分析的过程首先是事件确认的过程,因为在事件检测过程中会有一定的误报率,同时事件检测所提供的事件的属性数据可能很不全面,因此事件分析首先要对事件的有无进行判断,而后需要借助各种预先设计的模型和预案以及专用的数学算法对事件进行归类分析,最终得出事件的特征信息、严重程度、影响指数等重要参数。当检测子系统提供的数据不够完善或有残缺时,还需要运用数据挖掘技术和数据融合技术对事件的属性数据进行进一步的处理。

决策分析是交通应急管理的难点,负责生成救援方案并通知相关部门派遣救援资源。该模块利用事件检测子系统采集的信息以及分析子系统的初步结果生成救援策略,包括车道控制策略、匝道控制策略等。这些策略生成时应考虑相关路网的通行能力、各路段通行能力之间的匹配、各路段的预测行驶时间,同时应通知相关救援部门实施事故救援过程。

事件决策子系统生成的预案内容应包括应急机构的组成和职责;应急通信保障;抢险救援人员的组织和资金、物资的准备;应急、救助装备的准备;灾害评估准备;应急行动方案几个部分。在预案的基础上指定事件救援所需调用的部门、明确各部门的职责以及权限、确定应急救援所需设备(医疗器械、消防设备、车辆牵引起吊设备等)、制定救援实施的具体步骤、提出应急交通的控制方案、为救援车辆形成绿色通道、提出交通诱导的策略等。在收到信息系统的应急信息报告后,通过资源数据库和专家辅助决策系统对突发事件的类型和严重程度进行分析,然后启动相应的突发事件处理预案进行救援,为相关部门提供至事发地点的最佳路线,并通过通信系统下达应急救援指令。在突发事件现场根据遥感图像、视频影像和反馈信息随时响应和调整应急救援措施,根据不同的救援需求和各职能部门的分工向各相关部门通报事故及救援需求信息,协调组织救援工作。

救援执行子系统协调各救援部门(交警、医院、消防、道路维修部门、武装警察、军队等)在收到突发事件通报后根据决策系统的预案分工,各司其职地进行突发事件处理和组织救援,交通指挥部门对现场实行必要的交通管制,根据决策系统提供的救援绿色通道和交通诱导方式协助其他部门以最快的速度实施应急救援,在最短的时间内排除突发事件,并将事件现场的情况、各救援部门的需求变化及时反馈给事件决策子系统,以便应急系统能够及时修正应急救援方案,更好地实施应急救援工作,使道路网交通更快地恢复正常。

效果评估子系统的主要功能是对交通突发事件解决的效果进行评价,通过救援执行过程的实施,发生的交通突发事件或者被及时地解决,或者没有获得有效的解决,或者根本没有起到减少事件损失的效果,这些都需要效果评估子系统进行具体的评价,评价的内容包括对事件本身的评价和对事发路段交通状况的评价,如果效果没有达到规定的要求,则将不符合要求的信息反馈给相应的子系统(包括事件分析子系统、事件决策子系统和救援执行子系统),然后进行重新分析、决策和救援。如果评价结果达到要求,则对此交通突发事件进行结案处理,将整个事件的相关信息(包括事件发生时间、地点、类型、严重程度、应急方案、延续时间、消耗的应急资源、应急效果等)录入城市交通突发事件的预案管理子系统,形成历史案例数据库,为以后的交通突发事件管理提供有用的参考。

预案管理子系统是城市交通应急管理系统的智力仓库,包括交通突发事件管理的模型库、知识库、历史数据库,这些数据库对突发事件的管理具有切实有效的参考价值,建立和完善交通突发事件的预案管理子系统对于交通应急管理有着重要的意义。当然,理想的数据库并不是从一开始就能建立的,需要在日常的事件管理过程中逐步地改进和完善。预案管理子系统主要负责突发事件的基本信息和整个救援过程信息的整理、归档,对突发事件成因进行分析,对救援效果进行评价,生成救援报告,为未来的事件管理提供历史依据。

7.2.6 典型城市智能交通管理系统及应用

1. 北京市智能交通管理系统

近年来,北京市构建了以"一个中心、三个平台、八大系统"为核心的智能交通管理系统体系框架,高度集成了视频监控、单兵定位、122 接处警、GPS 警车定位、信号控制、集群通信等近百个应用子系统,强化了智能交通管理的实战能力。北京市智能交通管理系统结构如图 7-12 所示。

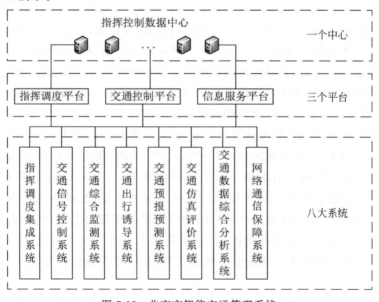

图 7-12　北京市智能交通管理系统

（1）交通运行监测与智能化分析平台升级改造系统。

交通运行监测与智能化分析平台升级改造系统是在考虑交通决策需求，全面整合交通流实时动态数据、公共交通运营数据、行业统计数据、出行特征数据、基础设施数据、交通地理信息数据和城市背景数据所构建的交通决策数据库。智能化分析平台以基于Hadoop路网运行监测核心计算引擎私有云平台、交通运行评价与决策分析系统为主，实现城市路网运行监测、公共交通运行监测、公路运行监测分析在内的专项分析，建立满足TB数据量级和工业级应用系统稳定性要求的交通运行监测与智能化分析平台升级改造系统。

（2）无线地磁车辆监测系统。

无线地磁车辆监测系统（MVDS）利用全自动、自适应的地磁检测技术，通过在路面布设无线磁感应强度传感器，感知车辆经过时空间磁场的变化，具有基准值自适应跟踪、高识别率等优点。2016年，由北京市交通委牵头，中国电子科技集团公司第三十八研究所与交通运输部公路科学研究院联合开展停车监测设备技术验证测试。无线地磁监测系统在精度、稳定性、耐用性等方面表现突出，顺利通过了如发射频谱、磁场灵敏度、防水防尘、高低温及湿度、抗干扰等测试内容，最终获得了综合准确率高达91.4%的好成绩，并顺利通过了测试检验。

（3）公交车辆视频监控系统。

公交车辆视频监控系统实现了1087辆公交车视频监控的全覆盖，计划在现有基础上完成1087辆公交车3G/4G无线专线网络接入，2018年完成公交公司图像管理中心机房等设施的改造和网络扩容等配套工程建设。以原有图像信息管理系统中心以及7个分中心为基础，建设公交车辆视频监控管理平台，建设内容包括图像管理中心平台升级、增加视频控制、管理和报警功能。在整合图像资源的基础上，完善与市交通委、市公安局公交总队、市公安交通管理局的图像信息共享系统，实现图像信息资源的有效共享利用。

（4）公交车辆智能化运营调度系统。

2016年，在原有智能调度系统功能的基础上，公交集团公司对调度系统进行了升级完善，完成了调度系统的人、车、线等重要的基础数据与集团信息资源管理平台的对接；调度系统本地化；多种运营模式的线路接入；实时计算模块的优化；报表系统的优化，实现了基础数据来源的统一和规范、调度系统对于无网状态的支持、集团所有在册线路的发车模式的兼容等多个方面的提升，加强了调度系统的易用性和适应性，系统的统计数据也更加及时、可靠。

（5）公交集团图像管理平台。

公交集团图像管理平台已建成1个中心、7个分中心、16 000辆车、215处中途站、100余处公交场站的安防监控系统，在建390处公交场站和757处中途站，力争实现公交车辆和公交场站监控系统的全覆盖以及重点区域公交中途站监控系统的全覆盖，实现对地面公交系统全方位、全天候、立体化的掌控，并实现与运管局、交管局、公安图像视频的对接，提升公共交通领域内治安秩序的整体水平。自公交图像系统建立以来，每年累计为公安机关调取录像千余件次，为构建"平安北京"发挥了重要作用。

（6）定制公交电子商务平台。

北京公交集团推出的定制公交平台可以使北京地区的乘客通过平台参与出行需求调查，并通过定制公交平台预订商务班车座位、在线支付。完成定制公交 IC 卡身份识别系统开发及 130 余辆商务班车的车载设备安装工作，通过刷卡完成身份验证。完成大客户团购、班车余座预订、乘客自动配车等功能的开发，为业务拓展打下了基础。完成商务包车频道开发及上线。定制公交手机版 App 正式上线，乘客通过手机即可实现从线路浏览、订单提交到手机支付的全流程操作。定制公交 App 和微信还实现了乘客自助验票、免费乘车体验券发放和转赠、快速直达专线模块到站预报、乘友圈等功能。

（7）交线路查询服务 App。

"公交 e 路通"App 是北京公交集团官方发布的一款基于智能手机的免费实时公交信息查询 App。"公交 e 路通"App 实现了全部公交线路的实时到站播报，目前其下载量已达到 41 万次。到站预报功能：选择某线路上的某站点后，可查询距离本站最近的三辆车距本站的距离和预计到站时间。线路定制功能：可对常用线路进行定制，定制后该线路上该站点的预报信息会显示在 App 首页，方便快捷。到站提醒功能：设置线路到站提醒闹钟，当车辆到达某站点前几分钟可提醒乘客提前出门。换乘查询模块可查询白/夜班车换乘信息，而且乘客可以在换乘界面直接查看公交实时信息，使用更方便。用户中心模块包括意见反馈、公交新闻查询、离线地图下载、版本查询等功能，此外还可通过微信、朋友圈、QQ 空间、微博、QQ 等多种方式将该 App 分享给更多人使用。

（8）北京交警 App。

"北京交警"App 运用"互联网＋"科技手段全面搭建交管信息服务、业务办公和警民互动平台，开通事故处理、进京办证、违法查缴等 15 大功能，截至 2020 年底注册用户达 380 万名，访问量 2.3 亿次，日均办理业务 30 余万笔，在全国同类手机政务软件中排名第 1 位，实现了"数据多跑路，群众少跑腿"，不仅方便了办事群众，缓解了窗口压力和路面拥堵，也为进一步改进交通管理服务提供了数据支撑。

（9）城市轨道交通在线客流分析与决策支持平台。

北京市交通行业数据中心和北京市交通信息中心依托北京市交通委员会轨道交通安全防范物联网应用示范项目，研发了城市轨道交通在线客流分析与决策支持平台。

该平台是国内第一个将政府行业监管、企业运营与辅助决策和公众出行信息服务集成为一体的轨道交通综合大数据处理与应用平台，具有轨道交通基础信息管理、在线客流预测、基于车站、区间、线路和路网的四层拥挤度信息发布、新线接入客流预测、突发事件客流预测、列车运行计划评估、客流统计与分析和应急处置八项功能。该平台具有自主知识产权的历史客流清分、实时客流预测、新线接入客流预测、轨道交通客流仿真等模型与算法，是国内首创的、领先的、适合国情的轨道交通客流分析与决策平台。该平台基于 B/S 架构，利用 ROLAP、MOLAP、HOLAP 等分机处理技术优化数据库管理与应用，形成高效、快速、低资源消耗的轨道交通客流大数据解决方案。该平台为轨道交通运营监测、运营管理、应急管理和信息服务等工作提供强有力的决策支持，是实现轨道交通由网络化建设向网络化运营跨越的重要手段。该平台在国内的全面推广对我国各城市实现轨道交通网络化运营具有重要的指导意义。

2. 深圳市智能交通管理系统

深圳市已经建成了包含"一个平台、八大系统"的智能交通管理系统。"一个平台"即交通共用信息平台,"八大系统"包括交通信息采集系统、交通控制系统、网格化机动车识别综合应用系统、干线交通诱导系统、停车诱导系统、交通事件系统、智能交通违章管理系统、闭路电视监控系统等。其中,交通信息采集系统包括交通控制系统、网格化机动车识别综合应用系统、智能交通违章管理系统、闭路电视监控系统、交通事件系统等;交通信息综合平台包括共用信息平台;应用和服务包括干线交通诱导系统、停车诱导系统、智能交通控制系统等。

(1) 智能交通控制系统。

目前,全市现有信号路口 1308 个,其中智能交通信号控制联网路口 828 个,并设置了707 套线圈检测器。可以实现自适应控制路口 46 个。深圳市智能交通信号控制系统是一个分布式的自适应控制系统,可根据流量自动进行信号相位配时,系统功能模块分类清晰,系统功能模块分类清晰,处于国内领先地位,可以实现多时段协调控制、动态优化协调控制。

深圳市交通管理部门率先突破倒计时的技术门槛,根据交通信号控制每个周期的变化,提前计算出正确的周期和绿灯放行时间,解决了传统倒计时的相关技术难题,该技术在全国尚属首例,其科技含量走在了全国前列,其实时性、完整度高,并按照新国标分方向显示,将智能行人倒计时与机动车倒计时相结合,充分体现了人性化管理。

(2) 网格化机动车识别综合应用系统。

网格化机动车识别综合应用项目是基于车辆牌照识别信息实时监控和数据采集的综合信息应用系统,为多个单位或部门提供机动车信息相关的信息应用服务业务,包括公安交警、公安指挥、公安刑侦、公安技侦、市网格办、环保局、国土规划局、交通局等,实现对道路交通状态的监控、分析和预测、对特定车辆的监控、管理和预警、对各类交通违法进行实时计算、对车辆信息的综合分析等。

截至目前,完成建设监测点共 118 个监测断面,初步形成了网格化,其范围基本覆盖了市区内的主要道路以及全市各二线和三线关口,已实现了区间超速、不按道行驶、假套牌车、黄标车、单双号车牌限行等交通违法监测功能,以及黑名单预警布控、涉案车辆监控等社会治安功能,取得了巨大的经济效益和社会效益。

(3) 交通事件检测系统。

交通事件检测系统是交通信息采集的一部分,是高层次的数据检测系统,该系统将获取到的处理过的基础数据与人工发现相结合以实现交通事件及时预警。事件检测系统将相关信息传输到综合调控系统,再由综合调控系统发布到诱导系统、指挥系统等相关系统,为交通事件的快速定位、快速出警和快速疏解提供了信息保障。

(4) 干线交通诱导系统。

干线交通诱导系统作为深圳市交通诱导体系的一个组成部分,其利用采集到的实时交通信息,按照诱导策略生成诱导信息并及时发布,从而有效地对出行车辆进行诱导,提高现有道路的使用率,实现路网交通流的均衡分配,为驾驶人安全快速地行车提供良好的服务。

该系统结合深圳市的实际情况,以共用信息平台为数据支撑,融合了先进的交通理念和数学模型概念,建立了干线交通诱导模型,对车流量、延误时间及行程时间等各类信息进行优化计算,自动生成诱导信息,通过 VMS 诱导大屏向出行者自动实时发布,并为车载诱导的建设奠定基础,可以实现动态信息的发布功能。

(5) 停车诱导系统。

停车诱导系统是整个城市交通诱导体系的一个组成部分。通过对片区路网情况、干道交通流量情况、停车场分布情况及各停车场泊位情况进行综合分析,引导驾驶人由盲目行车变为有目的地选择停车泊位和行驶线路,有效地减少由于停车而引起的无效行驶,从而全面缓解局部交通拥堵,均衡路网交通流。目前已完成地王书城子片区和人民南子片区的建设,其中地王书城子片区共接入 9 个停车场、设置 18 个停车诱导发布牌;人民南子片区共接入 39 个停车场、设置 58 块停车诱导发布牌。

(6) 共用信息平台。

共用信息平台是 ITS 基础子系统,是其他子系统决策的重要基础,是实现交通管理从简单静态管理到智能动态管理转变的关键技术。共用信息平台是制定智能交通管理系统各子系统之间接口和功能衔接要求而建立的满足多种交通信息需求的通信网络平台。

共用信息平台可以加强交通信息综合处理能力,方便交通管理者和出行者进行决策。共用信息平台以交通模型库为主体,利用数据仓技术对交通数据进行定量分析,通过定量分析提高决策的科学性,为交通控制与管理决策提供预案或数据支持,为 ITS 各系统提供交通状况等各类基础数据以及监控中心、指挥中心等交通管理部门提供交通数据报表,为交通决策者提供基础统计分析报表。

3. 武汉市智能交通管理系统

武汉市积极推进智能交通管理系统建设,建立了城市交通精细化管理"五大中心",实现了从行政命令推动工作到信息指令驱动工作的转变。"五大中心"主要由以下五个部分组成。

(1) 大数据中心。

大数据中心主要职责如下。

采集数据。实施智慧感知计划,大力推进车联网、交通设施电子标识等的建设,提高前端交通数据采集能力;整合资源,会同市网信办,整合交通、规划、城管、水务、教育、气象等职能部门的数据;与滴滴出行等互联网企业签订战略合作协议,采集汇总互联网数据,目前共汇集各类交通数据 200 余类数据,形成了大数据池,每天新增数据近 7 亿条,为立体描绘武汉市人、车、路之间的关联奠定了坚实的基础。

分析数据。建设武汉交管云平台,运用行业最优算法为交通出行、政务及管理提供大数据精准分析,目前已经实现交通信息发布、政务服务、交通管理等 22 项功能。

应用数据。通过数据分析将数据变为情报和指令,直接服务事故预防、排堵保畅和秩序治理,真正做到用数据决策、用数据说话。

引领创新。在大数据中心设立江北、江南两个联创工作室,邀请企业和高校进驻,将实战需求与前沿技术深度融合,共同创新大数据在交管领域的高端应用、深度应用。

（2）情报指挥中心。

将指挥室、研判室、视频工作室、交通秩序优化室"四室合一"，做到情报信息全网收集、全源梳理、全数研判，在原有指挥中心功能的基础上将"情报、指挥、勤务"一体化，形成情报信息研判、指挥调度、勤务组织、快速反应、评估反馈的闭环机制。全市交警、辅警及社会救援力量做到"一图展示、一键调度、一呼百应"。

（3）安全风控中心。

建立风控中心，开展交通安全事前预测、事中监控、事后评价，负责风险预测预警、监督源头管理、指导精准打击、事故深度调查、推进协调共治、安防理论研究六项工作。

（4）执法监管中心。

打造"数据警规"平台，将数字电台、PDA、酒精测试仪、执法记录仪等移动执法终端数据进行关联、比对，实现了执法视频、执法数据实时上传，执法异常实时报警，民警执勤执法过程全程可追溯、可闭环管理。下一步，执法监管中心的职能还将逐步扩展到队伍管理、纪检监察、绩效管理等方面，成为交警队伍的效能评估中心。

（5）公共关系联动中心。

武汉市交管部门成立了公共关系联动中心，搭建民意云平台，坚持"民有所呼，我有所应"，从群众最怨、最盼、最急的事情抓起。通过民意云平台汇聚 14 种不同渠道的民意，做到民情民意全收集、全办理、全反馈。成立新闻舆情工作室，一方面加强宣传报道，组织在全市开展"三让"集中宣传，倡导机动车礼让斑马线、礼让应急通道、礼让校园周边专用通道（方便接送学生的车辆走专用通道，允许即停即走）。通过"武汉好司机"评选活动、交通违法整治"微直播"等活动提高市民群众的文明交通意识，树立法治权威，倡导文明出行。另一方面加强舆情引导，通过权威发布、言论引导、热点转化将市民、网民的情绪引导到事实上来。

基于城市交通精细化管理"五大中心"，武汉市已建立完成的主要系统如下。

（1）武汉市公安局治安交通智能化综合管控系统。

系统通过统一接口规范和适配接入服务采集各卡口、电警厂家布设在省/市/县（各核心区）出入口、高速国省道出入口、城市路段或路口的个体车辆（身份/行为）通行信息，实现大范围、高密度、持续性、长时段路网通行车辆信息的汇聚、分析、存储和应用，面向公安交管的业务应用提供个体交通违法嫌疑车辆准实时查控报警（区间超速、未年检、待报废）和群体车辆通行特性分析（交通流、平均旅行时间、OD）应用，面向公安治安提供涉案嫌疑车辆预警、筛查应用（高危嫌疑车辆预警、串并案嫌疑车辆分析、伴随车辆分析、出入案发现场嫌疑车辆等）的系统。

系统采用云计算和大数据技术，适用于卡口、电警设备安装较多、过车量较大的城市，系统可以对海量数据进行深入挖掘，具有强大的并行扩展能力，系统的计算能力不随时间和数据量的上升而下降。

（2）武汉市静态交通管理综合分析系统。

武汉市交管局静态交通管理综合分析平台是武汉交管局的重要业务应用系统，在交管局统一的标准规范体系的约束下纳入交管局统一的系统管理和安全管理体系，并共享交管局现有的公共支撑环境和资源。系统通过多种渠道发布可用车位数等停车信息和停车场信息,为公众提供停车诱导服务,渠道包括路边停车诱导屏以及高德导航等互联网应用;与交管指挥调度系统、稽查布控系统、治安等应用系统、公安分局应用系统以及待建的"警务魔方"等系统之间实现充分的信息共享,静态交通管理综合分析平台负责交通管理范畴内静态交通信息的采集,并为其他系统提供数据支持,以最大化数据应用的效益;与稽查布控系统形成密切的业务联动,加强涉车治安管理能力,并充分利用稽查布控系统的强大能力加强静态交通的管理能力。

(3) 云端武汉·易行江城 App 系统。

云端武汉·易行江城 App 系统是利用先进的计算机、GIS、移动互联网及云计算技术开发、建设的智能交通综合服务平台,实现了交通相关业务部门之间的信息共享与交换。项目平台立足于城市交通急需解决的问题(如拥堵、公众出行信息服务,自助业务办理等),以提升政府服务能力和管理水平、确保道路畅通与交通安全、服务公众出行、方便市民生活为基本宗旨。为公众提供出行综合信息服务,促进城市人、车、路和谐发展。系统主要为公安交管用户、社会出行者、第三方公司用户提供综合信息服务,该系统以"互联网+交通"的思维聚焦公众出行需求,整合交通出行服务信息,面向公众提供综合交通服务,扩大信息服务的覆盖面,实现智慧交通诱导,使公众出行更便捷、更高效。

(4) 武汉市交通运行协调指挥中心。

武汉市交通运行协调指挥中心(TOCC)具体包括 1 个大屏展示系统、2 个基础工程及 3 个业务应用平台。

综合交通运行监测平台实现了全市交通运行状态的综合监测以及行政行为监督的专题监测;综合交通车辆定位信息分析平台实现了全市地面公交、出租汽车、"两客一管"、综合交通应急的日常管理、应急处置及移动端应用,并可以在大屏和计算机上展示 TOCC 项目成果。

7.3　智能交通信号控制系统概述

7.3.1　交通信号控制系统简介

1. 发展历程

交通信号控制是在无法实现道路交通流空间分离的地方(主要为平面交叉路口)运用各种控制软硬件设备(如人工、交通信号灯、电子计算机等手段)在时间上给相互冲突的交通流分配通行权的一种交通管理措施。合理的交通信号控制可以达到减少交通拥堵、保证城市道路畅通和避免交通事故发生等目的。

早在 19 世纪,人们就开始使用信号灯指挥道路上的车辆,控制车辆通过交叉路口的次序。1868 年,英国首开在道路上进行信号控制的先河,在伦敦应用一种交替遮挡红、绿玻璃的煤气灯作为信号灯进行交通控制。1914 年,美国克利夫兰市开始使用电光源定时信号机。1917 年,美国盐湖城引进了互联的信号系统,随后纽约、芝加哥等城市也开始出现手动控制的红、黄、绿三色信号灯。1926 年,英国人在伍尔弗汉普顿(Wolverhampton)安设了第一台自动交通信号机,奠定了城市交通信号自动控制的基础。1928 年,美国研制了世界上第一台感应式信号机,灵活的协调定时控制系统自此诞生,首次实现了根据交通流自行调整交通信号时间。1952年,美国丹佛市通过利用模拟计算机和交通检测器开发了信号机网的配时方案选择式信号控制系统。1959年,加拿大多伦多市开展实验并于1963年建立了一套由IBM650型计算机控制的交通信号控制系统(UTC),第一次把计算机技术应用于交通控制,大大提高了控制系统的性能和水平,标志着城市交通信号控制的发展进入了一个新阶段。

20世纪60年代,世界各国都相继将计算机技术应用到交通控制中,研究控制范围较大的信号联动协调控制系统,建立模拟交通流状况的数学模型,以便有效缓解日益紧张的城市交通问题,先后研制出了许多信号控制系统,其中比较典型的是英国运输与道路研究所于1966年开始开发的TRANSYT(Traffic Network Study Tool)系统,澳大利亚从20世纪70年代开始开发的SCATS(Sydney Coordinated Adaptive Traffic System)系统,英国运输与道路研究所联合3家公司于20世纪70年代初开始开发的SCOOT(Split Cycle Optimization Technique)系统。20世纪80年代以后,随着信息技术的发展,城市交通控制开始向信息化、智能化方向发展。20世纪90年代,发达国家已经开始出现智能交通控制系统,并将城市交通控制系统纳入智能交通系统中,成为先进交通管理系统的重要子系统。截至2000年,世界上已有480多个城市采用了先进的交通信号控制系统。

20世纪末至今,随着信息技术和控制技术等的不断发展,为应对各种交通运行状况出现了多种新的控制系统,例如RT-TRACS(Real Time Adaptive Control System)系统、STREAM(Strategic Realtime Control for Megalopolis-traffic)系统、MOTION(Method for the Optimization of Traffic Signal in Online Controlled Network)系统、SMART NETS/TUC(Signal Management in Real Time for urban traffic NETworkS/Traffic-responsive Urban Control)等。我国也通过引进或自主研发,在省会一级的城市内基本都建立了区域交通控制系统。

2. 系统分类

交通控制的发展是一个不断实践的过程,在实践过程中人们提出并开发了许多不同类型的交通控制方式和控制系统,并从不同的角度对交通信号控制系统进行分类,下面分别进行解释。

(1) 按控制方法分类。

交通控制根据控制所采用的方法可以划分为定时控制、感应控制以及自适应控制。

定时控制是指交通信号控制机按事先设定的配时方案运行,方案将一天分为几个时段,根据一天中不同时段的历史平均交通流数据通过离线计算得到相应于不同时段的周期长、绿信比等信号控制参数。一天只用一个配时方案的称为单段式定时控制;一天按不同时段的交通量采用几个配时方案的称为多段式定时控制。

感应控制是指在交叉路口进口道设置车辆检测器,交通信号控制机能够根据检测器检测到交叉路口实时车流状况,采用适当的信号显示时间以适应交通需求的一种交通控制方式。此方式信号灯的配时方案由计算机或智能化信号控制机计算而得,并可随检测器检测到的车流信息而随时改变配时方案。根据检测器设置位置的不同,可以将其分为半感应控制和全感应控制两种。

① 半感应控制是指只在交叉路口部分进口道(一般为次要道路)设置检测器的感应控制。

② 全感应控制是指在交叉路口全部进口道都设置检测器的感应控制。

自适应控制是指把交通系统看作为一个不确定系统,系统能够连续测量其状态(如车流量、停车次数、延误时间、排队长度等),跟踪并预测交通状态的变化趋势,针对一定的控制目标改变系统的可调参数或产生一个控制方案,使得控制效果达到最优或次最优的一种控制方式。根据控制方式的不同,可以将其分为方案选择式和方案生成式。

① 方案选择式是指对应于不同的交通流,事先将相对应的控制策略和方案存储在计算机内,系统运行时按实时采集的交通流数据选取最适用的控制策略和方案,实施交通信号控制。

② 方案生成式是指根据实时采集的交通流数据,实时算出最佳交通控制参数,形成信号控制配时方案,并立即按此方案操纵信号控制机运行交通信号灯。

(2) 按控制范围分类。

交通控制根据控制所涉及的空间范围可以划分为单点控制、干线协调控制以及区域协调控制。

单点控制简称点控,是指每个交叉路口的交通信号控制只按照该交叉路口的交通情况独立运行,不与其相邻的交叉路口有任何信息交换,是交叉路口交通信号控制的最基本形式。点控适用于相邻交叉路口间距较远,线控效果不大,或者因各相位交通需求变动显著,其交叉路口的周期长和绿信比的独立控制比线控更有效的情况。

干线协调控制简称线控,也称绿波控制,是指将干线上若干连续交叉路口的交通信号通过一定的方式联结起来,协调各交叉路口交通信号灯的绿灯启亮时间和信号配时方案,使车辆通过这些交叉路口时不致经常遇上红灯。

线控的基本思路是:在指定交通线路上规定路段的车速,希望车辆通过第一个交叉路口后,之后每到达一个交叉路口都能遇上绿灯。但实际上,由于各车辆在路上行驶时车速不一且随时有变化,交叉路口又有左、右转弯及车辆进出等因素的干扰,很难达到一路都是绿灯的要求。但使沿路车辆少遇几次红灯,减少大部分车辆的停车和排队延误,保持干线上车流的连续通行则是可以做到的。线控的关键就是实行线控的各交叉路口的信号周期长必须相同。

区域协调控制简称面控,是指将一个区域内的多个信号交叉路口视为整体进行相互协调,控制区内各交通信号都受交通控制中心控制的集中式管理控制方式。对范围较小的区域,可以整区集中控制;对范围较大的区域,可以分区分级控制。根据控制策略和控制结构的不同,可以将区域协调控制系统进行如下分类。

① 按控制策略分类。定时式脱机控制系统利用交通流历史及现状统计数据进行脱机优化处理,得出多时段的最优信号配时方案并存入控制器或控制计算机内,对整个区域交通实施多时段定时控制。

定时式脱机控制系统简单、可靠且效益投资比高,但不能适应交通流的随机变化,特别是当交通量数据过时后,其控制效果明显下降,在重新制定优化配时方案时,进行交通调查将消耗大量的人力。目前比较成熟的定时式脱机控制系统有 TRANSYT、CORSIM

(Corridor Simulation)、PASSER(Progression Analysis and Signal System Evaluation Routine)等。

感应式联机控制系统在控制区域交通网中设置车辆检测器,实时采集交通数据并进行交通模型辨识,进而得到与配时参数有关的优化问题,在线求解该问题的配时方案,并实施联机最优控制。

感应式联机控制系统能及时响应交通流的随机变化,控制效果好,但控制结构复杂、投资高、对设备可靠性要求高。目前比较成熟的在线控制系统有 SCATS 系统、SCOOT 系统等。

② 按控制结构分类。集中式控制结构将区域内所有的信号机都联接成一个网络,利用一台中小型计算机或多台计算机在线联网的方式在一个控制中心实现对区域内所有交叉路口进行集中交通信号控制,如图 7-13 所示。

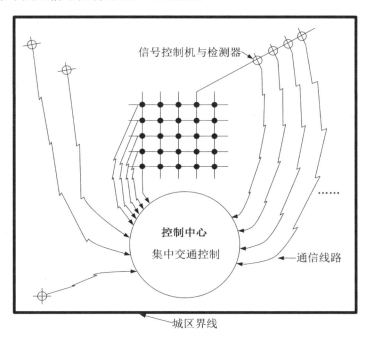

图 7-13　集中式交通控制系统结构示意

分层式控制结构将整个交通信号控制系统分成上、下层两个子系统,上层子系统接收来自下层子系统的交叉路口配时方案,对这些配时方案从整体的角度进行协调、分析、处理,从而使下层子系统的配时方案得到修正;下层子系统则根据修正后的方案再做必要的调整。上层子系统主要完成整个系统的协调优化任务,下层子系统主要完成区域内交叉路口配时调节的执行任务,分层式控制结构一般分为三级,如图 7-14 所示。

第一级位于交叉路口,由信号控制机控制,其功能应包括监视设备故障(检测器、信号灯和其他局部控制设施)、收集和汇总检测数据、把有关交通流和设备性能等数据传送到第二级控制、接收上级下达的指令并按指令操作。

第二级位于所控制区域内的一个比较中心的位置,其功能应包括监视从第一级控制

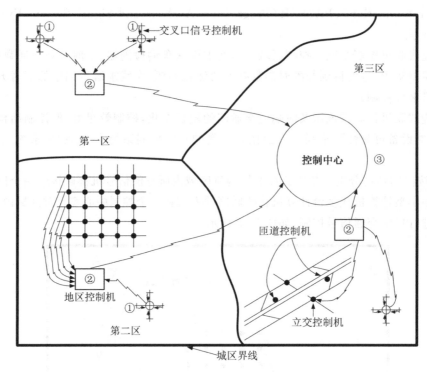

图 7-14　分层式交通控制系统结构示意

送来的交通流和设备性能的数据并传到第三级控制中心;操纵第一级控制,决定要执行的控制类型(单点控制或区域控制),选择控制方法并协调第一级控制。

第三级位于城市中一个合理的中心位置,发挥命令控制中心的作用,负责整个系统的协调控制。控制中心能监视控制区域内任意信号交叉路口的数据,接收、处理有关交通流条件的数据,确定第二级控制的控制策略,并提供监视和显示设备。此外,控制中心还能接收有关设备故障的信息,以便采取相应的措施。

7.3.2　典型智能交通信号控制系统

为适应交通量猛增的趋势,缓解道路交通拥挤情况,国内外许多城市都投入了大量人力、物力对交通信号控制系统进行研究与开发,并取得了一系列成果。其中比较成功的系统有 SCATS(澳大利亚)、SCOOT(英国)、RHODES(Real-time Hierarchical Optimized Distributed and Effective System)(美国)、SPOT(Signal Progression Optimization Technology)/UTOPIA(Urban Traffic Optimization by Integrated Automation)(意大利)。

1. SCATS

SCATS 是一种实时方案选择式自适应控制系统,由澳大利亚新南威尔士道路和交通局(RTA)开发,自 20 世纪 70 年代开始研究,从 1980 年起陆续在悉尼等多个城市投入使用。

（1）SCATS 的结构。

SCATS 的控制结构为分层式三级控制，最上级为中央监控中心，中间级为地区控制中心，最下级为信号控制机。在地区控制中心对信号控制机实行控制时，通常每 1～10 个信号控制机组合为一个子系统，若干子系统组合为一个相对独立的系统，系统之间基本上互不相干，而系统内部各系统之间则存在一定的协调关系。随交通状况的实时变化，子系统既可以合并，也可以重新分开。三项基本配时参数的选择都以子系统为核算单位。SCATS 系统结构如图 7-15 所示。

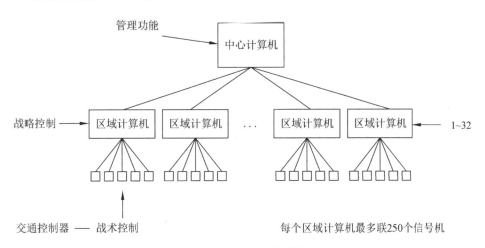

图 7-15　SCATS 系统结构

中央监控中心除了对整个控制系统运行状况及各项设备工作状态进行集中监视外，还有专门用于系统数据库管理的计算机对所有地区控制中心的各项数据以及每一台信号控制机的运行参数进行动态存储（不断更新的动态数据库形式）。交通工程师不仅可以利用这些数据进行系统开发，而且全部开发与设计工作都可以在该机上完成（脱机工作方式）。

SCATS 在实行对若干子系统的整体协调控制的同时，也允许各个交叉路口独立地实行车辆感应控制，前者称为战略控制，后者称为战术控制。战略控制和战术控制的有机结合大大提高了系统的控制效率。SCATS 正是利用了设置在停车线附近的车辆检测装置，才能如此有效、灵活地进行交通控制。所以，SCATS 实际上是一种用感应控制对配时方案进行局部调整的方案选择式控制系统。

（2）SCATS 系统的信号配时参数优化。

下面简要介绍 SCATS 系统的信号配时参数优化的主要环节。

① 子系统的划分与合并。SCATS 对子系统的划分由交通工程师根据交通流量的历史及现状数据、交通网的环境、几何条件予以判定，所定的子系统作为控制系统的基本单位。在优选配时参数的过程中，SCATS 用合并指数判断相邻子系统是否需要合并。在每一信号周期内都要进行一次合并指数的计算。当相邻两个子系统各自要求的信号周期时长相差不超过 9 s 时，合并指数累积值为 +1，反之为 -1。若合并指数的累积值达到 4，则认为这两个子系统已经达到合并的标准。合并后的子系统在必要时还可以自动重新分开

为原先的两个子系统,只要合并指数累积值下降到 0。

子系统合并之后,新子系统的信号周期时长将采用原先两个子系统所执行的信号周期时长中较长的一个,而且原先两个子系统中的另一个随即放慢或加快其信号周期的增长速度,直到这两个子系统的外部相位差方案实现为止。

② SCATS 配时参数优化算法。SCATS 以 1～10 个交叉路口组成的子系统作为基本控制单位,这些交叉路口具有一个共用周期长度。在所有交叉路口的每一进口道都设置了车辆检测装置,检测装置(如电感线圈)分设于每条车道的停车线后面。根据车辆检测装置所提供的实时交通量数据和停车线断面在绿灯期间的实际通过量,算法系统选择子系统内各交叉路口的共用周期时长、各交叉路口的绿信比及相位差。考虑到相邻子系统有合并的可能,也需要为它们选择一个合适的相位差(即子系统外部的相位差)。

作为实时方案选择式控制系统,SCATS 要求事先利用脱机计算的方式,根据交通条件预先将控制区域划分成若干个子区,子区内部按照测定的交通数据为每个交叉路口拟订四个可供选用的绿信比方案、五个内部相位差方案(指子系统内部各交叉路口之间相对的相位差)以及五个外部相位差方案(指相邻子系统之间的相位差)。信号周期和绿信比的实时选择以子系统的整体需要为出发点,即根据子系统内的关键交叉路口的需要确定共用周期时长。交叉路口的相应绿灯时间按照各相位饱和度相等或接近的原则,确定每一相位绿灯占信号周期的百分比。显然,随着信号周期的调整,各相位绿灯时间也随之变化,并且在方案不变的情况下,根据实际测定情况,绿信比和相位可以做微小调整,以适应交通流的变化。

SCATS 把信号周期、绿信比及相位差作为各自独立的参数分别进行优选,优选过程所使用的算法以类饱和度及综合流量为主要依据。

- 类饱和度。SCATS 所使用的类饱和度(Degree of Saturation,DS)是指被车流有效利用的绿灯时间 g' 与绿灯显示时间 g 之比。DS 和 g' 的计算公式为

$$DS = \frac{g'}{g} \tag{7-3}$$

$$g' = g - (T - th) \tag{7-4}$$

式中,DS 为类饱和度;g 为可供车辆通行的显示绿灯时间总和(s);g' 为被车辆有效利用的绿灯时间(s);T 为绿灯期间停车线上无车通过(即出现空当)的时间(s);t 为车流正常驶过停车线断面时,前后两辆车之间必不可少的一个空当时间(s);h 为必不可少的空当个数。

参数 g、T 及 h 可以直接由系统提供。

- 综合流量。由于 SCATS 系统所使用的车辆检测线圈长达 4.5m,因此其对车辆通过量的检测精度会受到一定影响,尤其当交叉路口出现交通拥挤时误差更明显。为避免采用与车辆种类(车身长度)直接相关的参量表示车流流量,SCATS 引入了一个虚拟的参量,即综合流量反映通过停车线的混合车流的数量。综合流量 q' 是指一次绿灯期间通过停车线的车辆折算当量,由直接测定的类饱和度 DS 及绿灯期间实际出现的最大流率 s 确定,计算公式为

$$q' = \frac{DS \times g \times S}{3600} \tag{7-5}$$

式中,q'为综合流量(辆);S为最大流率(辆/h)。

③ 信号周期时长的选择。信号周期时长的选择以子系统为基础,即在一个子系统内,根据其中类饱和度最高的交叉路口确定整个子系统应当采用的周期时长。SCATS 在每一交叉路口的每条进口车道上都设有车辆检测器,由前一周期内各检测器直接测定出的 DS 值中取值最大的一个,并据此确定下一周期内应当采用的周期长度。

为了维持交叉路口信号控制的连续性,信号周期的调整采取连续小步距方式,即一个新的信号周期与前一周期相比,其长度变化限制在±6s 之内。

对每一子系统范围,SCATS 要求事先规定信号周期变化的四个限值,即信号周期最小值(C_{min})、信号周期最大值(C_{max})、能取得子系统范围内双向车流行驶连续性较好的中等信号周期时长(C_s)以及略长于 C_s 的信号周期(C_x)。在一般情况下,信号周期的选择范围只限于 C_{max} 与 C_s 之间,只有当关键位置上的车辆检测器所检测到的车流到达量低于预定限值时,才采用小于 C_s 乃至 C_{min} 的信号周期值。高于 C_x 的信号周期值要由所谓"关键"进口车道上的检测数据(DS 值)决定。这些"关键"车道是类饱和度明显高于其他车道,需要较多绿灯放行时间,因此需要从信号周期的加长以得到"优惠"的那些车道。

④ 绿信比方案的选择。在 SCATS 中,绿信比方案的选择也以子系统为基本单位。事先为每一交叉路口都准备了四个绿信比方案供实时选择使用。这四个方案分别针对交叉路口在可能出现的四种交通负荷情况下,各相位绿灯时间占信号周期长度的比值(通常表示为百分数)。每一绿信比方案不仅规定各相位绿灯时间,同时还要规定各相位绿灯出现的先后次序,在不同的绿信比方案中,信号相位的次序也可能是不相同的,即在 SCATS 中,交叉路口信号相位的次序是可变的。

SCATS 系统的绿信比方案还为局部战术控制(即单位交叉路口车辆感应控制方式)提供多种选择的灵活性。受车流到达率波动影响,某些相位按既定绿信比方案享有的绿灯时间可能有富余,而另外一些相位分配的绿灯时间又可能不足。因此,在不加长和缩减信号周期时长的情况下,有可能也有必要对各相位绿灯时间随实时交通负荷变化进行合理的余缺调剂,这就要求在绿信比方案中对可能采用的调剂方式做出具体规定。在某些交叉路口,可能有些相位的绿灯时间不宜接受车辆感应控制的要求而缩短,那么也要在方案中特别注意这些相位的绿灯时间只能加长不能缩短。

绿信比方案的选择在每一信号周期内都要进行一次,其大致过程如下:在每一信号周期内都要对四种绿信比方案进行对比,对它们的"入选"进行"投票"。若在连续 3 个周期内某一方案两次"当选",则该方案即被选择作为下一周期的执行方案。在一个进口道上,仅把类饱和度最高的车道作为绿信比选择的考虑对象。

绿信比方案的选择与信号周期的调整交错进行,二者结合起来对各相位绿灯时间不断调整的结果,使各相位类饱和度维持大致相等的水平,这就是等饱和度原则。

⑤ 相位差方案的选择。在 SCATS 中,内部、外部两类相位差方案都要事先确定,并存储于中央控制计算机中,每一类包含五种不同的方案。在系统运行过程中,每个信号周期都要对相位差进行实时选择,其具体步骤如下。

在子区内部,五种相位差方案中的第一方案仅用于信号周期时长恰好等于 C_{min} 的情况;第二方案仅用于信号周期满足 $C_s < C < C_s + 10$ 的情况;余下的三个方案则根据实时

检测到的综合流量值进行选择。对于每一条有关的进口道都要分别计算执行三种相位差方案(第三、四、五方案)时该进口道能够放行的车流量及饱和度,实质上这与最宽通过带方法相似,SCATS 是对比上述三种方案所能提供给每一条进口道的通过带宽度,所能提供的通过带宽度越大,则说明这一方案的优越性越明显。经过综合比较后,优越性最大的相位差方案"当选",连续 5 个周期内 4 次"当选"的方案即被选为付诸执行的新方案。

外部相位差方案也采用与内部方案相同的方法进行选择。

(3)SCATS 系统的特点。

SCATS 系统具有以下特点:

① 检测器安装在停车线处,不需要建立交通模型,因此其控制方案不是基于模型的;

② 周期长、绿信比和相位差的优化是在预先确定的多个方案中,根据实测的类饱和度值进行选择;

③ 系统可根据交通需求改变相序或跳过下一个相位(如果该相位没有交通请求),因而能及时响应每一个周期的交通需求;

④ 可以自动划分控制子区,且具有局部车辆感应控制功能;

⑤ 每个周期都可以改变周期时间。

SCATS 系统的缺点包括:

① 未使用交通模型,本质上是一种实时方案选择系统,因此限制了配时方案的优化程度,灵活性不够;

① 检测器安装在停车线附近,难以监测车队的行进,因此绿时差的优选可靠性较差。

2. SCOOT 系统

SCOOT 即绿信比—周期—相位差优化技术,是一种实时方案生成式自适应控制系统,由英国的 Transport Research Laboratory(TRL)与 3 家公司于 1973 年开始联合开发,1979 年正式投入使用。经过多年的发展,SCOOT 系统进行了多次升级,目前全世界已有超过 200 个城市正在使用该系统。

(1) SCOOT 系统的原理及结构。

SCOOT 通过安装于上游交叉路口出口道的车辆检测器所采集的车辆到达信息进行联机处理,形成控制方案,并实时调整绿信比、周期时长及相位差等参数,使之与变化的交通流相适应。系统主要由 4 部分组成:交通数据的采集和分析;交通模型;交通信号配时参数的优化及调整;信号系统的控制。

SCOOT 系统中的所有计算分析均以周期流量图示为依据,此图可由 SCOOT 程序计算得到。周期流量变化图示是用纵坐标表示交通量、横坐标表示时间(以一个周期时长为限)的交通量在一个周期内随时间变化的一种柱状图。

为了方便计算,通常将一个信号周期等分成若干时段,每个时段约为 1～3s。在 SCOOT 交通模型中,所有计算过程的基本数据均为每个时段内的平均交通量、转弯交通量及该时段的转弯长度。为描述车流在一条连线上运行的全过程,SCOOT 使用如下 3 种周期流量图示。

① 到达流量图示(简称到达图示)。表示车流在不受阻滞的情况下到达下游停车线的到达率变化情况。

② 驶出流量图示(简称驶出图示)。描述车流离开上游交叉路口时的实际流量的变化情况。

③ 饱和驶出图示(简称满流图示)。一种以饱和流率驶离停车线的流量图示,只有当绿灯期间通过的车流处于饱和状态时才会出现这种图示。

SCOOT 系统以实时测量的交通数据为基础,用交通模型进行配时优化。系统将车辆检测器采集的交通量信息经过处理后形成周期流量图式(Cyclic Flow Profiles,CFP),然后与预先存储在计算机中的静态参数,如连线上车队运行时间、信号相位顺序及相位时间等一起在交通模型中进行计算。SCOOT 优化程序由此计算出信号配时的最佳组合,得到的最佳配时方案被立即送到信号机予以执行。

SCOOT 优化采用小步长渐近寻优方法,无须过大的计算量,从而可以跟随 CFP 的瞬间变化,即信号配时可随 CFP 的变化而相应地做微小变化,这样可以保证配时方案的调整不会对交通流的运行带来大的干扰,但在时间上又可以累加起来以产生一个新的协调控制模式。

此外,对道路网上可能出现的交通拥挤和阻塞情况,SCOOT 有专门的监视和应对措施,它不仅可以随时监视系统各组成部分的工作状态,对故障发出自动报警,而且可以随时向操作人员提供每一个交叉路口正在执行的信号配时方案的细节情况、每一周期的车辆排队情况(包括排队队尾的实际位置)以及车流到达图式等信息,也可以在终端设备上自动显示这些信息。

SCOOT 系统是一种两级结构,上一级为中央计算机,下一级为路口信号机。交通量的预测和配时方案的优化在中央计算机上完成;信号控制、数据采集、处理及通信在信号机上完成。系统的结构如图 7-16 所示。

(2) SCOOT 系统的信号配时参数优化。

下面简要介绍 SCOOT 系统优化配时方案的 4 个主要环节。

① 检测。

• 检测器。SCOOT 使用环形线圈式检测器实时检测交通数据。为避免漏测和复测,线圈采用 $2m \times 2m$ 的方环形。在路边不允许停车的情况下可埋在车道中间,所有车道都要埋设传感器,一个传感器检测一条或两条车道,当两条车道合用一个传感器时,传感器可跨设在分道线中间。

• 检测器的合适位置。SCOOT 通过实时检测达到能实时预测停车线上到达流量图式和系统效能指标(PI 值)的目的,所以检测器的合适位置是距离下游停车线尽量远的地点,通常设在上游交叉路口的出口。在选择设置检测器地点时要考虑下列因素。

(a) 当两交叉路口之间有支线或中间出入口且其交通量大于干线流量的 10% 时,应尽可能把检测器设在该支线或中间出入口的下游,否则需在支线或出入口设置补充检测器。

(b) 检测器应设在公交车停靠站下游,避免其他车辆因绕道而漏测。

(c) 检测器应设在人行横道下游。考虑到车辆通过检测器的车速要求基本上等于该路段的平均车速,因此传感器距离人行横道至少应为 30m。

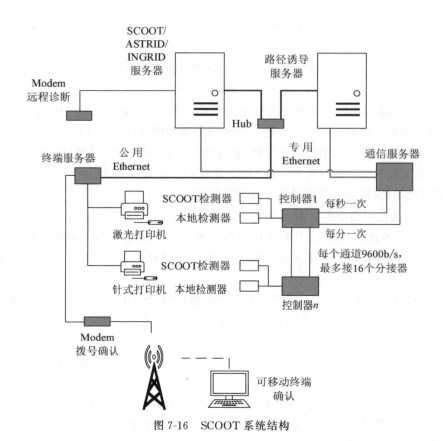

图 7-16 SCOOT 系统结构

(d) 检测器设在距离下游停车线至少相当于行车时间 8~12s 的路程或一个周期内车辆最大排队长度以上。

这样设置检测器的优点包括：

(a) 可实时检测当前周期流量，实时预测到达停车线的周期流量图；

(b) 可实时检测当前周期排队长度，避免因车辆队尾越过上游交叉路口而加剧交通堵塞；

(c) 可实时检测车辆拥挤程度。

这样设置检测器的缺点是不能实时检测饱和流量和执行感应控制。

• 车流数据的采集。SCOOT 检测器可采集的交通数据包括以下几种。

(a) 交通量。

(b) 占用时间及占用率。占用时间即检测器感应有车辆通过的时间；占用率是占用时间与整个周期时长之比。

(c) 拥挤程度。用受阻车队的占用率衡量，SCOOT 把拥挤程度按占用率大小分为八级（0~7），称为拥挤系数。拥挤系数有时也作为 SCOOT 配时优化的目标之一。

为了能准确采集到传感器有车通过与无车通过的时间，采样周期要足够短。SCOOT 检测器每 0.25s 自动采集一次各传感器的感应信号，并进行分析处理。

② 子区划分。SCOOT 系统子区的划分由交通工程师预先判定,系统运行以划定的子区为依据,运行中不能合并,也不能分拆,但 SCOOT 可以在子区中有双周期交叉路口。

③ 模型。

- 周期流量图——车队预测。SCOOT 系统根据检测器检测到的交通信息(交通量及占用时间)经处理后实时绘制成检测器断面上的车辆到达周期流量图,然后在传感器断面的周期流量图上通过车流离散模型预测到达停车线的周期流量图,即到达图式。SCOOT 周期流量图纵坐标的单位为 lpu(连线车流图单位),它是一个交通量和占用时间的混合计量单位,其作用相当于 pcu 的折算。与交通量的计量单位 lpu 相对应,停车线上饱和流量的单位也改用 lpu。

- 排队预测。图 7-17 为车辆排队长度预测的原理图,右上侧是检测器实测的检测器断面上的到达图式,每个周期都在更新;右下侧是停车线断面上预测的排队图。SCOOT 由计算机控制着信号灯的时间,因此计算机了解信号灯的当前状态,并把在红灯期间的车辆加入排队行列。绿灯启亮后,车辆以确定的饱和流率(事先存储在计算机数据库中)驶出停车线,直到排队车辆全部消散。由于车速、车队离散等都难以精确估算,因此对预测的排队必须实地检验并给予修正,检验通常用实际观测的车辆排队长度同显示的预测排队长度做对比,例如预测排队长度未到达检测器断面,但实际上检测器已被车辆所占,说明 SCOOT 模型低估了排队长度。

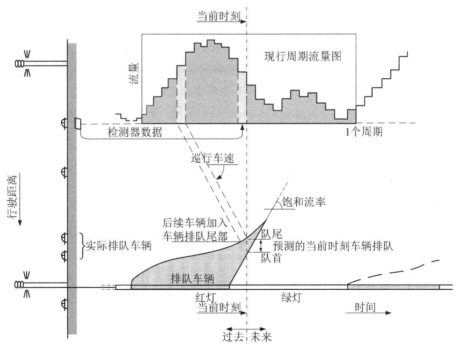

图 7-17　车辆排队预测示意图

- 拥挤预测。为控制排队延伸到上游交叉路口,必须控制受阻排队长度。交通模型根据检测的占用率计算拥挤系数,可以反映车辆受阻程度,同时因 SCOOT 检测器设在靠近上游交叉路口的出口道上,因此当检测器测得有车停在检测器上时,表明排队即将延伸到上游交叉路口。

- 效能预测。SCOOT 用延误和停车次数的加权值之和,或者是油耗作为综合效能指标(PI),但 SCOOT 有时也用拥挤系数作为效能指标之一。

从上述的排队预测中,SCOOT 可预测各配时方案下的延误与停车次数。

拥挤程度对信号配时优化的影响随拥挤程度的加剧而增长。在配时优化中考虑降低拥挤程度,也可把拥挤系数列为综合效能指标之一。综合效能指标中取用的指标应视控制策略而定。例如,在高峰时以降低车辆延误为主要控制目标;在短距离交叉路口之间,考虑到要避免车辆排队堵塞上游交叉路口,可把拥挤系数作为控制目标之一。

另外,SCOOT 把饱和度作为优选周期时长的依据,因为饱和度随周期时长的加长(减短)而降低(增加)。当饱和度达到 100% 时,势必发生严重的交通阻塞,所以 SCOOT 控制饱和度不超过 90%。

④ 优化。SCOOT 系统的信号参数优化策略为:对优化配时参数随交通到达量的改变而做频繁的适量调整。适量的调整量虽小,但由于调整次数频繁,因此可由这些频繁调整的连续累计适应一个时段内的交通变化趋势。这样的优化策略是 SCOOT 成功的主要原因之一,有以下四大好处。

- 各配时参数的适量调整不会出现过大的起落,可避免因配时突变而引起车流的不稳定。
- 由于对配时参数只需做适量的定量调整,大大简化了优化算法,实时运算的自适应控制才可能得到实现。
- 频繁的调整可避免对车流做长时间预测的难题。
- 配时参数每次调整量不大,但因调整频繁而总能跟踪适应交通变化的趋势。

下面介绍各信号参数(绿信比、相位差、信号周期等)的优化方法。

① 绿信比的优化。

绿信比优化的要点如下。

- SCOOT 对每个交叉路口都单独处理其绿信比的优化。
- 每一相位开始前几秒都要重新计算现行绿灯时间是否需要调整。
- 绿灯时长的调整量以 ±4s 为步长进行优选绿灯时间,即以调整 ±4s 后的 PI 值同维持原状的 PI 值进行比较,选其中 PI 值最小的方案并发送至信号控制机,该变化属于临时性变化。
- 伴随每次临时性改变,系统控制机将绿灯时长做一次 ±1s 的永久性改变,存储之后,作为下一次变化的起始点,这种趋势性调整有利于跟踪在一个时段内的交通变化趋势。
- 此外,SCOOT 在优化绿信比时还需考虑交叉路口总饱和度最小、车辆排队长度、拥挤程度及最短绿灯时长的限制等因素。

② 相位差的优化。

相位差优化的要点如下。

- SCOOT 优化相位差时以子区为单位。
- SCOOT 对每一个交叉路口(无论其相位起始时间是否改变)在每周期前都要做一次相位差优化计算。
- 相位差的调整量也是±4s。
- 优化相位差的方法与优化绿信比一样,但以全部相邻道路上的 PI 值总和最小为优化目标。
- 优化相位差时,必须考虑短距离交叉路口之间的排队,避免下游交叉路口的排队队尾堵塞上游交叉路口的交通,SCOOT 首先考虑这些交叉路口之间的通车连续性,必要时可牺牲长连线上信号之间的协调控制(可容纳较大的排队车辆),以保证短连线上不出现排队堵塞上游交叉路口的现象。

③ 长度的优化。

周期长度优化的要点如下。

- SCOOT 优化周期长度时以子区为单位。
- SCOOT 每隔 2.5～5min 对子区每个交叉路口的周期长度做一次运算。以关键交叉路口的周期长度作为子区内的共用周期长度。
- 周期长度优化以将子区内关键交叉路口的饱和度限于 90% 为目标。饱和度小则递减周期长度,减小通行能力,可使饱和度上升;饱和度接近 90% 时,停止降低周期长度;饱和度大则递增周期长度,提高通行能力,可使饱和度下降。
- 周期长度的调整量为±4s～±8s。
- SCOOT 在调整周期长度时同时考虑选择双周期信号,如因配双周期信号而能使整体 PI 值最优时,对选定的周期长度可另做调整。
- SCOOT 还需考虑信号周期的上、下限值的限制。规定下限值主要是出于行车安全上的考虑,照顾到行人安全过街所必需的最少时间及车辆一次放行的最短绿灯时间,一般以 30～40s 作为信号周期的下限值。规定上限值则是考虑在满足最大通过量要求的前提下尽量减少车辆延误,上限值根据当地实际交通状况(车种构成、交叉路口平面尺寸以及交通负荷大小等)而定,国外常用 90～120s 作为上限值,国内因自行车和低速大型车较多,可适当放宽(120～200s)。
- 在周期长度优化中不考虑交通拥挤系数的影响,所以 SCOOT 系统仅在绿信比与相位差优化中考虑拥挤系数。

④ 改进。为处理饱和或超饱和状态,SCOOT2.4 及其以上版本有相应的改进,主要包括以下几点。

- 闸门控制。闸门控制的主要目的是限制交通向敏感地区流动,把车队重新分配到能容纳更长车队的道路上,以便防止该地区形成过长的车队或发生阻塞。为了实现闸门控制,SCOOT 必须能够修改交叉路口的信号配时,这些路口可能距离相关区很远甚至可能在另外的子区,闸门逻辑允许把一条或多条连线定义为临界连线或瓶颈连线。闸门连线是被指定为存储车队的连线,如果没有这些连线,则瓶颈连线将被阻塞。当瓶颈连线达到一个预定的饱和度时,闸门连线的绿灯会减少。

全部控制逻辑都包含在绿信比优化器中。对一个瓶颈连线,交通工程师要确定它的临界饱和度,超过这个值可能会发生问题。这个临界饱和度被用来触发闸门算法,后者可能的作用是:如果饱和度小于或等于临界饱和度,而且两次判断皆如此,则闸门不起作用。如果闸门的饱和度大于临界饱和度,而且两次判断都如此,则闸门起作用,通常是减少闸门连线的绿灯时间。然而,闸门逻辑也可能引起瓶颈下游的闸门连线的绿灯时间的增加,以便尽快释放闸门连线的车队。所有改变都要受正常的绿信比优化器的支配。

- 饱和相位差。在饱和条件下,对一条连线相位差的要求与正常情况下的要求(使连线的延误最小)有所不同。此时相位差的设定要求是使通行能力最大。而当上游交叉路口向临界入口显示绿灯时,此连线不会发生饱和。当一条连线被测出饱和时,将强制采取饱和相位差,相位差优化器将把它的优化结果弃而不用。

- 利用相邻连线的信息处理饱和问题。为解决饱和问题,一条连线可以把本身的信息和来自另一条连线的饱和信息共同使用或者仅使用后者。如果一条连线的车队过长,达到上游连线的检测器上,则其上游连线的饱和,可看作是该连线的饱和造成的。这时,要把上游连线当作该连线的饱和信息源,而对该连线下游交叉路口的配时方案予以调整。

(3) SCOOT 系统的特点。

SCOOT 系统具有如下特点。

① 具有灵活、比较准确的实时交通模型,不仅可以用来确定信号配时方案,还可以提供各种信息如延误、停车次数和阻塞数据,为交通管理和交通规划服务。

② 采用短时间预测形式,只对下一个周期的交通条件做出预测,并根据预测结果进行控制,大大提高了预测的准确性和控制的有效性。

③ 在信号参数优化调整方面采用频繁的小增量形式,既避免了信号参数的突变给受控路网内车辆运行带来的扰动,又可通过频繁的累加变化适应交通条件的较大变化。

④ 系统的车辆检测器埋设在上游交叉路口的出口处,为下游交叉路口信号配时的优化调整提供了较充足的时间,同时又可以预防车队阻塞到上游交叉路口(在此情况出现之前就采取措施加以避免)。

⑤ 具有鉴别检测器状态的能力,一旦检测器出现故障,使能及时采取相应措施,减少检测器故障对系统的影响。

SCOOT 系统的不足包括:

① 交通模型的建立需要大量的路网几何尺寸和交通流数据,因此费时费力;

② 信号相位不能自动增减,相序也不能自动改变;

③ 饱和流率的校核未自动化,现场安装调试较为烦琐;

④ 控制子区的自动划分问题尚未解决。

3. RHODES 系统

RHODES(Real-time Hierarchical Optimized Distributed and Effective System)系统由美国 Arizona 大学于 1996 年开发成功,并陆续在美国亚利桑那州的 Tucson 和 Tempe 两个城市进行了了现场测试,结果表明该系统对半拥挤的交通网络具有很好的控制效果。

RHODES系统的核心技术主要包括三部分,即相位可控优化(Controlled Optimization of Phrase,COP)、有效绿波带(Realband)和预测算法(路网负荷预测、路网流量预测及交叉路口流量预测),其2000年以后的版本通过引入公交绿波带(Busband)的概念增加了公交优先功能。

(1) RHODES系统的原理及结构。

由于通信、控制、计算机等领域的技术进步,使得快速传输和处理信息以及灵活实施多种控制策略成为可能。交通流是随机变化的,同一时间间隔内的车辆到达数也是随机的,这种变化为在路口控制层改善交通控制系统的性能提供了机会;类似地,车队包含的车辆数也是变化的,这种微小的变化也为改善交通控制系统的性能提供了机会。这些机会单独改善控制系统性能的效果也许微不足道,但是如果每一个机会都被充分利用,则总体改善效果将是相当可观的。RHODES系统充分利用了这一点,通过预测模型预先获得交通流的必要信息,并对其提前做出及时有效的响应,其系统原理如图7-18所示。

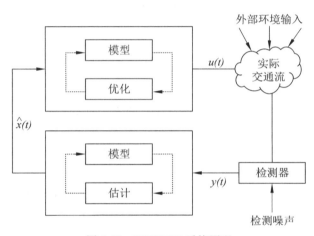

图7-18 RHODES系统原理

RHODES系统在物理结构上是一个两级结构,即中心计算机级和信号控制器级,从这一点来看其与SCOOT系统类似,但它把系统控制问题分解为三层递阶结构,即路口控制层、网络控制层和网络负荷分配层,如图7-19所示。

路口控制层主要根据检测的交通流及各种约束条件进行交通流预测、相序和绿灯时长的控制,这种控制每秒都要进行。网络控制层主要对车队的行驶情况进行预测,从而为网络中的各个路口建立协调约束,这种预测每200～300s进行一次。网络负荷分配层主要对长时期(通常是1h)内总的交通需求进行预测,从而提前确定将来排队长度的上界。先进的出行信息系统和动态交通流分配中的许多技术可以在这一层实施。这种分布式结构虽然增加了路口控制器之间的通信任务,但减轻了中心控制器的计算任务及其与路口控制器的通信任务,而且实现路口控制器之间的通信比较容易实现,这就使RHODES对交通流的实时自适应最优控制成为可能。

(2) RHODES系统的控制方法。

RHODES系统通过预测单个车辆的到达和车队的运动分别跟踪交通流在较短时间

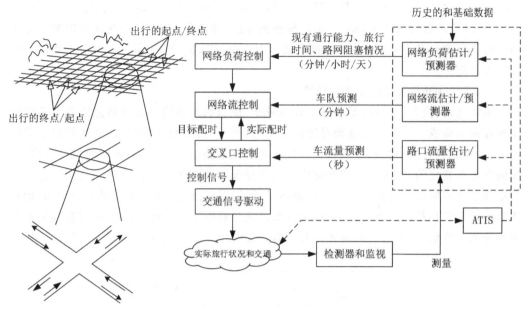

图 7-19　RHODES 系统的递阶结构

内的波动和较长时间内的变化趋势,根据最优化给定的性能指标(最小平均延误、最小路口平均排队长度或最小停车次数等)的原则划分相位,提出了非参数化控制模型,即不是利用周期、相位差和绿信比等参数制定信号配时方案,而是采用相序和相位长度制定信号配时方案。

路口控制层提出了一种相位可控优化概念(COP):根据到达车辆的预测值,用动态规划(Dynamic Programming,DP)方法找出最优相序和相位长度,使给定的性能指标达到最优,相序也可以是预先给定的固定顺序。为了实时应用动态规划,RHODES 系统采用了滑动时间窗以减少计算量,并采用一种动态规划算法优化相序和相位长度。优化前要给定相序(可以由上一层的网络流控制给出),以便每个阶段对应一个相位,且阶段数一般大于相位数,即可能有相同的相位对应不同的阶段。若交通工程师没有作限制,则允许通过把某一相位长度置为 0 而跳相,从而实现优化相序的目的。COP 在一个 45~60s 的滑动时间窗中进行,先前向递推评价每一阶段每一项可能的决策,再后向递推决定在优化滑动时间窗内使系统性能指标最小的相序和相位长度,并把第一阶段的决策付诸实施。然后在当前相位即将结束前,从当前相位开始根据最近的观测资料和预测资料进行下一次优化。COP 可采用不同的性能指标(包括延误、排队长度和停车次数),从而使控制算法更灵活。

网络控制层提出了一种称为实时绿波带(Realband)的算法,其原理是:根据当前的车队预测值综合考虑网络各个方向车队可能发生的冲突,用决策树法对网络交通信号进行协调优化,并生成行进绿波带,其宽度和速度值能使网络目标函数达到最优,即延误和停车次数最少。当 RHODES 系统预测到两个或两个以上的车队对绿信号的需求发生冲突时,先生成一个决策树,决策树的每一个分枝代表一种解决冲突的策略。利用相应的模型对每一种策略进行评估,并选择性能最优的策略作为网络控制层的控制策略。网络层的控制决策用来为路口控制层建立协调约束。

实时绿波带算法综合了基于延误模型的协调控制系统(如 SCOOT)和基于带宽模型的协调控制系统(如 SCATS)的优点,充分考虑各方向车队行进的连续性,根据车队的到达时间、大小和速度的预测值以及离散或压缩程度和转向车流的干扰在线生成行进绿波带,从而尽可能保证车队行驶的连续性,使系统性能指标达到最优。

Realband 通过对最近几分钟从不同信息源获得的交通流数据进行滤波和融合处理,识别出车队并预测其在网络中的运动(包括到达交叉路口的时间、车队大小和速度),然后用 APPES-NET 模型演化所预测的车队在给定时间窗内通过网络的运动。交通信号为所预测的车队提供一个合适的绿灯时间,从而使给定的性能指标达到最优。如果同时到达交叉路口的两支车队对绿信号的需求有冲突,则给予其中一支车队以优先通行权或把其中一支车队分割为两部分,从而使给定的性能指标达到最优。解决车队对绿信号的需求冲突是 Realband 的主要目标。

(3) RHODES 系统的特点。

RHODES 系统具有如下特点。

① RHODES 在硬件上是一个两级结构,即中心计算机级和信号控制器级。但控制结构上采用一种三层递阶结构,即路口控制层、网络控制层和网络负荷分配层。路口控制层跟踪交通流在短时间内(45~60s)的波动进行路口交通控制;网络控制层跟踪交通流在较长时间内(200~300s)的变化趋势建立路口间的协调约束;网络负荷分配层跟踪长时间的交通流变化规律,并提供与智能交通系统其他模块的接口。

② 提出了一种新的交叉路口之间协调实时自适应控制策略——实时绿波带(Realband)。根据当前的车队预测值,综合考虑网络上各方向车队可能发生的冲突,用决策树法进行网络优化并实时生成行进绿波带,其宽度和速度值能使区域目标函数达到最优,即延误和停车次数最少。

③ 将车辆检测器安装在路口的车辆进口处,检测上游路口三个方向(左转、右转和直行)上的车流量,检测结果既可用于下游的预测,也可用于本进口处原预测结果的检验和校正。

④ 提出了一种相位的可控优化概念,根据到达车辆的预测值,用动态规划方法找出最优相序和相位长度。为了实时应用动态规划,系统采用滑动时间窗以提高控制的精确程度。

⑤ 系统优化目标可为最小化平均车辆延误、最小化路口平均排队长度或最小化停车次数。系统目标的灵活多样使控制算法更为灵活。

⑥ 提供了与交通分析软件的接口,可离线评价配时方案的优劣或作为研究工具。

4. SPOT/UTOPIA 系统

SPOT/UTOPIA 系统是意大利 Mizar Automazione 公司开发的分布式实时交通控制系统,其最早版本于 1985 年安装在意大利的 Turin 市,并取得了比较令人满意的效果。SPOT/UTOPIA 系统由 SPOT(本地)和 UTOPIA(区域)两部分组成,其结构如图 7-20 所示。UTOPIA 是比较高级的区域控制,其优化使用基于历史数据的宏观交通模型。

SPOT 完成本地优化工作，在每个交通控制机上使用微观模型，利用本地控制机和区域模型的数据优化单个交叉路口。系统采用了强相互作用的概念以保证区域控制的最优性和健壮性。

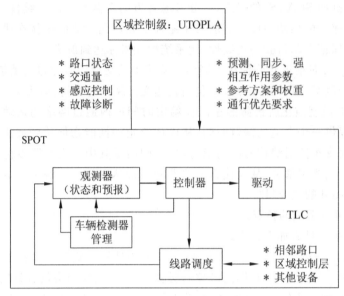

图 7-20　SPOT/UTOPIA 系统结构

（1）SPOT 系统。

SPOT 独立工作时是一个小型的分布式交通控制系统，一个 SPOT 系统管理的交叉路口一般不超过 6 个。当用于 6 个交叉路口以下时无须安装中心计算机，当系统较大时，需要增加 UTOPIA 中心计算机控制系统。每个交叉路口机必须安装一个 SPOT 单元，可以与交通灯控制机及其他路口机通信，因此各路口的通信方式是对等的。

在每个交叉路口，SPOT 寻求使用总费用函数最小，这个费用函数主要考虑延误、停车次数、剩余通行能力、上级控制所建议的区域控制策略、公交和特种车辆优先、行人过街请求及其他特殊情况。SPOT 不断进行重复和调整以使交叉路口费用函数最小，在每个计算周期，所有 SPOT 单元都与它们相邻的 SPOT 单元交换有关的交通状态和优先策略信息。其优化目标是：尽可能保证在公交车不遇红灯的前提下，私家车总的旅行时间最短，因此最大权重地赋予了公交车辆在交叉路口的损失时间项。

SPOT 在优化时有两个控制原则：预测（每个 SPOT 单元从上游交叉路口接收实时的到达预测）和强交互（在局部优化时，每个控制单元都考虑它可能给下游交叉路口带来的负面影响）。相邻的交叉路口每 3s 交换一次数据，同时各交叉路口的信号控制机在滑动时间窗上进行一次优化，该时间窗的长度为 2min，这意味每次优化的结果只能运行 3s。需要时，区域控制机 UTOPIA 可以参与进来调整交通需求的预测并修改本地参数。

在 SPOT 和 UTOPIA 中都有一套完整的用于估计交通需求和交通模型参数的运算规则。在 SPOT 中，每 3s 估计一次排队长度，每个周期改进一次转弯比例和路段通行能力。同时还有一个拥挤检测模型，这些特征大大降低了系统调整和反复的时间。

SPOT 能够为所有交通状况提供良好的自适应控制,当交通流有较大的、突然的、不可预知的变化时可以发挥更大的作用。在不牺牲自适应性能的前提下,SPOT 可以给予公交车辆或其他特殊车辆绝对优先。

SPOT 单元并不直接控制信号灯,而是控制交通信号控制机,同时从交通信号控制机处获得传感器数据或者直接从车辆检测器获得数据。SPOT 控制单元还可以与可变信息标志、导航系统的信标控制器等连接。

SPOT 单元被连成一个局域网,通信结构可以是放射状的、栅格状的或层状的。每个 SPOT 单元都是网络的一个节点,具有完全的消息链路能力,因此任何一个 SPOT 单元都能把信息传送到恰当的终端,这个特征大大降低了安装和维护费用,而且增强了系统的健壮性。

(2) UTOPIA 系统。

UTOPIA 使用一个网络中的中心计算机运行,UTOPIA 为网络中的每个子区计算优化的控制策略,每个子区有共同的周期长度。UTOPIA 提供一个事件调度程序和一个转换模型,它可以为其他系统提供 TCP/IP 接口。在运行过程中,系统维护着一个历史数据库,包括有规则的流量、转弯比例、饱和流量和使用周期等。UTOPIA 还维护着一个统计数据库,主要是对历史数据库进行特定的统计计算。

UTOPIA 主要提供如下功能。

① 设备诊断。实时监视交叉路口设备的状态(交通灯控制机、路侧单元、检测器、通信线路、其他外围设备)。

② 交通数据检测。持续实时地监视控制区内的交通数据(周期时长、排队长度、饱和流率、交通流量和转弯比例等)并定期更新。

③ 性能监测。通过交叉路口设备的有效性指标和失效指示器实时监视系统性能。

④ 历史数据分析。对关于测量和估计的交通数据及诊断信息的文件进行自动管理,包括分析检测数据、历史数据的可视化、历史数据与当前数据的比较等。

⑤ 定期报告的生成和传输。通过 E-mail 定期传输有关系统和设备功能的统计报告,报告形式和配置可以由用户进行个性化定制。

⑥ 自动报警生成。可以通过 SMS(Short Message Service)和 E-mail 传送报警的自动生成。报警生成可以在以下方面进行个性化定制:与报警有关的交叉路口的选择、为选定设备和参数定义报警阈值、为每个收件人选择报警类型、报警接收者的数目和 E-mail 地址。

⑦ 服务管理。这项功能允许对其他人员进行权限设置。

⑧ 为规划提供仿真环境。在线的网络仿真工具可以进行不同场景的比较分析。可以仿真系统的系统控制和 UTOPIA,从而用来评价 UTOPIA 安装后的影响或者评价对现有系统改进的影响。

⑨ 与系统的灵活交互。在监视系统和机器性能的同时,授权用户可以直接进行功能参数的设置并将命令发送给 UTOPIA 系统。根据 UTOPIA 的体系结构,交叉路口控制机通过与相邻交叉路口控制机进行交互以及与中心系统计算的区域控制参考策略进行交互,从而控制信号交叉路口。

（3）SPOT/UTOPIA 系统的特点。

SPOT/UTOPIA 系统具有如下特点。

① 系统在当初设计和开发时就考虑了公交优先的功能，因此其控制目标是：在尽可能保证公交车不遇红灯的情况下，使私家车总的旅行时间最短。为了实现这一目标，该系统在最小化目标函数中引入权重的概念，最大权重赋予公交车在路口的损失时间项。

② 系统为了保证子区控制的最优性和健壮性，采用了强相互作用概念，即本路口的目标函数要考虑相邻路口的状态及区域控制级给出的约束条件。

③ UTOPIA 要为整个网络进行最优控制决策，它接收各 SPOT 单元发来的路口状态信息，确定子区的划分、子区的最佳周期（每个子区在同一周期下运行）、最佳权重等。该系统除了与 SPOT 通信外，还可通过 TCP/IP 接口与更上一层的系统（如交通指挥中心）交换信息。UTOPIA 在运行过程中还建立了一个实际状态信息数据库，以便在实时系统故障时可进行后备方案选择。

7.4 我国智能交通信号控制系统应用及发展动态

7.4.1 我国智能交通信号控制系统的应用

我国交通信号控制系统的研究起步较晚，20 世纪 70 年代后期，北京市采用 DJS-130 型计算机对干线协调控制进行了研究。20 世纪 80 年代以来，国家一方面采取引进与开发相结合的方针先后建立了一些城市道路交通控制系统；另一方面投入力量研发城市交通信号控制技术，开发适应我国以混合交通为主要特点的智能交通控制系统。如北京市引进了 SCOOT 系统，上海市引进了 SCATS 系统。中科院沈阳自动化所建成并在大连市实现了国内第一个城市交通自适应控制系统，交通部、公安部、南京市完成了"七五"攻关项目——南京城市交通控制系统等，为我国交通信号控制系统的发展奠定了良好基础。目前，我国城市年均新增及更新的城市交通信号控制路口都在万台规模，出现了无锡华通、南京莱斯、北京易华录、浙大中控、上海宝康、连云港杰瑞、上海电科骏码、南京多伦、南京洛普、浙江大华等主流信号控制厂商。同时，我国也逐步形成了一些有代表性的交通信号控制系统，如南京莱斯城市交通控制系统、青岛海信 HiCon 交通信号控制系统、深圳格林威 SMOOTH 交通信号控制系统等，在我国的城市道路交通管理与控制中发挥着越来越重要的作用。

1. 南京莱斯城市交通控制系统

南京莱斯城市交通控制系统（简称 NUTCS）是我国自行研制开发的第一个实时自适应城市交通信号控制系统，是在原国家计委和国家科委的批准下，由公安部交通管理科学研究所、同济大学、电子部 28 研究所（现为中国电子科技集团公司第二十八研究所）、南京市交警支队共同研发完成的，是"七五"国家重点科技攻关项目（编号 2443），多次获得公安部和国家的技术大奖。

NUTCS 结合了 SCOOT 与 SCATS 的优点，满足和适应国内路网密度低且路口间距悬殊的道路条件以及混合交通突出的交通特点，可自动协调和控制区域内交通信号配时方案,均衡路网交通流运行,使停车次数、延误时间及环境污染减至最小,充分发挥道路系统的交通效益;通常采用路口级和区域级两级控制结构,在需要的情况下可以扩充为路口级、区域级和中心级三级分布递阶控制结构;系统设置了实时自适应、固定配时和无电缆联动控制三种模式,具有警卫、消防、救护、公交信号以及人工指定等功能;必要时可通过人工干预直接控制路口信号机执行指定相位,保障城市道路交通的畅通和特种车辆的优先通行,工作方式灵活,功能完备。

为继续深入研究适应我国城市交通流特性的信号控制系统,1988 年 7 月,中国电子科技集团公司第二十八研究所投资成立了南京莱斯大型电子系统工程公司,2009 年整体变更为南京莱斯信息技术股份有限公司。南京莱斯通过多年的努力自主研发出了第一代信号机技术,在第一套适合我国国情的联网信号机投入市场后,率先在湖南省株洲市推广应用,有效改善了当地交通拥堵状况,减轻了交警工作强度,获得了用户的认可。

2014 年,南京市启动城市交通信号机联网及公交信号优先控制系统建设,南京莱斯在南京青奥会期间为交通安保、特勤任务等工作做出重要贡献,同时保障了 12 月 13 日国家公祭日的交通安全。公交信号优先系统建成后,公交车辆平均车速提高 15%,公交车辆停车次数降低 30%,创造了巨大的社会效益和经济效益。同时,南京市加强信号协调控制,建成绿波带 154 条、控制 1063 个路口,其中潮汐绿波带达到 41 条、287 个路口,市区绿波信号控制率达到 80%,有效提高了城区通行效率。

2017 年,南京莱斯研制了基于全息检测的城市路网信号智能控制系统,应用"时空三段全息采集"模式在空间上获取进口道车辆排队信息,以及停止线、渠化中段、渠化末端三个断面的车辆过车信息,在时间上分析绿灯初、绿灯中和绿灯末各通行方向的交通需求,深度融合多维度时空信息,掌握车辆到达和驶离规律及排队的形成和消散规律。同时,针对单个路口和干线道路分别提出了利用全息控制的先进解决方案,实现最大限度减少路口控制延误、在平峰时消除绿灯空放现象、高峰时均衡各流向排队、保证上下游路口的绿波协调控制等。该系统已在南京河西大街泰山路、河西大街黄山路两处路口示范应用。据统计,在全智能控制模式下,信号灯在平峰时段减少空放空待、高峰时段减少排队方面体现出较为明显的优势。

南京市在推广使用莱斯道路交通信号控制系统及信号机产品后,已连续九次获得"畅通工程"一等管理水平城市称号。南京市目前有 1500 多个路口采用莱斯交通信号控制机管理交叉路口交通信号,市区内超过 150 条道路实现了绿波控制,绿波信号控制率达 80%。目前,南京莱斯的交通信号控制系统已发展到第 3 代产品,主要分布在南京、株洲、常熟、佛山、秦皇岛等 120 个国内大中型城市,并且已经推广到肯尼亚、巴基斯坦和科特迪瓦等海外国家。

2. 青岛海信 HiCon 交通信号控制系统

HiCon 自适应交通信号控制系统是青岛海信网络科技股份有限公司开发的智能交通解决方案,包括 HSC-100 系列交通信号机、HiCon 交通信号控制系统软件、CMT 交通信号机配置与维护工具软件。HiCon 系统针对混合交通的现状建立了机非混合控制模型以控制混合交通流;采用多层次分布式控制结构,分为控制平台层、控制中心层、通信层和路口层四层。系统具有完整的算法体系,包括区域协调控制算法、感应式协调控制算法、行人二次过街算法、城市快速出入口与城市路口的协调控制算法以及突发事件的检测算法,支持 NTCIP 开放协议,满足最新的国家标准。

2002 年,海信网络科技约 50 名开发人员耗时 3 年多,根据中国的交通特点研究开发了集中协调式信号机——HSC-100 信号机。2003 年年底,海信网络科技成功中标青岛市黄岛区和龙口市交通信号控制系统,从此拉开了海信交通信号控制系统进军市场的序幕。2005 年 12 月,HiCon 自适应交通信号控制系统中标北京市智能化交通管理投资建设项目,彻底打破国外公司在高端信号控制器的垄断局面,在中国交通信号控制发展史上具有里程碑意义。2006 年年初,海信再次中标北京市快速路交通信号控制系统建设项目,对全面改善北京交通状况起到良好促进作用,它的系统特点是:采用 NTCIP 通信协议,体系完整,通用性与兼容性好。高效、可靠、开放的通信子系统,保证了内部实时通信的可靠性、效率、可扩展性;同时真正实现了系统的开放性;系统接口透明,提供二次开发能力,便于多系统的集成。系统具备良好的故障诊断功能,能实时显示路口设备的故障状况,并能通过网络实现信号机的远程维护功能。系统采用方案选择与方案生成相结合的实时优化算法,利用先进的预测及降级技术,使得系统对检测器的依赖性大大降低。交通信号机的CPU 采用 32 位的芯片,控制功能强大。

北京奥运会和北京快速路交通信号控制系统的项目中标使海信信号机开始逐渐走向全国市场。经过长时间的积累,海信网络科技的信号机已经布局全国各地,是继 SCATS、SCOOT 后广泛应用的国际第三大信号控制系统。

2014 年,海信交通信号控制系统被应用于青岛市世园会周边道路智能交通管理服务系统项目、济南市交警支队交通信号升级改造工程项目、佛山禅城升级交通信号灯项目、江门市蓬江和江海两区公安智能交通管理系统二期建设项目等。2015 年,系统被应用于济南市交警支队交通信号控制系统建设项目、寿光市智能交通三期工程项目、鹤山市智能交通系统建设项目、台山市智能交通系统建设项目、南昌市交管局交通信号控制系统升级改造项目、保定市中心城区智能交通控制及诱导系统项目等。2016 年,系统被应用于济宁市交警支队国省道交通安全智能管控系统、日照市交警大队智能化交通管控系统、青岛市 2016 年度东区道路信号灯及附属设施工程项目、青岛火车站周边综合交通体系建设项目、武汉市东湖新技术开发区智能交通管理系统——区域交通信号控制系统升级改造项目、西宁市城市公共交通智能化应用示范工程等。

目前,海信在国内市场已为超过 80 座城市安装了交通信号控制系统,包括北京、青岛、济南、武汉、福州、厦门、贵阳、兰州、太原、银川、南昌、长沙、乌鲁木齐、西宁、长春、南昌、桂林、佛山、江门、淄博、烟台、镇江、苏州等大中型城市等,取得了较大的行业影响和良好的社会效益与经济效益。

3. 深圳 SMOOTH 交通信号控制系统

深圳市区域交通信号控制系统始建于 1989 年。1999 年左右,针对深圳市高饱和度、高复杂度、高期望值的交通现状和规律性、可变性、随机性相结合的交通特征,深圳市交警部门提出研发 SMOOTH 交通信号控制系统的需求。SMOOTH 系统于 1999 年年初投入研发;2001 年年中,信号机、线圈车辆检测器样机投入试点,运行感应控制;2002 年年末,系统平台上线试运行,实现绿波控制等功能,率先采用了 GPRS 无线联网;2003 年年末,信号机、车辆检测器升级为嵌入式平台,实现自适应控制、公交优先控制等,系统功能趋于完善。

随后,深圳市在 2003 年开始推广使用 SMOOTH 系统。2007 年,系统实现了瓶颈控制、近距离路口群控制等防溢出特定功能,2009 年实现了全程式倒计时在自适应控制中的应用,自适应控制路口达 105 个,感应控制路口达 38 个。近几年,主要通过绿波控制发挥效益,绿波控制的路口超过 76%。

SMOOTH 交通信号控制系统采用分布式控制模式、三层体系结构、大型数据库、多服务器协同处理;针对深圳市的交通需求和交通特征,采用了灵活有效的控制策略,在平峰时段追求通行能力最大,高峰时段追求拥挤度最小。在 SMOOTH 系统的开发过程中,对当时世界上应用最为广泛的日本 KATNET 系统、英国 SCOOT 系统、澳大利亚 SCATS 系统及其他系统进行了研究分析,旨在充分汲取上述系统的优点,摒弃局限性,走技术创新之路。SMOOTH 系统继承了 KATNET 系统识别交通状态的方法,采取了 SCOOT 系统临近预测的策略,引入了 SCATS 系统战术微调的手段,针对我国的交通现状和发展趋势,提出了基于交通状态识别下的多目标决策控制策略以及单路口自适应控制和路网区域协调控制相结合的综合解决方案。

SMOOTH 系统具有高度智能化自动控制的特点,即可自行根据交通流量的变化随时调整信号控制的相位与配时,以最大化提高路口通行能力,降低机动车的排队和延误。除此之外,该系统还具有控制范围广、中央与路口无线联网、良好的可扩展性和开放性、稳定性高、抗干扰能力强等特点。

SMOOTH 系统主要应用于以下几个方面:可变车道和可变信号灯的控制;倒计时指示;行人过街需求感应;借道左转的信号控制;潮汐车道信号控制系统的决策支持;与互联网大数据进行整合对比;实现信号调优和配时方案优化。

SMOOTH 系统主要在深圳和昆明使用,目前深圳市 SMOOTH 系统总共接入约 2800 个路口,单机运行的路口有 235 个,联网控制的路口有 2500 多个,主要采用无线联网方式。车辆检测器注册设备有 4000 多台,深圳历史上应用最高峰时期共有 500 余个路口实现了路口自适应控制。应用结果表明,该系统达到了设计目标和应用要求,有效降低了路网的行车延误,提高了通行能力,交通堵塞状况得到明显改善。另外,SMOOTH 系统通过和深圳交警的交通大脑进行整合,针对深圳市交通大脑数据感知和人工智能的运算能力实现了全程交通流量的感知和控制模式的自选择。

7.4.2　智能交通信号控制系统的发展动态及趋势

交通信号控制系统是城市交通管理的核心内容,是保障交通秩序、效率、安全的重要技术手段。传统的交通信号控制主要以视频、线圈、地磁等固定点检测器数据采集为基础,对信号配时方案进行优化与评价。交通信号控制优化模型与算法历经几十年的发展已较为成熟,主要包括感应控制、多时段控制、自适应控制等方法,在实际系统中已有广泛应用。

随着检测技术、大数据、云计算、人工智能、物联网、车联网等先进技术的发展以及计算机技术和硬件设备的不断提高,交通控制技术、模式、方法等的研究迎来了新的机遇和挑战,如何利用新的理论和技术进一步提升智能交通信号控制系统的实时性、动态性、精度和效率成为近几年交通信号控制研究的热点。

1. 数据来源的多样化

随着大数据、物联网、车联网等新兴技术的发展,智能交通控制系统的交通数据变得更加丰富、多样,"互联网＋"和车路协同等技术为交通信号控制提供了实时、准确的交通状态数据。其中,互联网公司拥有庞大的道路路网运行数据,包括浮动车轨迹数据、路况数据、城市地图数据,可以比较精确地计算样本车流量和流向占比,对交通信号控制系统是非常好的数据补充。车路协同则借助路侧系统、智能车和车联网等交通物联网关键技术获取截面的流量、车型、车头时距、转向比等交通流参数以及运动轨迹、排队长度等线段数据,从而为交通信号控制提供必要信息。

(1)"互联网＋交通信号"控制。

近年来,以阿里和滴滴为代表的互联网企业开始逐步进军智能交通系统领域,开始广泛与传统智能交通企业、交通信号控制系统厂商、公安交通管理用户部门、高校科研院所等进行深入交流,并且开始引进传统智能交通行业人才,加深对业务领域理解,继而滴滴的智慧信号灯、百度智慧信号灯研判平台亮相,"互联网＋交通信号"逐渐开始落地,并取得了一些阶段性进展,"互联网＋信号控制"系统架构如图 7-21 所示。

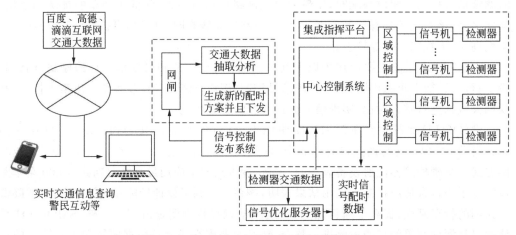

图 7-21 "互联网＋交通信号"控制系统架构

① 发展动态。"互联网＋交通信号"主要定位于以互联网大数据为基础,利用互联网企业在云计算、人工智能等技术方面的优势对城市路网交通运行效率进行动态评价,并通过建立交通控制优化模型为点到线到面的信号配时优化提供服务。利用互联网大范围、连续、稳定的车辆轨迹数据,"互联网＋交通信号"的目标是实现实时交通流数据采集、交通信号配时方案优化、交通信号配时方案执行、交通信号运行状态评价、交通信号配时方案再优化的数据闭环流动,形成快速、持续的评估、迭代优化的交通信号闭环控制。

随着互联网企业的加入,交通信号控制与优化也开始走向互联网时代。目前,以广州、济南、武汉等城市为代表的大多数城市都在积极探索"互联网＋信号控制"的新模式,以期为探索城市智能交通控制新技术提供新的解决方案。

2016年，广州交警支队与高德地图合作，以海珠区、天河区为试验区，构建了全国首个"互联网＋信号灯控制"优化实验研究平台，基于高德地图导航大数据主动监测路口失衡（各方向拥堵不均）、出口溢出等异常交通情况，提供控制优化建议和方案。

2017年，北京市交管局与百度地图合作，构建了百度地图智慧信号灯研判平台，平台初期主要覆盖二环内以及上地、望京等主要商务出行区域内400多个路口的路况监测，实现信号灯路口拥堵分钟级发现、实时报警，将原来的人工监测转变为远程平台化监控，提高了信号灯路口异常拥堵的发现率。同时，百度地图与北京交管局的信号控制系统已经实现大范围的秒级数据互通，也是国内首次信号控制系统与互联网平台的打通。

济南、武汉、成都等近20个城市与滴滴公司签订了合作协议，基于滴滴的大数据平台和云计算基础设施打造智慧信号灯平台，应用其持续可靠的轨迹大数据实现信号灯配时优化，累计完成了超过500个信号灯路口配时方案的下发。

2016年，杭州市政府联合阿里云在内的13家企业提出建设城市数据大脑。城市数据大脑融合了视频结构化数据、高德地图数据、微波数据。目前，城市数据大脑已建成通用计算平台和数据资源平台，取得了全域事件感知、信号配时在线优化、特种车辆协同优先、重点车辆管控四大成果。通用计算平台由阿里云提供的500多台超级云计算服务器组成，对800多路监控视频实时进行结构化分析处理，已接管杭州128个信号灯路口，其中主城区24个、萧山区104个。

互联网企业除了与多个城市共同积极探索交通信号控制的新模式之外，还通过多种先进技术对信号灯控制技术进行研发，具有代表性的互联网企业的实际应用包括滴滴、百度等的智慧信号灯。

智慧信号灯通过浮动车轨迹、地磁、卡口等数据融合推导出路口的全量交通数据，将数据输入优化模型中，通过调整参数可以仿真出不同优化方案实施后的交通通行状况，从而给出最理想的优化方案。2017年3月，济南交警与滴滴出行合作，在经十路的山大路到舜耕路的6个路口试行基于融合了滴滴平台浮动车轨迹数据、济南交警卡口、地磁等多元数据，研发新型智慧信号灯。此外，百度地图也与大连交警着手开展"互联网＋智慧信号灯"共建工作，在中山路进行智慧信号灯项目的试点工作。通过对试行后路口相关数据的统计可发现，智慧信号灯能够有效缓解交通拥堵状况，减少停车次数，降低行车延误。

② 发展趋势。

• 互联网数据与传统固定检测器数据融合。

通过视频、卡口、地磁等传统检测技术获取的交通流数据在准确率方面比互联网车辆轨迹数据更高，在检测设备及通信完好的情况下对于定点断面的微观检测是精确的，远高于互联网数据。但是传统检测器布设范围有限，且设备易损坏、受环境影响大，如果后期维护没有及时做好，则数据质量难以保证。

互联网企业用于交通信号控制的数据主要为车辆定位及轨迹数据，为交通控制领域带来了新的数据来源，这些基于定位的宏观数据具有空间分布广、连续、稳定等特征，可以为解决信号优化问题提供新的技术手段。但是对于某一截面或路段而言，互联网数据的采样率偏低，并且不同时段、不同区域互联网数据的采样率差异较大。

因此，互联网数据与传统检测器数据各有利弊。面向交通信号的控制应用应充分挖掘互联网数据的价值,发挥不同数据的优势互补作用。目前,互联网企业(如阿里、百度、滴滴等)以及传统智能交通企业(如易华录、海信等)都相继提出了"交通大脑"的概念,其本质是数据的整合运用,目标是通过交通数据整合提供智能化的出行服务及智能化、精细化的交通管理。聚焦于交通信号控制,互联网与传统交通检测器数据的有效融合将为信号配时优化的精准性、实时性提供基础保障。

· 基于互联网数据的交通信号控制模型与算法。

互联网企业在信号控制领域还处于逐步探索阶段,目前开展的研究与落地应用聚焦于单点及干线的信号控制与协调,还未拓展到区域及大范围交通信号控制与优化,且还不能进行自适应控制。主要的工作在于典型交通评价指标的估计,如路段延误、旅行时间、流量、排队长度、停车次数等指标的估计,进而对周期、绿信比、相位差等交通参数进行调整,其优势在于可对配时方案进行快速迭代,从而提高配时方案与交通需求之间的匹配程度。

在路段或断面数据采样率有限的条件下,利用大数据处理技术研发高精度的微观交通指标的计算方法以及应用人工智能中机器学习等智能算法研发适于点、线、面等的控制优化模型及算法是互联网数据应用的重要趋势之一。

· 互联网企业与交通信号控制系统厂商深度合作。

目前,互联网企业与交通信号控制系统厂商的数据接口还没有完全打通。对于互联网公司,希望交通信号控制系统厂商开放数据接口,从而充分发挥互联网企业的数据与技术能力优势,对交通信号配时方案进行实时评价与优化;而对于交通信号控制系统厂商,信号优化与评价原本属于自己的业务范围,不愿意简单向互联网企业开放数据接口而让信号机最终仅完成执行器的工作,他们需要互联网企业的数据,希望自己完成信号优化工作。而互联网企业也不想仅成为数据服务提供商。

"互联网+"是交通领域大的发展趋势,仅靠某一方的数据并不一定能发挥充分的作用,所以以互联网企业与传统企业的结合是必然趋势。

(2)基于车路协同的交通信号控制。

21世纪以来,各级政府对智能交通的建设与研发日益重视,在快速发展的计算机、大数据、物联网、控制和人工智能等理论与技术的推动下,我国智能交通领域多项产品与技术相继实现突破,并已得到成功应用。检测技术、预测技术、卫星定位技术、车辆识别技术、通信技术等先进技术的发展以及国家层面相关部委的高度重视为车路协同技术的发展打造了有利形势。车路协同技术已经成为智能交通的热点研究领域,也被逐步应用于交通信号控制领域中。

① 发展动态。车路协同系统通过先进的无线通信和互联网等技术,全方位实施人、车、路动态信息实时交互,在全时空动态交通信息的基础上开展车辆协同安全控制和道路交通主动控制,保证交通安全、提高通行效率。作为引领未来智能交通发展的前沿技术,车路协同技术正在迅速发展,未来车路协同技术的全面实施可以采集到更为海量的多种类型的交通流及车辆信息,可以为交通信号控制的发展提供新的数据支撑,基于车路协同的信号控制系统结构如图7-22所示。

2006年,我国在"863"计划中设立了现代交通技术领域,并成立了中国智能交通协

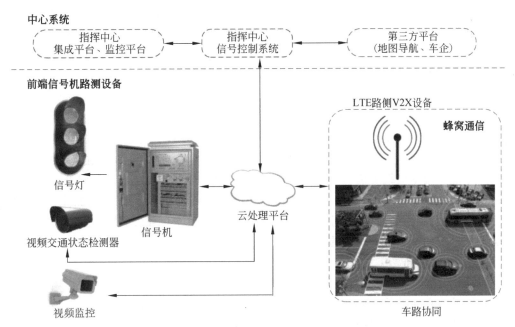

中心系统

| 指挥中心
集成平台、监控平台 | 指挥中心
信号控制系统 | 第三方平台
(地图导航、车企) |

前端信号机路测设备

信号灯

视频交通状态检测器

信号机

视频监控

LTE路侧V2X设备

蜂窝通信

云处理平台

车路协同

图 7-22　基于车路协同的交通信号控制系统结构

会,注重结合实际需求开展研发应用。

2010 年,国家确定车联网为"十二五"发展的国家重大专项。

2011 年,由多所高校、研究所、企业组织申请的"车路协同系统关键技术"主题项目通过了国家"863"立项,并于 2014 年 2 月通过科技部验收,该项目攻克了多项关键技术,并进行了车路协同系统的集成测试与演示,实现了 10 余项经典的车路协同应用场景,其中包括车路协同与交通信号控制的相互协调。

2015 年,随着"互联网十""中国制造 2025"等战略的实施,集成运用大数据、云计算、智能移动互联、智能感知等技术于一体的智能车路协同系统已经得到了政府部门、高校科研院以及汽车生产和互联网企业的广泛重视,车路协同技术运用于交通信号控制的研究逐渐深入。

2016 年,在工信部支持下,"上海-国家智能网联汽车(上海)试点示范区(A NICE CITY)""重庆基于宽带移动互联网的智能汽车和智慧交通测试评价及试验示范区(i-VISTA)"的一期工程分别于 6 月、11 月举行了开园仪式,并正式投入运行,大力推动了车路协同技术在交通信号控制智能化与网联化的成熟与应用。

2017 年,在无锡的世界物联网博览会上,公安部交通管理科学研究所、中国移动、华为、奥迪、一汽、无锡交警等联合进行了车路协同的展示。展示时,公安部交通管理科学研究所副主任何广进提出,在信号控制方面,车路协同系统需要获取道路上的交通状态,如将道路上静态的、动态的标志信息定向地发送到车载设备上,或者定向地发送到进入该区域、道路的车载设备上。本次示范是对 LTE-V 应用的首次示范,首次实现交通管控设施开放接口,通过无线网络向车辆提供实时信号控制机的交通信号状态、路口实时路况以及周边交通管制、交通事故等事件信息,真正做到了路口中心数据的实时交互。

总体来说，车路协同系统技术的研究起步较晚，基于车路协同技术的交通信号控制系统研究较少，成果及应用不多；而车路协同系统又能较快检测到道路实时交通状况，有利于及时优化、调整交通信号控制方案。因此，积极开展车路协同技术在交通信号控制领域的应用研究具有重要意义。

② 发展趋势。

• 控制系统数据精度与可靠性。

基于车路协同的交通信号控制系统的成功实现高度依赖于传感器数据的精度及可靠性。目前，GPS、北斗等民用定位系统的精度基本在米级，一般需要融合地基差分和惯导系统后才能实现车道级定位，其在成本上还不能满足大规模产业化应用。此外，以传感器为基础的辅助定位技术也有较好的前景，如视觉导航、激光导航等技术，但技术上都还需要有所突破。因此，如何提高车路协同下多源数据的精度与可靠性，使其能够很好地服务于交通信号控制将是未来研究的重点之一。

• 多模式通信融合。

目前，车路协同系统中的车车、车路通信方式呈现出多样化、定制化的特点，各国制定的通信标准也存在差异，主要包括 DSRC、LTE-V、Wi-Fi、3G/4G、5G、BlueTooth、Zigbee等。不同的信息交互应用场景对通信需要和技术的要求不同，如延时、数据量等，因此根据每种通信技术的优缺点和具体应用场景需要量体裁衣地选择通信方式，从单一模式走向多种通信模式互补与融合是未来车路协同服务于交通信号控制的前提。

• 车路协同体系标准化。

目前，我国的车路协同标准与技术接口仍未全部统一，很多企业都按照自己的标准或参考美国的标准进行研究。标准的差异性极大地限制了车路协同的移植性和应用性，成为其广泛部署的瓶颈。搭建的车路协同平台应具有标准接口，才能广泛融合各独立平台。与车路协同相关的交通领域，标准的制定涉及交通部、工业和信息化部、公安交警等多个国家部门，如何打通壁垒制定统一的数据交互标准，将这一强耦合解耦是推动车路协同应用于交通信号控制的最大难题，标准体系不完善必将影响系统的技术研发和推广应用。

2. 交通控制技术的智能化

随着我国国民经济的飞速发展以及城市化进程的不断加快，城市交通日趋紧张，交通堵塞与拥挤现象日趋突出，对交通控制系统的要求也变得越来越高。目前，我国大多数城市的道路通行能力还没有被充分利用，造成拥堵的主要原因之一就是缺乏先进的交通控制技术。因此，采用先进的交通控制技术、建立功能强大的交通控制系统成为解决我国城市交通问题的有效途径。交通信号控制技术的智能化成为近年研究的热点，深度学习的应用及联网联控的实施成为未来智能交通信号控制的发展方向。其中，深度学习支持远程监控及人工指挥调度，通过采用智能调度算法实现通行效率的提高，能减少等待时间成本、燃油浪费和环境污染；同时，基于深度学习的交通信号控制系统能够根据路口实时数据决策适应实时状况，不浪费绿灯时间，从而实现交通信号的智能化控制。而将交通控制信号接入统一的后台实行联网联控时，系统可通过交通流量数据产生配时的方案和周期，实现远程调控路口交通信号配时，实时解决路口拥堵问题，缓解交通压力。

（1）基于深度学习的交通信号控制。

机器学习是人工智能领域的一个重要学科。自 20 世纪 80 年代以来，机器学习在算法、理论和应用等方面都获得了巨大成功。2006 年以来，机器学习领域中的深度学习开始受到学术界的广泛关注，到今天已经成为互联网大数据和人工智能的一个热潮，过去十几年开始不断有专家、学者就深度学习对交通信号控制的影响进行研究，并将其逐渐应用于交通领域中。

① 发展动态。深度学习是一种通过多层神经网络对信息进行抽取和表示并进行分类、检测等复杂任务的算法结构。深度学习技术从控制理论、统计学、心理学等相关学科发展而来，其本质是解决"决策"问题，即通过试错学会自动决策。如果把信号机、检测器等组成的交通信号控制系统当成一个"智能体"，将人、车、路当成"环境"，则通过如下方式就可以构造深度学习系统：传感器从环境获取观测状态（例如流量、速度、排队长度等）并传递给信号机，信号控制系统根据这些状态选择一个得分最高的状态动作执行（例如当前相位保持绿灯或者切换成红灯），并对执行效果进行反馈（例如采用排队长度作为回报函数），系统根据回报结果调整打分系统的参数，这样就形成一个循环的过程，就能达到不断学习改进的目的。深度学习信号控制的原理如图 7-23 所示。

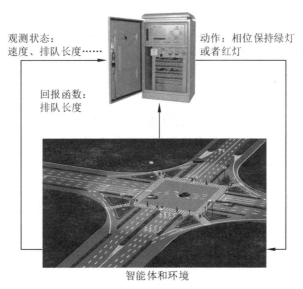

图 7-23　基于深度学习的交通信号控制原理

一方面，由于交通流预测是交通管理和控制部门采取交通控制措施的主要依据，是智能交通系统研究的核心问题，国内外专家学者开始利用深度学习理论进行交通流预测研究，以期解决交通信号控制系统中难以进行实时、准确的流量预测问题。长安大学罗向龙等依托交通运输部重大科技专项基金项目研究基于深度学习的短时交通流预测，提出了基于深度信念网络模型（Deep Belief Network，DBN）的短时交通流预测模型，利用差分原理对输入的交通流数据进行预处理以消除数据趋势向；通过深度信念网络模型对输入数据进行特征学习，经过无监督的逐层特征训练和有监督的参数微调，抽象出交通流的本质规律,并以此作为新的训练和测试样本输入顶层的支持向量回归模型进行预测,对预测结果进行反差分,得到预测路段的交通流量预测值。美国 Pe MS 数据库的实际交通流数据测试结果表明该预测模型是一种可行、有效的短时交通流预测方法。

另一方面,基于深度学习的智能交通信号控制系统研究也逐渐成为近年智能交通领域的热点。2017 年 1 月 16 日,第五届 ITS CHINA 年会在北京召开。会上,来自广州欧齐电子科技有限公司研发的基于深度学习的智能交通控制系统引起了与会专家学者的高度关注。该智能交通控制系统拥有 19 项功能及性能优点,能够有效减少路口等待车辆数量和车辆在路口的等待时间,对于减少城市污染具有重大意义。

传统配时方式无法很好地适应实时路况的变化,这主要是因为传统配时设置大多依靠经验,缺乏实时交通数据采集和决策,没有数学模型支持,也没有通行效率评估模块。没有远程人工指挥调度功能,没有远程监控功能,没有交通拥堵自动检测和报告功能,路口浪费的时间会造成额外的时间成本、燃油消耗和环境污染。

而基于深度学习的智能交通控制系统能很好地规避以上传统配时的缺点,同时拥有了更多的优点独特技术和功能:采用智慧调度算法实现最高通行效率,减少等待时间成本,燃油浪费和环境污染;根据路口实时数据决策,适应实时情况,不浪费绿灯时间;支持远程人工指挥调度;支持远程监控;交通拥堵自动检测和报告;稳定,易于维护,设备故障自动上报;维修记录和备件库存管理,预算与实际支出统计等设备维护功能;工期短,成本低;支持包括传统配时在内的多种调度策略。

② 发展趋势。

• 强化学习应用。

随着车路协同、高精度定位和车联网技术的发展,以强化学习为代表的深度学习方法必将在交通信号控制中发挥重要的实战作用。强化学习是一类算法,是指从环境状态到行为映射的学习,以使系统行为从环境中获得的累积奖励值最大;在强化学习中,人们并没有直接告诉主体要做什么或者要采取哪个动作,而是主体通过看哪个动作得到了最多的奖励以自己发现规律。试错搜索和延期强化是强化学习方法最重要的特性。

未来,在实际部署交通信号控制的深度学习系统时,需要一定形式的强化学习,这可能会成为一个必不可少的流程。除此之外,人们将会看到强化学习越来越多地用于深度学习训练。

• 学习模型优化。

深度学习模型中最重要的是打分函数,如果分打得不好,优化会走向相反的方向。一些具有代表性的信号企业已经在部分地区部署了高精度定位系统,可以做到整个城市车辆厘米级别的定位,在这种情况下,车辆在哪个车道、在车道的什么位置都可以定位得到,道路的网格化、矩阵化也就成为可能。

虽然自问世以来,深度学习已经取得了很多改进,但是依靠交通工程专家建立打分恰当的模型,并且解决自动打分问题,无论是现在还是未来,都是深度学习模型在交通信号优化控制现实应用中需要重点考虑的问题。

（2）智能交通信号联网联控。

为应对多发的城市交通拥堵问题,研究适合于我国城市交通特点的路网交通组织优化、动静态交通协调控制等关键技术,突破城市交通状态感知、信号控制等智能联网联控技术应用的瓶颈,集成构建城市交通信号智能联网联控平台,是近年来我国提升城市交通信号控制和服务智能化水平的重要手段。

① 发展动态。2014 年 8 月,国家科技部下发《科技部关于国家科技支撑计划交通运输领域 2014 年项目立项的通知》(国科发计[2014]222 号),"十二五"国家科技支撑项目"中等城市道路交通智能联网联控技术集成及示范"(编号：2014BAG03B00)正式立项。项目共设置五个课题,旨在围绕我国中等城市道路交通管理发展的需求,针对中等城市交通运行特征和面临的交通信号控制技术难点,研究适合于中等城市交通管理与信号控制的关键技术,从而提高道路畅通水平。经过 3 年实施,项目已完成所有技术研究开发和成果示范应用工作。其中,在交通信号控制技术方面建立了面向多目标的交通信号均衡控制技术方法,包括数据驱动下的城市路网控制节点协调联控技术,过饱和状态下城市主干道协调控制方法、城市路网干线常态运行动态寻优控制技术,基于车-路信息交互的交叉路口优先通行控制保障技术等,如图 7-24 所示。

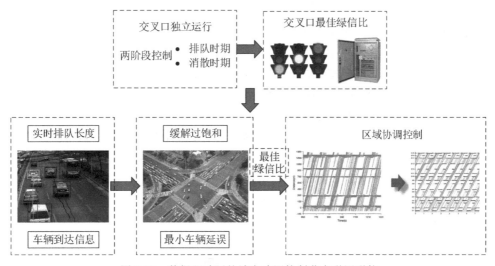

图 7-24　数据驱动下的城市路网控制节点联网联控

研制了多模式联网交通信号控制终端,主要包括：多元数据驱动的交通信号实时优化控制机、多模式互反馈交通信号控制器、信号机联网联控中间件等设备,可模块化配置接入线圈、视频、微波、地磁等多种交通流检测器,具备单点多时段、感应控制、协调控制、实时优化控制、特勤优先控制、公交信号优先控制、可变车道控制、故障检测与报警等功能。

研发了道路交通联网联控信号控制系统,主要包括：交通信号协调实时优化控制系统、多目标交通信号联网联控系统、基于交通需求的实时协同控制系统、交通信号优化远程决策支持系统等,具备交叉路口信号机远程实时控制、在线故障诊断、干线协调控制、瓶颈路口拥堵识别与控制等功能,联网联控节点数超过 500 个,信号控制策略生成和响应时间小于 30 秒,路口状态识别误判率不超过 10%。

项目分别选在江苏泰州、山东烟台和福建厦门 3 个地级市、天津滨海新区和合肥新区 2 个城市功能区、浙江海宁和瑞安 2 个县级市,组织实施项目成果规模化应用。在应用区域重点示范集聚出行区域的干线交通协调、关键路口渠化与控制等动静态一体化交通设计技术;完善建设多个路口处的流量检测、联网多个交叉路口交通信号控制,构建智能联网联控平台。据数据统计,示范工程有效提高了应用区域科技管控水平,平均车速有所提高,停车次数有所减少,行车延误也有所降低,从一定程度上延缓了交通拥堵加剧的趋势。

② 发展趋势。

• 多种手段联动集成。

受限于控制策略的局限与约束,传统信号控制技术及控制系统只能针对城市动态交通流优化器信号控制方案,缺乏多种交通控制手段之间的有机联动,且其控制理念也仅是重新配置既定交通需求,未能限制和均衡交通需求。以先进的信息检测及数据处理技术为基础,以网络整体运行效率最优为目标,通过动静态协同管控与连续流和间断流协调控制,集成利用多种控制技术,必能大幅提高城市路网的运行效率,缓解城市交通拥堵,改善居民出行环境,减少城市由交通拥堵造成的经济损失。

• 优化控制实时反馈。

随着大数据、车联网、物联网等技术的快速发展,基于卫星定位技术的检测、基于车牌识别的检测及基于电子标签的检测等技术能使信号控制系统从原来的单项数据输入—模型优化—信号输出的过程转变为可以反馈的数据输入—模型优化—信号输出—效果评价—模型反馈的过程,可获得的实时数据越来越多,交通控制设备与车辆将实现无缝衔接,交通安全、效率、排放、油耗等将达到综合最优的水平;充分利用微处理器技术的发展,考虑控制中心平台、主控制机与信号控制机的分工协作,将一些交通流信息分析、短时预测、配时参数的优化等工作交给智能化日渐增加的交通信号控制机,使系统的实时性、可靠性等进一步提高。

思 考 题

1. 简述智能交通管理系统的组成及应用。

2. 列举电子警察的主要功能及典型应用。

3. 概述停车诱导系统的功能及应用。

4. 选取典型的突发事件应急管理系统的案例进行技术、原理、功能的分析。

5. 按照控制方法划分,道路交通信号控制可分为哪几类?并简述各控制方法的特点。

6. 按照控制范围划分,道路交通信号控制可分为哪几类?并简述各控制方式的特点。

7. 比较 SCATS、SCOOT 系统的不同之处及其适用性。

8. 收集、整理相关资料，列举目前我国具有代表性的 5 个智能交通信号控制系统，并简要介绍其应用情况。

9. 简述互联网技术对交通信号控制系统的影响。

10. 简述未来智能交通信号控制系统的发展趋势。

参 考 文 献

第 *8* 章 车辆智能驾驶技术

人工智能的时代正在悄悄到来,并影响和改变着每个行业的方方面面。而与人们生活出行息息相关的汽车尤其受到了重大的影响,人工智能正在帮助人们迈向一场智能无人驾驶的车辆革命。而智能汽车将大大改善人们的出行方式,它利用当今科技最前沿的环境感知、决策规划等技术将人、车、路的信息交互融合,并不断采集处理各种有用信息,使车辆更加智能,减轻人类驾驶负担,避免更多的交通事故,让汽车真正服务于人们的生活。

本章将通过智能汽车本身、环境感知、决策规划和控制以及未来智能汽车新技术应用四个方面对智能车辆进行介绍。

8.1 智 能 汽 车

8.1.1 智能汽车简介

汽车时代的到来拓展了人们出行工具的选择范围,改变了人们的时空观念。但随着汽车保有量的增加,车与车、车与人以及车与环境的矛盾日益突出,汽车产业的高速发展和社会汽车保有量的激增与城镇化建设、交通管理、空气污染治理等矛盾日益加剧,社会、经济和环境发展均面临着前所未有的挑战。而以电子电气化技术和智能化技术为核心的智能汽车则提供了解决“安全、能源、污染、拥堵”这汽车四大公害问题的有效途径。

智能汽车就是普通车辆通过车载传感系统和信息终端实现与人、车、路等的智能信息交换,使车辆具备思维能力,包括智能的环境感知能力、判断能力——能够自动分析车辆行驶的安全及危险状态,以及绝对的行动能力——使车辆按照人的意愿到达目的地,最终实现替代人操作驾驶的目的。智能汽车集中运用了计算机、现代传感、信息融合、通信、人工智能及自动控制等技术,是典型的高新技术综合体。近年来,智能汽车已经成为世界车辆工程领域研究的热点和汽车工业增长的新动力,很多发达国家都将其纳入各自重点发展的智能交通系统。

与一般所说的自动驾驶有所不同,智能汽车指利用多种传感器和智能公路技术实现的汽车自动驾驶。智能汽车首先有一套导航信息资料库,存有全国高速公路、普通公路、城市道路以及各种服务设施(餐饮、旅馆、加油站、景点、停车场)的信息资料;其次利用GPS定位系统精确定位车辆所在的位置,与道路资料库中的数据相比较,确定以后的行驶方向;然后通过道路状况信息系统,由交通管理中心提供实时的前方道路状况信息,如堵车、事故等,在必要时及时改变行驶路线;其次还需要车辆防碰系统,包括探测雷达、信息处理系统、驾驶控制系统,控制与其他车辆的距离,在探测到障碍物时及时减速或制动,并把信息传递给指挥中心和其他车辆;以及紧急报警系统和无线通信系统,在出现事故之后,自动报告指挥中心进行救援,或用于汽车与指挥中心的联络;自动驾驶系统用于控制汽车的启动、改变速度和转向等。

智能汽车通过对车辆智能化技术的研究和开发提高了车辆的控制与驾驶水平,保障车辆行驶的安全畅通、高效。对智能化的车辆控制系统的不断研究完善,相当于延伸扩展了驾驶人的控制、视觉和感官功能,能极大地提高道路交通的安全性。智能车辆的主要特点是以技术弥补人为因素的缺陷,使得即便在很复杂的道路情况下也能自动操纵和驾驶车辆绕开障碍物,沿着预定的道路轨迹行驶,从而达到服务于人的目的。

8.1.2 智能汽车的等级划分

从发展的角度,智能汽车将经历两个阶段:第一阶段是智能汽车的初级阶段,即辅助驾驶;第二阶段是智能汽车发展的终极阶段,即完全替代人的无人驾驶。美国高速公路安全管理局(NHTSA)将智能汽车定义为以下五个层次。

1. 无智能化(L0)

该层次的汽车由驾驶人时刻、完全地控制汽车的原始底层结构,包括制动器、转向器、加速踏板以及发动机。

2. 具有特殊功能的智能化(L1)

该层次的汽车具有一个或多个特殊自动控制功能,通过警告防范车祸于未然,可称之为辅助驾驶阶段。这一阶段的许多技术已经并不陌生,比如车道偏离警告系统(LDW)、正面碰撞警告系统(FCW)、盲点信息(BLIS)系统。

3. 具有多项功能的智能化(L2)

该层次的汽车具有将至少两个原始控制功能融合在一起实现的系统,完全不需要驾驶人对这些功能进行控制,可称之为半自动驾驶阶段。这个阶段的汽车会智能地判断驾驶人是否对警告的危险状况做出了响应,如果没有,则代替驾驶人采取行动,比如紧急自动制动系统(AEB)、紧急车道辅助系统(ELA)。

4. 具有限制条件的无人驾驶(L3)

该层次的汽车能够在某个特定的驾驶交通环境下让驾驶人完全不用控制汽车,而且汽车可以自动检测环境的变化以判断是否返回驾驶人驾驶模式,可称之为高度自动驾驶阶段。例如 Google 无人驾驶汽车基本处于这个层次。

5. 全工况无人驾驶(L4)

该层次的汽车可以完全自动控制车辆,全程检测交通环境,能够实现所有的驾驶目标,驾驶人只需提供目的地或者输入导航信息,在任何时候都不需要对车辆进行操控,可称之为完全自动驾驶阶段或者无人驾驶阶段。

目前,国内外产业界采用较多的除了美国高速公路安全管理局(NHTSA)推出的分类标准,还有美国汽车工程师协会(SAE)指定的分类标准。按照 SAE 的标准,智能汽车视智能化、自动化程度水平按人的介入程度分为 6 个等级：无自动化(L0)、驾驶支援(L1)、部分自动化(L2)、有条件自动化(L3)、高度自动化(L4)和完全自动化(L5)。两种不同分类标准的主要区别在于完全自动驾驶场景，SAE 更加细分了自动驾驶系统的作用范围。详细区别及标准见表 8-1。

表 8-1 智能汽车分类标准

| 自动驾驶分级 | | 称呼(SAE) | SAE 定义 | 主体 | | | |
NHTSA	SAE			驾驶操作	周边监控	支援	系统作用域
0	0	无自动化	由人类驾驶者全权操作汽车，在行驶过程中可以得到警告和保护系统的辅助	人类驾驶者	人类驾驶者	人类驾驶者	无
1	1	驾驶支援	通过驾驶环境对方向盘和加减速中的一项操作提供驾驶支援，其他驾驶动作都由人类驾驶者进行操作	人类驾驶者系统	人类驾驶者	人类驾驶者	部分
2	2	部分自动化	通过驾驶环境对方向盘和加速中的多项操作提供驾驶支援，其他驾驶动作都由人类驾驶者进行操作	系统	人类驾驶者	人类驾驶者	部分
3	3	有条件自动化	由无人驾驶系统完成所有驾驶操作，根据系统请求，人类驾驶者提供适当的应答	系统	系统	人类驾驶者	部分
4	4	高度自动化	由无人驾驶系统完成所有驾驶操作，根据系统请求，人类驾驶者不一定需要对所有系统请求做出应答或限定道路和环境条件等	系统	系统	系统	部分
	5	完全自动化	由无人驾驶系统完成所有驾驶操作，人类驾驶者在可能的情况下接管，在所有的道路和环境条件下驾驶	系统	系统	系统	全域

8.1.3 智能汽车的组成

智能汽车是一个集环境感知、规划决策、多等级辅助驾驶等功能于一体的综合系统。从具体和现实角度，此系统中较为成熟和可预期的功能与系统主要包括智能驾驶系统、生活服务系统、安全防护系统、位置服务系统以及用车服务系统等。

1.改善汽车本身性能的系统

(1)智能驾驶系统。

智能驾驶系统是一个集中运用先进的信息控制技术，集环境感知、多等级辅助驾驶等功能于一体的综合系统。按照递阶控制结构理论以及交通系统的层次型结构特性，可将基于互联网思维应用的智能驾驶系统的逻辑框架自下而上划分为感知层、网络层、分析层和应用层。

感知即在行驶过程中为驾驶人采集涉及的驾驶信息。感知层即数据采集层，主要由影响驾驶的各要素信息构成，即人、车、路的信息采集及三者信息的相互联系与交叉影响，主要可以分为以下两点。

① 路况信息的采集，如道路几何构造、路面状况、道路灾害、路网条件及交通状况等，一般可通过 GPS 或北斗系统等高精度导航系统进行采集。

② 车辆信息，主要包括车辆原始数据，如车辆型号、车辆理论参数等以及车辆行驶动态数据，如行车速度、行车时间、行车轨迹等，一般可通过 CAN 总线的方式进行数据采集。

网络层即数据的传输调度层，具体解释为驾驶信息的传输、调度、存储。路况信息在经过导航系统进行数据采集后通过报文通信的方式进行数据传输，车辆信息由 CAN 总线进行数据采集后以 GPRS 通信模块的方式进行数据传输，数据传输至本层后，由本层进行汇总整合后传输至分析层中。

分析层即大数据的分析处理层，具体解释为驾驶信息的后台大数据处理技术。由于大数据采集与处理的无序性，在已定义的函数模型下，对影响驾驶的数据进行计算处理。处理结果将传送至应用层中，同时将返回至网络层中进行存储与调用，并在网络层中建立行驶数据库。

应用层即应用服务层，具体解释为数据分析结果的反馈控制及其应用。它依据数据采集与处理的结果，通过数据接口的方式可进行跨应用、跨系统间的信息共享与信息协调。在互联网的大数据应用思维及互联互通的理念下，智能驾驶系统的应用主要分为三大模块：用户服务系统、交通管理系统、汽车营销系统。

① 用户服务系统。基于互联网思维的智能驾驶系统以驾驶人的行车安全性、舒适度等为约束，通过互联网的云处理与计算平台得出建议的车辆安全行驶评定值、预警意见、适宜车速等驾驶控制数据流，由车体通过 CAN 总线接收数据，自动进行数据信号转换，进行行驶控制与调节，同时提出行驶对策的辅助指导可视化界面，人机交互协调车辆关系，保障行车安全，提高人的驾驶愉悦性。

② 交通管理系统。通过对行驶数据库的调用，交通管理部门可准确、实时地掌握行驶状况，更好地组织、规划、协调、指挥运输活动，提高道路行驶效率，降低交通损耗率。

③ 汽车营销系统。行驶数据库可为汽车企业提供企业数据服务，提高车体质量，促进企业方向性的发展。

（2）生活服务系统。

生活服务系统通过一些车载硬件、程序及软件，在一定条件下满足驾驶人在驾驶过程中的一些需求，例如影音娱乐、信息查询、服务订阅以及各类生物服务等。

（3）安全防护系统。

安全防护系统包括车辆防盗、车辆追踪等功能，能够在车辆自身性能方面对驾驶人提供一定安全防护，以降低在使用过程中被侵入、被盗窃而造成的损失。

（4）位置服务系统。

位置服务系统除了要能提供准确的车辆定位功能外，还可以让汽车与另外的汽车实现自动位置互通，从而实现约定目标的行驶目的，提高驾驶人的驾驶舒适性。

（5）用车辅助系统。

用车辅助系统包括维护提醒、异常预警、远程指导等功能。

智能汽车有了这些系统的共同作用，相当于给汽车装上了"眼睛""大脑"和"脚"的电视摄像机、电子计算机和自动操纵系统之类的装置。

2. 增强驾驶人能力的系统

目前的智能汽车除了具有改善汽车本身性能的系统外，增强驾驶人能力的系统主要如下。

（1）车载导航系统。

车载导航系统（RGS）有以下几个部分。

① 定位系统。用天线与全球卫星定位系统相连，汽车本身在公路上的位置及方向可显示在小屏幕上或挡风玻璃上。

② 通信系统。除了一般无线电通信系统供车内与外界联系外，必须配置一个专门的天线与交通管理中心的驾驶人信息系统（ATIS）相连，进行双向通信，由此可以获得驶向目的地的路网实施交通情况以及气候情况等，同时还可获得经过交通中心预测的未来交通及气候情况，以及驶往目的地的最佳路线建议，同样可显示在电子地图上。

③ 实时导航系统。除了驾驶人用眼睛观看沿途的交通实况及可变信息牌以外，另有一支专用天线与公路沿途的蜂窝通信系统相关联，接收沿途前方道路的交通实时状况和危险警告、行车指示等信息，经视、听终端提供给驾驶人。

（2）自动防撞系统。

自动防撞系统是辅助驾驶人行驶安全的车载装置，主要通过汽车前后端及左右两侧的雷达、红外线、摄像机的传感装置（Side Minder）实时监测汽车前后两侧与其他车辆或建筑物的防撞距离，当超过安全范围时会发出声音警告，提示驾驶人注意控制汽车动作。若在自动公路上无人驾驶或自动驾驶时，则将防撞信息反馈到计算机，经过处理通过自动驾驶系统自动调整汽车的动作，避免相撞。

该系统的组成如下。

① 信号采集系统。采用雷达、激光、声呐等技术自动测出本车速度、前车速度以及两车之间的距离。

② 数据处理系统。计算机芯片对两车距离进行处理后，判断两车的安全距离，如果两车车距小于安全距离，则数据处理系统就会发出指令。

③ 控制器。负责对数据处理系统发来的指令进行分析、过滤并对执行机构下达指令。

④ 执行机构。发出警报，提醒驾驶人制动，如果驾驶人没有执行指令，则执行机构将采取措施，比如关闭车窗、调整座椅位置、自动减速、自动制动等。

该系统的工作原理如下。

① 跟踪识别。采用雷达识别系统有效地对本车前方的动、静态目标进行实时监测，

及时将测量数据传输给中央处理系统。

② 智能处理。中央处理系统对雷达采集的信息进行分析、计算、处理,有效地对车辆前方出现的障碍物进行分析判断,并迅速做出处理、发出指令,将雷达采集信号转换为可执行信号,及时传输给报警显示系统和制动执行系统。

③ 报警提醒。防撞器的显示报警系统能及时显示本车的车速及前方最具威胁车辆或物体的距离。当接到中央处理系统的指令时,能以声音的方式提醒驾驶人前方有危险信息,需谨慎驾驶,显示报警功能,大大提高了人车安全。

④ 减速刹车。若遇危险,制动执行系统接收到中央处理系统发出的制动指令时,能迅速根据险情对车辆采取智能减速、紧急制动、停车等动作,如图 8-1 所示。

图 8-1　雷达探测系统

（3）自动驾驶系统。

当汽车在自动公路上无人驾驶或自动驾驶时,首先是跟路(Lane-following)系统,依靠汽车前后端装置的磁性传感器实时监测汽车偏离自动公路车道上磁钉导航线的程度,当偏离值超过规定值时,计算机管理系统会发出指令,指挥自动转向执行机构进行转向,向左向右转多少都是计算机管理系统根据前后端采集的信息经过处理后确定的。其次是自动变速、自动节气门、自动制动等系统,这些系统接收计算机管理系统由防撞系统提供的信息以确定控制汽车动作的指令,由有关执行机构进行加速、减速、停车、倒车等动作,一般由防撞系统信息确定的汽车动作都是微调,另外由自动公路同轴渗漏电缆接收的变更车速等信息由同样的指令有关执行机构进行操作,从而自动变更汽车的动作。

目前,美国对智能汽车在自动公路上自动驾驶的动态性能主要控制三项:一是跟路性能,即沿道路面磁钉导航线自动行驶的能力;二是车群跟车性能,即能否与前后左右车辆保持一定安全距离,自动跟随前车行驶的能力;三是避障性能,即前后左右侧遇到障碍时能自动避开、继续前进、倒退的能力。

（4）计算机管理总系统。

计算机管理总系统即计算机平台,就是将车上所有电子控制系统,包括改善汽车本身性能的、增强驾驶人能力的,都由计算机管理总系统进行统一管理,并将所有电子控制系统有机地组成一个整体,使技术充分而正确地发挥。

随着智能汽车的高速发展,系统功能越来越复杂、实时性要求越来越高、安全等级也越来越高,以 CAN 总线为基础的传统汽车分布式控制架构已不能满足未来需求,集成化的主干网加多域控制的新型电子电器架构成为未来智能汽车发展的最佳选择,这对于智能汽车复杂功能和大量互联信息的高效传输及管理以及系统安全是十分必要的。

智能驾驶计算平台以环境感知数据、GPS 信息、车辆实时数据和 V2X 交互数据等作为输入,基于环境感知定位、路径决策规划和车辆运动控制等核心控制算法输出驱动、传动、转向和制动等执行控制指令，实现车辆的自动控制，并通过人机交互界面（如仪表）实现自动驾驶信息的人机交互。为了实现智能驾驶系统高性能和高安全性的控制需求，智能汽车计算平台汇集了多项关键技术，包括基础硬件/软件平台技术、系统安全平台技术、整车通信平台技术、云计算平台技术、核心控制算法技术等，如图 8-2 所示。

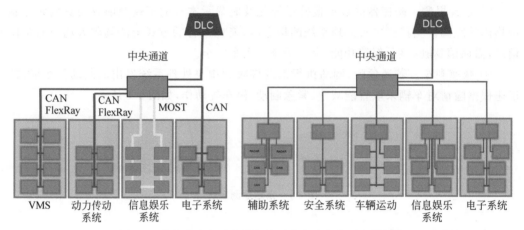

图 8-2　当前汽车电子电器架构及未来汽车电子电器架构

（5）其他系统。

不同功能的车辆也会选择性地安装不同的系统。例如，电子缴费系统是所有智能汽车必备的系统；营运汽车调度系统（CVOS），只有运输公司的智能汽车才具有；车载旅客服务系统，只有公共客运智能车辆才具有；至于智能化仪表显示系统和电子防盗系统等都属于智能汽车的内涵，不可缺少。

8.1.4　国内外发展情况

从国内外自动驾驶整个发展情况来看，美国和德国引领自动驾驶产业发展大潮，日本、韩国迅速觉醒，我国呈追赶态势，并且体现出以下几个趋势。

1. 以尽快商用为目标，加快推进路面测试和法规出台

在路面测试方面，美、德、日、韩、中均积极推动路测，作为自动驾驶汽车应用的基础。从国际看，各国纷纷将 2020 年作为重要时间节点，希望届时实现自动驾驶汽车全面部署。

美国在州层面积极进行自动驾驶立法，时至今日，已有 20 余个州通过相关法案或行政令明确测试条件和要求。2017 年 9 月，美国众议院批准了自动驾驶法案（SELF DRIVE Act），该法案草案旨在发挥联邦职能，通过鼓励自动驾驶汽车的测试和研发以确保车辆安全。

德国政府 2015 年已允许在连接慕尼黑和柏林的 A9 高速公路上开展自动驾驶汽车测试项目，交通运输部门 2019 年 3 月还向柏林的 Diginet-PS 自动驾驶试点项目发放补贴，用于开发处理系统并提供自动驾驶的实时交通信息，并于 2017 年 6 月出台了全球第一部自动驾驶道德准则。

日本日产公司已经在东京、硅谷和伦敦测试了旗下的自动驾驶汽车 LEAF，希望尽快

积累安全测试记录。韩国计划于 2020 年商业化 3 级自动驾驶汽车。

我国工业和信息化部 2016 年在上海开展上海智能网联汽车试点示范；在浙江、北京、河北、重庆、吉林、湖北等地开展基于宽带移动互联网的智能汽车、智慧交通应用示范，推进自动驾驶测试工作。北京已出台智能汽车与智慧交通应用示范"五年行动"计划，将在2020 年年底完成北京开发区范围内所有主干道路的智慧路网改造，分阶段部署 1000 辆全自动驾驶汽车的应用示范。

2017 年夏天，我国也首次开展了关于自动驾驶技术路线和标准框架的讨论，工业和信息化部和国家标准化管理委员会共同发布了《国家车联网产业体系建设指南（智能网联汽车）（2017 年）》（征求意见稿），我国的自动驾驶技术选择了"智能化＋网联化"的战略发展路径。

除了美国和德国以外，表 8-2 所列其他国家也都大力支持自动驾驶的发展，并开启了在测试、标准和立法层面的探索。

表 8-2　世界各国关于自动驾驶立法的探索

国　家	现　状
英国	有关自动驾驶在测试、标准和立法层面的探索，英国交通部发布了《无人驾驶汽车测试运行规则》《网联自动化车辆网络安全关键原则》；计划于 2020 年开始在高速公路上测试
澳大利亚	国家交通委员会牵头开展有关自动驾驶汽车安全治理的监管方案的探讨
加拿大	允许路测，启动有关立法的论证
法国	批准在公路上进行自动驾驶汽车测试；成立跨部门联合小组，对现行法律进行检讨，着手对法律、安全标准等进行修订
芬兰	修订现行道路交通规则；允许自动驾驶车辆在获得批准后在公共道路的特定区域进行测试；批准了无人驾驶公交车上路测试
瑞典	现行法律允许高度自动化驾驶车辆的测试；修改车辆法规、驾驶执照规则及责任条例等；调整现行车辆标准及性能测试规定；为适应自动驾驶汽车而设置新的驾驶执照
芬兰	着手对现行交通法规进行检讨；提议在公路上开展测试；开展责任分配、驾驶技能要求、数据保护以及对基础设施影响等研究
日本	允许路测；联合欧盟制定全球统一的自动驾驶汽车技术标准，并致力于督促美国也采用相同的标准和政策
韩国	启动修订现行道路交通法规；为自动驾驶汽车划定试运行区域，开通专用实验道路
新加坡	允许自动驾驶汽车在一定范围内进行测试；开展对无人驾驶出租车的试点

2. 以网联汽车为方向，推动系统研发和通信标准统一

从目前产业趋势来看，多数企业采取了网联汽车（Connected Cars）的发展路径，加快芯片处理能力、自动驾驶认知系统研发，推动统一车辆通信标准的出台。

研发方面，德国博世集团和 NVIDIA 正在合作开发人工智能自动驾驶系统，NVIDIA提供深度学习软件和硬件，Bosch AI 将基于 NVIDIA Drive PX 技术以及该公司即将推出的超级芯片 Xavier，届时可提供第 4 级自动驾驶技术。IBM 宣布其科学家获得了一项机器学习系统的专利，可以在潜在的紧急情况下动态地改变人类驾驶者和车辆控制处理器之间的自主车辆控制权，从而预防事故的发生。

车辆通信标准方面，LTE-V、5G等通信技术成为自动驾驶车辆通信标准的关键，将为自动驾驶提供高速率、低时延的网络支撑。

一方面，国内外协同推进LTE-V2X成为3GPP 4.5G重要发展方向。大唐、华为、中国移动、中国信通院等合力推动，在V2V、V2I的标准化工作方面取得了积极进展。

另一方面，LTE-V2X技术也随着自动驾驶需求的发展正逐步向5G、V2X演进。5G、V2X专用通信可将感知范围扩展到车载传感器工作边界以外的范围，实现安全高带宽业务应用和自动驾驶，完成汽车从代步工具向信息平台、娱乐平台的转化，有助于进一步丰富业务情景。

当前，5G汽车协会（5GAA）和欧洲汽车与电信联盟（EATA）签署了谅解备忘录，将共同推进C-V2X产业，使用基于蜂窝的通信技术的标准化、频谱和预部署项目。中国移动与北汽、通用、奥迪等合作推动5G联合创新，华为则与宝马、奥迪等合作推动基于5G的服务开发。

此外，工业和信息化部组织起草的智能网联汽车标准体系方案即将对外发布，车联网标准体系也在逐步完善，这对于智能网联汽车的发展至关重要。

3. 以创新业态为引领，互联网企业成为重要驱动力量

互联网企业天生具有业务创新和发展的基因，目前亦纷纷涉足自动驾驶行业，成为行业重要的驱动力量。

美国，Google公司2009年已开始无人驾驶企业研发，2015年12月至2016年12月在加州道路上共行驶记录635 868mile，其不仅是加州测试里程最多的企业，也是系统停用率最低的企业。美国第一大网约车服务商Uber已在匹兹堡、坦佩、旧金山和加州获准进行无人驾驶路测，第二大网约车服务商Lyft 2018年9月公布自动驾驶汽车三阶段发展计划，目前也已在匹兹堡开展测试。Apple公司也于2019年4月获得加州测试许可证。韩国批准韩国互联网公司Naver在公路上测试自动驾驶汽车，成为第13家获得许可的自动驾驶汽车研发企业，计划于2020年商业化3级自动驾驶汽车。

在我国，百度公司于2018年9月获得了在美国加州的测试许可，11月在浙江乌镇开展了普通开放道路的无人车试运营。百度总裁兼首席运营官陆奇更是于2019年4月19日发布了Apollo计划，计划将公司掌握的自动驾驶技术向业界开放，将开放环境感知、路径规划、车辆控制、车载操作系统等功能的代码或能力，并且提供完整的开发测试工具，目的是进一步降低无人车的研发门槛，促进技术的快速普及。

腾讯于2016年下半年成立了自动驾驶实验室，依托360°环视、高精度地图、点云信息处理以及融合定位等方面的技术积累聚焦自动驾驶核心技术研发。阿里、乐视等也纷纷开始与上汽等车企合作开发互联网汽车。

4. 以企业并购为突破，初创企业和领军企业成为标的

自动驾驶发展较快的企业所并购的主要对象为掌握自动驾驶关键技术的领军企业或初创企业。

2016年7月，通用公司以超过10亿美元的价格收购了硅谷创业公司Cruise Automation，后者研发的RP-1高速公路自动驾驶系统具备高度自动化驾驶应用潜力。

2017 年 3 月,英特尔以 153 亿美元收购以色列科技企业 Mobileye,后者致力于研发与自动驾驶有关的软硬件系统,是特斯拉、宝马等公司驾驶辅助系统的主要摄像头供应商,掌握一系列图像识别方面的专利。

Uber 公司 2015 年收购了提供位置 API 的创业公司 deCarta,还从微软 Bing 部门获取了精通图像和数据收集的员工。

2017 年 4 月,百度宣布全资收购一家专注于机器视觉软硬件解决方案的美国科技公司 xPerception,该公司对面向机器人、AR/VR、智能导盲等行业客户提供以立体惯性相机为核心的机器视觉软硬件产品,可实现智能硬件在陌生环境中对自身的定位、对空间三维结构的计算和路径规划。据业界分析,百度此举可能是为了加强视觉感知领域的软硬件能力。

8.2　感　　知

8.2.1　环境感知

感知是指无人驾驶系统从环境中收集信息并从中提取相关知识的能力。其中,环境感知(Environmental Perception)特指对于环境的场景理解能力,例如障碍物的位置、交通标志/标线的检测、行人车辆的检测等数据的语义分类。一般来说,定位(Localization)也是感知的一部分,是无人车确定其相对于环境的位置的能力。

对于智能汽车,环境感知技术是汽车智能化的关键技术之一,它是通过安装在智能汽车上的传感器或自组织网络对道路、车辆、行人、交通标志、交通信号灯等进行检测和识别的技术,主要应用于先进驾驶辅助系统,如自适应巡航控制系统、车道偏离报警系统、道路保持辅助系统、汽车并线辅助系统、自动制动辅助系统等,保障智能汽车安全、准确地到达目的地。

无人驾驶系统的核心可以概述为三个部分:感知(Perception)、决策(Planning)和控制(Control),这些部分的交互以及其与车辆硬件、其他车辆的交互可以用图 8-3 表示。

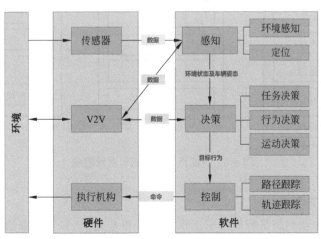

图 8-3　自动驾驶核心交互示意

为了确保无人车对环境的理解和把握,无人驾驶系统的环境感知部分通常需要获取周围环境的大量信息,具体包括障碍物的位置、速度以及可能的行为;可行驶的区域;交通规则等。无人车通常是通过融合激光雷达(Lidar)、相机(Camera)、毫米波雷达(Millimeter Wave Radar)等多种传感器获取这些信息,如图 8-4 所示。

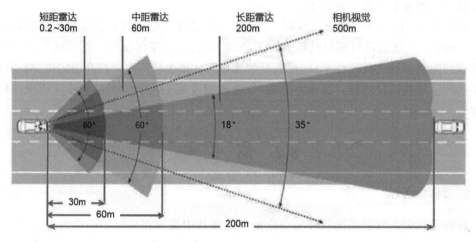

图 8-4　无人驾驶车载传感器配置要求

8.2.2　环境感知系统组成

智能汽车环境感知系统由信息采集单元、信息处理单元和信息传输单元组成,如图 8-5 所示。

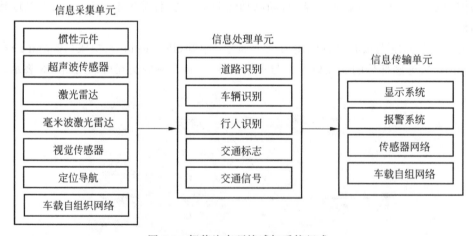

图 8-5　智能汽车环境感知系统组成

1. 信息采集单元

对环境的感知和判断是智能汽车工作的前提和基础,感知系统获取周围环境和车辆信息的实时性和稳定性直接关系到后续检测的识别准确性和执行有效性。信息采集技术主要有超声波传感器、激光雷达、毫米波激光雷达、视觉传感器、定位导航及车载自组织网络技术等。

2. 信息处理单元

信息处理单元主要是对信息采集单元输送来的信号,通过一定的算法对道路、车辆、行人、交通标志、交通信号灯等进行识别。

3. 信息传输单元

信息处理单元对环境感知信号进行分析后,将信息送入传输单元,传输单元根据具体情况执行不同的操作,如果分析后的信息确定前方有障碍物,并且本车与障碍物之间的距离小于安全距离,则将这些信息送入控制执行模块,控制执行模块结合本车速度、加速度、转向角等自动调整智能车的车速和方向,实现自动避障,在紧急情况下也可以自动制动;若信息传输单元把信息传输到传感器网络上,则实现车辆内部资源共享;也可以把信息通过自组织网络传输给车辆周围的其他车辆,实现车辆与车辆之间的信息共享。

8.2.3 环境感知总体功能

无人驾驶车辆的功能总体结构可分为感知层、任务规划层、行为执行层和运动规划层等。其中,环境感知层融合处理来自车载传感器的数据,为系统的其他部分提供周围环境的关键信息,例如局部信息包括车辆的位姿和速度等状态信息,道路形状、停车区域和交叉路口等道路信息,车辆周边其他车辆和行人等动态障碍物信息,局部静态障碍物地图,以二维栅格图展示现实环境中的无障碍区域、危险区域和不可通行区域,道路堵塞信息,对不能通过的区域进行估计。

在交通场景识别、路径规划和车辆控制等每类组件中都包括算法集合。例如,交通场景识别要求定位、目标检测和目标跟踪算法。路径规划通常包括任务和运动规划,车辆控制对应路径跟踪算法,其中算法基本控制及数据流程如图 8-6 所示。

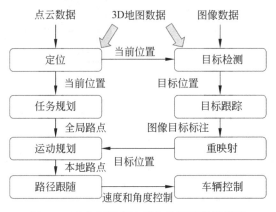

图 8-6 无人驾驶算法基本控制及数据流程

8.2.4 激光雷达

1. 激光雷达(LiDAR)简介

激光雷达(图 8-7)是一类使用激光进行探测和测距的设备,它能够每秒向环境发送数百万光脉冲,它的内部是一种旋转结构,这使得激光雷达能够实时建立周围环境的三维地图。

图 8-7 激光雷达

通常来说,激光雷达以 10Hz 左右的速度对周围环境进行旋转扫描,其扫描一次的结果为密集的点构成的三维图,每个点具备(x,y,z)信息,这个图称为点云图(Point Cloud Graph)。如图 8-8 所示是使用 Velodyne VLP-32c 激光雷达建立的一个点云地图。

 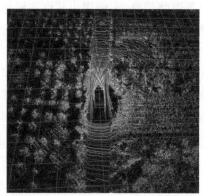

图 8-8 激光雷达建立的点云地图

激光雷达因其可靠性,目前仍是无人驾驶系统中最重要的传感器,然而在现实使用中,激光雷达并不是完美的,往往存在点云过于稀疏,甚至丢失部分点的问题,对于不规则的物体表面,使用激光雷达很难辨别其模式,在诸如大雨天气这类情况下,激光雷达也无法使用。激光雷达的参数如表 8-3 所示。

2. 测距模组原理分析及设计

(1) 三角测距原理。

三角测距测量模型如图 8-9 所示。

表 8-3　激光雷达参数

参 数 名 称	单　位	参 数 范 围	备　注
激光器波长	纳米/nm	775~795	红外波段
测距范围	米/m	0.15~15	基于白色高反光物体测得
测距分辨率	毫米/mm	1%~2%	近距离测距精度更高
测量角度	度/°	0~360	
角度分辨率	度/°	≤1	
测量频率	赫兹/Hz	≥3000	默认3000,可定制
扫描频率	赫兹/Hz	1~10	可定制

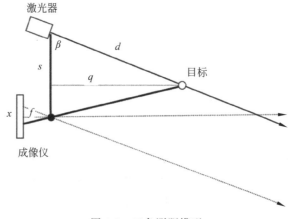

图 8-9　三角测距模型

从测距模型,根据相似三角形原理,可知

$$q = \frac{fs}{x} \tag{8-1}$$

其中,q 为实测距离,s 为激光头与镜头的距离,f 为镜头的焦距,x 与 s 对应;x 为该变量假设了角度 β 是一个常量。

角度 β 和 q 的关系为

$$d = q/\sin\beta \tag{8-2}$$

对式(8-1)求导,可得

$$\frac{\mathrm{d}q}{\mathrm{d}x} = -\frac{fs}{x^2} \tag{8-3}$$

(2) 测距模块设计。

测距模块设计需要考虑多种因素,其中测距模块设计的评价函数(标准)是:系统分辨率、测距的最小值和最大值。

评价函数对应的关键可控变量有:镜头焦距(图 8-9 中的 f)、测距模块机械尺寸(图 8-9 中的 s)、激光头中轴线与镜头中轴线夹角(图 8-9 中角度 β 的余角);除了关键变量外,还有镜头视场角、透光率、光圈、感光芯片的尺寸、分辨率等。

首先介绍一个概念——系统分辨率：一个像素的平移所对应的实测距离变化量。

由式(8-3)可知，当 dx 为一个像素大小时，dq 就是系统分辨率，即系统分辨率 $r=-kqq/fs$。

在图 8-10 中，浅色线代表系统分辨率，深色线代表最小测量距离，即盲区。

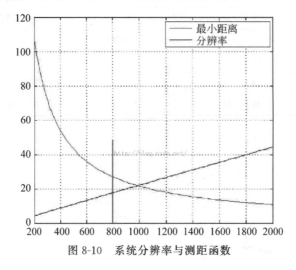

图 8-10　系统分辨率与测距函数

图 8-10 中的曲线对应的感光芯片参数是：752 个像素，每个像素 $6\mu m$。因为期望最小测距不大于 20cm，那么 fs 不得大于 900；系统分辨率在 6m 处不大于 30cm，那么 fs 要大于 700；因此选择 $fs=800$。考虑到镜头焦距的标准情况以及激光雷达尺寸不能太大，因此选择 $f=16mm$，$s=50mm$。

至于夹角 β，取决于感光芯片的尺寸和分辨率，即

$$\beta=\arctan(f/(376\times6))\approx82° \tag{8-4}$$

3. 测距模组工程实现

(1) 模组校准。

测距模组的主要误差来源是系统分辨率和校准误差。

校准的目的是把实际模组尽可能地匹配理想模型。如图 8-11 所示，激光头的指向角度、镜头的指向角度、镜头畸变都是需要调整的关键部分。其中，激光头和镜头可由机械装置调节达到理想位置。对于镜头的畸变，需要分两步处理：①定位激光点的成像像素到亚像素级别；②对于不同的实测距离进行相应的距离补偿，适配曲线 $1/x$，详见式(8-1)。

从图 8-12 可知，测量距离越远，误差就越大。

以上讲到的校准方法基于一个基本前提：热应力和机械振动都比较小。实际实现过程中，热应力和机械振动都不可忽视。设计时需要选择刚性比较好、热应力影响小的材料。

(2) 测距算法。

光斑的能量分布可近似为一个高斯模型，因此为了减小误差，选择灰度质心法估算光斑成像点的像素位置，即

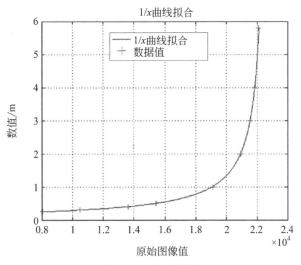

图 8-11　校准曲线

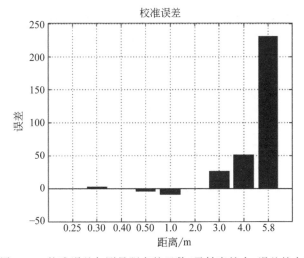

图 8-12　校准误差与测量距离的函数(灵敏度越大,误差越大)

$$\sum_i I(i)i / \sum_i I(i) \tag{8-5}$$

(3) 环境光干扰。

使用 650nm 的红激光进行实验,选择激光时需要考虑:①对人眼的危害情况;②测距信噪比;③对环境光的抗干扰能力。

对 IMLidar 进行实测,IMLidar 的激光安全等级是 class-I。激光的功率越大,测距的信噪比就越高(有上限)。直视太阳光,IMLidar 失效;但在非直视太阳光的室外及普通室内的环境下,环境光对测距效果没有影响。

对于环境光的影响,通常采用两种方式处理:一是时间滤波;二是窄带滤波。

图 8-13 体现了激光脉宽与最大允许光强的关系。选择参数是一个博弈的结果,需要

多方面权衡利弊。

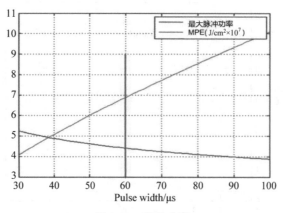

图 8-13 激光功率

（4）硬件逻辑。

激光雷达的工作流程是：①发射激光，同时感光芯片曝光；②读取像素数据；③计算出像素的中心（质心）位置；④把 c 中的计算结果（像素位置）换算成距离信息。

硬件的逻辑如图 8-14 所示。

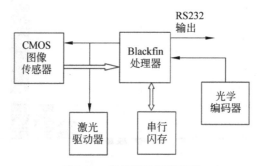

图 8-14 激光雷达硬件逻辑

4. 激光雷达扫描工程实现

（1）雷达旋转扫描。

定义雷达测距的参考点为雷达的旋转中心。

由图 8-15 可知：

$$x' = r\cos\varphi, y' = r\sin\varphi$$
$$\alpha = \pi - \beta + \varphi \tag{8-6}$$
$$x = x' + b\cos\alpha, y = y' + b\sin\alpha$$

也就是说，雷达旋转起来后，测距的参考点与原来不转的测距模组的参考点不同，因此需要对测距数据做式（8-6）的换算处理。

（2）角度与测距同步。

激光雷达传感器对外提供的数据是距离和角度信息，也就是一个极坐标信息。角度

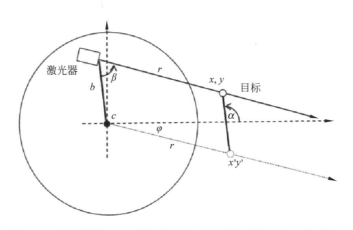

图 8-15　雷达旋转（LDS 的旋转几何，坐标系以旋转中心 c 为中心）

获取与测距需要同步才能反映环境信息。

（3）寿命问题。

传统的低成本激光雷达都采用滑环的方式给旋转体供电和通信。滑环的寿命比较短,只有大约 1000h,因此导致整个雷达的寿命受到了影响。IMLidar 采用无线供电方式,因此寿命会比较长,但具体数据难以实测。

8.2.5　毫米波雷达

1. 毫米波雷达简介

毫米波雷达（Millimeter-Wave Radar）是工作在毫米波波段（millimeter wave）的探测雷达,如图 8-16 所示。毫米波（Millimeter-Wave,MMW）是指长度在 $1\sim10$mm 的电磁波,对应的频率范围为 $30\sim300$GHz,如图 8-17 所示,毫米波位于微波与远红外波相交叠的波长范围,所以毫米波兼有这两种波谱的优点,同时也有自己独特的性质。毫米波的理论和技术分别是微波向高频的延伸和光波向低频的发展。根据波的传播理论,频率越高,波长越短,分辨率越高,穿透能力越强,但在传播过程的损耗也越大,传输距离越短;相对地,频率越低,波长越长,绕射能力越强,传输距离越远。所以与微波相比,毫米波的分辨

图 8-16　毫米波雷达示意

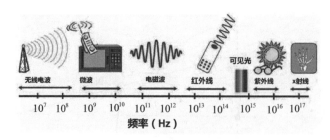

图 8-17　光波波长示意

率高、指向性好、抗干扰能力强和探测性能好。与红外线相比,毫米波的大气衰减小、对烟雾灰尘具有更好的穿透性、受天气影响小。这些特质决定了毫米波雷达具有全天时、全天候的工作能力。毫米波雷达能分辨识别很小的目标,而且能同时识别多个目标;具有成像能力,体积小,机动性和隐蔽性好,在战场上的生存能力强。

2. 毫米波雷达检测原理

毫米波雷达最重要的任务就是用无线电的方法发现目标并检测与目标物体的距离、速度和方向,如图 8-18 所示。

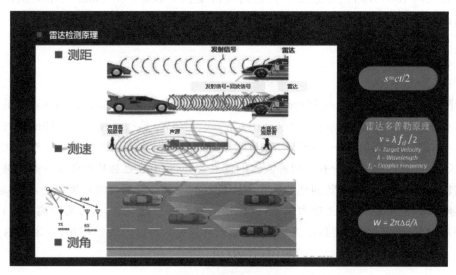

图 8-18　雷达检测原理

(1) 测距。

毫米波雷达的测距原理很简单,就是把无线电波(毫米波)发射出去,然后接收回波,根据收发的时间差测得目标的位置数据和相对距离。根据电磁波的传播速度可以确定目标的距离公式为 $s=ct/2$,其中 s 为目标距离,t 为电磁波从雷达发射出去到接收到目标回波的时间,c 为光速。

(2) 测速。

毫米波雷达测速基于多普勒效应(Doppler Effect)原理。多普勒效应是指当声音、光和无线电波等振动源与观测者以相对速度 v 运动时,观测者所收到的振动频率与振动源所发出的频率有所不同。因为这一现象是奥地利科学家多普勒最早发现的,所以称为多普勒效应。也就是说,当发射的电磁波和被探测目标有相对移动时,回波的频率会和发射波的频率不同。当目标向雷达天线靠近时,反射信号频率将高于发射信号频率;反之,当目标远离天线而去时,反射信号频率将低于发射信号频率,如图 8-19 所示。由多普勒效应所形成的频率变化称为多普勒频移,它与相对速度 v 成正比,与振动的频率成反比。如此,通过检测这个频率差可以测得目标相对于雷达的移动速度,也就是目标与雷达的相对速度。根据发射脉冲和接收的时间差,也可以测出目标的距离。

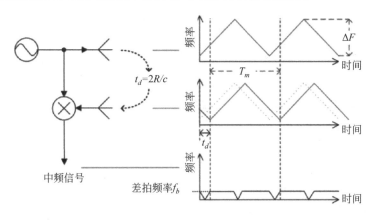

图 8-19　FMCW 雷达传感器测距原理

3. 毫米波雷达在 ADAS 中的应用

对于车辆安全来说,最主要的判断依据就是两车之间的相对距离和相对速度,特别是车辆在高速行驶中,如果两车的距离过近,则容易导致追尾事故。凭借出色的测距测速能力,毫米波雷达被广泛应用在自适应巡航控制(ACC)、前向防撞报警(FCW)、盲点检测(BSD)、辅助停车(PA)、辅助变道(LCA)等汽车 ADAS 中。

通常,为了满足不同距离范围的探测需要,一辆汽车上会安装多颗短程、中程和长程毫米波雷达。其中,24GHz 雷达系统主要实现近距离探测(SRR,60m 以内),77GHz 雷达系统主要实现中、长距离的探测(MRR,100m 左右;LRR,200m 以上)。不同的毫米波雷达各司其职,在车辆前方、车身和后方发挥不同的作用,如表 8-4 所示。

根据波的传播理论,频率越高,波长越短,分辨率越高,探测距离越远,但探测角度(水平视场)越小。所以 77GHz 毫米波雷达较 24GHz 可以实现更远的探测距离,精度更高。不过随着频率的增加,相应的芯片设计和制造难度也变大,77GHz 毫米波雷达的成本更高。通常探测角度和探测距离是矛盾的。如图 8-20 所示,显示了大陆集团 77GHz ARS 310 型毫米波雷达在短程、中程、长程不同探测距离和探测角度的比较。所以,虽然说 77GHz 在功能上可以取代 24GHz,是未来的主流,但从性价比的角度来看,目前短程雷达还主要由 24GHz 承担。

表 8-4 不同毫米波雷达性能和主要功能

	短程雷达（SRR）	中程雷达（MRR）	长程雷达（LRR）
工作频段	24GHz	76～77GHz	77GHz
探测距离	小于 60 米	100 米左右	大于 200 米
功能 — 盲点识别（BSD）	后方	后方	
功能 — 变道辅助（LCA）	后方	后方	
功能 — 后方穿越车辆报警（RCTA）	后方	后方	
功能 — 后侧碰撞预警（RCW）	后方	后方	
功能 — 自动代客泊车（AVP）	后方	后方	
功能 — 倒车车侧警示系统（CTA）	前方	前方	
功能 — 驻车开门辅助（VEA）	车身		
功能 — 主动车道控制（ALC）	前方	前方	
功能 — 自适应巡航（ACC）		前方	前方
功能 — 前方碰撞预警（FCW）		前方	前方
功能 — 自动紧急制动（AEB）		前方	前方
功能 — 行人检测系统（PDS）	前方	前方	

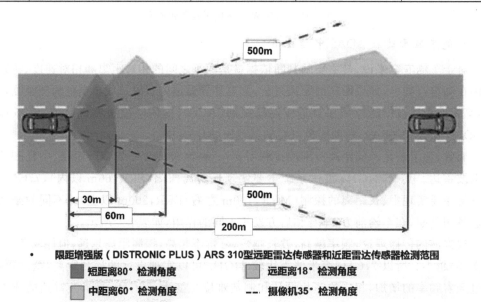

- **限距增强版（DISTRONIC PLUS）ARS 310 型远距雷达传感器和近距雷达传感器检测范围**
  - ■ 短距离80°检测角度
  - ■ 远距离18°检测角度
  - ■ 中距离60°检测角度
  - --- 摄像机35°检测角度

图 8-20　大陆集团 ARS 310 型的短程、中程、长程雷达检测

　　图 8-20 为大陆集团 ARS 310 型的短程、中程、长程雷达检测范围。目前主要的标配是：1～2 颗 77GHz MRR/LRR＋4 颗 24GHz SRR。24GHz SRR 虽然探测距离相对较短，但优势在于探测角度较大，成本相对较低，可以配置多颗，实现车身近距离全方位覆

盖。MRR/LRR 功能相当,LRR 的优势在于它的可探测距离比较远,适用速度能达到250km/h,但在绝大部分有限速的国家,使用成本相对更低且适用速度在 160km/h 内的中距雷达来实现自适应巡航(ACC)功能。

例如,奔驰 S 级就采用 6 颗毫米波雷达(1 长+1 中+4 短),如图 8-21 所示,分别分布在前向双模长程毫米波雷达 1 颗,后向中远程毫米波雷达 1 颗,前/后保险杠左右短程雷达共 4 颗。"短程+中程+长程"毫米波雷达三者结合共同完成自适应巡航(ACC)、自动紧急制动(AEB)、前方/后方碰撞预警(FCW/BCW)、变道辅助(LCA)、盲点检测(BSD)、倒车辅助(BPA)、泊车辅助(PA)等多种 ADAS 功能。其中,ACC、AEB、FCW、LCA 是汽车 ADAS 中最主要的防撞预警功能。

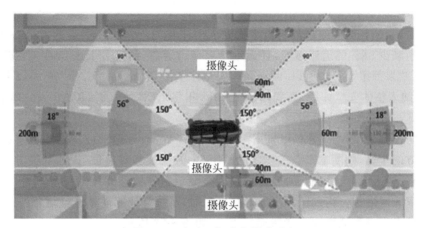

图 8-21　奔驰 S 级汽车雷达示意

(1) 自适应巡航。

自适应巡航(Adaptive Cruise Control,ACC)是一种可以依据设定的车速或者距离跟随前方车辆行驶或根据前车速度主动控制本车行驶速度,最终将车辆与前车保持在安全距离的驾驶辅助功能,该功能最大的优点是可以有效解放驾驶者的双脚,提高驾驶的舒适性。

ACC 的实现原理是:在车辆行驶过程中,安装在车辆前部的毫米波雷达传感器持续扫描车辆前方道路,同时轮速传感器采集车速信号。当与前车之间的距离过小时,ACC 系统可以通过与制动防抱死系统、发动机控制系统的协调动作使车轮适当制动,并使发动机的输出功率下降,以使车辆与前方车辆始终保持安全距离。ACC 系统在控制车辆制动时,通常会将制动减速限制在不影响舒适度的程度,当需要更大的减速时,ACC 系统会发出声、光预警信号通知驾驶者主动采取制动操作。

(2) 自动紧急制动。

自动紧急制动(Autonomous Emergency Braking,AEB)是一种汽车主动安全辅助功能。AEB 系统利用毫米波雷达测出与前车或者障碍物的距离,然后利用数据分析模块将测出的距离与警报距离、安全距离进行比较,当小于警报距离时就进行警报提示,当小于安全距离时,即使在驾驶人没有来得及踩下制动踏板,AEB 系统也会启动,使汽车自动制动,从而确保驾驶安全,如图 8-22 所示。

图 8-22　AEB 示意

研究表明,90%的交通事故是由于驾驶人的注意力不集中而引起的,AEB 技术能在现实世界中减少 38%的追尾碰撞,且无论是在城市道路(限速 60km/h)或郊区道路行驶的情况下,效果都很显著。所以,欧洲新车安全评鉴协会(Euro NCAP)在 2014 年率先将 AEB 系统纳入整体安全评级,而我国也在 2018 年将 AEB 加入了 NCAP 评分体系。

(3)前方防撞预警功能。

前方防撞预警(Forward Collision Warning,FCW)通过毫米波雷达和前置摄像头不断监测前方的车辆,判断本车与前车之间的距离、方位及相对速度,探测到前方潜在的碰撞危险,当驾驶人没有采取制动措施时,仪表会显示报警信息并伴随声音报警,警告驾驶人务必采取应对措施。当判断到事故即将发生时,系统会让制动系统自动介入工作,从而避免事故的发生或降低事故可能造成的风险,如图 8-23 所示。

图 8-23　FCW 示意

AEB 通过传感器探测前方的车辆、行人等障碍物,如果发现距离过近且存在碰撞风险时,则进行自动制动。FCW 可以理解为进行自动制动之前的预警功能。其实,FCW 和 AEB 系统是相辅相成的关系,目的都是在行车时避免或减少碰撞事故的发生。

(4)变道辅助。

变道辅助(Lane Change Assist,LCA)是通过毫米波雷达、摄像头等传感器对车辆相邻两侧车道及后方进行探测,获取车辆侧方及后方物体的运动信息,并结合当前车辆的状态进行判断,最终以声、光等方式提醒驾驶人,让驾驶人掌握最佳变道时机,防止变道引发的交通事故,同时对后方碰撞也有比较好的预防作用。

变道辅助系统包括盲点检测(BSD)、变道预警(LCA)、后碰预警(RCW)三个功能,可以有效地防止变道、转弯、后方追尾等交通事故的发生,极大地提升了汽车变道操作的安全性能,如图 8-24 所示。

图 8-24　变道辅助示意

其中,BSD 根据其判断的移动物体所处的相对位置及与本车的相对速度,当处于本车的盲区范围时,BSD 会及时提醒驾驶人注意变道出现的风险。LCA 检测目标车辆在相邻的区域以较大的相对速度靠近本车,在两车时距小于一定范围时,通过声、光等方式提醒驾驶人。RCW 检测到同一车道后方有快速接近的移动物体并有碰撞风险时,及时通过声、光等方式预警驾驶人通过系好安全带等方式减小碰撞带来的伤害。

(5)多种传感器融合。

在这些驾驶辅助功能实现的过程中,不难发现虽然毫米波雷达起到了最核心的物体探测、测距和测速的作用,但是整个过程还需要其他传感器的辅助,比如激光雷达、摄像头、超声波雷达、惯性传感器等。随着越来越多汽车厂商开始将不同的传感器整合到汽车ADAS 中,业界普遍认为传感器融合(sensor fusion)是高度自动化驾驶安全性的关键。

在环境感知中,每种传感器都有独特的优势和弱点。例如,毫米波雷达不受天气影响,可全天候、全天时工作,但分辨率不高,不能区分人和物;而摄像头有更高的分辨率,能够感知颜色,但受强光影响较大;激光雷达能够提供三维尺度感知信息,对环境的重构能力强,但受天气影响大。传感器各有优劣,难以互相替代,未来要实现自动驾驶,一定需要多种传感器相互配合以共同构成汽车的感知系统。随着自动驾驶从 L2 级向 L5 级的发展,集成在汽车上的传感器数量和种类不断增加,只有这样才能够保证信息获取充分且有冗余,才能达到 OEM 主机厂所需的安全标准。

软件是多种传感器融合的核心之一。算法是多种传感器融合通往更高级自动驾驶技术的"拦路虎",因为多种传感器的使用会使需要处理的信息量激增,其中甚至有相互矛盾的信息,如何保证系统快速处理数据,过滤无用、错误的信息,从而保证系统最终做出及时正确的决策十分关键。目前,多种传感器融合的理论方法有贝叶斯准则法、卡尔曼滤波法、D-S 证据理论法、模糊集理论法、人工神经网络法等。

因此,在使用多种传感器的情况下,要想保证安全性,就必须对传感器进行信息融合。多种传感器融合可显著提高系统的冗余度和容错性,从而保证决策的快速性和正确性,是现阶段 ADAS 走向高级自动驾驶并最终实现无人驾驶的必然趋势。

8.2.6 视觉感知系统

自动驾驶技术涉及的环境感知传感器除了雷达类测距传感器(激光雷达、毫米波雷达、超声波雷达等)外,还包括视觉类传感器(单目和双目立体视觉、全景视觉及红外相机)。

ADAS 应用摄像头作为主要传感器是因为摄像头分辨率远高于其他传感器,可以获取足够多的环境细节,帮助车辆进行环境认知,车载摄像头可以描绘物体的外观和形状、读取标志等,这些功能其他传感器无法做到。从降低成本的角度看,摄像头是识别传感器的有力候补之一,在一切清晰的情况下,摄像头是最好的选择,但是受环境因素以及外部因素的影响较大,比如隧道中光线不足、天气因素导致的视线缩小等。

采集图像信息的重要工具,部分类似路标识别、车道线感应等功能只能由摄像头实现。目前,摄像头的应用主要有单目摄像头、后视摄像头、立体摄像头或称双目摄像头、环视摄像头。

1. 摄像头分类

(1) 单目摄像头。

单目摄像头的模型可以近似考虑为针孔模型,如图 8-25 所示。

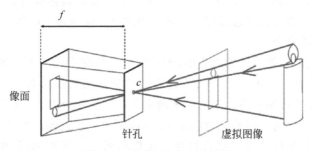

图 8-25　摄像头针孔成像模型

f 为摄像头的焦距,c 为镜头光心。

物体发出的光经过相机的光心,然后成像于图像传感器,如果设物体所在平面与相机平面的距离为 d,物体实际高度为 H,在传感器上的高度为 h,那么则有

$$\frac{d}{f} = \frac{h}{H} \tag{8-7}$$

依据式(8-7),根据这个思路,只需要得出物体在传感器上的高度 h,一旦 h 是足够精确的,那么所测的距离 d 的精确度也能得到保证。

整个流程包括样本的采集及标记,同时对标记的样本进行大范围训练来提取特征和模型,将模型作为实际图像数据进行分类识别,如图 8-26 所示。

另外一个维度需要保证图像源的质量,通过宽动态、强光抑制、降噪等技术保证输入数据源的干净,将真实环境的清晰数据进行边缘化和纹理化并送入分类器进行识别,如图 8-27 所示。

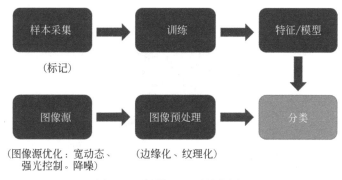

图 8-26　视觉 ADAS 基本原理

图 8-27　路面及车辆识别

同时,在这个环节要非常注重模型数据和图像源数据的一致性,即样本标记的数据和实际图像源要来自相同的镜头、图像传感器和相同的 ISP 技术,以保证训练和实际的高匹配。

这部分是目前在实验室测数据时很难实现的,很多可能采用的是公开的样本库进行训练,而公开样本库所采用的摄像头、镜头角度等并不是实际中使用的。

(2) 双目摄像头。

应用于室外场景的双目视觉确实不多见,笔者之前用过的 bumblebee 双目也应用于室内场景,之后接触的 ZED 相机也是在室内比较好用(毕竟基线长度被固定了,就那么短)。建议用于室外制作视觉里程计或者识别类算法时自行搭建双目传感器,在保证同步触发的情况下根据具体需求确定基线长度。双目视觉绕不开视差图和双目标定,目前比较通用的双目标定做法是采用张正友法,利用 Camera Calibration Toolbox 进行标定,OpenCV 中也集成了该方法,如图 8-28 所示。

(3) 全景相机。

全景相机分为单镜头全景相机和多镜头拼接全景相机。比较推荐使用全景相机做视觉里程计,其视野范围大,特征点关联度高,用全景视觉配合组合导航做高精度地图重建是个不错的选择,可以实现自动驾驶汽车车道级别定位。

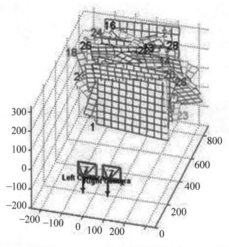

图 8-28　双目立体视觉标定

(4)红外相机。

红外相机属于视觉的另外一个门类,其夜视效果比白昼效果好,可应用于行人、车辆检测等。在激光雷达出现以后,红外相机在自动驾驶应用中处于一个比较尴尬的地位,价格不菲且没有激光雷达结果直观,使用之后发现,在障碍物(如人)识别上,激光离散点云还是比不上空间上连续的图像。另外,测试中发现,红外相机具体可以捕捉玻璃上的人影。红外相机在一定程度上可以对发热体进行区分,如路面、行人等,但需要后期处理,没有激光雷达利用绝对高度或者梯度进行障碍物检测直观。夜晚条件下可以替代彩色相机进行前视障碍物的检测与监控,如图 8-29 所示。

图 8-29　红外视觉成像

2. 计算机视觉在无人驾驶中的应用

计算机视觉在无人车上的使用有一些比较直观的例子,比如交通标志和信号灯的识别(Google)、高速公路车道的检测定位(特斯拉)。现在基于激光雷达信息实现的一些功能模块,其实也可以用摄像头基于计算机视觉实现。计算机视觉在无人车场景中解决的最主要问题可以分为两大类:物体的识别与跟踪以及车辆本身的定位。

物体的识别与跟踪。通过深度学习的方法可以识别在行驶途中遇到的物体,比如行人、空旷的行驶空间、道路上的交通标志、红绿灯以及旁边的车辆等。由于行人以及旁边的车辆等物体都是在运动的,因此需要跟踪这些物体以达到防止碰撞的目的,这就涉及Optical Flow等运动预测算法。

车辆本身的定位。通过基于拓扑与地标算法或者几何的视觉里程计算法,无人车可以实时确定自身位置,满足自主导航的需求。

(1) Optical Flow 和立体视觉。

物体的识别与跟踪以及车辆本身的定位都离不开底层的 Optical Flow 与立体视觉技术。在计算机视觉领域,Optical Flow 是图片序列或视频中像素级的密集对应关系,例如在每个像素上估算一个二维的偏移矢量,得到的 Optical Flow 以二维矢量场表示。立体视觉是从两个或更多的视角得到的图像中建立对应关系。这两个问题有高度相关性,一个是基于单个摄像头在连续时刻的图像,另一个是基于多个摄像头在同一时刻的图片。解决这类问题时有两个基本假设:不同图像中的对应点都来自物理世界中同一点的成像,所以外观相似。

不同图像中的对应点集合的空间变换基本满足刚体条件,或者说空间上分割为多个刚体的运动。从这个假设可以得到 Optical Flow 的二维矢量场片状平滑的结论。

(2) 物体的识别与追踪。

从像素层面的颜色、偏移和距离信息到物体层面的空间位置和运动轨迹是无人车视觉感知系统的重要功能。无人车的感知系统需要实时识别和追踪多个运动目标(Multi-ObjectTracking,MOT),例如车辆和行人。物体识别是计算机视觉的核心问题之一,最近几年由于深度学习的革命性发展,计算机视觉领域大量使用 CNN,物体识别的准确率和速度得到了很大提升。但总体来说,物体识别算法的输出一般是有噪声的:物体的识别有可能不稳定、物体可能被遮挡、可能有短暂误识别等。自然的,MOT 问题中流行的Tracking-by-detection 方法就要解决这样一个难点:如何基于有噪声的识别结果获得健壮的物体运动轨迹。在 ICCV 2015 会议上,斯坦福大学的研究者发表了基于马尔可夫决策过程(MDP)的 MOT 算法来解决这个问题,运动目标的追踪用一个 MDP 建模,如图 8-30所示。

① 运动目标的状态: $s \in S = S\_active \cup S\_tracked \cup S\_lost \cup S\_inactive$,这几个子空间各自包含无穷多个目标状态。被识别到的目标首先进入 active 状态,如果是误识别,则目标进入 inactive 状态,否则进入 trcked 状态。处于 tracked 状态的目标可能进入 lost 状态,处于 lost 状态的目标可能返回 tracked 状态,或者保持 lost 状态,或者在足够长的时间之后进入 inactive 状态。

② 作用 $a \in A$,所有作用都是确定的。

③ 状态变化函数 $T: S \times A \rightarrow S$ 定义了在状态 s 和作用 a 下目标状态变为 s'。

④ 奖励函数 $R: S \times A \rightarrow R$ 定义了作用 a 之后到达状态 s 的即时奖励,这个函数是从

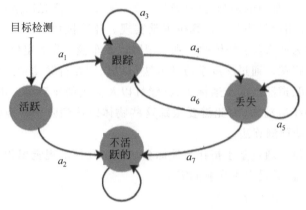

图 8-30　DMM 状态图

训练数据中学习的。

⑤ 规则 $\pi:S \rightarrow A$ 决定了在状态 s 采用的作用 a。

如图 8-31 所示，这个 MDP 的状态空间变化如下。

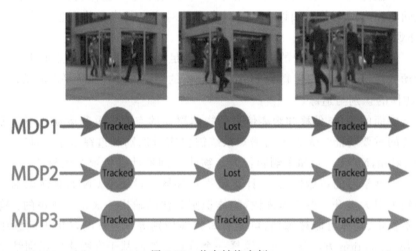

图 8-31　状态转换实例

在 active 状态下，物体识别算法提出的物体候选通过一个线下训练的支持向量机（SVM）判断下一步的作用是 a_1 还是 a_2，这个 SVM 的输入是候选物体的特征向量及空间位置大小等，它决定了在 S_active 中的 MDP 规则 π_active。

在 tracked 状态下，一个基于 tracking-learning-detection 追踪算法的物体线上外观模型被用来决定目标物体是否保持在 tracker 状态还是进入 lost 状态。这个外观模型（appearance model）使用当前帧中目标物体所在的矩形（bounding box）作为模板（template），所有在 tracked 状态下收集的物体外观模板在 lost 状态下被用来判断目标物体是否回到 tracked 状态。另外在 tracked 状态下，物体的追踪使用上述外观模型模板，矩形范围内的 Optical Flow 和物体识别算法提供的候选物体和目标物体的重合比例决定是否保持在 tracked 状态，如果是，那么目标物体的外观模板自动更新。

在 lost 状态下,如果一个物体保持 lost 状态超过一个阈值帧数,就进入 inactive 状态;物体是否返回 tracked 状态由一个基于目标物体和候选物体相似性特征向量的分类器决定,对应了 S_lost 中的 π_lost。

这个基于 MDP 的算法在 KITTI 数据集的物体追踪评估中达到了业界领先水平。

(3) 视觉里程计算法。

基于视觉的定位算法有两大分类:一种是基于拓扑与地标的算法;另一种是基于几何的视觉里程计算法。基于拓扑与地标的算法把所有地标组成一个拓扑图,然后当无人车监测到某个地标时,便可以大致推断出自己所在的位置。基于拓扑与地标的算法相对于基于几何的方法更容易,但是要求预先建立精准的拓扑图,比如将每个路口的标志物制作成地标。基于几何的视觉里程计算法计算比较复杂,但是不需要预先建立精准的拓扑图,这种算法可以在定位的同时扩展地图,下面着重介绍视觉里程计算法。

视觉里程计算法主要分为单目和双目两种,纯单目的算法的问题是无法推算出观察到的物体的大小,所以使用者必须假设或者推算出一个初步的大小,或者通过与其他传感器(如陀螺仪)的结合进行准确的定位。双目的视觉里程计算法通过左右图三角剖分(triangulation)计算出特征点的深度,然后从深度信息中推算出物体的大小。图 8-32 展示了双目视觉里程计算法的具体计算流程。

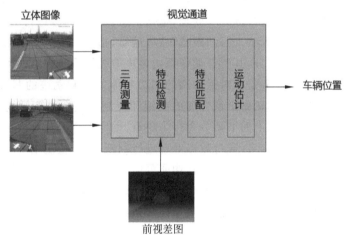

图 8-32　双目视觉里程计算法的计算流程

① 双目摄像机抓取左右两图。

② 双目图像经过三角测量产生当前帧的视差图(Disparity Map)。

③ 提取当前帧与之前帧的特征点,如果之前帧的特征点已经提取好了,那么可以直接使用之前帧的特征点。特征点提取可以使用 Harris Corner 探测器。

④ 对比当前帧与之前帧的特征点,找出帧与帧之间的特征点对应关系。具体可以使用随机抽样一致(Random Sample Consensus,RANSAC)算法。

⑤ 根据帧与帧之间的特征点对应关系推算出两帧之间车辆的运动。这个推算是通过最小化两帧之间的重投影误差(Reprojection Error)实现的。

⑥ 根据推算出的两帧之间车辆的运动以及之前的车辆位置计算出最新的车辆位置。

通过以上视觉里程计算法，无人车可以实时推算出自己的位置，进行自主导航。但是纯视觉定位计算的一个很大问题是算法本身对光线相当敏感。在不同的光线条件下，同样的场景不能被识别。特别是在光线较弱时，图像会有很多噪点，极大影响了特征点的质量。在反光的路面，这种算法也很容易失效，这也是影响视觉里程计算法在无人驾驶场景普及的一个主要原因。一个可能的解决方法是在光线条件不好的情况下，更加依赖根据车轮以及雷达返回的信息进行定位。

8.3 决策规划控制

8.3.1 决策规划控制系统

智能汽车是一个涉及多门学科的综合性系统，是一个典型的跨领域研究，是智能交通的一个重要组成部分。除了环境感知系统外，决策控制系统是另外一个重要子系统，它们相当于人的眼睛和大脑，环境感知可以"看见"周围的环境，决策控制系统则根据周围的情况进行"思考"，然后做出决策判断。

环境感知单元是通过传感器感知周围环境信息将其提供给控制决策单元作为输入。决策控制单元对采集的信息进行进一步处理，根据信息包含的内容进行决策，进而指导驾驶行为。相当于智能汽车的大脑，通过"眼睛"获取信息，指挥"手脚"做出活动。对于智能汽车，决策控制系统是关键部分，其所有动作都由该决策控制系统控制。

决策规划控制系统的任务是在对感知到的周边物体的预测轨迹的基础上，结合汽车的路由意图和当前位置，对车辆做出最合理的决策和控制。整个决策规划控制系统可以按照解决问题的不同层面，自上而下划分为行为决策、动作规划以及反馈控制三个模块。

决策层根据环境感知的结果，通过数据融合进行判断，输出控制指令，发送给控制层。规划层解决具体的汽车动作的规划问题，其功能可以理解为在一个较小的时空区域内，具体解决汽车从 A 点到 B 点如何行驶的问题。控制层根据决策层、规划层的指令分别对车辆的方向、节气门和制动系统进行控制。决策控制系统是整个智能车系统的中枢神经，具有高度的智能化和复杂度。

8.3.2 决策

人类的驾驶能力不仅要求有能力根据一套交通规则适当地操纵方向盘、制动系统和节气门，还必须评估社会风险、健康、法律后果或驾驶行为带来的危及生命的后果（例如如果行人在红灯前不停车该怎么办）。驾驶问题的解决需要高水平的人类知识，因此科学使用复杂的人工智能系统模拟它们。决策系统的作用是对为车辆感知系统提供的抽象信息进行解释，并产生可持续和安全驾驶的行动。

为了在现实世界中可靠地运行，自动驾驶汽车必须通过预测其他交通参与者的意图来评估和决定其潜在行为的后果。自动驾驶车辆的第一个决策系统出现在 2007 年的 DARPA 城市挑战赛(Urmson et al,2008)，该系统允许车辆在它们所涉及的城市场景中运行,模拟U形转弯、十字路口、停车场和真实的交通。这些早期决策系统使用公共元素,如规划者,其中系统是通过使用有限状态机、决策树和启发式实现的。近年来,通过轨迹优化的透镜可以解决自主驾驶的决策问题。然而,这些方法并没有对车辆之间的闭环交互进行建模,没有考虑它们的潜在结果。现在,还没有真正的系统能超过人类驾驶者。决策的进展旨在提高参与决策的系统的智能。认知系统、agent 系统、模糊系统、神经网络、进化算法或者基于规则的方法组成了智能决策系统(IDMS),图 8-33 从自动驾驶功能体系的角度显示了 IDMS 的位置。

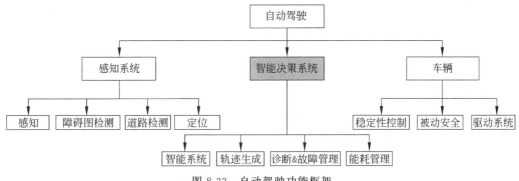

图 8-33   自动驾驶功能框架

在复杂场景中,涉及多辆汽车(如城市地区)的自动驾驶对人的完整性有固有风险,需要实时解决方案。在这种情况下,决策需要可靠性、安全性和容错系统。为此,有必要提出一种快速探索随机树(RRT)方法的实时运动规划算法。该算法是麻省理工学院的团队参加 2007 年 DARPA 城市挑战赛的计划和控制软件的核心,在赛事中,车辆展示了完成 60mile(96.56km)模拟军事供应任务的能力,同时可以实验与其他自动驾驶和人类驾驶的车辆进行安全交互。多准则决策(Multicriteria Decision Making,MCDM)和佩特里网(Petri Net)提出了解决问题的实时自动驾驶。MCDM 提供了各种各样的好处,例如:

① 目标层次结构允许系统、完整地确定车辆所要达到的目标;

② 效用函数可以通过启发式定义反映一个人的驱动程序的选择,也可以应用学习算法;

③ MCDM 允许对大量的驾驶替代方案进行集成和评估,决策灵活性可以通过定义基于路况的属性权重实现;

④ 可以添加额外的目标、属性和备选方案,而不需要进行重大更改,驾驶动作被建模为决定性的有限自动机;

⑤ 将决策单元建模为 Petri Net。

8.3.3 运动规划

在过去的几十年,人们对移动机器人和自动驾驶汽车的运动规划进行了广泛的研究。在不同的假设下,不同的策略被设计以满足各种运动学、动力学和环境约束。在这一部分中,路径和速度规划是在特定的方法下提出的,但是也可以考虑其他不同的策略。

1. 路径规划

获得最佳路径的技术一般可分为两类：间接技术和直接技术。间接技术将状态/控制变量离散化,将路径规划问题转化为参数优化问题,通过非线性规划或随机技术求解。后者利用 Pontryagin 的极大值原理将最优条件重新表示为边值问题,其近似解在大量的可能性和约束条件下进行了研究,随后的描述是基于后者的,在这种情况下,一个本地的计划器被封装到一个通用的过程中,以处理复杂的场景拓扑和避障。路径规划系统由几个子系统组成,它们分别作为独立的进程独立运行。这些子系统包括成本图生成、全局规划和局部规划。前者负责计算其他两种方法将使用的成本图及计算轨迹,考虑不同可能性存在的安全性(关注环境中的障碍以及对近期预期变化的估计);第二种用于计算轨迹,该轨迹允许车辆在非结构化地图中的当前位置和目标之间行进;第三种方法为系统提供了跟踪所需的机制,计算低级控制器所需的指令以移动原型。

(1) 成本图生成。

成本图以占用网格的形式保存地图中占用/空闲区域的信息,它使用来自静态地图的传感器数据和信息存储和更新世界上的障碍信息,这些信息在地图上被标记(如果它们不在,则可以被清除)。成本地图计算是在分层的成本图上完成的,它将被用于将不同的信息源集成到一个单片的成本图中。在每层,车辆周围被占用/空闲区域的信息以占用网格的形式保持,使用不同的观测源作为输入。利用这些信息,动态障碍和静态障碍都被标记在地图上。例如,假设地图中的每个单元格都有 255 个不同的成本值。然后,每层的成本图表示如下：

① 255 的值意味着地图中没有关于特定单元格的信息；

② 254 表示传感器已将该特定单元标记为已占用,它被认为是一个危险的单元格,所以车辆永远不能进入；

③ 考虑到与车辆尺寸相关的膨胀方法及其与障碍物的距离,其余单元格被认为是空闲的,但其成本水平不同。

成本值随着距离最近的已占用单元格的距离而降低,使用下面的表达式。

$$C(i,j) = \exp(-1.0 \times \alpha \| c_{ij} - o \| - \rho_{\text{inscribed}}) \times 253 \tag{8-8}$$

其中,α 是一个比例因子,允许增加或减少障碍的衰变率。$\| c_{ij} - o \|$ 是单元格 $c_{ij} \in C$ (C 是成本图中单元格的集合)和障碍之间的距离。最后,$\rho_{\text{inscribed}}$ 是内切半径,是汽车限制的内圈半径。

尽管所有单元格都是空闲的,但是为了在图中设置不同的危险级别,通常定义不同的距离阈值。例如,可以定义以下四个阈值。

① ζ_{lethal}：这个单元格内是一个障碍,因此车辆处于碰撞,它将由成本水平 254 表示。

② $\zeta_{\text{inscribed}}$：单元与距离最近的障碍之间距离低于 $\rho_{\text{inscribed}}$。如果车辆的中心在这个单元中,则它也处于碰撞中,所以应该避免距离阈值以下的区域。成本水平将为 253。

③ $\zeta_{\text{circumscribed}}$：如果车辆中心在这个单元格内,则很有可能汽车与障碍物正发生碰撞,这取决于车辆的方位。应该避免在此阈值以下的障碍物的距离,但也存在没有遇到障碍物的情况。

④ 其余单元格被认为是安全的(除了那些未知成本的,由于还不知道它们是否被占

用,因此被认为是危险的)。

在提出的方法中,只考虑通过低于$\zeta_{circumscribed}$边界成本的那些路径。使用式(8-8)和稍后将解释的其他成本因素获得该成本。通过该阈值的单元格的路径将在最后一个安全点被截断。为了计算成本图和与每个单元格相关的成本,可以使用 ROS 插件 COSTMAP 2D,它实现了本节描述的一些功能。

现在,在分层的成本图中考虑四个不同的层。

① 第一层表示先前捕获的静态地图中的障碍。这张地图代表了车辆行驶的整个区域的静态障碍物。这一层是基于非原始的全局规划使用的唯一层,因为非原始的轨迹生成不考虑非静态障碍(指非静态且未包含在地图中的障碍),因此这些在局部规划层上应该被避免。

② 第二层是基于静态映射。出于优化的原因,在这个和随后的层中,每次迭代不计算整个地图的成本图,相反,只更新一个以当前汽车位置为中心的区域中的单元。目标不是更新整个地图,因为这些层仅用于局部规划或局部操纵。静态障碍包括在局部规划内,因为车辆不希望通过限制区域,同时避免障碍,这允许车辆也可以在局部规划层面知道哪些区域被禁止。

③ 第三层用于表示由不同传感器检测到的动态障碍物。使用该输入检测并移除地面,仅提取车辆可能碰撞的垂直障碍物。该层中的参数使得障碍物比第二层计算的障碍物更强,这使实时检测到的障碍比静态地图上的障碍取得了更多的优先权。

④ 最后一层提供了动态障碍物未来运动的估计。为了做到这一点,输入点云使用体素网格分割以减少维数。车辆周围的世界被划分成离散大小相等的体素。对于每个体素,基于从其邻域中的输入点云的点的数量分配占用概率。

利用这个概率,有效像素点(具有更高的占用率)与有噪声像素点(具有更小的概率)区分开来。所有层被合并成一个成本图。成本图中包含障碍物的运动是很有趣的,因为这样车辆就会试图避开没有穿过轨道的一侧的障碍物。

(2) 全局规划。

通常在自动车辆中使用两个全局规划器:基于原始的全局规划器和基于非原始的全局规划器。这些规划器旨在获得从车辆当前位置到确定目标的可行路径。

① 基于原始的全局规划器。这两种方法在系统中的目的是完全不同的。基于非原始的全局规划器用于常规导航,而基于原始的全局规划器用于在长时间存在障碍物的情况下恢复车辆正在执行一些复杂的操作,例如停车。

基于原始的全局规划器构建从车辆位置到期望目标的路径。路径是通过结合"运动原语"生成的,运动原语是一种短的、运动学上可行的运动。这些运动原语是使用车辆的模型产生的,以符合车辆的曲率限制。

这些原语的计算如下。考虑一组预定义的方向,对于每一个方向,模型都在不断发展,直到它以不同的速度达到预定的方向。这个过程既向前又向后。在此过程中获得了一组实现车辆限制的小轨迹,将作为规划的构件。

有了这些,就可以使用 ARA 算法搜索可行路径。在每个节点展开时,探索一个新的x、y坐标和位置,直到找到最佳路径或勘探时间结束(如果是,则使用在此之前找到的最佳路径)。在这次搜索中,落后的原语的成本比向前的成本要高,要防止车辆在不降低性能的情况下尽可能地使用逆向路径。另外,可以通过添加一个新的成本改进原始的搜索算法,该成本会对向前和向后的原语进行惩罚。这一切都是为了规划更自然的道路。

② 基于非原始的规划器。非原始的全局规划器计算从车辆的位置到目标的最小成本路径,例如 Dijkstra 算法。考虑到搜索算法获取全局计划的速度,这个规划器被用作对车辆将要遵循的路线的粗略估计。为了使计划者构建平滑的路径,使其能够被阿克曼车辆跟踪,成本图的静态障碍物会被过度膨胀。

如果这条路线没有考虑到车辆的非完整限制,那么车辆的方向和全局规划方向的初始角度要比局部规划所要求的最大角度要大得多,这样才能产生可行的路径,这就是为什么非原始的规划与局部规划状态机要结合使用。

(3)局部规划。

一旦定义了全局路径,就需要一个能够计算控制车辆所需的转向和速度命令的方法,以便跟踪该路径。这种方法也应该能够避免路上出现的障碍,并且必须以安全有效的方式进行。

局部路径生成的基本思想是定义一组可行路径,并根据成本选择最佳路径。获胜路径定义车辆使用的转向和速度指令。在局部路径中的选择有助于克服道路中不可预见的障碍物的存在。

当前的欧几里得坐标系一般都是在 Frenet 空间的基础上转换成一个新的系统。这个空间的计算如下:全局路径被认为是曲线坐标系的基本框架。根据该基本框架定义可行的局部路径如下。

最近的点(其中距离垂直于全局路径的距离)到主轨迹将是曲线坐标系的原点。

水平轴代表的是全局路径上的距离。

垂直轴由垂直于原点的向量表示,其指向路径方向的左侧。

在该模式中,可以在曲线空间中很容易地计算轨迹(即生成机动信息),然后将这些转换为原始欧几里得空间,其中通过将成本分配给每个路径添加障碍信息。

基于这一思想,该方法可分为五个阶段。

① 生成成本图。使用由传感器生成的信息或通过前面章节中描述的方法,系统构建成本与障碍物的距离相关的成本图。

② 基础框架结构。基于前一部分构造的全局路径生成曲线坐标系的基本框架。

③ 候选路径生成。候选路径被生成到曲线空间中,然后被转换成欧几里得空间。

④ 获胜路径的选择。分配所有路径的成本,选择具有最低值的路径。

⑤ 车辆指令的计算。基于获胜路径的特征计算车辆速度和转向角。

2. 速度规划

当路径规划给定了选出的轨迹后,运动规划需要解决的后续问题是在此轨迹上加入速度相关信息,这一问题称为速度规划。

事实上,在非结构化环境中的任何路径都可以被分解,借助于路径规划算法,进入一系列的旋转——由环和直线组成的弧。之所以选择回旋线,是因为在一个与弧长呈正比的每一点上,一个回旋体的弧具有可变曲率,并且它提供了直线与圆形曲线之间最平滑的联系,常被用在道路和铁路设计中：离心力实际上与时间呈比例变化,以恒定的速率从零值(沿直线)到最大值(沿着曲线)后再回来。

这种分解对于寻找闭合形式的最优速度分布是非常有用的,因为直线段和圆弧都可以与恒定的速度相关联。更确切地说,当一个转弯开始时,最大速度将受到舒适横向加速度阈值的限制,并且当直线段被跟踪时,最大纵向速度、加速度和挺杆将是施加在基准速度上的极限。

速度曲线可以定义如下。

① 当曲率曲线是圆弧或其前面的回旋线时,取在最小值 v_{min} 处的恒速曲线。

② 从最小值 v_{min}。v_{min} 到最大允许速度 v_{max}。v_{max} 的平滑过渡,并再次返回到满足加速度和约束的 v_{min}。

③ 一组从零到最大速度的一个或两个平滑过渡曲线(2 类以上),反之亦然。

为了获得第二类曲线的封闭形式表达式,速度轨迹被划分成若干间隔。假设七个区间 $[t_{i-1},t_i]$, $i=1\cdots7$;用弧长 S_r 表示如下。

$$\dddot{S}_r(t)=\begin{cases} \dddot{S}_{r_{max}}, & t\in[t_0,t_1] \quad t\in[t_6,t_7] \\ 0, & t\in[t_1,t_2] \text{ or } t\in[t_5,t_6] \\ -\dddot{S}_{r_{max}}, & t\in[t_2,t_3] \quad t\in[t_4,t_5] \end{cases}$$

$$\ddot{S}_r(t)=\ddot{S}_r(t_{i-1})+\dddot{S}_r(t)(t-t_{i-1})$$

$$\dot{S}_r(t)=\dot{S}_r(t_{i-1})+\ddot{S}_r(t_{i-1})(t-t_{i-1})+\frac{1}{2}\dddot{S}_r(t_{i-1})(t-t_{i-1})^2$$

$$S_r(t)=S_r(t_{i-1})+\dot{S}_r(t_{i-1})(t-t_{i-1})+\frac{1}{2!}\ddot{S}_r(t_{i-1})(t-t_{i-1})^2$$

$$+\frac{1}{3!}\dddot{S}_r(t_{i-1})(t-t_{i-1})^3 \tag{8-9}$$

弧长将从闭合的回旋线的初始点($S_r(t_0)$)到直线段的最后点($S_r(t_7)$),初始速度和最终速度($\dot{S}_r(t_0),\dot{S}_r(t_7)$)将由最小速度 v_{min}、初始加速度和最终加速度($\ddot{S}_r(t_0),\ddot{S}_r(t_7)$)设定,($\dddot{S}_r(t_0),\dddot{S}_r(t_7)$)将等于零。

关于舒适约束,最大速度将是 V_{max}^*,最大速度和加速度将由设计参数 γ_{max} 和 J_{max} 确定。

注意,V_{max}^* 的值对应于先前定义的 V_{max},前提是足够的距离到达目标。如果可用弧长小于某个临界值,则将最大速度设置为初始速度 V_0,从而产生恒定速度轮廓,否则将计算 V_0 和 V_{max} 之间的最大速度。方程(8-9)的闭式多项式表达式允许最大速度计算如下。

$$V_{max}^*=\begin{cases} V_{max}, & \text{满足条件 1 时} \\ V_0, & \text{满足条件 2 时} \end{cases} \tag{8-10}$$

条件 1:

$$\Delta_s\geqslant(V_{max}+V_0)+(V_{max}+V_{min}) \tag{8-11}$$

条件 2:

$$\Delta_s < \frac{V_0}{2}\Delta\left(\frac{V_0}{\gamma_{\max}}+\frac{\gamma_{\max}}{J_{\max}}\right)-\frac{1}{2J_{\max}}\gamma_{\max}^2 \tag{8-12}$$

其中，$\Delta_s = S(t_7) - S(t_0)$。

另一种算法可以实现通过稍微损害乘客舒适度减少覆盖路径所需的总时间，而不是在每个转弯中降低到 $V_{\min}$ 的速度，而是只考虑非简单转弯。

8.3.4 车辆控制

车辆控制是根据车辆位姿对智能汽车进行控制，使其规划行驶。车辆控制一般分为纵向控制和横向控制。纵向控制就是对智能汽车的档位、油门和刹车的控制，横向控制是对方向盘的调节控制。

数学模型在汽车动力学的分析和控制中至关重要。根据捕获的物理现象，文献中有几种不同程度的复杂性和准确性的数学模型。通常，在偏航平面中考虑车辆的运动，主要是描述纵向和横向车辆运动。在描述车辆运动时，必须考虑不同的纵向和横向动力耦合。

① 动力和运动学耦合是由车轮转向引起的偏航平面运动所引起的。

② 轮胎与路面的相互作用是另一个重要耦合的起源。

③ 纵向和横向加速度导致前后轴以及左右车轮之间的负载转移。

复杂性度用来在复杂性和准确性之间进行权衡。复杂性模型可以提供一个良好的精度级别，但对于控制器的合成来说仍然过于复杂。因此，通常采用非线性自行车模型进行横向控制，采用单轮汽车模型进行纵向控制设计。

一个非线性自行车模型考虑了纵向（x）、横向（y）和偏航运动（θ）。对于这个模型，假设车辆的质量完全在车辆的刚性基座上，它考虑了俯仰荷载的传递，忽略了滚动运动引起的横向荷载传递。

在图 8-34 中，控制角 α，a 和 b 代表车轮之间的距离和车辆的重心，指标 f 和 r 表示前后。

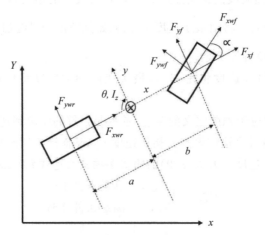

图 8-34 非线性单车模型

动态方程为

$$m(\ddot{x} - \dot{\gamma}\,\dot{\theta}) = \sum_{i=f,r} F_{xi} + F_r$$

$$m(\ddot{\gamma} + \dot{x}\,\dot{\theta}) = \sum_{i=f,r} F_{\gamma i} \tag{8-13}$$

$$I_z\ddot{\theta} = F_{\gamma f} \cdot a - F_{\gamma r} \cdot b$$

其中,m 为车辆质量,I_z 为惯性偏航力矩,F_r 为阻力之和,F_{xi}、F_{yi} 分别为沿 x 轴和 y 轴的纵向和横向轮胎力。这些力量与轮胎力 F_{xwi}、侧向力 F_{ywi} 和方向盘控制角 α 的关系为

$$\begin{cases} F_{xf} = F_{xwf}\cos(\alpha) - F_{ywf}\sin(\alpha) \\ F_{yf} = F_{xwf}\sin(\alpha) - F_{ywf}\cos(\alpha) \end{cases} \tag{8-14}$$

当施加驱动转矩 TD 和制动转矩 TB 时,旋转运动可以导出为

$$I_z\dot{\omega}_{wl} = T_{di} - F_{xi}R - T_{bi} (i=f,r) \tag{8-15}$$

其中,R 是车轮的半径,$\dot{\omega}_{wl}$ 是横摆角速度。

在绝对惯性坐标系中给出了车辆重心的轨迹为

$$\begin{cases} \dot{X} = \dot{x}\cos\theta - \dot{\gamma}\sin\theta \\ \dot{Y} = \dot{x}\sin\theta + \dot{\gamma}\cos\theta \end{cases} \tag{8-16}$$

1. 纵向运动控制

对于控制器的合成,通常纵向模型是基于单轮车辆模型。因此,作用在车辆重心上的纵向力之和为

$$m\dot{v} = F_p - F_r \tag{8-17}$$

当车速是 $m\dot{v}$ 时,F_p 是推进力,F_r 是阻力的总和。推进力是由制动和驱动动作引起的受控输入。

描述车轮动力学的方程是

$$I_z\dot{\omega} = T_d - F_xR - T_b \tag{8-18}$$

对于纵向控制器的合成,假定采用非滑移轧制,即

$$v = R\omega; \quad F_p = F_x \tag{8-19}$$

因此,纵向动力学为

$$\left(m + \frac{\dot{I}_z}{R^2}\right)\dot{v} = \frac{T_d - T_b}{R} - F_r \tag{8-20}$$

采用 Lyapunov 方法对纵向控制进行综合,考虑速度跟踪误差,即

$$e = v_{\text{ref}} - v \tag{8-21}$$

其中,v 和 v_{ref} 是实际和参考速度,误差的导数为

$$\dot{e} = \dot{v}_{\text{ref}} - \dot{v} = \dot{v}_{\text{ref}} - \frac{1}{M_t}(T_d - (T_b + RF_r)) \tag{8-22}$$

其中,$M_t = (mR^2 + I_w)/R$,利用非线性纵向模型给出的 $\dot{v}$ 的表达式。注意 T_b 可以认为是零,因为当节气门处于活动状态时,制动器是不活动的。

众所周知,在 Lyapunov 方法中,为了保证跟踪误差收敛到零,提出了一个 Lyapunov 候选函数是必要的,它验证了两个条件: 它必须是正定的,它的导数相对于时间必须是负的。

2. 横向运动控制

横向控制问题是复杂的,这是由于纵向和横向耦合动力学以及轮胎的行为。非线性自行车模型以简化的方式很好地捕捉到了这些现象。

选择执行车辆转向控制任务的算法是模糊逻辑。另一种频繁选择执行车辆转向控制任务的算法是预测控制器。当参考轨迹是先验已知时,预测算法与其他算法相比具有较多的优点,并且更容易实现为 PID 控制器。

预测控制一词所包括的控制战略的原则如下。

① 这种算法使用一个明确的 plant 模型,该模型能够预测系统输出直到给定的时间(预测视界)。

② 由控制器获得的未来控制信号,将目标函数最小化到一定数量的步骤(控制层)。

③ 滑动层的概念。进行预测并最小化目标函数,以获得对 plant 模型的输入命令。在最小化过程中获得的第一个控制命令被应用,丢弃其余部分,并将地平线移到未来,在每个采样周期中重复这个步骤。

不同的预测控制算法在描述系统和成本函数的模型中有所不同。图 8-35 为模型预测控制器的总体结构。在现有文献中已经提出了许多预测控制器的成果。为了简单起见,我们特别介绍了动态矩阵控制算法。该方法中用来表示系统的数学模型是分段线性化系统的阶跃响应,所使用的成本函数旨在减少将来的错误和控制工作,该算法的名称来源于一个事实,即系统的动态是由阶跃响应元素组成的单个矩阵表示的。

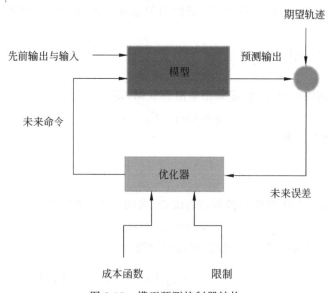

图 8-35 模型预测控制器结构

预测和成本函数的数学表达式为

$$\hat{\gamma} = Gu + f \tag{8-23}$$

与 u 呈正比的横向扭矩为

$$J = \sum_{j=1}^{P} [\hat{\gamma}(t+j \mid t) - w(t+j)]^2 + \sum_{j=1}^{m} \lambda [\Delta u(t+j-1)]^2 \tag{8-24}$$

其中,$\hat{\gamma}$ 是一个向量,其维数等于预测地平线,预测层 p、w 是未来输出期望值,u 是一个矢量,其维数等于控制层 m 包含的未来控制动作,G 是动态矩阵局部线性化系统的控制,自由响应是预测如果命令保持不变并与最后计算的命令相等,系统将如何运行。

预测控制器的主要方法可以概括为:使用过去的输入信号、过去的控制命令以及由优化器计算的未来控制动作的信息预测过程的模型。为了计算未来的控制信号,优化器使用前面提到的成本函数。模型过程是系统正确运行的基础。

注意,如果在优化过程中不包括物理模型的限制,则可以获得下一个代价函数的最小化。

$$J = ee^T + \lambda uu^t \tag{8-25}$$

其中,e 是预测误差的矢量,u 是未来信号控制增量的矢量,利用 J 的导数和等于零得到了计算未来命令的数学表达式为

$$u = (G^T G + \lambda I)^{-1} G^T (w - f) \tag{8-26}$$

优化器将能够以最小化自由响应和期望轨迹之间的差异计算转向角。换言之,优化器将计算转向角以产生最佳路径跟踪。

软件读取传感器并在每次迭代中设置系统内部状态的值。这些状态是车辆的位置、方向和速度,利用这些值计算系统的阶跃响应。阶跃响应的参数形成动态矩阵 G。在迭代开始时,使用传感器的读取值计算车辆行为的预测。将车辆运动的预测与从最接近原型的点的期望轨迹进行比较。未来误差向量是先前比较的结果。使用该方程获得未来的命令,但仅应用未来命令向量的第一项记住滑动地平线的概念,最后对算法的变量进行更新。

8.4 智能汽车新技术应用

8.4.1 深度学习

深度学习是一种利用具有多个隐藏层的神经网络进行图像分类、语音识别、语言理解等任务的机器学习技术。深度学习的概念源于人工神经网络的研究,含多隐层的多层感知器就是一种深度学习结构。深度学习通过组合低层特征形成更加抽象的高层表示属性类别或特征,以发现数据的分布式特征表示。

深度学习在计算机视觉领域获得了巨大成功,彻底颠覆了传统的计算机模式识别方法。在它出现以前,大多数识别任务要经过手工特征提取和分类器判断两个基本步骤,而深度学习可以自动地从训练样本中学习特征。深度学习的快速应用主要有两点原因:
①更容易获得大量的人工标注数据集,如 ImageNet 大规模视觉识别挑战(ILSVRC);

②算法可以在 GPUs 上并行处理图形,提高了学习效率和预测能力。利用深度神经网络自主学习的特性,先通过高性能 GPUs 将庞大复杂的神经网络模型训练好,然后移植到嵌入式开发平台,就可以实现对图像、视频信息实时高效的处理。

深度学习主要类型包括 5 种:CNN、RNN、LSTM、RBM 和 Autoencoder。其中在无人驾驶领域主要将深度学习应用于针对摄像头数据的图像处理。因此主要使用的是 CNN,CNN 指卷积神经网络,它被证明在图像处理中能取得很好的效果。除图像处理外,深度学习也可以用于雷达的数据处理,但是基于图像极丰富的信息以及难以手工建模的特性,深度学习能最大限度地发挥其优势。

1. 深度学习的汽车应用

深入学习技术可以应用于汽车行业的许多用例中。例如,计算机视觉是近年来深度学习系统得到极大改进的一个领域。利用卷积神经网络对车辆和车道进行检测,用摄像机代替昂贵的传感器(如激光雷达),使用神经网络通过观察摄像机、激光测距仪和真正的驾驶人的输入自动训练车辆驾驶。

无人驾驶车要安全地在道路上行驶,就需要知道自己处在什么样的环境中,自己在哪一条车道,一共有几条车道,道路的边沿在哪里,车道分界线在哪里,前后左右有没有车行人或者其他移动物体,有没有静止的障碍物,信号灯和交通标志的位置以及其指示的信息等。

识别方面的工作主要分为三部分:目标识别、可行驶区域识别和行驶路径识别。

① 目标识别。如图 8-36 所示,无人汽车的感知系统需要实时识别和追踪多个运动目标,例如车辆与行人。目标识别问题是计算机视觉的核心问题。但传统目标识别算法的输出一般都有噪声,使得识别不太稳定或因为物体被遮挡而误识别等。深度学习则具有通过大量数据的训练能够提高部分遮挡物体的识别精度、可以减少光线变化对物体识别精度的影响等优点,使得识别精度大幅提升。

图 8-36 上左-行人检测,上右-交通标志识别,下左-车辆检测,下右-信号灯识别

② 可行驶区域识别。深度学习以前的可行驶区域检测有两种方法,一是基于双目摄像头立体视觉或者 Structure from motion,二是基于局部特征、马尔科夫场之类的图像分割。如图 8-37 所示,绿色代表可行驶区域,但可以注意到左侧的绿色区域已经涵盖了人行道部分。

图 8-37　传统方法可行驶区域识别

通过应用深度学习方法中的语义分割可以很好地改进这个问题,得到较高精度的可行驶区域划分。语义分割通过提取原始图像特征确定图像中每个像素的语义信息,并对语义信息进行还原划分出可行驶区域,效果如图 8-38 所示。

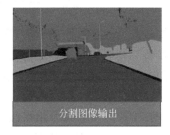

图 8-38　语义分割效果

③ 行驶路径识别。行驶路径识别要解决的问题主要是在没有车道线或者车道线状况很差的情况下车怎么开的问题。如果所有的路况都如图 8-39 所示。则是较为优秀的结果。

图 8-39　车道线识别

但是由于路况或者天气,有些时候车道线是很难检测到的。现有的深度学习为此提供了一个解决办法:可以用人在没有车道线的路况下开车的数据训练神经网络,训练之后,神经网络在没有车道线的时候也能大概判断未来车可以怎么开。原理也比较容易理解:找一个人开车,把整个开车的过程摄像头的数据保存下来,把人开车的策略、车辆的行驶路径也保存下来。用每一帧图片作为输入、车辆未来一段时间(很短的时间)的路径作为输出训练神经网络,其应用结果如图 8-40 所示,可以看到神经网络提供的行驶路径基本上符合人类的判断。

图 8-40　无车道线行驶路径识别

除了环境感知以外,深度学习在智能汽车领域的应用还有很多方向,例如制造业中的视觉检查。移动设备和物联网传感器的部署增加导致产生了大量的图像和视频数据,这些数据往往是使用电子表格和手工维护的。深入学习可以帮助组织这些数据并改进数据收集过程。

社会媒体分析:计算机视觉的应用可以扩展到社交媒体的分析中,通过社交媒体公开提供的由消费者产生的汽车图像数据可以提供有价值的信息,深入学习可以帮助和改进数据的收集和分析。

驾驶行为判断:通过处理大量传感器数据(基于摄像机等传感器)学习驾驶情况和驾驶人行为。

会话用户界面:现有的智能车辆已经具备大量的服务平台,随着深度学习的应用,车内语音对话系统将变得更加自然和交互,甚至允许与车辆进行无手交互。

2. 卷积神经网络

卷积神经网络(Convolutional Neural Network,CNN)在无人驾驶汽车的实现中大有贡献,接下来对其算法与应用进行介绍。

当前的 CNN 相比通常的深度神经网络 DNN 有如下特点。

① 一个高层的神经元只接收某些低层神经元的输入,低层神经元处于二维空间中的一个邻域。

② 同一层中不同神经元的输入权重共享,可以利用视觉输入中的平移不变性,不但可以大幅减少 CNN 模型的参数数量,还加快了训练速度。

自从 2012 年 CNN 在图像分类问题上取得突破以来,目标检测自然成为了 CNN 应用的下一个目标,使用 CNN 的物体检测算法层出不穷,下面选择其中有代表性的几个算法加以介绍。

R-CNN 系列算法是一个两段式的算法,它把物体识别分为两方面。

① 物体可能所在区域的选择。输入一张图片,由于物体在其中的位置大小有太多可能性,因此需要一个高效的方法找出它们,重点是在区域个数的一定上限下尽可能地找出所有物体,关键指标为召回率。

② 候选区域识别。给定图片中的一块矩形区域,识别其中的物体并修正区域大小和长宽比,输出物体类别和更"小"的矩形框,重点在于识别精度。

以下将介绍 R-CNN 系列算法中的 Faster R-CNN,对应上面两步分为 RPN 和 Fast R-CNN。

(1) RPN。

RPN 的功能是高效地产生一个候选列表。RPN 选择 CNN 为基础,图片通过多个卷积层进行特征提取,在最后一个卷积层输出的特征图上使用一个 3×3 的滚动窗口连接一个 256 或者 512 维的全连接层,最后分支到两个全连接层,一个输出物体类别,另一个输出物体的位置和大小。为了使用不同的物体大小和长宽比,需要在每一个位置考虑三个尺度(128×128、256×256、512×512)和三个长宽比(1:1、1:2、2:1)共 9 种组合。最后根据空间重叠程度去掉冗余候选区,获得剩余的物体可能区域。

(2) Fast R-CNN。

在候选区域分类阶段使用的是基于全连接的神经网络。对候选框中提取出的特征,使用分类器判别是否属于一个特定类,对于属于某一特征的候选框,用回归器进一步调整其位置。

(3) SSD。

由于 Faster R-CNN 还达不到实时性要求,Single Shot Detector(SSD)被创造为一个能够实时运行且有更高准确度的算法(如图 8-41 所示)。SSD 沿用了滑动窗口思想,通过离散化物体位置、大小和长宽比,使用 CNN 高效能的物体情况,从而达到高速检测物体的目的。

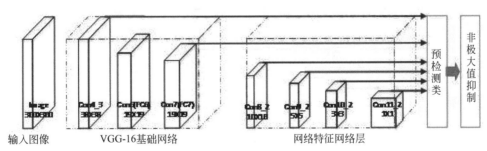

图 8-41　SSD 网络结构

SSD 使用了 VGG-16 网络进行底层的图片特征提取,通过取消生成候选区域、图片缩放和特征图采样的步骤,一步到位地判断物体位置和分类。在 VGG 网络基础上,SSD

加入了逐步变小的卷积层,不同尺度的卷积层分别使用 3×3 大小的卷积核进行物体位置偏移和分类的判断,使 SSD 能够检测到不同大小的物体。

智能汽车的环境感知部分主要依靠于计算机视觉的相关问题,这已然成为 CNN 发挥作用的重要舞台。CNN 在无人驾驶的目标检测中使用到的网络种类繁多,希望以上内容对读者起到引导进一步学习的帮助。

8.4.2 增强学习

1.增强学习介绍

增强学习是最近几年机器学习领域的最新进展。增强学习的目的是通过和环境交互学习到如何在相应的观测中采取最优行为。行为的好坏可以通过环境给予的奖励确定。不同的环境有不同的观测和奖励。例如,驾驶中环境观测是摄像头和激光雷达采集到的周围环境的图像和点云,以及其他的传感器的输出,例如行驶速度、GPS 定位、行驶方向。驾驶中的环境的奖励根据任务的不同,可以通过到达终点的速度、舒适度和安全性等指标确定。

增强学习和传统机器学习的最大区别是增强学习是一个闭环学习的系统,增强学习算法选取的行为会直接影响环境,进而影响该算法之后从环境中得到的观测。传统的机器学习把收集训练数据和模型学习作为两个独立的过程。例如,如果需要学习一个人脸分类的模型,则传统机器学习方法首先需要雇佣标注者标注一批人脸图像数据,然后在这些数据中学习模型,最后可以把训练出来的人脸识别模型在现实的应用中进行测试。如果发现测试结果不理想,那么需要分析模型中存在的问题,并且试着从数据收集或者模型训练中寻找原因,然后从这些步骤中解决这些问题。对于同样的问题,增强学习采用的方法是通过在人脸识别的系统中尝试进行预测,并且通过用户反馈的满意程度调整自己的预测,从而统一收集训练数据和模型学习的过程。增强学习和环境交互过程如图 8-42 所示。

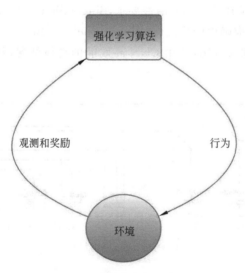

图 8-42　增强学习和环境交互

增强学习存在很多传统机器学习不具备的挑战。首先,在增强学习中没有确定在每一时刻应该采取哪个行为的信息,增强学习算法必须通过探索各种可能的行为才能判断出最优行为。如何有效地在可能行为数量较多的情况下有效探索是增强学习中最重要的问题。其次,在增强学习中,一个行为不仅可能会影响当前时刻的奖励,而且还可能会影响之后所有时刻的奖励。在最坏的情况下,一个好行为不会在当前时刻获得奖励,而会在很多步都执行正确后才能得到奖励。在这种情况下,增强学习需要判断出奖励和很多步之前的行为有关是非常有难度的。

虽然增强学习存在很多挑战,但是它也能够解决很多传统的机器学习不能解决的问题。首先,由于不需要标注的过程,增强学习可以更有效地解决环境中存在的特殊情况。比如,无人车环境中可能会出现行人和动物乱穿马路的特殊情况。只要模拟器能够模拟出这些特殊情况,增强学习就可以学习到如何在这些特殊情况中做出正确的行为。其次,增强学习可以把整个系统作为一个整体的系统,从而对其中的一些模块增加健壮性。例如,自动驾驶中的感知模块不可能做到完全可靠,但增强学习可以做到,即使在某些模块失效的情况下也能做出稳妥的行为。最后,增强学习可以比较容易地学习到一系列行为。自动驾驶中需要执行一系列正确的行为才能成功驾驶。如果只有标注数据,则学习到的模型如果每个时刻偏移了一点,则到最后可能就会偏移非常多,产生毁灭性的后果,而增强学习能够学会自动修正偏移。

2. 增强学习在自动驾驶上的应用

智能汽车的决策是指给定感知模块解析出的环境信息如何控制汽车的行为以达到驾驶目标。例如,汽车加速、减速、左转、右转、换道、超车都是决策模块的输出。决策模块不仅需要考虑汽车的安全和舒适性,保证尽快到达目标地点,还需要在旁边车辆恶意驾驶的情况下保证乘客安全。因此,决策模块一方面需要对行车计划进行长期规划,另一方面还需要对周围车辆和行人的行为进行预测。而且,自动驾驶中的决策模块对安全和可靠性具有严格要求。现有自动驾驶的决策模块一般根据规则构建,虽然可以应付大部分驾驶情况,但对于驾驶中可能出现的各种突发情况,基于规则的决策系统不可能枚举到所有突发情况,因此需要一种自适应系统以应对驾驶环境中出现的各种突发情况,如图 8-43 所示。

图 8-43　在 TORCS 模拟器中使用增强学习

自动驾驶的决策过程中,模拟器起到非常重要的作用。决策模拟器负责对环境中常见的场景进行模拟,例如车道情况、路面情况、障碍物分布和行为、天气等,同时还可以将真实场景中采集到的数据进行回放。

模拟器的另一个重要的功能是进行增强学习,可以模拟出各种突发情况,然后增强学习算法利用其在这些突发情况中获得的奖励学习如何应对。这样,只要能够模拟出足够的突发情况,增强学习算法就可以学习到对应的处理方法,而不用每种突发情况都单独写规则处理。而且,模拟器也可以根据之前增强学习对于突发情况的处理结果尽量产生出当前的增强学习算法无法解决的突发,从而增强学习效率。

现有的增强学习算法在自动驾驶模拟环境中获得了很有希望的结果。但是如果需要增强学习真正能够在自动驾驶的场景下应用,还需要很多改进。

第一个改进方向是增强学习的自适应能力。现有的增强学习算法在环境性质发生改变时,需要试错很多次才能学习到正确的行为。而人在环境发生改变的情况下,只需要很少次试错就可以学习到正确的行为。如何只用非常少量的样本学习到正确的行为是增强学习能否实用的重要条件。

第二个改进方向是模型的可解释性。现在增强学习中的策略函数和值函数都是由深度神经网络表示的,其可解释性比较差,在实际的使用中出了问题,很难找到原因,也比较难以排查。在自动驾驶这种人命关天的任务中,无法找到原因是完全无法接受的。

第三个改进方向是推理和想象能力。人在学习的过程中很多时候需要有一定的推理和想象能力。比如在驾驶时,不用亲身尝试,也知道危险的行为会带来毁灭性的后果。这是因为人类对这个世界有一个足够好的模型以推理和想象做出相应行为可能会发生的后果。这种能力不仅对于存在危险行为的环境非常重要,在安全的环境中也可以大大加快收敛速度。

只有在这些方向做出了实质突破,增强学习才能真正使用到自动驾驶或机器人这种重要的任务场景中。

8.4.3 SLAM

SLAM 的全称为 Simultaneous Localization and Mapping,即在一个静态的未知环境中,通过一个机器人的运动和测量学习环境地图,并确定机器人在地图中的位置,如图 8-44 所示。

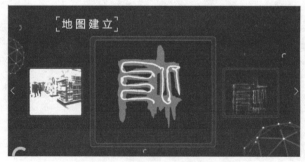

图 8-44　SLAM 建图效果

SLAM 可分为视觉 SLAM(VSLAM)和激光 SLAM,视觉 SLAM 基于摄像头返回的图像信息,激光 SLAM 基于激光雷达返回的点云信息。

激光 SLAM 比视觉 SLAM 起步早,在理论、技术和产品落地上都相对成熟。基于视觉的 SLAM 方案目前主要有两种实现路径,一种是基于 RGBD 的深度摄像机,比如 Kinect;还有一种就是基于单目、双目或者鱼眼摄像头。视觉 SLAM 目前尚处于进一步研发和应用场景拓展、产品逐渐落地阶段。视觉 SLAM 的应用场景要丰富很多,在室内外均能开展工作,但是对光的依赖度高,在暗处或者一些无纹理区域无法工作。而激光 SLAM 主要应用在室内。激光 SLAM 是目前比较成熟的定位导航方案,视觉 SLAM 是未来研究的主流方向。所以,未来多传感器的融合是一种必然趋势。取长补短,优势结合,才能打造出真正好用、易用的 SLAM 方案。

最初,SLAM 的提出就是为了解决未知环境下移动机器人的定位和建图问题。所以,SLAM 对于无人驾驶的意义就是如何帮助车辆感知周围环境,以更好地完成导航、避障、路径规划等高级任务。

现已有高精度地图,暂且不考虑这个地图的形式、存储规模和如何使用的问题。首先,这个构建好的地图真的能帮助无人驾驶完成避障或者路径规划等类似任务吗? 至少环境是动态的,道路哪里有一辆车,什么时候会出现一个行人,这些都是不确定的。所以从实时感知周围环境这个角度来讲,提前构建地图是不能解决这个问题的。另外,GPS 的定位方式是被动、依赖信号源的,这一点使得其在一些特殊场景下是不可靠的,比如城市环境中 GPS 信号被遮挡、野外环境信号很弱,还有无人作战车辆作战中信号被干扰以及被监测等。所以像 SLAM 这种主动且无源的工作方式在上述场景中是十分需要的一项技术。

思 考 题

1. 什么是智能汽车,智能汽车与自动驾驶的区别与联系在哪里?

2. 智能汽车具有什么特点?

3. 激光雷达与毫米波雷达各有什么特点,对于不同需求应如何对它们进行选择?

4. 视觉感知具有什么特点和优势?

5. 雷达感知和视觉感知在什么情况下可以互补,如何对它们进行选择?

6. 决策规划控制系统的任务是什么?

7. 为什么早期就存在的深度学习近期得以快速应用,请列出主要两点原因。

8. 请列出深度学习在智能汽车领域的三点应用。

9. 增强学习和传统机器学习的最大区别是什么?

10. 激光 SLAM 比视觉 SLAM 有哪些主要区别?

参 考 文 献

第9章 智能车联网与车路协同技术

通信技术的快速发展推动了交通系统信息化和智能化的进程。无线通信技术的发展为高速移动的汽车实现车与车、车与路、车与管理中心的互联提供了基础条件,推动了车联网与车路协同技术的快速发展。本章重点介绍车联网与车路协同的基础技术。

9.1 概　述

9.1.1 从辅助驾驶到智能网联汽车

为了避免由人为操作不当而造成的交通事故,先进驾驶辅助系统(Advanced Driver Assistance System,ADAS)逐渐被应用于汽车上。ADAS是利用安装于车上各式各样的传感器收集车内外数据,进行静、动态物体的辨识、侦测与追踪等技术处理,并对可能发生的危险提出预警、警示或接管控制的主动安全技术。ADAS包含自适应巡航控制系统(Adaptive Cruise Control,ACC)、车道偏离预警/避免系统(Lane Departure Warning System,LDWS)、碰撞预警/避免系统(Collision Warning/Avoidance,CW/CA)、驾驶人状态监控系统(Driver Condition Warning,DCW)、视觉增强系统(Vision Enhancement,VE)、交叉路口碰撞避免系统(Intersection Collision Avoidance,ICA)等。

随着汽车上的电子技术的应用和产业技术的升级,汽车逐渐从辅助驾驶模式向自动驾驶模式转变。自动驾驶汽车指能够自动感知周围环境并独立导航而不需要人工干预的载具,集环境感知、规划决策、多等级辅助驾驶等功能于一体,集中运用了高精度感知、多源信息融合、机器学习及人工智能等技术。国际汽车工程师协会(Society of Automotive Engineers International,SAE International)将自动驾驶分为六个等级。

Level 0:无自动化,驾驶人完全掌控车辆。

Level 1:辅助驾驶,系统能够辅助驾驶人完成某些驾驶任务。

Level 2:部分自动驾驶,系统能够自动完成某些驾驶任务,但驾驶人需要监控驾驶环境,完成剩余部分,同时保证在出现问题时随时进行接管。

Level 3:有条件的自动驾驶,系统既能自动完成某些驾驶任务,也能在某些情况下监控驾驶环境,但驾驶人必须准备好重新取得驾驶控制权(自动系统发出请求时)。

Level 4:高度自动驾驶,系统在某些环境和特定条件下能够自动完成驾驶任务并监控驾驶环境。

Level 5:全自动驾驶,系统在所有条件下都能自动完成所有驾驶任务。

通信技术的发展将"互联网"带入传统的汽车世界,使车辆信息共享及协同控制成为可能,智能网联汽车的概念应运而生。智能网联汽车即在车辆"智能"的基础上融合现代通信与网络技术,实现车与人、车、路、云的信息互联共享,具备复杂环境感知、信息交互、智能决策、协同控制等功能,可以满足出行者多方面的出行需求,提升行车安全,实现节能减排,优化交通资源配置。网联化一般分为三个级别。

Level 1:网联辅助信息交互,车辆将自身感知的信息进行共享交互。

Level 2:网联协同感知,车辆之间能够协作对环境进行感知。

Level 3:网联协同决策与控制。车辆之间能够根据车辆状态进行协同控制。

智能网联汽车的控制架构大体可分为感知层、传输层、决策层和控制层。其中,感知层是借助车载传感器,如 GPS、雷达、摄像头等,实时准确地探测车辆自身状态和周围环境信息并进行数据融合;传输层利用长、短距通信技术传输数据,实现人、车、路、云的信息交互共享;决策层是智能网联汽车的"中枢神经",其在环境感知的基础上基于驾驶目标对车辆行为进行决策;控制层则是对车辆运动状态进行实际操纵以实现决策结果。目前,智能网联汽车技术的发展还处于基于辅助驾驶技术的智能驾驶阶段,决策信息主要起到预测和警告的作用,驾驶人掌握车辆行驶的主动权。当智能网联汽车发展到较为完备的阶段时,决策层除了车载决策系统之外,还包括云端的协同决策系统,可以对整个交通系统的协同运行进行控制。图 9-1 说明了在不同阶段智能化和网联化走向融合的过程中,有关智能网联汽车的综合应用情况。

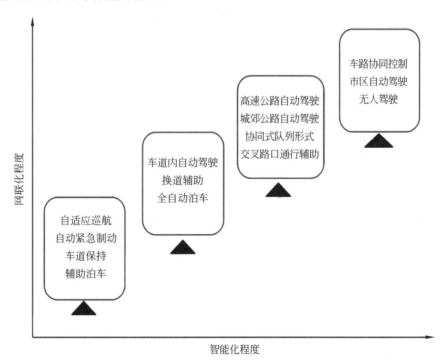

图 9-1　智能网联汽车的发展路径

9.1.2　从车联网到车路协同技术

随着汽车和道路的日益智能化,越来越多的汽车和路边基础设施装备了通信设备,整个车联网以及针对车联网的相关应用的发展已经成为必然趋势。车联网是指通过装载在车辆上的无线通信设备,实现在信息网络平台上对所有车辆的属性信息和静、动态信息进行提取和有效利用,并根据不同的功能需求对所有车辆的运行状态进行有效监管和提供综合服务。车联网通过汽车收集并共享信息,汽车与汽车、汽车与路边基础设施、汽车与城市网络实现互连,从而实现更加智能和安全的驾驶。

交通问题目前面临两大主要挑战:交通安全和通行效率。随着近年来我国国民经济的快速发展,汽车保有量不断增长,交通问题日益严重,传统解决方法存在很大的局限性。首先,汽车行驶过程中不能感知周围环境,对汽车自身行车状况和驾驶人的反应有很高的要求,不能实现主动式安全;其次,信息量不足,实时性、准确和覆盖面欠缺容易导致交通诱导和控制不全面,而车联网的发展为解决这些交通问题带来了契机。据预测,车联网的应用可以使交通拥堵减少约 60%,使短途运输效率提高将近 70%,使现有道路网的能力提高 2~3 倍。除了提高效率及减少成本之外,车联网还能够实现对整个公众资源的有效利用,政府也可以大幅度减小管理成本。

通过采用先进的无线通信和新一代互联网技术可以全方位实施车车、车路动态实时信息交互,扩展交通信息的时空范围,丰富其获取手段,能够大范围开展车辆主动安全控制和对道路协同控制。作为下一代智能交通技术,智能车路协同是车联网技术的拓展与升华,在车车、车路信息交互的基础上实现车辆与道路设施信息共享,通过车辆与道路设施的智能化实现车与车、车与路的运行协同,完成汽车安全控制从自主模式向协同模式的转变。基于车车、车路信息交互建立人、车、路一体的车路协同系统,对提高交通运输系统的效率和安全性,实现交通系统的可持续性发展具有十分重要的意义。

智能车路协同主要由智能车载系统、智能路侧系统和通信平台三个部分组成。其中,智能车载系统负责对车辆自身状态、周围行车环境的感知、控制与发布;智能路侧系统负责对交通流信息(车流量、平均车速等)的监测和对道路路面状况、道路几何状况、道路异常信息等的感知、处理与发布;通信平台则负责整个系统的通信,实现路侧设备与车载单元、车载单元之间的交互。

作为智能交通发展的主要方向之一,智能车路协同系统的应用范围非常广泛。首先,就汽车自身而言,系统能够实现车辆的协同安全,如人车主动避障、车车主动避障、危险路段预警和控制等;其次,系统能够在大范围内实现交通协调控制,如交通信号协调控制、实时路径诱导、公交优先控制等;最后,系统还能根据用户的需求提供综合的信息服务,如交通需求管理、实时交通信息查询等。

9.2　基于车联网的交叉路口信号控制技术

对于城市道路交通网络而言,交叉路口是路网最重要的节点,它实现着不同路段的交通流转换,交叉路口性能直接制约着道路交通网络的通行能力。由于不同方向车流在通过交叉路口时会形成多个严重的冲突点,而信号控制可以为两股相互冲突的交通流分配不同的路权,在时间上将相互冲突的车流分离,因此,信号控制是如今提升交叉路口通行效率并保证车辆安全性的关键方法。近几年,随着无线通信技术、互联网技术、传感检测技术的迅速发展,车辆通过车车、车路通信进行实时的信息交互和共享形成了巨大的车联网,为提升交叉路口信号控制系统的服务水平提供了新契机,网联环境下的交叉路口信号控制已成为交通领域的又一重点问题。

9.2.1 基于车联网数据的交通流参数预测

交叉路口信号控制离不开交通流参数检测。在道路的某些特定地点或选定路段,为收集车辆运行的相关数据而展开的工作称为交通调查。交通调查的具体对象因研究目的而异,但主要是交通流参数。交通调查使用的相关技术称为交通检测技术,传统的交通检测技术主要有人工调查、环形感应线圈、视频检测、红外检测等。然而受制于检测范围局限、成本高、损坏率高等现实弊端,导致传统检测设备的运营效能较差。随着车联网技术的逐步部署,V2X 通信可以提供大量车联网数据,如车辆的实时速度、位置信息等,直接将这些数据应用于交通流参数预测可缓解传统检测方法的固有缺陷。本节将重点介绍基于车联网数据的交通流参数预测方法。

1. 基于车联网数据的交通流参数

(1) 交通量。

交通量又称流量或交通流量,是指单位时间内通过道路某一地点或某一截面的车辆数,单位为 veh/h。在车联网环境下,用 N_1 表示路侧检测设备在观测起始时刻 t_1 检测到的所有车辆数,用 N_2 表示路侧检测设备在观测终止时刻 t_2 检测到的所有车辆数,从 t_1 到 t_2,路侧设备检测到的交通量为

$$q = \frac{N_2 - N_1}{t_2 - t_1}$$

(9-1)

其中,t_1 表示观测起始时刻;t_2 表示观测终止时刻。

(2) 密度。

密度指单位长度道路内存在的车辆数,是直观反应车流疏密程度的交通流参数。若道路环境为单车道,则单位为 veh/h/ln,若为多车道,则单位为 veh/h。在车联网环境下,通过路侧检测设备可以直接对道路车辆数进行实时统计,因此能够很容易地对该参数进行检测,其计算公式为

$$\rho = \frac{N_{ij}^t}{L} = \frac{N_{ij}^{t-1} + N_i^t - N_j^t}{L}$$

(9-2)

其中,L 表示路段 ij 的长度;N_{ij}^t 表示路段 ij 在检测周期 t 内通过的车辆数;N_{ij}^{t-1} 表示路段 ij 在上一检测周期 $t-1$ 内通过的车辆数;N_i^t 表示上游路段检测设备 i 在检测周期 t 内通过的车辆数;N_j^t 表示下游路段检测设备 j 在检测周期 t 内通过的车辆数。

(3) 速度。

速度包括瞬时速度和平均速度,是反映交通流状态的又一重要参数。瞬时速度即车辆在某一时刻通过道路某一地点的速度。平均速度又分为时间平均速度和空间平均速度。

① 时间平均速度。时间平均速度也称算数平均速度,它的计算方法较为直接,只需简单将路侧设备检测到的车辆速度进行平均即可,其计算公式为

$$v_s = \frac{1}{N} \sum_{i=1}^{N} v_i \tag{9-3}$$

其中,N 表示检测到的车辆数;v_i 表示第 i 辆车的检测速度。

② 空间平均速度。空间平均速度也称调和平均速度,是车辆通过某段观测距离与所用平均行程时间的商。在自由流的情况下,时间平均速度与空间平均速度并无差异,但当存在交通拥堵、交通事故或道路信号控制时,由于空间平均速度考虑到了可能发生的不同延误,能够更好地体现车辆的行驶状况,因此更贴近于真实情况。在车联网环境下,由于路侧检测设备可以自动识别车辆,记录各车辆进出某一路段的准确时间,因此可以直接获取空间平均速度,其计算方法为

$$v_s = \frac{L}{\frac{1}{N} \sum_{i=1}^{N} \frac{L}{v_i}} \tag{9-4}$$

其中,L 表示该路段的长度;N 表示检测时间内通过的车辆数;v_i 表示第 i 辆车的检测速度。

(4)占有率。

占有率包括时间占有率和空间占有率。时间占有率即检测器被车辆占据的时间与观测时间之比。空间占有率即道路上所有车辆总长度与该路段长度之比。相较于时间占有率,空间占有率可以更好地反映车辆对道路的占据情况。在车联网环境下,可以直接检测交通量并且通过 V2X 通信准确地获取车辆长度,从而准确计算出道路的空间占有率,其计算公式为

$$o = \frac{1}{L} \sum_{i=1}^{N} l_i \tag{9-5}$$

其中,l_i 表示第 i 辆车的长度;L 表示该路段的长度;N 表示检测时间内通过的车辆数。

(5)道路延误时间。

由于交通信号控制、交通事故、交通阻塞等现象的存在,车辆在道路上行驶会受到一定程度的干扰,从而产生延误。一段时间内,车辆在某条道路上的行驶时间与理想时间差值的平均值称为道路延误时间。车联网环境下,车辆的行程时间可以直接获取,使得该参数可测,其计算公式为

$$T_D = \frac{1}{N} \sum_{i=1}^{N} (t_i - t_s) \tag{9-6}$$

其中,N 表示检测时间内通过的车辆数;t_i 表示第 i 辆车的实际行程时间;t_s 表示该条道路的理想行程时间。

2. 数据过滤

网联环境下对交叉路口进行信号控制以制定合理可行的信号配时方案,仅依赖实时的交通流参数检测结果是不够的,实际中往往还需运用检测到的实时数据对未来的交通流参数进行预测。而在车联网环境下,由于行驶速度、信道质量、环境变化等其他不确定

性因素的广泛存在,无线信号传输会受到不同程度的干扰,可能造成数据缺失或数据错误。因此,需要对采集到原始数据的完整性、合理性和有效性进行进一步分析,对原始数据进行过滤,从而剔除不合理的数据。

车联网能够直接对车辆经过路段上下游检测器的时间进行检测,因此可以根据车辆的行程时间判断在该路段采集到的原始数据是否正确。车辆行程时间最小值可认为在自由流状态下车辆以最大行驶速度通过该路段所用的时间。行程速度最大值则与道路状况、天气情况、交通管制等多种因素相关。对于高速公路和城市主干道,道路行程时间的取值范围分别为

$$\frac{L}{v_{\max}} \leqslant t_i \leqslant \frac{L}{v_{\min}} \tag{9-7}$$

$$\frac{L}{\alpha v_{\max}} \leqslant t_i \leqslant \frac{L}{Cl_q} + T_d \tag{9-8}$$

其中,L 表示该路段的长度;$v_{\max}$ 表示道路限速;$v_{\min}$ 表示道路下游发生阻塞时该道路的平均行驶速度;α 表示修正系数,取值一般为 $1.3 \sim 1.5$;C 表示平均排队长度,即排队长度与排队车辆数之比;T_d 若有信号控制则取最大红灯时间,若无信号控制则取交叉路口平均延误时间。

在对原始数据进行过滤时,认为不满足式(9-7)或式(9-8)的检测数据为错误数据,因此只保留满足式(9-7)或式(9-8)对应的检测数据。

3. 数据修复

为了保证数据完整性,可以进一步对缺失数据进行修复,常用的数据修复方法请参考第 3 章。

4. 基于车联网数据的交通流参数预测

交通流参数预测常用方法包括基于参数模型的预测方法、基于交通仿真的预测方法、基于机器学习的预测方法等。相关方法请参考第 5 章。

9.2.2 基于车联网数据的信号配时辨识

城市交通管理和控制的一项重要任务就是制定合理有效的交叉路口信号配时方案,并结合交叉路口实际情况及时调整优化。在对配时方案进行评价时,需要依赖信号参数,如绿信比、相位差、周期等,因此,交叉路口信号配时方案尤为关键。目前,在我国一线城市(如北京、上海、广州),交叉路口有着统一的交通管理系统,干道交叉路口配时方案大多可以实时获取和更新。然而,在我国大多数的中小城市,由于交通控制系统落后,交叉路口配时方案并没有在线存档,也无法实时更新,配时方案的获取较为困难且数据可靠性差。因此,如何在信号配时不易获取时准确估计交叉路口信号配时方案,对信号配时进行有效辨识显得尤为重要。

1. 城市交通信号控制基本概念

(1)基本时间参数。

城市交叉路口信号配时的基本时间参数包括:全红时间、红灯时间、黄灯时间、绿灯

时间、相位最小绿灯时间、相位最大绿灯时间、损失时间、相位有效绿灯时间等。其中,黄灯时间、红灯时间、相位最小绿灯时间、相位最大绿灯时间、损失时间等通常为不变参数,绿灯时间等为可变参数。

全红时间又称红灯清空时间,指两个相位切换过程中出现的交通信号灯状态全部为红灯的持续时间,全红时间的作用是清空交叉路口内的所有车辆,黄灯时间与全红时间合称清空时间或绿灯间隔时间。实际应用过程中,交叉路口全红时间一般设置为 3s 以内。

黄灯是提醒驾驶人前方道路通行权即将发生改变。黄灯时间针对当前道路交通流而言,主要作用是让驾驶人进行决策,消除两难困境区域,黄灯时间的长短与交叉路口限速、路口宽度、车辆减速度、驾驶人反应时间等相关,实际应用时一般设置为 2~3s,若信号灯有倒计时提醒,则驾驶人可以预先判断交通信号的变化,原则上可减少甚至取消黄灯时间。

绿灯时间指获得通行权相位绿灯信号的持续时长,绿灯时间是城市交通信号控制的核心控制要素之一,它的长短直接影响了信号配时参数,从而影响了交通信号控制效果。在实际应用中,绿灯时间的设定必须根据道路实际交通流量和饱和交通流量确定。

为了保证行人和车辆安全,每个相位都必须设定相位最小绿灯时间。若相位绿灯持续时间过短,则容易造成排队车辆消散困难,从而引发交通拥堵甚至交叉路口溢流。实际应用中,相位最小绿灯时间的确定一般要综合考量历史交通流量、行人安全过街时间、交叉路口物理参数等因素,一般不小于 10s。

相位最大绿灯时间是一个相位能持续绿灯的最长时间,主要是为了防止相位绿灯时间无限延长而影响其他相位交通流的正常放行,从而引发交通拥堵和交通事故。实际应用中,相位最大绿灯时间一般设置为 80s 左右。

损失时间是指一个信号周期内无法被有效利用的信号时间,包括车辆启动损失时间、车辆制动损失时间等。

相位有效绿灯时间是指一个信号周期内实际用来车辆通行的时间,计算方法为绿灯时间和黄灯时间之和除去损失时间。实际应用中,一般不明确区分相位有效绿灯时间和相位绿灯时间。

(2) 信号配时参数。

城市交叉路口两相位信号配时如图 9-2 所示,其中,G 表示绿灯时间,R 表示红灯时间,r 表示全红时间,C 表示信号周期。

周期是指信号灯相位按照规定的相序显示一周所需的时间。信号周期时长可以如下计算。

$$C = \frac{L}{1-Y} \tag{9-9}$$

式中各参数说明如下。

① L 表示信号总损失时间。

$$L = \sum_k (L_s + I - A)_k \tag{9-10}$$

其中,L_s 表示启动损失时间,无实测数据时可取 3s;A 表示黄灯时间,单位为秒;I 表

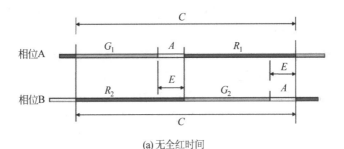

(a) 无全红时间

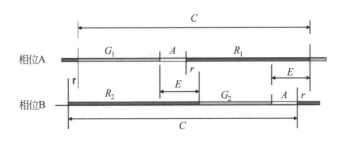

(b) 有全红时间

图 9-2　两相位信号配时示意

示绿灯间隔时间,单位为秒;k 表示一个周期内的绿灯间隔数。

② Y 表示流量比总和。

$$Y = \sum_j \max[y_j, y_j', \cdots] = \sum_j \max\left[\left(\frac{q_d}{s_d}\right)_j, \left(\frac{q_d}{s_d}\right)_j', \cdots\right] \tag{9-11}$$

其中,j 表示一个周期内的相位数;y_j,y_j' 表示第 j 相位的流量比,单位为 pcu/h;s_d 表示设计饱和流量,单位为 pcu/h;q_d 表示设计交通量,可按式(9-12)估算。

$$q_d = \frac{Q}{PHF} \tag{9-12}$$

其中,Q 表示高峰小时交通量;PHF 表示高峰小时系数,主要进口道可取 0.75,次要进口道可取 0.8。

周期与交叉路口饱和度直接相关,通常交叉路口饱和度越高,信号周期越长,实际应用中一般取值 40～120s,对于流量较大的十字交叉路口,可取值 180s 左右。

绿信比是指总有效绿灯时间与信号周期之比,表示一个信号周期内可以用作车辆通行的时间比例,其计算方法为

$$\lambda = \frac{G_e}{C} \tag{9-13}$$

其中,C 表示信号周期;G_e 表示总有效绿灯时间,可按式(9-14)计算。

$$G_e = C - L \tag{9-14}$$

其中,L 表示信号总损失时间。

根据总有效绿灯时间,可以进一步得到各相位的有效绿灯时间。

$$g_{ej} = G_e \frac{\max[y_j, y_j', \cdots]}{Y} \tag{9-15}$$

相位差又称绿时差或绿灯起步时距,相位差针对两个交叉路口而言,指相邻交叉路口同一个相位绿灯起始时间之差。

（3）信号结构参数。

目前,关于相位的定义主要包括两种,其中国内学者普遍给出如下定义:一个流向或者若干个无冲突车流的组合流向,获得一段连续时间的通行权。按照以上定义,一个完整的信号周期由多个相位组成,信号周期时间等于各相位绿灯时间和全红时间的总和。而在国外,相位通常采用美国电气制造商协会给出的定义:一个周期内分配给任意一个独立交通流的绿灯时间。针对十字交叉路口,美国电气制造商协会还定义了一种双环（Dual-Ring）八相位结构,如图 9-3 所示。

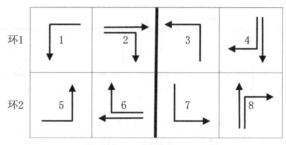

图 9-3　十字交叉路口双环八相位结构

如图 9-3 所示,规定 2、4、6、8 相位为直行,1、3、5、7 相位为左转,右转不单独设置指示灯。首先,设定直行流量的最大相位为 2 相位,依次顺时针旋转得到 4、6、8 相位。然后,设定 2 相位对应反方向左转为 1 相位,依次顺时针旋转得到 1、3、5 相位。

相位编号对应于十字交叉路口如图 9-4 所示。

双环结构有两个相位组,分别对应东西方向的所有相位组合以及南北方向的所有相位组合。1～4 相位属于一个环,5～8 相位属于另一个环。由于不同方向交通流组合存在冲突,因此两个相位组之间有隔离线,两侧的相位均不能跨越隔离线。图 9-3 所示的双环结构中所有可能的相位组合如表 9-1 所示。

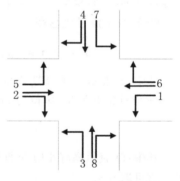

图 9-4　相位编号示意图

表 9-1　双环结构中所有可能的相位组合

组合编号	相位成员 1 编号	相位成员 2 编号	组合编号	相位成员 1 编号	相位成员 2 编号
1	1	5	5	3	7
2	2	5	6	4	7
3	1	6	7	3	8
4	2	6	8	4	8

相位的显示顺序称为相序,一般可按照车流获得通行权的顺序进行排列。以图 9-2 所示的双环结构为例,根据所有可能的相位组合情况可以看出,一个相位组中可能的相序有 3 种,一个信号周期内可能的相序有 9 种。

2. 基于车联网数据的信号配时辨识

目前,国内外很多学者已经基于交通流特性对交叉路口信号配时做了相关研究。清华大学李力等提出了交叉路口交通流预测方法、基于时间序列趋势的配时建模以及交叉路口信号配时随机模型;美国华盛顿大学的 Jeff 等基于交通流理论和机器学习相关方法,估计出车辆在无超车现象下的单车道行驶情况,据此轨迹信号周期起始时间提出了估计有效绿灯时间和红灯时间的具体方法,该方法是其提出延误模型的拓展判定方法。此外,也有一些专家学者基于高频更新的浮动车数据对交叉路口的固定信号配时进行反推,德国驾驶人信息系统研究所的 Kerper 等基于 1Hz 更新频率的浮动车数据,对固定配时的信号交叉路口配时方案进行了反推,结果可靠性较高。美国克莱姆森大学的 Fayazi 在该方法研究的基础上,基于旧金山公交系统提供的稀疏更新轨迹数据进行了信号配时估计。

以上研究方法都是基于连续时间序列的交通流进行信号配时反推,需要观察连续周期的有效轨迹,且多数研究要求很高的数据采样率,而国内现有的浮动车数据和移动导航数据尚达不到此类方法对数据采样率的要求。因此,本部分将介绍如何基于有限的车辆轨迹数据进行信号周期反推。

由于车辆轨迹可以反映交通流的真实面貌,可以为交通控制系统的设计和优化提供依据,因此车辆轨迹同样可以反映交通信号控制系统的控制结果。首先可以从车辆轨迹数据中提取信息,准确对车辆进行分类,之后从提取出的轨迹数据中反推信号配时,通过对误差进行分析,便可反推得到准确的交叉路口信号配时。

辨识步骤如下。

(1) 车辆转向匹配。

Step1:根据交叉路口的渠化情况对交叉路口方向进行编号,列出车辆所有可能的行驶方向。

Step2:根据交叉路口方向编号将待确定的车辆行驶方向转变为寻找车辆起止方向编号。

Step3:寻找各时间段内所有方向的行驶轨迹。

Step4:对车辆起止地点与交叉路口进行匹配,确定行驶方向,之后将不同时间段的不同转向轨迹进行集计。

(2) 有效轨迹提取。

根据路口情况,通常可定义某车辆行驶轨迹长度在距离交叉路口停止线 300~400m 的为有效轨迹。

Step1:按照式(9-7)和式(9-8)判断行程时间是否在可靠范围内,剔除可靠范围之外的轨迹数据。

Step2:判断轨迹有无往返折点,若存在反折点则说明车辆行驶存在往返情况,此时要剔除该轨迹数据。

Step3:判断是否满足方向特性筛选要求。在行程时间可靠的前提下,车辆行驶方向编号及其变化要与轨迹行驶方向一致。

Step4：判断行驶距离是否满足要求，即判断行驶轨迹起点和终点与交叉路口的距离需满足设定要求。

Step5：进一步剔除不满足设定要求，即车辆行驶轨迹长度在距离交叉路口停止线300～400m 的车辆轨迹。

（3）信号辨识。

Step1：根据周期有效轨迹数据确定轨迹停止点和不停止点。停止点定义为在车辆停止的轨迹中可以发现车辆位置不变的一系列的点，将其中第一个点作为停止点；不停止点即在车辆不停止的轨迹中选取距离停车线最近的点。

Step2：计算所有停止点和不停止点之间的时间差，计算方法为

$$td_i^{(sp_i, ns_i)} = t_{spi} - t_{nsi} \qquad (9\text{-}16)$$

其中，sp_i 表示停止点；ns_i 表示不停止点；t_{spi} 表示停止点对应的时间；t_{nsi} 表示不停止点对应的时间。

Step3：计算不同的周期估计值下时间差的方差和均值。

Step4：输出时间差平均方差最小的周期估计值，得到反推出的周期长度估计结果。

【例 9-1】 以深圳市皇岗路-红荔路交叉路口前后 100m 的轨迹数据为研究样本，进行信号配时辨识，部分初始数据如表 9-2 所示。

表 9-2　部分初始数据

	ID	进入路口 ID	进入流向	离开路口 ID	离开流向	UNIX时间戳	经度	纬度	link	link距离	link长度	s
0	7360	1019727	3	1013582	3	1493090064	114.0732	22.54325	9906221	5	189	0
1	7360	1019727	3	1013582	3	1493090067	114.0732	22.54332	9906221	13	189	7.783645
2	7360	1019727	3	1013582	3	1493090070	114.0732	22.54332	9906221	13	189	7.783645
3	7360	1019727	3	1013582	3	1493090073	114.0732	22.54338	9906221	20	189	14.49178
4	7360	1019727	3	1013582	3	1493090076	114.0732	22.54347	9906221	30	189	24.48443
5	7360	1019727	3	1013582	3	1493090079	114.0732	22.54363	9906221	47	189	42.30396
6	7360	1019727	3	1013582	3	1493090082	114.0732	22.54383	9906221	70	189	64.50123
7	7360	1019727	3	1013582	3	1493090085	114.0732	22.5441	9906221	100	189	94.52127
8	7360	1019727	3	1013582	3	1493090088	114.0732	22.54438	9906221	131	189	125.6545
9	7360	1019727	3	1013582	3	1493090091	114.0732	22.54473	9906221	170	189	164.5813
10	7360	1019727	3	1013582	3	1493090094	114.0732	22.54508	10153871	11	9	203.4893
11	7360	1019727	3	1013582	3	1493090094	114.0732	22.54508	10153761	11	37	203.4893
12	7360	1019727	3	1013582	3	1493090097	114.0731	22.54542	1.69E+08	12	154	241.3017
13	7360	1019727	3	1013582	3	1493090100	114.0731	22.54581	1.69E+08	55	154	284.6887
14	7360	1019727	3	1013582	3	1493090103	114.0731	22.5462	1.69E+08	99	154	328.0829

	ID	进入路口 ID	进入流向	离开路口 ID	离开流向	UNIX时间戳	经度	纬度	link	link距离	link长度	s
15	7360	1019727	3	1013582	3	1493090106	114.0731	22.54657	1.69E+08	140	154	369.2371
16	7360	1019727	3	1013582	3	1493090109	114.0731	22.5469	1.69E+08	22	94	405.9083
17	7360	1019727	3	1013582	3	1493090112	114.0731	22.54712	1.69E+08	46	94	430.355
18	7360	1019727	3	1013582	3	1493090115	114.0731	22.54739	1.69E+08	76	94	460.3573
19	7360	1019727	3	1013582	3	1493090118	114.0731	22.54769	10416181	7	8	493.7151
20	7360	1019727	3	1013582	3	1493090118	114.0731	22.54769	10752581	7	71	493.7151
21	7360	1019727	3	1013582	3	1493090121	114.0731	22.54787	10752581	27	71	513.7298
22	7360	1019727	3	1013582	3	1493090124	114.0731	22.5479	10752581	31	71	517.0656
23	7360	1019727	3	1013582	3	1493090127	114.0731	22.5479	10752581	31	71	517.0656
24	7360	1019727	3	1013582	3	1493090130	114.0731	22.5479	10752581	31	71	517.0656
25	7360	1019727	3	1013582	3	1493090133	114.0731	22.5479	10752581	31	71	517.0656
26	7360	1019727	3	1013582	3	1493090136	114.0731	22.5479	10752581	31	71	517.0656
27	7360	1019727	3	1013582	3	1493090139	114.0731	22.5479	10752581	31	71	517.0656
28	7360	1019727	3	1013582	3	1493090142	114.0731	22.5479	10752581	31	71	517.0656
29	7360	1019727	3	1013582	3	1493090145	114.0731	22.5479	10752581	31	71	517.0656
30	7360	1019727	3	1013582	3	1493090148	114.0731	22.5479	10752581	31	71	517.0656
31	7360	1019727	3	1013582	3	1493090151	114.0731	22.5479	10752581	31	71	517.0656
32	7360	1019727	3	1013582	3	1493090154	114.0731	22.5479	10752581	31	71	517.0656
33	7360	1019727	3	1013582	3	1493090157	114.0731	22.5479	10752581	31	71	517.0656
34	7360	1019727	3	1013582	3	1493090160	114.0731	22.5479	10752581	31	71	517.0656
35	7360	1019727	3	1013582	3	1493090163	114.0731	22.5479	10752581	31	71	517.0656
36	7360	1019727	3	1013582	3	1493090166	114.0731	22.5479	10752581	31	71	517.0656
37	7360	1019727	3	1013582	3	1493090169	114.0731	22.5479	10752581	31	71	517.0656
38	7360	1019727	3	1013582	3	1493090172	114.0731	22.5479	10752581	31	71	517.0656
39	7360	1019727	3	1013582	3	1493090175	114.0731	22.5479	10752581	31	71	517.0656
40	7360	1019727	3	1013582	3	1493090178	114.0731	22.5479	10752581	31	71	517.0656

数据说明如下。流向 1 表示由东向西、2 表示由西向东、3 表示由南向北、4 表示由北向南;路口 ID1019727 表示皇岗路—福中路、984921 表示皇岗路—红荔路、1013582 表示皇岗路—笋岗西路,路口由南向北排列;S 表示车辆距离起点的距离。

首先对轨迹进行分类,确定不停止点和停止点。直接根据位置提取点会有 1~3 个的轨迹误差,因此需要计算每个点的速度,通过速度识别停止点,然后对比不停止轨迹中所有点以筛选出距离停车线最近的点,筛选过程如图9-5所示。

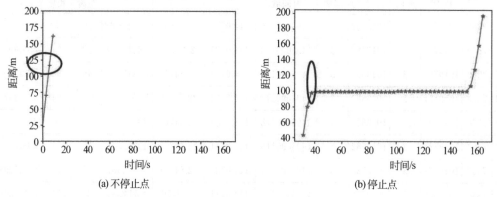

(a)不停止点　　　　　　　　　　　　　(b)停止点

图 9-5　不停止点和停止点

进行数据可视化,将轨迹数据集计到估计的周期内,得出轨迹分布的时空图。进一步剔除长度小于40m的停车轨迹和长度小于100m的不停车轨迹,在周期较为正确的情况下,轨迹有20条左右,不停车轨迹有16条,停车轨迹只有3～4条,如图9-6所示。

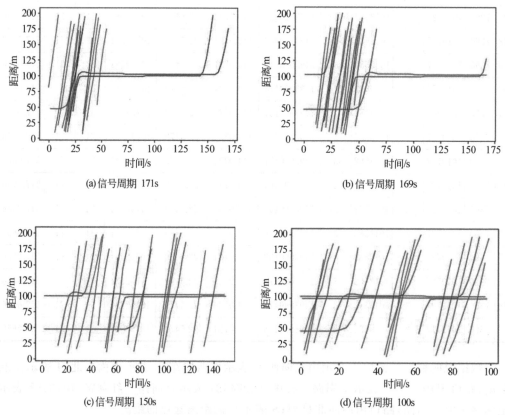

(a)信号周期 171s　　　　　　　　　　(b)信号周期 169s

(c)信号周期 150s　　　　　　　　　　(d)信号周期 100s

图 9-6　筛选后的轨迹集计分布

按式(9-10)计算所有停止点和不停止点之间的时间差,之后计算不同的周期估计值下时间差的方差,然后取平均值。停止点和不停止点的个数不一样,因此对停止点求其对每一个不停止点的时间差的方差,求均值以求解。时间差方差越小,周期长度的估计结果越准确,时间差方差计算结果如图9-7所示。

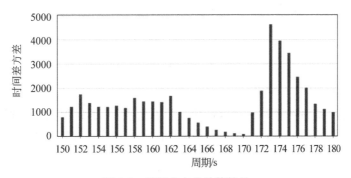

图 9-7　时间差方差计算结果

由图 9-7 可以明显看出,不同周期长度下的时间差方差差异较大,当周期长度为170s时,时间差方差最小,因此可能性最大的信号周期时长为170s,此时即为正确度最高的估计信号周期。

9.2.3　基于车联网数据的信号配时优化

在传统交通环境下,视频监控、环形线圈等其他检测设备被广泛应用于交叉路口附近车流信息的收集。然而,一旦这些传统设备遭遇恶劣天气或障碍物遮挡,它们采集到的数据的质量便难以得到保证。同时,受到传感器固有特性限制,检测器只能检测到有限的车辆信息,例如线圈探测器只能获取车辆的数量而无法识别车辆的类型,而磁性传感器则无法感知静止状态的车辆。与图像视频处理和传感器网络技术不同,基于专用短程通信技术(Dedicated Short Range Communications,DSRC)的 V2X 通信技术能够获取车辆的多重信息,例如车辆所处车道、车辆速度、车辆类型、车辆优先级等,这些信息可被用来设计更加合理和有效的交叉路口信号控制方法,从而实现信号配时优化。

1.交通信号控制评价指标

对交叉路口信号配时进行优化需要评价优化效果,下面介绍两种交通信号控制评价指标。

(1)延误。

交叉路口车辆平均延误主要包括两部分,一部分是一致性延误 d_u,另一部分为随机延误 d_r,其计算方法为

$$d_{ui} = \sum_j \frac{c(1 - g_{ei}/c)}{2(1 - y_{ij})} \tag{9-17}$$

$$d_{ri} = \sum_j \frac{x_{ij}^2}{2q_{ij}(1 - x_{ij})} \tag{9-18}$$

$$d_i = d_{ui} + d_{ri} \tag{9-19}$$

其中，d_i 表示第 i 个相位的平均延误时间；d_{ui} 表示第 i 个相位的平均一致性延误时间；d_{ri} 表示第 i 个相位的平均随机延误时间；c 表示周期时长；g_{ei} 表示第 i 个相位的有效绿灯时长；q_{ij} 表示第 i 个相位第 j 个进口道的实际到达的当量交通量；y_{ij} 表示第 i 个相位第 j 进口道的流量比；x_{ij} 表示第 i 个相位第 j 进口道的饱和度。因此，一个周期内交叉路口的车辆平均延误时间为各相位延误的加权平均值，即

$$d = \frac{\sum_i d_i q_i}{\sum_i q_i} \tag{9-20}$$

（2）停车次数。

停车次数是反映路网区间交通运行状况的有效指标，可以根据该指标评价被测路网区间交通信号控制的效果，用 h_i 表示在第 i 相位的平均停车次数，其计算方法为

$$h_i = \sum_j 0.9 \frac{(c - g_{ei})}{1 - y_{ij}} \tag{9-21}$$

一个周期内交叉路口的车辆平均停车次数为各相位停车次数的加权平均值，即

$$h = \frac{\sum_i h_i q_i}{\sum_i q_i} \tag{9-22}$$

2. 基于车联网数据的信号配时优化方法

（1）车联网环境下动态调整的交通信号配时优化。

传统交通控制系统中，往往分配给交叉路口各相位的绿灯时间是固定的，然而，固定的绿灯时间无法满足时变的交通流量。因此，本部分介绍一种车联网环境下动态调整的交通信号配时优化方法，可以在满足交通需求的基础上为不同方向的交通流动态分配合理的绿灯时间。

① 基本思想。对于车辆而言，其通过交叉路口的行驶质量与等待时间和停车次数密切相关，等待时间过长，会减少交叉路口通行的车辆数；停车次数过多，容易造成能耗浪费和环境污染。因此，一种有效的交通信号控制方法需要在保证通行量的前提下尽可能地减少车辆的平均等待时间及平均停车次数。车联网环境下，检测设备可以准确记录车辆进出路段的实时信息，并依据交通量的变化为各信号相位分配合理的绿灯通行时间。也就是说，当车流量较小时，可以分配较短的绿灯时间，以减少车辆的等待时间；当车流量较大时，可以分配较长的绿灯时间，从而减少车辆的停车次数。

② 优化步骤。绿灯时间的分配实际上是道路通行权的分配。当某方向道路的车辆即将获得通行权时，控制系统会根据当前道路的实时车流量进行绿灯时间计算，经历了分配的绿灯时间后，就会把道路的通行权转移到下一个方向的道路。

考虑到不同类型车辆对于绿灯时间需求存在差异，因此在信号配时优化过程中不能只考虑车辆的数量，还应考虑车辆的类型。可以将车辆划分为大、中、小三类，大型车包括大型货车；中型车包括普通货车和公交车；小型车主要指小轿车、出租车等。分别对三类车辆赋予不同的权重 W_1、W_2、W_3，通过对道路车辆权重的累加得到最终影响绿灯时间分配的权重值。

假设检测到当前道路的车辆总数为 N，其中左转、直行、右转车辆的数量为 N_l、N_s、N_r，其中某单个车辆的权重为 W_i，则有

$$W_{sum} = \sum_{i=1}^{N} flag \cdot W_i \tag{9-23}$$

在对信号配时优化过程中，可以忽略右转车辆的影响，只考虑直行和左转车辆，因此 $flag$ 和 W_i 的计算方法为

$$flag = \begin{cases} 1, & \text{左转车辆} \\ 1, & \text{直行车辆} \\ 0, & \text{右转车辆} \end{cases} \tag{9-24}$$

$$W_i = \begin{cases} W_1, & \text{大型车辆} \\ W_2, & \text{中型车辆} \\ W_3, & \text{小型车辆} \end{cases} \tag{9-25}$$

为了提高交叉路口通行效率，需要在当前信号相位的车辆总权重小于某个阈值时将绿灯控制权转移到下一个信号相位。假设权重的阈值为 W_t，则绿灯通行时间优化的具体步骤如下。

Step1：当车辆进入道路后，通过 V2I 通信向路侧单元 RSU_1 发送一个包含其特定标识符、行驶车道、车辆类型和位置等的到达消息 AM_i。当车辆离开道路时，其向路侧单元 RSU_2 发送一个仅包含其标识符的离开信息 DM_i。

Step2：中央服务器通过收集的车辆信息计算各信号相位对应的总权重 W_{sum}，并将其转发给道路相应交通信号控制系统。

Step3：交通信号控制系统判断当前信号相位是否拥有绿灯控制权。若有则转 Step4，否则转 Step1。

Step4：交通信号控制系统对 W_{sum} 和 W_t 进行比较。若 $W_{sum} > W_t$，则说明道路相对比较拥堵，下一步执行 Step5，否则执行 Step8。

Step5：信号控制系统为当前相位分配一个时间步长的绿灯时间。

Step6：交通信号控制系统继续比较 W_{sum} 和 W_t。若 $W_{sum} > W_t$，则说明道路依然比较拥堵，下一步执行 Step7，否则执行 Step8。

Step7：判断当前累积分配绿灯时间是否大于最长绿灯时间 T_G 与最短绿灯时间 T_{maxG} 之差，若是则执行 Step8，否则转 Step5。

Step8：交通信号控制系统为当前信号相位分配最短绿灯时间 T_{minG}，即进入信号相位倒计时阶段。

Step9：交通信号控制系统将绿灯时间控制器转移到下一个信号相位，本过程结束。

上述绿灯通行时间优化的具体流程如图 9-8 所示。

【例 9-2】 以秦皇岛市某交叉路口为案例，交叉路口车道组见图 9-9。交叉路口车道组为 8 个，其中：车道组 1 为东进口直行；车道组 2 为东进口左转；车道组 3 为南进口直行；车道组 4 为南进口左转；车道组 5 为西进口直行；车道组 6 为西进口左转；车道组 7 为北进口直行；车道组 8 为北进口左转。因右转有专用进口车道且红灯期间可以右转，故不

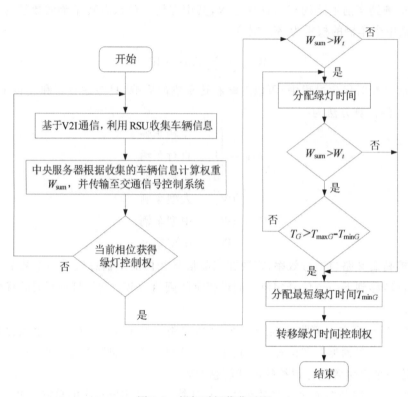

图 9-8 绿灯时间优化过程

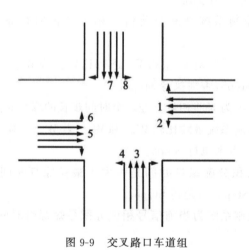

图 9-9 交叉路口车道组

对右转进行信号控制。交叉路口相位见图 9-10,实线为红灯禁行车道,虚线为绿灯放行车道,相位 1~4 分别为东西直行、东西左转、南北直行、南北左转。通过车牌识别数据获得的该路口的实际流量数据见表 9-3,在 40min 的仿真时段内:第 1 个时段时长为 20min,饱和度为 0.89,交通流处于非饱和状态,根据车牌识别数据统计交叉路口实际流量;第 2 个时段时长为 20min,流量饱和度为 0.95,处于饱和状态,为人工假设流量,考虑

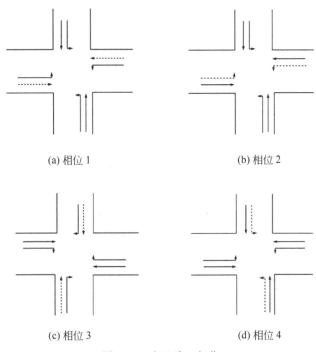

(a) 相位 1   (b) 相位 2

(c) 相位 3   (d) 相位 4

图 9-10　交叉路口相位

到交通流的随机性,认为饱和度为 0.95 即达到饱和状态。通过流量的变化考察动态规划配时方案对各交通流状态的控制效果。

表 9-3　交通流量与饱和度

交通状态	非饱和状态		饱和状态	
	交通流量/veh/h	饱和度	交通流量/veh/h	饱和度
东口右转	150	0.1	150	0.1
东口直行	1103	0.85	1234	0.95
东口左转	173	0.51	199	0.59
南口右转	150	0.1	150	0.1
南口直行	514	0.51	523	0.52
南口左转	213	0.89	208	0.87
西口右转	150	0.1	150	0.1
西口直行	1016	0.78	1111	0.86
西口左转	187	0.56	225	0.67
北口右转	150	0.1	150	0.1
北口直行	550	0.54	573	0.57
北口左转	194	0.81	187	0.78
交叉路口	4550	0.89	4860	0.95

各车道组进口道数量为

$$\boldsymbol{M} = (3,1,3,1,3,13,1)^\mathrm{T}$$

初始排队长度为

$$\boldsymbol{L}_0 = (12,10,5,12,10,10,5,9)^\mathrm{T}$$

各车道组的排队车辆消散率为

$$\boldsymbol{\theta}_t = (0.33,0.30,0.33,0.30,0.33,0.30,0.33,0.30)^\mathrm{T}$$

初始信号灯状态为东西直行绿灯,其他方向为红灯。相序依次为1(东西直行)、2(东西左转)、南北直行)、4(南北左转)。车辆到达率为

$$\boldsymbol{\Gamma}_t = \begin{cases} (0.31,0.04,0.11,0.06,0.28,0.04,0.1,0.03), & 0 < t \leqslant 1200 \\ (0.42,0.04,0.11,0.06,0.39,0.04,0.1,0.03), & 1200 < t \leqslant 2400 \\ (0.36,0.04,0.11,0.06,0.34,0.04,0.1,0.03), & 2400 < t \leqslant 3600 \end{cases}$$

最小绿灯时间约束为

$$\boldsymbol{X} = (10,10,10,10,10,10,10,10)^\mathrm{T}$$

最大绿灯时间约束为

$$\boldsymbol{H} = (80,60,60,60,80,60,60,60)^\mathrm{T}$$

最大排队长度约束为

$$F = (70,60,50,40,70,60,50,40)^\mathrm{T}$$

最大排队长度消散约束为

$$D = (8,5,8,5,8,5,8,5)^\mathrm{T}$$

模型输出结果为第 n 个车道组 $s_t(n)$ 持续为 1 的次数,可换算为相位有效绿灯时间。考虑到交叉路口车流量先增加再减少的趋势,确定非饱和状态(饱和度为 0.8)和饱和状态(饱和度为 0.95)两种情况,按图 9-7 所示的绿灯时间优化过程,通过迭代计算获得两种交通状态下的信号配时方案情况,见图 9-11。

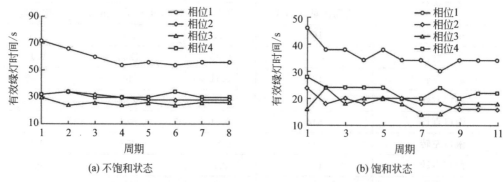

图 9-11 非饱和、饱和两种交通状态下优化后的配时方案

(2) 车联网环境下按需分配的交通信号配时优化。

① 基本思想。车联网环境下的信号配时优化可用的另一种方法便是按需分配的交通信号配时优化,这种方法考虑到车辆排队长度指标能直接反映交叉路口信号控制的效果,因此可以直接使用交叉路口机动车期望排队长度作为研究对象,根据交叉路口相位清

空可靠度,假设交通流到达率为随机变量,按需分配绿灯时间构造交叉路口信号配时优化模型。

② 优化模型。设某信号交叉路口有 n 个相位,v_i、s_i 与 g_i 分别表示相位 i 关键进口道的车辆到达率(pcu/s)、饱和流率(pcu/s)与绿灯时间(s);C 表示信号周期(s);b_i 表示相位 i 机动车期望排队长度目标值,取值与相位 i 对应的各进口道长度与信号控制系统的要求相关,其取值为

$$b_i \leqslant \min(q_1^i, q_2^i, \cdots, q_n^i) \tag{9-26}$$

其中,q_n^i 表示相位 i 对应的第 n 个进口道允许的排队长度。

相位 i 车辆期望排队长度偏离 b_i 的正负偏差分别为 d_i^+,d_i^-,即

$$d_i^+ = \max\{\max[E(Cv_i - g_i s_i), 0] - b_i), 0\} \tag{9-27}$$

$$d_i^- = \max\{\max[b_i - E(Cv_i - g_i s_i), 0]), 0\} \tag{9-28}$$

其中,$E(Cv_i - g_i s_i)$ 表示相位 i 某一周期车辆期望排队长度。若周期内到达机动车小于相位 i 的最大通行能力,则该值为负,表明相位 i 的绿灯时间存在冗余;若周期内到达机动车大于相位 i 的最大通行能力,则该值为正,表明相位 i 的绿灯时间不足;若周期内到达机动车等于相位 i 的最大通行能力,则该值为 0,表明相位 i 的绿灯时间恰好满足要求。

根据上述定义,建立车辆随机到达下的交叉路口信号配时优化模型。

$$\min Q = \sum_{i=1}^{n} (u_i^+ d_i^+ + u_i^- d_i^-) \tag{9-29}$$

$$\text{s.t. } \max[E(Cv_i - g_i s_i), 0] + d_i^- - d_i^+ = b_i \tag{9-30}$$

$$P(Cv_i \leqslant g_i s_i) = \alpha_i \tag{9-31}$$

$$\sum_{i=1}^{n} g_i + L = C \tag{9-32}$$

$$L = \sum_{i=1}^{n} (I_i - A + H) \tag{9-33}$$

$$0 \leqslant z_i \leqslant g_i \tag{9-34}$$

其中,Q 表示目标函数;u_i^+ 与 u_i^- 分别表示排队长度正负偏差的权重因子;$P(Cv_i \leqslant g_i s_i)$ 表示相位 i 绿灯时间能够放行所有该周期内到达交通流的概率;α_i 表示相位 i 的置信水平,即相位清空可靠度;L 表示每周期总损失时间(s);A 表示每相位的黄灯时长(s);H 表示每相位车辆起动损失时间(s);I_i 为相位 i 绿灯间隔(s);z_i 为相位 i 满足行人和机动车安全通过的相位最短绿灯时间(s)。

在该模型中,目标函数使得交叉路口各相位机动车的排队长度与机动车目标排队长度的偏差最小;约束条件式(9-30)表示信号配时参数应该满足各相位期望的排队长度目标值;式(9-31)表示相位 i 应满足的相位清空可靠度约束;式(9-32)表示各相位绿灯时间与周期损失时间之和等于周期时长;式(9-33)表示各相位损失时间构成的周期信号总损失时间;式(9-34)表示相位绿灯时间应满足的行人和机动车安全通行所需要的最短绿灯时间约束。

由此得出了 n 相位的交叉路口信号配时优化模型,该模型对于三相位及多相位信号

交叉路口的情况同样适用,利用该模型可以进行车联网环境下交叉路口信号配时的优化与评价。

【例 9-3】 以两相位信号交叉路口为例进行实例分析,在 s_i、L、z_i、b_i 已知的条件下,计算信号交叉路口各相位关键进口道交通流在不同到达率下的周期时长、绿灯时间和相位清空可靠度。

假设两相位信号无主次之分,交叉路口相位交通流到达率均服从正态分布,其期望值均为 700pcu/h,两相位饱和流率为 1800pcu/h;相位最短绿灯时间均为 20s,损失时间均为 3s;周期总损失时间均为 6s;偏差权重因子均为 1。两相位的机动车期望排队长目标值相等,两相位的相位清空可靠度相等。当 b 变化时,相位 2 车辆的到达率为常数,当相位 1 车辆的到达率为随机变量时,周期时长 C、各相位绿灯时间 g_1 和 g_2、相位清空可靠度即置信水平 α 的优化结果如表 9-4 所示。

表 9-4 相位 1 车辆到达率为随机变量的配时优化

b/pcu	$\sigma_1^2=70,\sigma_2^2=0$				$\sigma_1^2=210,\sigma_2^2=0$				$\sigma_1^2=280,\sigma_2^2=0$			
	C/s	g_1/s	g_2/s	α	C/s	g_1/s	g_2/s	α	C/s	g_1/s	g_2/s	α
4	50	24	20	0.995	50	24	20	0.8	52	26	20	0.758
6	52	26	20	0.997	59	30	23	0.848	59	30	23	0.782
10	80	43	31	0.999	81	44	31	0.898	82	44	32	0.832
16	—	—	—	—	127	72	49	0.933	129	73	50	0.871
30	—	—	—	—	210	122	82	0.952	216	126	84	0.894

当 b 变化时,相位 1、2 车辆的到达率均为随机变量,周期时长 C、各相位绿灯时间 g_1 和 g_2、相位清空可靠度即置信水平 α 的计算结果如表 9-5 所示。

表 9-5 相位 1、2 车辆到达率均为随机变量的配时优化结果

b/pcu	$\sigma_1^2=70,\sigma_2^2=70$				$\sigma_1^2=70,\sigma_2^2=140$				$\sigma_1^2=70,\sigma_2^2=210$			
	C/s	g_1/s	g_2/s	α	C/s	g_1/s	g_2/s	α	C/s	g_1/s	g_2/s	α
4	46	20	20	0.871	56	24	26	0.841	59	24	29	0.771
6	62	28	28	0.945	64	28	30	0.864	70	30	34	0.811
10	80	37	37	0.971	106	47	53	0.922	110	47	57	0.860
16	144	69	69	0.990	158	71	81	0.943	168	73	89	0.885
30	260	127	127	0.995	278	127	145	0.957	300	132	162	0.903

结合表 9-4、表 9-5 可以看出,在机动车期望排队长度目标值和周期时长均确定的情况下,为了尽量控制交叉路口排队长度,车辆到达率较大的相位需要分配更多的绿灯时间,且两相位车辆到达率方差越大,该特征越明显。此外,在到达率相同的情况下,得到较高的相位清空可靠度意味着需要容忍较大的排队长度,即只有不断增大期望排队长度,才

能令相位清空可靠度保持在较高水平。

9.3　车联网环境下的出行路径规划技术

车联网是由车辆的位置、速度、路径和交通信号等信息构成的巨大交互网络。通过GPS、RFID、传感器、摄像头、雷达等信息采集装备,车辆可以完成自身环境和状态信息的采集;通过互联网技术,所有车辆可以将自身的各种信息传输汇聚到车联网的信息处理系统;通过计算机技术,这些大量的车辆信息以及交通信号灯信息可以被分析和处理,从而对动态路网的运行状态进行预测和计算出不同车辆的最优路径等。在车联网环境下,由于能够获取路网的实时运行状态,并根据历史和实时的数据对路网运行状态进行精准预测,在此基础上可以选择合理的出发时刻,并能够根据出发时的路网运行状况规划出行路径,甚至能够在出行过程中动态调整路径。除此之外,随着网联环境下共享经济的发展,自动驾驶车辆可为乘客提供服务,如何确定在一定需求情况下所需的自动驾驶车队规模以及为自动驾驶车辆规划路径以优化叫车服务(Dial A Ride Problem,DARP),使得总体花费最少也是需要关注的重点问题。

9.3.1　基于车联网数据的路网运行状态短时预测

在车联网环境下能够通过各种检测器采集路网的当前运行状态,但更为合理的出行路径规划需要根据历史及当前的数据对路网运行状态进行短时预测,以便于及时避开拥堵路段,既节省了出行者的出行时间,又能够避免拥堵路段拥堵的加重,从而保证交通网络的各个道路得以持续畅通运行。

短时交通预测是基于路网中各类检测器采集的历史及当前数据,通过分析数据的规律性并运用合适的预测模型,从而预测路网未来交通状态的一项工作。目前,许多的模型被应用到短时交通预测的研究中,主要分为统计学模型、人工智能模型和组合预测模型。相关方法请参考第5章。

9.3.2　车联网环境下动态路网的最优路径问题和算法

在车联网环境下,能够获知动态路网中路段行程时间随时间的变化情况,也就是说,路段的行程时间是时间依赖函数而不是静态值。动态路网的最优路径问题是研究路段行程时间随时间变化的路网的最短路径问题,通常采用确定型时间依赖函数表示路段阻抗。时间依赖函数有行程时间和行程车速两种形式。美国西北大学 Malandraki 等首次用时间依赖函数表示路段行程时间,函数形式为分段函数,但该方法需要假定车辆在节点等待一定时间以满足路网的先入先出(First In First Out,FIFO)特性,这与实际情况不太一致。蒙特利尔大学 Ichoua 等采用时间依赖函数表示路段行程车速,根据行程车速计算行程时间,使得路网能够满足 FIFO 特性,克服了 Malandraki 等模型的不足。

1. 动态路网的定义

对于动态网 $G=(V,A,C)$,$V=\{1,2,\cdots,n\}$ 是节点的集合,$A=\{1,2,\cdots,m\}$ 是路段

的集合,$C=\{c_{ij}(t) \mid (i,j) \in A\}$ 表示路段 (i,j) 的行程时间依赖函数的集合。时间依赖函数的形式可以是离散的阶梯函数,也可以是连续的线性分段函数等。若采用分段函数或阶梯函数的形式,定义 M 个出发时段:$T=\{0,1,\cdots,M-1\}$,则路段 (i,j) 在时段 t $(t \in T)$ 对应的行程时间为 $c_{ij}(t)$。

2. 动态路网最优路径问题建模

根据出发时间的不同,可以将时变路网的最优路径问题分为两类:①给定出发时间,求解两点之间的行程时间最短路径;②考虑全天所有可能的出发时间,求解两点之间的行程时间最短路径。其中,第一类问题是第二类问题的基础,应首先对第一类问题进行定义。

设节点 $v_o \in V$,$v_d \in V$ 分别表示起、终点。X 是可行解的集合,路径 λ $(\lambda \in X)$ 是起点 v_o 和终点 v_d 之间的一条可行路径,$\mathrm{Cost}(\lambda,t_o)$ 是 t_o 时刻从起点 v_o 出发的路径 λ 的行程时间。那么,动态路网的最优路径问题数学模型为

$$Z = \min_{\lambda \in X}(\mathrm{Cost}(\lambda,t_o)) \tag{9-35}$$

根据动态路网的定义,式(9-35)可表示为

$$Z = \min\Big(\sum_{(i,j) \in A} \sum_{t=1}^{T} c_{ij}(t) \cdot x_{ij}^{t} \Big) \tag{9-36}$$

$$\text{s. t. } x_{ij}^{t} = \begin{cases} 1, & (i,j) \in A \\ 0, & \text{others} \end{cases} \tag{9-37}$$

$$\sum_{t=1}^{T} x_{ij}^{t} \leqslant 1 \quad (i,j) \in A \tag{9-38}$$

$$\sum_{t=1}^{T} \sum_{\{j:(i,j) \in A\}} x_{ij}^{t} - \sum_{t=1}^{T} \sum_{\{j:(i,j) \in A\}} x_{ji}^{t} = \begin{cases} 1, & i = v_o \\ -1, & i = v_d \\ 0, & \text{others} \end{cases} \tag{9-39}$$

其中,作为约束条件的式(9-37)表示路段 (i,j) 在 t 时段被路径 λ 使用,则 $x_{ij}^{t}=1$,否则 $x_{ij}^{t}=0$;式(9-38)表示任意路段只能被使用一次;式(9-39)表示起点只有出发没有到达,终点只有到达没有出发,中间节点的到达和出发次数相等。

3. 动态路网最优路径算法

静态最短路算法包括标号设置法、标号修改法、A^* 算法等,均可扩展到满足 FIFO 条件的动态路网的最优路径问题的求解。下面介绍几种动态路网的最优路径算法,分别是改进 Dijkstra 算法、基于欧式距离的 A^* 算法和改进 A^* 算法。

算法的符号定义如下:t_o 为给定出发时刻;v_o,v_d 为起点和终点;V,A 为所有节点和路段的集合;S,W 分别为已经找到的最短路径的节点集合和未找到最短路径的节点集合;l_i,p_i 分别为节点 i 和其前驱节点的编号。

(1)改进 Dijkstra 算法。

改进 Dijkstra 算法是将传统的 Dijkstra 算法扩展到动态路网,下面给出两种情况下的最优路径算法。

① 给定出发时刻 t_o,求解某节点得到其他所有节点的最优路径。

Step1：初始化。设 $i=v_o,l_i=t_o,p_i=0$；对于 $\forall j\neq i,l_j=+\infty,p_i=0;S=\{i\}$，$W=\Phi$。

Step2：更新节点标号。对于 i 的所有后继节点 j，若 $l_j>l_i+c_{ij}(l_i)$，则 $l_j=l_i+c_{ij}(l_i),p_j=i$，若 $j\notin W$，则 $W=W\bigcup\{j\}$。

Step3：节点选择。设 v^* 为 W 中标号最小的节点，即 $l_{v^*}=min(l_j),j\in W$，令 $i=v^*,S=S\bigcup\{i\},W=W-\{i\}$。

Step4：判断终止条件。若 $W=\Phi$，则停止计算，否则转到 Step2。

(l_i-t_o) 即 v_o 到节点 i 的最短路径行程时间，通过节点 i 的前驱节点 p_i 可以反向追踪到最短路径。

② 给定出发时刻 t_o，求解两点之间的最优路径。

此时算法也是由初始化、更新节点标号、节点选择、判断终止条件四个步骤组成的。其中前三个步骤和上一种情况是一样的，不同的是判断终止条件。这种情况下的判断条件为：若 $i=v_d$，则停止计算；否则转到 Step2。

(l_i-t_o) 即 v_o 到节点 v_d 的最短路径行程时间，通过节点 i 的前驱节点 p_i 可以反向追踪到最短路径。

【例 9-4】 考虑如图 9-12 所示的简单网络，该网络由 5 个节点及 7 条路段组成（图 9-12 中路段上所标数据为 $t_o=0$ 时刻相应的路段行程时间），用 Dijkstra 算法求从节点 1 到节点 5 的最短路径。

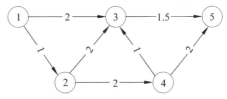

图 9-12　简单交通网络

首先初始化。令当前节点 i 为 1，标号为 0，除了节点 1 以外的所有节点标号为 $+\infty$，前驱节点 p_i 为 0，此时 $S=\{1\},W=\Phi$。

搜索以节点 1 为起点的路段后继节点 2 和 3，$l_2=l_3=+\infty,l_1+c_{12}(l_1)=0+1=1$，$l_1+c_{13}(l_1)=0+2=2,l_2>1,l_3>2,l_2=1,l_3=2,p_2=p_3=1$，因此，$W=W\bigcup\{2,3\}$。选取 W 中标号最小的节点 $i=v^*=2$，将其添加至 S 并从 W 中剔除，$S=S\bigcup\{2\}=\{1,2\}$，$W=W-\{2\}=\{3\}$。

搜索以节点 2 为起点的路段后继节点（包含在 S 中的节点除外），找到节点 3 和节点 4。$l_2+c_{23}(l_2)=1+2=3>2$，故 l_3 和 p_3 不变；$l_2+c_{24}(l_2)=1+2=3<+\infty$，故将 l_4 修改为 3，将 p_4 修改为 2。比较 l_3 和 l_4 后发现 l_3 最小，故将节点 3 置于 S 中并从 W 中剔除，$i=v^*=3,S=S\bigcup\{3\}=\{1,2,3\},W=W-\{3\}=\{4\}$。

搜索以节点 3 为起点的路段后继节点（包含在 S 中的节点除外），找到节点 5。$l_3+c_{35}(l_3)=2+1.5=3.5<+\infty$，故将 l_5 修改为 3.5，将 p_5 修改为 3。将节点 5 置于 S 中，$i=v^*=5,S=S\bigcup\{5\}=\{1,2,3,5\}$。这里只寻找节点 1 到节点 5 的最短路径，因此当 $i=5$ 时停止计算。

因此，节点 1 到节点 5 之间的最短路径为 1→3→5，最短路径行程时间为 3.5。

（2）基于欧氏距离的 A^* 算法。

A^* 算法是一种基于启发式的搜索算法，通过引入估价函数对未扩展节点进行评价，选择最有希望的节点加以扩展，直到找到目标节点位置。相对于 Dijkstra 算法，A^* 算法搜索的节点数量大幅减少,因此计算效率大幅提高。

在 A^* 算法中,节点 i 的估价函数 $f(i)$ 由式(9-40)定义,即

$$f(i) = g(i) + h(i) \tag{9-40}$$

式中,$g(i)$ 表示起点到节点 i 的实际成本;$h(i)$ 是启发式函数,表示节点 i 到目标节点最佳路径的估计成本。

可以证明,A^* 算法能够找到最短路径的充要条件是 $h(i)$ 满足相容性条件(consistency assumption),即

$$h(i) - h(j) \leqslant e(i, j) \tag{9-41}$$

式中,$e(i, j)$ 表示节点 i 到 j 的实际最短路径成本。式(9-41)表示两节点的估价成本之差,不能超过两节点之间的实际最短路径成本。可以证明,若相容性条件成立,则估价函数 $f(i)$ 是单调递增的,即 $f(i)$ 随 A^* 算法扩展的节点序列非递减。估计成本 $h(i)$ 的选择对 A^* 算法的效率有很大影响,估价值越接近于实际的最短路径成本,A^* 算法的效率越高。可以证明,当估价值 $h(i)$ 等于实际的最短路径成本时,A^* 算法仅搜索最短路径上的节点。当 $h(i) = 0$ 时,A^* 算法变换为 Dijkstra 算法。因此,启发式函数 $h(i)$ 的设计是 A^* 算法的关键。

对于动态路网,设 $v_{ij}(t)$,$t \in \{0, 1, \cdots, M-1\}$,表示路段 (i, j) 在 t 时段的行程速度,$v_{\max}$ 表示路网中所有路段在所有时段中的最大行程速度;$\mathrm{dis}(i, j)$ 表示节点 i 到 j 的欧式距离。那么,可以定义启发式函数 $h(i)$ 为

$$h(i) = \frac{\mathrm{dis}(i, v_d)}{v_{\max}} \tag{9-42}$$

下面证明式(9-42)的 $h(i)$ 满足相容性条件。

设 $d(i, j)$ 表示节点 i 到 j 的实际最短路径长度,$e(i, j)$ 表示节点 i 到 j 的实际最短路径的行程时间,那么

$$h(i) - h(j) = [\mathrm{dis}(i, v_d) - \mathrm{dis}(j, v_d)] / v_{\max} \tag{9-43}$$

$$e(i, j) = \frac{d(i, j)}{v(t)} \geqslant \frac{\mathrm{dis}(i, j)}{v(t)} \geqslant \frac{\mathrm{dis}(i, j)}{v_{\max}} \tag{9-44}$$

根据三角不等式关系,有 $\mathrm{dis}(i, v_d) - \mathrm{dis}(j, v_d) \leqslant \mathrm{dis}(i, j)$ 成立,因此 $h(i) - h(j) \leqslant e(i, j)$,相容性条件成立。

给定出发时刻 t_o,求解两节点之间的最优路径。

Step1:预处理。首先计算路网中最大行程速度 $v_{\max}$,然后计算任意节点 i 到目标节点 v_d 的估计路径行程时间 $h(i) = \mathrm{dis}(i, v_d) / v_{\max}$。

Step2:初始化。设 $i = v_o$,$l_i = t_o$,$p_i = 0$;对于 $\forall j \neq i$,$l_j = +\infty$,$p_j = 0$;$S = \{i\}$,$W = \Phi$。

Step3:更新节点标号。对于 i 的所有后继节点 j,若 $l_j > l_i + c_{ij}(l_i) + h(i)$,则 $l_j = l_i + c_{ij}(l_i) + h(i)$,$p_j = i$,若 $j \notin W$,则 $W = W \bigcup \{j\}$。

Step4:节点选择。设 v^* 为 W 中标号最小的节点,即 $l_{v^*} = \min(l_j)$,$j \in W$,令 $i = v^*$,$S = S \bigcup \{i\}$,$W = W - \{i\}$。

Step5:判断终止条件。若 $i = v_d$,则停止计算;否则转到 Step2。

(l_i-t_o) 即 v_o 到节点 v_d 的最短路径行程时间,通过节点 i 的前驱节点 p_i 可以反向追踪到最短路径。

（3）改进的 A^* 算法。

Chabini 等提出了一种改进的 A^* 算法,构造了一种新的启发式函数 $h(i)$,与欧式 A^* 算法相比,$h(i)$ 的估值更接近于实际最短路径的成本,因此具有更高的效率。启发式函数 $h(i)$ 的构造方法如下。

对于任意 $(i,j)\in A$,另 $c_{ij}^{\min}(t)=\min c_{ij}(t),t=0,1,\cdots,M-1$,可以采用 $c_{ij}^{\min}(t)$ 构造一个静态网络 G',$e^{\min}(i,j)$ 表示在 G' 中,节点 i 到 j 的最短路径的行程时间。定义 $h(i)$ 如式(9-45)所示,可以证明 $h(i)$ 满足相容性条件。

$$h(i)=e^{\min}(i,v_d) \tag{9-45}$$

给定出发时刻 t_o,求解两节点之间的最优路径。

Step1：预处理。构造静态网络 G',采用 Dijkstra 算法,计算其他任意节点 i 到目标节点 v_d 的最短路径行程时间 $e^{\min}(i,v_d)$。

Step2：设 $i=v_o,l_i=t_o,p_i=0$;对于 $\forall j\neq i,l_j=+\infty,p_i=0;S=\{i\},W=\Phi$。

Step3：更新节点标号。对于 i 的所有后继节点 j,若 $l_j>l_i+c_{ij}(l_i)+h(i)$,其中 $h(i)$ 由式(9-45)定义,则 $l_j=l_i+c_{ij}(l_i)+h(i),p_j=i$,若 $j\notin W$,则 $W=W\bigcup\{j\}$。

Step4：节点选择。设 v^* 为 W 中标号最小的节点,即 $l_{v^*}=\min(l_j),j\in W$,令 $i=v^*,S=S\bigcup\{i\},W=W-\{i\}$。

Step5：判断终止条件。若 $i=v_d$,则停止计算;否则转到 Step2。

(l_i-t_o) 即 v_o 到 v_d 的最短路径行程时间,通过节点 i 的前驱节点 p_i 可以反向追踪到最短路径。

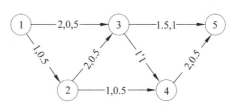

图 9-13　简单交通网络

【例 9-5】　考虑如图 9-13 所示的简单网络,箭头上的数字依次表示节点之间的行程时间和最大行程速度,且各节点到节点 5 的欧式距离为：$\text{dis}(1,5)=2.18,\text{dis}(2,5)=2,\text{dis}(3,5)=1.22,\text{dis}(4,5)=1$。请使用 A^* 算法计算在 $t_o=0$ 时刻从节点 1 出发到节点 5 的最短路径。

首先进行预处理,得到路网中最大行程速度 $v_{\max}=1.5$,然后计算任意节点 i 到目标节点 5 的估计路径行程时间 $h(i)=\text{dis}(i,v_d)/v_{\max}$,$h(1)=2.18/1.5=1.45,h(2)=2/1.5=1.33,h(3)=1.22/1.5=0.81,h(4)=1/1.5=0.67$,并进行初始化,令当前节点 i 为 1,标号为 0,除了节点 1 以外的所有节点标号为 $+\infty$,前驱节点 p_i 为 0,此时 $S=\{1\},W=\Phi$。

搜索以节点 1 为起点的路段后继节点 2 和 3,$l_2=+\infty,l_3=+\infty,l_1+c_{12}(l_1)+h(1)=0+1+1.45=2.45,l_1+c_{13}(l_1)+h(1)=0+2+1.45=3.45,l_2>2.45,l_3>3.45,l_3=3.45,p_2=p_3=1$,因此,$W=W\bigcup\{2,3\}$。选取 W 中标号最小的节点 $i=v^*=2$,将其添加至 S 并从 W 中剔除,$S=S\bigcup\{2\},W=W-\{2\}=\{3\}$。

搜索以节点 2 为起点的路段后继节点(包含在 S 中的节点除外),找到节点 3 和节点 4。$l_2+c_{23}(l_2)+h(2)=2.45+2+1.33=5.78>3.45$,因此 l_3 和 p_3 的值保持不变;l_2+

$c_{24}(l_2)+h(2)=2.45+1+1.33=4.78<+\infty$，故将 l_4 修改为 4.78，将 p_4 修改为 2。比较 l_3 和 l_4 后发现 l_3 最小，故将节点 3 置于 S 中并从 W 中剔除，$i=v^*=3$，$S=S\cup\{3\}=\{1,2,3\}$，$W=W-\{3\}=\{4\}$。

搜索以节点 3 为起点的路段后继节点，找到节点 4 和 5。$l_3+c_{34}(l_3)+h(3)=3.45+1+0.81=5.26>4.78$，因此 l_4 和 p_4 的值保持不变；$l_3+c_{35}(l_3)+h(3)=3.45+1.5+0.81=5.76<+\infty$，故将 l_5 修改为 5.76，将 p_5 修改为 3。比较 l_4 和 l_5 后发现 l_4 最小，将节点 4 置于 S 中，$i=v^*=4$，$S=S\cup\{4\}=\{1,2,3,4\}$，$W=W-\{4\}=\{5\}$。

搜索以节点 4 为起点的路段后继节点，只有节点 5。$l_4+c_{45}(l_4)+h(4)=4.78+2+0.67=7.45>5.76$，因此 l_5 和 p_5 的值保持不变，将节点 5 置于 S 中，$i=v^*=5$，$S=S\cup\{5\}=\{1,2,3,4,5\}$，因为此时 $i=5$，所以停止计算。因此，节点 1 到节点 5 之间的最短路径为 $1\to3\to5$，最短路径行程时间为 5.76。

由于该案例路网规模较小，因此这里 A^* 算法的优势并不能体现出来，但随着路网规模的增大，该算法相对于 Dijkstra 算法在计算效率上的优势将会凸显出来。

9.3.3　车联网环境下车辆服务路径问题及算法

在"互联网＋"背景下孕育而生的共享经济显示出了强大的发展趋势和潜力。共享经济带来了全新的生产模式、消费模式和企业运营模式，已成为不可忽视的未来全球经济发展趋势。车联网和自动驾驶的发展为共享汽车的发展奠定了基础，推动汽车的消费模式发生变革，从购买汽车向购买出行服务改变。

用户通过互联网提前预定自己的出行需求，服务提供方为用户提供叫车服务。作为共享汽车服务的提供方，在保证服务质量的基础上如何确定车队规模、优化车辆服务路径，以寻求总体花费最少是值得深入研究的问题。此外，车辆的配送问题中的配送路径优化也是与之相类似的。

1. 问题描述

DARP 问题可以描述为：假设车辆均为自动驾驶车辆（Autonomous Vehicle，AV），车队中的车辆均从发车站出发，向多个用户提供叫车服务，然后在一天内均到达终点站，需要合理安排车辆的调度和服务路径。

（1）已知条件。DARP 问题的已经条件有：

① 用户的出行需求需要提前预定，也就是说，在一天开始服务前所有用户需求已经完备；

② 每一辆车每次只服务一个或一组（起始点一致，出发时间相近）乘客，不考虑拼车，在接送乘客过程中车辆不会再接送其他乘客，因此一次服务不会被打断；

③ 叫车服务有一个硬时间窗，即用户规定的最晚接客时间，不允许车辆晚于该时间到达，提前到达则需要等待，这个时间可以根据所选择的路径进行估计；

④ 所有 AVs 必须由出发车站出发，并最终回到终点车站，若车队中有参与服务的车辆，则直接由出发车站到达终点车站进行休整。

（2）优化目标。对于 DARP 问题，可以有多个优化目标，包括总体花费最少、总收益最大、用户满意度最高、车队规模最小等。这些目标主要分为两类，一是服务成本（收益），二是服务质量。一般来说，这些目标彼此之间存在冲突，不能同时达到最优，有时在实际中一般需要在成本（收益）和服务质量之间找到一个平衡，这时需要考虑几个方面的综合目标。

这里将用户需求的时间窗设为硬时间窗，在优化目标中不再考虑用户满意度。因此，本书的优化目标为系统总体花费最小。

2. 问题建模

为方便起见，这里首先对模型中用到的主要参数和变量进行介绍，如表 9-6 所示。

表 9-6　参数和变量

参　数	说　　明	参　数	说　　明
$i \in I$	出行需求编号 $i \in I$	f	每辆车的固定花费
$i^- \in I^-$	需求 $i \in I$ 的接客点	m_{ij}	路径 (i,j) 的容量
$i^+ \in I^+$	需求 $i \in I$ 的送客点	c_{ij}	使用路径 (i,j) 的花费
I	出行需求集合；$|I| = N$	t_{i-}, t_{i+}	服务需求 i 的开始和结束时间
I^-, I^+	所有出行需求 I 的接客点集合和送客点集合	$v(a,b,t)$	在时间 t，车辆从 a 到 b 的行驶速度，a 和 b 为接客点与送客点
(i^-, i^+, t_i)	在时间 t_i 出行，需求 i 从起点 i^- 出发到达终点 i^+	$\mathrm{TD}(a,b)$	车辆从 a 到 b 的实际行驶距离
A	能够抵达的需求集合 $A^r = \{(i,j) \mid i,j \in I, i$ 能够到达 $j\}$	θ	AV 再次派遣的缓冲时间
l_i	未服务需求 i 带来的损失	μ	AV 再次派遣的缓冲距离
d_{ij}	从需求 i 到需求 j 的行驶花费	决策变量	
p_{ij}	在需求 i 送客到需求 j 接客过程中的停车花费	x_{ij}	整数：使用路径 (i,j) 的 AV 数量；$x_{ij} \geqslant 0$
d_i	因需求 i 而派遣和归站车辆的固定花费		
F	车队规模（自动驾驶车辆总数）		

用户的出行需求分布在研究区域内，需求编号用 i 表示。这个问题中，从需求的角度出发建立需求网络，如图 9-14 所示。出于建模的需要，我们设置了虚拟的起点 o 和虚拟的终点 d，所有 AVs 都要从 o 点出发，最终到达 d 点。网络中有两类节点，其中一类为每个出行需求 $i \in I$ 的接客点 $i^- \in I^-$ 和送客点 $i^+ \in I^+$，另一类节点为 AVs 发车的起点和归站终点。因此，网络中所有点的集合为 $N = \{i^-, i^+ \mid \forall i \in I\} \bigcup \{o, d\}$。

网络中的路径集合为 $A = A_1 \bigcup A_2 \bigcup \{(o, i^-)\}_{i \in I} \bigcup \{(i^+, d)\}_{i \in I} \bigcup \{(o, d)\}$，其中 $A_1 = \{(i^-, i^+) \mid \forall i \in I\}$ $A_2 = \{(i^+, j^-) \mid \forall (i,) \in A^r\}$，可以看出有五种类型的连接。派遣路径 (o, i^-) 为 AVs 通过该路径从起点第一次被派遣到出行需求 i；服务路径 (i^-, i^+)

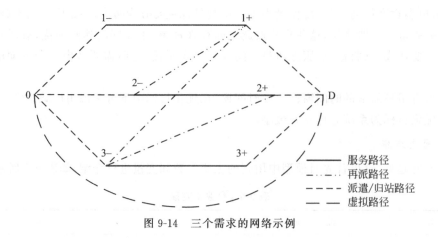

图 9-14　三个需求的网络示例

为每个需求 i 被服务的路径；再派路径 (i^+, j^-) 为 AVs 在服务需求 i 之后，从当前需求 i 的送客点 i^+ 到另一个需求 j 的接客点 j^- 的路径；归站路径 (i^+, d) 为 AVs 服务的最后一个需求 i 从送客点 i^+ 到终点 d 的路径；虚拟路径 (o, d) 为未经派遣的 AVs 直接从起点 o 到终点 d 的路径，该路径不产生任何花费。

需要指出的是，对于再派路径需要满足可到达条件，也就是说，AVs 在再派路径上所需要的旅行时间应该小于需求 i 的结束时间和需求 j 的开始时间，如式（9-46）所示。

$$t_{j^-} - t_{i^+} \geqslant \frac{\mathrm{TD}(i^+, j^-)}{v(i^+, j^-, t_{i^+})} \tag{9-46}$$

网络中的路径有多个属性，包括路径距离、旅行时间、花费和容量。路径的容量由式（9-47）规定。除虚拟路径之外，其余路径的容量均为 1，因为每个需求只需被服务一次。虚拟路径的容量为能够派遣的 AVs 总数，也就是车队规模 F，但是通过模型求出的实际需要的 AVs 数量并不等同于车队规模 F。

$$m = \begin{cases} 1, & \text{if } (i,j) \in A \setminus \{o,d\} \\ F, & \text{if } (i,j) = \{o,d\} \end{cases} \tag{9-47}$$

这里，模型的目标函数为最小化系统总体花费，影响因素有车队建立、车辆使用、车辆派遣和归站、停车以及未服务的需求所带来的惩罚。因此，不同的路径有不同的花费计算方式，如式（9-48）所示。

$$c_{ij} = \begin{cases} 0, & \text{if } i = 0, j = d \\ d_j, & \text{if } i \neq 0, j = d \\ f + d_i, & \text{if } i = 0, j \neq d \\ -l_i, & \text{if } (i,j) \in A_1 \\ d_{ij} + p_{ij}, & \text{if } (i,j) \in A_2 \end{cases} \tag{9-48}$$

d_i 和 d_j 分别为派遣和归站路径的花费；f 为派遣车辆时车辆的维修和加油等附加费用。这里假设在服务路径上没有运营花费，未服务的需求将带来收入的减少和用户的抱怨，可以理解为该需求的负盈利为 $-l_i$。另外，车辆再派将产生出行花费 d_{ij}（如油耗）和停车花费 p_{ij}。

对于再派路径(i^+,j^-),需求i的结束时间和需求j的开始时间的时间差应该大于从i^+到j^-的实际旅行时间,如式(9-49)。然而,考虑到 AV 在再派路径上的时间的不确定性,因此需要添加一个缓冲时间θ。与之类似,缓冲距离μ为两个连续需求的送客点和接客点的最大距离。缓冲距离对模型的优化结果来说是一个较松弛的条件,但可以简化网络以提升模型效率。特别是对于较大规模的需求网络,该参数要求 AV 尽量服务距离较近的需求,而不是服务较远的需求,导致资源在再派路径上的浪费。

$$t_{j^-} - t_{i^+} \geqslant \theta + \frac{\mathrm{TD}(i^+,j^-)}{v(i^+,j^-,t_{i^+})} \tag{9-49}$$

根据上面的需求网络架构,建立以下线性优化模型,见式(9-50)至式(9-55)。

$$\min_{\{x_{ij}\}} \sum_{(i,j)\in A} c_{ij}x_{ij} \tag{9-50}$$

$$\text{s. t. } x_{ij} \leqslant m_{ij}, \quad \forall (i,j) \in A \tag{9-51}$$

$$\sum_j x_{ji} = \sum_j x_{ij}, \quad \forall i \in I\backslash\{o,d\} \tag{9-52}$$

$$\sum_{j\in I\backslash\{o,d\}} x_{ij} = F, \quad i=o \tag{9-53}$$

$$\sum_{j\in I\backslash\{o\}} x_{ji} = F, \quad i=d \tag{9-54}$$

$$x_{ij} \geqslant 0, \quad \forall (i,j) \in A \tag{9-55}$$

式(9-51)至式(9-53)为流量平衡限制,式(9-54)和式(9-55)为路径容量限制。在出行需求已知的情况下能够求得服务这些需求所需的最大 AVs 数量及其服务路径。

【例 9-6】 这里构造一个 8×8、共 64 个节点的网络作为出行需求的生成路网,如图 9-15 所示。每个节点可以是出行需求的起点i^-或终点i^+,起始点$i^-(O\_x,O\_y)$和终点$i^+(D\_x,D\_y)$的坐标随机生成,同时要求起点和终点不为同一个节点。如图 9-15 所示,需求 1 起点为$(1,2)$,终点为$(5,4)$。

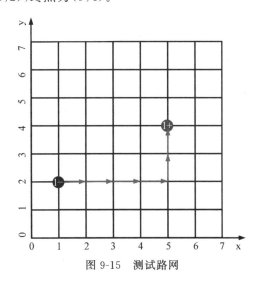

图 9-15 测试路网

服务路径的分析周期为 4 小时,即 240min,要求每个出行需求的出发时间 t_{i-} 在 $[0,240]$ 范围生成。为了简化计算,不考虑路段上其他车辆及拥堵等因素的影响,假设 AVs 在路网中的每条路段上行驶的车速一致,认为车辆每走完一个单位长度距离花费 5min,那么每个出行需求的结束时间 t_{i+} 见式(9-56)。

$$TD(i^+,j^-) = |D\_x - O\_x| + |D\_y, O\_y| \tag{9-56}$$

$$t_{i+} = t_{i-} + 5 \times (TD(i^+,j^-)) \tag{9-57}$$

根据以上方法,我们在路网中随机生成了 10 个出行需求,如表 9-7 所示。

表 9-7 需求案例

需求	O_x	O_y	D_x	D_y	开始时间	结束时间	持续时间
0	1	7	5	5	183	213	30
1	4	0	5	0	183	188	5
2	6	6	5	6	189	194	5
3	5	7	0	7	164	189	25
4	1	4	0	4	112	117	5
5	6	2	7	2	42	47	5
6	1	5	5	4	225	250	25
7	6	5	4	5	74	84	10
8	6	6	0	7	174	209	35
9	5	2	5	0	88	98	10

对于出行花费中各参数设置为:$d_i = d_j = 30$per veh, $d_{ij} = 5 \cdot TD(i,j)$, $l_i = 100 \cdot TD(i)$, $f = 30$per veh, $p_{ij} = 1$per hour;车队规模设置为 $F = 15$。

采用 Java 语言对算法进行编程实现。测试环境为普通台式计算机,配置为:CPU: Intel Core i7(4 核),3.41GHz;内存:8GB;操作系统:Windows 10 Professional。经过对测试案例计算得到系统总体花费 $\sum_{(i,j)\in A} c_{ij} x_{ij} = -5695$,负号代表盈利,即最大盈利为 5695。计算得到的解决方案 x_{ij} 结果如表 9-8 所示。数字表示使用该路径的 AVs 数量,0 代表没有车辆使用该路径。从解决方案可以得到 AVs 的服务路径为:

① $o \sim 0^- \sim 0^+ \sim 2^- \sim 2^+ \sim 9^- \sim 9^+ \sim d$;

② $o \sim 1^1 \sim 1^+ \sim 7^- \sim 7^+ \sim d$;

③ $o \sim 3^- \sim 3^+ \sim d$;

④ $o \sim 5^- \sim 5^+ \sim d$;

⑤ $o \sim 6^- \sim 6^+ \sim 8^- \sim 8^+ \sim 4^- \sim 4^+ \sim d$;

⑥ $o \sim d$。

第 1 辆车依次服务需求 0、2、9,第 2 辆车依次服务需求 1、7,第 3 和第 4 辆车分别只服务需求 3 和需求 5,第 5 辆车依次服务需求 6、8、4。可以看出,在该测试案例中,只需 5 辆 AVs 即可满足这 10 个出行需求,且此时的总体花费是最小的,而剩下的 10 辆车则直接由发车站直接到达终点站。

表 9-8　测试案例解决方案

	0−	1−	2−	3−	4−	5−	6−	7−	8−	9−	0+	1+	2+	3+	4+	5+	6+	7+	8+	9+	d
0−	0	0	0	0	0	0	0	0	0	0	1	0	0	0	0	0	0	0	0	0	0
1−	0	0	0	0	0	0	0	0	0	0	0	1	0	0	0	0	0	0	0	0	0
2−	0	0	0	0	0	0	0	0	0	0	0	0	1	0	0	0	0	0	0	0	0
3−	0	0	0	0	0	0	0	0	0	0	0	0	0	1	0	0	0	0	0	0	0
4−	0	0	0	0	0	0	0	0	0	0	0	0	0	0	1	0	0	0	0	0	0
5−	0	0	0	0	0	0	0	0	0	0	0	0	0	0	0	1	0	0	0	0	0
6−	0	0	0	0	0	0	0	0	0	0	0	0	0	0	0	0	1	0	0	0	0
7−	0	0	0	0	0	0	0	0	0	0	0	0	0	0	0	0	0	1	0	0	0
8−	0	0	0	0	0	0	0	0	0	0	0	0	0	0	0	0	0	0	1	0	0
9−	0	0	0	0	0	0	0	0	0	0	0	0	0	0	0	0	0	0	0	1	0
0+	0	0	1	0	0	0	0	0	0	0	0	0	0	0	0	0	0	0	0	0	0
1+	0	0	0	0	0	0	1	0	0	0	0	0	0	0	0	0	0	0	0	0	0
2+	0	0	0	0	0	0	0	0	0	1	0	0	0	0	0	0	0	0	0	0	0
3+	0	0	0	0	0	0	0	0	0	0	0	0	0	0	0	0	0	0	0	0	1
4+	0	0	0	0	0	0	0	0	0	0	0	0	0	0	0	0	0	0	0	0	1
5+	0	0	0	0	0	0	0	0	0	0	0	0	0	0	0	0	0	0	0	0	1
6+	0	0	0	0	0	1	0	0	0	0	0	0	0	0	0	0	0	0	0	0	0
7+	0	0	0	0	0	0	0	0	0	0	0	0	0	0	0	0	0	0	0	0	1
8+	0	0	0	1	0	0	0	0	0	0	0	0	0	0	0	0	0	0	0	0	0
9+	0	0	0	0	0	0	0	0	0	0	0	0	0	0	0	0	0	0	0	0	1
o	1	1	0	1	0	1	1	0	0	0	0	0	0	0	0	0	0	0	0	0	10

可以看出,在车联网环境下在获得出行需求信息的基础上,该模型不仅可以得到 AVs 的服务路径,而且还能求得满足所有需求所需的车辆总数,以追求总体花费最少或总体盈利最大。

9.4　车路协同环境下的智能控制技术

借助于车车/车路通信获得的信息,车辆之间可以协同运行,使车辆运行的安全性进一步增强,并在一定程度上提升通行效率。由于有通信技术的支持,车辆在车路协同环境下的感知范围、模式和内容都发生了变化,因此对车辆的协同控制也与仅依靠自车传感的智能控制有所不同。本节重点介绍车路协同环境下的队列控制、换道控制和交叉路口协同通行控制技术。

9.4.1 基于车车通信的跟驰队列协同控制

1. 跟驰过程与基于车车通信的队列控制

车辆跟驰是最常见的驾驶行为,跟驰模型针对微观驾驶中最基本的车辆跟驰行为研究交通流中相邻两车之间的相互作用。前导车运动状态的变化引起跟驰车的相应行为,跟驰模型通过分析各车辆的逐一跟驰阐述了单车道交通流特性,将驾驶人微观行为与交通流宏观现象联系起来。诸多领域的学者在跟驰模型方面进行了深入研究,形成了丰富的研究成果,包括刺激反应模型、安全距离模型、生理—心理模型、人工智能模型、优化速度模型、智能驾驶模型以及元胞自动机模型等。

在传统驾驶环境下,N 辆车跟随行驶,如图 9-16 所示,如果引导车紧急制动,其后第 2 辆车的驾驶人感知到前车的制动信息,随之采取制动措施,后随的第 3 辆车在第 2 辆车采取制动措施后才相应地制动,依次如此,这种情况由于驾驶人的感知局限性极易发生连环追尾碰撞事故。

图 9-16 N 辆车的跟驰过程

而在车路协同环境下,车辆不仅可以获取自车的速度、方向、位置、行驶路线等运动状态信息,同时其运动状态信息也可以被周围其他车辆获取,从而实现车辆之间的信息交互。此外,车辆还会与周围的路侧设备进行有效信息交互,以实现车车、车路信息的交互共享,如图 9-17 所示。这时,如果引导车紧急制动,则警示信息将会直接传送给后面的 $N-1$ 辆车,队列中后面所有车获知前方车辆的行驶状况,将会有充足的时间采取措施,避免连环追尾碰撞事故。

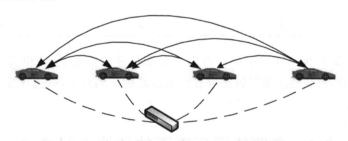

图 9-17 车路协同环境下的车辆队列跟驰

因此,基于车车通信的队列控制是将进入道路系统的车辆组成车队,并维持一定的队列行驶,由无线网络和车载传感器获得引导车和车队中其他车辆的运动状态信息,基于此运动状态信息产生控制命令以实现车辆的自动跟驰,并使车队中各车保持一定的安全跟驰距离。鉴于基于车车通信的队列控制系统能够有效提高车辆跟驰的安全性和队列稳定性,减少交通事故,因此基于车车通信的跟驰队列协同控制是智能辅助驾驶系统和自动驾驶系统相关技术研究的热点领域之一。

2. 跟驰队列控制系统结构

基于车车通信的队列控制可看作是传统自适应巡航控制系统的延伸,它是以无线通信的方式把多辆跟驰车辆联系起来以形成队列,队列内部的信息共享扩展了车辆的感知能力,使主动控制时机更准确,主要可分为控制目标生成和实现控制目标的控制算法,其逻辑原理如图 9-18 所示。通过基于车车通信的协同控制模块,根据所获取的所有相关信息计算出理想的车间距值,生成控制目标;控制算法根据执行机构的传递函数或性能参数,通过调整加减速实现控制目标。

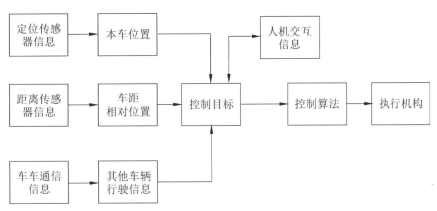

图 9-18　基于车车通信的队列协同控制逻辑结构

3. 跟驰队列协同控制的目标

车辆队列控制的目的是通过设计车队纵向控制系统使车队中车辆以相同的速度行驶,同时车辆之间保持相同的期望安全车头间距。如果车头间距可以维持在某一安全可靠的距离,则可以有效避免车辆追尾碰撞的发生,同时可提高通行能力。

车队间距控制指车队纵向车间距控制,包括固定车头时距和固定车间距等控制策略。

如图 9-19 所示,固定车头时距策略定义为一个期望车间距离与车速之间的函数,可表示为

$$S_i = L + t_h v_i$$

其中,S_i 为第 i 辆车的期望间距;v_i 是第 i 辆车的车速;L 为一个常数,它包含第 $i-1$ 辆车的长度 l_{i-1};t_h 为车头时距。

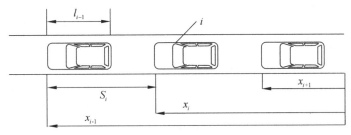

图 9-19　ACC 车辆队列

固定车头时距策略的车间距离误差可以表示为

$$\delta_i = \sigma_i + L + t_h v_i$$
$$\sigma_i = x_i - x_{i-1}$$

(9-58)

令 $\dot{\delta}_i = -\lambda \delta_i$，其中，$\lambda$ 为一个正的控制参数，可以保证该距离误差 δ_i 近于 0，通常可取值为 0.5 左右。式(9-58)两端进行微分，可得出固定车头时距策略下被控车辆期望加速度 $\ddot{x}_i$ 的控制规律，即

$$\ddot{x}_i = -\frac{1}{t_h}(\sigma_i + \lambda \delta_i)$$

(9-59)

固定车头时距的选择与车辆控制系统的反应延迟、驾驶人或乘客的接受程度等因素有关。

固定车间距策略指车辆在前后跟随行驶过程中采用固定的安全间距。一般采用相对距离制动方式下的安全间距模型，在安全间距模型中，设 τ_d 为前车与后车开始加速或制动时刻的差值，并且在该段时间内后车继续保持当前状态行驶。以前车减速时为初始时刻，相对距离制动方式下的安全车距为

$$\Delta d = D_b - D_f + \Delta D$$

其中，D_f、D_b 分别为前后车的制动后行驶距离，Δd 为车辆之间的安全间距，ΔD 为保证安全运行所需的安全裕量。具体计算方法为

$$D_f = \int_0^{T_f} v_f \, dt$$

(9-60)

$$D_b = v_b(0)\tau_d + \int_0^{T_b} v_b \, dt$$

(9-61)

式中，$v_f(0)$、$v_b(0)$ 为前后车减速时刻的初速度，τ_f、τ_b 为相应的时间常数；T_f、T_b 为前车与后车开始减速运行至停车的运行时间。

τ_d 与系统的感知反应时间、车辆控制执行机构的反应时间和 V2V 信息延迟等因素有关。

4. 跟驰队列协同控制稳定性分析

保持车队稳定性一直是车队间距控制研究的重点，车队稳定性主要是指车间距波动是否会在车队中放大传播，引起车队震荡；其次是随着车队中车辆数的增加，车队的稳定性是否会减弱。

目前，许多研究组织从不同角度设计了不同的控制策略，以在保证跟驰安全的基础上实现了队列的稳定跟驰。相比传统的 ACC 系统，基于车车通信的队列控制系统可以在保证队列稳定性的基础上大大减少跟驰车间距，增加道路通行能力。

（1）基于固定车头时距控制的稳定性分析。

如式(9-58)所示，若采用固定车头时距策略，假设第 i 辆车与第 $i-1$ 辆两车车间距 $\xi_i(t) = x_{i-1}(t) - x_i(t) - l_{i-1}$，其中 l_{i-1} 为第 $i-1$ 辆车的车长。根据固定时间间距策略，第 i 辆车辆与第 $i-1$ 辆车辆的理想车间距为 $t_h v_i(t)$，则控制中的主要目标是调节距离误差

$$\delta_{(t)} = x_{i-1}(t) - x_i(t) - L - t_h v_i(t)$$

(9-62)

为 0，即 $\forall t \in (0, \infty]$，$a_1(t) = 0 \Rightarrow \forall i, \lim\limits_{i \to \infty} \delta_i(t) = 0$。

队列稳定就是车间距误差向车队尾部传播时不放大。对线性系统情况，设 $\phi_i(s)$ 和 $\phi_{i-1}(s)$ 是车队中相邻的车距离误差的频率域表示，$H(s)$ 是相继车辆的车距离误差传递函数 $H(s) = \phi_i(s)/\phi_{i-1}(s)$，则队列稳定性的条件为

$$\| H(s) \|_\infty = \sup \left| \frac{\phi_i}{\phi_{i-1}} \right| \leqslant 1 \tag{9-63}$$

当传递函数的无穷范数小于 1 时，表示前车的跟驰误差不会向队列后方传递并放大，此时队列的跟驰稳定性能够得到保证。

【例 9-7】 设一个线性化车辆动力学模型表示为

$$\dot{X}_i(t) = A_i X_i(t) + B_i u_i(t - \zeta) \tag{9-64}$$

式中，$\dot{X}_i(t) = \begin{bmatrix} x_i \\ v_i \\ a_i \end{bmatrix}$，$A_i = \begin{bmatrix} 0 & 1 & 0 \\ 0 & 0 & 1 \\ 0 & 0 & -1/\tau \end{bmatrix}$，$B_i = \begin{bmatrix} 0 \\ 0 \\ 1/\tau \end{bmatrix}$，$u_i(t)$ 为控制器模型。其中，τ 表示延迟，ζ 表示滞后，a_i 表示第 i 辆车辆的跟随加速度，基于固定车头时距的控制算法建立 PID 控制器，分析队列稳定性的条件。

由于车辆执行机构和传感器等存在迟滞现象，用于建立 PID 控制器的数据并不是当前数据，而是一定迟滞时间前的数据，也就是说，此时的车间距偏差是 $\delta_i(t - \zeta)$，PID 控制器可设置如下形式。

$$u_i(t - \zeta) = k_P \delta_i(t - \zeta) + k_I \int \delta_i(t - \zeta) \mathrm{d}t + k_D \dot{\delta}_i(t - \zeta) \tag{9-65}$$

根据上述方法，可得时域范围内连续两车的车间距偏差模型为

$$\begin{aligned}
&\tau \dddot{\delta}_i(t) + \dddot{\delta}_i(t) + h k_D \dddot{\delta}_i(t - \zeta) + (h k_P + k_D) \ddot{\delta}_i(t - \zeta) \\
&\quad + (h k_I + k_P) \dot{\delta}_i(t - \zeta) + k_I \delta_i(t - \zeta) \\
&= k_D \dot{\delta}_{i-1}(t - \zeta) + k_P \delta_{i-1}(t - \zeta) + k_I \delta_{i-1}(t - \zeta)
\end{aligned} \tag{9-66}$$

频域范围内的连续两车之间的车间距偏差模型为

$$H(s) = \frac{[(k_D s + k_P s + k_I) e^{-\zeta s}]}{[\tau s^4 + s^3 + (h k_D s^3 + (h k_P + k_D) s^2 + (h k_I + k_P) s + k_I) e^{-\zeta s}]} \tag{9-67}$$

根据队列稳定性判断准则可知：$|H(i \bar{\omega})|^2 < 1, \forall \bar{\omega} > 0$。由于在仿真中可知，参数 k_I 会减缓车间距偏差趋向于零的速度，同时也会使车间距偏差变号，而减少车辆的舒适性，因此假设参数 $k_I = 0$。于是，式(9-67)可化简为

$$H(s) = \frac{[(k_D s + k_P s) e^{-\zeta s}]}{[\tau s^4 + s^3 + (h k_D s^3 + (h k_P + k_D) s^2 + k_P s) e^{-\zeta s}]} \tag{9-68}$$

根据队列稳定性分析方法，可计算得出采用 PD 控制器时的队列稳定性条件为

$$\begin{cases} 0 < k_D < \tau/2h\zeta, \\ 2/h^2 < k_P, \\ 2(\zeta + \tau) < ((1 + h k_D)^2 + 2\zeta \tau k_P)/(h k_P + k_D) \end{cases} \tag{9-69}$$

当忽略了迟滞现象时，即 $\zeta = 0$ 和 $\tau = 0$，队列稳定性条件为 $2/h^2 < k_P$，即当忽略迟滞

现象时,参数 k_D 可以取任何值。由于执行器以及传感器等存在迟滞现象,如果 k_D 选取的值大于 $\tau/2h\zeta$,则此时队列不稳定。

(2) 基于固定车间距控制的稳定性分析。

考虑一组 $N+1$ 个车辆在水平道路上行驶,如图 9-20 所示。不失一般性,用 0 表示队列中的引导车,用 $1,2,\cdots,N+1$ 标记跟随车辆。每辆车的速度、加速度和位置信息可以通过无线网络互相传输。

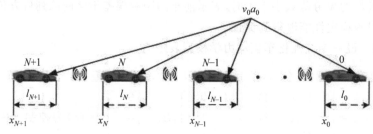

图 9-20　车队结构

对于第 i 辆跟随车辆,定义如下的距离误差。

$$\Delta\delta_i = x_{i-1} - x_i - \delta_d - l_i \tag{9-70}$$

式中,$x_i(i=1,2,\cdots,N+1)$ 表示车辆的位置;l_i 表示第 i 辆车的长度;δ_d 表示两车之间的最小安全间距;$\Delta\delta_i$ 表示期望车间距离和实际距离误差。

队列的跟驰稳定性要求可用下式表达。

$$\|\Omega(s)\|_\infty = \sup\left|\frac{\Delta\delta_i(s)}{\Delta\delta_{i-1}(s)}\right| \leqslant 1 \tag{9-71}$$

式中,$\Omega(s)$ 表示误差的转移函数,当转移函数的无穷范数小于 1 时,表示前车的跟驰误差不会向队列后方传递并放大,此时队列的跟驰稳定性能够得到保证。

【例 9-8】　考虑一列车队由 $n+1$ 辆车组成,最前面一辆设为引导车,剩余的 n 辆车都为跟随车辆,所有车辆使用相同的自适应巡航控制系统,利用固定车间距策略分析车队的稳定性情况。

设车辆的控制律 $\ddot{x}_i = u_i$,x_i 为第 i 辆车的位置(x_0 为引导车的位置),u_i 为第 i 辆车的加速度,$\dot{x}_i = v_i$ 为第 i 辆车的速度,l_i 为第 i 辆车的长度,L_d 为两车之间的最小安全间距,第 i 辆车的加速度可以表示为

$$\ddot{x}_i = -k_v\Delta\delta - k_P\Delta\dot{\delta}_i - k_d(\dot{x}_i - \dot{x}_0) \tag{9-72}$$

在固定车间距控制的情况下,第 i 辆车与第 $i-1$ 辆车的距离误差 $\Delta\delta_i$ 表示为

$$\Delta\delta_i = x_{i-1} - x_i - \delta_d - l_i \tag{9-73}$$

对式(9-73)两边同时求导,可得

$$\Delta\ddot{\delta}_i = \ddot{x}_{i-1} - \ddot{x}_i \tag{9-74}$$

由式(9-72)、式(9-73)和式(9-74)可得

$$\Delta\ddot{\delta}_i + (k_v + k_d)\Delta\dot{\delta}_i + k_p\Delta\delta_i = k_v\Delta\dot{\delta}_{i-1} + k_p\Delta\dot{\delta}_{i-1} \tag{9-75}$$

对式(9-75)进行拉普拉斯变换,可得传递函数 $\Omega(s)$ 为

$$\Omega(s) = \frac{k_v s + k_p}{s^2 + (k_v + k_d)s + k_p} \tag{9-76}$$

根据队列稳定性判断准则可知:保证每辆跟随车辆所使用的自适应巡航控制系统和车间距离策略都相同,若车距误差从车头到车尾沿着车队方向传递时不会被放大,即 $\|\Omega(i\bar{\omega})\|_\infty \leqslant 1$,则说明车队是稳定行驶的,即可保证车队的稳定性。

因此,若传递函数 $\Omega(s)$ 的幅值小于 1,根据式(9-75)只需 $\sqrt{k_p} > k_v$, $k_v + k_d > \sqrt{2k_p}$。也就是说,要使得 $\|\Omega(i\bar{\omega})\|_\infty \leqslant 1$,则需要参数 k_v、k_d 和 k_p 满足

$$\begin{cases} \sqrt{k_p} > k_v \\ k_v + k_d > \sqrt{2k_p} \end{cases} \tag{9-77}$$

即可保证队列稳定性。

9.4.2 车路协同环境下的换道控制

1. 车辆换道行为

换道是指按某一车道行驶的车辆改变到另一车道行驶的过程。换道行为是驾驶人为满足自己的驾驶舒适性、驾驶意图而采取的离开本车道、换入相邻车道行驶的行为。道路交通发生排队、拥堵、车流变化、车道变化等过程时常常伴随换道行为的发生,随着车路协同技术的成熟与普及,多车协同将成为进一步改善换道安全与效率的重要方式。

在车路协同环境下,车载传感器能够实时获取车辆当前行驶状态和定位信息,并且能通过车车信息交互获取周边车辆的行驶状态和位置信息。通过各车之间的协同决策与行动对换道过程中各车的运动进行实时优化控制,避免换道风险,提高换道成功率,同时减少换道行为对目标车道车辆的消极影响。

2. 协同换道控制的目标

协同换道控制的目标主要包括安全性和舒适性。

(1) 安全性。

换道过程的安全性主要体现在三个方面,一是要保障换道过程中本车道跟驰过程的安全;二是要保障换道过程对目标车道的干扰尽可能小,保障目标车道的行车安全;三是要保障换道过程中的运动安全。

(2) 舒适性。

在协同换道的过程中,各车的期望控制输入应尽可能接近驾驶人期望的加速度,以减少换道控制结束后因驾驶人操纵车辆而引起的加速度突变,缓解因此导致的安全风险、交通效率下降及驾驶人不适。在换道过程中,加速度分为横向加速度和侧向加速度,为保证换道舒适性,建立加速度约束如式(9-78)所示。

$$\begin{cases} a_{h\min} \leqslant a_{Sh} \leqslant a_{ch\max} \\ a_{v\min} \leqslant a_{SV} \leqslant a_{cv\max} \\ a_{SV} \leqslant \min(a_{v\text{-}s\text{safe}}, a_{v\text{-}r\text{safe}}) \end{cases} \tag{9-78}$$

其中,加速度约束的下限定为正常行车时车辆的最大横向制动减速度 $a_{h\min}$ 和最大侧

向制动减速度 $a_{v\min}$，考虑到驾驶人舒适性，横向和侧向加速度约束的上限定为 $a_{ch\max}$ 和 $a_{cv\max}$，同时最大侧向加速度不大于可引发侧滑和侧翻的侧向加速度临界值 $a_{v\text{-}s\,\text{safe}}$ 与 $a_{v\text{-}r\,\text{safe}}$。

3. 协同换道控制

换道过程由换道意图的产生、换道时机的选择、换道轨迹的规划与换道车辆的运动轨迹控制构成，如图 9-21 所示。

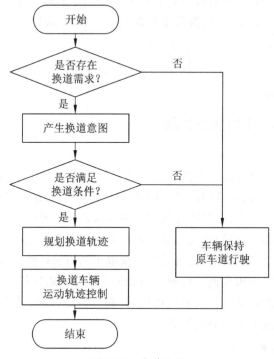

图 9-21 换道过程

（1）换道意图的产生。

根据追求利益动机的不同，换道行为可以分为强制换道（Mandatory Lane Changing，MLC）和自由换道（Discretionary Lane Changing，DLC）。强制换道是指车辆在实际行驶过程中可能由于路口转弯、车道障碍或者车辆进站停靠等原因必须换道，这样就存在着一个最迟换道位置，在最迟换道位置之前，车辆一直在寻求各种合适的机会换道，包括减速、加速等，如果不能在此位置之前换道成功，则换道车辆将停在该位置等待，一直到出现合适的换道情况才能进行换道。自由换道是为达到期望的行驶速度而进行的，没有换道位置的约束，它与强制换道的不同就在于其换道目的是为获得更快的速度或更快地到达目的地，该换道行为不是必须完成的。

在换道意图的生成阶段，不同的原因都可能导致驾驶人换道意图的产生。在车车协同的环境下，可以根据实际的交通流情况客观判断是否换道，从而提升自身以及整个交通的行驶效率。换道意图的产生过程如图 9-22 所示，强制换道和自由换道意图的生成机制不同。

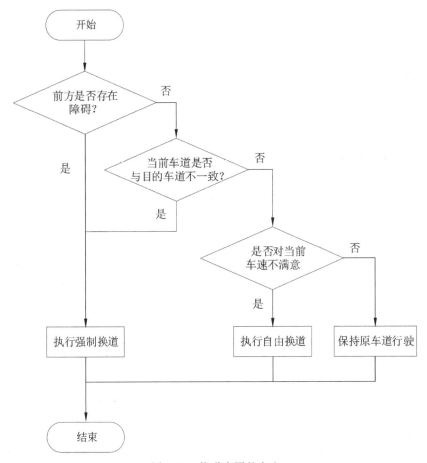

图 9-22　换道意图的产生

设目标车辆 i 的行驶速度为 $V_{S,i}$，当前车道前方车辆的速度分别为 $V_{S,i-1}$，$V_{S,i-2}$，$\cdots$，$V_{S,1}$，后方车辆的速度为 $V_{S,i+1}$，$V_{S,i+2}$，$\cdots$，$V_{S,n}$，当前车道的平均车速为 V_S，方差为 σ_S^2，目标车道前方车辆的速度分别为 $V_{T,j-1}$，$V_{T,j-2}$，$\cdots$，$V_{T,1}$，后方车辆的速度分别为 $V_{T,j+1}$，$V_{T,j+2}$，$\cdots$，$V_{T,n}$，目标车道的平均车速为 V_T，方差为 σ_T^2。

强制换道意图的生成主要包括以下两种方式。

原车道前方存在障碍，例如前方发生事故、道路施工等，原车道的某一路段不能使用，但目标车道能够正常行驶，驾驶人便会产生换道意图。具体的表现形式为 $V_{S,i-1}\leqslant\Delta V_S$，其中 ΔV_S 是一个接近于零的阈值，并且 $V_{T,j-1}\geqslant\Delta V_T$，$\Delta V_T$ 可以通过仿真实验确定其大小。

当目标车辆所在车道与目的车道不一致时，车辆产生换道意图。比如车辆在下一路口左/右转，该车辆在进入路口前需要按照车道引导标志提前进入左/右转车道。具体表现为：当车辆当前位置与路口之间的距离为 $x\leqslant\Delta x$ 时，车辆会产生换道意图。

与强制换道不同的是，自由换道更多地考虑了道路上行驶车辆的信息。在车路协同环境下，目标车辆可以获取周围其他车辆的信息，目标车辆所在车道和相邻车道上的车辆速度都会影响车辆换道意图的产生。车辆所在车道上的行驶速度明显低于相邻车道速度,当两者速度差大于某一阈值时,车辆会产生换道意图;在当前车道上存在行驶缓慢的大型车时,车辆会产生换道至相邻车道行驶或换道超车的意图。自由换道意图的生成主要包括以下两种方式。

本车道与目标车道之间存在较大的速度差,当 $V_T - V_S \geqslant \Delta V$ 且 $\sigma_S^2 \leqslant \Delta\sigma_S^2$,$\sigma_T^2 \leqslant \Delta\sigma_T^2$ 车辆产生换道意图。

目标车辆的所有前方车辆对于它的影响程度并不相同,距离目标车辆较远的车辆的行驶状况对目标车辆的影响较小,但是当目标车辆的前车速度低于车流的平均速度时,对该车的影响较大。例如,当车辆在道路上行驶时,前车为行驶速度缓慢的搅拌车,搅拌车速度明显低于当前车道的车流速度,它便对目标车辆产生了较大的影响。相比之下,若目标车道没有大型车等干扰,那么目标车辆会产生换道意图。具体表现为:当 $V_{S,i} - V_{S,i-1} \geqslant \Delta V_{S,i}$,$V_{S,i-1} < V_S$,$V_T - V_{S,i-1} \geqslant \Delta V_{T,i}$,$\sigma_S^2 \leqslant \Delta\sigma_S^2$,$\sigma_T^2 \leqslant \Delta\sigma_T^2$ 时,车辆产生换道意图。

换道过程中,不同的换道意图具有不同的优先级。第一级为障碍换道,即当产生障碍时,原车道的车辆会无法行驶,因此必须换道;第二级为路口换道,即为了完成路口的顺利通行,必须按照车道引导方向换至正确车道;第三级为期望差异换道,即车辆对当前的行驶速度不满,但需要满足换道条件后才能进行安全换道。

(2)换道时机的选择。

换道时机的选择需要考虑以下几点。

在车路协同的环境下,目标车辆能够实时获取自身和周边车辆的行驶状态信息,并根据所获得的信息做出合理判断。

换道时必须考虑车辆之间的安全间隙,确保在极限情况下车辆之间不会发生碰撞事故。这主要包含两方面:一是在换道初始阶段,目标车辆与原车道的前车应保证安全跟驰状态,此时目标车辆与前车应保证一定的安全间隙;另一方面,在换道过程中,目标车辆与目标车道前后车不会发生碰撞。

目标车辆在换道过程中不应对目标车道的前方和后方车辆的行驶状态产生较大影响,主要从车头时距(Time Headway,TH)和距离碰撞时间(Time-to-Collision,TTC)的角度考虑。换道后,目标车辆与目标车道的前方车辆的 TH、TTC 应保持在一个合理的范围;同时,目标车辆与目标车道的后方车辆的 TH、TTC 也应保持在一个合理的范围。

【例 9-9】 如图 9-23 所示,M 车在车道 1 内行驶,因当前速度未能满足其期望速度而产生换道意图,如果车辆 M 在 $t=0$ 时开始换道,为保证换道行为对车道 2 中的车辆不造成影响,要求换道后 M 车与 L、F 车之间的车头时距在 2s 以上,同时 M 车与 L、F 车之间的 TTC 在 5s 以上。请问在什么情况下 M 车可以进行换道?

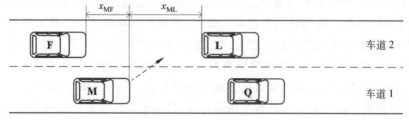

图 9-23　M 车换道示意

L、F、Q 和 M 分别代表目标车道前车、目标车道后车、原车道前车和目标车辆，x_MF 和 x_ML 分别是换道前车辆 M 与车道 2 前后方车辆之间的距离。应保证在换道过程中 M 车对车辆 F 和 L 的行驶不会造成较大影响。

经过换道时间 T 后，各车辆的运动状态发生改变，如图 9-24 所示。当车辆 M 在 $t=0$ 时刻以 $a_\text{M}(t)$ 的加速度开始换道时，车辆 F 在 τ_1 的反应时间后采取 $a_\text{F}(t)$ 的减速度减速，车辆 L 在换道时间 T 内匀速行驶。

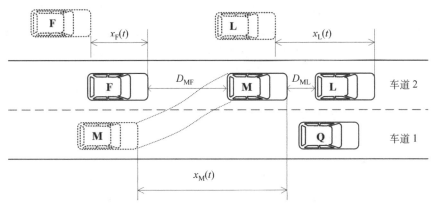

图 9-24　换道过程中的位移变化

根据运动学公式可以得到在 T 时间内车 F、L、M 的位移，其中换道时间 T 包括车辆 F 驾驶人的反应时间 τ_1 和减速时间 τ_2，$T=\tau_1+\tau_2$。

$$
\begin{cases}
x_\text{F}(t)=v_\text{F}(t)\cdot(\tau_1+\tau_2)+\dfrac{1}{2}a_\text{F}(t)\cdot\tau_2^2\\[2mm]
x_\text{L}(t)=v_\text{L}(t)\cdot T\\[2mm]
x_\text{M}(t)=\displaystyle\int_0^T\int_0^\lambda[a_\text{M}(t)]\mathrm{d}t\,\mathrm{d}\lambda+v_\text{M}(t)\cdot T
\end{cases}
\tag{9-79}
$$

式中，$v_\text{F}(t)$ 为 F 车的速度，$v_\text{L}(t)$ 为 L 车的速度，$v_\text{M}(t)$ 为 M 车的速度。

根据题目要求，换道后，M 车与 L、F 车之间的 TH、TTC 应满足

$$
\text{TH}_\text{M,L}(t)=\frac{D_\text{ML}(t)+L_\text{L}}{V_\text{M}(t)}>2\text{s},\quad \text{TTC}_\text{M,L}(t)=\frac{D_\text{ML}(t)}{V_\text{M}(t)-V_\text{L}(t)}>5\text{s}
\tag{9-80}
$$

$$
\text{TH}_\text{F,M}(t)=\frac{D_\text{MF}(t)+L_\text{M}}{V_\text{F}(t)}>2\text{s},\quad \text{TTC}_\text{F,M}(t)=\frac{D_\text{MF}(t)}{V_\text{F}(t)-V_\text{M}(t)}>5\text{s}
\tag{9-81}
$$

式中，$D_\text{ML}(t)$ 为 M 车与 L 车的车间距，L_L 为 L 车的长度；$D_\text{MF}(t)$ 为 M 车与 F 车的车间距，L_M 为 M 车的长度。

式(9-80)和式(9-81)可以表示为

$$
\begin{aligned}
D_\text{MF}(t)&>\max\{5(V_\text{F}(t)-V_\text{M}(t)),2V_\text{F}(t)-L_\text{M}\}\\
D_\text{ML}(t)&>\max\{5(V_\text{M}(t)-V_\text{L}(t)),2V_\text{M}(t)-L_\text{L}\}
\end{aligned}
\tag{9-82}
$$

根据图 9-24，换道前车辆 M 与车道 2 前后方车辆之间的距离 x_MF 和 x_ML 表达式如式(9-83)所示。

$$\begin{cases} x_{ML} = x_M(t) - x_L(t) + D_{ML} \\ x_{MF} = x_F(t) + L_M - x_M(t) + D_{MF} \end{cases} \tag{9-83}$$

当换道前车辆 M 与车道 2 前后方车辆之间的距离满足上式时,换道行为不会对车辆 F 和 L 的行驶造成较大影响,M 车可以进行换道。

(3) 换道轨迹的规划。

在换道过程中,车辆进行横纵向运动,换道轨迹是指车辆从换道开始至换道结束之间各个时刻的车辆位置、横纵向速度、横纵向加速度,换道轨迹与车辆动力学特性紧密相关。换道轨迹模型主要分为两类,第一类是换道轨迹模型,首先设定车辆的横纵向位移方程,然后通过加减速约束、避撞几何约束等条件求解待定系数,得到具体的车辆换道过程横纵向位移方程式,最后再由此求出相应的控制器输出。例如,Yugong Luo 等采用基于时间的五阶多项式描述期望换道轨迹,它具有闭合形式、连续三阶导数和平滑曲率的优点。首先设定换道横纵向位移方程,如式(9-84)所示。

$$\begin{cases} x(t) = a_5 t^5 + a_4 t^4 + a_3 t^3 + a_2 t^2 + a_1 t + a_0 \\ y(t) = b_5 t^5 + b_4 t^4 + b_3 t^3 + b_2 t^2 + b_1 t + b_0 \end{cases} \tag{9-84}$$

式中多项式系数根据换道持续时间、换道初始及结束时的位置、速度信息、避免碰撞等换道要求计算得到,高阶次可使车辆换道过程中的加速度变化连续光滑,也保证了换道过程的舒适性,在换道过程中,根据周围车辆的速度及相对位置变化,该方法可实时规划可行换道轨迹。

在上述函数中确定 12 个未知系数。考虑到换道过程的边界条件,即换道的初始状态对应于车辆的当前状态,并且最终状态与车辆的期望状态相同,如式(9-85)和式(9-86)所示。

$$\begin{cases} x(0) = x_0, & \dot{x}(0) = v_{x,0}, & \ddot{x}(0) = a_{x,0} \\ y(0) = x_0, & \dot{y}(0) = v_{y,0}, & \ddot{y}(0) = a_{y,0} \end{cases} \tag{9-85}$$

$$\begin{cases} x(t_f) = x_f, & \dot{x}(t_f) = v_{x,f}, & \ddot{x}(t_f) = a_{x,f} \\ y(t_f) = x_f, & \dot{y}(t_f) = v_{y,f}, & \ddot{y}(t_f) = a_{y,f} \end{cases} \tag{9-86}$$

式中,x_0 和 y_0 是初始状态下车辆的纵向坐标和横向坐标,$v_{x,0}$ 和 $v_{y,0}$ 是初始状态下车辆的纵向速度和横向速度,$a_{x,0}$ 和 $a_{y,0}$ 是初始状态下车辆的纵向加速度和横向加速度;x_f 和 y_f 是最终状态下车辆的纵向坐标和横向坐标,$v_{x,f}$ 和 $v_{y,f}$ 是最终状态下车辆的纵向速度和横向速度,$a_{x,f}$ 和 $a_{y,f}$ 是最终状态下车辆的纵向加速度和横向加速度;t_f 为换道时间。

第二类换道轨迹模型直接确定换道控制器输出的通用形式,主要是确定车辆换道过程的侧向加速度的变化规律,进而可简便地积分得到车辆换道过程的侧向速度和侧向位移变化规律,换道轨迹的具体形式根据物理约束和避撞几何约束等条件确定,再由具体形式推导得到驾驶控制器输出。常见的侧向加速度变化规律有正弦变化、正反梯形变化等。其中,侧向加速度以正弦函数变化,用一个通用式即可表达,只需要确定换道时间和最大侧向加速度即可确定换道轨迹,而且符合大多数真实车辆换道的侧向加速度变化规律。Shladover 等的侧向加速度变化通用模型如式(9-87)所示,此模型可准确描述绝大多数简单的换道过程。

$$a_{SV}(t) = \frac{2\pi H}{T_{LC}^2}\sin\left(\frac{2\pi}{T_{LC}}(t - T_{SV,\text{delay}})\right), \quad T_{SV,\text{delay}} \leqslant t \leqslant T_{SV,\text{delay}} + T_{LC} \quad (9\text{-}87)$$

式中，$T_{SV,\text{delay}}$ 为目标车辆在换道执行前的各类时间迟滞的总和，H 为目标车辆换道的总横向位移，与车道宽度相等，取值为 3.75m，为标准车道宽度。对式(9-87)进行两次积分可得到目标车辆换道过程中侧向速度和侧向位移的表达式，如式(9-88)和式(9-89)所示。

$$v_{SV}(t) = \frac{H}{T_{LC}}\left(1 - \cos\left(\frac{2\pi}{T_{LC}}(t - T_{SV,\text{delay}})\right)\right), \quad T_{SV,\text{delay}} \leqslant t \leqslant T_{SV,\text{delay}} + T_{LC} \quad (9\text{-}88)$$

$$y_{SV}(t) = \frac{H}{T_{LC}}(t - T_{SV,\text{delay}}) - \frac{H}{2\pi}\sin\left(\frac{2\pi}{T_{LC}}(t - T_{SV,\text{delay}})\right), \quad T_{SV,\text{delay}} \leqslant t \leqslant T_{SV,\text{delay}} + T_{LC}$$

$$(9\text{-}89)$$

（4）换道车辆的运动控制。

换道车辆控制是整个换道过程的最后一步，为了完成预期的换道行为，必须使目标车辆沿着规划的换道轨迹行驶。控制输入为车辆的速度、加速度和横摆角速度，输出项是转矩和方向盘转角，控制目标为车辆行驶轨迹与规划的换道轨迹重合。

在轨迹跟踪控制器的设计过程中，将目标车辆视为具有相同尺寸的刚性物体。实际轨迹和参考轨迹之间的差异由车辆的纵向坐标和横向坐标及其航向角表征，控制器的控制目标是计算控制输入以使误差达到极小。

9.4.3　车路协同环境下交叉路口的通行控制方法

1. 交叉路口协同通行控制的主要方法分类及基本原理

国内外学者对平面无信号交叉路口的协同通行控制算法进行了大量研究，主要方法可分为两大类，一类为基于车路通信的集中式控制方法，另一类为基于车车通信的分布式控制方法。

（1）集中式控制方法。

集中式控制方法需要在路口放置带有通信系统的中央控制器，中央控制器通过对车辆的直接通信和控制及时响应进入路口的所有车辆的通行要求，控制车辆高效通行，这种控制方法相当于在交叉路口设置一个多相位的智能信号灯。集中式控制方法的基本原理如图 9-25 所示，进入交叉路口的所有车辆把位置、速度、方向、转向等信息发送至路侧的集中控制器，控制器根据这些信息对所有车流的通行顺序进行优化，并预估车辆运动轨迹，最后反馈给所有车辆。

（2）分布式控制方法。

分布式控制方法不需要在路侧设置集中控制器，而是在所有通过交叉路口的车辆在进入交叉路口时根据车车通信获得的信息进行风险分析，依据相同的规则进行让行，如图 9-26 所示。分布式控制方法主要针对车辆行为进行研究，主要有可接受间隙模型、基于动态博弈论的控制算法、基于占先度的冲突避碰决策模型和基于冲突表的资源锁算法。

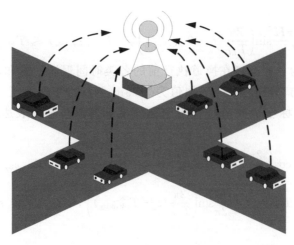

图 9-25　集中式控制的基本原理

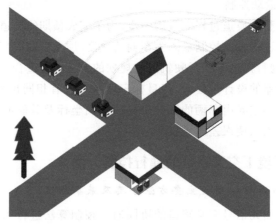

图 9-26　分布式控制的基本原理

2. 交叉路口分布式通行控制模型

（1）可接受间隙模型。

可接受间隙模型的主要思想是当次车道上的机动车辆所面临的间隙大于其规定的临界间隙时,车辆会接受间隙,并从主车道车流中穿过,从而通过交叉路口;否则就会继续等待,以寻找更为合适的间隙。可接受间隙模型有一个待定参数作为规定的临界间隙,可用距离或时间表示,只有在主车道车流中的车辆间隙大于或等于临界间隙时,次车道车流的车辆才能进入交叉路口,如图 9-27 所示。可接受间隙模型主要用于在主次车道相交的路口进行协同控制。车辆的可接受间隙大小与车辆类型和路口宽度都有关系。不同类型的车辆通过相同宽度的路口,其可接受间隙不一样,大型车的可接受间隙要高于小型车的可接受间隙。可接受间隙的确定还与道路行驶速度有关,根据瑞典交通冲突组织规定,如果车速较高,则临界值的取值也应该较大,如果车速较低,则临界值的取值可以相应取得较小。

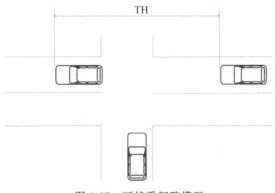

图 9-27   可接受间隙模型

【例 9-10】   根据交通流的统计分析结果,当车流密度不大时,车流中车头间隙符合负指数分布,即 $P(t < h) = 1 - e^{-qt}$ 表示车流中车头间隙大于 t 的概率,q 为流量。假设主车道的流量为 500 辆/小时,次车道通过一辆车的间隙最小为 5s,两辆车为 10s,以此类推,求 1 小时内次车道可通过的车辆数。

每个车头间隙可通过的车辆数为

$$
\begin{aligned}
N &= \sum_{k=1}^{n} k \cdot (P(t \geqslant 5k) - P(t \geqslant 5k + 5)) \\
&= 1 \cdot (P(t \geqslant 5) - P(t \geqslant 10)) \\
&\quad + 2 \cdot (P(t \geqslant 10) - P(t \geqslant 15)) \\
&\quad + 3 \cdot (P(t \geqslant 15) - P(t \geqslant 20)) \\
&\quad + \cdots \\
&= 0.7554
\end{aligned}
$$

1 小时内,主车道通过 500 辆车,车头间距为 499,则次车道可通过的车辆数为 $499 \times 0.7554 \approx 377$ 辆。

(2) 基于占先度的冲突避碰决策模型。

基于占先度的冲突避碰决策模型根据预判冲突车辆在潜在碰撞点上所处的状态确定车辆通过路口的优先级。为了实现这个模型,该算法对驾驶人从发现冲突到做出避碰动作至最后使冲突消失的整个过程做出了假设性描述。假设一:在车辆行驶过程中,驾驶人会经常性地对自身车辆与潜在冲突车辆的未来运行轨迹做出估计,以判断两个车辆的交汇是否存在冲突。假设二:如果冲突存在,则驾驶人会根据冲突的实际情况做出冲突避碰决策。假设三:在做出冲突避碰决策的过程中,驾驶人对双方车辆在冲突中的占先地位进行独立评估,并根据评估结果做出决策。占先度定义为在虚拟碰撞形态图中,当后到达潜在碰撞点的车辆到达潜在碰撞点时,先到达的车辆有一部分车身已经通过了潜在碰撞点,占先度就是指先到达的车辆已经通过该点的长度和其车身总长度的比值。而对于后到达冲突点的车辆而言,其占先度为对方的负值。

该算法获得车辆的占先度后,采用的决策规则可以表示为:谁认为自己占先,谁就会抢占路权。同时为了安全考虑,该算法还给每辆车设立了一个安全临界占先度,如果本车占先度大于安全临界占先度，那么本车采取占道行为，否则本车采取让道行为。这里的占道行为是指主车通过加速或者维持原速等行为表示自己对路权的占有，而让道行为则是指主车通过减速或者其他谦让行为表示对方对占用道路的认可。

【例 9-11】 图 9-28 中，假设 A 车与 B 车长均为 4m，通过通信手段同时发现存在轨迹冲突，A 车速度为 16m/s，距离冲突点 24m，B 车速度为 20m/s，距离冲突点 40m，则 A 车到达冲突点的时间为 1.5s，B 车为 2s，所以 B 车为后到达潜在碰撞点的车辆。当 B 车到达冲突点时，A 车已经通过冲突点 8m，因此 A 车占先度为 8/4＝2，B 车占先度为－2。因此，A 车可以加速或维持原速度通过冲突点，而 B 车需要减速通过，保证其与 A 车的间距大于安全车距。

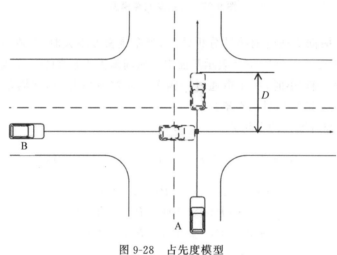

图 9-28　占先度模型

（3）基于动态博弈论的控制算法。

基于动态博弈论的控制算法是通过量化车辆风险进行决策，在更小的时空尺度上考虑车辆决策行为过程，通过采用重复博弈理论对车路协同环境下的交叉路口通行行为模型进行研究，从而使自动驾驶车辆的决策更加合理。

根据动态重复博弈定义，对交叉路口通行博弈参与者集合$\{c_1, c_2\}$，在车辆通过交叉路口的过程中，对于c_1、c_2来说，将影响其行为决策的因素归结为两方面：安全因素和速度因素。这里的安全因素主要指是否会导致两车发生碰撞或冲突严重性增加的因素，速度因素指车辆期望以较快的速度通过路口而避免减速或等待。基于动态博弈论的控制算法通过分析得出该安全因素和速度因素。根据上述安全因素及速度因素的变化，就可以获得c_1、c_2的效用函数。通过对效用函数的分析可以确定通行过程实际上是c_1与c_2进行完全信息的有限次重复博弈的过程，每个阶段的博弈都是完全一样的静态博弈。在每个阶段中，c_1与c_2同时行动，而在每个阶段的最后或下一个阶段的开始，c_1与c_2能计算得到对方已采取的行动策略，这一算法能够很好地描述交叉路口通行的驾驶行为。

对于两辆车经过同一交叉路口的博弈行为，可以用两车通过冲突点的时间差量化危险因素的效用，即时间差越小，越危险；另一方面，可以用每辆车从当前位置到完全通过交叉路口的时间量化每辆车的速度因素效用,该时间越短,效用越高。之后可以用危险因素和效用因素的组合函数进行总效用的量化。

在建立车辆交叉博弈决策模型时,需要量化车辆危险对决策的影响。图 9-29 为无信号交叉路口左侧直行车和右侧直行车的交叉示意图,假设交叉路口东西方向、南北方向均为 2 车道。C_R 和 C_L 分别为右侧直行车和左侧直行车,C 为两车交叉点。设第 i 个决策时间点两车速度分别为 v_R^i 和 v_L^i,加速度分别为 a_R^i 和 a_L^i,C_R 和 C_L 分别为右侧直行车和左侧直行车,C 为两车交叉点。设第 i 个决策时间点两车速度分别为 v_R^i 和 v_L^i,加速度分别为 a_R^i 和 a_L^i,两车到达冲突点的距离分别为 L_R^i 和 L_L^i,则车辆 j 以第 i 个决策时间点的速度和加速度

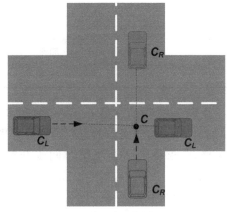

图 9-29　两车交叉示意

通过冲突点的时间为 $T_j^i = \sqrt{(v_j^i/a_j^i)^2 + 2L_j^i/a_j^i} - v_j^i/a_j^i$,$i = 1,2,3,\cdots,N,j = R,L$,效率收益函数定义为 $f_j^i = T_j^{i+1} + (T_j^{i+1} - T_j^i)/2$。两车以第 i 个时间点的速度及加速度通过冲突点的时间差为 $\Delta T_j^i = |(\sqrt{(v_R^i/a_R^i)^2 + 2L_R^i/a_R^i} - v_R^i/a_R^i) - (\sqrt{(v_L^i/a_L^i)^2 + 2L_L^i/a_L^i} - v_L^i/a_L^i)|$,安全收益函数定义为 $g_j^i = \Delta T_j^{i+1} + (\Delta T_j^{i+1} - \Delta T_j^i)/2$。$C_R$ 和 C_L 的收益函数表示为

$$F_j^i = g_j^i/(f_j^i + g_j^i) \tag{9-90}$$

为分析无信号交叉路口两车交叉过程中的博弈行为,需要对交叉过程中每个决策时间点上的博弈模型进行求解。交叉博弈模型的具体求解步骤如下。

① 根据车辆运动信息和所建立的车辆危险值量化模型,分别求得第 1 个决策时间步开始时 C_R 和 C_L 在不同行为策略组合下(⟨加速,加速⟩、⟨加速,减速⟩、⟨减速,加速⟩、⟨减速,减速⟩)的盈利函数值。

② 根据盈利函数值寻找第 1 个决策时间步上 C_R 和 C_L 博弈的 Nash 均衡点,获知两车的行为策略,并根据得出的策略计算第 2 个决策时间步开始时两车的运动信息。

③ 根据计算出的第 2 个决策时间步开始时两车的运动信息和所建立的危险值量化模型,再分别求得第 2 个决策时间步开始时 C_R 和 C_L 不同行为策略组合下的盈利函数值,重复步骤②,可求得第 2 个决策时间步上车辆的决策行为及第 3 个决策时间步开始时两车的运动信息。

④ 以此类推,分别求得第 1 到第 N 个决策时间步上两交叉车辆的决策行为。

【例 9-12】 在图 9-29 中,假设 C_R 和 C_L 加减速时加速度均为 2m/s^2。C_R 和 C_L 两车在第 1 个决策时间步开始时,各自所处的博弈运动状态如下:$L_R = 10\text{m}$,$L_L = 13\text{m}$,$v_R = 2\text{m/s}$,$v_L = 2.5\text{m/s}$。假设速度和危险期望的系数均为 0.5,决策时间步长为 0.2s,则第 1 时间步决策表如表 9-9 所示。

表 9-9　单次交叉博弈过程中的 Nash 均衡

		C_L	
		加速	减速
C_R	加速	(0.11，0.10)	(0.25，0.20)
	减速	(−0.03，−0.03)	(0.09，0.08)

由表 9-9 可知,在第 1 个决策时间步上,单次博弈存在一个 Nash 均衡:行为策略为 C_R 加速、C_L 减速,两车的盈利函数值分别为(0.25,0.20)。根据 C_R 减速、C_L 减速的行为策略,可求得第 2 个决策时间步开始时两车的运动信息分别为 $L_R = 9.56\text{m}, L_L = 12.54\text{m}, v_R = 2.4\text{m/s}, v_L = 2.1\text{m/s}$。同样,可根据上述方法求得第 2 个决策时间步上两车驾驶人单次博弈存在的 Nash 均衡为 C_R 减速、C_L 减速,两车的盈利函数值分别为 (0.35,0.26)。同理可分别求得后续决策时间步上 C_R 和 C_L 达到 Nash 均衡时所对应的行为决策,如表 9-10 所示。

表 9-10　决策表

	1	2	3	4	5	6	7	8	9	10	11
C_R	加速	加速	加速	加速	加速	加速	加速	加速	加速	加速	加速
C_L	减速	减速	减速	减速	减速	减速	加速	加速	加速	加速	加速

决策中的两车的速度变化如图 9-30 所示。

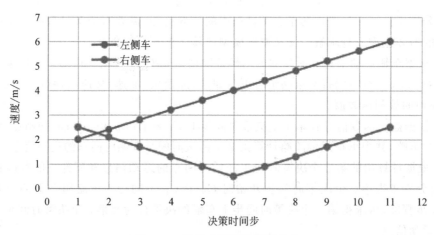

图 9-30　决策中的两车速度变化

决策中的两车到交叉路口距离变化如图 9-31 所示。

(4) 基于规则库的交叉路口协同避撞方法。

在车车信息交互的前提下,采用基于无信号交叉路口的车辆通行规则库实现交叉路口车辆的碰撞避让,实现过程如图 9-32 所示,分为四步:车车冲突检测、冲突严重程度量化、确定通行优先权、通过避撞让行实现冲突的消解。每辆行驶车辆在行驶过程中不断向

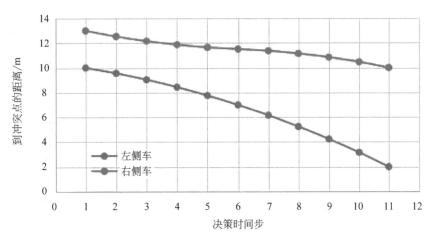

图 9-31　决策中的两车到交叉路口距离的变化

外发送自车的运动状态信息,并接收周围车辆的运动状态信息。每辆车辆都根据自车运动状态和他车的运动状态进行冲突检测,判断自己行驶线路上是否存在与其他车的运动冲突;在有冲突的情况下,一方面进行冲突严重程度的判断,为冲突预警和冲突消解提供依据;另一方面根据车辆通行规则确定是否需要避让,如需避让,则计算需要的避让减速度,实现减速或停车避让。

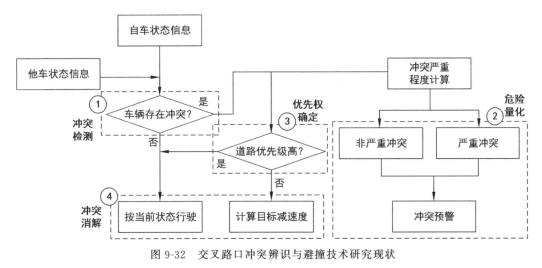

图 9-32　交叉路口冲突辨识与避撞技术研究现状

【**例 9-13**】　以图 9-33 所示的双向单车道无信号交叉路口为研究实例,制定一套优先级明确的无信号交叉路口通行规则库,用于确定冲突车辆的通行次序,这对于提高无信号交叉路口的通行效率和行车安全十分必要。

对于双向单车道无信号交叉路口为研究实例,以进口 1 处的车辆 SV 为主体研究对象,其可能的行驶轨迹为左转 1A、直行 1B、右转 1C 三种,客体研究对象 POV 的行驶轨迹可以为 iA、iB、iC($i=1,2,3,4$)中的任意一条,共 12 条,则 SV 与 POV 的相对运动关系有 $3×12=36$ 种情况。这 36 种情况可以分为不存在冲突、存在分流冲突、存在合流冲突、

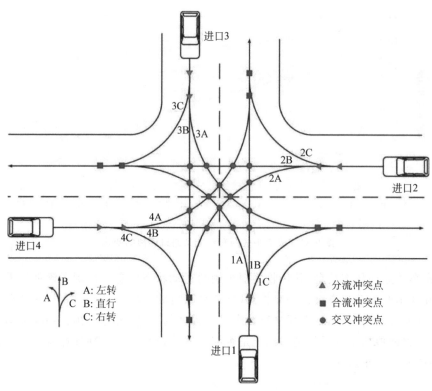

图 9-33 双向单车道十字交叉路口冲突形式汇总

存在交叉冲突四种类别。

表 9-11 反映了冲突的类型,其中 0 表示无冲突、F 表示分流冲突、H 表示合流冲突、J 表示交叉冲突,其中 20 种情况存在冲突,16 种情况不存在冲突。表 9-12 记录了存在冲突的 20 种情况的优先权情况。

表 9-11 无信号交叉路口冲突点分类

	1A	1B	1C	2A	2B	2C	3A	3B	3C	4A	4B	4C
1A		F	F	J	H	0	0	J	H	J	J	0
1B	F		F	J	J	H	J	0	0	H	J	0
1C	F	F		0	0	0	H	0	0	0	H	0

表 9-12 无信号交叉路口车车冲突通行规则库

冲突配对	冲突描述	冲突类别	优先权	先行
(1A,1B)	(左转,同向直行)	F	不确定	前车
(1A,1C)	(左转,同向右转)	F	不确定	前车
(1A,2A)	(左转,右侧左转)	J	2A>1A	2A
(1A,2B)	(左转,右侧直行)	H	2B>1A	2B

冲突配对	冲突描述	冲突类别	优先权	先行
(1A,3B)	(左转,对向直行)	J	3B>1A	3B
(1A,3C)	(左转,对向右转)	H	1A>3C	1A
(1A,4A)	(左转,左侧左转)	J	1A>4A	1A
(1A,4B)	(左转,左侧直行)	J	4B>1A	4B
(1B,1A)	(直行,同向左转)	F	不确定	前车
(1B,1C)	(直行,同向右转)	F	不确定	前车
(1B,2A)	(直行,右侧左转)	J	1B>2A	1B
(1B,2B)	(直行,右侧直行)	J	2B>1B	2B
(1B,2C)	(直行,右侧右转)	H	1B>2C	1B
(1B,3A)	(直行,对向左转)	J	1B>3A	1B
(1B,4A)	(直行,左侧左转)	H	1B>4A	1B
(1B,4B)	(直行,左侧直行)	J	1B>4B	1B
(1C,1A)	(右转,同向左转)	F	不确定	前车
(1C,1B)	(右转,同向直行)	F	不确定	前车
(1C,3A)	(右转,对向左转)	H	3A>1C	3A
(1C,4B)	(右转,左侧直行)	H	4B>1C	4B

以表 9-12 所确定的无信号交叉路口通行规则库为依据,可以确定冲突车辆的通行顺序。

以图 9-34 中的两车冲突场景为例,假设 P、Q 两车要通过路口,P 车直行,Q 车右转,两车之间存在冲突。在这种情况下,分别从两车的角度考虑,确定车辆的通行次序。

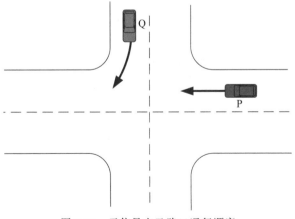

图 9-34　无信号交叉路口通行顺序

从 P 车的角度出发，自车直行，他车右侧右转，查表 9-12 可知，满足（直行，右侧右转）情况，此时直行车具有道路优先使用权，则 P 车先行，Q 车后行；从 Q 车的角度出发，自车右转，他车左侧直行，查表 9-12 可知，满足（右转，左侧直行）情况，此时右转车的道路优先使用权较低，则 Q 车让行，P 车先行。从上述分析可知，对于两车冲突的情况，分别从两车的角度出发所得到的通行顺序是唯一确定的。

思 考 题

1. 简述基于有限车辆轨迹数据进行信号周期反推的流程并给出流程图。

2. 有一两相位信号控制的交叉路口，已知相位 A 关键进口道的高峰小时车流到达率为 540 辆/小时，相位 B 关键进口道的高峰小时车流到达率为 324 辆/小时，各进口道的高峰小时系数 PHF＝0.75，各相位的设计饱和流量为 1440 辆/小时，各相位黄灯时间均为 4 秒，各相位全红时间均为 1 秒，各相位起动停车损失时间均为 4 秒，试推算：

(1) 路口此时信号控制的周期；

(2) 各相位的最佳绿信比；

(3) 各相位的有效绿灯时间。

3. 如图 9-35 所示（图中路段上所标数据为 $t_0＝0$ 时刻相应的路段行程时间），试用 Dijkstra 算法求从节点 1 到节点 5 的最短路径。

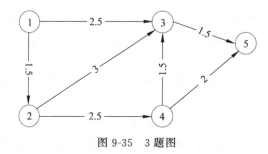

图 9-35 3 题图

4. 区域内有 5 个出行需求，出行需求信息如表 9-13 所示，试求在花费最小时所需的最小车辆数及车辆服务路径。

表 9-13 出行需求信息

需求	O_x	O_y	D_x	D_y	开始时间	结束时间	持续时间
0	3	7	5	4	107	132	25
1	2	6	3	2	175	200	25
2	0	1	6	2	43	78	35
3	4	3	3	7	35	60	25
4	5	1	1	5	66	106	40

5. 简述基于车车通信的跟驰队列协同控制算法的框架设计。

6. 以例题 9.7 为例,基于固定车间距的控制算法建立 PID 控制器,并分析队列稳定性的条件。

7. 简述车路协同环境下换道过程由哪几部分组成。

8. 在换道过程中容易引发什么类型的碰撞,如何避免碰撞的发生?

9. 简述集中式控制与分布式控制的区别。

10. 思考不同的交通负荷对本章中的四种分布式交叉路口通行控制方法的影响。

参 考 文 献

第 10 章 典型智能交通应用系统

智能交通系统是现代运输管理与建设新的发展方向,是当前交通运输工程学科的热点与前沿领域。智能交通技术的发展与应用极大地改善了传统的交通组织与管理方式,为缓解交通拥堵、提高交通安全、减少交通污染提供了更多、更优的解决方案。智能化是做好"人-车-路(环境)"协调,逐步实现安全、高效、节能、环保的综合交通目标的有效手段。近年来,在国家的大力倡导和智能交通领域从业人员的共同努力下,一大批智能交通系统在交通建设、组织、管理的实践中得到运用。本章将选取 4 个具有典型特征的智能交通应用系统对各系统发展背景、系统组成与功能进行介绍。在每个系统中,选取一个实例进行分析。

10.1 城市交通状态监测与指数评价系统

近年来城市道路拥堵,道路交通状况变得更加复杂。交通出行总量日趋变大,交通事故发生的概率也随之升高,严重威胁了人们的生命和财产安全。为了提高城市道路交通安全水平,道路交通安全管理部门需要掌握城市交通安全状态并对其进行监测以了解交通安全隐患,相关部门可以对症下药,采取针对性措施提高城市道路交通安全水平。

10.1.1 系统简介

城市道路交通决策管理科学化、精细化、信息化的需求十分迫切,如何打破仅用红、黄、绿三色定性描述道路交通运行状态的传统模式,采用精确数值对道路交通拥堵定量分析,为政府决策管理提供科学依据,成为智能交通系统发展的必然趋势。

根据政府交通决策管理信息化、精细化、科学化的目标和要求,实时测算交通状态量化差异,实现道路交通运行状态的科学量化十分重要。北京、上海等城市陆续制定出一种数值化描述实时道路交通运行状态的指标——道路交通指数,以在规定的空间和时间范围内精确表达城市道路交通的运行状态。

基于道路交通指数建立一套完整的交通拥堵指数基础理论、计算方法、应用体系并发布示范系统,实现量化评价城市道路交通整体或区域的运行状况,分析和预测短期、中期、长期交通发展趋势,预估交通拥堵的程度与范围,为交通管理部门制定科学合理的交通管理决策、提供交通组织与交通执法量化依据,为公众提供动态交通出行信息服务等具有重要意义。

世界各国对交通安全都非常重视,通过加强管理、开发新技术和新方法等途径不断改善道路交通安全状况。交通安全也是交通学界较为热门的研究点,新的理论和研究技术不断被开发出来。而国内对城市道路交通安全相关指标体系的研究还主要集中于交通安全评价指标体系和评价方法。

1. 交通数据获取及其预处理研究历史与现状

交通数据是实现交通状态监测与预测的基础,其实时性、准确性和全面性将直接决定交通状态监测与预测的效果。下面对交通数据获取及其预处理方法的研究历史与现状进行简要介绍。

1976 年,有学者针对高速公路感应线圈获取的交通流量和占有率数据,最早提出单参数阈值法的错误数据识别方法。首先,为每个交通参数设定固定的上下限阈值,将超过对应阈值的交通数据视为错误数据,并采用剔除的方法对错误数据进行处理。1990 年,为克服单参数阈值法假设各种交通参数相互独立所导致的不合理数据遗漏的问题,有学者提出一种基于交通流理论的组合参数识别方法,通过建立交通密度-交通流量的关系模板定义交通参数的可接受区域,认为该区域之外的交通数据为错误数据,并采用剔除法对错误数据进行处理。2002 年,针对弗吉尼亚州北部高速公路中感应线圈获取的交通流量、速度和占有率数据,有学者提出运用历史趋势法和指数平滑法对故障数据进行修复的思想。

2012 年,我国学者针对城市主干道车辆检测器获取的 5 分钟固定采样间隔交通流量数据,将故障数据划分为丢失数据和错误数据。如果某一采样间隔内的交通流量明显小于历史趋势值,则将其视为丢失数据,并采用基于交通流理论的组合参数法识别错误数据。

通过分析交通数据获取及其预处理研究领域的发展历史与现状,可得到如下五点结论。

① 根据获取的交通数据类型,可将现有交通数据获取及其预处理方法分为地点交通参数数据获取及其预处理和区间交通参数数据获取及其预处理两类。其中地点交通参数数据获取及其预处理方法又可分为单个地点车辆检测器数据预处理和综合考虑多个连续检测截面的数据预处理方法两类。

② 现有的地点交通参数数据获取及其预处理方法主要集中于对高速公路、快速路等连续流道路类型的研究,针对城市主干道等间断流道路类型的研究较少。

③ 在现有的地点交通参数数据获取及其预处理方法中,针对流量守恒定律识别与修复的相关研究较少,仅有的两个文献不仅存在各自的缺陷,而且缺乏对单个地点车辆检测器数据预处理的考虑。

④ 现有的区间交通参数数据获取及其预处理方法主要集中于对基于车载 GPS 数据的路段行程时间数据获取方法的研究。

⑤ 目前,感应式交通控制系统、道路收费系统和车辆跟踪定位系统等多种相关业务系统已在我国各种类型的道路上得到广泛应用,并将继续积累大量数据,研究基于这些新型数据源的交通数据获取及其预处理方法,有助于在低成本条件下完善现有交通状态监测与预测的数据基础。

2. 交通状态监测研究历史与现状

早期的道路交通监控系统主要以突发事件作为监控对象。随着社会经济的快速发展以及交通需求的急剧增加,道路早晚高峰的时间越来越长,产生交通拥挤的路段也越来越多。因此,对常发性交通拥挤的监控需求日益增加,交通状态监测的内容也扩展为包括交通事件自动检测和交通拥挤自动检测两个方面。

交通事件自动检测研究领域的发展历史与现状,可以概括为以下几个方面。

① 自 19 世纪 60 年代以来,相关学者已经开发了多种 AID(Automatic Incident Detection)算法,可将其划分为基于模式识别的算法(包括 Goferman、Pattern Recognition 算法、Monica 算法等)、基于统计理论的算法(包括 Bayesian 算法、HIOCC 算法、ARIMA 算法等)、基于突变理论的算法(以 Mc Master 算法为代表)以及基于人工智能的算法。

② 绝大部分 AID 算法都以感应线圈等专用车辆检测器获取的交通流量、速度或占有率数据为基础,算法的输入变量主要包括实测交通数据的时空比较、实测交通数据与其预测值的比较等。

③ 不同的 AID 算法有其独特的优势和不足,为进一步提高交通事件的检测效果,已有研究者尝试将数据融合技术应用于交通事件的检测,并取得了一定进展。因此 AID 算法融合方法是本领域的研究趋势。

④ 相关业务系统数据具有获取成本低、覆盖范围广等优点,如果能够将其用于 AID 算法研究,则能实现在较低成本条件下大幅度提高交通事件状态监测的效果。

总体而言,我国目前的城市道路评价指标体系研究已经较为成熟,然而对评价之后采取措施的情况却关注不多。交通安全评价指标的出发点是对交通安全水平现状进行评估,道路交通安全状态监测指标是针对未来可能发生的不利交通状况进行预防,尽量避免。安全评价指标从道路交通系统的各个子系统入手,从内部对城市道路交通安全进行剖析,为进一步的监控指标的设立做好铺垫;监控指标则是为道路交通管理部门设计,使得相关部门能够高效、快速地采取一些措施以排除影响交通安全状态的隐患。城市道路交通安全状态监控指标从宏观管理层面入手,结合城市经济水平和道路环境状况,对一些重要的道路交通安全影响因素进行监测;而评价指标是从道路交通安全微观影响因素层面出发,研究道路交通系统,二者相辅相成,不可分割。

10.1.2 系统组成

1. 城市道路交通安全状态影响因素

本节从驾驶人行为、交通流、天气条件、道路条件、管理组织因素 5 个角度对城市道路交通安全状态影响因素进行分析。其中,驾驶人行为因素分析驾驶人信息接收处理过程以及驾驶疲劳特性;交通流因素主要分析大型车辆行驶特性和交通流车辆行驶速度对交通安全状态的影响;天气因素分析温度、湿度、能见度、降水量对车辆正常行驶的影响;道路条件因素分析平面线形、纵断面、线形连续性等对道路交通事故的影响;管理因素中分析智能交通安全设备安装、驾驶人行为监督管理等对交通安全的影响。

(1) 驾驶人行为影响分析。

道路交通系统的参与主体有机动车驾驶人、行人、非机动车驾驶人(电动车、自行车),引发交通事故的因素不尽相同。在人的因素中,机动车驾驶人引发的事故所占比例较大。

① 驾驶人的信息处理特性。道路交通系统正常运行时,驾驶人需要不断判断路况和

驾驶条件,并对此做出反应,操作车辆继续行驶。本质上可以认为是从思维上获取信息和根据反馈处理信息。

驾驶人通过接收外部环境信息,由感觉器官传入中枢神经系统并做出反应,反馈传入运动器官,再操纵车辆,继续或者改变车辆的运行。如果感觉器官的反应有偏差,则会引起汽车非正常运行,必须把此信息反馈到中枢神经系统进行纠正,然后经传递由运动器官修正命令。驾驶人的情绪、身体健康、疲劳度都在很大程度上影响着驾驶安全性,信息接收是否正确对接下来采取的行动有很大影响。驾驶人对信息的处理有一定的时效性,如果不能快速准确地对信息进行处理,则很可能就此发生交通事故。

② 驾驶人的驾驶能力与疲劳特性。驾驶人的合理操作主要受他们的驾驶能力影响。驾驶能力是指驾驶人的正确判断、反应和操纵能力。当驾驶人身体状态疲乏时,驾驶能力就会大大下降。驾驶人连续驾驶 12 小时后,发生严重交通事故的概率是连续驾驶 8 小时的 1.5 倍。此外,连续驾驶 7 小时以上的驾驶人所造成的交通事故约占交通事故总数的 1/3。统计资料还表明,驾驶人疲劳引起的交通事故占事故总数的 40%～70%。

驾驶人的疲劳程度与驾驶人在行驶过程中所接收的信息量大小有关。道路交通系统是一个复杂、实时变化的系统。当交通状况复杂时,驾驶人心理活动的过度紧绷会使疲劳较早出现;若信息量不足,长时间单调操作也会使驾驶人较早感到疲乏。当道路交通状况忽然变化时,驾驶人往往没有足够的心理准备,不能正确处理突发情况。

受疲劳影响,驾驶人的注意力、判断能力、视觉敏锐性和对速度感知的准确性下降,可能会导致视野变窄、脉搏加快、血压上升、反应时间增加、动作配合失调等。因此驾驶人疲劳驾驶更容易导致交通事故。正确的做法是当驾驶人发现身体出现疲劳时应该立刻停车休息或采取其他行动以恢复正常驾驶能力。实验证明,驾驶中几次短时间的休息要比总时间相同的长时间休息更为有效,驾驶人对工作和休息时间的合理分配可以有效避免驾驶疲劳。

(2) 交通流因素影响分析。

① 大型车辆对道路运行安全状态影响分析。我国城市主干道一般允许的行驶速度为 40～60km/h,这对车辆的性能有一定要求。城市道路上的交通参与者构成复杂,不同车型的性能差距较大,这对城市道路交通安全有较大影响。道路交通系统中各类车辆的性能和动能也不一样,会产生一定的横向干扰和纵向干扰,这也是导致交通事故的原因之一。大型车辆对城市道路交通安全状态的影响主要如下。

- 可靠性差。车辆总成的合理配置才能保证道路交通系统中车辆的持续运行。大型车辆的主要总成品种少,整车性能不稳定、安全可靠性差。大型车辆在道路上行驶时需要巨大的空间以保证持续运行,容易与其他车辆发生碰撞,也增加了安全隐患。

- 制动性能差。由于大型车辆的质量普遍很大,巨大的惯性会导致制动距离较长,大型车辆的跑偏、甩尾、追尾、碰撞都容易引起重大交通事故。因此,增强大型车辆的主被动安全性对提高道路交通安全水平具有不可忽视的作用。

- 操纵稳定性差。汽车行驶时的操作稳定性包括纵向行驶稳定性、横向变道稳定等。大型车辆快速行驶时会发生偏移、摇摆等现象,这主要是由于大型车辆底盘技术性能滞后造成的。

- 车速离散性大。根据有关数据统计,大型车辆与小型车辆的车速差最大可以达到60km/h,极大地影响城市道路交通安全。

② 车速对道路运行安全的影响分析。当车辆在道路上行驶时,驾驶人在短暂的反应时间内获取路况信息和估计安全环境,进而对车辆进行操作。但是,当车速加快时,留给驾驶人的反应时间大大减少,这使神经系统做出错误判断的可能性大大增加,发生交通事故的概率随之变大。此外,驾驶人刹车拐弯的时间和距离也会随着车速的提高而减少,发生交通事故时的碰撞速度也大于行驶速度。车辆以正常或者慢速行驶时,驾驶人可以从距离障碍物很远的地方开始刹车减速,反之高速行驶的车辆在发生碰撞时与障碍物的速度差也远大于原本的速度差。超速行驶使驾驶人出现错觉,无法正确估算前后车距离,低估了自身车辆的行驶速度,使发生交通事故的概率大大增加,交通事故的破坏性也随之提高。

(3) 天气因素影响分析。

人的生理和心理对各类天气反应的可靠程度是影响道路交通安全的最主要表现。一定环境中的气压、温度、湿度都会对驾驶人的感官造成影响,甚至引起身体的不良反应。此外,下雨、雾霾、大雪等天气会影响车辆行驶时的能见度,造成地面湿滑、交通环境拥挤等情况,增加驾驶人做出错误操作的可能性。大量的驾驶人行为实验表明,气象因素会对人的生理和心理造成影响。

通过以上分析,不同的天气因素以及同一天气因素的不同表现水平对于驾驶人的生理和心理、车辆运行状态、道路条件和交通环境产生影响的作用机理是不同的,天气的变化对路面摩擦系数、能见度、汽车行驶稳定性都会造成一定影响。在一些地理气候条件特殊的城市,雾霾、大雪、暴雨等都与交通事故有着密不可分的关系,交通事故的破坏性大大增加,导致了巨大的财产损失和人员伤亡。因此除了提高道路条件和驾驶人安全意识,研究不利天气条件下交通事故的发生概率也具有重要的意义。

(4) 道路因素影响分析。驾驶人在城市道路上行驶时,最直接影响驾驶人视觉判断的是道路的平面线形和横断面构成。驾驶人实际的行驶速度是其观察路面条件、立体线形、交通状况后决定的。道路线形和交通安全有着直接联系,城市道路在设计时不仅要考虑动力学行驶要求,更要考虑驾驶人连续行驶时的心理和生理状态,并保证道路线性的连续性。从道路条件角度出发,多起城市道路交通事故的研究数据表明:不合理的城市道路线性组合和人体工程学设计均可能引起道路交通事故。在设计道路时,要综合考虑城市道路功能、道路周围用地规划、自然环境、气候条件、行车安全等,充分考虑道路营运安全和管理方便,尽可能减少道路安全隐患,消除事故黑点,从根源上提高道路交通安全水平。

(5) 管理因素对交通安全状态的影响分析。交通安全管理是道路发展的生命。道路交通系统是一个错综复杂、实时变化的系统,因此道路交通管理也是一项庞大的工作,它对每个人的生活、生命财产都有举足轻重的影响,需要社会不同行业的管理者、参与者共同协调配合,建立完善的法律法规和管理体系,加强城市道路运营管理。

道路交通安全管理主要可以分为对道路交通系统参与主体和客体的管理。参与主体包括驾驶人、行人、乘客,他们的不安全行为会导致交通安全隐患,甚至直接引发交通事故,使城市道路交通安全状态恶化。道路交通系统参与客体表现为交通环境、道路条件,这些又会间接导致参与主体的判断失误、操作失误、信息接收错误。交通出行载体、道路条件、天气状况和管理决策因素都有可能导致交通安全状态发生变化,具体表现为交通事故:当参与主体出现不安全行为时,发生交通事故概率大大增加;交通运输工具的设计、道路的设计、驾驶作业空间的设计都影响着道路交通安全管理的决策;对驾驶人的选拔、教育、培训机制以及对其他交通参与者的道路交通行车安全教育等人员管理因素;交通安全控制、安全监察、检查以及交通事故防范措施存在的管理决策因素等。

2. 城市道路交通安全状态监测指标体系

下面阐述指标体系构建的原则与方法,随后将复杂的道路交通安全系统分为交通系统参与主体、参与客体、非主要参与方三个方面,并按此划分进行指标体系构建。

(1) 道路交通安全状态的监测。

城市道路交通安全状态是指某个城市在某一时间段内的交通安全水平,具有如下属性。

① 预测性。道路交通安全状态是指向未来的,即指出道路交通安全中潜在的隐患,这些隐患很可能发展为交通事故。

② 社会性。道路交通安全状态的社会性是道路交通安全状态的属性之一,也和整个社会密切相关,融入每个人的生活、工作、出行中。当道路交通安全状态上升到公共安全层面时,全体社会活动参与者都不得不严肃对待。这种层面上的提升突破了传统交通事故所定义的人员伤亡和经济损失,从而加强了交通活动参与主体的安全意识,使得该主体更加服从交通管理部门所制定的规则章程。

③ 客观性。道路交通安全状态的客观存在性是指由于交通活动参与者的不确定性和路况的复杂性,道路交通安全隐患总是存在的。

④ 不稳定性。交通系统包含众多复杂且综合的因素(驾驶人的不安全行为、行人的违章、车辆的不安全状态、道路隐患和环境因素等),正是由于这些不确定的负面因素导致了社会交通活动中的人们处于不稳定的安全状态。道路交通事故发生的时间、地点、破坏程度、涉及范围以及交通隐患是否转变为交通事故都使得道路交通安全状态具有不稳定性。对于交通系统中人、车、路、环境,哪一个或多个环节出现问题,人们无法预知,只能通过交通安全状态进行预测,但也不会得到一个确定的结果。因此必须研究当下的城市道路交通安全状态,对症下药并及时采取对策,以此预测未来可能发生的情况。

⑤ 动态性。道路交通系统是一个实时变化、错综复杂的系统,具有动态性。道路交通安全状态影响因素的变化、道路交通参与主体的不断变化、道路交通参与客体之间的变化以及它们相互关系之间的变化都导致道路交通系统必然是变化的。

社会系统的综合性和道路交通系统的错综复杂性导致城市道路交通安全状态的种种特性。在道路交通系统中,不同的地域和不同的时间段,某一要素或者指标的影响权重是不同的,因此应对地域背景和时间背景做出规划和限定。

① 地域背景。在城市道路安全状态监测指标体系中,地域背景有县、市、省三级。市域等级划分在我国行政区划中处于中间位置,市域的行政单位设置较为完备,对城市交通安全状态的提高方面应更加重视且方便数据收集整理,相比县级城市更加具有实验性和

横向对比性。

② 时间背景。可以将道路交通安全状态研究的时间背景层次分为周、月、季度、年。综合考虑驾驶人、车辆、道路等因素的数据可获得性和实际可监测性。

在错综复杂的道路交通系统中，只有从细节上对影响城市道路交通安全状态的因素进行监测和管控，才能有效掌握城市道路交通安全状态。因此，道路交通安全状态监测的对象是"人－车－道路"系统中的关键影响因素：驾驶人失误、天气因素、车辆性能、外部行驶环境等，正是这些因素的存在才导致了交通事故的发生。

道路交通系统是社会系统中比较复杂的子系统，受经济发展、气候条件、地理位置、产业格局等诸多因素影响，而我国领土所跨纬度较大，包含各种地形和气候，这就要求城市道路交通安全状态监测指标体系具有适用条件。因此，道路交通安全状态监测应该遵循地域背景层次的限制，即应该设置监测指标体系对应的周期与地区。考虑到我国实际行政机构的全面性和指标体系实施可行性，道路交通安全状态监测区域范围一般应按照行政区域的省级或地级市进行确定。

(2) 监测指标体系构建的原则与方法。

构建城市道路交通安全风险监测指标体系对道路交通安全状态的跟踪、评估和研究都有一定帮助。道路交通安全风险监测指标体系的设计需要考虑很多因素，有很多监测指标可用。因此，指标的选择应遵循某些原则并有代表性。

① 科学性和可实施性相结合。科学性以系统科学理论为基础，搜集分析信息的非最优状态，找出异常数据的出现区间和分布范围。科学性体现在对指标的理解上，指标数据的获取应该是科学的、合理的。可实施性是指通过现代智能交通技术从监控设备或者网络中获得的交通信息数据是可处理的，这些指标能够可靠、有效地预示着城市道路交通安全水平的薄弱环节。

② 定性和定量原则相结合。道路交通安全状态指标包含定量指标和定性指标。在定性分析的基础上，采取定量指标衡量道路交通系统的特征，通过历史数据客观量化反映城市道路交通安全状态，以使监测结果更具有科学性和客观性。通过指标包含的函数关系或公式定量计算、表达以及将定性指标量化，使得评价更加方便。对于难以获得的指标数据或者部分缺失的指标数据也可以通过一定方法进行补充。

③ 实时性和预测性相结合。道路交通安全状态是具有动态性的，因此对应的监测指标也要具有实时性，以真实地反映指标所代表的交通系统特征。另一方面，指标也可能有一些内在关系，互相影响、随之变化，设计的指标应该尽量能够具有前瞻性，交通管理部门能够通过指标采取措施，及时处理安全隐患。

④ 综合性与独立性相结合。实际的指标体系操作推广对指标的数量有一定的限制要求，这就要求指标有一定的代表性、综合性，抓住城市道路交通系统中的核心问题，但是也要有一定的独立性，即指标设计能够体现对应的影响因素特征，而指标之间不能有过多的关联，那样会对监测结果造成影响。

⑤ 稳定性和应变性相结合。稳定的道路交通安全状态监测指标能更客观地反映城市安全风险所在。但是，不同的地域背景和时间背景可能会对指标进行调整以保证适用，指标权重也随着情况的不同而变化。

⑥ 政令性与可测性相结合。政府的有关法律条例是指道路交通安全状态指标设计的指导方针。可测性意味着所选择的指标容易量化表示,进而方便计算。定性指标可以无量纲化,这样可以获得监测指标体的监测结果,指标体系中不应该有过于抽象或者无法实施的指标存在。

(3) 监测指标体系构建。

道路交通系统主要分为参与主体、参与客体、交通系统组织管理,一般也从这三个方向建立交通安全状态监测指标,如图 10-1 所示。

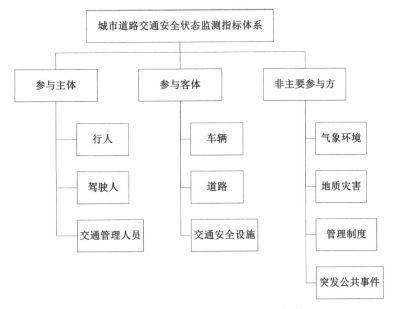

图 10-1　城市道路交通安全状态监测指标体系

(4) 指标筛选评价方法。

为了克服初步确定的指标体系的主观性,筛选出指标体系中相关度较好的指标以及对交通安全状态监测作用较小的部分指标,对其他高效指标进行二次筛选。目前,常用的指标筛选方法主要有层次分析法、主成分分析法、灰色聚类法、粗糙集法、基于信息敏感性筛选法以及专家咨询法等。

3. 国内外道路交通指数概要

美国得克萨斯交通研究所定义了行程时间指数(Travel Time Index,TTI)、道路拥堵指数(Road Congestion Index,RCI)等量化指标对重点公路进行分析。行程时间指数是实际行程时间与自由流状态行程时间的比值,如 TTI=1.35 表示在自由流状态行程时间为 20 分钟的路段,实际行程时间需要使用 27 分钟。道路拥堵指数用车英里数与车道英里数的比值经加权后计算得出的结果衡量道路交通密度、描述拥堵强度和持续情况,指数大于等于 1 时表明路网拥堵状况已难以接受。美国公路通行能力手册(Highway Capacity Manual,HCM2000)通过计算平均行程速度与对应道路自由流速度之比将公路服务水平划分为 6 个等级,以评价道路运行状况,并反映所有驾驶人对其所在交通流中的平均感觉。其中,A 级代表比值大于等于 90% 的自由流状况,F 级代表比值低于 33% 的延误严重状态。美国联邦公路管理局采用拥堵严重度作为量化拥堵的指标,这一指标被定义为每百万车公里出行总的车辆延误时间。在美国 HCM2000 基础上,还有些研究机构对相关指标进行整合,利用有限的样本建立拥堵指数体系,包括行程速度、行驶速度、延迟率、行驶速度比和延迟比等,以评判道路交通拥堵。

国内交通领域对交通指数也有一些理论研究和实践积累。北京交通拥堵指数以 15 分钟为时间周期,结合道路等级、行程速度、车公里数加权计算所得,从宏观角度反映了道路网交通拥堵水平,取值范围为 0~10,划分为五级,其中 0~2(含)、2~4(含)、4~6(含)、6~8(含)、8~10(含)分别对应畅通、基本畅通、轻度拥堵、中度拥堵、严重拥堵 5 个级别,数值越高表明交通拥堵状况越严重。浙江省也推出了交通运行指数,综合反映道路网交通运行状态,与北京交通拥堵指数一样,取值范围为 0~10,分畅通到严重拥堵 5 个级别。基于浙江省的标准,杭州等浙江各大城市交通运行指数相继推出并应用。深圳市结合平均车速、出行时间、专家评分等建立了交通指数计算模型,由点及线、由线及面,逐步推算路段、关口、片区以及全市等不同空间范围的交通指数,取值范围为 0~5,分别对应畅通、基本畅通、缓行、轻度拥堵、拥堵 5 个级别,交通指数越大,表明出行相比顺畅状况(如凌晨时刻)多花费的时间越长,例如处于拥堵等级时,路上花费的时间至少是顺畅状况下的 2 倍以上。此外,高德软件和北京四维等企业也分别推出了拥堵延时指数和交通拥堵指数,用于国内城市之间交通运行状况的横向对比和分析。

10.1.3　实例：上海市道路交通状态指数应用

依据上述内容,以上海市道路交通状态指数为应用案例进行阐述。2016 年,利用交通状态指数的历史数据,上海市对 2014—2015 年度工作日期间上海市中心城区的道路交通状况进行了分析与评判,为其交通决策和管理提供参考。

为此,定义了工作日的交通高峰期时间段——早高峰:7:00—10:00,午高峰:14:00—16:00,晚高峰:16:00—19:00。沿用 2011—2014 年度道路交通拥堵分析报告中的统计口径,将 3 个高峰期间拥堵指数大于 50、累计拥堵时间超 1 小时且全年超过 100 个工作日的指数区域定义为常发性拥堵区域。

对比 2014 年,2015 年上海市道路交通拥堵状况分析如下。

1. 城市快速路网

2015 年工作日高峰期间,快速路网的常发性拥堵区域:空间位置未发生变化;数量略有减少(减少了 3 个),分别为:外环外侧(五洲—同济)、外环内侧(沪渝—沪嘉)、外环外侧(沪渝—济阳);拥堵天数有所增加,平均增加了 14 天;极端拥堵指数大于 70 的有所减少。总体上讲,快速路常发性拥堵空间位置未变,拥堵天数有所增加,极端拥堵程度有所缓解。

2. 地面道路网

2015 年工作日高峰期间,地面道路网的常发性拥堵区域:空间位置未发生变化;数量略有增加,分别为:田林、四川北路商圈、瑞虹新城;拥堵天数有所增加,平均增加 7 天;

极端拥堵指数大于 70 的与 2014 年基本持平；拥堵范围有由内环内向中环扩大的趋势。总体上，地面道路常发性拥堵空间位置未变，拥堵天数略有增加，拥堵范围呈现由内环内向中环蔓延的趋势，如图 10-2 所示。

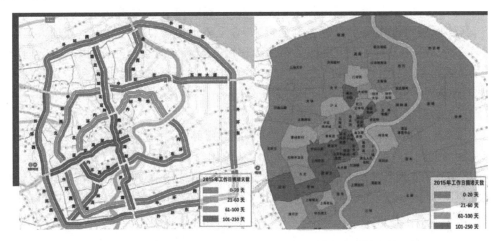

图 10-2　2015 年上海市城区快速路网和地面道路网常发性拥堵区域

10.2　重点营运车辆联网联控系统

10.2.1　系统简介

随着我国国民经济和公路建设的发展，公路客运人数和货物运输量快速增长，相应道路运输的事故率居高不下，道路交通特重大事故 80％发生在营运企业。如何提高重点营运车辆监管水平，减少人民群众生命财产损失，成为亟待解决的重要问题。

为加强重点运营车辆的监控，减少道路交通事故，实现多部门联合监管与执法，全国重点营运车辆联网联控系统应运而生。

重点营运车辆联网联控系统是指由各级道路运输管理机构和相关企业建立的依托卫星定位系统技术的营运车辆动态监管和监控体系，包括全国道路运输车辆动态信息公共服务平台、地方道路运输管理机构监管平台、道路运输企业监控平台以及社会化监控平台。该系统将从事旅游的包车、三类以上班线客车和运输危险化学品、烟花爆竹、民用爆炸品的重点营运车辆的动态信息进行联网，实时监测该类车辆的运动轨迹和危险驾驶行为，并搜集相关数据。该系统具有向车辆发出预警、调度等信息，从车辆接收紧急呼叫、下线提醒等信息的功能。营运车辆联网联控系统运用信息化的手段，将零散、流动的营运车辆管理起来，有效地解决了道路运输监管工作中"看不见、听不到、管不着"的问题。

1. 重点营运车辆联网联控系统的发展背景与历程

（1）道路运输安保与调度需求。

2009 年，交通运输部为解决各省道路运输管理部门对外省车辆无法监管的问题，为营运车辆跨区域、跨部门的联合监管提供有效的技术手段。同时为了做好上海世博会道路运输安保工作,保证入沪重点营运车辆能够被上海方面有效监管,交通运输部决定整合行业现有的动态监控资源,建设全国重点营运车辆联网联控系统,为实现重点营运车辆的跨区域、跨部门的联合监管提供有效技术支撑。

2010 年 4 月,该系统正式开通,完成了 30 个省级监管平台的接入,涉及 800 多家 GPS 运营商及企业监控平台。系统开通以来,在上海世博会、广州亚运会、深圳大运会道路运输安保工作中发挥了重要的服务和保障作用。上海世博会期间,全国平台共向上海累积转发跨区域车次 115.5 万辆次;广州亚运会期间,共向广东省平台累积转发跨区域车次 42.7 万辆次。

(2) 大型营运车辆动态监管需求。

大型车辆的肇事事故严重程度高,极易造成群死群伤,一直是道路交通安全工作中被重点关注的问题之一。2009 年 11 月,时任国务院副总理的张德江在《专报信息》第 1618 期《道路交通动态监管工作》的信息上批示"运用现代信息技术对车辆运输实行安全管理,是加强道路交通安全建设的重要措施"。2010 年 7 月,国务院发布《国务院关于进一步加强企业安全生产工作的通知》(国发[2010]23 号),通知要求"运输危险化学品、民用爆炸物品的道路专用车辆、旅游包车和三类以上的班线客车要安装使用具有行驶记录功能的卫星定位装置,于两年之内全部完成"。

为贯彻落实国务院 23 号文件精神,交通运输部会同公安部、国家安监总局、工业和信息化部联合下发了《关于加强道路运输车辆动态监管工作的通知》(交运发[2011]80 号),该文件明确要求:自 2011 年 8 月 1 日起,新出厂的"两客一危"车辆必须安装符合标准的卫星定位装置。对于不符合规定的车辆,工信部不予上产品公告;公安部门不予审验;交通运输部门不予核发道路运输证。自 2012 年 1 月 1 日起,没有按照规定安装车载终端或未接入全国重点营运车辆联网联控系统的车辆,道路运输管理部门暂停资格审验。在标准制定方面,交通运输部分别在 2011 年 2 月 28 日和 2011 年 3 月 25 日发布了《道路运输车辆卫星定位系统车载终端技术要求》《道路运输车辆卫星定位系统平台技术要求》两项行业标准,这两项标准的出台为统一规范全国重点营运车辆联网联控系统运行奠定了良好的技术基础。

2014 年 3 月,交通运输部、公安部、安全监督总局联合发布《道路运输车辆动态监督管理办法》,对道路运输车辆的动态监督管理进行了系统性的明确规定;2015 年 1 月,交通运输部发布了《全国重点营运车辆联网联控系统考核管理办法》,并于 2016 年 9 月发布了该办法的修订版。在该办法的指导下,重点营运车辆联网联控系统的技术水平、应用程度和规范程度得到了进一步提升。

2. 重点营运车辆联网联控系统体系构架

我国重点营运车辆联网联控系统采用纵向分级、横向对接的体系结构。纵向分级是指系统纵向分为部级公共交换平台、省级监控平台、地区和企业级监控平台;横向对接是指不同级别的平台对接交通、公安、安监、环保等政府部门和相关企业的信息资源,实现信息共享与联合监管。系统框架和体系结构如图 10-3 所示。

(1) 部级公共交换平台。

全国公共交换平台负责省际之间的漫游车辆的跨区域信息交换和国务院相关部门之

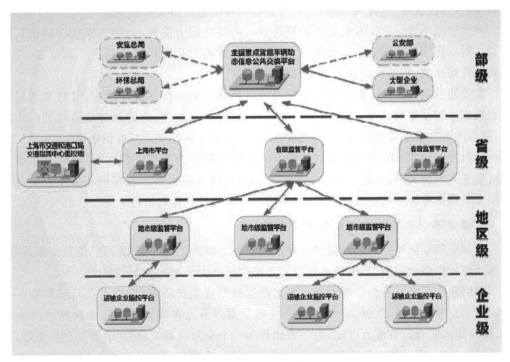

图 10-3　营运车辆联网联控系统体系构架

间的信息共享。全国公共交换平台首先是全国重点运营车辆动态信息的数据中心,通过采集各省级监控平台的车辆动态信息、企业报备的车辆运输信息和交通运政数据库,建立重点运营车辆静态信息与动态信息数据库,形成覆盖全国重点运营车辆的数据中心;其次,全国公共交换平台是数据交换中心,该平台通过采用统一的数据交换标准,实现同省级监控平台的车辆动态信息交换,实现与其他部委的信息共享。全国公共交换平台也是系统的运行监控中心,可对相连的省级监控平台运行情况做出必要的分析和统计。

（2）省级监管平台。

省级监控平台负责地区之间的漫游车辆的跨区域信息交换和当地相关部门之间的信息共享,向全国公共交换平台传输重点运营车辆的动态信息,并接收全国公共交换平台传输的跨省车辆动态信息。

（3）地区级监管平台。

实现本管辖区域内重点营运车辆的监管,监督、考核本辖区内各运输企业车辆的接入情况,结合行业管理需要对在本辖区范围内运营的本地车辆和外地车辆进行全面监管。

（4）企业级监控平台。

实现对本企业车辆的安全监管工作,及时向上级监管平台传输定位数据,并保证数据上传的真实性、准确性、实效性,及时纠正和处理超速、疲劳驾驶等违法驾驶行为并记录存档,发挥企业作为安全责任的主体作用。

3. 营运车辆联网联控系统的主要功能

实时监控功能:营运车辆联网联控系统可通过监控平台与车载终端的实时通信,对车辆位置、行驶轨迹、驾驶人驾驶状态、驾驶行为等信息进行实时监测。

调度管理功能：为保障大型活动等场景下的特殊运力需求，营运车辆联网联控系统可通过对不同区域运输企业运力使用情况的实时检测对运输任务进行统一调度和分配，进而实行跨区域、跨部门的联合调度与控制。

数据回放功能：营运车辆联网联控系统在检测车辆运行状况的同时，可对车辆运行状态数据进行搜集与整理，完成车辆行驶里程、驾驶人急加速、急转弯等危险驾驶行为次数、疲劳驾驶次数等数据的统计，为驾驶人考核、企业运输效率考核提供依据。

远程控制功能：在系统检测到驾驶人的危险驾驶行为或驾驶状态时，可通过车载终端对驾驶人发出警告，并在监控中心对该车辆进行预警和报备。监控中心操作人员可远程调看车载摄像头等传感器的信息，对车辆运行状态进行远程监控。

4. 营运车辆联网联控系统的主要特色

营运车辆联网联控系统在关键技术上创新性地解决了跨区域、跨部门信息交换共享、车辆动静数据整合应用、车辆动态运行和分布情况全面掌握的技术问题。

联网联控系统充分整合现有各省级道路运输监控系统资源，完成重点营运车辆各省之间的信息互联互通、数据共享，一方面实现了重点营运车辆动态信息的跨区域交换体系，使跨地区联合监管成为可能，另一方面作为一个全开放系统，建立了数据交换通道，实现了同一地区、不同政府管理部门之间的信息沟通，为多部门在协同办公、应急联动等方面的应用奠定了基础。

联网联控系统实现了车辆动、静态信息的有效结合。传统道路运输信息的收集均是静态数据的汇总，无法给管理者提供实时信息。通过联网联控系统可以将车辆动态位置信息、车辆运政信息以及车辆货物运输信息实时转发给相应平台，使接收平台不但可以清晰地了解车辆的行驶轨迹，还可以对车辆的货物信息、属性信息了如指掌。

联网联控系统实现了数据在部级层面的统一集中，可以有效掌握全国道路运输行业总体运行情况，加强了道路运输行业监管，提升了道路运输行业信息化管理水平和决策分析能力，为现代物流业、应急指挥系统、路网拥堵情况分析、交通经济运行分析等多个方面提供数据支撑。

10.2.2　系统组成与服务功能

重点营运车辆联网联控系统主要由两部分组成：车载移动终端和各级监控中心。车载终端将车辆定位信息、驾驶人状态监测信息通过无线通信系统传到监控中心，监控中心也可以通过无线通信系统将调度指令传送到车载终端，从而实现车辆的监控与调度。

1. 车载移动终端

车载移动终端由微处理器、数据存储器、卫星定位模块、车辆状态信息采集模块、无线通信传输模块、实时时钟、数据通信接口等主机模块以及卫星定位天线、无线通信天线、应急报警按钮、语音报读装置等外部设备组成。车载移动终端包含的主要功能如下。

（1）定位功能。

终端能够提供实时的时间、经度、纬度、速度、高程和方向等定位状态信息，可存储到终端内部,通过无线通信方式上传至监控中心。同时,终端可以接收一个或多个监控中心的定位请求上传定位信息,并能按监控中心的要求中止对应中心的实时上报。终端在通信中断时(盲区)能够以先进先出的方式存储不少于 10 000 条的定位信息,并在恢复通信后将存储的定位信息补报上传。终端还支持利用时间、距离间隔或外部事件触发方式上传定位信息。当终端处于休眠状态时,也应以一定时间间隔上传定位信息,且时间和距离的间隔可由监控中心设定。终端也可自动对报警车辆或重点车辆监控中心设定的定位方式及间隔上传定位数据。

(2)通信功能。

车载移动终端支持基于 2G、3G、4G 等多种无线通信网络。当车辆所在地的无线网络支持分组数据传输时,车载终端应首先选择分组数据传输方式;当所在地不支持分组数据传输时,可切换到短消息方式传输数据;当所在地无线通信网络不通时,可根据需要采用北斗卫星通信方式。

(3)信息采集功能。

① 驾驶人身份信息。终端支持通过 IC 卡方式采集驾驶人从业资格证信息,并上传至监控中心。

② 电子运单。终端支持电子运单信息的采集与显示,并上传至监控中心。

③ 车辆 CAN 总线数据。终端支持通过 CAN 总线采集车辆参数信息,并上传至监控中心。

④ 车辆载货状态。终端通过车辆载货状态检测装置接口或者人工输入方式确定车辆的载货状态(空载、半载、满载),并上传至监控中心。

⑤ 图像信息。终端具有图像信息采集及存储功能,支持监控中心控制、定时和以事件触发方式实现图像信息的采集、存储、上传及检索上传功能。

⑥ 音频信息。终端具有音频信息采集及存储功能,支持监控中心控制和以事件触发方式实现音频信息的采集、压缩、存储、上传及检索上传功能。

⑦ 视频信息。终端具有视频信息采集及存储功能,支持监控中心控制和以事件触发方式实现视频信息的采集、压缩、存储、上传及检索上传功能。

(4)行驶记录功能。

终端具有汽车行驶记录功能,并支持行驶记录数据的实时上传、条件检索上传和数据接口导出功能。

(5)警示功能。

终端触发警示时应立即向监控中心上传警示信息或根据需要向指定手机发送短消息提示信息,并能接收监控中心指令取消警示,警示手机号码可由监控中心远程设置,当监控中心根据车辆上传的车辆位置信息、状态信息或者安全监管需要向终端下达指令时,终端以语音报读方式或结合声、光、文字等方式向驾驶人提示警示信息。

终端警示功能分为人工报警与自动提醒。人工报警是驾驶人根据现场实际情况触发的报警,包括当遇到抢劫、交通事故、车辆故障等紧急情况时,驾驶人通过触发应急报警按钮向监控中心上传报警信息,同时关闭语音报读模块,如果终端具有图像、视频、音频采集功能,则应立即启用该功能。人工报警应具备防止误操作功能。

自动提醒指驾驶人不对终端进行任何操作,终端根据监控中心设定的条件触发,具体内容包括以下 8 种。

① 区域提醒:当车辆驶入禁入区域或驶出禁出区域时触发,监控区域可由监控中心远程设置。

② 路线偏离提醒:当车辆驶离设定的路线时触发,监控路线可由监控中心远程设置。

③ 超速提醒:终端可根据预设的速度阈值或通过接收监控中心下发的信息触发,以提醒驾驶人当前处于超速状态。

④ 疲劳驾驶提醒:车辆或者驾驶人连续驾驶时间超过疲劳驾驶时间阈值时触发,疲劳驾驶时间阈值可由监控中心远程设置。

⑤ 蓄电池欠压提醒:终端检测车辆蓄电池电压低于预设值时触发,同时终端须停止从车辆蓄电池取电,同时转由终端内置备用电池供电。

⑥ 断电提醒:终端在被切断主供电源时触发。

⑦ 超时停车提醒:停车时间超过系统预设时间时触发。

⑧ 终端故障提醒:当终端主机与终端主机连接的外部设备工作异常时触发,并上传至监控中心。

(6) 人机交互功能。

终端具有人机交互功能,能够与驾驶人进行信息交互。终端应能通过语音报读设备与显示设备结合信号灯或蜂鸣器等设备向驾驶人提供信息,驾驶人能通过按键、触摸屏或遥控等方式操作终端。

(7) 信息服务功能。

终端支持监控中心直接下发信息以及驾驶人主动上报信息,通过显示设备、语音报读设备向驾驶人提示监控中心下发的调度信息、物流信息等,同时驾驶人可通过按键方式向监控中心回传应答信息,终端至少可存储所有信息类型的最近 50 条记录,并支持信息查询功能。

(8) 多中心接入。

终端支持同时连接两个或两个以上的监控中心,并能获取监控中心下发的信息,终端应按设置的时间间隔定期连接设定的监控中心并获取其下发的信息。

2. 监控平台

监控中心分为政府监管平台(Government Monitoring and Management Platform)和企业监控平台(Enterprise Monitoring and Management Platform),其中,政府监管平台即以计算机系统及通信信息技术为基础,通过卫星定位技术等手段实现对管辖范围内的车载终端和接入平台进行管理的系统平台,主要实现对上级平台的数据报送和对下级政府平台的管理,以及对企业平台的监管和服务。

企业监控平台是企业自建或委托第三方技术单位建设的卫星定位系统平台,以计算机系统为基础,通过接入通信网络对服务范围内的车载终端和用户进行管理,并提供安全运营监控的系统平台,实现对平台中的车辆安全运营的实时监控。

政府平台之间通过专线网络或互联网 VPN 方式进行连接,企业平台与政府平台可以通过互联网或专线网络方式进行连接,车载终端与企业平台或政府平台之间通过无线通信网络进行连接。

（1）政府监管平台。

政府平台通过平台接口及统计分析功能,主要实现对上级平台的数据保送、对下级政府平台的管理和对企业平台的监管和服务,其基本功能包含以下几点。

①接入平台管理。接入平台管理包含接入平台配置管理、信息查询和考核等功能。其中,接入平台配置管理具备接入平台参数配置、接入平台参数查询及接入平台参数统计等基本功能;接入平台信息查询具备平台基本情况、平台在线车辆、平台历史上线车辆、平台未上线车辆、平台运行日志和平台巡检日志等查询功能;接入平台考核包括平台自动查岗、平台手工查岗、平台动态数据传输情况、平台链路通断情况、平台车辆上线情况、平台车辆在线情况和动态数据传输及质量情况等,具备对接入平台按日、周、月、季和年进行考核的功能。

② 报表导出功能。平台中所有查询结果及统计分析结果均支持以 Excel 形式导出。

③ 车辆数据定时下发功能。定时向接入平台下发其上报的正常汇报车辆列表及异常车辆列表。

④ 报警及报警管理。政府平台应具有接收由接入平台上报的报警信息功能,包括紧急报警、偏离路线报警、超速报警、区域报警、疲劳驾驶报警等,产生报警时,可通过声、光、图片和文字等方式提示并显示车辆动态位置信息和静态信息及相关信息。如果下级监管平台或企业平台未在约定时间内上报报警处理信息,则监管平台应自动向其发送报警处置请求。

⑤ 基本资料管理。政府平台具备与各地运政信息系统联网对接、数据交换等信息共享功能。基本资料管理应具备对接入平台的各种车辆、从业人员和运输企业等基本资料的查询管理功能。

⑥ 危险品车辆/企业管理功能。危险品车辆管理功能具备危险车辆查询和危险品车辆统计功能,危险品运输企业管理包括危险品运输企业查询、危险品运输企业统计以及危险品运输企业考核功能。

⑦ 班线客运车辆/企业管理、旅游包车/企业管理、货运车/企业管理所包含的功能与危险品车辆/企业管理功能相似。

⑧ 车辆动态监控管理。政府平台具有车辆实时监控、单项监听等管理,提供对多车的车辆跟踪、报文发送和车辆拍照等管理,支持对反馈报文、车辆行驶记录数据及照片的历史数据查询功能,可对指定车辆历史轨迹进行回放,并支持在历史轨迹点提供车辆事件的提示。平台提供查询指定时间段、经过指定区域的车辆信息,支持多区域联合查询,同时,平台支持车辆视频监控以及电子地图功能。

⑨ 统计分析。政府平台应具备对接入平台总数、在线平台数、平台入网车辆数、平台在线车辆数和平台车辆报警情况等的统计分析功能。其中,车辆管理统计分析包括车辆上线情况统计报表、车辆跨区域情况统计报表和车辆报警情况统计报表,以及车辆信息化在线分析、车辆上线情况同比/环比分析、车辆报警情况同比/环比分析、车辆跨区域情况同比/环比分析等综合分析功能,同时包括对地区车辆统计分析、重点运输车辆的统计分

析以及企业车辆车载终端安装率统计、地区所属企业平台上线覆盖情况统计。

⑩ 平台运行监控管理。包括服务器状态监控、平台资源监控等功能,能监控各服务器资源消耗情况。

(2) 企业监控平台。

企业级监控平台的部分功能与政府平台相同,企业级平台的特色功能如下。

① 报警信息处理。企业平台具备对终端上报的报警信息和企业平台分析产生的报警信息进行处理的功能,报警信息处理过程包括报警信息确认、报警处置、报警处理情况登记和报警信息处理状态跟踪。报警处理可根据不同报警类型进行车辆监听、拍照、报警解除和下发信息等的处置,通过下发信息达到提醒驾驶人的目的。企业平台应支持将报警信息和报警处理结果信息实时传送到政府平台,并响应政府平台下发的报警处置请求指令,所有报警及报警处理信息均应记录并提供查询功能。

② 监控功能。车辆监控管理包括车辆上下线时时提醒、车辆调度、车辆监控、车辆跟踪、车辆点名、车辆查找、区域查车和车辆远程控制等功能。同时,企业平台具备指定时间段内回放指定车辆历史轨迹的功能,并支持多区域、多时段的联合查询。

③ 管理功能。包括终端参数配置管理(如 IP 地址配置、报警参数配置、区域设置和路线设置配置、终端固件升级等)、终端开户、销户、车辆停用、车辆转租和终端转车等终端管理功能;SIM 卡管理、车辆管理、从业人员管理、车队管理等基础信息管理功能;电子地图预设区域及线路等预设信息管理,车辆行驶记录信息保存、查询、统计、分析等行驶记录管理功能。

企业监控平台的业务功能如下。

- 偏离路线报警。当车辆偏离预设的行驶路线范围超出阈值时报警。
- 路线关键点监控。支持对车辆行驶路径关键点时间的监控,即当车辆未按规定时间到达或离开指定位置时实时进行提示。
- 驾驶人身份识别。对终端上传的驾驶人身份信息进行识别。
- 疲劳驾驶提醒。车辆或者驾驶人连续驾驶时间超过疲劳驾驶时间阈值时触发,疲劳驾驶时间阈值可由监控中心远程设置。

班线客运的特殊业务功能如下。

- 班线客运路线查询功能。
- 通过拍照或视频等方式监控车辆超员情况,提供对车载终端直接通话功能,提醒驾驶人员超员,提供对超员的警告、记录和处理。

10.2.3 实例:驾驶行为监控预警系统

本节以武汉理工大学开发的重点营运车辆驾驶行为监控预警系统为例,对其功能做进一步阐释。

驾驶行为监控预警系统在总体上分为两个部分:①车载驾驶行为安全辅助预警系统;②远程信息发布与监控预警。通过车载端和监控中心两级监控实现对营运车辆驾驶人的全方位实时监控,并对危险驾驶行为进行识别、预警和记录。系统总体结构如图 10-4所示。

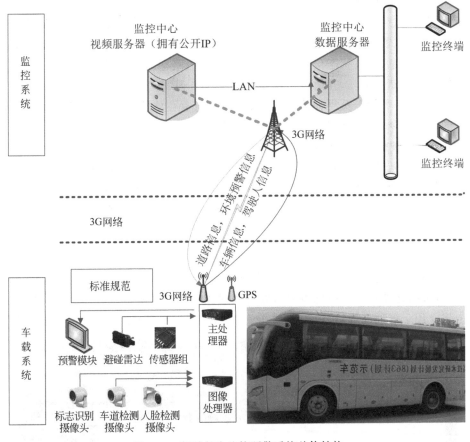

图 10-4　驾驶行为监控预警系统总体结构

① 车载驾驶行为安全辅助预警系统。车载端系统通过采集驾驶人操作、驾驶人状态、车外环境与地理位置等实现超速状态、未保持安全距离状态、车道偏离状态、不良驾驶状态的识别和预警。

② 远程信息发布与监控预警系统。远程端监控预警系统通过收集车载端发送的记录数据实现对驾驶人进行定时拍照、不良驾驶行为终端机诊断和各种报表统计分析功能，对各种危险状况发布安全预警信息，此外还承担客运公司信息管理的功能。

1. 车载终端系统

（1）车辆状态信息采集。

系统需要采集的信息来源于三个方面。

① 车用传感器或经过车辆 ECU 处理后的以车辆 CAN 总线发出的数据信号，信息提取位置主要在车辆面板和仪表台内各端子处。

② 自行加装的信息处理模块、传感器（包括加装传感器、摄像机、照相机、毫米波雷达、超声探头）等。

③ GPS 信号采集模块和车外路侧环境信息（通过无线传输模块天线传入）等。

（2）车载端系统集成。

车载端中心总控集成硬件平台实现了车辆及驾驶人状态信息采集单元、障碍物测距测速单元、车辆位置信息、地理信息获取单元和道路环境信息采集单元等单元的集成，完成了司机操作信息、司机状态信息、交通标志信息、道路标线及车道偏离信息、GPS信息等各类信息的存储与交互，并由多通道图像混合输出到TFT屏，供预警模块进行语音播报和界面显示；各类状态及预警信息通过3G方式向中心总控平台传送，并可接收中心总控平台的各类指令，为不良驾驶行为检测和多方式预警提供支撑。

（3）不良驾驶行为监测预警。

通过对驾驶人的不良驾驶行为进行实验和分析实现典型不良驾驶行为的在线检测和各类危险驾驶行为的预警，包括越级挂挡、空挡滑行、先踩离合后刹车、长时间脱手驾驶、不打转向灯、错误的方向盘操作手势、停车不熄火、转弯同时刹车、车辆行驶中猛踩油门和车辆急速制动等十余种不良驾驶行为。

2. 远程信息发布与监管平台

车辆远程信息发布与监管平台的开发整合了数据库技术、网络通信技术、无线通信技术、大容量数据处理技术等信息传输与处理技术，如图10-5所示。具体地，在ArcGIS等平台上建立用于管理地理信息、道路维护、交通管制、限速等信息的GIS空间数据库，在

图10-5　预警系统软件

Oracle 等大型关系型数据库平台建立车辆实时状态数据库。在.Net/J2EE 平台上开发基于 B/S 架构的企业级应用系统,包括运输车辆管理子系统——实现对车辆的基本信息、驾驶人基本信息、运输线路信息等进行管理;运输线路 GIS 数据维护系统——实现对以道路为核心的地理信息以及相关的道路限速信息、动态的交通管制及道路维修等信息的管理。基于局域网、GPRS、CDMA 传输等方式开发的信息发布平台,可实现对车载设备 GIS 等相关基础数据的实时更新。通过在线监控系统及相应通信模块传输多种形式的运输车辆状态数据(文本数据、语音、图像),从而实现对运输车辆的实时监控。

10.3 智能网联汽车测试及评价系统

10.3.1 背景及发展历程

智能网联汽车是智能交通系统的重要组成部分,它在智能车辆、车路协同等新兴技术的促进下得以迅速推广,代表了汽车加快走向智能化、网联化的发展趋势。智能网联汽车旨在通过现代传感技术、信息融合技术、无线通信技术、智能控制技术等,实现车与 X(人、车、路、云端等)的全时空实时信息交互,使其具备环境感知、智能决策、协同控制等高可靠功能,最终实现人-车-路协同下的完全自动化驾驶。

测试与评价是智能网联汽车技术开发过程中必不可少的环节,与传统的汽车整车道路试验场不同,智能网联汽车测试的重点在于考核车辆的环境感知能力、智能决策能力以及自动控制与协同控制能力,同时也对 V2X 整体通信系统的实时性与可靠性、信息安全性等技术进行考察。目前,在我国建设的智能网联汽车示范区,除有技术研发、技术测试功能外,一般还整合有标准、规范研究定制、产业孵化、产业链培育等功能。汽车整车道路试验场、自动驾驶技术测试场、智能网联汽车与智慧交通示范区的内涵见图 10-6。

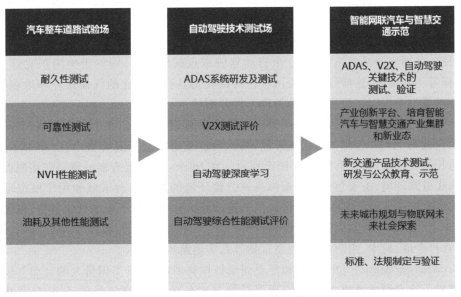

图 10-6 3 个基本概念的内涵

同时,智能网联汽车的感知与决策研发中应用了大量的人工智能技术,真实道路场景测试数据对于智能感知、决策算法的训练学习而言是必不可少的。因此,智能网联汽车测试系统不仅能对车辆进行功能检测,其测试数据更是促进智能驾驶技术发展和成熟的重要基石。

1. 美国智能网联汽车测试发展历程

(1) 智能网联汽车测试规范制定。

在国家层面,2013 年 5 月,美国国家公路交通安全委员会(NHTSA)发布 *Preliminary Statement of Policy Concerning Automated Vehicles*(关于自动驾驶汽车的政策初步声明),在该文件中首次对汽车自动化程度进行了等级细化和明确定义,并对各州独立制定自动驾驶技术法规提出了指导意见;2016 年 9 月,美国交通运输部(DOT)正式发布了 *Federal Automated Vehicles Policy*(联邦自动驾驶汽车政策),该政策提出了自动驾驶汽车性能指南,为高度自动化车辆(highly automated vehicle,HAV)的安全设计、开发和测试提供了指导和规范,并确定了 15 项评估内容,包括数据记录与共享、系统安全、车辆网络安全、崩溃后行为、对象/事件检测与响应等;2017 年 7 月,美国众议院通过 *Self Drive Act*(自动驾驶法案),该法案的第七章规定了各参与方,例如测评机构、自动驾驶系统提供商、零部件供应商、被测试车辆以及车载设备的要求以及参与测试必须提交的信息;2017 年 9 月,美国交通运输部和美国国家公路交通安全管理局发布 *Automated Driving System 2.0:A Vision for Safety*(自动驾驶系统 2.0:安全愿景),该文件取代了 2016 年发布的联邦自动驾驶汽车政策,把安全评估的内容由 15 项缩减到 12 项,并给出了这 12 项内容的安全目标以及实现方法;该指南鼓励研发主体在研发自动驾驶系统时全面考虑这 12 项内容,并且设计自我记录的过程,用于各类评估、测试以及验证;该指南鼓励各研发实体定期向社会公布其安全自我评估结果,并展示其实现安全的各种方法;NHTSA 也会根据技术的发展与完善定期更新该指南,以反映经验教训、新数据和利益相关者的意见。

(2) 智能网联汽车封闭测试场建设。

目前,美国交通部共指定了 10 个自动驾驶试点试验场,分别位于美国东北部、西南部、南部等不同地区,这些分布在美国各地的试验场具有差异化的气候条件和地貌特征,使智能网联汽车可以在更加丰富的条件下展开测试。

其中,由密歇根大学与密歇根州共同出资建设的 Mcity 是世界上首个测试 V2X 技术的封闭测试场,于 2015 年 7 月正式开放,测试场位于密歇根州安娜堡市,占地 194 亩,车道线总长约 8 公里,其平面图如图 10-7 所示。在 Micity 中设置有多种道路和路侧设施以模拟真实道路环境,主要包括用于模拟高速公路环境的高速实验区域和用于模拟市区与近郊的低速试验区域。其中,模拟市区的低速试验区完全模仿了普通城镇建造,包含两车道、三车道和四车道公路以及交叉路口、交通信号灯和指示牌等,提供了路面、标志标线、斜坡、自行车道、树木、消防栓、周边建筑物等真实道路场景元素。

GoMentum Station 位于加利福尼亚州康特拉科斯塔郡,是美国最大的自动驾驶技术以及网联车技术测试场地,由当地交通管理局与汽车制造商、通信公司、科技公司共同建设运营。由于测试场位于旧金山湾区,靠近硅谷,因此吸引了众多科技公司、汽车制造商

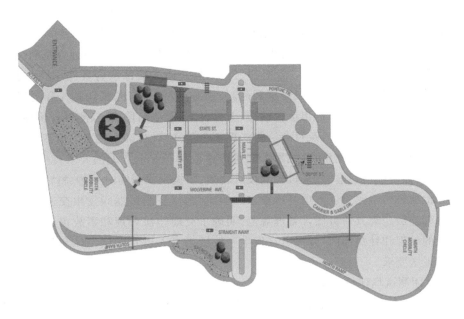

图 10-7　Mcity 测试场平面图

以及网联设备制造商进场测试。

　　目前,GoMentum Station 已铺设 32 公里的公路和街道,包括立交桥、隧道、铁路等设施,且具备丘陵、斜坡和各种路面的地质特征以实现多样的测试场景,如图 10-8 所示。

图 10-8　GoMentum Station 内部场景

2. 国内智能网联汽车测试发展历程

(1) 智能网联汽车测试规范制定。

　　2017 年 12 月,北京市发布《北京市自动驾驶车辆道路测试管理实施细则(试行)》及相关文件,确定 33 条道路、共计 105 公里开放测试;上海市在 2018 年 3 月发布《上海智能网联汽车道路测试管理办法(试行)》,划定第一阶段 5.6 公里开放测试道路;重庆、深圳、保定等地也相继发布相应的道路测试细则。在地方政府初步尝试后,为落实各地的自动驾驶路测,进一步明确道路测试的管理要求和职责分工,规范和统一各地方基础性检测项目与测试规程,2018 年 4 月 12 日,工信部、公安部、交通运输部联合发布了《智能网联汽车道路测试管理规范(试行)》,该《管理规范》分别对测试主体、测试驾驶人和测试车辆提出了严格要求。对测试主体提出单位性质、业务范畴、事故赔偿能力、测试评价能力、远程监控能力、事件记录分析能力及符合法律法规 7 个条件;对测试驾驶人提出签订劳动合同或劳务合同、经过自动驾驶培训、无重大交通违章记录等 8 个方面的要求;对测试车辆提出注册登记、强制性项目检验、人机控制模式转换、数据记录与实时回传、特定区域测试以及第三方检测机构检测验证 6 项基本要求。同时,为保证测试期间发生交通违法和交通事故时追究违法违规方的责任,《管理规范》明确了交通违法处理和事故责任认定的依据以及相应的处理和处罚部门,并规定在发生事故后当事人以及测试主体和省市级主管部门的情况报送要求。

(2)封闭测试场建设。

2015 年 6 月,国家工信部批准上海市建设国家智能网联汽车(上海)试点示范区。2016 年 6 月,该示范区正式投入运行,成为中国首个智能网联示范区。自开园以来,上海智能网联封闭测试区共建设了 200 多个测试场景,并为 40 多家企业提供了 450 余天次、超过 5000 小时的测试服务,如图 10-9 所示。

RFID 进口管制

龙门架设固定或电子信号标志

基站

摄像头

图 10-9　上海智能网联示范区部分硬件设施

自上海之后,重庆、北京、河北、浙江、长春、武汉、无锡等地相继建设了智能网联汽车测试示范区,各地示范区依托当地优势和特色资源分布建设,积极推动了半封闭、开放道路的测试验证。

10.3.2 试验验证技术及测试方法

1. 智能网联汽车试验验证需求分析

智能网联汽车利用车载传感器进行环境感知,并融合现代通信与网络技术实现智能信息共享,通过智慧决策和协同控制等过程实现安全、舒适、节能、高效行驶。智能网联汽车及其相关智能技术的研究不仅成为当前信息技术、传感技术和认知科学相结合的发展引擎,而且可以应用于未来智慧交通及智慧城市以降低道路交通事故率和伤亡率,提高交通效率和驾乘体验,同时促进和带动汽车产业发展和改革创新,并可为国防安全领域的相关研究与应用提供关键技术支撑。

智能网联汽车的技术进步和应用推广需要有完善的测试评价体系的支撑,具体需求主要体现在以下 4 个方面。

(1)技术与产品开发需求。

在汽车开发的过程中,V 模式开发方法得到了广泛应用,在开发的每个阶段都进行测试评价是实现 V 模式开发的前提;智能网联汽车的快速发展使得其涵盖的功能越来越多,针对的用户工况也越来越多,因此需要大量的测试评价工作进行功能及性能测试,如图 10-10 所示。

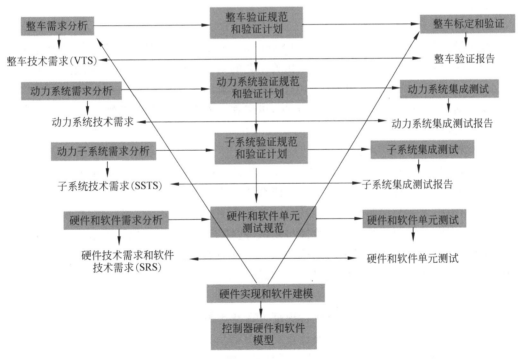

图 10-10　整车 V 模式开发流程

(2)标准要求。

与传统汽车的开发不同,智能网联汽车的性能表现与交通环境和驾驶行为高度相关,因此传统汽车领域直接引进国外标准的方法不再适用,必须研究和制定符合我国国情的标准规范。

（3）法规要求。

智能网联汽车，尤其是高等级自动驾驶和无人驾驶汽车，需要有健全的法律规范进行支撑和约束。一方面，为鼓励技术创新，促进技术发展和产业升级，应大力推广自动驾驶/无人驾驶车辆进入公共道路测试甚至商业化应用；但另一方面，必须保证进入公共道路的自动驾驶/无人驾驶车辆具备足够的安全性，不会对公共安全构成危险，同时不会干扰正常的交通秩序。测试方法需与法律规范相配合，共同促进智能网联汽车的发展。

（4）国际需求。

欧、美、日、韩等汽车工业发达国家目前都开始构建智能网联汽车封闭试验场和试点示范区，相关的测试评价体系和标准规范正在完善中。我国需进一步加快建设智能网联汽车测评平台和试验示范区，推动相关标准规范和法律法规的研究和制定，加快与国外先进技术的对接，吸取国际先进经验，推动我国智能网联汽车技术研发和产业化应用。

2. 常见测试方法

随着技术的不断进步，汽车测试方法的主要内容不仅包括以传感器为核心的测量原理、测量方法、测量工具及数据处理等，还发展为越来越广泛运用于将被测对象置于模拟运行状态的在环测试方法。下面主要介绍近年来在汽车测试中常见的几种在环测试方法以及实车测试方法。

（1）模型在环（Model in the Loop，MIL）测试方法。

基于模型的系统工程（Model-Based System Engineering，MBSE）是一种用于解决设计复杂控制、信号处理以及通信系统中相关问题的数学和可视化方法，广泛应用于运动控制、工业设备、航天以及汽车相关应用中，是一种主流的开发与测试方法。

模型提供了一个物理系统的抽象方法，可以使工程师忽略无关的细节而把注意力放到最重要的部分以思考系统的整体设计。工程中的所有工作内容都是依赖模型理解复杂的真实世界的系统。在 MBSE 中，模型是由整个开发过程中不断细化的可执行规范指导开发的（通常为使用文本形式表示的需求，这些模型随后将使用代码生成转化为代码）。与写在纸上的规范相比，可执行的规范能使系统工程师能更深入地了解其策略的动态表现，在开始编码之前的早期开发阶段就对模型进行测试，将产品的缺陷暴露在项目开发的初期，并在开发过程中持续不断地验证与测试，这样工程师就可以把主要精力放在算法和测试用例的研究上，以确保规范的完整性和无歧义，而不必花时间处理烦琐的、易于出错的任务，例如创建测试装置。模型建立后，添加基于模型的测试确保模型确实正确地捕获了需求。

与"静态"的书面设计不同，可执行规范可在基于模型的测试过程中评估，通常可通过改变一组模型参数或输入信号，或通过查看输出结果或模型的响应完成。依据模型执行的仿真顺序也称模型在环测试。模型在环测试的测试数据可来自测试矢量数据库或实际系统的模型。可执行规范通常不仅包含功能设计模型和软件逻辑，还包括设备和环境模型、高层需求的链接以及其他文件，通常还包括用于自动化仿真结果评估的验证数据。模型在环测试的结果可用于验证软件行为是否正确，并确认开发流程的初始需求。通过模型在环测试收集的信息将会成为代码验证的基准。

（2）软件在环（Software in the Loop，SIL）测试方法。

一般的软件在环测试是指在主机上对仿真中生成的代码或手写代码进行评估，以实现对生成代码的早期确认。但这种测试仅针对生成的代码，并没有考虑代码与模型之间的关联，因此当测试过程中发现代码问题时，还需要人工定位到具体是哪个模型上的问题。

此外，还有一种软件在环与模型在环的对比测试方法，主要实现了模型和代码的同步执行，该方法在模型生成的测试代码中插入控制代码以记录状态信息，并将这些状态信息实时发送给建模平台，平台解析后以高亮显示的方式同步展示模型的执行过程；同时，测试过程还可以获取当前监视的全局变量信息，测试人员通过监听所要观察的全局变量信息分析具体建模是否正确或满足实际需要。

软件在环的测试方法重点就是要确保生成的代码和模型同步执行，并且这个执行过程要足够直观，方便用户查看。此外，由于在测试代码中加入了额外的控制代码，使得测试代码和产品代码有了差异，这势必会对代码的执行性能等指标产生影响，因此还需要考虑如何将这个影响降低到最小。具体来说，在测试方案设计时需要考虑以下几个问题。

① 测试过程应能正确反映模型的执行过程。图形化描述的建模模型实例和监视变量信息要能在测试过程中正确展示。当某个模型元素实例生成的代码被执行时，该模型元素实例要能高亮显示。在状态图模型中，当发生状态迁移时，能自动转换到下一个满足迁移条件的状态。此外，监视变量信息也需要与代码执行保持一致。

② 测试过程应具有直观性。测试过程的中间信息应清晰反映在图形化的建模上。测试过程在建模上显示得越直观，越方便进行错误检查。同时，测试过程的展示应借鉴已有工具的显示方式，使建模人员更方便使用。

③ 测试过程对被测系统的影响应最小化。对于任何一种进程内测试来说，测试进程都应尽量减少对被测系统的影响。同时，对测试代码来说，如果在测试的执行过程中插入了过多的控制代码，那么测试代码与图形化模型之间就会存在较大的不一致性，因此应尽量少地在自动生成的测试代码中加入控制代码。

（3）硬件在环（Hardware In the Loop，HIL）测试方法。

汽车系统项目的开发是一项系统工程，科技含量高、工作量大，整车和各零部件的开发同时进行。为了保证项目进度，将硬件置于测试回路是一种将实物部件和软件模型联合、广泛运用于部件测试或控制系统测试的技术形式。广义上来说，硬件在环测试系统可以分为四种类型：第一类，将真实的控制器置于测试回路，将其余部件的压力或电信号用真实信号或者仿真环境模拟的信号纳入控制器的控制回路，不包含动力加载装置；第二类，用计算机快速地建立其控制器模型，将受控对象作为实物放置在仿真回路，构造在环测试系统，这个过程也称快速原型设计；第三类，利用动力加载装置模拟系统其余部件的动力学特性对实物部件进行加载，实物部件输出的信号反馈回系统模型，构成系统回路；第四类，主要是在第二类的基础上，将在回路系统模型过程量或实物部件的输出量纳入一个更大的控制器控制回路。

汽车硬件在环测试系统的研制是实施并行工程、实现同步开发最重要的一项措施。利用计算机仿真试验系统能较好地解决以下问题。

① 在同步开发工程中,需要解决开发初期缺乏控制对象和原型车情况下的控制器测试。

② 完成实际中无法进行或费用昂贵的测试,方便地进行精确的极限测试、失效测试和各种故障的重现,使测试更加全面、完整。

③ 模拟危险情况而不产生实际的危险,且测试可以被重复和自动进行。

④ 控制策略的优化、各参数相互之间可能的影响、参数变化的敏感性等可以既快又省地进行验证,冲突的目标可以被早期发现并协调。

⑤ 开发过程中的重复与更改可以被最大限度地避免,由于模拟仿真已经验证了各种运行状态与功能,因此避免了绝大多数设计中的错误,使开发风险大大减少。

⑥ 硬件与试验的费用被减少到最低,研究的时间与开发的费用大为节省。

(4) 实车测试方法。

模型在环、软件在环、硬件在环适用于控制器、部件、系统或总成的测试,但当把这些零部件或总成组装在一起时,常常会产生意想不到的故障或者问题,所以必须进行整车的测试评价。整车的测试与评价一般需要借助于试验场或大型测试设备。

汽车试验场是进行汽车整车道路试验的场所。为满足智能网联汽车的实际测试需求,汽车试验场设施主要包括以下三个方面。

① 智能路网基础设施。智能路网基础设施主要包括参与人员(工作人员以及场景假人)及其附属穿戴设备;智能汽车车队,包括标准智能乘用车、商用车、公共汽车、出租车等,车辆需安装基于通信功能的车联网终端设备,可实现多种网络通信(5G/4G＋、DSRC、LTE-V 等),能采集监控车辆的实时运行数据;道路基础设施,包括弯道、坡道、立交桥、隧道、丁字路口、十字路口和人行横道、行车道标识等交通标志道路设施以及路灯、交通标牌、路肩石、路旁建筑、路测信号收发设备等路旁设施。

② 网络通信环境。在示范区内形成车—车、车—路、车—云、路—云等短距离及远程通信的全面覆盖,从而实现车内网、车际网和车云网的三网融合。车内网通过应用成熟的总线技术建立一个整车网络;车际网通过 LTE-V 技术、DSRC 技术和 IEEE 802.11 系列无线局域网协议形成一个动态网络;车云网通过 5G/4G＋等通信技术与互联网进行无线连接。

③ 测试服务支持设施。汽车试验场需具备可供测试单位调整车辆的汽车准备间,以及存储、处理测试数据的计算中心、管控中心等为测试服务提供支持的设备。

10.3.3　实例：上海国际汽车城封闭测试区（F-Zone）

本节以国家智能网联汽车(上海)试点示范区中的 F-Zone 封闭测试区为例,重点介绍封闭测试区的场地、设备及测试能力。

F-Zone 封闭测试区占地 2 平方千米,由上海国际汽车城(集团)有限公司投资建设,并联合中国汽车技术研究中心专业团队合作参与场地服务与运营。该测试场在现有市政道路的基础上搭建了超过 100 种满足各类无人驾驶和 V2X 等的测试场景,涵盖安全、效率、通信、新能源汽车等应用类别。

1. 测试环境

① 测试区。F-Zone 建设有 3.6 公里长度的测试道路,涵盖 T 字路口、十字路口等多种交通道路类型,同时场地内建有模拟隧道、模拟林荫道路、模拟加油站等道路设施。目前,在测试区内可实现 V2X 测试场景 50 余种,如图 10-11 所示。

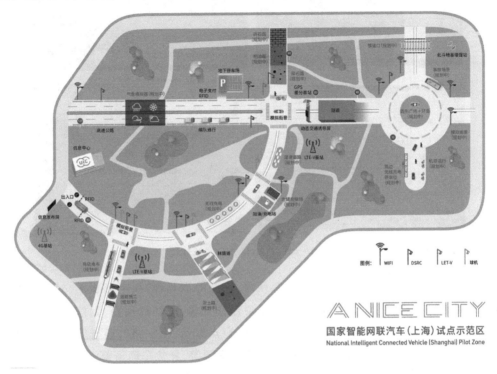

图 10-11　F-Zone 测试场地

② 办公区。F-Zone 提供 4 个封闭、设施齐全的车辆准备间,并配套停车、办公、仓储等服务区域和数据中心、管控中心等功能区域,如图 10-12 所示。

2. 测试能力

F-Zone 可提供网联类、自动驾驶类两类测试,每类测试分别涵盖多种工况和应用。

(1) 网联类测试。

F-Zone 提供 50 多种网联类测试,涵盖安全类、效率类、信息服务类、新能源汽车应用类以及通信能力测试,并可组合成多种自定义场景,如表 10-1 所示。

表 10-1　网联类测试场景及数量

场景类型	安全类	效率类	信息服务类	新能源汽车应用	通信能力测试
数量	33	6	6	3	2
通信方式	V2V	V2I	V2P	V2C	不限
数量	21	15	2	8	4

图 10-12　F-Zone 办公区域环境

其中,安全类测试包含非机动车横穿预警、道路湿滑预警、视距影响下交叉路口车辆冲突避免、前向碰撞预警、紧急车辆提示、紧急制动预警、闯红灯预警、无信号交叉路口通行、前方事故提醒、减速区提醒、道路施工提醒、盲点警示、十字路口通行辅助、超车辅助、逆向超车提醒、左转辅助、行人横穿预警、道路异常预警、异常车辆预警、事故后预警、倒车预警、跟车距离提醒、逆向行驶提醒、限制车道预警、车辆尺寸预警、夜间会车提醒、行人过街辅助、公交信号优先等测试项目。

效率类测试项目则主要包括自动泊车、协作式车队、前方拥堵提醒、进场自动支付、绿波带通行、动态车道管理等。

信息服务类测试项目包括智能停车引导、充电/加油提醒、车内标牌、本地地图下载、大巴靠站/出站提醒、基于 ITS 大数据的信息服务等。

新能源汽车应用测试项目包括充电地图引导、无线充电、充电桩使用信息提示等。

通信能力测试项目包括隧道通行、林荫道通行等不同信号遮挡工况下的通信能力测试。

(2) 自动驾驶测试。

F-Zone 提供场景柔性化设计,可组合成多层次、多类型的自定义场景,满足自动驾驶在正常驾驶工况下的行为能力测试、危险工况下的避撞能力测试以及退出机制和应对能力三方面的测试需求,同时支持低等级自动驾驶中的驾驶人误操作应对能力测试。

行为能力测试的测试内容如表 10-2 所示。

表 10-2　自动驾驶车辆行为能力测试项目

检测并响应速度限制变化和建议速度	检测并响应停止的车辆	通过十字路口并转弯	遵守当地汽车驾驶法律	检测并响应应急车辆
驶离行车道并停车	检测并响应车道变化	通过停车场，找到停车位	跟随管制交通的警方/第一响应者(作为交通管制设备)	在十字路口、三岔路口和其他交通管制情况下为执法车、紧急医疗救护车、消防车和其他应急车辆让行
检测并响应驶近的对面来车	检测并响应车辆行驶道静态障碍	检测并响应通行限制(单行道、禁止转弯、斜坡道等)	跟随控制交通模式的建筑区工人(缓行/停车标志支架)	在十字路口和人行横道为行人和非机动车让行
检测超车区和禁止超车区，进行超车	检测/响应交通信号和停车/让行标志	检测并响应工作区和意外/计划事件中指挥交通的人	响应碰撞事故后智慧交通的公民	与路边的车辆、行人和非机动车保持安全距离
跟车行驶(包括停车和起步)	通过环形交叉路口	做出恰当的先行权决策	检测并响应临时交通管制设备	检测/响应交通模式中的绕行和/或其他临时变动

　　避撞能力测试设置了 37 类危险驾驶场景，如表 10-3 所示。

表 10-3　避撞能力测试

工 况 类 型	场景分类
车辆故障	偏离道路
车辆转向而失去控制	
车辆直行而失去控制	
闯红灯	通过道路
闯停车标志	
车辆转向时偏离车道	偏离道路
车辆直行时偏离车道	
车辆倒车时偏出车道	
车辆转向时与动物冲突	动物
车辆直行时遇到动物	
车辆转向时与行人冲突	行人
车辆直行时与行人冲突	

工 况 类 型	场景分类
车辆转向时与骑车人（自行车、摩托车、电动自行车等）冲突	非机动车
车辆直行时与骑车人冲突	
车辆倒车时与其他车辆冲突	倒车
车辆转弯与同向行驶车辆冲突	变道
静止车辆启动时与同向行驶车辆冲突	
车辆变道与同向行驶车辆冲突	
车辆漂移与同向行驶车辆冲突	
车辆转向与对向车辆冲突	对向行驶
车辆直行与对向行驶车辆冲突	
车辆跟车时转向与前车冲突	跟车
车辆靠近前方加速行驶车辆	
车辆靠近前方以较低速度匀速行驶的车辆	
车辆靠近前方减速行驶的车辆	
车辆靠近前方静止车辆	
车辆在有信号灯的路口左转与对向驶来的车辆冲突	通过道路
车辆在有信号灯的路口右转	
车辆在无信号灯的路口左转与对向行驶的车辆冲突	
车辆在无信号灯的路口直行	
车辆在无信号灯的路口转弯	
车辆转向时避让障碍物	偏离道路
车辆直行时避让障碍物	
非碰撞危险	其他
车辆转向时遇到障碍物	障碍物
车辆直行时遇到障碍物	
其他	其他

退出机制测试是指系统失效或越出设计运行域（Operational Design Domain，ODD）时需要驾驶人接管或安全停车的测试，主要包括启动前自检、自动驾驶模式视觉提示、探测并响应针对自动驾驶模式（介入和取消）的限制条件（ODD）、探测并响应技术失效、安全停车等项目。

驾驶人误操作探测和预警场景包括驾驶人双手离开方向盘、驾驶人视线偏离驾驶方向、驾驶人打盹/睡觉、驾驶人离开驾驶位以及其他与驾驶人误操作相关的可能性场景。

3．测试设备

F-Zone 封闭测试场的设施设备和测试设备主要包括通信网络系统设备、定位系统设备、视频监控系统设备、道路环境模拟设备、测试设备、数采设备等，如表 10-4 所示。

表 10-4　设备信息表

环境模拟设备	道路环境模拟设备	交通标志牌	交通信号标志
		信号灯	交通信号指示
		路锥	隔离警示
		地面胶带	模拟车道线
		交通信号控制设备	交通信号控制
	交通参与者模拟设备	假人	模拟道路行人
		假车	模拟道路车辆
		非机动车（模型）	模拟道路非机动车
		动物模型	模拟道路动物
		其他模拟设备	—
	信息环境模拟设备	DSRC 设备	DSRC 通信
		LTE-V 设备	LTE-V 通信
		Wi-Fi 通信设备	Wi-Fi 连接
		高精度地图	位置定位
		信息诱导设备	诱导显示
		GPS 差分基站	GPS 高精度定位
测试设备	驾驶机器人		驾驶操作
	RT-RANGE		相对定位
	VBOX		数据和影像记录
	四轮定位台		车轮定位
数据采集设备	车载数采、路测数采		数据采集
	麦克风		声音模拟信号采集
	摄像头		图像模拟信号采集
基础设施设备	球形监控摄像头		测试区域无死角监控
	微波雷达		道路监控
	道路特征探测摄像头		路口监控
	交通违法检测设备		抓拍兼录摄像
	RFID 出入口控制设备		门禁出入控制

10.4 大型活动交通组织与管理系统

近年来，随着城市化进程的不断发展和人们物质文化生活水平的不断提高，越来越多的大型活动在各大城市竞相举办。当然，大型活动的举办所吸引的大量人员和车辆会对城市日常交通设施造成巨大的交通压力，可能会造成拥堵。因此，运用各种交通管理措施手段保障大型活动期间的交通安全、顺畅，尽量减少对背景交通需求的影响，并在遇到紧急事件时能够保证活动参与者快速、有序、及时地撤离的大型活动交通组织与管理系统应运而生。

10.4.1 系统简介

近年来，我国的综合国力不断增强，随着市场经济活动的增多和人们物质文化生活水平的提高，城市中大型文化体育活动、会展、商业促销活动等大型活动的举办次数越来越多。近几年，我国已经成功举办的大型活动有 2008 年的北京奥运会、2010 年的上海世博会、2010 年的广州亚运会等。这些大型活动的举办丰富了市民的物质文化生活，提高了我国在国际上的影响力，促进了经济的发展；但是由此吸引的大量观众也为城市交通带来了很大的冲击和影响。由于大型活动举行时会在很短时间内使场馆及其周边区域集中大量观众，给场馆附近的交通带来极大的压力，造成道路拥堵和交通事故，甚至会影响到城市的交通和居民的正常生活。

美国联邦公路局在 1988 年将计划性特殊活动定义为已计划的在规定时间和指定地点发生的能引起交通需求非常规增加的特殊活动，如展览会、娱乐活动、体育活动和节日集会等。

我国第一部专门针对大型活动安全管理专项法规《北京市大型社会活动安全管理条例》中，对大型社会活动的定义如下：大型社会活动（简称大型活动）是指主办者租用、借用或者以其他形式临时占用场所、场地，面向社会公众举办的文艺演出、体育比赛、展览会、游园会等群体性活动。

随着大型活动的举办，路网的需求急剧增加，打破了原有的交通供需平衡。想要使城市交通回到新的平衡，常用的方法有两种：增加供给和减小需求。增加供给的措施如道路条件等硬件设施在短时间内无法完成，而且在大型活动结束之后将造成资源的浪费。可通过减小活动规模以减小需求，但是这种方式减弱了活动的影响力，不能达到大型活动的举办目的。

目前，国内专门研究大型活动公共交通疏散的案例比较少，大多是对大型活动交通组织和规划方法的宏观论述，这方面的研究具有非常大的理论价值。

关于大型活动的研究，在美国联邦公路局 1988 年对已规划特殊活动定义之前，主要是针对国际性超大型体育比赛交通管理的经验总结，在这之后专门针对大型活动交通组织管理的理论研究才有所进展。

国外关于大型活动交通组织的研究大致分为两类，一类是大型活动举办之后的经验总结；另一类是针对大型活动交通组织与管理问题的理论研究。

根据 2000 年悉尼夏季奥运会、2002 年盐湖城冬季奥运会和 2004 年雅典夏季奥运会的交通组织管理工作,得到国外大型体育活动交通组织管理经验总结如下。

　　(1) 公共交通组织管理方面。

　　成立专门为大型活动公共交通服务的调度中心和服务车队,并配备足够的公交运力。悉尼奥运会由 2200 多辆巴士组成的私人公交公司为赛事交通服务承担了 35% 的观众运量;盐湖城冬奥会共设置 4 个公交调度中心,保障奥运期间公共交通服务系统的正常运行,筹备了约 1000 辆巴士,专门用于赛会观众的公共交通服务。

　　实行公交优先策略。雅典奥运会期间为保证公交车辆优先通行,在某些主干道设置了公交专用道、配设公交优先控制信号,并在中心区域街道实施交通管制,只允许通行本地车辆和公交车辆。在比赛场馆附近部分道路设置公交车、合乘车专用道,优先保证公共交通顺畅;2000 年悉尼奥运会利用政府补贴,对持有当日比赛门票的观众提供免费地面公交或轨道交通,在很大程度上提高了公交出行分担率。

　　(2) 停车场及交通枢纽规划方面。

　　为满足大型活动的停车需求,在活动举办场所附近规划建设临时停车场,并规划其他交通换乘枢纽,缓解大型活动引起的交通拥挤。悉尼奥运期间共规划建设了 197 处临时停车场,各临时停车场与大型活动场所之间配备穿梭巴士;雅典奥运会期间利用规划交通换乘枢纽有效缓解了赛会造成的交通拥堵。

　　(3) VIP 及其他特殊人员交通需求方面。

　　对于国际性大型活动,会有国家元首、政府官员等 VIP、活动赞助商、新闻媒体记者等人员参加,与普通观众的交通需求不同的是,必须保证这些特殊人员安全、快捷、准时地到达活动场所。针对这部分特殊交通需求,在空间上设置专用车道,与其他交通出行进行空间分离;在时间上调整出行时间,与其他交通出行进行时间分离;在停车场规划和交叉路口通行权上,应当优先于其他普通出行。雅典和悉尼奥运会都采取了上述措施,并得到了良好的效果。

　　(4) 交通需求管理方面。

　　国外针对大型活动常采用的交通需求管理措施有:利用票价策略调整交通出行时空分布;利用停车收费降低私家车出行比例。雅典奥运会采用全天通票打折措施,降低高峰时段大型活动的交通流量;悉尼奥运会大幅提高比赛场馆周边停车场的收费标准,以减少私家车的出行,缓解场馆周边的交通压力。

　　大型活动举办城市的背景交通需求管理措施有:错时上下班、活动期间放假、提倡在家远程网上办公、部分车辆在规定区域内禁止通行等。悉尼奥运会和盐湖城冬奥会都采用了上述措施,降低了城市背景交通出行量。

　　(5) 交通信息发布及 ITS 应用方面。

　　利用互联网、电视、广播等方式及时发布交通状况信息,利用 ITS 智能交通系统进行大型活动交通组织管理、监控车辆运行等。悉尼奥运会进行了奥运交通信息诱导标志规划,并免费发放《交通信息手册》。盐湖城冬奥会和雅典奥运会都广泛使用了 ITS 技术,在大型活动交通组织与管理中发挥了重要作用。

　　美国交通研究委员会于 2003 年出版了综合报告《大型活动的交通规划与管理》,该报告概要介绍了与大型活动交通规划管理相关的组织部门、管理人员和技术方案等。

2003 年 9 月,美国联邦公路委员会也出版了一份关于大型活动组织规划与管理的报告——《大型活动的出行管理》。该报告是较全面、较系统地针对大型活动交通组织与管理的文献资料,既分析和研究了大型活动的定义及其交通特性,又分别针对大型活动前期筹备规划、中期交通运行和措施实施、后期分析与评价展开了全面论述。

国内关于大型活动交通理论的研究起步较晚,北京奥运会申办成功后,才有相关交通研究机构介入这一研究领域。近几年随着大型活动的频繁举办,国内关于大型活动交通组织方面的研究逐渐增多。上海世博会和广州亚运会的成功举办,活动期间的交通组织管理起到了保障作用。

总体而言,国外在大型活动交通组织和管理方面的研究起步较早,目前已经取得了比较丰富的研究成果,提出了较系统、全面的大型活动交通组织和管理方法体系,并成功应用于各种大型活动交通组织实践中。国内对大型活动交通组织和管理的研究相对起步较晚,系统地对大型活动交通需求预测、交通组织规划、交通需求管理和交通规划方案评价的研究较少。

10.4.2　系统组成

大型活动交通组织与管理与城市常规交通组织不同。城市常规交通组织管理具有一定的稳定性和规律性,交通管理手段通常是在收集历年数据、调查分析现状交通的基础上,根据成熟的政策进行实现。大型活动交通组织管理具有总量大、时空分布集中、需求具有层次性、多源单汇等特点,并且不同类型的大型活动往往应采用不同的组织管理手段。

本节首先介绍大型活动交通组织管理的原则,然后进一步讲解各种交通组织与管理方法,包括大型活动交通需求预测与管理,大型活动交通组织规划、大型活动交通信息发布以及应急交通组织规划等内容,搭建起大型活动交通组织与管理系统的基本系统组成。

1.大型活动交通特性分析

进行大型活动交通需求预测及交通组织管理方法研究需要首先分析大型活动的交通特性。本节从交通需求特性、交通流特性、交通组织管理特性三方面展开,大型活动交通与城市正常交通的区别如下。

(1) 大型活动交通需求特性。

交通需求总量大,时间集中。大型活动诱增的交通需求量明显大于城市同等规模用地产生的交通需求量。大型活动期间,单位面积产生的交通吸引量超过城市常规用地产生交通吸引量的数十倍甚至数百倍。如 2011 年深圳"第 26 届世界大学生运动会"开幕式的举办场所深圳湾"春茧"体育场,其面积不到 $1km^2$,却吸引了约 5 万名参与者。

提供一次性服务的大型活动通常开始时间和结束时间固定,这使得大型活动交通需求在时间上分布集中。例如深圳大运会开幕式散场时,1 小时内需要疏散 5 万名参与者,交通需求在时间分布上高度集中。

交通需求具有层次性。不同于常规的城市交通需求,大型活动交通需求具有明显的优先层次性。尤其是具有国际影响力的大型活动,国际、国内 VIP 贵宾的参加对其他交通出行产生了较大影响。按照交通需求的优先级,满足大型活动不同层次的出行需求,同时尽量降低对城市背景交通的影响是大型活动交通组织管理的重要目标。

对可达性和准时性具有更高要求。大型活动的举办时间固定,必须保证大型活动参与者在活动开始之前准时到达活动场所,因此要求对活动场所周边道路实行有效的交通组织管控,疏通容易导致活动参与者不能准时入场的交叉路口、拥挤道路,合理设置交通线路。保证大型活动举办场所和其他节点之间的交通网络连通可靠性、大型活动场所周边道路网络的通行能力可靠性以及活动参与者出行时间的可靠性。

(2) 大型活动交通流特性。

与城市常规交通流相比,大型活动交通流有以下特殊性。

① 交通流时空分布不均匀,有明显高峰值且流量巨大。

② 大型活动交通需求时空分布不均,直接造成交通流时空分布不均。不同于城市背景交通,大型活动期间交通流高峰值巨大,交通组织管理任务艰巨。

③ 与常规出行不同,不具备交通流分配均衡特性。

进行常规交通分配时,一般假设出行者非常熟悉道路网、交通状况和交通组织管理情况,常规出行路径选择满足用户最优原理,交通流分配模型采用均衡配流。与常规出行相比,大型活动参与者对出发地与活动场所之间的道路网、交通状况和交通组织管理情况不熟悉,不能全部选择出行费用最小、出行时间最短的路径,因此不满足交通流均衡分配的假设条件。

④ 具有时空波动性。城市常规交通流的高峰出现时间往往比较固定,基本同时出现在全部路网上,并且持续时间大体一致,例如上下班高峰。大型活动在活动场所周边道路引起的交通流高峰具有明显的时空波动性,交通流高峰随着时间沿着周边主要道路像波一样由活动场所逐渐向外扩散并消失。不同路段或交叉路口在不同时间段会出现不同大小的交通流高峰。

⑤ 具有"多源单汇"交通网络流特性。"多源单汇"出行是指只有一个交通吸引点且有多个交通发生源的网络出行。大型活动举办场所固定且唯一,活动参与者的出发点不同,出行到达点唯一,因此形成"多源单汇"交通网络。

(3) 大型活动交通组织与管理特性。

① 艰巨性。由大型活动的交通需求和交通流特性可知,大型活动诱增的交通流量远远高于城市正常交通流量,常规的城市交通组织管理很难满足大型活动的交通需求。因此,大型活动交通组织与管理任务非常艰巨。

② 复杂性。大型活动的参与者的优先级不同,交通需求具有层次性。大型活动交通组织管理需要保证不同层次的交通需求得到满足。因此,组织与管理工作具有复杂性,需要综合采用各种不同的交通组织措施和规划管理方案。

③ 临时性。大型活动的举办是临时的,最多持续十几天,针对大型活动的交通规划和组织管理措施也具有临时性。因此要考虑这一特性,尽量减少对背景交通的影响。

常规交通管理措施的制定是为了缓解在新平衡状态下造成的交通拥堵。与此不同的是,大型活动具有临时性,针对大型活动的交通组织管理措施出现在打破原平衡状态后且在未形成新平衡状态时结束。大型活动交通组织管理是为了减轻非平衡状态时的交通压力,与常规交通管理措施的有效期不同。因此,大型活动交通组织管理不能直接采用城市常规的交通组织管理方法。

2. 大型活动交通需求预测

为保证交通需求预测结果的合理性与实用性，在进行大型活动活动交通需求预测时，应遵照以下几个原则。

（1）理论结合实践。

大型体育活动交通需求预测既要运用相关的预测理论方法进行科学、准确的预测，又要结合实践，在保证预测精度的基础上尽量选择简单、易懂的预测方法和模型，便于在实际中得到应用。

（2）系统化、全面化。

大型体育活动的交通需求是举办城市交通系统的组成部分，它与城市交通系统的其他子系统之间互相关联、互相影响。因此，在进行大型体育活动交通需求预测时要综合考虑各种关联因素，全面化、系统化地进行研究。

（3）定量分析结合定性分析。

大型体育活动的交通需求预测缺少可直接利用的历史数据，因此需要将定量分析方法与定性分析方法结合，进行科学、合理、准确的预测。

3. 大型活动交通需求管理

交通需求管理是指在资源和环境有限的情况下，政府部门利用城市土地规划、经济手段、法律法规、信息发布等控制方法调节城市交通需求总量、出行结构及交通量时间空间分布，目的是使交通需求与交通供给达到平衡状态。作为一种控制城市交通出行需求的有效手段，交通需求管理理论和措施从 20 世纪 90 年代后在世界各国得到了广泛应用，大大提高了交通系统的运行效率。

大型活动期间，城市交通需求管理措施的制定应当考虑人的出行需求，在满足交通活动服务的同时，尽量减少对原有交通的影响。大型活动期间，城市交通需求急剧增大，各个举办城市都需采取交通需求管理措施。本节对 2008 年北京奥运会、2009 年济南全运会、2010 年上海世博会、2010 年广州亚运会等大型赛会或博览会进行分析研究，总结见表 10-5。

表 10-5　北京、上海、广州、济南交通需求管理措施对比

	北京	上海	济南	广州
机动车单双号限行	√	√	√	√
车牌尾号限行		√	√	√
"黄标车"禁行	√		√	√
封闭部分公车	√	√		√
开幕式半天放假	√	√	√	√
错峰上下班	√			√
控制过境车辆	√			
加大公共交通保障力度	√	√	√	√
建筑施工管制	√	√	√	√

为保障大型赛会或博览会交通畅通,各城市都规划设置了专用通道;为保障城市交通正常运行,各城市都实施了交通需求管理和交通管控措施。根据以上可见,大型活动交通需求管理可采取的措施分为三个方面:一是控制总的出行需求量,保证大型活动参与者的交通需求,尽量减少其他影响大型活动正常进行的需求;二是调整出行方式结构,大型活动期间引导市民选择公共交通出行;三是调整出行时空分布,促使交通量的时空分布均衡化。

4. 大型活动交通组织规划

　　交通组织工作的目的包括提高道路网利用率、排除道路交通事故隐患、维护交通运行秩序、优化交通流组织以及保障道路交通畅通和安全。国际性大型活动的交通组织规划是一项复杂的工程,需要开展专项规划,其交通组织工作流程如图 10-13 所示。

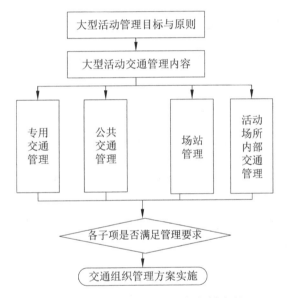

图 10-13　大型活动交通组织规划流程

5. 大型活动交通信息发布

　　大型活动期间,临时的交通组织与管理措施会对城市居民的日常出行产生一定影响,因此需要及时发布交通信息,使出行者得知最新的交通组织管理措施,选择合适的出行方式和出行路线。大型活动期间,交通信息可以在居民出行前和出行中发布。

　　① 居民出行前发布交通组织管理信息。利用电视、广播、互联网、宣传手册、报纸等方式发布交通信息,使居民在出行之前,能够了解大型活动期间的城市交通组织管理的各项措施,进而选择合适的交通出行方式和出行路线。

　　② 出行过程中发布动态交通信息。根据城市智能交通系统的基础数据,采用 VMS 诱导屏、手机短信、车载广播、车载导航等各种手段发布实时的动态交通诱导信息,向出行者提供路况信息。出行者在出行过程中可以根据获得的动态信息及时调整路线,避免进入交通拥堵路段。

6. 大型活动应急交通组织与管理规划

为了防止意外突发事件影响大型活动的顺利举行,需要针对可能发生的重大、一般交通事件或安全事故制定大型活动交通应急组织与管理方案。制定应急方案时应遵循以下原则。

优先保障重点对象,兼顾全面。对于大型活动人员保障,应当重点保障国际、国内VIP对象等,兼顾其他人员的交通安全;对于大型活动控制区域,应当重点保障活动场所内部的安保区域,兼顾活动场所周边的道路和停车场。

严密部署,完善系统。在重要的交通集散点安排部署大量警力,配备足够的对讲机等工具,排查安全隐患,预防事故的发生。一旦发生紧急事件,现场工作人员应及时处理并上报,尽可能把损失降低到最小。

10.4.3 实例: 深圳大运会交通组织与管理

世界大学生运动会(World University Games)简称大运会,是规模仅次于奥运会的世界大型综合性体育运动会,素有"小奥运会"之称。大运会由国际大学生体育联合会主办,其前身为国际大学生运动会,并只限在校大学生和毕业不超过两年的大学生(年龄限制为17~28岁)参加。

第26届世界大学生夏季运动会已于2011年8月12~23日在中国深圳市成功举办,历时12天。本次深圳大运会共设置24个竞赛大项、306个小项,为历届之最;共有来自180个国家和地区的超过1万名运动员参赛。大运会注册人员包括四类,共计约2.1万人。

下面以深圳大学生运动会为例进行详细的交通组织与管理系统分析。

1. 深圳大运会交通需求预测

大运会期间注册客户群专用车辆的需求预测同样采用四阶段法,如图10-14所示。

① 交通生成与分布。综合考虑参与比赛的运动员、技术官员、媒体、大体联官员、嘉宾等各类服务对象的人数、重要程度、安排酒店的房间数,预测得到各酒店入住的注册客户群人数。

② 交通方式划分。所有参赛成员均乘坐专用车辆前往各体育场馆。根据交通服务标准,预测得到各酒店产生的专用车辆数。

③ 交通分配。注册客户群交通需求全部分配到专用道系统中,利用已有的城市交通模型分配方法进行分配后叠加到背景交通上。

深圳大运会期间,为所有注册人员、持票观众、持证工作人员和赛会志愿者等提供免费公共交通服务,包括免费轨道交通、免费常规公交和部分免费出租车。

注册人员在未赶上专用班车或其他特殊情况下可以免费乘坐公共交通工具。大运会持证工作人员约5万人,遍布在全市8个区。大运会期间,约有2.5万名赛会志愿者担任语言助理、调度助理、随车助理等职务,维持赛事有序、高效运行。赛会志愿者住在深圳市内酒店、学校学生公寓等。以上三类人员的人数相对固定,对于去场馆服务或观看比赛的人员,可以视同观众进行交通组织与管理。

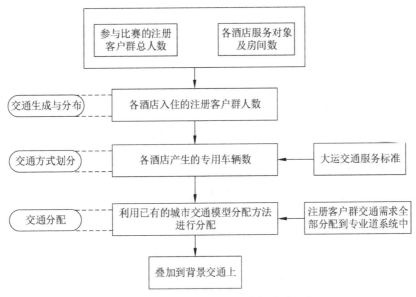

图 10-14　大运会专用交通需求预测思路

2. 大运会期间交通需求管理

根据大运会交通服务需求,结合深圳市背景交通概况,借鉴其他城市经验,综合考虑各种因素后,制定了以下交通需求管理措施。

(1) 开闭幕式放假。

根据居民出行状况,基于历史数据对不同放假方案的预期流量变化进行分析,大运开幕式前提前一天开始放假更有利于削减开幕式当天的社会交通量。综合考虑各方面因素,提出如下放假方案。

① 放假范围。除保障城市运行等必要的工作岗位外,全市机关、企事业单位和社会团体在开闭幕式期间实行"开四闭三"的小长假;市行政区域内其他社会组织可根据实际情况自主安排。

放假时间安排如下。

开幕式(8 月 12 日)期间放假四天:8 月 11~14 日;

闭幕式(8 月 23 日)期间放假三天:8 月 22~24 日。

其中 8 月 11、22、24 日为调休日,8 月 6、20、21 日正常上班。

② 实施效果。放假期间路网交通流量平均下降 13% 左右,减少约 26 万辆机动车上路。同时,对企业单位及市民的生产生活安排会有一定负面影响。

具体操作办法如下。

① 政策宣传。通过协调上级部门、周边省市以及各级新闻媒体,大范围、高密度地宣传大运会临时交通管理政策及开闭幕式放假政策。将开闭幕式放假的宣传工作分解到各区、街道办,并通过网络、电台、电视、报纸、车主短信等媒介进行高密度的宣传。

② 通知发放。由市委办公厅办下发全市开闭幕式放假通知;各辖区政府、街道办、居委会做好放假通知工作。

（2）机动车单双号限行。

① 限行时间。2011 年 8 月 4～24 日，每日 7—20 时（开闭幕式延长至 24 时）。

② 限行范围。限行范围包括三个区域和五条道路。三个区域是原特区内、宝安中心区和龙岗中心区；五条道路是水官高速（含南坪快速）、清平高速、宝安大道、盐坝高速、坪西路。

③ 限行方案。所有机动车按内地核发车牌号（含临时号牌车辆）的最后一个阿拉伯数字实行单号单日、双号双日行驶（单号为 1、3、5、7、9，双号为 2、4、6、8、0）。

通过外观标识和车牌号码进行辨别，无须限制的车辆包括：警车、消防、救护、工程抢险车及执行任务武警部队车辆；公交车辆、省际长途客运车辆、旅游客运车辆及大型客车、出租车；环卫、园林、道路养护作业车辆；车身喷涂统一标识并执行任务的城管、工商、交通、环保执法车辆，气象监察车辆，邮政及救援、清障专用车辆；各国驻华使、领馆和国际组织驻华机构机动车、殡葬车辆。

对深港两地小汽车：开闭幕式当天（7：00—24：00）进入原特区、龙岗中心区、宝安中心区三个区域，宝安大道、水官高速（含南坪快速）、清平高速、盐坝高速、坪西路等道路，实施单双号限行措施。

对深港两地货车：按照深圳市政府与中国香港特别行政区政府原已商定且现在一直实行的"东进东出、中进中出、西进西出"的原则规定行驶线路，对于个别进入市政主干道的车辆严格控制，确有需要的应办理通行证通行。

需要办证的车辆：由深圳大运组委会核发证件的专用车辆；由市公安局核发临时机动车通行证件的疏港货运车辆；保障城市正常生产运营的机动车。

管控思路及原则：针对所有市际卡口、二线关口以及重要节点（高速公路收费站和进入限行区域相关节点）情况分层级进行引导、劝告、执勤。

- 宣传执勤点：在此类执勤点派发宣传单，为驾驶人做好解释工作。
- 引导执勤点：在此类执勤点通过宣传单进行宣传，引导受限车辆绕道行驶。
- 实施效果：削减约 60 万辆的机动车上路，占机动车总量的 30%，但是会给市民日常出行带来不便。

具体操作办法如下。

- 政策宣传：通过协调上级部门、周边省市以及各级新闻媒体，大范围、高密度地宣传大运会临时交通管理政策及开闭幕式放假政策。将开闭幕式放假的宣传工作分解到各区、街道办，由街道办、居委会包干各小区，使宣传工作遍及每家每户；并通过网络、电台、电视、报纸、车主短信等媒介进行高密度的宣传；与香港特别行政区政府就过境小汽车限行问题进行沟通协调。
- 发证备案：大运会专用车辆通行证件发放备案；疏港货运车辆、保障城市正常生产运营的车辆通行证件发放备案。
- 违法查处：对违规上路的车主依规罚款 200 元并扣 3 分，利用车牌自动识别系统进行车辆违法上路查处；发挥电子警察"一警多能"的作用，使固定电子警察在查处冲红灯、超速、逆行的同时，也能对相关车辆是否同时违反单双号限行规定的违法行为进行查处；民警上路采用人工视频抓拍查处违法上路车辆。

（3）部分公车停驶。

① 停驶范围。深圳市行政区域范围。

② 停驶时间。2011 年 8 月 4～24 日,每日 7—20 时(开闭幕式当天延长至 24 时)。

③ 停驶方案。在单双号限行的基础上,大运会开闭幕式当天,政府机关、国有企事业单位车辆停驶 80%,其余时间停驶 50%。不停驶车辆:持有大运会组委会核发专用车证的保障大运会正常运行的车辆;10 座以上黄牌客车。

④ 实施效果。起到带头示范作用,具有较好的社会意义,但给政府公务出行带来不便。

⑤ 具体操作办法。政策宣传,与各单位座谈,宣传大运政策,同时对各单位公务车号牌分布情况进行摸底备案;违法查处,委派相关人员到各单位所在车库进行现场查验。

（4）货运交通组织调整。

借鉴北京、广州等城市的经验,深圳市大运会期间拟实施控制过境车辆的措施。深圳市已经提出建设国际物流枢纽城市的目标,大运会期间为了减少对物流行业的影响,同时保障大运会交通运输需求,考虑在水官高速、清平高速和龙翔大道三条大运会主通道实施货运绕行。

① 绕行时间。2011 年 8 月 4～24 日。

② 绕行方案。开闭幕式当天(7:00—24:00)的绕行:在现有货车限行的基础上,采取禁、限、管、绕四种措施规范行车秩序,引导货运车辆避让水官高速、清平高速、龙翔大道三条道路,沿替代道路行驶,允许货车绕行深惠路。除开闭幕式外,其他比赛日(7:00—20:00)绕行清平高速、龙翔大道:绕行路线同开闭幕式;水官高速:规范货车在外侧两条车道行驶,视交通状况可将救援车道作为货运备用车道。

③ 实施效果。减少货运交通对大运交通的影响,同时可能给货运行业带来较大影响。

④ 具体操作办法。采取电视、报纸、电台以及现场咨询等方式进行宣传;港口宣传;在盐田、西部、大铲湾 3 个港区发放宣传册;针对口岸过境货车,联系协调香港货运行业组织,向香港的货运企业和驾驶人进行宣传;在货车通常经过的收费站进行宣传。按法定程序对绕行路线进行公告,制定大运会期间货车绕行的交通应急预案。民警上路采用现场拦车的方式查处违法上路车辆。

3. 大运会交通组织规划

首先,组建大运会交通保障指挥体系,各个调度中心、交通服务团队都配备了工作人员并明确工作职责。然后,分别进行专用交通规划、公共交通规划、交通场站规划、比赛场馆内部交通规划、应急交通组织和开闭幕式交通组织规划,大运会交通保障组织的架构如图 10-15 所示。

4. 大运会赛后总结

深圳大运会已经结束,大运交通保障累计发送车辆 66 803 车次,运送大运会注册人群 386 478 人次,车辆运行总里程达 2 931 365 公里,未发生安全责任事故、注册群体乘车

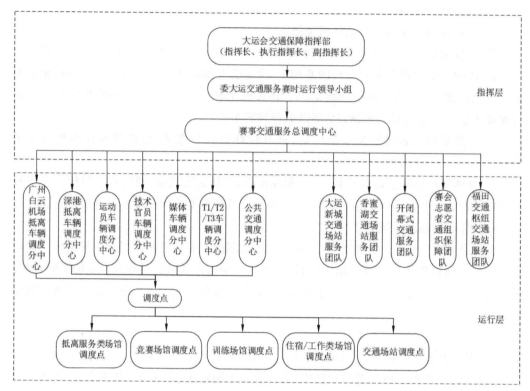

图 10-15　深圳市大运会交通保障指挥体系

延误事件和有效投诉事件,全面实现了"安全、准点、可靠、便利"的总体目标。

本届大运会,深圳市交通运输委和交通运输行业共投入交通保障服务人员 9538 名,投入各类保障车辆 2455 辆,开行抵离、比赛、采访等各类交通服务线路 367 条,为 2.1 万名注册人群提供了抵离、比赛、训练、观赛、采访、交流和开闭幕式等交通服务。赛事期间常规公共交通系统免费运送观赛观众 149.79 万人次,开行公交 9494 班次,地铁免费运送观赛观众 206.6 万人次。

在开幕式的交通保障方面,运动员现场疏散仅用时 27 分钟,闭幕式运动员现场疏散仅用时 22 分钟;运动员至比赛、训练场馆时间均不超过国际大体联规定的 60 分钟,全部做到了安全、准点;观众乘公交疏散平均时间为 25 分钟,比承诺的 45 分钟少用了 20 分钟,均达到了国际领先水平。交通服务人员、驾驶人、车辆的投入、智能化的指挥调度以及发送车辆、运行里程、运送服务准点率、安全率均创历届大运会之最,达到或超过了大型赛事的国际化水准。

大运会期间深圳市实施交通需求管理政策后,每天削减约 80 万辆车上路。主要削减流量的单双号限行和黄标车禁行等政策使路网交通流量减少 25% 左右,加之两个小长假的实施,路网流量共减少 30% 左右。设置大运专用通道同时实施交通需求管理后,路网服务水平较现状提高 41.4%,车速提高 42.3%。

思 考 题

1. 应从哪几个方面对城市道路交通安全状态进行分析？
2. 道路交通安全风险监测指标体系的构建应遵循哪些原则？
3. 简述我国重点营运车辆联网联控系统的体系构架以及各级平台的功能定位。
4. 简述我国重点营运车辆联网联控系统对车载终端的功能要求。
5. 智能网联汽车测试技术与传统汽车检测技术有哪些异同？
6. 简述智能网联汽车测试中常见的在环仿真测试方法的定义、原理与适用范围。
7. 简述在环仿真测试的技术优势以及系统分类。
8. 我国对大型社会活动中的交通组织与管理系统是如何定义的？
9. 大型社会活动中的交通需求有哪些特点？
10. 大型社会活动中的交通组织与管理可采取的措施有哪些？

参 考 文 献